Patrice Duhamel et Jacques Santamaria

Patrice Duhamel a suivi de près toutes les campagnes présidentielles depuis 1974, comme journaliste politique puis patron de différents médias. Directeur général de France Télévisions de 2005 à 2010 aux côtés de Patrick de Carolis, il a publié, avec son frère Alain Duhamel et Renaud Revel, *Cartes sur table* (Plon, 2010).
Réalisateur et scénariste, **Jacques Santamaria** a signé plusieurs épisodes de la collection à succès « Chez Maupassant », créé la série *Mongeville*, et adapté pour la télévision Georges Simenon et Patrick Modiano.
Patrice Duhamel et Jacques Santamaria ont écrit le scénario du téléfilm *La Rupture*, qui raconte l'affrontement Giscard-Chirac de 1974 à 1976. Ils ont publié chez Plon *Les Flingueurs* (2014), *Jamais sans elles* (2016) et, en 2017, une nouvelle édition de leur best-seller *L'Élysée*. Leur dernier livre, *Les Jours d'après*, a paru aux éditions de l'Observatoire.

L'ÉLYSÉE

DU MÊME AUTEUR
CHEZ POCKET

LES FLINGUEURS

JAMAIS SANS ELLES

L'ÉLYSÉE,
HISTOIRE, SECRETS, MYSTÈRES

PATRICE DUHAMEL
JACQUES SANTAMARIA

L'ÉLYSÉE

HISTOIRE, SECRETS, MYSTÈRES

Nouvelle édition, mise à jour et enrichie

PLON
www.plon.fr

FSC
www.fsc.org
MIXTE
Papier issu de sources responsables
FSC® C003309

Pocket, une marque d'Univers Poche,
est un éditeur qui s'engage pour la préservation
de son environnement et qui utilise du papier fabriqué
à partir de bois provenant de forêts gérées
de manière responsable.

ISBN : 978-2-266-28210-9
Dépôt légal : mai 2018

à mes fils
à Mila, Melchior, Augustin et Ulysse

à Élisabeth
à la mémoire de Georges Lescuyer

Le jardin de l'Élysée est délicieux. C'est vraiment lui qui me permet de supporter la tristesse de ma prison.

RAYMOND POINCARÉ

Je m'ennuie, à l'Élysée. Je ne me sens bien que dans la tragédie.

CHARLES DE GAULLE

La place n'est pas mauvaise, mais il n'y a pas d'avancement.

ARMAND FALLIÈRES

Je suis le spectre de l'Élysée.

FRANÇOIS HOLLANDE

L'IMMUABLE ET LE MOUVEMENT

Pourquoi ce nouvel *Élysée*, cinq ans après notre premier livre ? D'abord parce qu'il restait bien des choses à dire, et sur toutes les époques que le Palais a connues. Ensuite – et cette raison explique le choix du titre – parce que la résidence des présidents de la République française protège, entre ses murs tricentenaires, des secrets et des mystères sur lesquels nous n'avons pas renoncé à en savoir davantage. Qu'il s'agisse des disparitions de certains présidents pendant près de vingt-quatre heures, de leur état de santé, de la façon dont le Palais organise leurs vies publique et privée, la matière à investigation offre bien des possibilités.

Mais une troisième raison justifie cette nouvelle édition, illustrée, agrémentée d'un plan, comportant plus de trente entrées supplémentaires, enrichie de nouvelles informations sur les chapitres d'origine : effet du XXIe siècle et du postmodernisme, l'Élysée n'a jamais autant subi l'assaut de l'époque. Internet, chaînes d'information continue, réseaux sociaux ont imposé une course effrénée à la transparence, dans les domaines de prédilection que sont la vie publique et l'action politique. La décennie 2007-2017 est, bien entendu, révélatrice à cet égard. Les dérives du « tout savoir tout de suite » n'épargnent pas les présidents, désormais fragilisés par la durée de leur mandat, ramené à cinq ans, et confrontés à la dilution de leur autorité. Mais quelles conséquences sur la façon dont les choses se passent au Palais même ? Si force est de constater que l'Élysée n'est plus une bulle, il convient aussi de reconnaître qu'il sait se protéger du ressac.

Ce nouveau livre a voulu se faire l'écho de cette inédite confrontation, entre la principale résidence présidentielle, à l'allure solide, sereine et toujours secrète, et le tourbillon politique et médiatique, qui s'emballe au moindre mot. Le Palais est-il le roc dans la tempête ? L'immuable face au mouvement ? L'ancien monde face au nouveau, incarné par le huitième président de la République, Emmanuel Macron ? Le lecteur se fera son idée. L'Élysée n'a pas fini de surprendre.

Patrice DUHAMEL
Jacques SANTAMARIA
Janvier/octobre 2017

Avant-propos
à l'édition de 2012

Quelle maison ! Napoléon Ier l'adorait, de Gaulle ne l'aimait pas. Mme Pompidou ne songeait qu'à la fuir, Bernadette Chirac s'y sentait comme chez elle. « Trop petit », disait Félix Faure, « Trop grand », répondait Armand Fallières. À la vérité, l'Élysée est un théâtre, peuplé, hier comme aujourd'hui, de personnages romanesques. Le spectacle va de la tragédie au vaudeville dans des décors conçus pour Offenbach. Les rebondissements sont incessants, toutes tonalités confondues, dans un registre infini d'émotions. Le Palais a tout connu. Des cérémonies, grandioses ou étriquées, des mariages, des doubles vies, et même une naissance. À peine a-t-on le temps de sourire que voici les démissions, trahisons, morts brutales, assassinats, suicide, maladies mentales. Un président sur deux n'est pas allé au terme de son mandat. D'où la question qui nous taraude, implacable et troublante : planerait-il une malédiction sur l'Élysée ? Lorsqu'on découvre qu'un mot revient avec régularité dans la bouche des locataires du Palais, que ce mot est « prison », on se met à trembler. Est-on condamné à être malheureux dans la plus puissante maison de France ? Le paradoxe vaut le détour.

Quand Michel Charasse dit : « Il n'y a pas en France une maison qui marche mieux que l'Élysée », que Denis Tillinac écrit : « L'Élysée est une maison de famille dont l'exiguïté prédispose aux macérations névrotiques. Des haines à la Mauriac peuvent y cuire à l'étouffée », il n'y a pourtant pas contradiction. D'un côté, une mécanique impeccable, aux rouages huilés à la perfection, animée par des hommes et des femmes parvenus à l'excellence dans leurs métiers respectifs ; de l'autre, un Palais engoncé dans la ville, à la géographie intérieure malcommode, défavorable au travail mais propice aux mystères. Dans ces conditions, comment résister à l'envie d'aller voir de plus près ?

Le premier de nous deux a longtemps exercé le journalisme politique, avec vue imprenable sur l'Élysée. Le second guette inlassablement heurts et bonheurs de la nature humaine pour en tirer des histoires qui finissent à l'écran. Pas trop mal placés, en somme, pour raconter la comédie du pouvoir jouée en son palais. Nous avons donc ouvert des portes et des livres, vu et écouté acteurs et témoins, sans idée préconçue, mais avec curiosité et parfois gourmandise. Nous n'avons utilisé ni la brosse ni le fiel pour évoquer ceux que l'Élysée a accueillis, et avons essayé d'aborder, comme dans une flânerie au gré de l'humeur, sans parti pris, chacun des thèmes proposés. Nous avons préféré présenter l'ensemble sous forme d'abécédaire, laissant par là même le choix d'une lecture classique ou ponctuelle, chronologique ou thématique. Sans doute certaines périodes sont-elles privilégiées, peut-être manque-t-il ici une anecdote connue, là un nom ou le rappel d'un événement.

Nous n'avons pas recherché l'exhaustivité. Et, d'ailleurs, sur pareil sujet, comment y prétendre ? Puisse simplement le lecteur prendre plaisir à cette balade au cœur du pouvoir, dans les secrets d'une maison qui suscite toujours chez les Français les sentiments les plus variés, mais sûrement pas l'indifférence.

Patrice DUHAMEL
Jacques SANTAMARIA
Janvier 2012

PALAIS DE L'ÉLYSÉE
REZ-DE-CHAUSSÉE

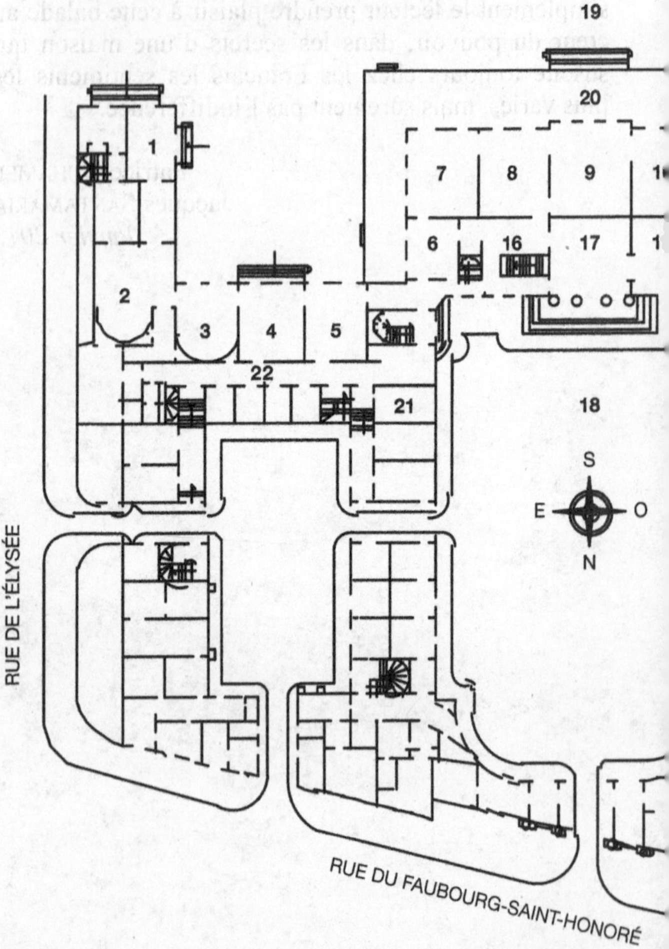

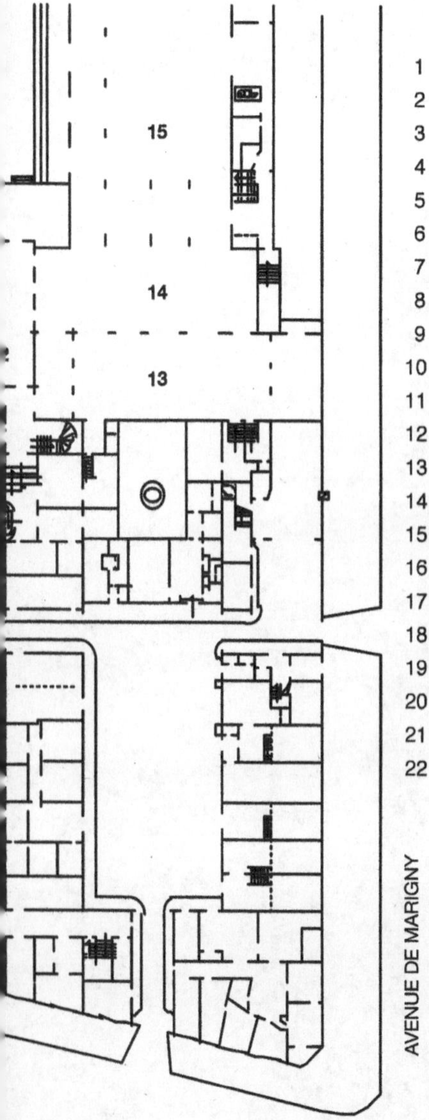

1 Salon d'Argent
2 Salle à manger Paulin
3 Bibliothèque
4 Salon des Fougères
5 Salon des Cartes
6 Salon Cléopâtre
7 Salon des Portraits
8 Salon Pompadour
9 Salon des Ambassadeurs
10 Salon des Aides de camp
11 Salon des Tapisseries
12 Salon Murat
13 Salon Napoléon III
14 Jardin d'Hiver
15 Salle des Fêtes
16 Escalier Murat
17 Vestibule d'Honneur
18 Cour d'Honneur
19 Jardins
20 Terrasse
21 Ancienne chapelle
22 Couloir Madame

PALAIS DE L'ÉLYSÉE
PREMIER ÉTAGE

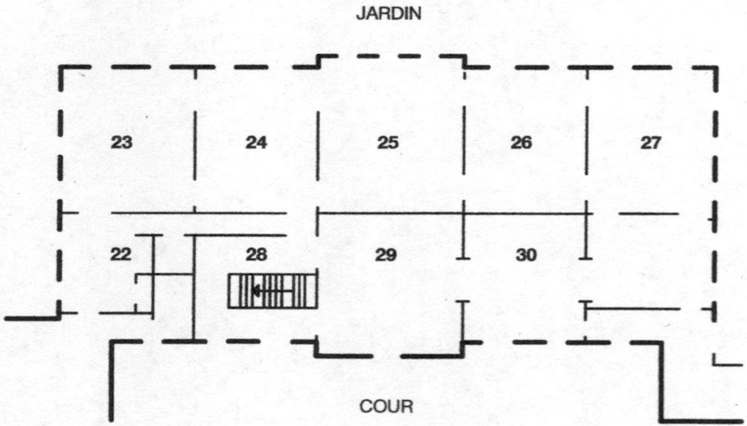

22 Salon des Glaces (ancienne salle de bains de l'impératrice Eugénie)
23 Bureau d'Angle
24 Secrétariat particulier du Président
25 Salon Doré (bureau actuel du Président)
26 Salon Vert
27 Bureau du secrétaire général
28 Escalier Murat
29 Première antichambre
30 Seconde antichambre

Adresse

L'Élysée compte cinq entrées. Deux sur l'avenue de Marigny, une sur la rue de l'Élysée, une autre sur l'avenue Gabriel, plus connue sous son nom de Grille du Coq. L'entrée officielle, marquée par le porche, la loge et la Cour d'Honneur, est située au numéro 55 de la rue du Faubourg-Saint-Honoré, dans le 8e arrondissement de Paris. Le courrier destiné au président de la République est à adresser à ce numéro, dans cette rue.

C'est là, à la loge d'honneur, que Philippe de Gaulle se présente le 10 novembre 1970 à 7 h 30 du matin. Il vient annoncer la mort de son père au président de la République Georges Pompidou, et rappeler que le Général a refusé par testament des obsèques nationales. Philippe de Gaulle dira par la suite n'avoir eu, de la loge, qu'un bref contact téléphonique avec Denis Baudouin, chargé de la communication de l'Élysée, qui refusera qu'on dérange le Président à une heure aussi matinale.

Le faubourg Saint-Honoré est célèbre pour ses boutiques de luxe – haute couture, joaillerie –, ses antiquaires et ses galeries d'art. Située face au Palais, la Galerie de la Présidence est une des plus anciennes du quartier. Pour des questions de sécurité, sensiblement renforcées depuis les attentats de 2015, la circulation des piétons est interdite sur le trottoir qui longe toute la façade. Ce qui n'empêche pas quelques incidents d'éclater sur le trottoir d'en face. En décembre 2013, le directeur d'un petit théâtre parisien, pour protester contre le désengagement de l'État dans l'aide financière dont son théâtre a besoin, coupe la rue du Faubourg-Saint-Honoré et tente, avec sa voiture, de forcer les grilles de l'Élysée. Deux ans auparavant, voulant accomplir son geste devant le lieu-symbole du pouvoir, une sexagénaire tente de s'immoler par le feu face à la loge d'honneur. La circulation automobile est, elle, interdite devant le Palais depuis 2015.

Devant l'entrée sont postées des sentinelles d'honneur de la garde républicaine, en grande tenue – tunique noire, fourragère, shako à plumet rouge. La relève de la garde a lieu toutes les heures, suivant un cérémonial précis, un ballet parfaitement réglé où la garde montante vient remplacer la garde descendante. En montrant quotidiennement les véhicules officiels pénétrant dans la Cour d'Honneur, la télévision a rendu célèbre l'entrée du 55, rue du Faubourg-Saint-Honoré. Le cinéma n'a pas été en reste. En 1966, dans *Comment voler un million de dollars*, de William Wyler, on voit Audrey Hepburn et Peter O'Toole remonter l'avenue de Marigny à bord d'un cabriolet. Le véhicule débouche rue du Faubourg-Saint-Honoré, et Peter O'Toole, faussement innocent, demande ce qu'est cette maison devant laquelle circulent uniformes et plumets. « C'est l'Élysée, c'est là qu'habite le Président », répond Audrey Hepburn, avec cette grâce ingénue qui n'appartenait qu'à elle[1].

Le général de Gaulle n'aimait pas plus la rue du Faubourg-Saint-Honoré que l'Élysée lui-même. De ce côté-là du Palais, aucune perspective, rien qui puisse soutenir le regard – on comprend mieux pourquoi il aurait préféré le château de Vincennes, l'École militaire ou les Invalides. Il y avait surtout, en 1959, une chose qui, si elle avait amusé de Gaulle au départ, avait fini par choquer son regard : une publicité peinte sur la façade de l'immeuble qui faisait face à l'entrée d'honneur. Une « réclame » typique des années 1950, qui vantait en termes définitifs un produit qui ne l'était pas moins : « Attila, un fléau pour les rats ».

Aides de camp (Salon des)

Jouxtant le Salon Murat, le Salon des Aides de camp permet d'accéder à l'enfilade des pièces de réception donnant sur la terrasse et le parc, au rez-de-chaussée du Palais. Cette pièce est principalement utilisée pour des déjeuners et des dîners officiels, lorsque le nombre de convives ne dépasse pas le chiffre, très précis, de vingt-trois. C'est ici que François Hollande a reçu à plusieurs reprises, et en petit comité – jamais plus de

1. Audrey Hepburn tourna, si l'on peut dire, plus d'une fois autour de l'Élysée, puisque dans *Charade*, de Stanley Donen (1963), elle se retrouve au Marché aux timbres de l'avenue Gabriel, à deux pas de la Grille du Coq.

six –, les parlementaires socialistes, et notamment ceux nouvellement élus en 2012.

Quelques présidents choisissent aussi d'y organiser des rendez-vous discrets. Ainsi, Giscard appréciait ce petit salon. Il y organisait quelques cérémonies intimes, notamment pour des remises de décorations personnelles et familiales. Et c'est là qu'il reçut, en février 1980, un Helmut Schmidt fatigué qui, d'un coup, s'effondra, victime d'un malaise (voir : *France-Allemagne*).

Ce salon doit son nom aux aides de camp, non du président de la République, mais de l'Empereur... C'est sous le Premier Empire qu'il fut décidé de cette appellation, hommage aux aides de camp de Napoléon, dont certains devinrent maréchaux, comme Murat, ou généraux, comme Caulaincourt et Junot.

La principale curiosité historique de ce salon, c'est le tapis. Il se trouvait dans la salle du couronnement de l'empereur Napoléon Ier, aux Tuileries. Mais son emblème, l'aigle impériale, a laissé la place aux fleurs de lys royales et au chiffre de Louis XVIII. Là encore, comme assez souvent au Palais, la monarchie cohabite avec l'Empire... et avec la République.

Aujourd'hui, ce Salon des Aides de camp est également une prestigieuse salle d'attente. Lorsqu'une cérémonie est organisée dans la Salle des Fêtes, c'est là que patientent les « VIP » invitées par l'Élysée. Et depuis que le Conseil des ministres a lieu dans le Salon des Ambassadeurs, c'est dans ce salon que les ministres déposent, dans les tiroirs d'un meuble installé chaque mercredi à cet effet, leurs téléphones et smartphones.

Allocutions (et discours)

Certaines années, on en compte jusqu'à mille. Parfois trois ou quatre par jour. Des discours et des allocutions de toute nature. Pour toutes les occasions. Le Président ne peut pas se déplacer, ne peut pas recevoir une délégation ou remettre une décoration sans s'exprimer. C'est son rôle, son statut, sa fonction. Il en use, et en abuse souvent.

Il y a plusieurs sortes de discours présidentiels. Les thématiques, d'abord. Très nombreux, ils sont préparés par les conseillers techniques en charge du dossier concerné. Ils suivent ensuite, sous tous les présidents de la Cinquième, la même filière. À destination du secrétariat général, en passant, selon l'importance du sujet, par le bureau de l'une des « plumes » présidentielles. Il y a réellement une légende autour de ces plumes.

Ces « plumes » préparent les allocutions phares, rédigent les hommages destinés aux personnalités décorées par le Président et visent au cas par cas les projets de discours techniques qui leur sont adressés. Jean Serisé avec Giscard, Erik Orsenna sous Mitterrand, Christine Albanel avec Chirac, Henri Guaino et Camille Pascal de 2007 à 2012, Aquilino Morelle puis Pierre-Yves Bocquet et Pierre-Louis Basse sous Hollande sont les plus récents dans cette fonction à la fois délicate, essentielle et ingrate. Évoquant avec humour et nostalgie la préparation de ces discours présidentiels, Basse parlera « d'une grande machine à laver. Le tambour finissait bien par s'ouvrir, et le président de la République conservait ce qu'il voulait. D'ailleurs, il écrivait lui-même. Et souhaitait souvent avoir le dernier mot[1] ». Parfois, quand même, le nom de leur auteur reste attaché à une intervention majeure.

C'est le cas du « discours du Vél d'Hiv », prononcé par Jacques Chirac le 16 juillet 1995, deux mois après son arrivée à l'Élysée. Le Président prépare l'intervention avec Christine Albanel, auprès de lui depuis 1983. Alors que ses discours sont en général l'objet de discussions collectives avec Dominique de Villepin, son conseiller Maurice Ulrich, le directeur de cabinet Bertrand Landrieu et, bien sûr, l'incontournable Claude Chirac, ils y travaillent à deux, discrètement, conscients que « c'est le moment de dire quelque chose ». Un premier texte est écrit par la future ministre de la Culture. Ils décident, ensemble, d'aller plus loin encore. Ce sera, pour la première fois dans la bouche d'un président en exercice, la dénonciation claire et nette du rôle de l'État français sous l'Occupation. Et cette phrase, qui restera dans l'histoire : « La folie criminelle de l'occupant a été, chacun le sait, secondée par l'État français. La France accomplissait l'irréparable. Manquant à sa parole, elle livrait ses protégés à ses bourreaux. » Dix-sept ans plus tard, François Hollande va plus loin encore. Le 22 juillet 2012, dans un discours de référence, il évoque, à propos de la rafle du Vél d'Hiv, « un crime commis en France par la France ». La veille, il s'est rendu à Bity, dans la propriété corrézienne de Jacques Chirac, pour un entretien discret d'une trentaine de minutes. Une manière de trait d'union politique, au-delà des clivages, sur un chapitre qui marquera durablement l'histoire de France. Deux mois plus tard, le 21 septembre, Hollande enfonce le

1. Pierre-Louis Basse, *Le Flâneur de l'Élysée*, Stock, 2017.

clou. À l'occasion de l'inauguration du mémorial de la Shoah de Drancy, il note avec force que « la raison d'État avait perdu la raison... la lucidité cédant devant l'obéissance ». Un passage qu'il a rédigé seul, avec un soin particulier.

Le plus souvent, les présidents de la Cinquième écrivent eux-mêmes la trame et le plan de leurs discours fondateurs. Les conseillers, les plumes ajoutent un mot, une formule, un argument. Avec quelques exceptions, comme le discours de Dakar prononcé le 26 juillet 2007 par Sarkozy. Selon l'entourage présidentiel, Guaino a travaillé presque seul. La cellule diplomatique, notamment, n'aurait été consultée qu'au dernier moment. Le discours provoque immédiatement des vagues. En particulier la phrase : « L'homme africain n'est pas assez entré dans l'Histoire. » Les autres discours importants de Sarkozy seront donc lus et relus attentivement. Ceux de Toulon, le 25 septembre 2008, puis le 1er décembre 2011 sur la crise financière internationale. Et celui, très controversé, prononcé à Grenoble le 30 juillet 2010, avec ses accents ultra-sécuritaires.

Pompidou, Giscard, Mitterrand. Trois styles, trois écritures, trois personnalités. Le successeur du Général prononce assez peu de discours. Et lorsqu'il le fait, il préfère, après dix ans de lyrisme gaullien, les allocutions consensuelles qui ponctuent ses nombreux déplacements en province. Le plus innovant reste le discours de Chicago, le 28 février 1970. Un texte important sur la politique en faveur de l'environnement, ses enjeux, ses contraintes, ses perspectives. « L'emprise de l'homme sur la nature est devenue telle qu'elle comporte le risque de destruction de la nature elle-même. »

Entre 1974 et 1981, deux discours marquent le septennat giscardien. À l'international, celui prononcé le 18 mai 1976 devant le Congrès américain. Un discours en anglais, diffusé en direct à la télévision française. Dans l'avion qui l'emmène aux États-Unis, VGE enregistre lui-même la traduction en français... en oubliant que des applaudissements allaient l'interrompre régulièrement. À l'arrivée, pendant la retransmission du discours, un décalage de plus en plus grand entre le Giscard parlant en anglais et le Giscard traduisant en français. Impossible à suivre au bout de quelques minutes... L'autre intervention majeure, politique cette fois, c'est le discours du « bon choix », le 27 janvier 1978, à quelques semaines des législatives, à Verdun-sur-le-Doubs. Le Président y annonce que, si la gauche l'emporte, elle gouvernera (voir : *Cohabitation*). Un tournant dans le débat sur les institutions.

François Mitterrand, lui, apprécie les grandes enceintes internationales. Quatre de ses interventions, soigneusement préparées avec Hubert Védrine, restent toujours actuelles. À Cancún, au Mexique, le 20 octobre 1981, il redéfinit l'équilibre nécessaire entre le Nord et le Sud. Devant la Knesset israélienne, le 4 mars 1982, il précise et clarifie la position française sur le Proche-Orient. Devant le Bundestag, le 20 janvier 1983, à l'occasion du vingtième anniversaire du traité franco-allemand, il évoque avec fermeté la sécurité en Europe. Enfin, le 17 janvier 1995, épuisé, il lance devant le Parlement européen à Strasbourg un appel vibrant en faveur de l'accélération de la construction européenne. Un véritable testament. « Ma génération achève son cours, ce sont ses derniers actes, c'est l'un de mes derniers actes publics. Il faut donc absolument transmettre. »

Reste le Général, ses envolées, ses truculences, ses coups de gueule. Une liste, toujours étonnante, de grands discours, parfois provocateurs, et d'allocutions aussi brèves que percutantes. Du célèbre « Je vous ai compris » d'Alger, le 4 juin 1958, au « Vive le Québec libre » lancé à Montréal le 23 juillet 1967. En passant par le discours de la place de la République sur les nouvelles institutions, le 4 septembre 1958, l'intervention sur l'autodétermination algérienne, le 16 septembre 1959, et le stade de Phnom Penh, le 1er septembre 1966, où il insiste, devant près de cent mille personnes, sur la nécessité d'une issue pacifique et négociée du conflit vietnamien. En civil ou en uniforme, devant des foules compactes ou des millions de téléspectateurs, l'orateur de Gaulle observe les mêmes règles. Des phrases courtes qui font mouche, pas trop d'adverbes. À la fois simple et lyrique. Son fils Philippe raconte dans *De Gaulle, mon père* que le Général, très jeune, était allé écouter Jaurès lors d'un passage à Lille, en 1900. Et en avait tiré des leçons. Il écrivait lui-même ses discours, les apprenait par cœur, en répétait des passages à haute voix selon la méthode chère à Flaubert, en inventant aussi souvent que possible les formules susceptibles de marquer l'opinion. Comme ce « quarteron de généraux en retraite », le 21 avril 1961, « le volapuk » ou « la chienlit ». Il a fallu du temps avant de lui faire accepter des interventions pourtant entrées dans l'histoire. « Vous ne voulez tout de même pas que je proclame devant les caméras : Je m'appelle Charles de Gaulle ? » répond-il à Alain Peyrefitte, qui le presse de parler à la télévision quelques jours avant le ballottage de 1965. Ses allocutions télévisées feront date. Elles ont leur rituel. L'équipe technique est toujours la même. L'homme du son, Jean Cécillon, futur patron de la technique à l'ORTF, demande un essai de voix. Invariablement le Général lance les mêmes deux mots : « La France... » Il a un papier sous les yeux, mais ne s'en sert quasiment pas. Un message, une cible. Six à huit minutes, rarement davantage. Un seul enregistrement, sauf exception.

Et puis, dans l'épopée gaullienne, il y a l'allocution du 30 mai 1968, au lendemain de son aller-retour à Baden-Baden (voir : *Disparition*). Quatre minutes trente-deux secondes exceptionnelles, au sens étymologique du terme. Par le choix du média, la radio, comme à Londres vingt-huit ans plus tôt. Par son horaire inhabituel de diffusion, 16 h 30, en plein après-midi. Par l'effet de surprise. Et, comme le révèle Alain Peyrefitte, parce que... quatre versions ont été rédigées de la main du Général. La première, écrite le 29 mai à Colombey, dès le retour de Baden-Baden. La quatrième, corrigée à l'Élysée après un entretien avec le Premier ministre Georges Pompidou. Des points communs, ni démission, ni changement de Premier ministre, ni référendum. Et une différence de taille. Dans les trois premières versions, de Gaulle annonce qu'il ne dissout pas l'Assemblée nationale. Dans la dernière, il change de cap. Et annonce la dissolution. Georges Pompidou a exercé une forte pression dans ce sens, menaçant même de démissionner si cette décision n'était pas prise. Un choix très largement approuvé, vingt-cinq jours plus tard, par un électorat qui lui donne une majorité d'une ampleur exceptionnelle au Palais-Bourbon. Qui savait alors, Pompidou excepté, que de Gaulle avait changé d'avis ?

François Hollande, quant à lui, aime à la fois les discours et leur écriture. Il rédige les plus importants, les corrige, les rature, les modifie jusqu'au dernier moment. Celui qui lui a demandé le plus d'efforts, de recherches historiques et de travail, c'est le discours prononcé fin mai 2015, à l'occasion de l'entrée au Panthéon des grandes figures de la Résistance, Geneviève de Gaulle Anthonioz, Germaine Tillion, Pierre Brossolette et Jean Zay. Restera également dans les mémoires le discours devant le Congrès, le 16 novembre 2015, trois jours après les attentats de Paris et de Saint-Denis. Un rare moment d'unité nationale, avec tous les parlementaires debout, chantant *La Marseillaise*. Quelques jours plus tard, la polémique politicienne reprenait, avec ses excès et ses outrances... Et puis, il y a bien sûr cette allocution de neuf minutes, l'annonce de son renoncement, le 1er décembre 2016. François Hollande y a travaillé seul. Sans doute l'une des interventions les plus étonnantes depuis le début de la Ve République.

Des nombreux discours prononcés dans les premiers mois de son mandat par Emmanuel Macron, deux retiennent l'attention. Le 3 juillet 2017, devant le Congrès réuni à Versailles pour la circonstance, le nouveau chef de l'État présente ses priorités et met l'accent sur les réformes institutionnelles de son quinquennat : modernisation du Parlement, diminution du nombre de députés et de sénateurs, introduction d'une dose de proportionnelle. Treize jours plus tard, le 16 juillet, il préside la cérémonie commémorative de la rafle du Vél d'Hiv. « C'est bien la France qui l'organisa », insiste-t-il, se situant ainsi dans la continuité du Chirac 1995 et du Hollande 2012. Avec, en complément, un avertissement : « Nous ne céderons rien à l'antisionisme car il est la forme réinventée de l'antisémitisme. » À partir d'un canevas écrit par Sylvain Fort, l'un de ses plus brillants conseillers, il a ajouté quelques notes personnelles. Le discours impressionne par sa gravité et sa profondeur.

Dans un tout autre genre, deux allocutions marquent les débuts d'Emmanuel Macron. Le 1er juin, vers 23 heures, dans le Jardin d'Hiver du Palais, il répond en français puis en anglais à la décision américaine de sortir de la COP 21. C'est le fameux « *Make our planet great again* », en référence au slogan de campagne de Donald Trump. Et le 13 juillet, dans le parc du ministère des Armées, il rappelle à l'ordre le général Pierre de Villiers en pleine polémique sur le budget militaire. Dans ces premiers mois de mandat, Emmanuel Macron parle peu. Avec les médias, à l'image de Mitterrand, c'est la stratégie de la rareté. D'où l'importance de ces discours et de ces allocutions. Le Président les travaille avec un soin particulier. Souvent seul, dans le Salon d'Angle qu'il rejoint lorsqu'il a besoin d'un calme particulier (voir *Salon d'Angle*) et à partir des textes écrits par Sylvain Fort.

Le 8 décembre 2017, dans un discours très remarqué, il rend hommage à Jean d'Ormesson, saluant l'homme, « un égoïste passionné par les autres », et l'œuvre, « un antidote à la grisaille des jours ». Le lendemain, c'est à Johnny Hallyday qu'il consacre une courte allocution devant l'église de la Madeleine. « Il était beaucoup plus qu'un chanteur, c'était la vie », note le Président. Un hommage suivi en direct par des millions de téléspectateurs.

Ambassadeurs (Salon des)

13 novembre 2015, au milieu de la nuit. L'histoire retiendra que ce salon a été choisi par les services de l'Élysée pour la dramatique réunion de crise convoquée par François Hollande quelques heures après l'attaque terroriste sur Paris et Saint-Denis.

Depuis avril 2014, c'est là que se réunit le plus souvent le Conseil des ministres. Au lendemain de la nomination de Manuel Valls à Matignon, le président Hollande décide en effet de quitter le Salon Murat pour ce Salon des Ambassadeurs, plus intime et plus propice, selon lui, aux travaux d'une équipe resserrée et compacte. Emmanuel Macron conservera cette nouvelle tradition élyséenne. Une grande table ovale pour une vingtaine de ministres, une petite table pour les deux secrétaires généraux, celui de la présidence et celui du gouvernement : trente minutes à peine suffisent pour adapter le lieu et organiser le Conseil.

Le Salon des Ambassadeurs est situé au milieu du Palais, au rez-de-chaussée, entre le Salon des Aides de camp et le Salon Pompadour. Aussitôt installé à l'Élysée, Mac-Mahon avait pris l'habitude d'y recevoir les lettres de créance des diplomates étrangers, d'où le nom de cette pièce prestigieuse. Sous la IVe, et au début de la Ve République, les différents présidents ont maintenu cet usage. Le général de Gaulle et Georges Pompidou sont les derniers à avoir perpétué la tradition d'accueillir en jaquette les diplomates. François Mitterrand, lui, les recevait par groupes d'une petite dizaine. Nicolas Sarkozy a parfois choisi pour cadre de cette manifestation protocolaire le Salon Vert, à côté du bureau présidentiel. François Hollande a souhaité revenir à un contact plus personnel, en recevant les ambassadeurs l'un après l'autre dans ce salon pendant que leurs collègues patientent dans le Salon Murat.

Comme beaucoup d'autres pièces historiques du Palais, le Salon des Ambassadeurs tient lieu de salle de réception. Les présidents y organisent des déjeuners ou des dîners lorsqu'il y a moins de vingt personnes autour de la table. Ils y accueillent également des visiteurs illustres. C'est ici, le 4 septembre 2007, qu'eut lieu l'échange de cadeaux entre Nelson Mandela et Nicolas Sarkozy. C'est ici également que le pape Benoît XVI fut reçu en 2008. On retiendra, enfin, que c'est dans le Salon des Ambassadeurs que le général de Gaulle enregistra son ultime interview par Michel Droit le 10 avril 1969. Le réalisateur Alexandre Tarta remarqua la lassitude de De Gaulle, et s'efforça de faire en sorte que les éclairages atténuent les traits fatigués du Président. Le Général fut courtois et aimable avec chacun, mais, comme le confia un technicien de l'ORTF : « On voyait bien que de Gaulle lui-même n'y croyait plus [au succès du référendum]. »

Amnistie

Là où la grâce présidentielle commue, remet ou réduit une peine, l'amnistie supprime la condamnation.

Et l'efface même du casier judiciaire. Les présidents s'efforcent d'en limiter le nombre et la portée, tant le caractère autoritaire et individuel de la décision peut s'identifier à un « fait du prince ». Autre différence avec la grâce présidentielle : le chef de l'État peut déclencher une amnistie par simple décret. Mais il peut aussi, et il le fait fréquemment, passer par la loi. Pour provoquer et élargir le débat. Dès lors, c'est à l'Assemblée nationale et au Sénat que les modalités, les contours et le périmètre de l'amnistie sont discutés, et arbitrés.

Sous la Vᵉ République, deux lois d'amnistie restent dans la mémoire collective. La première, promulguée le 31 juillet 1968, concerne les crimes commis en Algérie. Comme pour la grâce accordée au général Salan six semaines plus tôt, c'est sans doute l'une des conséquences de la rencontre de Baden-Baden, le 29 mai 1968, entre de Gaulle et le général Massu. La seconde, du 3 décembre 1982, « est relative au règlement de certaines situations résultant des événements d'Afrique du Nord, de la guerre d'Indochine ou de la Seconde Guerre mondiale ». En clair, il s'agit pour l'essentiel d'amnistier, de réintégrer et de faire accéder à leur pension de retraite huit généraux ayant participé au putsch d'Alger, en avril 1961. Parmi ces survivants, deux des meneurs de cette opération hasardeuse et quelque peu rocambolesque, Jouhaud et Salan. Et six officiers généraux ayant joué un rôle secondaire, voire subalterne. Mitterrand avait annoncé pendant sa campagne présidentielle un geste à destination des rapatriés d'Algérie. Et Mauroy le justifie à la tribune. « Il appartient à la nation de pardonner. » Mais le groupe socialiste se cabre. Son leader, Pierre Joxe, est le fils du gaulliste

Louis Joxe, l'un des principaux négociateurs des accords d'Évian. Vive polémique. Bras de fer avec l'Élysée. Le Premier ministre doit utiliser l'article couperet 49.3 pour faire passer le texte. L'alerte a été chaude.

Il y a enfin les amnisties collectives qui accompagnèrent longtemps l'élection d'un nouveau président. Depuis une vingtaine d'années, elles se réduisent comme peau de chagrin. Jusqu'à, dans un premier temps, ne plus concerner que certaines contraventions de stationnement, avant de disparaître en 2002 selon le souhait de Jacques Chirac, confirmé ensuite par Sarkozy et Hollande. Dans un État que tous les locataires de l'Élysée, et tous les prétendants, promettent exemplaire, il n'y a plus de place pour les passe-droits que symbolisent les amnisties collectives de début de mandat. Avec un arrière-goût monarchique.

Angle (Salon d')

C'était, jusqu'à Emmanuel Macron, l'une des pièces les moins connues de l'Élysée. Et pourtant, elle a enfermé bien des secrets et connu des moments étonnants. Elle se situe donc à l'angle, au premier étage de l'aile est. Ce fut l'ancienne chambre à coucher de Murat, puis de l'impératrice Eugénie avant d'être transformée en bureau. Une pièce toujours discrète, à l'exception d'une première période 1974-1981, lorsque Valéry Giscard d'Estaing y installa le bureau présidentiel. En effet, il ne souhaitait pas occuper le Salon Doré, estimant qu'il s'agissait avant tout d'un lieu historiquement marqué par la présence du général de Gaulle.

Ce salon-bureau dispose de deux entrées, l'une donnant sur le secrétariat particulier du Président, l'autre permettant d'accéder directement aux appartements privés du chef de l'État. Dans *Le Pouvoir et la Vie*, VGE décrit dans le détail ce qui fut donc son bureau pendant ses sept années de mandat : les quatre fenêtres, deux donnant sur le parc, deux sur la roseraie, les murs « recouverts d'une tenture de soie verte », un tableau d'Eugène Delacroix, une écritoire sur laquelle était disposé un livre sur Kennedy, un canapé et deux fauteuils de part et d'autre d'une table basse, « là où le soleil jette sa lumière quand il passe à l'ouest », et, accroché au mur, « un grand graphique, mis à jour chaque quinzaine, qui décrivait l'état d'exécution du budget de la France ». Dans un coin, une porte donne sur une petite pièce dans laquelle se trouve le coffre-fort du Président. C'est là, par exemple, que Giscard conservait soigneusement la lettre de démission écrite, signée et non datée que son Premier ministre Jacques Chirac lui avait remise lors de sa nomination, en 1974.

Après le départ de Giscard, cette pièce d'angle servira de bureau aux plus proches collaborateurs des présidents successifs : André Rousselet avec Mitterrand, les deux directeurs de cabinet de Chirac, puis Henri Guaino sous Sarkozy et Aquilino Morelle avec Hollande jusqu'à son départ forcé, en avril 2014. Durant deux ans, cette pièce n'est affectée à personne. Transformée en salon en 2014, elle sera utilisée avant tout pour des rendez-vous confidentiels ou informels du chef de l'État, et pour des réunions en petit comité. Elle est meublée sobrement : deux canapés et deux fauteuils en cuir autour d'une table basse en verre et une table de travail ovale Knoll en marbre pour huit personnes. François Hollande personnalisera ce salon : une photo de son passage au café du Croissant, le 31 juillet 2014, pour le centenaire de l'assassinat de Jaurès ; une autre prise pendant le discours devant le Congrès, le 16 novembre 2015, trois jours après les attentats de Paris ; un agrandissement de la couverture des Mémoires du footballeur Raymond Kopa ; et, autodérision oblige, un autre, signé Loison, caricaturant Hollande sous un déluge de pluie avec la mention « La flotte tranquille »... Ce Salon d'Angle, où l'on voyait, accrochés aux murs, des portraits de Murat et de l'impératrice Eugénie, était très recherché au Palais. Depuis 2014, il est donc réservé au Président en exercice, ce qui lui permet d'accéder directement à ses appartements privés.

Avec Emmanuel Macron, il devient un second bureau présidentiel. Plus intime, moins solennel, moins marqué par le poids de l'histoire que le Salon Doré, le bureau officiel. Le huitième président de la Cinquième y travaille, rejoignant le Salon Doré pour recevoir des personnalités ou parapher des lois devant les caméras, comme il le fait à plusieurs reprises en 2017, notamment pour le texte sur la moralisation de la vie politique, les ordonnances réformant le code du travail ou la loi de finances 2018. Progressivement, ce Salon d'Angle est profondément transformé : une grande Marianne réalisée par le « street artist » Obey, un tableau d'Alechinsky, un tapis du plasticien Claude Levêque, des fauteuils du designer Patrick Jouin. Plus des objets à fort contenu symbolique, comme ce galet tricolore offert par les familles des victimes de l'attentat de la

Promenade des Anglais. Autant de touches personnelles avec une dominante contemporaine, dans un salon où, jusque-là, le classicisme l'emportait.

Antichambres

Il y en a un peu partout au Palais, là où les visiteurs doivent attendre avant d'être reçus. Mais les deux principales, point de passage impératif dans le protocole élyséen, se trouvent en haut de l'Escalier Murat. Elles mènent au bureau présidentiel ou à sa salle de réunion, le Salon Vert, ainsi qu'au bureau du secrétaire général.

Dans la première antichambre, un samouraï en bronze offert à Jacques Chirac, qui a tenu à le laisser au Palais. Aux murs, jusqu'à l'automne 2017, les portraits des trois présidents de la Cinquième aujourd'hui disparus, Charles de Gaulle, Georges Pompidou et François Mitterrand. Ces tableaux seront envoyés au Mobilier national pour être restaurés avant de rejoindre une pièce du Palais spécialement dédiée.

Jusqu'en 2012, la presse du jour était à la disposition des visiteurs dans la seconde antichambre, meublée Empire. Les restrictions budgétaires ont eu raison de cette attention. C'est un huissier, toujours un garde républicain, avec sa traditionnelle chaîne dorée, qui introduit le visiteur dans le Salon Doré où travaille le Président. Et c'est un garde républicain qui le raccompagnera jusqu'au perron.

Des scènes étonnantes se déroulent souvent dans ces antichambres. Dirigeants fébriles, conseillers dévoués et obséquieux tenant à faire savoir qu'ils viennent voir le Président, ministres angoissés, amis souriants, sportifs, artistes et animateurs de télévision sous Sarkozy, journalistes politiques sous Hollande. Émotion avant le rendez-vous. Satisfaction ou inquiétude après. Si le chef de l'État raccompagne son visiteur, et plus encore s'il descend avec lui, hors du protocole, jusqu'au perron, le signe, positif, ne trompe pas. Une entrevue présidentielle, passé ces deux antichambres, c'est toujours un moment qu'on n'oublie pas...

Appartements privés

Ils sont aussi secrets que le PC Jupiter, d'où l'on peut commander les forces nucléaires. Secrets, ces appartements privés, car il convient impérativement, au Palais, de préserver l'intimité du Président, de sa famille et de ses proches. Secrets parce que, contrairement aux apparences et aux souhaits de certains médias, la vie privée du chef de l'État y est préservée. Au premier étage de l'Élysée, à l'aile est, il y a là un appartement d'environ deux cent cinquante mètres carrés. Un mobilier choisi par le président en exercice, trois chambres, un grand salon et une salle à manger, des pièces réservées au personnel affecté au « service privé » du chef de l'État et de sa famille. Un grand appartement bourgeois du 7e ou du 16e arrondissement de la capitale. Chic, vaste, confortable. Mais rien à voir avec les appartements privés, luxueux et rutilants, de la Maison Blanche ou du Kremlin.

Certains présidents y ont apporté leur touche personnelle. D'autres n'ont quasiment touché à rien. C'est le cas du général de Gaulle et de sa femme. Ils vivent au Palais, dans la sobriété et l'économie, payant eux-mêmes toutes les factures et les dépenses personnelles et familiales. Leur vie est parfaitement réglée. Lever tôt ; départ du Président pour son bureau vers 9 h 30 ; déjeuner de travail. Et, vers 17 h 30, trois fois par semaine, le Général retrouve ses appartements pour prendre le thé avec Yvonne pendant trente à quarante-cinq minutes[1]. Un dimanche sur deux, la famille vient déjeuner dans cet appartement, « un peu mieux qu'un lieu de garnison militaire[2] ».

Les successeurs vont y apporter de vrais changements. Georges et Claude Pompidou découvrent « une salle à manger banale, un salon aux fauteuils désuets[3] ». Ils y font entrer, comme ailleurs au Palais, l'art contemporain, Paulin, Agam, Lalanne, Sonia Delaunay et Nicolas de Staël, comme ils avaient fait entrer Soulages et Braque à Matignon quelques années plus tôt. Anne-Aymone et Valéry Giscard d'Estaing, qui aime s'y retirer pour jouer du piano, habitent assez rarement cet appartement, peu adapté à une vie de famille avec leurs quatre enfants adolescents. Ils reviennent cependant à une décoration et à un aménagement plus classiques. VGE aime « le bureau de Louis XV, recouvert de velours noir... qui décorait le "cabinet à pans" de Versailles » et « le joli tableau

1. Claude Dulong, *La Vie quotidienne à l'Élysée au temps de Charles de Gaulle*, Hachette, 1974 ; et Yves de Gaulle, *Un autre regard sur mon grand-père Charles de Gaulle*, Plon, 2016.
2. Yves de Gaulle, *ibid.*
3. Alain Pompidou, *Claude*, Flammarion, 2016.

de Mozart en habit bleu assis devant son clavecin[1] ». Mais, globalement, il n'a aucune empathie pour cet appartement. « Je n'en aimais pas l'odeur, renfermée, comme moisie, sauf dans les pièces où le soleil pénètre, celles qui donnent au sud sur un petit jardin carré et sur le parc. Quand je me réveillais, j'avais du mal à identifier l'endroit où je me trouvais[2]. »

Dans la dernière période de sa vie, où il souffre trop pour changer de lieu, François Mitterrand dort plus souvent quai Branly, où il rejoint Anne et Mazarine, qu'au Palais. Avec lui, retour à du mobilier et à une décoration contemporains. Philippe Starck notamment va apporter son concours. Quant au couple Chirac, le plus présent à l'Élysée depuis le général de Gaulle, il fera exécuter des travaux dans les pièces situées au deuxième étage, sous les combles du Palais, de l'autre côté, à l'ouest. Ce sont les anciens appartements dits « du roi de Rome », le fils de Napoléon Ier. Cent trente mètres carrés environ, qui seront rénovés par l'architecte d'intérieur et designer Alberto Pinto. Claude Chirac et son fils Martin y dormiront parfois. Nicolas et Cécilia, Nicolas et Carla : les couples Sarkozy résideront assez peu au Palais, dans ces appartements privés. C'est surtout le week-end qu'ils y seront présents, afin de réunir les familles recomposées. Après son mariage avec Carla, Nicolas préfère la maison de sa femme, dans le 16e arrondissement.

2007. François Hollande et sa compagne, Valérie Trierweiler, font savoir très vite qu'ils choisissent

---

1. Valéry Giscard d'Estaing, *Le Pouvoir et la Vie*, Compagnie 12, 1988.

2. *Ibid.*

de demeurer dans leur appartement du 15e arrondissement, malgré les contraintes de la sécurité dans un vaste immeuble ouvert à tous les vents. C'est la période de la présidence « normale ». Tout change formellement le samedi 25 janvier 2014. La rupture est officiellement annoncée. Dès lors, Hollande s'installe à l'Élysée. Plus simple, plus facile pour travailler, plus commode, plus logique au regard des nécessités de la sécurité. Comme vis-à-vis du Palais dans son ensemble, le Président est assez indifférent au décor et aux installations. Il se considère davantage encore que ses prédécesseurs tel un locataire de passage. Il apprécie l'exceptionnelle qualité des personnels civils et militaires. Mais il ne veut pas se laisser enfermer par le protocole et ses pesanteurs. Il sort souvent, seul ou avec Julie Gayet. Les soirées qu'il passe dans les appartements privés, c'est essentiellement pour travailler. Comme il le ferait dans n'importe quel autre appartement privé.

Quelques jours après l'investiture, Brigitte et Emmanuel Macron quittent leur appartement de la rue Cler, dans le 7e arrondissement, et s'installent au Palais. Pour des raisons évidentes de sécurité, la décision s'impose. Peu de changements visibles dans les mois qui suivent. Quelques repas familiaux. Le nouveau président travaille souvent très tard, dîne rapidement avec sa femme vers 23 heures avant de reprendre ses dossiers. Assez tôt le matin, Emmanuel et Brigitte rejoignent leurs bureaux. Et quand ils se retrouvent dans la journée, c'est le plus souvent dans ces appartements privés qu'ils semblent avoir rapidement adoptés.

Arbre de Noël

Chaque année, vers le 15 décembre, ils sont plusieurs centaines à franchir la porte du Palais et à entrer, émerveillés, dans la Salle des Fêtes totalement aménagée et décorée pour la circonstance. Selon les années, selon les présidents, ils sont six à sept cents. Ce traditionnel arbre de Noël présidentiel, rappelle Georges Poisson dans *L'Élysée. Histoire d'un palais*, est né en 1889. Sadi Carnot est président. Sa femme, Cécile, est sensible au sort des enfants déshérités. La grande Salle des Fêtes vient d'être inaugurée, à l'occasion de l'Exposition universelle de Paris. Cécile Carnot suggère donc d'organiser un « Noël des enfants pauvres », auquel se joindront les enfants du personnel. L'idée est retenue et ne sera jamais abandonnée. Aucun des dix-neuf successeurs de Sadi Carnot ne dérogera à la règle. Mais après le vote de la loi de 1905 sur la séparation de l'Église et de l'État, cette cérémonie ne sera jamais organisée le jour de Noël, le 25 décembre.

Sous la Cinquième, les présidents en font souvent un rendez-vous très médiatisé. Le Général, toujours en uniforme à cette occasion, et « Tante Yvonne », qui participe au choix des cadeaux et à la préparation des spectacles, marionnettes et dessins animés, reçoivent les enfants avec bonhomie et simplicité. Pompidou, pour son premier arbre de Noël, le 18 décembre 1969, fait applaudir les clowns et les magiciens. Le 6 décembre 1972, ce seront Mireille Mathieu et Henri Salvador. Et en 1973, il invitera Danièle Gilbert et les Charlots. Spectacle sur la petite scène de la Salle des Fêtes. Musique et chœur de la garde républicaine.

Grand goûter. Distribution de cadeaux par le couple présidentiel. Au fil des années et des présidents, la tradition reste bien présente. Avec, parfois, des innovations. Ainsi, Giscard est le premier président à participer lui-même au spectacle. En 1974, il reçoit Nounours, la star de « Bonne nuit les petits ». Le premier des Français se montre curieux de savoir par quel moyen de locomotion Nounours est arrivé jusqu'à l'Élysée... Giscard récidivera l'année d'après en accompagnant Claude François au piano et en fredonnant *Douce nuit* avec lui. Une image culte. Ensuite, il y aura Casimir, le héros de « L'Île aux enfants », une autre star du petit écran, puis, en 1977, de nouveau Mireille Mathieu et les Petits Chanteurs à la Croix de Bois. Sous Mitterrand, quelques années plus tard, on choisit... le Grand Orchestre du Splendid ! *La Salsa du démon* emplit la Salle des Fêtes : « Oui, je suis Belzébuth, je suis un bouc, je suis en rut. Oui, oui, oui, je vis dans l'ordure, je pue la sueur et la luxure... » Surprise. Choc des cultures. Et des générations. Tout autre style en 1984 avec Annie Fratellini, l'héritière d'une grande famille de clowns. Quelques mois avant son départ, en 1994, c'est un Mitterrand épuisé qui distribue les cadeaux avec Danielle. Et qui, très touché, en reçoit de la part des enfants.

Entre 2008 et 2011, le spectacle sort des murs du Palais et s'installe dans une grande salle parisienne, Mogador ou l'Olympia. Davantage d'enfants peuvent être invités. Ils applaudissent des numéros de cirque, des comédies musicales, *Mozart l'opéra rock* ou *Roméo et Juliette*, la troupe du *Roi Lion*, Grégoire et Christophe Maé. Depuis une vingtaine d'années, le choix des invités répond à un équilibre tant social que politique : un tiers d'enfants du personnel de l'Élysée, deux tiers d'enfants issus de familles en difficulté. Parmi eux, des orphelins, des enfants malades, ou des victimes de catastrophes (l'usine AZF et la grande tempête de 1999 sous Chirac, en 2010 les inondations de Draguignan et la tempête Xynthia). La Cour des comptes, en 2011, a chiffré le coût de l'arbre de Noël : environ 335 000 euros. Soit environ 350 euros par enfant.

Le 15 décembre 2012, le premier arbre de Noël de François Hollande se déroule dans un contexte très particulier. La veille, à Newton, dans le Connecticut, vingt jeunes enfants ont été victimes d'une effroyable tuerie dans leur école primaire. À l'Élysée, le lendemain, l'ambiance est donc plutôt sobre. Les médias ne sont pas présents quand le Président vient retrouver les six cents enfants invités. Parmi eux, des enfants de policiers et de militaires morts en service. D'autres viennent de Corrèze. Pour des raisons budgétaires, le spectacle hors du Palais a été annulé. Du coup, cet arbre de Noël coûtera deux fois moins cher qu'en 2011. Désormais, le spectacle offert aux enfants fait l'objet d'un appel d'offres, et donc d'une mise en concurrence. Les stars ont disparu. Et les cadeaux ont tous une vocation pédagogique et éducative. Une curiosité en 2013 : Valérie Trierweiler danse quelques instants avec Brahim Zaibat, célèbre finaliste de l'émission « Danse avec les stars », invité du jour en compagnie du chanteur Matt Pokora. C'est le 13 décembre 2017 que Brigitte et Emmanuel Macron assistent à leur premier arbre de Noël élyséen. Plus de cinq cents enfants sont présents, dont les petits-enfants du couple. Et, pour assurer l'ambiance, le groupe des Kids United, partenaire de l'UNICEF. Emmanuel Macron s'attardera longuement avec les enfants. Mickey et Minnie seront les vedettes du jour.

N'oublions pas un autre arbre de Noël... Le sapin, dressé dans la Cour d'Honneur du Palais dès le début décembre. En général un Nordmann haut de neuf mètres, très longuement élevé dans une plantation française, fréquemment le Morvan, afin de respecter le souci d'écoresponsabilité. Au lendemain des fêtes, ce gigantesque sapin est recyclé en compost après broyage. Dans un souci d'économie, les guirlandes sont garnies d'ampoules basse consommation. Et, en 2017, écologie oblige, le sapin du Morvan sera transporté depuis la Seine sur un plateau tiré par des chevaux. Même à Noël, la politique n'est jamais bien loin.

Arbres

« L'arc et l'arquebuse me furent donnés comme délassement [...] et il n'y eut point d'arbre dans les plus longues allées du jardin de l'Élysée qui ne portât la cible, percée juste, aux plus grandes distances, par mes flèches et mes balles. » Qui parle ainsi ? Alfred de Vigny. Enfant, il logea avec ses parents à l'Élysée, à l'époque (entre 1801 et 1805) où le Palais avait été découpé en appartements. Les jardins étaient à la disposition des locataires, et les arbres faisaient la joie des enfants.

Le parc de l'Élysée compte aujourd'hui une centaine d'espèces d'arbres : des chênes, des hêtres, des marronniers, des érables (du Japon), de majestueux platanes datant d'avant 1789. L'arbre le plus haut est précisément un de ces platanes, qui domine le parc de ses quarante mètres. Sa circonférence à un mètre du sol est de cinq mètres vingt. Mais cette longévité est exceptionnelle. Car il en va des arbres comme des présidents. Ils disparaissent et d'autres les remplacent. Un nouveau chêne a été planté sous le quinquennat de François Hollande. On peut aussi admirer un magnolia blanc datant du second septennat de François Mitterrand, dont la passion pour les arbres était connue. Une gravure représentant un arbre trônait même sur la cheminée du Salon Doré, à côté de la photo de ses grands-parents. Le général de Gaulle aussi aimait les arbres. Yves de Gaulle s'adresse à son grand-père dans son livre *Un autre regard*, paru en 2016 : « Quel besoin aviez-vous de tant sentir, voir et entendre les arbres qui s'enfoncent si loin et vont si haut, mais différemment, selon chacun, comme les hommes ! » Chez le Général comme chez François Mitterrand, ce ne sont pourtant pas les arbres de l'Élysée qui ont leur préférence. Les leurs sont ailleurs, dans la forêt des Dhuits, celles du Morvan ou d'Aquitaine, à La Boisserie ou à Latche. Mais on aurait pu relever sous la plume de ces écrivains une phrase comme « Je suis attaché à mes arbres [...]. Je les connais tous par leurs noms, comme mes enfants ; c'est ma famille ». Ainsi parlait Chateaubriand, que de Gaulle et Mitterrand admiraient[1].

Une bonne partie des arbres de l'Élysée a vu passer tous les présidents depuis le début du XXe siècle. Certains troncs se souviennent peut-être encore que

1. Chateaubriand, *Mémoires d'outre-tombe*, livre premier.

Paul Deschanel les considérait avec intérêt (voir : *Deschanel Paul*). La santé mentale du Président donnait de sérieux signes de défaillance qui se traduisaient, entre autres, par un irrépressible besoin de grimper aux arbres. Ce fut le cas une première fois en juin 1920 à Rambouillet, où l'on avait envoyé le Président se reposer après son « accident » du train Paris-Montbrison. De retour à l'Élysée le mois suivant, Deschanel reçoit deux visiteurs et leur propose de faire quelques pas dans le parc. Il abandonne soudain la promenade et se précipite sur un marronnier qu'il tente d'escalader en imitant le cri du corbeau.

Trois ans plus tôt, à l'été 1917, le parc du Palais avait été le théâtre d'un étrange incident. Henriette Poincaré, l'épouse du prédécesseur de Deschanel, prenait un peu de repos sous les frondaisons quand surgit devant elle... un magnifique chimpanzé. L'animal appartenait à un particulier, un diplomate voisin de l'Élysée. Le singe tenta rien de moins qu'un enlèvement, en prenant dans ses bras la présidente et en l'entraînant dans un arbre (un tilleul, victime depuis d'une tempête). Les hurlements d'Henriette alertèrent les gardes, qui délivrèrent l'infortunée, capturèrent le singe et le renvoyèrent dans sa cage. L'aventure fit grand bruit à l'Élysée. Mais elle ne fut connue que bien plus tard à l'extérieur du Palais, car, en temps de guerre, Raymond Poincaré interdit que cette inoffensive version de *King Kong* fût ébruitée.

Argent (Salon d')

Il y a un parfum de mystère autour de cette pièce où la petite et la grande histoire se sont croisées. Un peu à l'écart, donnant directement sur le parc, à l'est du Palais, le Salon d'Argent est l'un des lieux les plus étonnants de l'Élysée. Peu accessible, puisque faisant partie des appartements privés, ce salon avait été décoré en 1807 pour la propre sœur de Napoléon Ier, Caroline, l'épouse du prince Murat. Tout, ou presque, évoque l'argent et la richesse dans cette pièce retirée : la table basse, le bureau, les broderies, les chaises, et la pendule, qui représente le char de la Fidélité conduit par l'Amour... C'est sans doute la pièce du Palais la plus chargée d'histoire.

Napoléon Ier y signe son abdication le 22 juin 1815 après la défaite de Waterloo (une copie de l'acte d'abdication y est d'ailleurs conservée) ; Félix Faure y est victime d'un malaise mortel alors qu'il « s'entretient » avec sa maîtresse en 1899 ; et entre ces deux événements, Louis Napoléon Bonaparte y étrangle la République. Nous sommes le 1er décembre 1851. Comme tous les lundis depuis l'élection de Louis Napoléon à la présidence de la République, il y a bal au Palais. Peu avant 23 heures, le ministre de la Guerre, le préfet de police, le chef de cabinet se rendent discrètement dans le Salon d'Argent. Ils y sont bientôt rejoints par le duc de Morny, qui arrive de l'Opéra. Enfin Louis Napoléon, accompagné de son fidèle Mocquard, fait son entrée. Il a quitté ses invités du bal et il a l'air calme. Il extirpe une petite clé de sa poche, ouvre le tiroir d'un secrétaire, et en sort un dossier sur lequel on peut lire le mot « Rubicon ». C'est l'ensemble du dispositif en vue du coup d'État, qui aura lieu dans la nuit, et que Morny a soigneusement supervisé. « Messieurs, j'ai confiance », dit Louis Napoléon. Il peut. Abattre la République est devenu une spécialité chez les Bonaparte. Ainsi, à trente-six ans de distance, dans ce même Salon d'Argent, l'oncle renonçait à être empereur et le neveu lançait son coup d'État pour le devenir.

Le général de Gaulle n'aimait pas cette pièce. Il y voyait, selon ses propres termes, les vestiges d'un « lupanar », référence évidente à Félix Faure, et, plus grave encore à ses yeux, le souvenir d'une humiliation. Quand il lui arrivait, très exceptionnellement, de la faire visiter à ses hôtes, il ne pouvait s'empêcher d'évoquer l'abdication de Napoléon et ajoutait : « Après quoi il partit se livrer aux Anglais... et il eut bien tort ! » Dans l'histoire gaullienne et élyséenne, il y a ce vendredi 25 avril 1969 en début d'après-midi. Le Général a compris que le référendum qui aura lieu deux jours plus tard lui sera fatal. Il quitte donc le Palais convaincu qu'il n'y reviendra jamais. Son dernier geste sera étonnant. Au lieu de monter dans la DS noire au pied de la terrasse, côté jardin, et de sortir par le chemin à la droite du parc, comme il le fait d'habitude, il donne deux instructions exceptionnelles : sa voiture l'attend devant le Salon d'Argent, qu'il a pourtant en horreur, et il demande que le véhicule emprunte l'allée de gauche. Exactement, au détail près, ce qu'avait fait Napoléon Ier en quittant l'Élysée après son abdication... 1815-1969 : à cent cinquante-quatre ans de distance, Napoléon et de Gaulle se rejoignaient dans la défaite, l'une acquise, l'autre annoncée. Et ils quitteront l'Élysée – définitivement – de la même manière.

Aujourd'hui peu utilisé, exceptionnellement visité à l'occasion des Journées du patrimoine, le Salon d'Argent devint le bureau du président Vincent Auriol sous la IVe République, puis fut longtemps occupé sous Jacques Chirac par Jérôme Monod. Ce conseiller politique de toute confiance pouvait y recevoir discrètement. Nombre de décisions, de nominations, de petits calculs et de grands desseins furent d'abord évoqués dans ce salon. Une véritable alcôve politique... Durant l'été 2012, cette pièce de légende devint pendant quelques semaines le lieu des visioconférences présidentielles, le temps de terminer les travaux dans la salle traditionnellement prévue à cet effet.

Article 49.3

C'est l'arme fatale, le couperet institutionnel qui permet au gouvernement de faire passer un texte de loi en évitant le feuilleton interminable de l'obstruction et de ces batailles d'amendements qui embourbent les débats à l'Assemblée nationale. Si le général de Gaulle a tenu à l'inscrire dans la Constitution de la Ve République, si la plupart de ses successeurs l'ont largement utilisé, c'est que l'article 49 alinéa 3 symbolise la prééminence de l'exécutif et tranche avec les errements et les excès de la Quatrième, dominée par l'instabilité permanente. Il s'agit de sortir d'une impasse ou d'un blocage. Lorsque cet article est utilisé, quand le Premier ministre engage la responsabilité de son gouvernement, seul le vote d'une motion de censure peut s'opposer à l'adoption du texte. Le déclenchement du 49.3 par le Président et le chef du gouvernement a donc une vertu à la fois dissuasive et opérationnelle. Bien entendu, tous ceux qui l'ont utilisé l'avaient auparavant contesté, et parfois violemment, quand ils étaient dans l'opposition. Mais au bout du compte, c'est un instrument utile et efficace. Aveu d'échec ou de faiblesse pour certains, arme constitutionnelle nécessaire pour d'autres, il a été utilisé quatre-vingt-huit fois à ce jour depuis 1958. Et à chaque reprise, c'est au Palais, dans le bureau du Président puis autour de la table du Conseil des ministres, que la décision est formellement et juridiquement arrêtée.

De Gaulle-Michel Debré. Le couple est uni. Le premier Premier ministre du Général est un modèle de fidélité et de loyauté. C'est donc ensemble, sans aucun état d'âme, qu'ils décident d'inaugurer l'article 49 alinéa 3. Ils le déclencheront quatre fois, en particulier sur la force de dissuasion. Avec son nouveau chef de gouvernement, Georges Pompidou, le Général y aura encore recours à quatre reprises. En revanche, sous trois présidences, de juin 1967 à octobre 1976, plus de neuf années durant, de la fin du second mandat du Général jusqu'à l'arrivée de Raymond Barre à Matignon en remplacement de Chirac, Giscard étant à l'Élysée, aucun 49.3. Il faudra la fronde permanente des chiraquiens du RPR contre le tandem VGE-Barre, et notamment la guérilla sur le budget, pour que l'arme institutionnelle soit de nouveau enclenchée : huit utilisations sous Giscard, de 1976 à 1981. Ce sera fait sept fois sous Mitterrand et Pierre Mauroy, sur les nationalisations et l'école privée par exemple, quatre avec Fabius Premier ministre. Arrive la première cohabitation, en 1986, et ses conflits permanents entre Chirac et le président socialiste. À huit reprises, le maire de Paris obtiendra le feu vert de Mitterrand en Conseil des ministres pour engager sa responsabilité dans la foulée du 49.3.

Par la suite, le feuilleton sur cet article connaîtra, comme en parallèle, le sort des gouvernements en difficulté : vingt-huit fois utilisé, un record absolu, sous Mitterrand et Rocard, avec une majorité en équilibre instable et un président jouant un double jeu avec l'hôte de Matignon ; huit fois (en dix mois) avec Édith Cresson ; trois avec Bérégovoy et une avec Balladur, en cohabitation, sur les privatisations. Chirac s'installe à l'Élysée en 1995, et le 49.3 reste à l'ordre du jour : Juppé le déclenche à deux reprises, tout comme Raffarin, et Villepin une fois, sur le CPE, ce fameux contrat première embauche qui ne verra jamais le jour en raison de la contestation des lycéens et des étudiants. Il faudra attendre Hollande et Valls, en 2015, pour voir réapparaître cet article, sur la loi Macron d'abord, sur la loi Travail, à trois reprises, ensuite. « Voilà, c'est fait », lâche Valls en souriant à Myriam El Khomri tandis qu'il rejoint le banc du gouvernement, le 5 juillet 2016, après avoir déclenché la foudre pour la cinquième fois depuis son arrivée à Matignon. Cinq mois plus tard, au début de sa campagne des primaires socialistes, le même Manuel Valls proposera de supprimer le 49.3, sauf pour la loi de finances. On l'a compris : le 49.3 est devenu un enjeu politique, un motif de manifestations de toutes natures. Salué par certains, violemment rejeté par d'autres, contesté, selon les sondages d'opinion, par une majorité de l'opinion.

Depuis la réforme constitutionnelle de juillet 2008, sous le règne de Nicolas Sarkozy, l'utilisation du 49.3 est relativement limitée. Le gouvernement ne peut désormais y recourir qu'une seule fois par session parlementaire, hors texte budgétaire et financement de la Sécurité sociale. Au fil des ans, et notamment pendant le débat enflammé sur la loi Travail, le 49.3 est devenu un sujet sensible, presque explosif. Et pourtant, au gré des présidents et des majorités, il restera sans doute longtemps une pièce maîtresse des institutions. Une arme politique essentielle dans la main des hôtes de l'Élysée, quelles que soient leur sensibilité et leurs convictions.

Artistes

La présence d'artistes autour du roi était en France une tradition à laquelle la République n'a pas dérogé. Louis Napoléon Bonaparte recevait volontiers les artistes à l'Élysée. Écrivains comme Prosper Mérimée, musiciens, et de nombreuses cantatrices dont il faisait le plus souvent ses maîtresses. Au début du XXe siècle, le président Émile Loubet invite régulièrement son ami Camille Saint-Saëns à s'installer au piano. Armand Fallières, lui, se plaît à convier le sculpteur Auguste Rodin. C'est dire que les artistes font partie, depuis toujours, de la vie quotidienne du Palais. Il y a ceux qui, jusqu'en 1980 (voir : *Théâtre*), se produisent à l'occasion d'événements exceptionnels, les dîners d'État notamment. Dans la Salle des Fêtes, devant Vincent Auriol, Line Renaud se souvient avoir chanté *La Madelon*, entourée de gueules noires venues tout spécialement des mines et des corons du Nord. En compagnie d'André Malraux, de Gaulle aime à recevoir les têtes d'affiche des arts et des lettres. Il les invite chaque année, tous ensemble, au début du mois de décembre. On y croise Bourvil, de Funès, Gabin, Blier, et naturellement ceux qui militent chez les gaullistes, comme Simone Valère ou Pierre Dux. On y voit aussi la danseuse Ludmila Tcherina, dont de Gaulle apprécie particulièrement le charme. Dans son livre *Vous avez dit Serrault ?*, Michel Serrault évoque ces réceptions où Jean Poiret et lui furent souvent conviés. Paul Meurisse, autre habitué, redoutant le caractère imprévisible des deux compères, essayait de se mettre à l'écart : « Ne restez pas près de moi ! On va serrer la main du Général ! C'est pas le moment de déconner ! » Michel Serrault raconte le défilé des artistes devant de Gaulle et Malraux, les entrées en matière du Président, « J'admire beaucoup ce que vous faites » ou « Ravi de vous voir », et cette fois où le Général lui lança : « Nous nous connaissons bien, cher ami »...

Avec Georges Pompidou, les amis artistes sont très nombreux à avoir leur rond de serviette au Palais : Françoise Sagan, Guy Béart, Jacques Chazot, Jean-Claude Brialy, Maurice Béjart, Pierre Boulez, Pierre Soulages. Le Président les reçoit aussi chez lui, dans l'île Saint-Louis. Sa femme apprécie leur compagnie. Un souvenir particulier, tout à la fois savoureux et émouvant : le 11 février 1974, Pompidou est épuisé, affaibli par la maladie qui le ronge et l'emportera six semaines plus tard. Il organise pourtant, comme chaque année, un dîner qui réunit tous les membres du gouvernement. Et il invite Thierry Le Luron à clore la soirée. L'imitateur se moque sans réserve de plusieurs ministres. Témoignage d'Édouard Balladur, alors secrétaire général de l'Élysée[1] : « Celui-ci [Georges Pompidou], très détendu, s'amuse aux dépens de ceux dont il connaît les ambitions et les intrigues qui lui compliquent la tâche, comme s'il avait chargé Thierry Le Luron de leur faire publiquement la leçon en les incitant au respect des convenances. Dans la salle, tout le monde ne riait pas, certains trouvant peut-être que le spectacle franchissait à leur détriment les limites du bon goût. Moment cruel, digne d'une tragédie. »

Giscard, quant à lui, adore le théâtre. Chaque année, le 2 février, il a l'habitude d'y fêter son anniversaire en famille. Il connaît bien certaines de ces têtes d'affiche, Jean Piat par exemple. Il aime aussi inviter des écrivains. Le plus proche est Jean d'Ormesson, qu'il connaît depuis longtemps. L'humour pétillant et ravageur de « Jean d'O » l'amuse. La culture encyclopédique de l'académicien, qu'il a connu au lycée, l'impressionne. Il écoute aussi, plus ou moins attentivement selon les moments, ses conseils politiques, souvent avisés.

Mitterrand aime les livres, mais un peu moins les écrivains contemporains. Il les voit peu. Et préfère la compagnie d'artistes de variétés, surtout des femmes. Barbara, Juliette Gréco, Dalida, mais aussi Catherine Ribeiro et Georgette Lemaire, qu'il fera curieusement rentrer au Conseil économique et social. Sa belle-sœur Christine Gouze-Rénal, son beau-frère Roger Hanin,

1. Édouard Balladur, *La Tragédie du pouvoir*, Fayard, 2013.

Jack Lang et Pascal Sevran lui organisent des rencontres et des déjeuners très courus. Comme Pompidou, Mitterrand s'intéresse de près aux artistes contemporains. À sa demande, Jack Lang charge Philippe Starck de coordonner des travaux de modernisation du Palais. Jean-Michel Wilmotte et le peintre Gérard Garouste y participent. Opération artistique réussie. Mais il n'y a ni inauguration ni communication particulière. Le gouvernement présente au même moment un plan de rigueur. Ce n'est pas le moment de parler de dépenses qui pourraient être jugées superflues. Pour avoir présenté ses travaux élyséens dans *Paris Match*, Gérard Garouste se fait gentiment taper sur les doigts. Les artistes n'ont pas toujours le dernier mot à la présidence.

Pour Jacques Chirac, c'est surtout l'amitié qui compte. Sa fille Claude et Line Renaud, l'amie de toujours, s'occupent de ce réseau de fidèles. Et ce sont surtout des habitués que l'on croise au Palais de 1995 à 2007. Gregory Peck, présent à l'Hôtel de Ville le jour de la victoire, en 1995, Vincent Lindon, que Chirac aime comme un fils, Michèle Laroque, Muriel Robin, parfois Johnny Hallyday, Pierre Palmade ou encore Patrick Sébastien. Ils sont de chaque fête (voir : *Cour d'Honneur*). Fidèles parmi les fidèles. Toujours prêts à inventer des facéties pour détendre leur ami. Comme ce jour de week-end où, à l'occasion de son anniversaire, ils l'attendent en tenue de soirée, robe longue et smoking, dans le noir, derrière la porte de la bibliothèque. Accompagné par sa fille Claude, qui organise la surprise et l'entraîne dans cette pièce sous un faux prétexte, il arrive, en jean, tee-shirt et pantoufles, et les découvre, hilares. Ce soir-là, la fête est spécialement chaleureuse et réussie.

Avec Nicolas Sarkozy, il y a les courtisans, très intéressés par l'appui que le Président peut leur offrir auprès des patrons de la télévision, et les vrais amis. Beaucoup d'artistes de variétés le connaissent de longue date, parmi lesquels Johnny Hallyday. Enrico Macias et Mireille Mathieu, qui l'accompagne à la Concorde le soir de son élection, ainsi que Faudel et Doc Gynéco. Didier Barbelivien, dont Sarkozy connaît presque toutes les chansons par cœur, Sardou, Bigard, qu'il emmène au Vatican avec lui, sont de ses proches. Et parmi les intimes, Christian Clavier, Marie-Anne Chazel, Jean Reno, le comédien Vincent Pérez et sa femme, Karine Silla. Grâce à Carla, le Président élargit sensiblement son cercle d'amis artistes. Il découvre ceux qui sont plutôt proches de la gauche, comme Julien Clerc et Louis Bertignac. Il voit régulièrement sa belle-sœur, Valeria Bruni-Tedeschi. Il se rapproche des milieux du cinéma. Et précise ainsi, à l'approche de la campagne de 2012, son profil. Et son image. Sans effet. La plupart des artistes choisiront de soutenir François Hollande. Parmi les plus actifs, Bernard Murat et Jean-Michel Ribes, deux amis de longue date du nouveau président.

Bien avant de connaître Julie Gayet, Hollande s'intéresse aux artistes. De 2012 à 2017, il multipliera les projections au Palais (voir : *Cinéma*) et les dîners avec nombre de personnalités du cinéma et du théâtre : outre Murat et Ribes, il voit assez souvent Pierre Lescure, dont il soutient la nomination à la tête du Festival de Cannes, Fabrice Lucchini, Vincent Lindon, Philippe Torreton, Dominique Besnehard. Ce dernier, producteur de la série télévisée à succès de France 2 *Dix pour cent*, sera présent à un dîner organisé au

Palais avec quelques comédiens de cette série, dont Julie Gayet et JoeyStarr en compagnie du réalisateur Cédric Klapish.

Et puis, comme l'avait déjà fait Mitterrand en emmenant Sophie Marceau dans un déplacement en Corée du Sud, Hollande se fait accompagner, lors d'un voyage officiel aux Philippines consacré à la lutte contre le réchauffement climatique avant la COP 21, par deux artistes passionnées par le sujet, Marion Cotillard et Mélanie Laurent. Des artistes au service d'une cause universelle, c'est désormais une réalité souvent encouragée à l'Élysée.

Avant même leur installation au Palais, Brigitte et Emmanuel Macron rencontrent fréquemment des artistes qui sont devenus des amis proches. Line Renaud, Pierre Arditi et Évelyne Bouix, François Berléand, Erik Orsenna, Fabrice Lucchini et Romain Goupil en font notamment partie. Ils sont présents à La Rotonde, la grande brasserie de Montparnasse, lors de cette soirée controversée du premier tour de la présidentielle. Le plus proche du couple, c'est l'écrivain Philippe Besson. Il est aux côtés du candidat et de son épouse pendant toute la durée de la campagne et en fera un livre, *Un personnage de roman*[1]. Et il continuera de voir régulièrement le Président et la Première dame après leur installation au Palais.

1. Philippe Besson, *Un personnage de roman*, Julliard, 2017.

Ascenseur

Installé sous Vincent Auriol en 1947, logé derrière l'Escalier Murat, il dessert les quatre niveaux du Palais – sous-sol, rez-de-chaussée, premier et deuxième étage. Il a longtemps été réservé au Président, qui, en principe, devait y être accompagné par un aide de camp. L'usage de l'ascenseur s'est au fil du temps largement démocratisé. Les visiteurs et collaborateurs du Palais l'utilisent aujourd'hui quotidiennement. Depuis 2015, les personnes handicapées l'empruntent systématiquement, notamment lors des visites pour les Journées du patrimoine. La crainte, malgré les soins apportés à l'entretien et à la maintenance, c'est la panne. Tous les présidents en ont connu au moins une, qui, fort heureusement, s'est révélée brève. Le général de Gaulle sort en grognant de l'ascenseur immobilisé pendant quelques minutes. Georges Pompidou profite de l'incident pour allumer une cigarette. François Mitterrand ne manifeste aucune mauvaise humeur et remercie les pompiers du Palais.

L'ascenseur, lieu clos par excellence, peut aussi être propice aux conversations, voire aux confidences. À la fin des conférences de presse, lorsqu'il regagnait son bureau au premier étage, il arrivait à de Gaulle de laisser tomber une phrase de commentaire lorsqu'il était satisfait de sa prestation. Mais pour son aide de camp François Flohic, le moment le plus émouvant s'est déroulé le vendredi 25 avril 1969. Le Général vient de terminer l'allocution qui sera diffusée le soir même, à deux jours du référendum fatal. L'enregistrement, raconte l'aide de camp, a eu lieu « dans une atmosphère de gravité jamais atteinte, presque de recueillement, de tous les membres de la maison présents ». Dans l'ascenseur qui les ramène au premier étage, de Gaulle pose à Flohic cette simple et terrible question : « Ça ira comme sortie ? » Preuve que le Général savait la cause perdue et son départ de l'Élysée inéluctable.

Fin décembre 1994, autre moment de grande émotion, résonnant lui aussi comme un adieu, raconté par le réalisateur Serge Moati[1]. François Mitterrand, qui doit enregistrer sa dernière allocution de vœux pour 1995, demande que Moati le rejoigne dans les appartements privés. Le Président est alité, à bout de forces, mais désireux de délivrer son ultime message aux Français. Moati aide Mitterrand à se préparer, puis le Président lui demande de l'accompagner. Au moment où l'ascenseur arrive au rez-de-chaussée, Mitterrand prend la main de Moati et la serre longuement, accompagnant son geste d'une émouvante et simple phrase : « Merci, mon Serge. » Profondément bouleversé, le réalisateur voit le Président s'éloigner, tête haute, marchant droit, jusqu'au salon où seront enregistrés les vœux. Quelques minutes plus tard, face à la caméra, François Mitterrand lancera : « Je crois aux forces de l'esprit, et je ne vous abandonnerai pas. »

Au commencement

Que voit-on à l'emplacement de l'Élysée en 1718 ? Un terrain maraîcher de près de dix hectares comme il

1. Serge Moati, *30 ans après*, Seuil, 2011.

en existe beaucoup dans cette partie bordant le chemin du Roule. On y a depuis longtemps fait pousser des citrouilles et des courges, comme en témoigne le nom du lieu : le marais des Gourdes. Henri-Louis de La Tour d'Auvergne, comte d'Évreux, petit-neveu de Mazarin, se décide d'autant mieux à faire bâtir à cet emplacement un hôtel particulier qu'il peut utiliser la dot de sa très jeune épouse, laquelle présente l'avantage d'être fille de banquier. L'architecte Mollet construit ainsi le futur Élysée, pour l'instant hôtel d'Évreux, du nom de son propriétaire. La construction s'achève en 1720. Le comte renvoie alors son épouse chez elle, et coule dans son bel hôtel des journées agréables, entouré de femmes plus ou moins légères, dont il regrette au passage qu'elles lui coûtent aussi cher. Il meurt en 1753, paralysé et l'esprit en charpie.

Jeanne-Antoinette Poisson, plus connue sous le nom de marquise de Pompadour, achète l'hôtel d'Évreux malgré le voisinage qui la traite de « putain du roi ». C'est son frère Abel, marquis de Marigny – il donnera son nom à l'avenue bordant le Palais –, qui y réside le plus clair du temps. La marquise y vient peu, car c'est à Versailles que les choses se passent. Elle avait voulu faire de cet hôtel un « pied-à-terre » parisien, qui lui aurait permis de voir plus souvent sa fille Alexandrine. Mais la jeune fille meurt en 1754, dix ans avant sa mère. La Pompadour aimait surtout le parc – à l'époque bien plus vaste – où elle jouait les bergères. Aujourd'hui, une sculpture de François-Xavier Lalanne, représentant un mouton, nous rappelle, au détour d'une allée, le souvenir de la favorite du roi. C'est à Louis XV, précisément, que la Pompadour lègue l'hôtel d'Évreux en 1764. Il ne sait pas quoi en faire. Pourquoi pas le garde-meuble royal ? Neuf années durant, on entreposera.

Le banquier Nicolas Beaujon achète l'hôtel particulier en 1773. Lui aussi se passionne pour les jardins, où il crée une rivière. Après les moutons, les cours d'eau et les cascades sont à la mode. La vie est douce pour qui a de l'argent. Spéculateur avisé et généreux mécène, Nicolas Beaujon n'en manque pas, non plus que de jolies femmes, qu'il exhibe chaque soir au cours de somptueux dîners. Les conseils de tempérance prodigués par son médecin Bouvard n'étant pas suivis, Beaujon meurt d'une crise de goutte en 1787, après avoir invoqué Nicolas, saint patron de sa corporation.

Louis XVI, à qui Beaujon avait vendu l'hôtel d'Évreux, est aussi embarrassé que son aïeul Louis XV. Quoi en faire ? Une acheteuse se présente : sa cousine Bathilde d'Orléans, duchesse de Bourbon. Louis XVI lui cède pour deux fois moins cher qu'il l'avait acheté. Bathilde trouve à l'Élysée-Bourbon, nouveau nom du Palais, le refuge qu'elle cherchait après avoir été répudiée par le fils du prince de Condé, son mari, dont elle a un fils, le futur duc d'Enghien. Fantasque, passionnée, et pour tout dire un peu folle, Bathilde découvre l'occultisme et fait de son hôtel – qu'elle baptise l'Élysée – l'endroit le plus fréquenté par les adeptes du surnaturel. Le sulfureux Messmer (premier du nom à fréquenter le Palais) y donne d'étranges consultations. Peut-être parce qu'elle affiche d'ardentes convictions révolutionnaires, Bathilde sauve sa tête de justesse, pendant que la Convention s'empare de l'Élysée pour y installer l'Imprimerie nationale. Ce que les sans-culottes n'avaient pas fait – le saccage des lieux –, les imprimeurs et leurs machines vont s'en charger. Bathilde d'Orléans est autorisée en janvier 1797 à se réinstaller à l'Élysée. En septembre, le Directoire l'expulse, et l'ancien hôtel d'Évreux est vendu à la famille Hovyn qui en fait un café-concert et parc d'attractions avant la lettre. On y déguste, dit la chronique, les meilleures glaces de Paris, la meilleure bière et les meilleurs champagnes, on y danse (bal masqué tous les soirs), on se presse aux tables de jeu et aux billards. Dans les jardins, on trouve « balançoires, courses dans l'eau, jeux champêtres ». On y fait même du théâtre avec cavalcade de Polichinelles, Arlequins, Isabelles, Gilles, Colombines, Pierrots, tambourins, grelots et feux de Bengale. Bien que les clients puissent obtenir des chambres s'ils le demandent discrètement, les bonnes affaires n'ont qu'un temps, et la fille des Hovyn finit par louer l'Élysée découpé en logements. Parmi les locataires, un comte, une comtesse et leur très jeune fils, le futur poète Alfred de Vigny, qui évoquera ce séjour dans ses *Mémoires inédits*.

En août 1805, criblée de dettes, l'héritière Hovyn n'a d'autre solution que de donner congé aux locataires et de vendre cet Élysée-Bourbon, transformé en lunapark sous le nom de « Hameau de Chantilly ». Les acheteurs ont du répondant : le maréchal Murat et son épouse, Caroline, sœur de l'empereur Napoléon Ier. L'hôtel est profondément transformé. On crée un escalier d'honneur, une salle de bal – les Murat en donnent au moins un par semaine –, on refait les salons, et, parmi eux, celui qu'on appelle aujourd'hui le Salon d'Argent, boudoir préféré de Caroline, où Napoléon signera son abdication en 1815, et où son neveu Louis Napoléon fomentera son coup d'État en 1851. C'est dire si l'endroit convenait aux Bonaparte. L'insupportable

Caroline, qui ne cesse de réclamer à son frère une couronne, se fait également aménager une magnifique chambre où elle ne reçoit pas que son mari, d'autant que celui-ci est fréquemment absent. Caroline jette son dévolu, non sans calcul politique, sur le général Junot, qui n'en peut mais, sans compter qu'il se fait tancer par l'Empereur. Metternich succède à Junot dans le lit élyséen de Madame Sœur.

Devenue enfin reine (de Naples) en 1808, Caroline Murat peut abandonner l'Élysée à son frère Napoléon, qui n'attendait que cela (voir : *Napoléon Ier*).

Après l'abdication de Napoléon en juin 1815, l'Élysée est occupé par le tsar Alexandre, sorti victorieux de la longue campagne de Russie, avant que Wellington, vainqueur de Waterloo, ne vienne y loger pendant quelques semaines. La Russie puis l'Angleterre chez elles à l'Élysée, c'était bien la dernière humiliation que pouvait subir Napoléon. Ces ultimes épisodes d'une défaite sans gloire ont pesé leur poids dans le peu de considération que de Gaulle avait de l'Élysée.

En 1816, Louis XVIII règne sur la France. Il installe dans l'ancien hôtel d'Évreux, redevenu l'Élysée-Bourbon, son neveu le duc de Berry, héritier du trône, et sa frêle épouse, la princesse Marie-Caroline de Bourbon-Sicile. C'est un jeune couple qui vit de manière moderne pour l'époque. Les bals et réceptions sont l'ordinaire de la vie au Palais, malgré les grossesses difficiles de la duchesse, et surtout le fait qu'aucun héritier mâle ne vient assurer la pérennité du trône de France. Le 13 février 1820, le duc de Berry est assassiné lors d'une soirée à l'Opéra, par l'antimonarchiste Louvel.

Tout comme leurs aïeux Louis XV et Louis XVI se demandaient ce qu'ils allaient faire de l'Élysée,

Louis XVIII, puis Charles X se trouvent plus embarrassés que ravis d'avoir ce Palais sur les bras. De 1820 à 1848, l'Élysée servira donc de résidence aux souverains hôtes de la France.

En 1848 naît la IIe République. Elle se dote d'un président qu'elle envoie vivre à l'Élysée (voir : *Bonaparte Louis Napoléon*). La suite est dans ce livre...

Auriol (Vincent)

À l'annonce de l'élection de Vincent Auriol, Léon Blum ne peut retenir ses larmes. Ce 16 janvier 1947, au Congrès réuni à Versailles, le vieux chef serre dans ses bras le nouveau président, tout aussi ému. Enfin un socialiste à l'Élysée[1] ! Auriol a soixante-trois ans. Avocat, journaliste, la politique a pour lui peu de secrets. Élu député de Haute-Garonne en 1914, il est ministre des Finances dans le gouvernement du Front populaire. En 1940, il vote contre les pleins pouvoirs à Pétain. Il est arrêté, s'évade et rejoint de Gaulle en 1943. C'est un tempérament, et même un caractère.

---

1. Rappelons que, jusqu'en 1965, le président de la République n'est pas élu au suffrage universel (exception faite de Louis Napoléon Bonaparte en 1848, où cependant seuls les hommes pouvaient voter), mais par les députés et sénateurs réunis en Congrès à Versailles. L'usage protocolaire voulait que le président nouvellement élu fît – par le chemin de fer, en voiture à chevaux puis automobile – le trajet Versailles-Élysée, si possible sous les acclamations d'une foule qui ne connaissait même pas son visage.

Son bel accent du Sud-Ouest, son abord cordial, sa chaleureuse intelligence le rendent rapidement populaire.

À l'Élysée où il s'installe en cette mi-janvier 1947, Vincent Auriol succède à... des fantômes. Car depuis juin 1940, le Palais est vide de tout chef d'État. L'amiral Darlan y a bien séjourné quelque temps, mais Auriol est surtout soulagé de constater que les années d'Occupation n'ont pas endommagé les bâtiments. L'intérieur est vieillot et poussiéreux, les jardins à l'abandon, mais l'essentiel a été préservé. Le nouveau président et son épouse Michelle en profitent pour lancer d'importants travaux de rénovation et de modernisation. On commence par démolir l'horrible verrière, dite « la cage aux singes », qui défigure la façade donnant sur la Cour d'Honneur. On refait les cuisines, on installe un ascenseur et, en empiétant sur le Salon Pompadour, on aménage un monte-charge qui dessert le vestiaire désormais au sous-sol. Au premier étage, on transforme les salons en « appartements royaux », destinés aux souverains et chefs d'État en visite en France. Mais on oublie quelques détails : la reine Juliana des Pays-Bas, première à occuper les lieux, s'étonne de l'absence d'un coffre où ranger ses bijoux...

Rompant avec la tradition de la IIIe République qui faisait de l'actuelle bibliothèque le bureau présidentiel, Vincent Auriol s'installe dans le Salon d'Argent. Là, il travaille intensément, demandant à être tenu informé de tous les dossiers en cours, recevant en permanence ministres, parlementaires, acteurs de la vie économique. Il s'efforce de jouer un vrai rôle politique, et dispose à cet effet de conseillers de qualité. Il a d'autant plus de mérite à s'épuiser à la tâche que la Constitution de la IVe République a restreint les prérogatives du Président, qui dispose de moins de pouvoirs que ses prédécesseurs de la Troisième... Vincent Auriol saura habilement contourner la situation en s'imposant en tous lieux et toutes occasions comme celui qui veille à l'équilibre du pays. « Si je dois être seulement un monsieur représentatif en habit et cordon rouge, que l'on prenne un danseur mondain ! » dit-il, avec un franc-parler qui ne déplaît pas. Auriol fait preuve de courage et de ténacité alors que la situation politique, sociale et économique est tendue : de Gaulle fonde le RPF, les communistes sont exclus du gouvernement, les grèves se multiplient, le franc est dévalué, l'Indochine devient un bourbier et les ministères se succèdent. Paul Ramadier, Robert Schumann, André Marie, Henri Queuille, Georges Bidault, René Pleven, Edgar Faure, René Mayer, Joseph Laniel occupent successivement le poste de président du Conseil. Ils sont mis en minorité, démissionnent, reviennent, repartent, se remplacent. Les Français ont du mal à suivre. Qui dirige le gouvernement ? Qui détient le pouvoir ? Une anecdote, racontée notamment par Merry Bromberger dans *Le Roman de l'Élysée*, est révélatrice. Un jour de mars 1952, vers 4 heures du matin, un homme coiffé d'un chapeau sonne à la loge de l'Élysée, au 55, rue du Faubourg-Saint-Honoré.

— Le Président m'attend. Je suis le président du Conseil.

Habitués à voir des illuminés se prétendant empereur des Français ou roi des Carpates, les gardes l'éconduisent gentiment en l'assurant que le Président sera incessamment informé. L'homme au chapeau s'en va attendre dans sa voiture et revient au bout de vingt minutes.

— Enfin, que se passe-t-il ? Le Président a été prévenu de mon arrivée ?

— Ne vous inquiétez pas.

— Mais je dois le voir immédiatement ! Je vous répète que je suis le président du Conseil !

Comprenant qu'il n'y avait rien à faire, l'homme au chapeau s'en retourne. Place de la Madeleine, il trouve un café ouvert, demande un jeton de téléphone et appelle le Palais. Dix minutes plus tard, le président du Conseil Antoine Pinay (c'était bien lui) franchissait le porche de l'Élysée et pouvait enfin exposer à Vincent Auriol une idée qui allait faire son chemin : un emprunt...

À l'Élysée, Vincent Auriol mène une vie de famille rythmée par les réceptions et les nombreuses missions de représentation. Son épouse Michelle est une parfaite maîtresse de maison, soucieuse de faire du Palais un endroit élégant, à la française, avec des touches de modernité. Elle déploie une intense et généreuse activité d'aide sociale. Paul Auriol, leur fils, est secrétaire général adjoint de la présidence, et vit au Palais avec ses deux enfants et sa femme, Jacqueline, laquelle est aussi célèbre que son beau-père le Président. Aviatrice de renom, Jacqueline Auriol est la première en Europe à franchir le mur du son sur Mystère II le 15 août 1953.

Cette même année 1953, Vincent Auriol ne cache pas son désir d'abandonner l'Élysée. Sept ans, ça suffit. Il n'a ménagé ni ses forces ni son temps, et s'il s'avoue épuisé, sans doute aussi est-il déçu par cette IVe République dont il aura été le premier président. Il quitte l'Élysée renforcé dans l'idée que les calculs et arrangements politiciens ne font pas une politique. Et que la France a besoin d'un exécutif qui ne soit pas réduit à la représentation. En mai 1958, Vincent Auriol n'accepte de quitter sa retraite que pour aller exprimer cette conviction au seul homme qui la partage : de Gaulle.

Automobiles

Il y a aujourd'hui soixante-quinze voitures à l'Élysée. Plus celles du Président. Certaines, une quinzaine, sont affectées personnellement aux collaborateurs les plus proches et les plus importants. Les autres font partie d'un pool, chacun en ayant l'usage en fonction des possibilités. Un grand garage, qui sert également d'atelier pour les réparations, se trouve en sous-sol, avec deux entrées. L'une dans le Palais, côté Marigny, l'autre, très discrète, rue du Cirque. Tous ces véhicules font le plein d'essence à l'Élysée même, la présidence disposant de ses propres réserves de carburant. Plus de la moitié de ces voitures roulent au gazole. Depuis quelques années, à l'occasion d'un achat ou du remplacement de véhicules, la gamme est revue à la baisse dans un souci d'économie. Et chaque nouvelle voiture respecte à la lettre les dispositifs de défense de l'environnement. La présidence doit donner l'exemple. Les voitures du Président sont ainsi alimentées en biocarburant, composé à 30 % de colza et à 70 % de gazole. Bien entendu, l'Élysée roule français. Avec un équilibre entre les grandes marques, Renault, Peugeot et Citroën.

Entre les différents modèles, la bataille est féroce. Depuis des années, le choix des voitures du Président est un enjeu industriel réel. Affaire de prestige, d'affichage et de reconnaissance. En 1913, Raymond Poincaré est le premier président à utiliser une vraie voiture officielle. Il la choisit lui-même, un coupé Panhard et Levassor que les visiteurs ont pu admirer le 20 septembre 2009, exposé dans la Cour d'Honneur du Palais à l'occasion des Journées du patrimoine. Le 6 mai 1931, c'est à bord d'une Renault décapotable de quarante chevaux, entourée de spahis, que Gaston Doumergue arrive à l'inauguration de l'Exposition coloniale. À la fin de la Quatrième, les historiens de l'automobile se souviennent de la Talbot de Vincent Auriol et de la célèbre Traction avant de René Coty. Les six premiers présidents de la Cinquième alternent entre les trois grandes marques. De Gaulle et sa DS fétiche, dont il pense qu'elle contribue à lui sauver la vie au Petit-Clamart, et qui a été aménagée spécialement pour sa grande taille ; Pompidou et sa Citroën SM, mais qui continue parfois à rouler en Porsche près de sa maison de campagne d'Orvilliers ; VGE et sa 604. Pour Mitterrand, qui préfère Renault, R25 et Safrane. Chirac et sa Citroën C6. Chacun dispose en réalité de plusieurs voitures, équipées de dispositifs particuliers en matière de sécurité et de télécommunications. Comme Sarkozy, avec ses deux véhicules présidentiels, une Renault Vel Satis et une Citroën C6. Plus une seconde C6 en cas de panne ou de révision. Le système de blindage est aussi solide que confidentiel, l'aménagement intérieur assez sophistiqué. La Vel Satis est surtout utilisée à Paris, la C6 essentiellement en région. Ces deux voitures, ornées d'un fanion tricolore quand le déplacement est officiel, se trouvent toujours, dans ces circonstances, au milieu d'un important cortège. Motards de la garde républicaine, voitures de police officielles ou banalisées, deux-roues rapides et très mobiles. Le dispositif est secret (voir : *Sécurité*) et impressionnant. Même allégé dans un premier temps, il reste significatif avec François Hollande et sa DS 5 hybride, qui illustre la volonté d'agir pour le développement durable. C'est une DS7, un SUV doté d'un toit ouvrant, que choisit Emmanuel Macron en mai 2017. Avec le huitième président de la Cinquième, la voiture officielle reste une incontestable vitrine industrielle. Quels que soient désormais les véhicules présidentiels, la sécurité reste omniprésente. Dallas et l'attentat contre Kennedy ont montré la vulnérabilité d'une protection trop légère. Et la multiplication des attentats terroristes rend cette sécurité incontournable.

On terminera sur une anecdote rapportée par Pierre Lefranc, qui fut le chef de cabinet de De Gaulle. Au milieu des années 1960, le Général est en déplacement officiel en province, et, selon la tradition, le maire de la ville visitée vient prendre place à côté du président de la République dans sa voiture. De Gaulle n'a pas été averti que le système d'ouverture du toit de la DS est désormais commandé électriquement, quand le chauffeur le déclenche, pour permettre au Général de se mettre debout et de saluer la foule. De Gaulle marque sa surprise.

— Vous avez là une voiture très pratique, monsieur le maire.

Le maire ne sait comment réparer la méprise.

— Mais... cette voiture est la vôtre, mon général...

Croyant à un cadeau aussi inattendu que faramineux, de Gaulle coupe court.

— Il n'en est pas question, monsieur le maire !

Bardot (Brigitte)

Une des manifestations préférées du général de Gaulle était la réception des artistes que l'Élysée donnait chaque année, et qui permettait au président de la République de se faire présenter les grands noms « de la scène et de l'écran », comme on disait alors. En parfait ordonnateur de la soirée, André Malraux supervisait la liste des heureux élus.

Trentaine épanouie, fracassante de beauté, Brigitte Bardot, la plus grande vedette du cinéma français depuis la fin des années 1950, est invitée en 1967, en compagnie, notamment, de Raymond Devos, Annie Girardot et Jean-Paul Belmondo. Le Général ne l'a encore jamais rencontrée, et pourtant il la connaît bien. Pour lui, elle est d'abord Babette, qui s'en va-t-en-guerre dans le film de Christian-Jaque, projeté à l'Élysée fin 1959. Brigitte Bardot y incarne une jeune fille que les événements de 1940 entraînent dans une folle aventure et transforment en héroïne de la Résistance. Au jeune capitaine (joué par Jacques Charrier, futur mari de BB) qui lui annonce qu'il part à Londres rejoindre le général de Gaulle, elle demande : « Qui c'est, celui-là ? » Réponse : « C'est lui qui distribue les billets de retour pour la France. » Au début du film, un bras où brillent des galons de général apparaît derrière un fauteuil et décroche le téléphone... Signes prémonitoires d'une rencontre qui devra encore attendre quelques années.

En 1965, de Gaulle, grand amateur de cinéma, apprécie particulièrement *Viva Maria*, le film de Louis Malle, qui réunit BB et Jeanne Moreau. En cette année 1967, il faut donc que le destin s'accomplisse. Bardot apparaît à l'Élysée dans une tenue de soirée qui fait voler en éclats tous les codes des réceptions officielles, où la robe longue est de rigueur. Elle porte un pantalon noir surmonté d'une tunique ornée de brandebourgs – Malraux parlera d'« un pyjama à brandebourgs ». Ainsi vêtue, BB séduit les uns et choque les autres. Le Général, lui, ne s'offusque pas, qui l'accueille en ces termes : « Ah, c'est vous ! De loin je vous avais prise pour un militaire ! » Il lui dit en phrases élégamment tournées combien il a apprécié ses films, et, à propos de *Babette s'en va-t-en guerre*, ajoute : « Si la réalité et la fiction n'avaient fait qu'une, j'aurais effectivement aimé vous avoir dans mon régiment ! »

L'instant est doublement historique. Car à cet instant se trouvent face à face les deux Français vivants les plus connus au monde. De Gaulle avait d'ailleurs fait quelque temps auparavant cette confidence patriotique un peu drue : « Brigitte Bardot rapporte à la France plus que la Régie Renault ! »

Quoi qu'il en soit, en ce soir de 1967, le charme opère de part et d'autre. On en trouve la traduction deux ans plus tard, lorsque le buste de Marianne, qui orne toutes les mairies de France, prend les traits de Brigitte Bardot, sous les doigts du sculpteur Aslan, et par la volonté d'un certain Général...

Brigitte Bardot n'en a pas fini pour autant avec les présidents de la République. Elle abandonne le cinéma en 1974 et se consacre à la défense de la cause animale à la tête de sa fondation. À ce titre, elle convainc Valéry Giscard d'Estaing d'engager la France dans le combat contre le massacre des phoques. François Mitterrand la reçoit à l'Élysée le 16 octobre 1984.

L'année suivante, il la fait chevalier de la Légion d'honneur. Elle dédie cette distinction « aux animaux qui souffrent ». C'est avec Jacques Chirac que le courant passe le mieux. À quelques jours de la fin de son second mandat, Brigitte Bardot lui adresse une lettre pour le remercier de sa décision d'imposer l'embargo sur les produits issus de la chasse aux phoques. Elle l'appelle « cher Jacques » et l'assure de sa fidèle amitié.

Début 2013, BB écrit à François Hollande, qui va aussitôt saisir de l'affaire le ministre de l'Agriculture, pour s'émouvoir du sort de deux éléphantes malades à Lyon. S'adressant à la presse, et en pleine affaire Depardieu, BB menace de prendre, elle aussi, la nationalité russe si ces pachydermes sont euthanasiés. Comme elle l'a fait sous Sarkozy, elle demandera à plusieurs reprises à Hollande d'intervenir dans son combat contre les abattages rituels. Et après avoir vivement combattu Emmanuel Macron pendant la campagne présidentielle, BB lui demande très vite après son investiture un rendez-vous pour parler de la condition animale. Icône du cinéma sous de Gaulle, militante ardente de la défense des animaux sous Hollande puis Macron, Brigitte Bardot, à cinquante ans de distance, reste décidément une singulière interlocutrice pour les présidents de la Ve République.

Bibliothèque

Les photos officielles de Charles de Gaulle, Georges Pompidou, François Mitterrand et Nicolas Sarkozy y furent réalisées, Valéry Giscard d'Estaing, Jacques

Chirac et François Hollande ayant, eux, préféré l'air et l'espace du parc, et Emmanuel Macron le Salon Doré (voir : *Photo officielle*).

Cette pièce de l'aile est du rez-de-chaussée était à l'origine une chambre à coucher, occupée notamment par la duchesse de Bourbon. Napoléon Ier et Napoléon III y dormirent, avant que ce dernier n'en fasse une bibliothèque, transformée sous la IIIe République en bureau présidentiel. C'est là que Mac-Mahon fait à un visiteur cette étonnante confidence : « La fièvre typhoïde, on en meurt ou elle vous laisse idiot. Je sais ce que c'est, je l'ai eue » ; là que Félix Faure rend officiellement son dernier soupir après son « malaise » dans le Salon d'Argent, et que Paul Deschanel signe « Napoléon » certains des actes officiels qui lui sont soumis.

Les présidents de la Cinquième, ou leurs épouses, apportèrent à ce lieu d'importantes modifications. Ainsi, Pompidou en fit un fumoir, à côté de la salle à manger totalement redécorée par Pierre Paulin. Son successeur, VGE, demanda à son arrivée que cette pièce retrouve son usage et son mobilier d'origine.

Bernadette Chirac appréciait tout particulièrement le lieu, proche de son bureau. Elle y déjeunait très fréquemment avec son mari ou ses amis. Cette pièce en rotonde est souvent utilisée comme une petite salle de réception, plus intime que les grands salons proches, et a parfois servi de décor aux interviews télévisées des présidents.

Les ouvrages soigneusement classés et rangés dans cette bibliothèque témoignent d'un choix éclectique, à l'appréciation des occupants successifs. Mais les changements sont quasiment invisibles. On essaye de modifier le moins possible l'ordre des livres, dans le souci de présenter un décor « raccord » avec celui des portraits officiels des présidents réalisés dans ce lieu. Les grands classiques côtoient des œuvres plus contemporaines et quelques surprises. Ainsi, au milieu des grandes signatures, un livre de Jacques Bardoux, le grand-père de Giscard. Côté classiques, l'éventail est à la fois large et traditionnel : Balzac, Zola, Vigny, Flaubert, Diderot, Hugo (avec quinze ouvrages), Lamartine, Montesquieu, Molière, Pascal, Racine, Rimbaud, Rostand, Tocqueville, Sainte-Beuve ou Saint-Simon. Plus près de nous, Blum, Bernanos, Claudel, Malraux, Proust, Bergson, Anatole France et Clemenceau. Bien sûr, les *Mémoires de guerre* du général de Gaulle, et ceux de Churchill. Et un ouvrage signé... Philippe Pétain, *La Bataille de Verdun*, écrit en 1929. On ignore sous quel président il a été choisi. Sans doute avant 1940.

Bonaparte (Louis Napoléon)

Comment Louis Napoléon, « l'homme aux yeux ternes et indéfinissables », selon Eugène Manuel, officiellement fils de Louis Bonaparte et neveu de Napoléon Ier[1], parvient-il à se faire élire – au suffrage universel de surcroît, mais seuls les hommes avaient le droit de vote – premier et unique président de la

1. Les résultats de l'étude sur l'ADN de Napoléon III ont été communiqués à la fin de l'année 2013 et concluent que Louis Napoléon Bonaparte n'était pas le fils biologique du frère de l'Empereur. La suspicion existait depuis la naissance même de Louis Napoléon...

IIe République ? Son parcours jusqu'en décembre 1848 le fait apparaître comme un personnage instable et intrigant. Exilé comme tous les Bonaparte après 1815 (il n'a que sept ans), Louis Napoléon est élevé en Suisse par sa mère, Hortense de Beauharnais. Se considérant seul héritier du bonapartisme après la mort du fils de l'Empereur (le duc de Reichstadt, en 1832), il se lance dans des conspirations qui le conduisent en prison, puis en exil à Londres. La chute de Louis-Philippe permet son retour en France, et la grave crise économique que traverse le pays lui ouvre les portes de l'Assemblée. À ce nouveau député qui porte un nom illustre, et qui déclare : « Nul plus que moi n'est dévoué à la défense de l'ordre et à l'affermissement de la République », le suffrage universel peut-il refuser l'Élysée ? Louis Napoléon y entre le 16 décembre 1848 à l'âge de quarante ans – il a été élu haut la main le 10 décembre président de la République pour quatre ans non rééligible.

L'Élysée qu'il retrouve – il se souvient fort bien de ses jeux dans les jardins étant enfant – est un palais poussiéreux, dépareillé et usé. Louis Napoléon va lancer de gigantesques travaux de rénovation et d'agrandissement qui vont donner à l'Élysée l'aspect qu'on lui connaît aujourd'hui. Parmi les plus spectaculaires, la construction des deux ailes basses avec terrasses à balustrade qui encadrent la cour, ainsi que l'édification du porche d'honneur. Du côté est, Louis Napoléon fait détruire les hôtels particuliers qui jouxtent le Palais, et percer une voie qu'il baptise du nom de sa mère, la reine Hortense. Hommage filial qui n'a pas traversé le temps, puisque c'est aujourd'hui la rue de l'Élysée. Le bureau du Président est installé dans l'actuel Salon

Cléopâtre et la salle du Conseil dans ce qui sera le Salon des Portraits. Les fêtes et réceptions revivent, et quelques-uns commencent à s'inquiéter de ce faste, qui prend chaque jour davantage une tournure impériale. Le député Adolphe Thiers, qui a largement contribué à l'élection de Louis Napoléon et qui, surtout, se voit lui succéder, est le premier à exprimer ses craintes. Célibataire, Louis Napoléon aurait bien tort de se priver de la compagnie des plus belles femmes. Actrices, danseuses, modèles fréquentent le Palais autant que Lamartine, Musset, Delacroix. Les grands esprits et les petits cœurs se rencontrent dans les salons où l'on danse la valse et le quadrille. Pendant ce temps, la tendre amie du Président se morfond dans son hôtel particulier de la rue du Cirque, à deux pas du Palais. Elle est anglaise, s'appelle Elizabeth Howard, et Louis Napoléon l'a séduite à Londres pendant son exil. Il lui a même promis le mariage une fois en France. En fait, le nouveau président a surtout besoin de Miss Howard pour financer sa carrière politique – ce qu'elle ne cessera de faire avec une générosité portée par l'espoir d'épouser un jour son grand homme. Sa supplique pour être autorisée à se montrer à l'Élysée – « Quand pourrai-je enfin traverser la rue ? » écrit-elle à Louis Napoléon – se heurte à la redoutable cousine Mathilde, fille de Jérôme Bonaparte. Un caractère, celle-là. Au Palais, elle régente tout. Le président de la République étant célibataire, elle s'impose comme maîtresse de maison, et c'est elle qui reçoit aux côtés de son cousin. C'est elle aussi qui sélectionne les conquêtes féminines, organise les fêtes, surveille l'entourage et prépare l'avenir. Sur le plan matrimonial d'abord – la rencontre en 1849 entre Louis Napoléon et Eugénie de Montijo, c'est elle –, sur le plan politique ensuite. Recréer l'Empire lui apparaît comme la meilleure des idées[1].

L'enfant qu'Hortense de Beauharnais a eu en dehors du mariage est devenu le duc de Morny, par là même demi-frère du Président. Plus fin, plus racé, plus intelligent que lui – le père de Morny était lui-même enfant naturel, né des amours de la comtesse de Flahaut et de Talleyrand. On peut donc penser que Morny avait hérité des qualités de son grand-père[2]. À l'été 1851, alors que Louis Napoléon a déjà ébréché la République par des dispositions constitutionnelles et de nouvelles lois, Morny entraîne son demi-frère dans les allées du parc de l'Élysée. Comme le rapporte André Castelot, le propos est direct : « Je ne sais comment vous envisagez l'avenir, mais moi je ne vois qu'une seule issue dans votre intérêt et celui du pays. Vous maintenir par un coup d'État. » Louis Napoléon réagit on ne peut mieux : « Je fis un "ah, enfin", écrira-t-il plus tard, avec une vive expression de bonheur, comme si on

1. En 1896, à l'âge de soixante-seize ans, la princesse Mathilde Bonaparte reçut de l'Élysée une invitation à venir rencontrer le tsar Nicolas II et la tsarine en visite à Paris, au cours d'une cérémonie prévue aux Invalides, où reposent l'oncle (Napoléon) et le père de Mathilde (Jérôme Bonaparte). La princesse fit retourner le courrier à Félix Faure avec ce commentaire de sa main : « Votre invitation m'est inutile pour rentrer aux Invalides. J'en possède les clés depuis cinquante-six ans [1840, retour des cendres de l'Empereur. *NdA*]. »

2. Morny pratiquait la même forme d'esprit que Talleyrand. Le soir du 1er décembre 1851, en attendant la préparation du coup d'État, il assiste à l'Opéra-Comique à la première des *Sept Châteaux de Barbe-Bleue*. La rumeur s'est répandue d'un « coup de balai » à la Chambre. Morny salue une dame, qui ne peut s'empêcher de lui parler du fameux « coup de balai ». « De quel côté serez-vous ? demande-t-elle. — Du côté du manche, madame », répond Morny.

m'ôtait cent livres de dessus la poitrine... » Point d'orgue de cet échange : la soirée du 1er décembre 1851 à l'Élysée (voir : *Argent [Salon d']*). Curieux, chez les Bonaparte, ce besoin de faire des coups d'État.

Devenu empereur sous le nom de Napoléon III, l'ancien président de la République s'installe aux Tuileries, mais ne néglige pas pour autant l'Élysée. D'une part parce que les travaux se poursuivent, de l'autre parce qu'il y fait accueillir sa promise, Eugénie de Montijo, accompagnée par madame sa mère, en attendant le mariage en janvier 1853 (adieu, Miss Howard). On espère que la toute fraîche impératrice n'abandonnera pas tout à fait le Palais, et pour lui rendre plus agréables ses futurs séjours, on lui installe au premier étage, dans ce qui est devenu le Salon des Glaces, un cabinet de toilette avec baignoire. Aujourd'hui la baignoire s'est transformée en banquette, mais les collaborateurs du général de Gaulle furent très heureux, en 1959, de pouvoir empiler des dossiers dans le sanitaire... Eugénie ne prit jamais de bain à l'Élysée, où elle ne revint que très rarement. On la vit, au bras de l'empereur, faire une entrée solennelle au Palais en 1865 – les travaux étaient enfin terminés – et s'extasier devant une fabuleuse et unique démonstration : l'éclairage à l'électricité pour quelques heures des jardins de l'Élysée. Sous le règne de Napoléon III, le Palais retrouve sa vocation de résidence pour souverains étrangers en visite en France, mais l'empereur n'abandonne pas son cher Élysée, redevenu « Élysée-Napoléon ». Le souterrain qui le relie à l'un des hôtels particuliers bordant la rue de la Reine-Hortense, où habite une des maîtresses (mariée) de Louis Napoléon, est quand même la trouvaille la plus commode pour les adultères (voir : *Double vie*).

En 1870, le Second Empire s'effondre dans le désastre de Sedan. L'Élysée ferme ses portes. L'hôtel du comte d'Évreux va vivre avec ses fantômes, en attendant « M. Thiers », qui espère depuis plus de vingt ans s'y installer.

Branly (Quai)

Vu de l'extérieur, le 11, quai Branly, dans le 7e arrondissement de Paris, à deux pas de la tour Eiffel, du musée des Arts premiers, et désormais de la nouvelle église orthodoxe de Paris, est un immeuble comme un autre. Il est pourtant chargé d'histoire, de mystères et de secrets. Et a failli disparaître, une vaste opération immobilière ayant été lancée sous le mandat de Pompidou. Giscard, informé du projet dès son arrivée, l'interrompt immédiatement. Le quai Branly restera une annexe de l'Élysée.

Dans ces anciennes écuries de Napoléon III, on trouve aujourd'hui le service du courrier, et la centaine de personnes qui y travaillent (voir : *Courrier*). On trouve aussi quelques appartements de belles dimensions pour certains, de la taille d'une chambre de service pour d'autres. Ils sont occupés par des civils et des militaires, priorité étant, en principe, donnée aux collaborateurs ne disposant pas d'une adresse à Paris (c'est le cas, par exemple, pour les jeunes cuisiniers ou pâtissiers travaillant au Palais).

Sous de Gaulle, ces appartements de fonction, vastes mais peu nombreux, sont distribués à certains de ses conseillers. Comme sous Pompidou. Sous Giscard également, mais le premier secrétaire général du septennat, Claude Pierre-Brossolette, décide d'imposer un loyer. C'est avec Mitterrand que le secret s'installe. Des travaux sont engagés. Deux vastes appartements sont rénovés. L'un pour Anne Pingeot et Mazarine, qui y restent treize ans, entre 1982 et 1995, l'autre pour François de Grossouvre, le parrain de la fille du Président (voir : *Suicide*). Les autres locataires du quai Branly, puissants ou modestes, s'habituent à voir le chef de l'État y arriver fréquemment le soir et en repartir le lendemain matin. Ils ne remarquent même plus la petite fille, puis l'adolescente, qui circule à vélo avec sa mère. Le secret reste bien gardé. Le 11, quai Branly cache l'une de ces histoires d'amour auxquelles les Français sont toujours sensibles... (voir : *Double vie*).

Bruni-Sarkozy (Carla)

« C'est mondial. Je te jure, c'est mondial. Dis-le à Cécilia. » SMS à l'appui, ce jour de novembre 2007, peu de temps après son divorce, Nicolas Sarkozy révèle à l'une de ses amies, également proche de son ex-femme, sa liaison avec Carla Bruni, une star « mondiale ». Quelques jours plus tôt, le 13 novembre, le Président a rencontré l'ex-mannequin, l'interprète à succès de *Quelqu'un m'a dit*, dans un dîner organisé chez son ami le publicitaire Jacques Séguéla.

Ils sont huit à table. Trois couples, dont Luc Ferry et sa femme, et deux célibataires dont l'un est divorcé, Carla et Nicolas. Ambiance chaleureuse. Coup de foudre immédiat. Dans son *Autobiographie non autorisée* comme dans les interviews qui accompagnent la sortie du livre, Jacques Séguéla raconte la soirée présidentielle dans les moindres détails. D'autres invités ajoutent quelques confidences. Et Carla Bruni elle-même en parle parfois. Ce dîner est aujourd'hui considéré comme un vrai moment politique. Morceaux choisis. Nicolas à Carla : « Tu verras, nous ferons mieux que Marilyn et Kennedy... Le 1er juin, tu vas chanter au Casino de Paris. Ce soir-là, je serai au premier rang et nous annoncerons nos fiançailles. » Carla : « Des fiançailles ? Jamais. Je ne vivrai désormais avec un homme que s'il me fait un enfant. » Nicolas : « Question enfants, j'en ai déjà élevé cinq. Pourquoi pas six ? Je suis le Français le mieux placé pour cela : j'ai un médecin de garde à mes côtés vingt-quatre heures sur vingt-quatre. » Ou encore, Nicolas à l'oreille de Carla : « Es-tu cap à cet instant de m'embrasser sur la bouche ? » Vers 2 h 30 du matin, le Président raccompagne Carla devant son domicile du 16e arrondissement. Le lendemain, il fait venir Luc Ferry à l'Élysée pour qu'il lui parle d'elle... La suite est connue : la soirée chez Carla dès le lendemain, les photos à Disneyland avant Noël, les vacances à Louxor, les rumeurs qui s'amplifient... et ce fameux 8 janvier 2008.

« Avec Carla, c'est du sérieux. » Stupéfaits, les journalistes écoutent le Président s'étendre sans trop de précautions sur cette liaison pendant sa conférence de presse de rentrée. Avec l'annonce impromptue de la suppression de la publicité télévisée sur le service public, on ne retient que cela. L'opinion apprécie peu. Le mariage est célébré le 2 février. Carla devient tout à la fois la Première dame de France et la troisième épouse du Président. Cornaquée par le fidèle Pierre Charon, elle s'installe dans l'ancien bureau de Cécilia. Pas de cabinet. Très peu de collaborateurs. Le 23 avril 2009, elle crée sa Fondation qui combat l'illettrisme et les inégalités sociales en donnant accès à l'éducation et à la culture. Elle est également très active dans la lutte contre le sida, la tuberculose et le paludisme.

Carla Bruni est un cas à part dans l'univers élyséen. Première femme de président à disposer d'une telle notoriété, première aussi à accoucher en cours de mandat présidentiel (voir : *Naissance*), elle connaît personnellement beaucoup de grandes vedettes du show-biz, de la chanson et du cinéma. Elle travaille activement à ses prochains albums, après la déception du dernier, mais ne se produit plus sur scène. Sa famille, très riche, appartient à la haute bourgeoisie italienne. Son père, Alberto Bruni Tedeschi, grand industriel, est aussi un compositeur dont elle est très fière. Sa mère, omniprésente, est une forte personnalité et connaît nombre de dirigeants politiques, Frédéric Mitterrand par exemple, qui lui doit beaucoup. Sa sœur Valeria est une comédienne de talent. Carla apporte à son mari un vrai réseau. Elle déjeune au Palais avec des journalistes, des patrons de médias, des artistes français et étrangers, comme Marianne Faithful. Quand il est à l'Élysée, le Président vient prendre le café, passe du temps et refait le monde, celui du cinéma et de la télévision notamment. Il admire sa femme. Il aide ses amis. Elle réconcilie, réunifie et rapproche les familles recomposées, ce dont il lui est très reconnaissant. Elle est indispensable. Moins politique que Cécilia. Discrète à son arrivée au Château, incontournable après quelques mois. Le soir de sa défaite, elle lui conseille, tout comme Alain Juppé, de ne pas annoncer sa retraite politique de façon irrévocable.

Carla a, elle aussi, une revanche à prendre. En quittant le Palais, elle en veut aux médias, à tous ces journalistes qu'elle déteste pour s'être montrés injustes envers Nicolas. En réalité, et malgré nombre de mauvais souvenirs, ses proches le confirment, elle n'a longtemps qu'une idée en tête : revenir à l'Élysée. Et tout faire pour aider son mari à y parvenir. Très présente pendant la campagne des primaires en 2016, elle ne pourra éviter l'échec de Nicolas. Pour elle aussi, la page est définitivement tournée.

Budget

« Un budget élyséen ! » se désolait Francis Blanche en 1963 dans *Les Tontons flingueurs* pour désigner les dépenses somptuaires liées à l'éducation de la célèbre « nièce ». La comparaison confortait les Français dans ce qu'ils pensaient depuis toujours : l'Élysée coûte cher. Pour savoir s'ils avaient tort ou raison, il faudra attendre le début des années 2000.

Le 25 juillet 2011, la France est, comme les autres pays européens, sous le choc de la tuerie qui a fait soixante-dix-sept morts en Norvège. Elle suit avec lassitude les derniers développements de l'affaire

Strauss-Kahn. Elle vient de se passionner, trois semaines durant, pour un Tour de France exceptionnel marqué par les exploits de l'Alsacien Thomas Voeckler. C'est dire que la publication d'un document de la Cour des comptes sur la gestion de l'Élysée passe plutôt inaperçue. Pourtant, c'est une date importante. Car depuis que, à son arrivée au Palais, Nicolas Sarkozy a décidé d'augmenter son salaire de 140 %, depuis qu'un député socialiste de l'Aisne, René Dosière, s'est emparé du dossier, la polémique revient régulièrement. Cette fois, la Cour des comptes, en saluant certains efforts réalisés depuis 2008, calme le débat, au moins pour un temps.

Quelques semaines plus tôt, en critiquant sévèrement l'action menée par les gouvernements au cours des dix dernières années en matière de sécurité, cette instance de contrôle, dirigée, depuis la disparition de Philippe Séguin, par Didier Migaud, un ancien élu socialiste, avait déclenché un joli tollé et provoqué des réactions brutales de la majorité, du ministre de l'Intérieur Claude Guéant et, en privé, du chef de l'État lui-même.

Ce 25 juillet, en revanche, peu de réactions. Certes, les médias pointent les critiques développées par la Cour des comptes et certains abus : des voyages officiels trop coûteux, comme ce déplacement à Colombey-les-Deux-Églises pour près de 285 000 euros, et surtout un montant global de 260 millions d'euros pour le désormais célèbre « Air Sarko One », le nouvel Airbus 330 présidentiel, avec, par exemple, relève la Cour, 75 000 euros pour l'acquisition et l'installation de deux fours. Mais dans le même temps, des efforts sérieux ont été réalisés entre 2008 et 2010 : un budget en baisse, des économies sur le personnel, la diminution du nombre de conseillers, de légères restrictions sur les achats de journaux, les commandes de fleurs, le coût des repas à la cantine, la suppression de la garden-party du 14 Juillet et l'instauration de la règle de soumission systématique aux marchés publics pour tous les fournisseurs...

Même si certaines dépenses élyséennes sont prises en charge par des ministères ou d'autres services de l'État (quelques sondages par le SIG, le Service d'information du gouvernement, les travaux au Palais par le ministère de la Culture, le fonctionnement du pavillon de La Lanterne par Matignon...), l'effort général est plutôt louable. Moins de 60 % des dépenses vont aux personnels, 20 % aux déplacements. Le budget de la présidence est désormais à peu près consolidé. À la mi-novembre 2011, l'Élysée fait savoir que la présidence réduira de 3 % le budget 2012, année électorale. Mais ce long feuilleton peut-il pour autant prendre fin ? Car en novembre 2011, quatre mois après le rapport sur le budget de l'Élysée, la même Cour des comptes critique vivement, dans un autre rapport, la véritable explosion des dépenses de communication du gouvernement, en progression de 50 % de 2006 à 2009. Les études et les sondages sont notamment en cause. Et, bien sûr, la présidence de l'époque est soupçonnée d'y avoir fortement contribué. Le 7 décembre 2012, dans son quatrième rapport sur les comptes de la présidence (sur la période du 1er janvier 2011 au 11 mai 2012), la Cour des comptes pointe de nouveau ces dépenses d'études et de conseils. Elle relève aussi, pour les seize derniers mois du quinquennat Sarkozy, des augmentations sur les déplacements. Mais, globalement, elle souligne des progrès « incontestables ».

Tabou durant des décennies, le budget de l'Élysée est désormais sur la place publique. On le doit très largement à l'action du député socialiste René Dosière. À l'été 2001, il s'empare du dossier et ne le lâchera plus. Dans un livre choc, publié en janvier 2007, *L'Argent caché de l'Élysée*, il passe en revue, et dans le détail, tout ce qui concourt à l'opacité budgétaire du Palais : l'absence de contrôle parlementaire, la confusion entre le budget du Palais et ceux des ministères, la difficulté, pour ne pas dire l'impossibilité, d'obtenir des réponses claires à des questions simples. Son combat est utile. Il est largement soutenu par les médias. Il sera récompensé, dès l'automne 2007, par la décision de Nicolas Sarkozy, un peu acculé par la polémique sur le salaire présidentiel, de confier à la Cour des comptes, organisme au-dessus de tout soupçon, le soin d'établir un rapport sur le budget de l'Élysée. Personne, désormais, ne prendra le risque politique de revenir sur cette initiative. Cour des comptes oblige, la transparence financière fait maintenant partie de la vie quotidienne au Château.

À l'automne 2012, les informations fournies par l'équipe Hollande sur le budget 2013 sont très détaillées : diminution globale de 5 %, à 103,5 millions d'euros, économies sur les transports, les missions, le parc automobile, les frais de blanchisserie, les dépenses alimentaires, les cadeaux offerts aux hôtes étrangers. Quant à l'Airbus présidentiel, il est désormais réservé aux longues distances. L'heure est aux efforts, et à l'exemplarité. Les années suivantes s'inscriront dans ce cadre. En 2014, le budget élyséen, à la baisse, atteint le seuil symbolique des 100 millions d'euros. Huit cent six personnes travaillent alors au Palais, contre mille cinquante et une en 2007. L'Élysée est à la diète, même si la rémunération élevée du coiffeur du Président, révélée par *Le Canard enchaîné*, provoque une polémique (voir : *Coiffure et maquillage*). Avec le président Macron, l'élément budgétaire nouveau, c'est la transparence sur les moyens dont dispose la Première dame (voir : *Macron Brigitte* et *Première dame*). Par ailleurs, l'Élysée fait savoir au début de l'automne 2017 que certains travaux de rénovation évalués au total à 100 millions d'euros, et pourtant jugés indispensables, seront repoussés pour des raisons budgétaires. L'heure est à la rigueur et à l'exemplarité. Et quels que soient les prochains élus, leurs dépenses seront analysées à la loupe...

Bulletin de santé

Le 26 décembre 1959, Pierre de Gaulle, frère du Général, est pris d'un malaise alors qu'il se trouve à l'Élysée. Il succombe quelques jours plus tard. La question se pose alors : et si cela arrivait au président de la République ? La modeste infirmerie installée au Palais n'est pas en mesure de faire face. Un véritable service médical sera alors créé. Il est aujourd'hui composé de médecins (tous militaires) et d'infirmières qui se relaient en permanence, prêts à intervenir pour toute question de santé se posant au Palais. En premier lieu naturellement, concernant le chef de l'État.

Les Français savent-ils pour autant comment va leur président ?

Après la disparition brutale de Georges Pompidou, en 1974, Giscard s'y était engagé : un bulletin de santé présidentiel serait désormais régulièrement publié par l'Élysée. La maladie du Président disparu le 2 avril 1974 avait bouleversé les Français. Ils voyaient le chef de l'État affaibli. Mais ils n'imaginaient pas une telle issue, aussi rapide, aussi brutale (voir : *Maladie*). L'opinion n'exigeait pas pour autant une transparence absolue, qui pourrait mettre en cause le respect de la vie privée et de l'intimité. Mais chacun comprenait bien qu'une information fiable était nécessaire, qu'il convenait de tourner la page de ces communiqués anodins, comme ce texte du 7 février 1974, alors que la santé de Georges Pompidou ne cesse de décliner : « Le président de la République souffre d'une infection grippale avec fièvre variant entre 38 ° et 39 °. Il devra garder la chambre durant quelques jours. Professeur Jean Vignalou [*NdA* : le médecin personnel des Pompidou]. » D'où, pour éviter ces généralités ambiguës, l'idée de ces bulletins de santé réguliers. Plus de quarante ans ont passé. Une longue période toujours marquée par l'opacité, même si, lors des deux derniers mandats, les Français ont eu des nouvelles fréquentes de la santé de leur président.

16 mai 2007. Aussitôt installé à l'Élysée, Nicolas Sarkozy fait savoir par un premier bulletin de santé qu'il est jugé « apte » à exercer ses fonctions. Le 3 juillet 2009, le Palais annonce que les examens cardio-vasculaires et sanguins sont « normaux » ; communiqué identique le 2 août 2010. Seuls deux incidents anodins viendront perturber le quinquennat

de Sarkozy : une opération bénigne, mais très discrète, pour un début de phlegmon à la gorge en 2007, trois jours après l'annonce officielle de son divorce, et le léger malaise vagal à l'été 2009 pendant un jogging présidentiel près du pavillon de La Lanterne, à Versailles.

Comme son prédécesseur, François Hollande publiera un communiqué dès son arrivée. L'examen clinique et paraclinique « s'est révélé normal », annonce l'Élysée le 5 juin 2012, sans surprise. Trois autres bulletins de santé suivront, en mars 2013, février 2014 et mars 2015. Pour ce dernier, l'Élysée précise qu'une prise de tension artérielle, un électrocardiogramme de repos et une analyse biologique ont été pratiqués par le service médical de la présidence et celui de l'hôpital d'instruction des armées du Val-de-Grâce. Le dernier bulletin, le cinquième du quinquennat, signé du médecin-chef de l'Élysée, date du 7 octobre 2016. Il décrit une analyse biologique et un bilan cardiologique complémentaire. Chaque fois, l'état de santé de François Hollande est jugé « normal ».

Si, depuis quinze ans, la transparence semble établie pour trois présidents en excellente santé, il n'en a pas été de même sous Georges Pompidou, François Mitterrand et Jacques Chirac. Pour ces trois présidents, présents à l'Élysée pendant plus de trente ans au total, les inexactitudes et les approximations se sont accumulées. Grippes à répétition pour Pompidou, aucune information fiable pour Mitterrand jusqu'à la première opération pour son cancer de la prostate, peu de précisions après le « petit » AVC de Chirac et son hospitalisation. D'où les rumeurs persistantes, fondées ou amplifiées, et les débats qui, sous ces trois présidences, aboutissaient à la même conclusion : faut-il mettre en place une procédure d'information différente ? Les bulletins de santé devraient-ils, par exemple, être établis par un collège de médecins indépendants ? Aujourd'hui, au Palais, dans les milieux politiques comme dans les médias et dans l'opinion, la question reste posée.

Bureaux

C'est, chaque fois, une bataille homérique. Elle se joue très vite, en quelques heures, dès l'élection d'un nouveau président. Avant même son installation. Seuls le Président, le secrétaire général, le directeur de cabinet et le conseiller en charge des médias disposent toujours, ou presque, du même bureau. Avec quelques exceptions de taille, comme en 1974, lorsque Giscard choisit de ne pas occuper le Salon Doré, trop marqué, selon lui, par le souvenir du général de Gaulle. Il décide de s'installer dans le bureau, plus petit, traditionnellement réservé aux directeurs de cabinet ou aux conseillers politiques, à l'angle est du Palais, et donnant sur la roseraie (voir : *Bureau d'Angle*).

Pour tous les collaborateurs du Président, quel que soit leur titre, la priorité est claire : être le plus près possible du chef de l'État. L'affrontement est souvent très rude, difficile à arbitrer, car, en arrivant, le Président a d'autres préoccupations et d'autres soucis. C'est donc une véritable négociation qui s'engage, avec des vainqueurs et des vaincus. Ainsi, en 1981, la course aux bureaux est sévère. La légende élyséenne, que les intéressés ont tous démentie, veut que les proches du nouveau président aient discuté des heures entières, le nez sur le plan des bureaux, notamment lors d'un dîner chez Lipp, pour se départager. Le vainqueur par K-O est incontestablement Jacques Attali. Le conseiller spécial de Mitterrand obtient le privilège d'occuper le Salon Vert qui jouxte le bureau présidentiel. Pendant ses neuf années de présence au Palais, de 1981 à 1990, tous les visiteurs du Président devront impérativement traverser son bureau ! Moins chanceuse, car moins expérimentée, la journaliste Catherine Pégard, qui rejoint Sarkozy en 2007, se voit affecter le Salon des Glaces, ancienne salle de bains de l'impératrice Eugénie, l'épouse de Napoléon III. Une pièce-musée qui abrita quelques transports amoureux entre l'Empereur et sa femme. Un boudoir plus qu'un bureau. Un véritable monument historique. Des fresques, des miroirs, des dorures, et la baignoire impériale transformée en banquette. Superbe, mais vraiment incommode. Avant de quitter le Palais pour le château de Versailles, où elle est nommée en septembre 2011, Catherine Pégard rejoindra un petit bureau, plus modeste, plus fonctionnel, mais plus éloigné du saint des saints, le bureau présidentiel.

Et puis, il y a ceux qui choisissent la discrétion et un certain isolement. En 1995, après l'élection de Chirac, c'est le cas de Maurice Ulrich, l'un de ses plus proches conseillers, qui s'installe au deuxième étage du Palais[1].

---

1. Au deuxième étage du Palais furent installés, sous Napoléon, les appartements destinés à son fils, le roi de Rome. Transformés au fil du temps en appartements privés pour les présidents et leur famille, ils ont peu à peu été convertis en bureaux. En 2012, l'étage a été entièrement affecté à ces bureaux, dont celui du directeur de cabinet du Président.

Loin du bruit et des chuchotements. Plus efficace sans doute pour traiter les affaires délicates, qu'elles concernent la politique ou les médias. Au même moment, la propre fille du nouveau président, Claude Chirac, qui s'amuse de ces péripéties, se voit proposer un bureau hors du Palais. On craint sa réaction. Elle accepte avec joie, et rejoint le deuxième étage du 4, rue de l'Élysée, où sont installés les services de communication. Elle y goûte le calme et une certaine sérénité. De la même manière, les collaborateurs d'Emmanuel Macron déjà présents auprès de lui pendant sa campagne choisiront, pour la plupart, de rejoindre le deuxième étage du Palais. Ce sera notamment le cas d'Ismaël Émelien, chargé de la stratégie. Les autres conseillers seront installés en fonction de leur secteur de compétence. Au Palais, au-delà des apparences, le pouvoir réel ne se résume pas, loin de là, à la proximité avec le bureau présidentiel. Aujourd'hui, nombre de conseillers installés sous les combles du Palais jouent un rôle majeur. Discrets, mais indispensables.

Cabinets (et conseillers)

C'est le bras armé du Président. Une équipe à sa disposition en permanence, nuit et jour, semaine et week-end, à toutes les saisons. Une sorte de sacerdoce. Parfois ingrat, souvent épuisant mais utile et nécessaire. Selon les présidents, cette équipe est à géométrie variable. Très légère avant la Ve République, elle s'élargit en 1959, à l'arrivée au Palais du Général.

Et peu à peu, le cabinet va s'étoffer, au point de devenir pléthorique à certaines périodes. Jusqu'au coup de frein du printemps 2017.

La hiérarchie des collaborateurs évolue du général de Gaulle à Macron. En fonction des moments, des circonstances, des priorités, du contexte budgétaire. Les hommes forts sont toujours le secrétaire général, le directeur de cabinet, le conseiller spécial et le sherpa depuis Mitterrand. Dans l'ordre d'importance, le secrétaire général figure évidemment au premier rang. Derrière lui, le chef de l'état-major particulier et le conseiller spécial (Pierre Juillet sous Pompidou, Jean Serisé avec VGE, Jacques Attali sous Mitterrand, Jérôme Monod sous Chirac, Henri Guaino sous Sarkozy, Aquilino Morelle jusqu'à son limogeage sous Hollande, Ismaël Émelien sous Macron). Viennent ensuite, généralement, dans l'ordre protocolaire, le secrétaire général adjoint, les conseillers « du » Président, le collaborateur chargé des négociations internationales (voir : *Sherpa*), le directeur de cabinet, qui coordonne les services de l'Élysée et en gère le budget. Puis les conseillers « à la présidence », le chef de cabinet, qui gère notamment l'agenda, les conseillers et les conseillers techniques. Des titres soigneusement choisis. Des promotions souvent rapides. Passer de conseiller à conseiller « du » Président est un vrai changement. Une marque de reconnaissance qui ne passe jamais inaperçue. L'un des points communs de tous ces conseillers, c'est le circuit des notes adressées au chef de l'État. Tout passe par le secrétariat général. Ces notes sont rédigées « à l'attention de Monsieur le Président de la République, sous couvert de Monsieur le Secrétaire général ». Tradition a priori immuable, tout comme le déroulement d'une journée type de ces conseillers. Témoignage du journaliste Pierre-Louis Basse, arrivé à l'Élysée à l'été 2014 : « Troublant huis clos. Nous sommes claquemurés dans nos bureaux. Portes capitonnées. Horaires drastiques, dont il faut respecter scrupuleusement l'empreinte des repas, la cadence des réunions, la finition de tel ou tel dossier voulu par le président[1]. »

Il y a peu de salles de réunion au Palais. Aujourd'hui, quatre sont à la disposition du cabinet. Chaque jour, le secrétaire général réunit six à huit collaborateurs, les plus importants. Avec de Gaulle, l'organisation est très militaire. Plus souple à l'arrivée de Pompidou. VGE innove en décidant de réunir lui-même, chaque lundi matin, l'ensemble du cabinet. Son chef de cabinet, Philippe Sauzay, dispose de pouvoirs importants. Les conseillers adressent chaque jour au Président, *via* le secrétaire général, des « notes sur les urgences ». En 1981, l'organisation devient plus informelle. Le cabinet s'étoffe, augmentant de près du double par rapport à la présidence giscardienne. Mitterrand aime cloisonner, jusqu'à demander parfois des notes à plusieurs conseillers sur le même sujet, afin de créer de l'émulation. Difficile pour des collaborateurs qui, déjà, presque par nature, sont mis en position de concurrence, voire de rivalité. Les douze ans de Chirac sont plus calmes, avec un cabinet assez bien huilé. Beaucoup plus agités sont les débuts du cabinet Sarkozy, avec un président impatient et un premier secrétaire général, Claude Guéant, omniprésent et autoritaire. De 2007 à 2012, les mouvements

1. Pierre-Louis Basse, *Le Flâneur de l'Élysée*, Stock, 2017.

sont importants. Des départs en nombre. Un cabinet chahuté pendant cinq ans.

Dans l'équipe de François Hollande, ils sont une poignée à jouer un rôle majeur. Saison 1 : aux côtés de Pierre-René Lemas (voir : *Secrétaire général*), on trouve d'abord un certain Emmanuel Macron, un énarque et inspecteur des finances brillant et rapide qui gère à l'Élysée, après un passage chez Rothschild, la crise de l'euro et le budget. Le conseiller politique, et « plume » du Président, c'est Aquilino Morelle. Figurent aussi dans cet état-major Sylvie Hubac, la directrice de cabinet, et le sherpa du Président, Paul-Jean Ortiz, un spécialiste de l'Asie, qui disparaîtra à l'été 2014. Le chef de l'État réunit cette petite équipe une fois par semaine, le plus souvent le lundi matin, et l'ensemble des conseillers une fois par mois. La curiosité de l'entourage du président Hollande, c'est Bernard Poignant, maire socialiste de Quimper jusqu'à sa défaite en 2014. Ce fidèle du Président, un historien cultivé, a une mission particulière au Palais. Présent un jour et demi par semaine, en contact direct avec François Hollande, il fait « remonter » les attentes, les doutes, les inquiétudes et les impatiences des Français. Dans son petit bureau, un pigeonnier, il rédige une note hebdomadaire sur l'état de l'opinion. Il ne cache rien au chef de l'État, qui lui demande des analyses « cash », sans fioritures ni langue de bois. Un élément clé, original, dans le dispositif.

Saison 2 : après les fortes turbulences des deux premières années du quinquennat, le cabinet est remanié par étapes et par petites touches. Jean-Pierre Jouyet, très proche du Président, devient secrétaire général. Arrivent progressivement un nouveau directeur de cabinet, Jean-Pierre Hugues, un énarque de la fameuse promotion Voltaire, ancien directeur général de la Ligue professionnelle de football, un nouveau patron de la communication, Gaspard Gantzer, et un nouveau chef de l'état-major particulier, l'amiral Bernard Rogel, en remplacement de Benoît Puga. Un journaliste brillant et original, Pierre-Louis Basse, écrivain spécialiste du sport et féru d'histoire, intégrera l'équipe en août 2014. Il lancera en particulier de grandes opérations spéciales comme le spectacle imaginé par le réalisateur Volker Schlöndorff pour la commémoration, à Verdun, du centenaire de la guerre de 14-18. À la fin du quinquennat Hollande, c'est presque l'ensemble du cabinet qui aura été renouvelé. Et, dans les derniers mois, les départs s'accéléreront.

L'arrivée d'Emmanuel Macron en mai 2017 s'accompagne de changements notables. Pour la première fois, une dizaine de conseillers se partagent entre l'Élysée et Matignon. En même temps, les cabinets ministériels sont réduits au minimum : dix pour les ministres, huit pour les ministres délégués et cinq pour les secrétaires d'État. Outre la nécessité de donner l'exemple à l'heure des économies dans l'appareil d'État, il s'agit de rapprocher l'exécutif des administrations, de les faire travailler ensemble. Cette nouvelle situation crée inévitablement des tensions et des fatigues. Mais elle permet de disposer de circuits de décision courts et, ainsi, de gagner du temps. À l'Élysée, où le cabinet est rajeuni et diversifié, l'ambiance ressemble parfois à celle d'une start-up. On est loin, très loin, des équipes pléthoriques des années Mitterrand et Chirac. Macron travaille en priorité avec deux hommes incontournables : le secrétaire général Alexis Kohler (voir : *Secrétaire général*) et le conseiller stratégique Ismaël Émelien, un jeune trentenaire, diplômé de Sciences Po, qui a fait autrefois ses classes auprès de DSK. Kohler réunit l'ensemble du cabinet tous les quinze jours, et l'équipe rapprochée environ deux fois par semaine. Une organisation bien huilée.

Du cabinet au « cabinet noir » ? L'appellation est mystérieuse. La réalité un peu moins. Le cabinet est là, aussi, à toutes les périodes, depuis 1958, pour protéger son président. Quand une affaire éclate, une petite cellule travaille en permanence, dans le secret, et voit le chef de l'État plusieurs fois par jour. Cette cellule informelle traite tous les aspects du dossier. Les plus difficiles. Politiques et judiciaires. Elle gère la communication de crise. Le « cabinet noir » n'est, en réalité, que l'émanation du cabinet à un moment donné, lorsqu'une affaire devient réellement dangereuse pour le Président. C'est, jusqu'en 2012, une constante de la Ve République. Depuis l'arrivée de François Hollande, et malgré des accusations de François Fillon pendant la campagne de 2017, le « cabinet noir » semble réellement avoir disparu. Les temps ont changé.

Cadeaux

Ils en reçoivent des centaines chaque année. Des somptueux, de très modestes. Des cadeaux de chefs d'État ou de simples particuliers. Des cadeaux de toutes sortes, souvent personnalisés. Une sorte d'inventaire à la Prévert, où l'on trouve vraiment de tout. Tous les présidents, depuis Louis Napoléon Bonaparte, en ont reçu, et offert. Mais la description et l'origine sont plus intéressantes s'agissant des huit présidents de la Cinquième. Avec une particularité, le nombre et le choix d'animaux, souvent sauvages, offerts à tous les présidents. Une pratique très répandue jusqu'au milieu des années 1980, avant la mobilisation des associations de défense des espèces animales. On offre aux présidents des lions, des dromadaires, des singes, des chevaux, des girafes, des éléphants. Tous, sans exception, sont immédiatement envoyés dans des parcs zoologiques. Déjà, en 1882, un zèbre offert par l'empereur d'Éthiopie à Jules Grévy trouve refuge au Jardin des Plantes. Il donnera son nom au « zèbre de Grévy », la plus importante des espèces de zèbres. À partir de 1958, dans l'histoire des cadeaux officiels, on retrouve une véritable ménagerie : un ours de Sibérie pour le Général ; un panda, Yen-Yen, et un couple de tigres du Bengale pour Pompidou ; un lionceau nommé... Valéry pour Giscard. La belle Kaveri, une jeune éléphante d'Asie née le 28 janvier 1984, offerte à François Mitterrand par le Premier ministre de l'Inde, Rajiv Gandhi, pour l'inauguration de l'Année de l'Inde en 1985. Une demi-tonne, 1,35 mètre de haut, 1,60 mètre de long, Kaveri rejoindra le zoo de Vincennes, où Danielle Mitterrand viendra personnellement lui rendre visite. Un signe inédit d'attachement. Et plus récemment, ce sont deux superbes chevaux que le président algérien Bouteflika a offerts à François Hollande.

« Je n'ai pas le droit d'en priver le patrimoine national. » C'est ainsi, raconté par son fils Philippe dans *De Gaulle, mon père*, que réagit le Général lorsque André Malraux lui fait cadeau du manuscrit original de son roman, publié en 1933, *La Condition humaine*.

De Gaulle le remet à la Bibliothèque nationale. Pendant ses dix ans à l'Élysée, le Général est couvert de cadeaux, à chacun de ses très nombreux déplacements, en France et à l'étranger. Des objets de toute nature, innombrables. Quelques-uns seront donnés à des proches collaborateurs, tel ce Spoutnik d'un kilo, sans doute en argent massif, offert par Khrouchtchev, qui a fini dans les mains d'un des chauffeurs, sans que le Général cherche à en connaître la valeur. Les décorations, françaises et étrangères, vont au musée de l'Ordre de la Libération, les autres cadeaux au mémorial de Colombey-les-Deux-Églises, dans la propriété de La Boisserie ou à la Fondation Charles-de-Gaulle.

Inauguré en 1999, vingt-cinq ans après sa mort, le petit musée Georges-Pompidou de Montboudif, son village natal, dans le Cantal, reçoit lui aussi les nombreux cadeaux offerts au successeur du Général. Très marqué par l'affaire des diamants de Bokassa, Giscard choisit de rendre publique, dans les annexes de ses Mémoires, la destination des cadeaux les plus coûteux. Un service à thé en or, offert par le roi d'Arabie Saoudite, et un collier fait d'un double rang de perles, don de l'émir du Koweït, sont à l'Institut du monde arabe. Une selle mexicaine, un nécessaire de bureau, un collier en or offert par le shah d'Iran, une parure avec collier et boucles d'oreilles assorties, cadeau du président du Venezuela, au Mobilier national. Quant aux fameux diamants, offerts à VGE lorsqu'il était ministre de l'Économie et des Finances, ils seront répartis entre plusieurs institutions humanitaires en Afrique, la Croix-Rouge centrafricaine, une maternité ou encore une pouponnière au Togo. Ces diamants, vendus en janvier 1981, en pleine campagne présidentielle, pour la somme de 111 547 francs, environ 17 000 euros, c'est un cadeau empoisonné. Compte tenu de l'origine des diamants, la Centrafrique de Bokassa, et de la dimension médiatique de l'affaire. En 2004, lorsqu'il écrit *Le Pouvoir et la Vie*, VGE le reconnaît lui-même. « En me souvenant de cette période, je suis frappé par la maladresse que j'ai mise à me défendre », confesse-t-il. D'autres de ses cadeaux seront sans doute présentés au château d'Estaing, dans l'Aveyron, acquis en 2005 par l'ancien président et son frère Olivier.

C'est, pour l'essentiel, au musée du Septennat de Château-Chinon, dans un ancien couvent du XVIIIe siècle, que l'on retrouve les cadeaux de Mitterrand. Des meubles, de l'argenterie et de l'orfèvrerie. D'autres sont visibles à l'Institut François-Mitterrand. Et puis, des tableaux au musée de Clamecy, dans la Nièvre, vingt mille livres à la médiathèque de Nevers, divers cadeaux dans la maison natale de Jarnac. Ceux, très nombreux, offerts à Chirac pendant ses douze années de présidence sont, pour la plupart, au musée de Saran, en Corrèze. Environ cinq mille objets, des vases, des livres, des bibelots, des horloges, des assiettes décorées, des instruments de musique, des bijoux, des tapis, des masques africains, des sculptures. Et quelques cadeaux très personnalisés : la ceinture d'un champion de sumo, son sport préféré, des masques de théâtre nô offerts par le Premier ministre japonais, une paire de santiags de cow-boy par Bill Clinton, une dent de narval par le Canadien Jean Chrétien qui sera prêtée en 2016 au musée du Quai-Branly pour l'exposition « Jacques Chirac : le dialogue des cultures ». L'ensemble est présenté en fonction des zones géographiques : Afrique, Asie, Moyen-Orient, Océanie, Amérique.

Quant aux cadeaux, également très nombreux, offerts à Nicolas Sarkozy et à François Hollande, on ne connaît pas encore leur destination. Un musée à Neuilly-sur-Seine ? Et un autre à Tulle ? Les cadeaux adressés à Hollande, environ deux mille cinq cents, momentanément entreposés à la « Réserve Alma » du Quai-Branly, sont aussi divers que nombreux : un blouson offert par Barack Obama au G8 de mai 2012, un tapis afghan par le président Karzai, un vase antique par le dirigeant libanais Sleiman, un buste africain par le président ivoirien Ouattara, un cartable par l'Algérien Bouteflika, un petit chameau par le président malien à Tombouctou, un trône en peau de zèbre par l'Afrique du Sud, un manteau et une chapka par le Kazakhstan... et le kimono du champion olympique Teddy Riner dédicacé par l'équipe de France de judo après les JO de Londres. Et le 5 juin 2016, quelques jours avant le début de l'Euro de football, Hollande, qui va dîner avec les joueurs français à Clairefontaine, se voit offrir un maillot de l'équipe nationale. Compte tenu de sa passion pour le football, c'est sans doute le cadeau le plus précieux à ses yeux.

Peu de temps après son installation au Palais, Emmanuel Macron recevra lui aussi un maillot de l'équipe de France de football. Mais le cadeau le plus singulier de son début de mandat, ce sera un bronze du général de Gaulle offert par Jacques Chirac lorsque le nouveau président lui rend visite après son élection. Macron y sera particulièrement sensible...

Canards

Être canard à l'Élysée n'est pas de tout repos. Pensons d'abord à ceux accommodés dans les cuisines du Palais – du caneton de Challans rôti apprécié du général de Gaulle, aux escalopes de foie de canard à la mousseline de lentilles prisées par François Mitterrand ; n'oublions pas le volatile satirique canardant le mercredi (il s'invite, invisible et silencieux, à chaque Conseil des ministres). Le Premier d'entre eux, François Fillon, s'en émeut au cours du Conseil du 13 juillet 2011 : « J'aimerais bien qu'on ne répète pas au *Canard enchaîné* tout ce que l'on dit entre nous. » Las ! La semaine suivante, l'injonction primo-ministérielle était en page 2 de l'hebdomadaire...), et attardons-nous sur ces braves canards qui ont tenté de voguer paisiblement sur le bassin du parc.

Leur durée de vie n'est pas telle qu'ils peuvent témoigner des habitudes de plus de deux locataires du Palais, mais les petits-enfants du général de Gaulle se souviennent que leur grand-père aimait les emmener rendre visite aux canards qui barbotaient sur la pièce d'eau (le bassin à jet d'eau n'existait pas encore). Chacun avait alors le droit de jeter un petit morceau de pain aux pensionnaires. Quatre-vingts ans auparavant, Jules Grévy distribuait lui aussi des morceaux de pain aux canards, avec un réel succès, puisque l'un d'entre eux, surnommé « Bébé », suivait le Président sur les pelouses et jusque sur la terrasse.

Georges Pompidou s'accommode mal des cancanements et fait supprimer la pièce d'eau en 1971. À l'inverse, François Mitterrand construit un bassin à jet d'eau, et c'est alors que la présence des canards tourne à l'affaire d'État... Jacques Chirac raconte dans ses *Mémoires* que, le 17 mai 1995, jour de son investiture, au cours du tête-à-tête avec François Mitterrand, ce dernier lui demande de prendre soin des petits colverts nés récemment (l'année précédente, on avait importé un couple du domaine de Rambouillet). Mitterrand ajoute : « Je sais que vous avez un labrador... Essayez de faire en sorte qu'il ne les dévore pas en deux jours ! » Chirac remplit parfaitement sa haute mission. Il annonce même à son prédécesseur, quelques semaines plus tard, que la famille des colverts s'est agrandie. Mais en laissant du temps au temps, il arrive ce qu'il doit arriver : selon certains témoins, les colverts de François Mitterrand n'auraient pas résisté au chien présidentiel, lequel se sentait chez lui autant que les volatiles. Pour d'autres, les responsables seraient les corbeaux.

Le passage du septennat au quinquennat n'y a rien fait. Pour des canards, c'est long. Et dangereux. La preuve : aujourd'hui, il n'y en a plus.

Candidature (présidentielle)

4 novembre 1965. Charles de Gaulle va avoir soixante-quinze ans. Il a longuement hésité avant de trancher. Malgré les réticences d'Yvonne, qui ne songe qu'à se retirer définitivement avec son mari à Colombey, il a décidé seul, comme toujours lorsque le choix est difficile. Et il n'en a informé le Premier ministre Georges Pompidou qu'au tout dernier moment.

Il se présentera donc à la prochaine élection présidentielle, prévue les 5 et 19 décembre. Malgré son âge, malgré l'usure et la fatigue. Parce qu'il s'agit, trois ans après le référendum de 1962, de la première véritable élection présidentielle au suffrage universel. Et parce qu'il estime qu'il n'y a pas d'alternative. C'est la version 1965 du « moi ou le chaos ». Huit minutes et vingt-quatre secondes d'une allocution solennelle enregistrée au Palais. « Je crois devoir me tenir prêt à poursuivre ma tâche [...]. L'avenir de la République nouvelle sera ainsi décidément assuré [...]. Sinon, personne ne peut douter qu'elle s'écroulera aussitôt et que la France devra subir, mais cette fois sans recours possible, une confusion de l'État plus désastreuse que celle qu'elle connut autrefois » : le Général choisit de dramatiser. Il gagnera et perdra tout à la fois son pari. Mis en ballottage, il battra Mitterrand au second tour. Mais un élan est coupé. Le charme est rompu. Ainsi donc, à la surprise générale, il apparaît que de Gaulle peut être mis en difficulté. Deux ans et demi après, ce sera mai 1968...

2 mars 1981. Valéry Giscard d'Estaing est le deuxième président en exercice à se représenter. Au Palais, personne n'est vraiment surpris. VGE choisit de faire connaître son choix comme de Gaulle, par une allocution télévisée. À sa manière, à la fois solennelle et personnelle. Pour l'aspect solennel, le Salon Napoléon III, un bureau Empire, un costume sombre et une certaine gravité. Pour la partie personnelle, presque familiale, la présence discrète d'Anne-Aymone à ses côtés. À la demande du président sortant, on a placé un petit bouquet de fleurs des champs sur le bureau. À peine une dizaine de minutes, et celui qui se présente comme

un « citoyen-candidat » précise les enjeux : « Je vous rendrai le pouvoir que vous m'avez confié... j'ai décidé de me présenter pour un septennat nouveau. Comme président, je n'y ai aucun droit particulier et personne ne me doit rien... J'accueille la campagne comme une délivrance... Mon sort n'a pas d'importance. Il s'efface devant le seul choix qui compte : celui du meilleur avenir pour la France. » À cinquante-six jours du premier tour, VGE entre dans l'arène. Trop tardivement ? Lesté par le poids d'un bilan violemment contesté par la gauche ? Pas assez combatif ? Affaibli par les attaques personnelles, l'affaire des diamants notamment, et par la division de la majorité ? Deux mois et demi plus tard, il quittera le Palais battu, après cette entrée en campagne élyséenne.

22 mars 1988. François Mitterrand innove. Pas de déclaration au Palais. Le Président préfère se rendre sur le plateau du journal télévisé de 20 heures d'Antenne 2, présenté alors par Henri Sannier. Il est aussi interrogé par le journaliste politique Paul Amar. « Êtes-vous candidat ? — Oui », répond-il, sibyllin, à la première question sur sa candidature. Puis, pendant un peu plus de dix-sept minutes, il décline avec vigueur les thèmes de sa campagne, bâtie autour d'un slogan : la France unie. Et il dénonce en vrac « les esprits intolérants... les clans... les bandes... les factions ». Un discours de combat qui tranche avec sa volonté de rassembler. Le président sortant semble ragaillardi à l'idée d'engager cette campagne au sortir d'une cohabitation, la première dans l'histoire de la Cinquième, dominée par des affrontements avec Jacques Chirac, son Premier ministre. La journée de Mitterrand se termine. Avant cette intervention

télévisée, il s'est promené dans Paris. Il est entré, comme il aime le faire, dans des librairies. Il a ensuite soigneusement préparé ce lancement de campagne avec son brillant conseiller en communication et en stratégie, Jacques Pilhan. À soixante et onze ans, malgré la maladie qui le ronge, il est déterminé à partir à la bataille. Il la remportera haut la main...

Ses deux successeurs choisiront, eux aussi, d'annoncer leur candidature à un nouveau mandat en dehors du Palais : Jacques Chirac le 11 février 2002 à l'occasion d'un déplacement à Avignon, en répondant à un appel en forme d'interrogation de Marie-Josée Roig, maire de la cité des Papes ; Nicolas Sarkozy le 15 février 2012 en direct dans le 20 heures de TF1, interviewé par Laurence Ferrari. Il y a sans doute peu de chances, désormais, que les présidents sortants choisissent le Palais pour communiquer cette information majeure : trop solennel, trop rigide, trop officiel, trop pompeux, trop doré. Et donc, trop dangereux et trop risqué politiquement.

C'est pourquoi, le 1er décembre 2016, dès que l'on apprend que François Hollande interviendra à 20 heures à la télévision en direct de l'Élysée, on comprend qu'il n'annoncera pas sa candidature mais son renoncement. La première des « non candidatures » sous la Ve République.

Carnot (Sadi)

Le 3 décembre 1887, Sadi Carnot devient le cinquième président de la République. Son prédécesseur

Jules Grévy a été contraint à la démission (voir : *Grévy Jules*) et l'époque est plus qu'agitée. L'homme sur lequel se concentrent toutes les haines s'appelle Jules Ferry, lui aussi candidat à la présidence. « Si Ferry est élu, les fusils partiront tout seuls », lit-on dans *Le Cri du peuple*. Encore une fois, Clemenceau tranche : « Carnot n'est pas très fort et c'est un parfait réactionnaire, mais il porte un nom républicain, et d'ailleurs nous n'en avons pas d'autre. » Clemenceau fait allusion à la famille Carnot, qui donna à l'État quelques personnages aussi dissemblables que Lazare, le grand-père, surnommé « l'Organisateur de la victoire » sous la Révolution – et à ce titre responsable du massacre des Vendéens ; et Hippolyte, le père, qui fut ministre de l'Instruction publique en 1848.

Né à Limoges, brillant polytechnicien, Sadi Carnot a cinquante ans quand il entre à l'Élysée. « Drôle de prénom », ricanent les Français, qui apprendront que Lazare, le grand-père, nourrissait une vive admiration pour le poète persan Sadi. Le nouveau président ne fait pas grande impression sur les foules, tant son allure est guindée, son port raide, sa barbe et sa chevelure aussi noires que ses vêtements. Le surnom de « Tout en zinc » lui tombe aussitôt dessus ! Mais si certains prennent son calme pour de la fadeur, tous reconnaissent qu'il se met au travail avec honnêteté et sérieux. « Une nation recule quand elle n'avance plus », déclare-t-il après son élection. Il inaugure la tradition républicaine des fréquents voyages officiels en province. Et il va s'efforcer de faire oublier les errements et l'immobilisme de son prédécesseur. Dans une période aussi troublée que la décennie 1890, la tâche n'est pas mince. Le scandale de Panama épargne l'Élysée, mais l'encombrant général Boulanger le menace. Le 27 janvier 1889, on se barricade au Palais dans la crainte de voir surgir Boulanger et ses hordes, excitées par la victoire que leur héros vient de remporter à Paris (où un siège de député était vacant). Le général Boulanger se défile et ne prend pas l'Élysée (voir : *Cléopâtre [Salon]*). L'alerte a néanmoins été sérieuse, notamment pour les militaires chargés de défendre le Palais. Quelques témoins ont affirmé que Sadi Carnot, ce jour-là encore, avait fait preuve de pondération et de sang-froid. La raison est qu'il avait depuis longtemps jugé Boulanger : un pleutre doublé d'un imbécile. La suite et la fin lamentable de la vie de Boulanger lui auront donné raison.

Deux changements majeurs interviennent à l'Élysée sous la présidence de Sadi Carnot : la construction de la Salle des Fêtes, et celle, sur la façade de la Cour d'Honneur, d'une verrière tellement hideuse qu'elle est aussitôt baptisée « la cage aux singes » par les Parisiens. L'horreur ne fut démontée que soixante ans plus tard, à l'arrivée de Vincent Auriol. Quant à la Salle des Fêtes, construite à l'occasion de l'Exposition universelle de 1889 (comme la tour Eiffel), elle supprima une partie du parc, mais fut particulièrement utile aux nombreuses réceptions et bals que Sadi Carnot et son épouse donnèrent à l'Élysée, en participant souvent de leurs deniers personnels aux additions élevées que représentaient ces manifestations. Cécile Carnot savait recevoir et se dévouait beaucoup pour les œuvres de bienfaisance – elle est l'instigatrice de l'arbre de Noël de l'Élysée, destiné à l'origine aux seuls enfants pauvres. Elle n'aimait guère le Palais, « un endroit où l'on se ruine et s'ennuie ». Elle pouvait se consoler en faisant admirer sa beauté, son élégance et sa distinction dans les salons du Palais, où chandelles et lampes à huile avaient été remisées au profit de cette récente et merveilleuse invention : l'éclairage électrique.

Mais ce qui a peut-être marqué le plus, et tragiquement, le mandat de Sadi Carnot, c'est la montée en puissance des mouvements anarchistes, avec les attentats commis, entre autres, par Ravachol et Vaillant. C'est parce que Sadi Carnot refusa la grâce présidentielle à ce dernier qu'il est assassiné par l'anarchiste italien Caserio, le 24 juin 1894 à Lyon. Le corps du Président fut ramené à l'Élysée. Pendant quatre jours, les Parisiens déposèrent des fleurs au pied du catafalque. Ce président-là avait su finalement se faire aimer. Le 1er juillet 1894, la cérémonie des funérailles se termina au Panthéon. Sadi Carnot, qui vécut six ans et six mois à l'Élysée, repose parmi les Grands Hommes.

Cartes (Salon des)

De belles cartes d'état-major dissimulées sous les tapisseries murales. Voilà qui justifie le nom de ce petit salon du rez-de-chaussée et fait sa singularité. Il nous rappelle ainsi que l'Élysée est aussi une maison militaire.

Napoléon, qui aime cette maison, n'est pas fâché d'en déloger sa sœur Caroline et son beau-frère Murat quand il fait d'eux le couple royal du royaume de Naples en 1808. Six mois plus tard, l'Empereur séjourne fréquemment dans ce palais qui devient l'« Élysée-Napoléon ». Joséphine s'installe au premier étage dans les anciens appartements de Murat, et Napoléon occupe ceux de Caroline au rez-de-chaussée, côté est. Il apprécie particulièrement ces pièces qui donnent de plain-pied sur le jardin. Il établit son cabinet de travail dans le Salon des Portraits, mais il lui faut naturellement un endroit où, comme aux Tuileries, l'Empereur puisse étudier à tout moment les cartes d'état-major en vue de préparer ses campagnes. Son goût de la géographie et ses hautes capacités de stratège militaire l'avaient conduit depuis plusieurs années à développer considérablement l'activité topographique en France.

Ce Salon des Cartes, le premier de l'aile est du Palais à longer le « couloir Madame » et à s'ouvrir sur le jardin, fait désormais partie des salons de réception privés, plus particulièrement affectés, depuis Cécilia Sarkozy en 2007, aux activités officielles de la Première dame.

Casimir-Perier (Jean)

Le 27 juin 1894, trois jours après l'assassinat de Sadi Carnot, Jean Casimir-Perier, quarante-sept ans, est élu président de la République. Issu d'une riche famille d'industriels et de banquiers – ce qui lui sera rapidement reproché –, Casimir-Perier ne se sent pas du tout attiré par la fonction suprême. Mais au nom de la tradition familiale – le père a été ministre sous Adolphe Thiers et le grand-père président du Conseil sous Louis-Philippe –, Jean obéit à la double injonction de sa mère et de sa femme. Il ira à l'Élysée. Il va y faire l'unanimité... contre lui. Du courage mais pas d'autorité. Une distance qu'on prend pour de l'arrogance. Pour faire bonne mesure, les critiques qui s'abattent sur lui visent aussi bien sa fortune que l'ambition de sa femme, qui l'a poussé à accepter la présidence. Casimir-Perier apparaît dans toute sa splendeur comme l'ennemi de la classe ouvrière. Accusé de s'enrichir sur le dos des mineurs de fond – les houillères d'Anzin, dans le Nord, lui appartiennent en majorité –, il fait traduire en justice le journaliste qui l'a attaqué. Lequel prend comme défenseur un avocat du nom de Jean Jaurès, qui, dans une belle envolée, s'en prend au palais de l'Élysée :

— J'aimais mieux voir dans notre pays les maisons de débauche où agonisait la vieille monarchie que la maison louche de banque et d'usure où agonise l'honneur de la République !

Le président du tribunal ne peut laisser passer l'effet de manche de Jaurès.

— Vous osez comparer la maison du président de la République à une maison de débauche ?!

Tribun au sommet de son art, Jaurès réplique :

— Je ne la compare pas, monsieur le président, je la mets au-dessous !

Casimir-Perier travaille peu dans son bureau, mais beaucoup sur la pelouse de l'Élysée... Un brin de paranoïa lui fait préférer les jardins pour les entretiens qu'il voudrait réguliers avec le président du Conseil Charles Dupuy et les ministres. Au milieu des bosquets, il ne se sent pas surveillé. Paradoxalement, mais à juste titre, il se plaint de l'isolement dans lequel il est tenu. Plusieurs ministres ne prennent même pas la peine d'informer le Président de leurs décisions. La lecture des journaux lui en apprend davantage que les rares dépêches en provenance des ministères. Il dira, au moment de quitter l'Élysée : « Je ne me résigne pas à comparer le poids des responsabilités morales qui pèsent sur moi à l'impuissance à laquelle je suis condamné. »

Lorsque, le 14 janvier 1895, le cabinet de l'intrigant Charles Dupuy est mis en minorité, ce dernier vient à l'Élysée présenter sa démission au Président. « Vous partez, moi aussi », annonce Casimir-Perier. Il n'en peut plus. Tenu à l'écart, peinant à suivre les premiers effets de l'affaire Dreyfus, il adresse aux parlementaires qui l'ont élu son message de démission : « Le respect et l'ambition que j'ai pour mon pays ne me permettent pas d'admettre que l'on peut insulter chaque jour les meilleurs serviteurs de la patrie et celui qui la représente aux yeux de l'étranger. » Il quitte l'Élysée où il sera resté six mois et vingt jours. Vingt-quatre jours de moins que Paul Deschanel. Record de brièveté battu.

Cave

La plus ancienne bouteille conservée dans la cave du Palais est un premier cru de Sauternes, Château-Rieussec 1906, année où Armand Fallières prenait ses quartiers à l'Élysée. Mais « le père Fallières » n'y est pour rien, la cave n'ayant été installée qu'en 1947 sous Vincent Auriol, dotée d'une climatisation en 1982, et modernisée en 1995. Près de treize mille bouteilles sont entreposées sous les voûtes, dans ce sous-sol d'une cinquantaine de mètres carrés, où règne depuis 2007 une sommelière, Virginie Routis. La qualité d'une maison s'appréciant à celle de sa cave, on peut conclure, après visite, que l'Élysée est une très bonne maison, même si, pendant longtemps, la cave de l'hôtel de Lassay, résidence du président de l'Assemblée nationale, était réputée pour être la meilleure parmi celles des palais de la République. De belles cuvées en champagne, des merveilles en bordeaux – Petrus, Margaux, Yquem, Ausone, Cheval-Blanc –, des trésors en bourgogne – Romanée-Conti, Aloxe-Corton, Pernand-Vergelesses, Pommard, Volnay –, mais aussi des crus moins célèbres dans ces deux appellations, et bien sûr des vins représentant les autres régions françaises : Côtes-du-Rhône, Languedoc-Roussillon, Alsace, Loire, Provence, Corse. On l'imagine aisément : pas de vins californiens, chiliens ou australiens, sous peine de provoquer les mânes du Général.

La sommelière est chargée de la gestion de la cave, et donc des achats. À ce titre, elle reçoit les viticulteurs au Palais, une centaine chaque année, mais va aussi les visiter dans leurs vignes. Elle dispose d'un budget annuel et les fournisseurs se soumettent à l'appel d'offres. Le président Vincent Auriol n'hésitait pas à faire lui-même appel aux vignerons, en leur rappelant qu'ils servaient la France chaque fois qu'une de leurs bouteilles était ouverte à l'Élysée. Bernadette Chirac, haute main sur tout le Palais, avait le goût assez sûr pour suggérer qu'on commandât un vin plutôt qu'un autre. Si le travail de la sommelière consiste à choisir les vins en accord avec la cuisine, elle doit aussi les servir à table lors des déjeuners et dîners officiels. Pour les dîners d'État, deux autres sommeliers viennent assister la chef sommelière, qui reste toutefois seule à servir la table du Président. Les vins sont systématiquement goûtés au préalable.

C'est à la demande du Président que peuvent être ouvertes des bouteilles d'exception. Il arrive que des chefs d'État – richesse de la France oblige – fassent savoir qu'ils aimeraient goûter un vin en particulier. Le chancelier allemand Gerhard Schröder avait un faible pour le château-latour, premier cru de Pauillac, et le château-d'yquem, Angela Merkel apprécie le saint-julien. La règle générale veut qu'on serve trois vins aux déjeuners ou dîners – contre cinq aux plus belles heures de la IIIe République[1]. Pour un dîner de deux cents personnes qui aura lieu dans la Salle des Fêtes, on ouvrira ainsi vingt à vingt-cinq bouteilles d'un grand bourgogne blanc – un Chassagne-Montrachet en 1988 pour Margaret Thatcher –, une quarantaine de bouteilles d'un grand cru ou cru classé de bordeaux – Château Haut-Brion 1986 en août 2000 pour l'équipe de France de foot –, et une vingtaine de bouteilles de champagne millésimé pour le dessert et les toasts – Cuvée Dom Ruinart 1993 pour George W. Bush en 2004, ou – délicate attention – Pol Roger Cuvée Sir Winston Churchill pour Elizabeth II en 1998 et 2014.

Petite révolution en 2013 : l'Élysée a vendu aux enchères une partie de sa cave ; 1 200 bouteilles ornées du sticker Palais de l'Élysée – ce qui en augmente

1. Le 28 janvier 2015 a été annulé le dîner d'État prévu ce jour-là au Palais pour la visite du président iranien. Les Iraniens, qui, par conviction religieuse, ne boivent pas de vin, avaient exigé de ne voir aucune bouteille servie à table, même pour les autres invités.

la valeur – ont ainsi quitté la cave présidentielle. Plus de 700 000 euros ont été récoltés, affectés au budget de l'État, et en moindre part aux nouveaux achats de vins.

Les goûts personnels des présidents en matière de vin sont aussi différents et variés qu'ils le sont en gastronomie. Le général de Gaulle aimait les blancs d'Alsace – que Mme de Gaulle demandait qu'on lui servît avec parcimonie – et les bourgognes rouges ; Pompidou avait une préférence pour les bordeaux et ne détestait pas un grand cahors, vin d'une région qu'il connaissait bien ; Giscard les bordeaux jeunes ; Mitterrand appréciait un saint-estèphe comme le château-haut-marbuzet, et avait un faible pour le sancerre, blanc et rouge, mettant ainsi à l'honneur les vins de Loire ; Chirac faisait honneur à tous les vins comme à tous les plats – sa boisson préférée restait toutefois la bière, qu'il ne buvait qu'au moment des repas privés ou semi-officiels. Quant à Nicolas Sarkozy, comme son lointain prédécesseur Paul Doumer, il ne buvait pas de vin, se contentant, au moment des toasts officiels, de lever son verre de champagne sans y toucher. François Hollande, pour sa part, est un bon connaisseur. Il a toujours apprécié les vins de renommée plus modeste que les grands classiques de Bordeaux ou de Bourgogne. Les déjeuners de travail permettent d'ailleurs à la sommelière de tenter quelques accords mets-vins qu'un dîner d'État n'autorise évidemment pas.

Cécilia

6 mai 2007-15 octobre 2007. Cinq mois et neuf jours. Vue du Palais, Cécilia est un météore. Entre l'élection de son mari, à laquelle elle contribue activement, et leur divorce, elle a à peine le temps de s'installer. Tout juste est-elle accusée d'avoir organisé la soirée très décriée du Fouquet's et la trop célèbre escapade postélectorale sur le yacht de l'ami Vincent Bolloré. Critiquée aussi pour ses interventions dans la constitution de l'équipe élyséenne. Avec ses protégés, dont le porte-parole des premiers mois David Martinon, envoyé en exil après son départ comme consul général à Los Angeles, et ses ennemis, notoirement identifiés. En particulier les membres de la « firme », cette bande de copains qui ne quittent pas Sarkozy pendant des années, Brice Hortefeux, Frédéric Lefebvre, Franck Louvrier et Pierre Charon. Première dame durant cent cinquante-neuf jours, Cécilia s'installe dans l'ancien bureau de Bernadette. Elle reçoit. Elle travaille. Elle consulte. Elle conseille. Mais en restant dans l'ombre, à l'exception, notable, de l'épisode des infirmières bulgares.

Le 24 juillet 2007, Cécilia est à Tripoli. Choquée par la situation de cinq infirmières bulgares, accompagnées d'un médecin, prises en otages et retenues dans les prisons libyennes depuis huit ans. Claude Guéant est à ses côtés. Près de cinquante heures de discussions et de négociations. Elle voit la plupart des dirigeants libyens et, en tête à tête, le dictateur Kadhafi, bluffé par son énergie. À Paris, dans son Palais, son mari suit tout minute par minute. Selon ses proches, il vit cet étonnant épisode avec un mélange d'inquiétude, d'émotion et de fierté. C'est sa première véritable épreuve. Cécilia réussit. Les infirmières et le médecin sont libérés. Elle a gagné son pari, même si, aujourd'hui, toutes les interrogations ne sont pas levées, loin de là, sur les conditions de cette mystérieuse opération.

Cécilia et Nicolas, pour tous ceux qui les ont connus ou croisés, c'est un couple explosif. Toujours au bord de la rupture après les premières années de bonheur. Toujours sur la crête, et en tête de gondole. Toujours présents dans l'actualité politique et people. Leurs problèmes sont étalés sur la place publique. Le 26 mai 2005, sur France 3, Nicolas, alors ministre de l'Intérieur, évoque ses difficultés personnelles. Fin août, *Paris Match* met à la une Cécilia et Richard Attias sortant d'un hôtel à New York. Elle revient pourtant, travaille sur les meetings, soutient son mari, l'accompagne. Avec un vrai sens politique et une réelle intuition. Pas de langue de bois chez celle qui se méfie des « communicants qui règnent en maîtres[1] ». « Je n'ai jamais voulu avoir d'influence sur mon ex-mari[2] », écrira celle qui est présente à tous les moments importants de la campagne victorieuse de 2007. Au premier tour, elle vote avec lui, à Neuilly. Mais au dernier jour, elle craque. Incapable d'aller voter au second tour. Le soir, elle rejoint le Fouquet's à contrecœur et apparaît mal à l'aise à la Concorde. Elle joue le jeu lors de la cérémonie d'investiture, arrive au Palais à la tête d'une famille recomposée, avec leur fils Louis, ses deux filles et les deux autres fils de Nicolas. Mais très

1. Cécilia Attias, *Une envie de vérité*, Flammarion, 2013.
2. *Idem.*

vite, dès la rentrée de septembre 2007, après des vacances houleuses aux États-Unis, le divorce semble inévitable. Il intervient le 15 octobre (voir : *Divorce*). Quelques jours plus tard, elle explique dans *L'Est républicain* son besoin de vivre « tranquille, cachée ». La page se tourne. Sans Cécilia, ses vrais amis sont unanimes et formels, Nicolas ne sera plus jamais le même.

Chapelle

Il y en a eu plusieurs à l'Élysée. L'une, jusqu'en 1805, constituait une partie de l'actuel Salon Murat. Une autre occupa quelque temps un coin du Jardin d'Hiver. Mais la plus récente, c'est une petite pièce, au rez-de-chaussée du Palais, dans l'aile est qui longe la Cour d'Honneur. Construite sous Louis Napoléon, elle est réduite des deux tiers en 1947 par Vincent Auriol, qui préfère deux bureaux supplémentaires à un lieu de culte trop vaste. Yvonne de Gaulle est très attachée à cette petite chapelle, très simple, dont les objets de culte et le mobilier ont été achetés par ses soins, sur ses fonds propres. Elle s'y rend assez fréquemment, seule, pendant la semaine. Entre 1959 et 1969, le Général et sa femme y vont le dimanche matin, lorsqu'ils passent le week-end à l'Élysée. Le plus souvent ensemble, parfois avec des membres de leur famille. La messe est célébrée par un neveu du Général, le père François de Gaulle, qu'Yvonne et Charles aiment profondément. En l'absence de François de Gaulle, c'est un prêtre de la même communauté qui officie, assisté d'un aide de camp ou d'un membre du personnel de l'Élysée. Le père François de Gaulle célébrera, aux côtés de l'évêque de Langres et du curé de la paroisse de Colombey, la messe pour les obsèques de son oncle, le 12 novembre 1970.

De 1969 à 1995, cette petite chapelle est peu utilisée. En 1981, beaucoup pensent qu'elle ne résistera pas à l'arrivée d'un président socialiste. C'est mal connaître François Mitterrand. Lorsque la question lui est posée de l'avenir de la chapelle, la réponse tombe, laconique et impérative : « Vous n'y touchez pas. » Dès son arrivée, Bernadette Chirac s'emploie à la rénover. Notamment à l'occasion de la visite du pape Jean-Paul II, fin août 1997, pour les douzièmes Journées Mondiales de la Jeunesse. La Première dame dirige et organise elle-même les travaux de nettoyage et de restauration, espérant que le pape viendra s'y recueillir. Il ne s'y rendra finalement pas. En revanche, il bénira au Palais le petit-fils du couple présidentiel, Martin. Ses parents, Claude Chirac et Thierry Rey, ne l'ont pourtant pas fait baptiser, préférant lui laisser le choix de le faire plus tard.

À partir de 2007, cette chapelle sert de salle d'attente pour les visiteurs ayant rendez-vous avec Carla Bruni dont le bureau est proche, ou avec le Président. Un petit canapé, quelques fauteuils, trois gravures anciennes et, à la place de l'ancien autel, une grande photo de Carla et Nicolas Sarkozy reçus à Londres le 26 mars 2008 par la reine Elizabeth et le prince Philip. Dès la fin mai 2012, cette photo est remplacée par le portrait officiel de François Hollande puis, après mai 2017, par celui d'Emmnauel Macron..

Avec Yvonne de Gaulle, Bernadette Chirac a été sans aucun doute la Première dame la plus attentive à cette chapelle, à son entretien et à son aspect. En raison, comme « Tante Yvonne », de ses convictions religieuses. Mais aussi, plus généralement, de l'intérêt particulier, presque affectif, qu'elle portait au Palais.

Chauffeurs

Ce 22 août 1962, il est environ 20 h 20. La DS noire du Général roule vers l'aéroport militaire de Villacoublay. À son bord, Yvonne, à l'arrière, à côté de son mari, et devant, à la droite du chauffeur, leur gendre, Alain de Boissieu qui, en cette période de vacances estivales, fait office d'aide de camp. Au volant, le brigadier-chef de la gendarmerie Francis Marroux, le chauffeur attitré du Président. Le cortège roule assez vite quand, tout à coup, au rond-point du Petit-Clamart, des coups de feu retentissent. C'est l'opération « Charlotte Corday », en référence à l'assassinat politique de Marat. Le commando de douze hommes est dirigé par le lieutenant-colonel Bastien-Thiry, un partisan de l'Algérie française, farouchement antigaulliste, qui sera condamné à mort et fusillé. Tirs et rafales de toutes parts. Les deux pneus avant de la DS sont crevés. La glace arrière explose. On retrouvera quatorze impacts de balles sur le cortège, et cent cinquante douilles par terre. « À terre, Père ! » crie Alain de Boissieu à son beau-père. Le Général et Yvonne se baissent. Le chauffeur rétrograde de quatrième en troisième pour mieux relancer la DS. Il accélère, et parvient à maîtriser la voiture, qui atteint Villacoublay à vive allure. Un vrai miracle. Le Général salue le sang-froid du chauffeur. Il félicitera plus tard sa femme pour son courage. « Cette fois, c'était tangent, commente-t-il sobrement. Ces gens-là tirent comme des cochons. » Onze mois plus tôt, déjà, une tentative d'attentat échoue à Pont-sur-Seine. Et déjà, Francis Marroux a fait merveille. Un chauffeur hors pair. Un fidèle aussi, qui accompagnera le Général jusqu'au bout. Et sera là, à Colombey, le 10 novembre 1970, au moment du malaise mortel de l'ancien président. L'autre chauffeur du Général, c'est Paul Fontenil, qui conduit la DS présidentielle le 25 avril 1969 lorsque de Gaulle quitte définitivement le Palais, « en roulant doucement » pour traverser le parc (voir : *Argent [Salon d']*), à la demande expresse de celui qui démissionnera deux jours plus tard. C'est lui aussi qui sera aux côtés de l'homme du 18 Juin, en Irlande. Les chauffeurs de présidents, c'est, vu de l'Élysée, un métier à part. Mais Marroux, le jour du Petit-Clamart, c'est une légende à part entière.

Les chauffeurs des successeurs ont chacun leur style, leur personnalité, leur histoire. Avec Giscard, Gabriel Lavaire, Mimi pour les intimes, est assis, le jour de l'arrivée officielle au Palais... à côté du nouveau président, qui choisit de conduire lui-même, avant de finir à pied. Il parle beaucoup avec son patron, notamment de politique, et de l'œuvre de Maupassant. Pierre Tourlier, le chauffeur de Mitterrand, est déjà avec lui le 10 mai 1981, à Château-Chinon. Il le ramène à Paris, sous la pluie, en cette soirée mémorable. Le nouveau président à l'avant, Danielle à l'arrière. Une personnalité étonnante, ce Tourlier. Proche de l'OAS dans le passé, il devient, des années plus tard, à la fois chauffeur et garde du corps du leader socialiste. Au volant,

Mitterrand est un vrai danger public. Tourlier lui est donc indispensable. Avec son diamant dans l'oreille, sa double vie lui aussi, il amuse et intrigue Mitterrand. Qui apprend que son chauffeur, qu'il fait venir à l'Élysée, n'a pas passé son permis de conduire ! Il l'a obtenu à l'armée, sans examen. Homme de confiance, nounou, il emmène Mazarine à l'école. C'est lui qui appelle son patron Tonton, à un moment où les socialistes le surnomment plutôt Papy. Et qui surveille et accompagne, au pas, à quelques centaines de mètres, le Président pendant ses longues marches à pied dans Paris, le plus souvent après le déjeuner. Après 1995, Tourlier publie deux livres : *Conduite à gauche* en 2000, *Tonton, mon quotidien auprès de François Mitterrand* en 2005.

Auteur lui aussi, Jean-Claude Laumont, le premier chauffeur de Chirac. Il connaît le maire de Paris depuis longtemps. Il l'appelle « le Grand ». Le soir de la victoire de 1995, il le conduit, au terme d'une véritable chevauchée médiatique dans Paris, au domicile de François Pinault, rue de Tournon, près du Sénat. Il sait beaucoup de choses, personnelles et politiques. Il sera donc remplacé. Envoyé d'abord en Nouvelle-Calédonie, puis, de retour à Paris, chargé de mission... à l'évaluation de l'état des vespasiennes dans les cimetières parisiens. Son bureau est... au Père-Lachaise. En 2001, Laumont publie *25 ans avec lui*, un livre drôle, bourré d'anecdotes, mais en même temps amer, indiscret et nostalgique.

Les chauffeurs de présidents ne quittent jamais indemnes leurs fonctions. Trop proches. Trop de secrets à garder... ou à révéler. Trop de souvenirs. Premiers responsables de la sécurité présidentielle, en première ligne en permanence. Indispensables. Mais trop près du soleil.

Chef des armées

Article 15 de la Constitution de la Ve République : « Le président de la République est le chef des armées. Il préside les conseils et les comités supérieurs de la Défense nationale. » L'article 5 précise que le Président « est le garant de l'indépendance nationale et de l'intégrité du territoire ». Et l'article 35 détaille les conditions dans lesquelles le gouvernement informe le Parlement et organise les débats relatifs à une intervention militaire. Depuis 1958, le vrai patron des armées est donc clairement à l'Élysée. Il l'était déjà un peu sous les précédentes républiques. Mais de manière assez restrictive. Sous la Troisième, le feu vert préalable des parlementaires est nécessaire avant une intervention. Et sous la Quatrième, même si le Président, conformément à l'article 33, porte le titre de chef des armées, le gouvernement et le Parlement sont les vrais décideurs. De Gaulle a renversé les rôles. La responsabilité militaire, jusqu'au déclenchement du feu nucléaire, relève du Président, et de lui seul. Personne, aujourd'hui, n'oserait remettre en cause cette réalité.

1959-2017. Il y a près de soixante ans que l'Élysée est devenu le vrai QG, le centre incontournable de la décision militaire. Budget militaire, nominations et promotions, interventions extérieures : le Président tranche, arbitre et assume. Du général de Gaulle à

Macron, aucune exception : pas un choix significatif n'échappe au chef des armées. Et depuis Georges Pompidou, tous les présidents ont confié que cette responsabilité était bien la plus lourde, la plus angoissante et la plus complexe de toutes celles qu'ils avaient à exercer. Ainsi Giscard consacre-t-il beaucoup de temps aux dossiers militaires dans les mois qui suivent son arrivée au Palais. Et fin 1977, sa décision, longuement et mûrement réfléchie, de faire installer le PC Jupiter dans les sous-sols de l'Élysée sera bien accueillie par l'état-major (voir : *Jupiter*). Mai 1978 : VGE décide de déclencher l'opération Kolwezi pour libérer cette ville minière du Zaïre. Il en fait le récit détaillé dans ses mémoires. Avec ce moment étonnant où Giscard va connaître le résultat du largage sur Kolwezi des parachutistes du 2e REP. « Une seconde d'attente, de vertige, entre la mauvaise nouvelle, à laquelle il faut que je sois prêt à faire face, et la délivrance que serait une bonne nouvelle [...]. Opération réussie [...]. Ainsi tout s'est passé comme nous le voulions, comme nous l'espérions ! [...] Je prends ma tête entre les mains. Je ferme les yeux pour mieux respirer. Est-ce que je pleure ? Je n'en sais rien. Mais cela y ressemble[1]. »

Élysée, 2 août 1990. Cette fois, c'est Mitterrand chef des armées face à la guerre du Golfe. L'Irak de Saddam Hussein envahit le Koweït. Immédiatement, l'Élysée est en première ligne. Mitterrand est omniprésent. Dans son bureau, les réunions se succèdent. Le Président décide du moindre détail. Il communique en permanence, à la télévision ou en recevant

1. *Le Pouvoir et la Vie*, *op. cit.*

des journalistes par petits groupes. Dans le cadre de l'opération Tempête du désert lancée le 17 janvier 1991 par la coalition internationale, il engage l'opération Daguet, qui mobilisera jusqu'à plus de quinze mille hommes. Et il envoie sur zone le porte-avions *Clemenceau* avec près de deux mille hommes. Durant cette période d'offensive, Mitterrand fait le point presque chaque jour, en fin d'après-midi, avec les responsables civils et militaires. Il se comporte réellement en chef d'état-major. À la manœuvre en permanence.

Élysée, 11 janvier 2013. François Hollande n'hésite pas. La menace djihadiste au Mali est trop grave, trop pressante, trop lourde. Le chef des armées convoque un conseil de Défense restreint. Dans la foulée, l'opération Serval est déclenchée. L'objectif est clair : barrer la route de la capitale malienne, Bamako, aux terroristes. Puis, dans la foulée, aider le Mali à retrouver son intégrité territoriale. Sept mois plus tard, quatre mille cinq cents militaires français seront sur place. Les moyens engagés sont importants : forces spéciales, hélicoptères d'attaque, véhicules blindés, commandos parachutistes, avions de combat... Hollande est apprécié des responsables militaires. On souligne dans les états-majors sa connaissance des dossiers et la rapidité de ses choix. « À la ville, personne ne l'écoute plus et il ne décide de rien. À la guerre, le voilà net, précis, tranchant, assuré de sa position, décidant vite, sans hésitation ni état d'âme. Il est le chef des armées que l'on respecte et que l'on suit », note son ancien conseiller politique Aquilino Morelle dans son ouvrage pourtant au vitriol[1]. À côté de lui, deux hommes clés préparent

1. Aquilino Morelle, *L'Abdication*, Grasset, 2017.

toutes les décisions : son ami Jean-Yves Le Drian, ministre de la Défense pendant toute la durée du mandat, et Benoît Puga, le chef d'état-major particulier sous Sarkozy puis Hollande, qui quittera ses fonctions au printemps 2016. Contesté et critiqué sur les sujets de politique française, le Président a su imposer son style et son autorité sur les dossiers militaires. Irak, Syrie, Liban, Mali et République centrafricaine : en 2016, dix mille hommes sont mobilisés sur ces théâtres d'opérations à l'extérieur. Et en France, dix mille soldats participent au dispositif Sentinelle mis en place après les attentats de 2015 (voir : *Terrorisme*). François Hollande est omniprésent en chef des armées. Il exige d'être alerté à tout moment. Il multiplie les réunions de crise et les conseils de défense dès que l'urgence l'impose. Le 4 décembre 2015, quelques jours après les attentats de Paris et de Saint-Denis, il se rend sur le porte-avions *Charles-de-Gaulle*, au large de la Syrie. Et le 14 janvier 2016, lorsqu'il présente ses vœux aux armées à Coëtquidan, devant les élèves de Saint-Cyr, le Président repense à son passage dans cette école prestigieuse où il fit ses classes début 1977. Un souvenir qui l'avait assez profondément marqué. Imaginait-il, près de trente ans plus tôt, y revenir comme chef des armées ?

14 mai 2017. Dès le premier jour de son mandat, Emmanuel Macron envoie un signal clair, presque limpide. En choisissant de monter dans un command car pour quitter le parc du Palais puis remonter et redescendre les Champs-Élysées, il entend apparaître immédiatement comme le chef des armées. Il le confirmera encore l'après-midi même en se rendant au chevet de militaires blessés à l'hôpital militaire de

Percy. Deux mois plus tard, il affronte sa première crise avec la démission du chef d'état-major, Pierre de Villiers, à la suite d'une vive polémique sur le budget des armées. Avec la nomination du successeur, le général François Lecointre, Macron espère reprendre la main. Ce Saint-Cyrien de cinquante-cinq ans est très apprécié dans l'armée. Il a combattu en Bosnie, au Rwanda et au Mali. C'est un homme de terrain autant qu'un théoricien militaire. Il connaît parfaitement les rouages de l'État pour avoir dirigé, sous Valls et Philippe, le cabinet militaire du Premier ministre. Ce choix est bien accueilli. Emmanuel Macron pourra travailler en confiance. Même s'ils regrettent l'épisode Villiers et le martial « Je suis votre chef » du nouveau président, les responsables militaires ont été rassurés, et plus encore lorsqu'en janvier 2018 Emmanuel Macron a fait l'annonce d'une augmentation régulière du budget des armées, chaque année, sous son mandat.

Les vingt-cinq présidents qui se sont succédé au Palais ont tous, de près ou de loin, dû affronter une crise militaire. Pendant la Première Guerre, Raymond Poincaré gère le conflit avec cinq présidents du Conseil successifs, dont bien sûr Georges Clemenceau. Sous la IVe République, la guerre d'Indochine et la crise algérienne ont mobilisé les hôtes de l'Élysée en liaison avec les multiples gouvernements. Et depuis 1958, les sept présidents n'ont jamais cessé de travailler avec les états-majors dans leur bureau élyséen. Tous les grands dossiers dans lesquels les militaires sont concernés y sont gérés en direct : l'Algérie sous le général de Gaulle, Kolwezi sous Giscard, la guerre du Golfe sous Mitterrand, les Balkans sous Chirac, la Libye sous Sarkozy, le Moyen-Orient et l'Afrique sous Hollande puis Macron. Le Palais est aujourd'hui un QG permanent.

Chiens et chats

Aucun protocole ou règlement n'interdit aux présidents de la République de vivre avec des animaux domestiques au Palais. Si Louis Napoléon Bonaparte possédait de nombreux chiens, Raymond Poincaré était entouré d'une briarde noire appelée Miette, d'une griffonne nommée Bobette et d'un chat (siamois) baptisé Grigri. Mais ni les uns ni les autres ne firent la une des journaux. Pour cela il faudra attendre soixante ans et Valéry Giscard d'Estaing. Le président du changement prend soin de se faire photographier avec ses labradors, dont la France entière ne peut ignorer qu'ils répondent aux noms de Samba (offert par la reine d'Angleterre) et Jugurtha.

C'est François Mitterrand qui, malgré lui, fait franchir un échelon supplémentaire à la médiatisation des animaux présidentiels. Son labrador Baltique est tellement célèbre que ses Mémoires sont publiés sous le titre *Aboitim*, en écho au contesté *Verbatim* de Jacques Attali, conseiller spécial du Président. Quoi d'étonnant ? Baltique, qui ne quitte guère son maître, est somme toute détenteur de bien plus de secrets que le conseiller spécial. Dû à quelques bonnes plumes pasticheuses, *Aboitim* est un tel succès qu'un seul volume ne suffira pas.

Jacques Chirac arrive à l'Élysée avec son labrador Maskou. Au Palais, certains affirment encore aujourd'hui que si quelques-uns des colverts du parc n'ont pas survécu, Maskou en est responsable (voir : *Canards*). Les labradors de Giscard, Mitterrand et Chirac ont surtout été le cauchemar des jardiniers de l'Élysée. Tout maître digne de ce nom n'ignore rien des dégâts qu'un jeune chien peut causer dans un parc. Le plus heureux, le roi des jardins du Palais aura toutefois été Sumo, le bichon maltais de Chirac, au point que, lorsque le Président quitte l'Élysée en 2007, Sumo, privé de verdure, déprime et devient agressif. Il faudra l'installer à la campagne.

Nicolas Sarkozy possédait une chienne labrador, Clara, qui lui a été offerte en octobre 2008. La famille comptait encore le petit chien Toumi ainsi qu'un terrier nommé Dumbledore. Ils furent soupçonnés d'avoir causé quelques dommages sur le mobilier du Salon d'Argent...

En 2014, une association d'anciens combattants canadiens offre à François Hollande une jeune femelle labrador à la belle robe noire qui reçoit le nom de Philae. Un élu socialiste se souvient de ce qu'on dit alors dans sa circonscription : « Maintenant que Hollande, comme Mitterrand, a un labrador, il fait plus président ! » Philae est chez elle dans le parc de l'Élysée, où elle trouve à son goût les jeunes tomates du potager nouvellemment créé. De tempérament affectueux, elle marque de l'intérêt pour certains visiteurs du Président, comme cet investisseur américain qui, sous le charme, demanda à être photographié avec elle. Très attaché à Philae, François Hollande a décidé qu'elle le suivrait à son départ de l'Élysée.

Fin août 2017 s'installe à l'Élysée Nemo, le successeur de Philae. Pour la première fois, c'est un chien adopté par un couple présidentiel qui va gambader dans le parc du Palais. Brigitte Macron s'est rendue dans un refuge de la SPA des Yvelines pour exprimer leur souhait d'adopter un chien. Et c'est le dimanche 27 août, en rentrant d'un court séjour au Touquet, que le couple vient chercher ce labrador noir croisé griffon d'un peu moins de deux ans. Dès le lendemain, on voit sur le site Internet de l'Élysée Nemo s'ébrouer sous les yeux de Brigitte. Nemo : Emmanuel Macron a choisi ce nom en référence au capitaine commandant le *Nautilus* dans le roman de Jules Verne, *Vingt mille lieux sous les mers*. L'un des romans d'aventures préférés du nouveau président. Nemo devient au fil des mois une sorte d'attraction. Il est adorable et turbulent, agité et affectueux. Il reçoit des cadeaux de la France entière. Il est sur la plupart des clichés. Aussi célèbre en peu de temps que les labradors de Giscard et de Mitterrand...

On remarquera que les chiens bénéficient à l'Élysée de faveurs dont ne jouissent pas les chats. Certes, Claude Pompidou ne les aimait pas, mais pour les trois angoras de Mme Sadi Carnot et le siamois de Mme Poincaré, que de labradors et bichons maltais ! On s'étonnera en particulier que François Mitterrand ne fût pas entouré de chats, lui dont les affinités avec le cardinal Mazarin – qui en possédait une quinzaine – étaient aussi évidentes que nombreuses. On ne compte plus les fois où Mitterrand lui-même fut comparé à un chat – l'expression « Chattemitterrand » tomba un jour de la bouche d'un écrivain ami du Président tout autant que des chats : René Fallet. Si les félins n'ont pas trouvé leur place au Palais, la faute en revient peut-être au Mobilier national, qui a cherché à épargner ses fauteuils, canapés et tapisseries. Reste aux chats le refuge des résidences privées. Ainsi le général de Gaulle acceptait-il la présence dans son bureau de La Boisserie, à Colombey, du chat Grigri (même nom que celui des Poincaré), qui était aussi, à sa façon, un conseiller spécial.

Chirac (Bernadette)

Quand Bernadette Chodron de Courcel se marie avec Jacques Chirac en 1956, elle sait qu'elle épouse une ambition. Elle-même n'en manque pas. Son mari rêve d'une grande carrière politique, et surtout de se retrouver un jour à l'Élysée. Elle va l'y aider. Avec, tout au long des années, une énergie farouche, une incroyable ténacité, une conviction acharnée. Le 17 mai 1995, quand Jacques Chirac entre à l'Élysée, c'est donc aussi sa victoire.

Chirac reproche à sa femme une certaine lenteur – il la surnomme « la tortue » – mais ne peut se passer d'elle. « Il faut que je sois là. Je suis son point fixe », confie-t-elle à Pierre Péan dans *L'Inconnu de l'Élysée*. De fait, Bernadette Chirac est on ne peut plus présente au Palais. Elle supervise tout, de la cuisine à la décoration, du travail des jardiniers à celui des fleuristes, du choix de la porcelaine et de l'argenterie à l'éclat des lustres et du mobilier. Instant redoutable pour le personnel de ménage : lorsque la Première dame, l'œil réprobateur, passe un doigt sur un meuble où traîne un reste de poussière... Panique chez les plumeaux. Elle le dit à Patrick de Carolis dans le livre d'entretiens

Conversation en 2001 : « Je tiens à ce que le Palais fasse honneur aux Français. » Rien ne lui échappe. Ni le nombre de rosiers dans les jardins, ni la composition des menus servis aux déjeuners et dîners officiels comme aux repas familiaux. Aux cuisines, on l'adore.

« Une grande dame, et une vraie maîtresse de maison. Avec elle, tout était clair, carré, sans détour. Elle a remis la maison d'aplomb, d'une main de fer, douée qu'elle était de cette autorité naturelle, cordiale mais forte, qui s'impose au premier contact », raconte Francis Loiget, alors chef pâtissier de l'Élysée. Le chef des cuisines, Joël Normand, n'est pas en reste, se souvenant de la première visite de Bernadette Chirac le jour même de l'installation du nouveau président : « Elle me demanda de lui faire visiter la cuisine. Elle voulait tout voir, de la dépendance jusqu'aux frigos. » La Première dame ne perd pas de temps et, pour montrer qu'elle veillera à tout, informe le chef des goûts de son mari : « Il aime beaucoup les escargots, et vous ne le décevrez jamais avec de la charcuterie. Sa viande fétiche, c'est l'agneau. Pour le dessert, il apprécie tout ce qui est à base de chocolat. »

Bernadette Chirac aime à se promener dans les salons lorsque la nuit tombe et que l'Élysée retrouve son calme. Privilège d'une Première dame qui, contrairement à Danielle Mitterrand qui l'a précédée, et à Cécilia et Carla qui lui succéderont, habite réellement le Palais. Elle s'y sent chez elle, et n'oublie pas que Geoffroy Chodron de Courcel, un cousin, fut secrétaire général de l'Élysée sous le général de Gaulle. Dans son bureau du rez-de-chaussée, elle travaille au profit de plusieurs associations, comités ou fondations, notamment la Fondation des Hôpitaux de Paris-Hôpitaux de France, dont l'opération « Pièces jaunes » lui vaut chaque année un regain supplémentaire de popularité. Elle crée aussi, avec Patrick et Véronique Poivre d'Arvor, un établissement, La maison de Solenn, qui accueille et soigne des victimes d'anorexie mentale. En janvier 2007, quelques mois avant la fin du mandat de Jacques Chirac, elle invite à l'Élysée la reine de Suède, la reine des Belges, ainsi que Mmes Bush, Poutine et Moubarak pour œuvrer à la protection des enfants disparus et sexuellement exploités. Incontestablement, Bernadette Chirac est une politique. Anne-Aymone Giscard d'Estaing a bien été conseillère municipale de Chanonat, mais de 1983 à 1995, après le septennat de son mari. L'épouse de Jacques Chirac peut donc se vanter d'être la seule Première dame en fonction à détenir un mandat électif. À partir de 1971, elle siège au conseil municipal de Sarran, puis, de 1979 à 2015, elle est constamment réélue conseillère générale du canton de Corrèze, dans le département du même nom. L'activité qu'elle y mène – et les succès qu'elle y obtient – accroît encore une popularité dont le premier bénéficiaire s'appelle Jacques Chirac, particulièrement au moment de l'élection présidentielle de 2002. Elle n'hésite pas à aller sur le terrain soutenir des candidats UMP pour les élections municipales ou législatives, et apprécie que ses conseils – voire ses directives – soient suivis. En 1997, elle s'oppose en vain à la dissolution, et affuble l'inspirateur du projet, le secrétaire général de l'Élysée Dominique de Villepin, du sympathique surnom de « Néron », l'empereur fou qui fit incendier Rome. En 2002, elle conseille vivement à Jacques de choisir Jean-Pierre Raffarin comme Premier ministre, au détriment de Nicolas Sarkozy qui espérait le poste. On ne peut s'empêcher de respirer là comme un parfum de vengeance... Hypothèse solide, car Bernadette Chirac n'est pas du genre à passer par pertes et profits les avanies subies du temps où Sarkozy avait choisi Balladur contre son mari. Des années plus tard, elle aura oublié, et œuvrera activement, presque frénétiquement, pour le rapprochement, d'ailleurs impossible, entre Jacques et Nicolas. Première dame, elle rencontre Sarkozy en cachette, presque en secret, chez un ami commun, pour éviter les foudres de son mari. Après le départ de l'Élysée, Bernadette est la seule du clan Chirac à faire preuve d'aménité à l'égard du successeur de Jacques. Une vraie groupie pour Sarkozy. Jusqu'au bout.

Au Palais, chacun sait qu'en 2007, Bernadette Chirac quitte la présidence avec un gros pincement au cœur. Elle confiera plus tard : « J'ai aimé la vie à l'Élysée. » À ce jour, elle reste la seule Première dame dans son cas.

Chirac (Claude)

Elle appelle son père « Chirac ». Elle le tutoie, quand sa mère le vouvoie. Elle le couve littéralement, durant ses douze années passées à l'Élysée. Peu sensible aux ors et aux honneurs, elle est directe, et même directive, exigeante, perfectionniste. Claude Chirac est certainement, parmi tous les enfants de présidents, celle qui a joué le plus grand rôle.

Quand elle est à ses côtés, Jacques Chirac ne la quitte pratiquement pas des yeux. Ils forment un couple fusionnel, depuis qu'elle l'a rejoint à l'Hôtel de Ville de Paris. Les épreuves les ont marqués : d'abord la maladie et les tentatives de suicide de sa sœur aînée, Laurence, mais aussi les défaites présidentielles de 1981 et de 1988, le grave échec du référendum de mai 2005 sur la Constitution européenne, les affaires, l'AVC de septembre 2005. Chaque fois, avec le soutien de Claude, Chirac a rebondi, même si, bien sûr, la santé de Laurence, qui disparaîtra en 2016, reste une blessure et une souffrance pour toute la famille. Tous leurs proches le confirment : Claude n'est jamais plus forte que dans les tempêtes. Son mentor, Jacques Pilhan, lui a (presque) tout appris, fort de son expérience de *spin doctor* auprès de François Mitterrand : organiser la rareté, parler quand le message présidentiel est clair et audible, jouer la proximité avec les Français, tenir les journalistes éloignés tout en disposant de quelques relais solides dans les médias. Sans Pilhan, elle aurait sans doute choisi de partir vivre et travailler en Californie. Avec lui, elle fonce. Et va occuper une place centrale.

À l'Élysée, où elle se montre plutôt discrète, on se souvient d'une femme de caractère, se tenant à l'écart, autoritaire et très professionnelle. Elle déteste parler de sa vie privée, plutôt tumultueuse, parfois douloureuse. Une première union, en 1992, avec un brillant politologue, Philippe Habert, qui se termine en drame, sept mois plus tard, avec la mort de ce dernier. Des relations complexes avec sa mère. Une proximité de tous les instants avec Line Renaud, qui la considère comme sa fille. Des amis fidèles et des ennemis irréductibles. Une immense joie, en 1996, avec la naissance de Martin, le fils du judoka Thierry Rey. Un mariage récent, en février 2011, avec Frédéric Salat-Baroux, un brillant secrétaire général de l'Élysée du temps de son père.

Pendant les douze ans de présidence de son père, elle le bluffe. Il la fascine. Dans son ombre, elle surveille à peu près tout, les médias d'abord, mais aussi sa santé, ses menus, ses régimes, son style, ses costumes. Elle partage avec lui une réelle antipathie pour Nicolas Sarkozy, dont elle a été proche, même si elle lui reconnaît du dynamisme et de l'énergie. Contrairement à sa mère, elle ne pardonnera jamais au successeur de son père la « trahison » de 1994-1995 et le choix d'Édouard Balladur. Sans la présence, quotidienne, de Claude, les deux mandats de Jacques Chirac auraient été différents. Et son image aujourd'hui de « père de la nation », moins forte et plus contrastée.

Chirac (Jacques)

Sous la IIIe République, il fallait parfois supplier celui dont on estimait qu'il avait quelque chance de s'installer à l'Élysée. « Non, non, je ne suis pas l'homme de la situation ! » clamait Jean Casimir-Perier.

« L'Élysée ? Jamais ! » jurait Félix Faure, la main sur le cœur. Jacques Chirac, lui, en a toujours rêvé. Il est de cette race de politiques qui ont su d'instinct que la conquête de l'Élysée passait par cette condition, nécessaire mais pas suffisante : y penser sans cesse, le vouloir profondément, l'ériger en but suprême.

Trois tentatives : 1981, 1988, et la réussite en 1995. Les deux premières sont presque perdues d'avance.

En 1981, c'est la candidature-peau de banane qui fait tomber Giscard ; en 1988, c'est parce qu'il faut contrer Barre et le danger que cet ancien Premier ministre gaullo-centriste, rigoureux et exigeant, représente pour le candidat du RPR ; en 1995, c'est le moment. Chirac le sait. Il a même obtenu les encouragements du président sortant. Michel Charasse raconte : « En 1994, Chirac, maire de Paris et candidat à l'élection présidentielle, se retrouve seul. Trahi par les siens, passés avec armes et bagages chez Balladur, maltraité par les médias, et au plus bas dans les sondages. Mais il continue à se battre et refuse de perdre espoir. François Mitterrand ne peut qu'éprouver de la sympathie pour ce type qui n'abdique pas... » Subtilement, par petites touches, Mitterrand fera connaître son choix... au détriment du candidat de gauche, Lionel Jospin. Le point d'orgue de ce soutien inespéré a lieu à l'Hôtel de Ville le 26 août 1994, lors des manifestations célébrant le cinquantenaire de la Libération de Paris. Le président de la République et le maire de Paris se retrouvent, seul à seul, dans le bureau de ce dernier, pendant que Balladur est contraint de patienter, conscient que ce rendez-vous qui se prolonge constitue un geste politique contre lui. Jacques Chirac rapporte dans ses *Mémoires* cet étrange moment : « Après avoir paraphé le Livre d'or, comme convenu, en y apposant sa seule signature, il m'a glissé en confidence : "C'est votre tour. Vous allez être élu." »

Le 7 mai 1995, avec 52,64 % des suffrages, Jacques Chirac devient à soixante-trois ans le vingt-deuxième président de la République française. Le 17 mai, il entre « dans ce Palais où plane un grand fantôme coiffé d'un képi à deux étoiles », comme l'écrira Denis

Tillinac. C'est même la première surprise de Chirac : « En entrant [dans le bureau présidentiel], je marque un temps d'arrêt, étonné de ne pas retrouver le décor habituel. François Mitterrand observe ma réaction de son air malicieux. À mon insu, il a fait réaménager le bureau tel qu'il était quand le général de Gaulle a quitté le pouvoir, et remettre aux mêmes emplacements le mobilier de l'époque. C'est la raison pour laquelle il m'avait demandé de différer de quelques jours son propre départ de l'Élysée. François Mitterrand a voulu faire un geste à mon égard et il a trouvé le bon geste. Je lis dans ses yeux cette lueur de satisfaction que je lui connais bien : celle de l'homme qui vient de réussir son "coup". Mais il paraît surtout heureux de m'avoir fait plaisir... »

Jacques Chirac est spontané, chaleureux, volontiers rieur, et... terriblement pudique. D'une réponse lancée un jour dans une interview, il s'est fait une devise : « Je n'aime pas emmerder les gens. » Soucieux de préserver sa part d'intimité autant que de rechercher le contact. Sur ce terrain-là, il est imbattable. Dans certains milieux, son naturel surprend. Pas dans sa chère Corrèze. Il fuit le parisianisme, se méfie des élites, n'est jamais à l'aise avec les médias. Tellement Auriol, si peu Giscard d'Estaing. L'Élysée de Chirac ressemble donc à Chirac. Du mouvement et peu de protocole. Le Président serre la main des huissiers, claque la bise à ses collaboratrices, et parcourt le Palais à grandes enjambées. Sa voix parfois résonne dans les couloirs lorsqu'il appelle quelqu'un, qui peut très bien être son épouse (voir : *Chirac Bernadette*). Contrairement à son prédécesseur, qui n'y dormait pas souvent, Jacques Chirac habite le Palais. Il ne déteste pas l'endroit, mais n'y fera pratiquement rien modifier. Le Président est un homme aux appétits multiples. Gros travailleur, solide mangeur, bon dormeur. Mais sitôt levé, vers 6 h 30, il faut que ça roule, bon train, vive allure, que ça « dépote », comme il dit. « Le suivre, c'est l'épuisement assuré », avouera un collaborateur de l'Élysée. « Pour lui, on ne doit jamais être fatigué », renchérit Bernadette Chirac. Longtemps, le jardin secret de Chirac restera vraiment secret. Il parle peu de son amour pour les arts premiers, mais s'engagera fortement pour leur consacrer un musée, celui du Quai-Branly, le futur musée Chirac. Il est aussi discret sur son goût pour la culture asiatique, l'histoire de l'humanité et le dialogue des civilisations.

Le Président dispose d'une formidable capacité d'entraînement, et ses interlocuteurs, quels qu'ils soient, reconnaissent qu'il dégage une vraie sympathie. Revers de la médaille : on lui reproche d'être influençable, comme vingt ans auparavant, quand Pierre Juillet et Marie-France Garaud le tenaient sous leur coupe. Après la dissolution de 1997 et l'échec de la majorité aux élections législatives, l'écrivain Denis Tillinac, ami de Chirac, signe dans *Le Monde* une brillante « Chronique d'un désenchantement » où il accuse l'entourage technocratique du Président, et en premier lieu le secrétaire général de l'Élysée, Dominique de Villepin, d'avoir rompu le lien que Jacques Chirac avait su tisser avec les Français : « Enfermez pendant deux ans le meilleur limier de la meute dans un appartement, il ne sentira plus un sanglier à deux mètres. »

À partir de 1997, Jacques Chirac connaît donc à nouveau, mais en lieu et place de François Mitterrand, les joies de la cohabitation. Cinq années qui s'achèvent en 2002 avec son premier mandat, lequel marque aussi la disparition du septennat. Les Français ayant approuvé par référendum le passage au quinquennat, Chirac accomplit un second mandat de 2002 à 2007 après avoir été réélu le 5 mai 2002 face à Jean-Marie Le Pen avec 82,21 % des suffrages.

Douze ans à l'Élysée. Des débuts réussis, puis l'échec de la dissolution-boomerang et l'épreuve de la cohabitation, et enfin les années plombées par la rivalité Sarkozy-Villepin. Depuis longtemps, Chirac s'est choisi un dauphin. Mais « celui qui est probablement le meilleur d'entre nous », Alain Juppé, est mis hors jeu par l'affaire des emplois fictifs de la Mairie de Paris[1]. Le Président va alors livrer bataille pour imposer Villepin contre Sarkozy. Mesure-t-il que les dégâts seront considérables ? Car au-delà d'une guerre des clans pour la succession, Sarkozy-Villepin, c'est « une haine digne des Atrides », dira Xavier Darcos. Tout y est : chantages, humiliations, scandales, manipulations, coups tordus, dagues et poignards. Le Palais en tremblera plus d'une fois. « On va dans le mur avec vos conneries ! » Ce jour-là, la voix du Président s'entend de loin. Le premier à comprendre que rien ne pourra plus enrayer l'irrésistible ascension de Nicolas Sarkozy, c'est Chirac lui-même. Nous sommes fin 2005. Épuisé et meurtri par cette lutte sans répit autant que par une tâche devenue pesante, il est hospitalisé au Val-de-Grâce pour un accident vasculaire cérébral.

1. Le 15 décembre 2011, Jacques Chirac est condamné à deux ans de prison avec sursis dans cette affaire. Un verdict qui vient ternir, quatre ans et demi après son départ de l'Élysée, l'image du patriarche.

Impuissant à désamorcer la machine infernale, il assiste aux convulsions de l'affaire Clearstream.

La plus mauvaise, la plus triste soirée que Jacques Chirac passe à l'Élysée est sans doute celle du 6 mai 2007. Nicolas Sarkozy vient d'être élu. « Nous sommes réunis ce soir-là, raconte le président sortant dans ses *Mémoires*, avec Bernadette, mon petit-fils Martin, ainsi que l'ensemble de mes collaborateurs, pour entendre la première déclaration du futur chef de l'État. Chacun de nous écoute avec la plus grande attention chaque phrase, chaque mot qu'il prononce, guettant le moment où il citera sans doute le nom de celui auquel il s'apprête à succéder. [...] Mais ce moment ne viendra jamais. Pour ma part, je m'abstiens de manifester la moindre réaction. Mais au fond de moi je suis touché. »

La suite appartient, on le sait depuis, à ce qu'on a appelé l'humour corrézien : en 2012, Jacques Chirac a fait savoir qu'il voterait François Hollande.

Cinéma

La première séance publique du cinématographe des Frères Lumière a lieu en décembre 1895 au Grand Café du boulevard des Capucines. À l'Élysée, le locataire du moment, Félix Faure, en a-t-il seulement entendu parler ? Il faut attendre la IVe République pour apprendre que Vincent Auriol appréciait les films de Marcel Pagnol et René Coty ceux avec Jean Gabin.

Ce qui, en revanche, est authentifié, c'est que le général de Gaulle « aimait beaucoup le cinéma », de l'aveu même de son fils. Dès son arrivée en 1959 – quasi simultanément avec la Nouvelle Vague, mais la comparaison s'arrête là –, le nouveau président fait savoir que, sa fonction ne lui autorisant pas de sorties au cinéma, il souhaite que le cinéma vienne à lui. C'est ainsi que, tout au long de son mandat, certains dimanches après-midi, le Service cinématographique des armées – devenu plus tard l'Établissement photographique et cinématographique des armées – transforme la Salle des Fêtes de l'Élysée en salle de cinéma pour le Général, ses enfants et surtout ses petits-enfants, auxquels se joignent une trentaine de personnes, pour la plupart collaborateurs du Palais. C'est une installation lourde, car il faut disposer un, parfois deux projecteurs 35 mm en les isolant derrière des paravents, lesquels font office de cabine de projection. Les copies des films sont aimablement prêtées par les distributeurs, voire par les exploitants des salles de cinéma des Champs-Élysées voisins. Un des premiers films projetés est, fin 1959, *Babette s'en va-t-en guerre* (voir : *Bardot Brigitte*). Le Général voit aussi le célèbre court-métrage d'Albert Lamorisse *Le Ballon rouge*, qu'il fait également projeter lors de la visite du Premier ministre britannique Harold MacMillan. Façon de le consoler après lui avoir refusé l'entrée de la Grande-Bretagne dans la CEE ? Quoi qu'il en soit – erreur ou excès de zèle –, l'indégonflable *Ballon rouge* se trouve programmé à une autre occasion. Pour le coup, de Gaulle grommelle : « Ça fait la troisième fois ! »

Les heures cinématographiques du Palais dans les années 1960 sont surtout constituées – on l'imagine aisément – de films français, populaires, visibles en famille. Le Général aime Gabin, Bourvil, de Funès,

Belmondo. *Mélodie en sous-sol*, *Un singe en hiver*, *Le Président* d'Henri Verneuil, *Le Gendarme de Saint-Tropez*, *Le Bossu*, la série des *Monocle*, avec Paul Meurisse, autre acteur que le Général apprécie, *Tant qu'on a la santé*, de Pierre Étaix, *L'Homme de Rio* et *Les Tribulations d'un Chinois en Chine*, de Philippe de Broca, sont quelques-uns des films projetés à l'Élysée. On n'a jamais su si le titre du film *Le Tracassin*, avec Bourvil, sorti en 1961, avait été inspiré par le Général, qui désignait sous ce sobriquet le directeur du journal *Le Monde*, Hubert Beuve-Méry. Homme du 18 Juin oblige, de Gaulle ne peut que se faire présenter des films traitant de la période 1939-1945. Il voit *La Ligne de démarcation*, de Claude Chabrol, dont le scénario est adapté de l'œuvre du colonel Rémy (avec lequel il a rompu les ponts depuis 1958) ; il regarde avec un certain détachement *Le Jour le plus long*, et avec grand plaisir – moins cependant que ses petits-enfants – *La Grande Vadrouille* et *Le Corniaud*, avec Louis de Funès et Bourvil. Il s'intéresse *à Tu moissonneras la tempête*, le film de montage du père Bruckberger, qui fut une figure de la Résistance. Et il salue la prestation d'Alain Delon, incarnant Jacques Chaban-Delmas, dans *Paris brûle-t-il ?* en 1966. En 1963, il apprécie vivement *Le Guépard*, de Visconti, y retrouvant, presque intact, le roman de Lampedusa qu'il connaît bien. Mais le Général voit aussi des films américains, *Le Tour du monde en 80 jours*, *20 000 lieues sous les mers*, et se divertit avec *Bons baisers de Russie* et *Goldfinger*, les premiers James Bond avec Sean Connery. En 1967, il adresse un message à Charlie Chaplin pour lui dire combien il a été sensible à son dernier film,

La Comtesse de Hong Kong. Lors de sa conférence de presse du 9 septembre 1968, de Gaulle revient sur les événements du mois de mai et conclut sur « l'étrange illusion qui faisait croire à beaucoup que les canards sauvages étaient les enfants du Bon Dieu ! », surprenant tout le monde par son sens de l'à-propos cinématographique, le film *Faut pas prendre les enfants du Bon Dieu pour des canards sauvages* étant au même moment sur les écrans. Mais le plus estomaqué par cette publicité inattendue fut l'auteur du film, Michel Audiard, dont le général de Gaulle n'était pourtant pas l'idole...

Amateur de cinéma lui aussi, Georges Pompidou décide d'équiper l'Élysée d'une véritable salle de projection, qu'on installe en 1971 au sous-sol du Jardin d'Hiver. Lieu discret auquel on accède par un petit escalier, aujourd'hui décoré d'affiches de films « présidentiels » (*Le Président*, avec Gabin ; *Les Hommes du Président*, avec Robert Redford et Dustin Hoffman) et des dernières productions projetées au Palais. La salle dispose de vingt-deux sièges, très confortables, conçus par Philippe Starck et emblématiques de l'esthétique des années 1970. Georges Pompidou et ses invités – dont fréquemment le couple Chirac – y apprécient *La Nuit américaine*, de François Truffaut, *César et Rosalie*, de Claude Sautet, *Un été 42*, de Robert Mulligan, *Le Parrain*, de Francis Ford Coppola.

Sous la présidence de Valéry Giscard d'Estaing, les films sont souvent projetés avant leur sortie en salle. Primeur offerte au Président, et, comme c'était le cas avec son prédécesseur, souvent en présence des acteurs. Alain Delon et Mireille Darc sont des habitués.

François Mitterrand est un cinéphile. *Mort à Venise* est l'un de ses films préférés. Au début de son premier septennat, il fait organiser une séance environ une fois par mois, à laquelle il invite les proches et les amis. Jack et Monique Lang sont les plus assidus. Les invités dînent autour d'un buffet, puis se rendent à la salle de projection où le Président leur propose un film qu'il a lui-même choisi, souvent conseillé par sa belle-sœur, la productrice Christine Gouze-Rénal, épouse de Roger Hanin. *Le Coup de sirocco* d'Alexandre Arcady est ainsi projeté, en présence de Hanin, bien sûr, mais aussi de Dalida. Dans ce cadre très personnel, et parfois familial, où l'on présente des nouveautés et des classiques, François Mitterrand apprécie particulièrement *Vivement dimanche !* de François Truffaut, *Les Ailes du désir* de Wim Wenders, l'un de ses films préférés, *Reds*, de Warren Beatty, *Ragtime*, de Milos Forman, ainsi que des films restés dans l'histoire, en particulier ceux de Jean Renoir.

À la fin de l'année 2000, dix-huit mois avant l'élection présidentielle, Jacques Chirac, qui adore les westerns, voit aussi *Merci pour le chocolat*, de Claude Chabrol, et invite l'équipe du film à l'Élysée. Bernadette Chirac fait les honneurs du Palais au réalisateur, qui lui lance : « Ça doit être agréable de vivre ici. Je comprends que vous vouliez rester ! » Quelques mois plus tard, le couple Chirac appréciera aussi *Le Fabuleux Destin d'Amélie Poulain*, le film de Jean-Pierre Jeunet.

Sous le mandat de Nicolas Sarkozy ont notamment été projetés *Home* de Yann Arthus-Bertrand, *Des hommes et des dieux* de Xavier Beauvois, et *Bienvenue chez les Ch'tis* de Dany Boon. Pour ce film et ses vingt millions d'entrées, une réception spéciale, avec cocktail « régional », fut organisée en l'honneur du réalisateur et de son équipe, en présence de quelques élus régionaux reçus à leur arrivée par une Carla Bruni... une bière à la main. Nicolas Sarkozy prête une attention particulière au septième art. Son épouse y compte beaucoup d'amis, très aidés et très protégés. Et lui-même s'y intéresse tout spécialement. Gérard Depardieu se rend très souvent au Palais, comme nombre de producteurs, de réalisateurs et de comédiens. Le Président reçoit ainsi avec curiosité Denis Podalydès, très proche de la gauche, quelques semaines après la sortie de *La Conquête*, dans lequel ce dernier incarne l'ancien maire de Neuilly. En décembre 2011, il accueille l'équipe du film *Intouchables*, l'immense succès de l'année. Dès qu'une difficulté se présente, il invite au Palais les responsables des grandes organisations professionnelles. Quand il s'agit de cinéma, Nicolas Sarkozy est prêt à toutes les concessions, à toutes les ouvertures. Avec les nominations culturelles et le réseau audiovisuel, c'est le domaine dans lequel l'influence de Carla est la plus déterminante.

Dès son installation, François Hollande organise lui aussi des projections privées au Palais. Elles ont souvent lieu le dimanche soir, environ une fois par mois. Le 26 août 2012, c'est le très beau film de Stéphane Brizé, *Quelques heures de printemps*, avec Hélène Vincent et Vincent Lindon. Le Président s'attarde un long moment avec les comédiens sur la terrasse pour évoquer les questions d'euthanasie et de fin de vie. Il convie, six semaines plus tard, le 14 octobre, le cinéaste autrichien Michael Haneke à présenter *Amour*, qui a obtenu la Palme d'or à Cannes cinq mois auparavant. Là encore, en présence d'Emmanuelle Riva et Jean-Louis Trintignant, il retient longuement, après la projection, l'équipe du film. Les films, toujours français, choisis la plupart du temps par le conseiller du Président pour la culture et la communication (dont Audrey Azoulay avant qu'elle soit nommée ministre), ne sont jamais des œuvres de pur divertissement. On montre à François Hollande des fictions traitant de problèmes de société, ainsi que des documentaires. *La Marche*, *Les Dissidents*, *Les Gens du monde*, *Les Héritiers*, *Foot et immigration* en témoignent. Comme pour chaque président, les projections élyséennes comptent leurs habitués. Pierre Lescure, président du Festival de Cannes, ou le producteur Dominique Besnehard en font partie. Et très souvent Julie Gayet, productrice de cinéma. La *Bataille de Mossoul*, le documentaire réalisé par BHL pour Arte, est projeté à l'Élysée peu de temps après l'installation d'Emmanuel Macron. Un film déjà présenté à François Hollande avant son départ. Pour ces deux occasions, le philosophe-écrivain-réalisateur fait venir au Palais des responsables irakiens. La projection se transforme alors en réunion diplomatique.

La salle de projection de l'Élysée, par son décor et son agencement, reste un témoignage émouvant des années Pompidou. En 2013, elle a été équipée d'un rétroprojecteur avec lecteur Blu-Ray qui ne satisfait pas vraiment les spectateurs les plus exigeants. Image et son déçoivent la plupart du temps. L'installation permettant de projeter les films en 35 mm a toutefois été conservée.

Cléopâtre (Salon)

C'est le passage entre les pièces officielles de réception et les appartements privés du rez-de-chaussée. Donnant sur la roseraie, il permettait aux présidents d'accéder, d'un côté à la bibliothèque et à la salle à manger Paulin et, de l'autre, à l'Escalier Murat pour rejoindre le premier étage.

De ce salon, la marquise de Pompadour avait fait un cabinet de toilette, et Napoléon III un petit bureau. Rénové en 1992, sous François Mitterrand, il doit son nom à la grande tapisserie des Gobelins qui rappelle la célèbre rencontre, ou plutôt le véritable coup de foudre, entre la reine Cléopâtre et Marc Antoine. Une grande histoire d'amour évoquée dans un palais qui en connut bien d'autres...

L'histoire retient aussi que dans ce salon, le 27 janvier 1889, l'épouse du président Sadi Carnot s'était réfugiée pour prier. Le Président comme le Palais étaient menacés. Avenue de Marigny, rue de l'Élysée, avenue Gabriel étaient massés plusieurs bataillons prêts à repousser l'ennemi. Qui était-il, cet ennemi, qui faisait trembler Cécile Carnot ? Ni plus ni moins que « notre brave général Boulanger », comme disait la chanson, qui venait d'être triomphalement élu député à Paris. Ses nombreux partisans l'acclamaient devant le restaurant de la place de la Madeleine où Boulanger dînait en compagnie de sa maîtresse, la célèbre Marguerite de Bonnemain. Aux cris de « À l'Élysée ! À l'Élysée », la foule espérait que Boulanger, dont la popularité était immense, n'allait faire qu'une bouchée de la République. Il n'en fut rien.

Après avoir pris conseil auprès de sa chère Marguerite, Boulanger déclara qu'il allait encore attendre, sûr que les clés de l'Élysée lui seraient remises, sans effort de sa part, peu de temps après. Il n'en fut rien non plus. Les prières de Cécile Carnot dans le Salon Cléopâtre avaient été entendues.

Code (nucléaire)

« J'ai failli perdre la clé du code atomique. » Cet aveu stupéfiant, c'est François Mitterrand qui le fait à Jacques Séguéla au début de son premier septennat. Le publicitaire le raconte dans son *Autobiographie non autorisée*. À l'occasion d'un dîner, le Président confie que, pendant la passation de pouvoirs avec Giscard, celui-ci lui aurait tendu une petite plaque pendant à une chaîne en or et sur laquelle était inscrit le numéro du code nucléaire. Légende ou réalité ? Mitterrand, poursuit Séguéla, la glisse dans sa poche. Et l'oublie dans le costume parti chez le teinturier. « J'imaginai le pire, explique le nouveau président au cours de ce dîner amical, le code se perdant dans les méandres du nettoyage à sec. J'envoyai aussitôt un motard qui évita la catastrophe. Trente minutes plus tard, je récupérai la force atomique et la mis à mon cou. » Derrière cette anecdote (trop ?) savoureuse, et contestée par VGE, il y a le mystère, voire le fantasme, du code nucléaire. Au Palais, aucun secret n'est sans doute mieux gardé. On peut parler à peu près de tout, mais pas du code et de son fonctionnement. À peine admet-on son existence.

Le Général, déjà, entretient ce mystère. Dans *De Gaulle, mon père*, son fils Philippe confie à Michel Tauriac que le fondateur de la Ve République, se méfiant des services secrets russes, ne quittait jamais le médaillon renfermant une photo de sa fille Anne, et où il conservait le numéro du code. Parfois, le papier sur lequel est écrit ce numéro est caché dans le boîtier de sa montre. 1/3/5 71 302 : c'est le chiffre du code que de Gaulle, sachant qu'il ne reviendra pas à l'Élysée, fait transmettre secrètement au fidèle Pierre Messmer, ministre des Armées, le 28 avril 1969, quelques heures après sa démission. Messmer scotchera ce papier sur sa carte de visite : ce document étonnant et émouvant, on pouvait le voir récemment à l'exposition sur les secrets d'État organisée à l'hôtel de Soubise, le siège historique des Archives nationales.

Georges Pompidou lui aussi conserve en permanence autour du cou, dans un médaillon, le fameux code. Dans le *Georges Pompidou, lettres, dates et portraits*, son fils unique Alain révèle qu'à la mort de son père, le 2 avril 1974, il a remis lui-même une enveloppe au Premier ministre Pierre Messmer. À l'intérieur, l'un des codes de déclenchement de la force de frappe nucléaire que portait sur lui l'ancien président. Qu'en est-il depuis ? On sait que ce numéro secret existe toujours, que les présidents successifs l'ont conservé sur eux, qu'une mallette ultra-sécurisée est portée en permanence par l'aide de camp. Dans cette mallette, sans doute un système électronique très sophistiqué, vraisemblablement un PC, avec une sécurité fréquemment modifiée de manière aléatoire. Et une série de chiffres. Le fameux code sert, en réalité, à assurer, et à vérifier, l'identification du Président. Il change périodiquement et, explique VGE dans *Le Pouvoir et la Vie*, « doit toujours être porté sur soi, ou du moins à courte distance par un collaborateur ». Il permet d'authentifier l'homme « qui détient le pouvoir suprême : celui de donner l'ordre de déclencher le feu nucléaire ». La procédure de transmission passe ensuite par Jupiter, au sous-sol de l'Élysée (voir : *Jupiter*).

Désormais, compte tenu des progrès technologiques, le passage de témoin entre deux présidents se déroule de manière plus simple. Lorsque Sarkozy passe le relais à Hollande, en mai 2012, les deux hommes ne s'échangent personnellement ni clé, ni code. Tout passe par les militaires, en l'occurrence le général Puga, le chef d'état-major particulier du président sortant, qui le restera avec le successeur. C'est lui qui expliquera au nouveau chef de l'État, le jour même de son arrivée à l'Élysée, le fonctionnement et les procédures. Et François Hollande confie que c'est en se rendant le 4 juillet 2012 à bord du *Terrible*, le sous-marin nucléaire lanceur d'engins le plus moderne, qu'il a vraiment pris conscience, concrètement, de la réalité de la force de dissuasion et du feu nucléaire[1].

Certaines questions restent à ce jour sans réponse officielle. Elles relèvent évidemment du secret d'État. Qu'y a-t-il très précisément dans la mallette ? Où se trouve-t-elle la nuit ? Que se passe-t-il en cas d'incapacité physique du Président ? Comment se déroule la phase de déclenchement ? En combien de temps ? Et bien d'autres questions, d'autres mystères, d'autres fantasmes. Des interrogations qui ne sont pas près d'être levées, tant le sujet reste sensible, et explosif, au Palais.

1. Entretien avec les auteurs, 23 mai 2016.

Cohabitation

1986-1993-1997 : trois dates clés dans l'histoire de la Ve République. Trois débuts de cohabitation. 1986-1988, c'est Mitterrand-Chirac. 1993-1995, Mitterrand-Balladur. Et 1997-2002, Chirac-Jospin. Trois moments importants, très différents dans leur déroulement, leur scénario, leur épilogue. Au total, neuf années qui auront contribué à clarifier, et, paradoxalement, à renforcer les institutions. Et, vu du Palais, neuf ans de surprises, de conflits, de coups bas, de vrais combats et de fausses réconciliations. En période de cohabitation, le fonctionnement de l'État relève clairement de la schizophrénie.

Dès 1978, l'Élysée se prépare à la cohabitation. Les élections législatives de mars s'annoncent très difficiles pour la majorité. Dans un discours, prononcé à Verdun-sur-le-Doubs, Giscard affirme que le programme commun de la gauche sera appliqué si l'opposition l'emporte. Et qu'il n'aura, du fait de la Constitution, aucun moyen de s'y opposer. Dans le même temps, il laisse entendre en petit comité que, dans cette hypothèse, il proposera Matignon à François Mitterrand. Et qu'il se retirerait alors au château de Rambouillet. La campagne est rude. Surprise, la majorité l'emporte assez nettement. La vraie cohabitation VGE-Mitterrand est évitée. Reste la bataille VGE-Chirac, de plus en plus brutale, annonciatrice de l'échec de 1981.

16 mars 1986. L'opposition RPR-UDF l'emporte de justesse. Le Front national fait son entrée à l'Assemblée, proportionnelle oblige. Le 18, tête-à-tête nerveux avec Chirac dans le bureau de Mitterrand. Plus de

deux heures. Le maire de Paris en sort Premier ministre. À la condition qu'il ne touche pas au domaine réservé. Et qu'il prenne en compte les réserves présidentielles sur les nominations de Lecanuet au Quai d'Orsay et de Léotard à la Défense. L'accord est scellé. Mais l'affrontement politique ne fait que commencer. Le premier Conseil des ministres est sous tension, chacun des deux insistant sur ses prérogatives. Mitterrand annonce tout de suite qu'il refusera de signer certaines ordonnances. Le 14 juillet, au micro d'Yves Mourousi, il confirme qu'il ne signera pas celles sur les privatisations. Chirac, poussé par certains conseillers, envisage de claquer la porte et de provoquer ainsi une crise politique grave. Avec l'idée de pousser le Président à la démission. Quelques heures de tension extrême. Finalement, il renonce, évite le clash et choisit la voie parlementaire. Le répit est court entre deux hommes, aussi éloignés entre 1986 et 1988 qu'ils seront proches en 1994 et 1995, avant le départ de Mitterrand. Pendant les grands sommets internationaux, les conférences de presse, tenues à deux, tournent souvent à la compétition, voire à la bataille feutrée. Dans la nuit du 5 au 6 décembre 1986, en pleine polémique sur le projet Devaquet de réforme des universités, Malik Oussekine, un étudiant de vingt-deux ans, meurt, victime de violences policières. Grande émotion. Deux jours plus tard, le Président rend visite aux parents de l'étudiant en compagnie d'Élie Wiesel, prix Nobel de la paix. Il apporte « le témoignage de la nation » et affiche « sa peine devant ce grand malheur ». Jusqu'à la présidentielle de 1988, la tension ne retombe jamais. L'Élysée est en guerre. Éclats de voix à tous les étages. Le face-à-face télévisé d'entre deux tours est viril, musclé. Avec le morceau d'anthologie sur l'affaire Gordji. Mitterrand l'emporte haut la main au second tour. Fin de la première cohabitation.

1993-1995. La deuxième démarre dans le calme et se termine dans le conflit. On passe en effet assez vite de la cohabitation « de velours », plutôt soft, à un affrontement hard. Après la phase d'observation, les relations personnelles entre Mitterrand et Balladur vont vite s'envenimer. En revanche, le Président adopte Léotard, avec lequel il parle davantage littérature que Défense. Il apprécie aussi l'intelligence d'Alain Juppé, et multiplie les gestes de connivence. À ses proches, il confie même que le maire de Bordeaux est le meilleur de ses ministres des Affaires étrangères. Dans le Boeing présidentiel qui les ramènent du G7 de Tokyo, en juillet 1993, il l'invite à partager l'espace isolé où sont installés deux lits, comme le racontent Isabelle Dath et Philippe Harrouard dans *Alain Juppé ou la Tentation du pouvoir*. À mesure qu'approche la campagne présidentielle de 1995, alors que Mitterrand est de plus en plus affaibli par son cancer, les divergences s'accentuent. Le Président enrage après un long papier du Premier ministre sur la politique étrangère. « Domaine réservé », rappelle-t-on à l'Élysée. Peu à peu, la préférence de Mitterrand pour Chirac, et contre Balladur, devient évidente. Le président sortant ne cache pas sa jubilation après la victoire du maire de Paris. Une deuxième cohabitation en trompe l'œil.

En 1997, la troisième s'annonce vigoureuse. Elle le sera vite. Lionel Jospin, avec la gauche plurielle, entend utiliser à plein les prérogatives que lui confère l'article 20 de la Constitution. D'abord très diminué par sa défaite, Chirac adapte sa stratégie et se pose en rassembleur. Il ne cache pas ses bonnes relations avec certains ministres proches du Premier ministre comme Claude Allègre, Pierre Moscovici et Hubert Védrine. Le 14 juillet 1997, le Président explique à la télévision que le dernier mot doit revenir au chef de l'État. Pas d'accord, rétorque Jospin deux jours plus tard devant le Conseil des ministres. L'affrontement ne cesse de se durcir. En 1999, Jacques Chirac conteste les résultats du gouvernement en matière de sécurité et de réformes, et lance le débat sur la « cagnotte » dont disposerait Bercy. Jospin et son équipe obtiennent de vrais résultats, en particulier contre le chômage. Mais le bilan est sévèrement critiqué par la droite. Arrive la campagne, très dure, puis le 21 avril 2002. La troisième cohabitation se termine. Marquée par un choc personnel entre deux styles, deux tempéraments, deux personnalités. Dans ses *Mémoires*, Chirac égratigne Jospin, qui refusera la polémique. Cette cohabitation musclée est le dernier acte politique de Lionel Jospin. Le quinquennat ayant été voté le 24 septembre 2000, la prochaine cohabitation ne pourrait désormais intervenir qu'après une dissolution en cours de mandat. Pas impossible, bien sûr. Mais sûrement moins fréquent que depuis 1986. Trois cohabitations, neuf années au total sur seize ans de présidence, de 1986 à 2002. Le record sera difficile à battre.

Coiffure et maquillage

Le général de Gaulle, s'il avait compris tout le parti qu'il pouvait tirer de ses apparitions à la télévision, n'appréciait pas du tout, on peut s'en douter, le passage obligé au maquillage qui précédait l'enregistrement. Trop long, trop contraignant, et pour tout dire presque humiliant pour un militaire. « On me maquille comme une poupée ! » s'était-il plaint. D'autant que, à l'époque, l'image en noir et blanc exigeait, outre une lumière puissante, un maquillage soutenu qui évitait le teint blafard. Ne pouvant se soustraire à ces servitudes, le Général avait simplement demandé à être maquillé par un homme. C'est le grand maquilleur de cinéma Charly Koubesserian, qui deviendra à partir de 1968 le maquilleur exclusif de Jean-Paul Belmondo, qui fut requis pendant les dix ans que de Gaulle passa à l'Élysée. Dès le premier contact en 1960, le Général avait été direct, comme le rapporte Charly Koubesserian dans son livre *L'Arménien* : « Je ne suis pas coquet, alors ne soyez pas trop long. Je ne suis pas une dame. »

Le Général se faisait coiffer environ toutes les trois semaines. Toujours le même coiffeur, qui observait scrupuleusement le rituel discret qui avait été établi une fois pour toutes. La séance avait lieu dans la vaste salle de bains des appartements privés, au premier étage du Palais. Le coiffeur installait son matériel et attendait... À l'heure précise, le Général arrivait, escorté de son aide de camp, et en présence du major-dome, l'officier de marine Hennequin. Au moment de la guerre d'Algérie, un garde du corps (un des « Gorilles ») pouvait se tenir derrière la porte. De Gaulle s'asseyait, une serviette était aussitôt disposée sur ses épaules, et après avoir répondu au « Bonjour, mon général, mes respects » du coiffeur, il lui posait la même immuable question : « Alors, qu'est-ce qu'on dit, chez vous ? » De Gaulle savait qu'un salon de coiffure était par excellence le lieu où s'échangeaient tous les commentaires sur la vie quotidienne, et naturellement sur la politique. On imagine donc la satisfaction présidentielle quand le coiffeur répondit en octobre 1965 : « Mon général, tout le monde espère que vous allez vous représenter. » Bien entendu, de Gaulle considérait que le travail de son coiffeur faisait partie des dépenses familiales personnelles, au même titre que l'électricité.

Valéry Giscard d'Estaing réglait aussi sur ses fonds propres ses visites chez le coiffeur. La différence, c'est que le Président se déplaçait le plus souvent à pied. Son coiffeur attitré depuis l'époque où Giscard occupait le ministère des Finances était Guillaume Sénéchal, du salon Desfossés, avenue Matignon, à quelques centaines de mètres de l'Élysée. Ce grand professionnel de la coiffure n'est allé au palais présidentiel que deux fois, la dernière avant le départ de Valéry Giscard d'Estaing en 1981. Guillaume Sénéchal coiffa ce jour-là, pour la dernière fois ès qualités, le président de la République, avant le message télévisé où fut lancé le sépulcral « Au revoir ».

Nicolas Sarkozy choisit d'avoir une maquilleuse personnelle, appelée à intervenir en toutes occasions, aussi bien sur les plateaux de télévision qu'à l'Élysée, s'il fallait effacer la fatigue sur les traits du Président avant un événement exceptionnel, un dîner d'État ou une importante intervention publique, par exemple. Cette maquilleuse était rémunérée à la prestation, selon le barème des techniciens de cinéma.

C'est François Hollande qui fait les frais d'un petit scandale à l'été 2016. Dans leur livre *L'Élysée off*, Stéphanie Marteau et Aziz Zemouri révèlent que l'Élysée paye 9895 euros bruts par mois un coiffeur parisien qui travaille en exclusivité pour le Président. *Le Canard enchaîné* publie même le contrat de travail établi dès le mois de mai 2012 par la directrice de cabinet Sylvie Hubac pour la durée du quinquennat. Le montant de la rémunération, proche de celle d'un ministre, déclenche la foudre. L'Élysée ne peut que confirmer l'information, en insistant sur le fait que le coiffeur doit être disponible en permanence, vingt-quatre heures sur vingt-quatre. Après l'arrivée de Macron, c'est une facture de maquillage de 26000 euros sur une période de trois mois qui provoque quelques remous. Désormais, au Palais, chaque dépense de cette nature sera passée au crible des médias et des réseaux sociaux.

Commandement militaire

Avec le protocole, l'intendance, l'administration, les archives, le commandement militaire est un des grands services du palais de l'Élysée. Ses missions sont nombreuses et diverses. En premier lieu, il assure la sécurité générale de la présidence, avec notamment l'accueil, le contrôle et l'accompagnement des visiteurs. Le service a ainsi en charge, dans l'enceinte du Palais, la sécurité rapprochée et la protection du Président, de sa famille et de ses collaborateurs.

Dépendent aussi du commandement militaire le bureau de Dessin et Impression, le parc automobile (avec l'entretien des véhicules), les transports des proches collaborateurs de la présidence, les estafettes chargées d'acheminer le courrier entre le Palais et les différents ministères, la prévention incendie grâce à un détachement des sapeurs-pompiers de Paris.

Les huissiers relèvent aussi du commandement militaire, et non, comme on pourrait le croire, du service du protocole.

Enfin, il revient au commandement d'assurer une des tâches les plus spectaculaires du Palais, les services d'honneurs. Ces services varient en fonction des personnalités reçues à l'Élysée et suivent un déroulement protocolaire millimétré. On distingue ainsi le 1er niveau du service d'honneurs, réservé à un chef d'État. Selon qu'il est accueilli lors d'une visite d'État ou simplement – si l'on peut dire – pour un entretien ou un déjeuner, les choses ne se passent pas de la même façon. Dans le premier cas, on verra dix cavaliers à pied sur le perron, deux cavaliers à cheval devant l'entrée principale, trois sections à dix-huit sous-officiers sous les ordres d'un officier, et on entendra la musique de la garde républicaine dans une formation de dix-huit exécutants. Dans le second cas, il n'y aura pas de cavaliers devant l'entrée principale. Il existe un 2e et un 3e niveau du service d'honneurs, l'un pour les chefs de gouvernement (sans musique et avec un cavalier en moins sur le perron), l'autre, encore simplifié, pour les anciens chefs d'État, les anciens chefs de gouvernement, ou les personnalités comme le secrétaire général de l'ONU.

Conférences de presse

Il y a, en l'espace de près soixante ans, la plus drôle, la plus littéraire, la plus moderne, la plus combative, la plus sobre, la plus surprenante, la plus attendue, les deux plus délicates. À l'Élysée, toutes les conférences de presse obéissent à un rituel. Une Salle des Fêtes pleine à craquer, le gratin de la presse française et étrangère, la plupart des membres du gouvernement réunis autour du Président. Depuis 1958, un véritable décorum. Une ambiance solennelle. Et un président, assis ou debout, qui choisit ce mode de communication pour annoncer une initiative, lancer une proposition, expliquer sa politique ou répondre aux critiques et aux attaques. Le plus souvent, un grand moment de politique.

La plus drôle, c'est, sous de Gaulle, la conférence de presse du 15 mai 1962. Le Général est au mieux de sa forme. Comme à son habitude, il improvise peu, voire pas du tout. Il a écrit lui-même son texte, en a ciselé les formules, les a apprises par cœur, et les questions, regroupées, sont suffisamment ouvertes pour donner l'impression que de Gaulle y répond... Ce 15 mai 1962, solennel, majestueux, alors que la conférence de presse se termine, il répond à une question que personne ne lui a posée, mais qui lui permet d'évoquer l'idée, qu'il mettra en œuvre cinq mois plus tard, de l'élection du Président au suffrage universel. « Vous me demandez ce qui arrivera quand de Gaulle aura disparu. Ce qui est à redouter après l'événement dont je parle, ce n'est pas le vide politique, c'est le trop-plein. » Hilarité générale. Les journalistes s'esclaffent.

Pompidou et ses ministres éclatent de rire. Tout le monde applaudit. Du grand art. Plus généralement, de Gaulle travaille avec une précision étonnante ces grands moments politiques. « Il avait pour habitude de se préparer comme un acteur, s'isolant et récitant son texte intérieurement. Il n'y avait chez lui aucune place laissée à l'improvisation ou au hasard : 95 % de ces grands-messes devant la presse étaient travaillées au millimètre », confiera[1] Pierre-Louis Blanc, alors chargé des rapports avec la presse au Palais.

La plus littéraire, la plus émouvante aussi, c'est la conférence de presse de Georges Pompidou le 22 septembre 1969. Un journaliste de Radio Monte-Carlo, Jean-Michel Royer, interroge le Président sur un fait divers tragique qui a vu, trois semaines plus tôt, à Marseille, une enseignante de trente-deux ans, Gabrielle Russier, se suicider après avoir été condamnée pour détournement de mineur en raison d'une relation amoureuse avec un élève de dix-sept ans. Pendant plusieurs secondes, une éternité, Georges Pompidou hoche la tête, réfléchit. Et répond, bouleversé : « Je ne vous dirai pas tout ce que j'ai pensé sur cette affaire... ni même ce que j'ai fait[2]. » Le Président laisse s'écouler encore un long moment de silence. « Quant à ce que j'ai ressenti... » Pompidou penche le buste en avant. Sa voix rauque où percent de profonds accents de tendresse emplit la Salle des Fêtes :

---

1. Renaud Revel, *Les Cardinaux de la République*, First, 2016.
2. Georges Pompidou était intervenu discrètement, en demandant le secret, pour éviter à Gabrielle Russier l'exclusion de l'Éducation nationale.

Comprenne qui voudra.
Moi mon remords ce fut
[...]
La victime raisonnable
[...]
Au regard d'enfant perdue,
[...]
Celle qui ressemble aux morts
Qui sont morts pour être aimés

« C'est de l'Éluard. Merci, mesdames et messieurs. » Le Président se lève. La conférence de presse est terminée. Dans l'assistance, l'émotion est palpable. Des journalistes ont les larmes aux yeux. Un moment d'intensité jamais égalé.

Changement complet de style avec Giscard. Ce 25 juillet 1974, il fait le point devant les médias sur son action depuis son élection, deux mois plus tôt. On passe de la conférence à la réunion de presse. C'est la plus moderne, la plus anglo-saxonne, des rencontres avec les journalistes. À la Kennedy, VGE est debout derrière un pupitre. Devant lui, pour seul décor, un petit bouquet de fleurs des champs. Et au programme, un premier bilan : augmentation de 21 % du minimum vieillesse, abaissement de la majorité électorale à dix-huit ans, réforme de l'ORTF, extension des pouvoirs du Conseil constitutionnel, instauration des questions directes au gouvernement à l'Assemblée nationale. Giscard annonce que le changement va se poursuivre, qu'il faudra désormais le juger sur les cinq cents premiers jours. L'heure est à la décrispation. Les relations avec son Premier ministre Jacques Chirac sont encore correctes. Quelques mois plus tard, elles vont se détériorer. Les rendez-vous suivants de Giscard avec la presse seront plus tendus, plus nerveux, plus crispés.

La plus combative, la plus offensive des conférences de presse élyséennes, c'est sans doute celle de François Mitterrand le 6 septembre 1990. Le président socialiste a repris la tradition gaullienne des grands-messes. C'est un « chef de guerre » qui s'exprime. Début août, l'Irak de Saddam Hussein a envahi le Koweït. Ce 6 septembre, Mitterrand a parlé au téléphone avec l'Américain Bush et le Soviétique Gorbatchev, qui doivent se rencontrer trois jours plus tard, à Helsinki. Ambiance grave à l'Élysée. Drapeau tricolore. La troisième conférence de presse de François Mitterrand depuis 1981 est consacrée quasi exclusivement à cette crise du Golfe. « Nous pensons remplir un devoir et nous le remplirons sans défaillance... L'histoire est rude et souvent dramatique. » Et une nouvelle fois, cette référence à la « logique de guerre ». Climat grave. Le Palais est presque en uniforme...

Avec Jacques Chirac, ce 13 juin 1995, c'est la conférence de presse la plus sobre. Tout juste élu, le nouveau président, debout derrière un pupitre, n'a invité que les journalistes accrédités, ceux qui ont l'habitude de le suivre, au Palais comme dans ses déplacements. Et qui vont l'accompagner quelques jours plus tard à Washington où il verra Clinton ; à New York pour rencontrer le secrétaire général de l'ONU ; et à Halifax au Canada pour un G7. À l'occasion de cette première grande intervention, l'ancien maire de Paris annonce la reprise des essais nucléaires dans le Pacifique, une série de huit tirs, entre septembre 1995 et mai 1996. Le ton est direct, mesuré, plutôt chaleureux. Jacques Chirac n'aime pas ce type d'exercice. Mais il s'en sort bien. Sympathique et détendu.

Le 8 janvier 2008, avec Nicolas Sarkozy, c'est la plus surprenante des conférences de presse élyséennes. Surprenante d'abord pour le Premier ministre François Fillon et sa ministre de la Culture et de la Communication, Christine Albanel, qui apprennent en direct la décision présidentielle, glissée par Alain Minc entre Noël et le jour de l'an, de supprimer la publicité sur les antennes de la télévision publique. Surprenante ensuite pour les journalistes, très nombreux dans la Salle des Fêtes, qui voient le Président s'en prendre vivement, et personnellement, au patron de *Libération*. Laurent Joffrin a osé demander à Nicolas Sarkozy s'il souhaitait instaurer une sorte de monarchie élective. La réponse n'est que polémique. Cette partie de ping-pong avec l'un des meilleurs éditorialistes laissera des traces. Surprenante conférence de presse enfin pour les Français qui entendent, stupéfaits, leur président parler de sa liaison avec Carla Bruni et de sa vie privée comme d'un sujet d'importance nationale. « Avec Carla, c'est du sérieux » sont des mots qui vont très bien ensemble, mais qui ne provoquent pas le même frisson que ceux de Paul Éluard cités par Georges Pompidou trente-neuf ans plus tôt. Les temps changent.

La plus attendue, c'est la première conférence de presse de François Hollande, le 13 novembre 2012. Près de quatre cents journalistes, le gouvernement au complet, une ambiance solennelle. Le climat général est lourd. L'inquiétude des Français est vive. Le chef de l'État dévisse déjà dans les sondages. À 17 heures, on voit le Président descendre l'Escalier Murat, traverser le Salon des Tapisseries et le Salon Murat. Costume sombre, cravate bleue, François Hollande présente d'abord en quarante-trois minutes le bilan des six premiers mois de son mandat. Le président « normal » se présente désormais en président « responsable ». Les trente-trois questions qui suivent portent pour l'essentiel sur la situation économique et sociale, et la compétitivité. L'examen de passage est plutôt réussi. Pour la première fois sous la Ve République, c'est un social-démocrate qui occupe le Palais. Même s'il s'en défend, le chef de l'État confirme le tournant réformiste. Un moment important pour le vingt-quatrième président.

Décor identique pour les conférences de presse des 14 janvier et 28 septembre 2014. Mais ce sont les plus délicates que l'on ait connues, en raison de leur caractère personnel, et même intime. En janvier, *Closer* vient de publier les photos du Président arrivant en scooter chez Julie Gayet. En septembre, huit mois après leur rupture officielle, Valérie Trierweiler a tout juste sorti son brûlot en librairie. La présidence « normale » a volé en éclats. Hollande est pudique, attaché à la séparation entre vie publique et vie privée. Mais les révélations successives le fragilisent sur un terrain qu'il voulait absolument protéger, celui de l'intimité personnelle. L'embarras est perceptible dans la Salle des Fêtes, chez le chef de l'État comme chez les journalistes. Malaise au Palais.

Changement de pied avec l'arrivée d'Emmanuel Macron. Le nouveau président entend se tenir à distance des journalistes, éviter une forte présence médiatique. Pas de conférence de presse solennelle et

« généraliste » durant les premiers mois. Lorsqu'il reçoit un chef d'État ou de gouvernement étranger, Macron se contente le plus souvent de répondre à quelques questions centrées sur les relations bilatérales et la situation internationale. Rien de plus dans les premiers temps, à l'exception de la réponse aux critiques de son prédécesseur à l'occasion d'une conférence de presse à Vienne, la capitale autrichienne, pendant une tournée dans des pays d'Europe de l'Est. Macron veut moderniser, casser quelques codes, trancher avec ses sept prédécesseurs. Mais viendra immanquablement le temps où la traditionnelle conférence de presse élyséenne s'imposera de nouveau.

Confessions

Ni le général de Gaulle, ni Georges Pompidou, ni Valéry Giscard d'Estaing n'avaient choisi, en période de tempête, de s'expliquer à la télévision sur des sujets les concernant directement et personnellement. Ce n'était pas la culture de l'époque. Et la télévision n'obéissait pas aux mêmes règles qu'aujourd'hui, où la pression des médias, l'irruption d'Internet et des chaînes d'information imposent souvent au chef de l'État d'intervenir « à chaud ».

C'est François Mitterrand qui inaugure ces confessions audiovisuelles. Il le fait une première fois, le 12 février 1989, devant Anne Sinclair. L'affaire Péchiney a éclaté. L'un des amis proches du Président, Roger-Patrice Pelat, est mis en cause pour avoir réalisé une plus-value substantielle dans une opération financière controversée. Ce soir-là, dans l'émission « 7 sur 7 » sur TF1, François Mitterrand vole au secours de son ami, un homme « très pauvre... devenu riche mais pas comme homme d'affaires, comme industriel ». Certes, le chef de l'État dénonce avec force « l'argent facile ». Son plaidoyer, assez controversé, restera surtout comme l'un des symboles de sa fidélité en amitié.

Cinq ans plus tard, le 12 septembre 1994, affaibli par la maladie, François Mitterrand décide de venir en direct, sur France 2 cette fois, pour répondre aux attaques violentes, et légitimes, déclenchées par la publication d'un livre choc de Pierre Péan, *Une jeunesse française*, qui fait resurgir les zones d'ombre de l'Occupation et ses relations avec René Bousquet, l'ancien secrétaire général de la police de Vichy. Bousquet a été assassiné le 8 juin 1993, en pleine instruction de la plainte déposée par Serge Klarsfeld et des associations de résistants et de déportés pour crime contre l'humanité. Jean-Pierre Elkabbach, qui dirige France Télévisions depuis décembre 1993, se souvient de cette interview dans les moindres détails. En déplacement professionnel, il reçoit un appel de l'Élysée lui demandant de rejoindre Paris au plus vite pour rencontrer François Mitterrand. Chemise de cow-boy, pantalon en velours beige côtelé, le Président est direct. « Mes amis m'attaquent. Je dois m'expliquer. » Jean-Pierre Elkabbach avance quelques noms de journalistes pour mener l'interview. François Mitterrand le coupe aussitôt. « Ce sera vous ou je ne le fais pas. » Deux jours plus tard, le patron du service public arrive à l'Élysée vers 19 h 30, plus d'une heure avant le début de l'émission. Il y trouve un président épuisé, allongé, dans la pénombre, les yeux fermés. Les traits creusés par la maladie qui le ronge, il a juste la force d'ironiser sur la cravate et l'écharpe de son intervieweur. Anne Lauvergeon, secrétaire générale adjointe auprès d'Hubert Védrine, et Jacques Pilhan, l'homme de la communication, sont à ses côtés. Sur une table basse, une tasse de thé, du miel et une tartine beurrée. Les collaborateurs du Président sont partagés sur sa capacité physique à supporter l'épreuve télévisée. Le Président tranche. « J'ai donné rendez-vous aux Français. Je l'assure. » Quelques instants plus tard, au maquillage, il est plus clair et plus ferme encore. « Pour cette interview, je ne suis pas le président de la République et vous n'êtes pas le président de France Télévisions. Soyez le plus dur et le plus précis possible. Ne m'épargnez pas. » L'émission se déroule dans la bibliothèque du rez-de-chaussée. Elle durera quatre-vingt-quinze minutes, sans interruption. François Mitterrand s'explique longuement, n'élude aucune question. Il insiste sur l'acquittement de René Bousquet par la Haute Cour de justice en 1949, parle de lui, de façon très surprenante, comme d'« un type intéressant ». Il affirme qu'il ne le voyait plus depuis début 1986 et indique « qu'il faut tenter de mettre un terme à la guerre civile permanente entre Français ». « Au début, il portait littéralement un masque mortuaire. Puis, peu à peu, il s'est senti de mieux en mieux, jusqu'à me vider de ma propre énergie », confie aujourd'hui Elkabbach. Après l'émission, les deux hommes se retrouvent dans un salon de l'appartement privé du Président en compagnie de Danielle Mitterrand, de sa sœur Christine Gouze-Rénal, d'Hubert Védrine, de Louis Bériot, directeur des programmes de France 2, et de Nicole Avril, la femme de

Jean-Pierre Elkabbach. Une conversation brillante. Une heure et demie de digressions sur Néron, la philosophie et les grands poètes...

Dix-neuf mois plus tôt, fin mars 1993, c'est dans le plus grand secret que le même Jean-Pierre Elkabbach entame une longue série d'entretiens-confessions avec le Président. Une opération totalement inédite au Palais. Avec l'aide d'André Rousselet, alors P-DG de Canal Plus, et de Jacques Pilhan, le patron de France Télévisions a fait accepter par François Mitterrand ces interviews, destinées à être diffusées après son départ de l'Élysée, sur tous les sujets liés à ses deux mandats présidentiels. Le premier rendez-vous est fixé... le soir de la nomination d'Édouard Balladur à Matignon, le 29 mars 1993, au lendemain de l'écrasante victoire de l'opposition de droite. Comme si le Président commençait à tourner la page élyséenne...

Les premiers enregistrements se déroulent dans l'antichambre de ses appartements privés. Très vite, c'est dans le studio de télévision du Palais que les entretiens seront organisés. Ce sont des militaires qui filment. François Mitterrand est souvent à bout de forces. Mais il tiendra jusqu'au bout. Deux à trois fois par semaine, pendant quatorze mois environ. Chaque séance d'enregistrement dure de quarante-cinq minutes à une heure. Au total, François Mitterrand sera interrogé par « le meilleur interviewer de France » pendant vingt-trois heures. Sept ans plus tard, en mai 2001, France 2 programmera un montage de cinq heures et demie découpé en cinq volets. Cet exercice en forme de confession reste confidentiel. Aucune fuite n'aura lieu. Et, à l'arrivée, un grand moment de télévision et d'histoire contemporaine. Avec cette fameuse réplique de François Mitterrand à qui le journaliste demandait, au lendemain des obsèques de Pierre Bérégovoy, s'il ne regrettait pas d'avoir déclaré que l'honneur d'un homme avait été livré aux chiens : « Ce que je regrette, c'est d'avoir été très sévère avec les chiens. »

Impossible, enfin, de ne pas évoquer cette rafale de livres en forme de confessions, de confidences et d'auto-justifications consacrés à François Hollande et publiés à la rentrée 2016 (voir : *Journalistes et médias*), et notamment l'ouvrage de Gérard Davet et Fabrice Lhomme, *« Un président ne devrait pas dire ça... »*[1]. Avec le recul, stupéfaits par certaines révélations sur la vie publique française et internationale, sur les exécutions ciblées, les rendez-vous diplomatiques et sur sa vie privée, les observateurs s'interrogent. Pourquoi ce grand déballage d'automne ? Comment expliquer ce besoin de tout dire, ou presque, sur son quinquennat ? Quel raisonnement a pu pousser Hollande à transgresser, à se livrer ainsi en pâture à l'opinion publique ? Difficile d'apporter une réponse. Au Palais, sur le coup, lorsque les langues se délient, et même si certains soulignent l'intérêt historique de ce livre, on ne cache ni l'incrédulité ni l'étonnement. Ce sont les confessions les plus mystérieuses de la Ve République.

Conseil des ministres

« À mercredi prochain. » Ce 23 avril 1969, le Général se doute déjà, sondages et intuition à l'appui,

1. Stock, 2016.

que le référendum du 27 sera perdu. En tête à tête, ou en petit comité, il s'en ouvre depuis quelques semaines à ses proches. Mais pendant ce Conseil des ministres, qui sera son dernier, il n'en laisse quasiment rien paraître. Tout juste ajoute-t-il, en lisant l'émotion sur les visages de ses ministres : « Je l'espère, je le crois. Sinon, c'est une page d'histoire qui aura été tournée. » Les témoignages des ministres, qui raconteront très vite, en privé, et plus tard dans leurs Mémoires, cet épisode historique, concordent. Ils vivent ce jour-là un moment qu'ils n'oublieront jamais. Ce Conseil du 23 avril 1969 est l'un des plus forts, des plus dramatiques de la Vᵉ République.

Sauf obligation particulière, le Conseil se réunit chaque mercredi matin à 10 heures. Dans le Salon d'Angle du premier étage sous de Gaulle, à deux pas de son bureau, là où est installé aujourd'hui le secrétaire général de l'Élysée. Dans le Salon Murat après l'élection de Georges Pompidou, en 1969, dans le Salon des Ambassadeurs à partir du printemps 2014 sous le quinquennat de François Hollande.

Le Conseil est généralement précédé d'un tête-à-tête de quinze à trente minutes entre le Président et son Premier ministre, un rendez-vous souvent tendu et crispé pendant les trois cohabitations de 1986, 1993 et 1997. Les deux hommes gagnent ensemble le rez-de-chaussée du Palais. L'huissier annonce l'arrivée du Président. Les ministres sont là depuis quinze à vingt minutes. Ils ont signé, dans le Salon des Tapisseries, le registre de présence, et, depuis quelques années, déposé leurs téléphones dans le Salon des Aides de camp. En effet, Hollande a tranché. Exaspéré par les ministres qui twittaient ou envoyaient des SMS, il a décidé d'interdire tous les appareils électroniques. Il est le seul à conserver son iPhone sur lui, et le consulte régulièrement. Le Conseil peut commencer. Au milieu de la table a été disposée la pendule double face à deux cadrans en cuivre jaune, qui permet au Président comme au Premier ministre de voir l'heure et de contrôler les temps de parole. Le secrétaire général de l'Élysée et celui du gouvernement, installés un peu à l'écart, prennent des notes. L'ordre du jour, précis, est établi entre l'Élysée, Matignon et le secrétariat général du gouvernement. Souvent des discussions très protocolaires. Et, parfois, des moments d'histoire. Et des souvenirs qui marquent notre histoire politique.

« Naturellement, je ne vais pas me retirer », précise le général de Gaulle le 8 décembre 1965, trois jours après sa mise en ballottage face à Mitterrand et Lecanuet. Et il précise qu'il ne peut « se commettre à parler de la vignette ou de la pilule », laissant à ses ministres le soin de batailler et d'intervenir davantage dans le débat du second tour.

Près de dix ans plus tard, le 27 mars 1974, c'est le Conseil le plus poignant de la Ve République. Georges Pompidou est épuisé. Il décide, pour la première fois, de parler à ses ministres dans le secret du Salon Murat. Pris en note par Édouard Balladur, versé aux Archives nationales qui l'ont rendu public récemment, à l'occasion du centième anniversaire de la naissance de Georges Pompidou, c'est un texte bouleversant, rarissime pendant un Conseil des ministres.

« À l'heure actuelle, ma vie n'est pas agréable, ni physiquement, ni moralement... Je ne suis pas toujours heureux, cela n'a rien de dramatique. Si je couche quai de Béthune, ce n'est pas pour me reposer. C'est que j'y suis organisé, et j'ai mon fils à proximité pour me soigner... L'appartement de l'Élysée est absurde. On entre par les chambres. On sort par la salle à manger. On ne peut pas y être malade. Si on l'est, il faut se faire hospitaliser... Je ne gambade pas... Si je vais me reposer quelques jours, ce ne sera pas nouveau. Alors, on verra. J'ai le ferme espoir d'embêter tout le monde... » Six jours plus tard, Georges Pompidou s'éteint à son domicile du quai de Béthune.

Le dernier Conseil des ministres de son successeur, Valéry Giscard d'Estaing, est court, grave et très politique. Nous sommes le 20 mai 1981. Dix jours plus tôt, François Mitterrand l'a emporté. Première alternance depuis 1958. VGE raconte, dans *Le Pouvoir et la Vie* : Raymond Barre vient de donner communication de son rapport sur l'état économique et social de la France. Giscard conclut : « Nous avons fait ce que nous avions à faire. Nous l'avons fait aussi bien que nous pouvions le faire. C'est la réponse que notre conscience apporte à la question : ai-je bien servi la France ? Un jour comme celui-ci, la voix de la conscience est plus forte que celle de la faveur du moment. » Il salue chacun. Le lendemain, il transmet ses pouvoirs à son successeur.

« Mille trois cents Conseils des ministres, ce n'est pas donné à tout le monde », confiera Mitterrand, très fier de sa longévité, à Georges-Marc Benamou[1]. De tous les Conseils présidés par François Mitterrand, le plus impressionnant, le plus marquant aussi aux yeux de ses proches, est celui du 24 mars 1993. Le 21, l'opposition de droite a très largement remporté le premier tour. Le Président est combatif. L'intervention, prise

1. Georges-Marc Benamou, *Comédie française*, Plon, 2014.

en note par son secrétaire général Hubert Védrine, et racontée avec précision dans *La Décennie Mitterrand*, est saisissante. « Je n'entrerai pas dans la ratière la semaine prochaine... » Il dresse la liste de « l'ensemble des forces hostiles : les Chirac, Giscard, Bouygues, Poivre d'Arvor... » et conclut : « Lundi, un énorme poids va tomber sur vous, un grand deuil, de ceux dont on croit qu'on ne se relèvera pas. Mais les forces de la vie sont toujours plus fortes... Vous reviendrez au pouvoir... Votre génération doit rester debout. » À l'issue du Conseil, il salue ses ministres. Ségolène Royal, dévastée, ne peut retenir ses larmes. Le premier Conseil des ministres avec Balladur, comme le premier avec Chirac en 1986, est tendu. Climat lourd. Visage fermé. Lors de son dernier Conseil, le 6 mai 1995, il se montre plutôt ironique vis-à-vis d'un Édouard Balladur partant, après sa défaite face à Chirac.

Pendant ses douze années de mandat, Jacques Chirac préside les Conseils à sa manière, mi-autoritaire mi-débonnaire. Une ambiance plutôt bon enfant. Quelques plaisanteries, mais pas trop. Des moments de grande tension avec Lionel Jospin et son gouvernement, de 1997 à 2002. En juillet 2004, une atmosphère à couper au couteau, se souviennent les témoins, avec Nicolas Sarkozy au lendemain du fameux « Je décide, il exécute ». Et, à l'inverse, des apartés remarqués à la fin du second mandat, juste avant 2007, avec son futur successeur, au grand dam d'un Dominique de Villepin qui ne supporte visiblement pas leur semblant de complicité, pourtant bien rare et très artificielle.

Devenu président, Nicolas Sarkozy fait de ces Conseils, assez rapides, des séances proches de conseils d'administration dans le privé. Et il multiplie, dans son style, pour le moins direct, critiques, avertissements et conseils. Comme ce 6 juillet 2011, au lendemain du remaniement du 29 juin, où il demande à ses ministres de ne pas trop parler à la presse. « Mieux vaut une vérité qui n'a pas été dite plutôt qu'une gaffe qui vous carbonise pour des mois. » La phrase fait très vite le tour du Palais et des ministères. Sous la présidence Sarkozy, les fuites sont quasi permanentes. Dans les salles de rédaction et les couloirs de l'Assemblée nationale et du Sénat, les moments forts des Conseils des ministres du mercredi matin sont connus dès le début de l'après-midi. Un bavardage qui semble exaspérer Sarkozy et surtout Fillon, dont les rappels à l'ordre sont fréquents et rugueux. Mais assez peu efficaces.

Trente petites minutes. C'est la durée du dernier Conseil des ministres présidé par Nicolas Sarkozy, le 9 mai 2012. Dans *À feu et à sang*, le livre au vitriol, en forme de droit d'inventaire, qu'elle publie quelques semaines après l'élection, Roselyne Bachelot raconte ce moment avec précision : « Ne soyez pas tristes », lance l'ancien président qui, « au moment d'entamer une nouvelle vie, part apaisé ». Un Sarkozy qui ne peut s'empêcher, caractère oblige, de mettre en cause les convictions de certains de ses ministres et d'évoquer des trahisons. Le rideau tombe sur un quinquennat contrasté...

Le 17 mai à 15 heures, François Hollande réunit son premier Conseil des ministres. Face à lui, Jean-Marc Ayrault, nommé deux jours plus tôt Premier ministre. Autour de la table, une stricte parité hommes-femmes pour la première fois sous la Ve République. Un savant dosage entre anciens et nouveaux. Un équilibre politique bien calculé. Le Président mène les débats avec décontraction. Ambiance parfois dissipée, certains n'hésitant pas à claquer du doigt pour attirer l'attention et prendre la parole. De l'humour aussi. Mais pas de tutoiement. Une solennité tranquille. Normale. Au fil des mois, le climat devient plus grave. Le Président se coule dans l'habit présidentiel. Certaines tensions sont palpables, au moment de l'accord entre le gouvernement et Mittal sur le site sidérurgique de Florange notamment. Ces jours-là, dans le Salon Murat, Hollande essaie de se poser en arbitre. Plus tard, nombre de Conseils des ministres se dérouleront dans une ambiance dramatique : celui qui suit les attentats de janvier, le conseil extraordinaire dans la nuit du 13 au 14 novembre, après l'attaque de Paris et de Saint-Denis, la réunion du 18 novembre, qui se tient pendant l'assaut de Saint-Denis. Autant de Conseils qui resteront dans l'histoire du Palais comme des moments d'une exceptionnelle gravité et d'une tension extrême.

C'est le jeudi 18 mai 2017 qu'Emmanuel Macron convoque son premier Conseil des ministres. On en retient une « leçon de choses » à l'intention du gouvernement, l'appel à la solidarité et à la collégialité. Principale innovation : l'extrême discrétion à la sortie du Palais. Pas un ministre ne s'exprime. Pas un photographe de presse non plus pour « couvrir » la préparation et le déroulement de la photo traditionnelle du nouveau gouvernement, curieusement réuni sur les premières marches de l'Escalier Murat dans un joyeux désordre. Dans les semaines qui suivront, avec les démissions en cascade et les premières turbulences, le climat sera plus sombre. « Enfin les difficultés commencent » avait glissé, souriant, Léon Blum en 1936 à son arrivée à l'Hôtel Matignon. Dès la fin mai 2017,

Emmanuel Macron aurait pu tenir les mêmes propos. Il transforme assez vite le déroulement de cette réunion hebdomadaire : durée très allongée, parfois jusqu'à trois heures, rythme soutenu, larges tours de table sur les sujets importants, liberté de ton. C'est un nouveau style, plus direct, plus participatif.

Coty (Germaine)

Née Germaine Corblet en 1886 au Havre, elle a soixante-sept ans lorsque son mari, René Coty, est élu président de la République le 23 décembre 1953. Les journalistes (dont, en premier, un certain Philippe Bouvard) qui viennent la surprendre le lendemain de l'élection dans l'appartement familial du quai aux Fleurs tombent sur une femme d'une gentillesse déconcertante qui leur déclare, tablier de cuisine autour de la taille, qu'elle est en train de « faire une tarte pour René ». Aux questions sur la nouvelle vie qui l'attend à l'Élysée, elle répond qu'avant tout, « elle est une épouse, une mère et une grand-mère », avant ce spontané cri du cœur de bonne ménagère : « Dire que je viens de rentrer mon charbon pour l'hiver ! » Ces phrases, largement reprises par la presse, contribueront à sa grande popularité.

Germaine Coty est ce qu'on appelle une brave femme, aussi généreuse que son tour de taille. Les chansonniers l'affublent rapidement du cruel sobriquet de « Madame Sans Gaine ». On la dit godiche, mal à l'aise, mais sa réelle bonté, son dévouement infini pour la cause des plus malheureux font d'elle une femme profondément aimée des Français. Elle est l'incarnation de la mère de famille, dont le bon sens et le souci de bien faire sont compris par le plus grand nombre. Sa vie à l'Élysée n'est que simplicité et bienveillance. Les huissiers la voient fréquemment surgir de ses appartements pour leur demander tout à trac : « Vous ne savez pas où est René ? »

Le 12 novembre 1955, au château de Rambouillet, Germaine Coty succombe à une maladie de cœur. Les lettres et télégrammes disant la tristesse des Français affluent par milliers à l'Élysée, où, dans la Cour d'Honneur, est ouvert un registre de condoléances. René Coty est le seul président qui aura eu à affronter une aussi douloureuse épreuve au cours de son mandat.

Coty (René)

Jamais René Coty ne s'est senti aussi seul qu'en ce mois de mai 1958. Voilà presque cinq ans qu'il est à l'Élysée. Il s'est heurté à bien des difficultés. Il a vu se défaire sept ministères, et connu une douloureuse épreuve personnelle, la mort de sa femme, trois ans auparavant. Si Germaine était encore là, elle l'aurait accompagné dans le parc où, ce soir, il fait quelques pas, pour réfléchir plus que pour se détendre. Il s'arrête devant les parterres et admire les fleurs, sa passion autant que celle de Germaine. Elle lui aurait dit, avec l'infinie tendresse qui l'habitait, ces mots tout simples et souvent répétés : « Tu as bien fait, René. » Car aujourd'hui, René Coty a demandé que contact soit pris avec le général de Gaulle et que le secret en soit gardé. À ses yeux, il est le seul à pouvoir éviter au pays le drame qui est en train de se nouer en Algérie, et dont les premiers soubresauts ont convaincu Coty que le pire était à venir. « Tu as bien fait, René »... Si Germaine était là, ils se seraient installés tous les deux dans le Salon Pompadour et il aurait joué du violon un petit quart d'heure. C'est un bon amateur. Sauf pour Germaine, qui le considère comme un artiste. De Gaulle... Coty s'inquiète. Si le Général accepte, comment son retour va-t-il être accueilli ?

Cinq ans plus tôt. Au Congrès réuni à Versailles depuis le 17 décembre 1953 pour élire le président de la République, il faut sept jours de délibérations et treize tours de scrutin – record absolu – pour désigner l'homme dont les Français n'ont que très peu entendu parler : René Coty. À l'Élysée, Vincent Auriol s'impatiente. Il ne sollicite pas de nouveau septennat et, pour tout dire, éprouve une certaine hâte à quitter le Palais. On peut comprendre qu'il en ait assez. L'instabilité des gouvernements (quatorze depuis qu'il a été élu en 1947), les difficultés économiques et sociales, les premiers signes du conflit en Indochine, et surtout l'impossibilité pour le président de la République de décider, son rôle se bornant au conseil et à l'orientation, l'incitent à renoncer à la vie politique.

Ce 23 décembre 1953, alors que le Congrès est réuni depuis sept jours, Auriol tourne en rond à l'Élysée. Tout au long de la journée, les nouvelles venues de Versailles lui ont indiqué que l'élection était proche et que le nouveau président serait à l'Élysée dans la soirée. Mais les heures passent, et aucun nom ne sort. Excédé, Vincent Auriol fait savoir qu'il fera fermer le Palais à 21 heures ! Il n'y aura pas de réception du nouveau président ce 23 décembre, René Coty n'étant déclaré élu qu'à 22 h 10... On propose alors à Coty de passer la nuit à la préfecture de Versailles. Il préfère rentrer discrètement chez lui, à Paris, dans son appartement du quai aux Fleurs. Le lendemain, il retourne à Versailles pour faire, en sens inverse, le trajet protocolaire Versailles-palais de l'Élysée de tout président nouvellement élu...

Les Français se souviennent-ils que cet homme de soixante et onze ans qui accède à la magistrature suprême (et qui, en juin 1940, a fait partie de la triste cohorte des 569 parlementaires ayant voté les pleins pouvoirs à Pétain) a été ministre de la Reconstruction et de l'Urbanisme en 1947-1948 ? Pas sûr. Car ce Normand né au Havre, où il a accompli toute sa carrière d'avocat, est discret, calme, presque effacé. Mais s'il n'aime guère paraître pour paraître, René Coty va tenter de maintenir à flot le navire de l'État. La tempête fait rage. L'instabilité ministérielle est devenue un sport national, et à l'Indochine a succédé l'Algérie. À l'Élysée, sa vie est toute de simplicité et de bienveillance. Ce qu'il aime par-dessus tout, c'est profiter des jardins en compagnie de ses nombreux petits-enfants. Plaisir bien rare. René Coty est un travailleur acharné, déplorant – comme son prédécesseur – que la fonction de président de la République soit aussi limitée, et appelant de ses vœux une réforme qui éviterait au pays de s'affaiblir chaque jour davantage dans le combat incessant que se livrent les partis politiques.

« Une très grande dame, simple et généreuse », dit la presse au lendemain de la disparition de Germaine Coty en novembre 1955. Les Français sont bouleversés. Et impressionnés par la dignité de René Coty, qui, après avoir songé à démissionner de ses fonctions, accepte de poursuivre sa tâche, conscient que son départ ouvrirait une crise supplémentaire dont le pays n'a pas besoin. Les Parisiens qui assistent à la cérémonie des obsèques à l'église de la Madeleine voient, pour la première fois peut-être, des larmes couler sur le visage d'un président de la République.

René Coty savait que le gouvernement Pflimlin formé le 12 mai 1958 ne tiendrait pas mieux que les sept qui l'ont précédé depuis 1953. Le président du Conseil annonce sa démission dans la nuit du 27 au 28. Les événements prennent en Algérie la tournure tant redoutée. La guerre civile est proche. René Coty sait à présent qu'au début du mois de mai, il a eu raison. Il peut maintenant rendre publique sa décision et adresser au Parlement le message rédigé de sa main : « Dans le péril qui menace la Patrie et la République, je me suis tourné vers le plus illustre des Français. » Mais Coty sait aussi qu'il devra céder la place, car de Gaulle ne viendra pas pour s'accommoder d'une IVe République à bout de souffle.

Fin décembre 1958, à quelques semaines de l'installation à l'Élysée du Général, des milliers de cartes et de lettres parviennent au Palais. Sur chacune d'elles, une simple phrase : « Merci, monsieur Coty. »

René Coty sera resté cinq ans à l'Élysée.

Coupole

Fondée en 1635 par Richelieu, l'Académie française, dans son règlement de 1752, prévoit que l'élection d'un nouveau membre est considérée comme nulle si l'approbation et le consentement du roi ne la confirment pas. À la suite du roi, le président de la République est aujourd'hui le protecteur de l'Académie française. Il doit donc recevoir chaque académicien élu par ses pairs. Cette audience à l'Élysée est impérative. Si le Président approuve l'élection, la réception sous la Coupole peut être organisée.

Le général de Gaulle est le seul président à s'être opposé à deux élections. En 1959, il fait savoir qu'il refusera de recevoir Paul Morand en raison des liens étroits que ce dernier entretenait avec le régime de Vichy, dont il fut l'ambassadeur en Roumanie. L'élection est donc suspendue. Neuf ans plus tard, de Gaulle usera d'un artifice pour, finalement, donner son « feu vert ». Il se contente en effet d'accorder une audience au directeur en exercice de l'Académie, Jean Mistler, et de lui dire, selon Alain Peyrefitte : « Considérons que j'ai reçu Paul Morand. » La même année, de Gaulle s'oppose au choix de l'Académie d'accueillir parmi ses membres le poète Saint-John Perse, pseudonyme du diplomate Alexis Leger. Le motif, cette fois, n'est pas Vichy, mais n'est pas moins impardonnable aux yeux du Général. Saint-John Perse a choisi de se réfugier aux États-Unis pendant la guerre alors que de Gaulle l'espérait à ses côtés à Londres. Après Paul Morand, une malédiction semblait s'être abattue sur les diplomates. Saint-John Perse se consolera avec le prix Nobel de littérature en 1960.

Parfois, les présidents oublient quelque peu le protocole. Un académicien se souvient de l'audience accordée par Jacques Chirac. Le Président le reçoit en compagnie de Jean d'Ormesson, le directeur en exercice. Chirac saisit l'occasion pour recommander chaudement, et très précisément, quelques noms de femmes susceptibles de rejoindre l'Académie. Très peu conforme aux usages républicains de neutralité. L'audience se termine. Jacques Chirac lance alors un tonitruant : « Eh bien ! Je vais réfléchir », avant... d'éclater de rire devant la mine stupéfaite des deux académiciens.

Deux épisodes savoureux marquent, sous la Vᵉ République, les relations entre l'Élysée et l'Académie. C'est François Mitterrand qui lance, goguenard et acide, au gaulliste Michel Debré, nouvellement élu : « Quelle drôle d'idée de vous être présenté ! » Et c'est l'audience de Valéry Giscard d'Estaing par Jacques Chirac le 15 juin 2004. L'ancien président n'est pas revenu au Palais depuis sa défaite de 1981 et ne souhaite pas y retourner. Il doit faire une exception, sans doute douloureuse, pour recevoir l'agrément nécessaire de la part de celui qu'il considère toujours comme son meilleur ennemi, et le principal responsable de son échec. Ce rendez-vous a bien lieu à l'Élysée. En réalité, il est pour l'essentiel consacré à la préparation d'un Conseil européen qui se tient le surlendemain. Mais la tradition de l'Académie est respectée. Elle ne cessera de l'être.

En 2008, Nicolas Sarkozy, tenant pleinement son rôle de protecteur de l'Académie, assiste à la réception de Max Gallo sous la Coupole.

Un mois après son arrivée à l'Élysée, François Hollande reçoit un nouvel académicien, Amin Maalouf. Il assiste en 2015 à la réception de Dany Laferrière. Mais François Hollande, on le sait, attire les orages... En 2014, la candidature d'Alain Finkielkraut déclenche une polémique politique et médiatique qui s'emballe rapidement sans être toujours digne. Finalement élu le 10 avril, Finkielkraut est reçu par Hollande le 23 mai, ce qui clôt la polémique. Andreï Makine et Marc Lambron lui succéderont en 2016 dans le bureau du Président.

Seuls trois présidents de la République ont appartenu, ou appartiennent, à l'Académie française : Raymond Poincaré, Paul Deschanel et Valéry Giscard d'Estaing[1]. Gaston Doumergue était, lui, membre de l'Académie des sciences morales et politiques.

Enfin, pour ceux qui s'étonnent que deux écrivains comme Charles de Gaulle et François Mitterrand n'aient pas appartenu à l'Académie française, voici l'avis des intéressés. C'est Georges Duhamel, alors secrétaire perpétuel, qui, dès 1944, en fait la proposition au Général, lequel lance sans détour : « De Gaulle ne saurait appartenir à aucune catégorie, ni recevoir aucune distinction. » Quant à François Mitterrand, aux bons esprits qui, en 1988, lui conseillent de choisir la Coupole plutôt qu'un second septennat, il fait cette réponse que n'aurait pas reniée Richelieu : « Ça leur ferait trop plaisir... ! », ajoutant dans un sourire « Et ils sont vraiment très vieux ! ».

Cour d'Honneur

Bernadette Chirac y veillait. Sauf circonstances particulières, réceptions officielles ou visites d'État,

1. Élu au premier tour, Giscard avait dû subir l'opposition de l'académicien Maurice Druon, hostile à la présence sous la Coupole de celui qu'il tenait pour responsable du départ de De Gaulle en 1969.

et pour des raisons d'ordre et d'harmonie, elle tenait à ce que personne ne traverse la Cour d'Honneur, un espace militaire comme l'est tout le Palais. Les instructions étaient claires et formelles. Prière de passer par les bordures, de chaque côté de cette cour en graviers, lesquels sont soigneusement remis en place chaque matin, au râteau. Une règle intangible.

Passé la lourde porte d'entrée, au 55, rue du Faubourg-Saint-Honoré, après le portail électronique, le visiteur est reçu par des gardes républicains. Vérification d'identité. Et c'est toujours un garde qui l'accompagne jusqu'au lieu du rendez-vous. La Cour d'Honneur est là, imposante. Seize oliviers l'encadrent, huit de part et d'autre, deux au pied du perron. De chaque côté, un porche mène à de petites cours.

La Cour d'Honneur a été imaginée sur le modèle du château de Versailles, majestueuse. C'est là, sur un tapis rouge, qu'arrive le président élu pour sa cérémonie d'investiture. C'est là que sont accueillis les dirigeants étrangers, que la garde leur rend les honneurs (voir : *Commandement militaire*). C'est encore là que se termine la passation de pouvoirs, quand le nouveau président raccompagne à sa voiture son prédécesseur. On se souvient du 21 mai 1981, et de Valéry Giscard d'Estaing quittant à pied ce Palais qu'il a occupé pendant sept ans. Quelques instants plus tard, à sa sortie, il est sifflé par un petit groupe de militants socialistes. François Mitterrand juge l'épisode peu fair-play et le fera savoir aux responsables de la sécurité.

Les habitués de la Cour d'Honneur, ce sont les journalistes. Au Palais, on parle alors de « Cour ouverte ». Jusqu'aux années 1980, les reporters sont assez libres d'y circuler, accédant facilement aux marches du perron. La multiplication des radios, puis des chaînes de télévision, impose une discipline nouvelle. Depuis une trentaine d'années, les médias sont installés au pied du perron, souvent bloqués derrière un cordon de velours rouge, et sous une tente, sur la partie gauche de la Cour. Les journalistes doivent forcer la voix, et parfois littéralement crier, pour poser des questions aux personnalités qui quittent le Palais. Sauf lorsqu'un président, ou un ministre, vient vers eux et s'arrête devant un micro sur pied spécialement installé pour la déclaration. La Cour d'Honneur devient alors une sorte de grand studio, comme les jours de remaniement.

Et puis, il y a les anecdotes, vraies ou fausses, réelles ou inventées. Comme cette scène, tirée des déclarations tonitruantes de l'avocat Robert Bourgi au *Journal du dimanche* le 11 septembre 2011, et vivement contestées par Dominique de Villepin. Le conseiller officieux de Nicolas Sarkozy pour les affaires africaines, ancien collaborateur de Jacques Foccart, confie avoir jadis garé sa voiture dans cette cour avec trois millions de dollars venant du président du Burkina Faso, Blaise Compaoré, et cachés dans des djembés, des tambours africains. Et il décrit Villepin et sa secrétaire descendant de leurs bureaux, et venant « prendre chacun un tambour devant les gendarmes en faction ». Une véritable scène de cinéma. Pour un scénariste en verve, et très imaginatif...

Courrier

« J'accuse... » Le 13 janvier 1898, Émile Zola adresse au président de l'époque, Félix Faure, une lettre ouverte retentissante. Avec le génie de l'écrivain et le courage de l'intellectuel engagé, il relance ainsi de manière inédite et spectaculaire l'affaire Dreyfus. Cette lettre, publiée à la une de *L'Aurore*, fait basculer l'opinion et contribue très largement à faire éclater la vérité. C'est le plus célèbre courrier jamais envoyé à un président de la République.

Quai Branly, derrière la tour Eiffel. Dans cette dépendance officielle de l'Élysée, une soixantaine de personnes travaillent au service du courrier. Même si le nombre a diminué depuis l'irruption du courrier électronique, des centaines de lettres arrivent quotidiennement à l'intention du Président, toujours dispensées d'affranchissement selon une très ancienne tradition. Dans les périodes particulières, ces chiffres évoluent. Ainsi, après les attentats de janvier et de novembre 2015, les Français, sous le coup de l'émotion, adressent au chef de l'État des milliers de lettres et de mails. D'une manière générale, depuis quelques années, on recense 55 % de mails et 45 % de lettres, le plus souvent manuscrites. Tout est lu, et fait l'objet de notes de synthèse adressées au Président et au secrétaire général. Tout, ou presque, car il arrive que des lettres disparaissent. Ce fut, semble-t-il, le cas en 2012. Le courrier de félicitations adressé à François Hollande aurait en effet été détruit à l'initiative d'une « sarkozyste pure et dure[1] »...

1. Stéphanie Marteau et Aziz Zemouni, *L'Élysée off*, Fayard, 2016.

Les réponses sont le plus souvent des textes types, qui correspondent aux sujets généralement traités : recherches d'emploi, sécurité, demandes d'intervention pour un logement ou une prestation sociale, invitations diverses... Parfois, mais rarement, elles font l'objet d'une réponse personnalisée. De Gaulle répondait de sa main à certaines lettres sur papier à en-tête portant la simple mention « Le général de Gaulle ». C'est ainsi qu'il remerciait, félicitait ou présentait ses condoléances. Il lui arrivait de rédiger lui-même nom et adresse du destinataire sur l'enveloppe. Il n'a jamais laissé sans réponse l'envoi d'un livre. Question d'éducation autant que de courtoisie entre écrivains. François Mitterrand faisait de même, d'une belle écriture régulière, toujours à l'encre bleue.

Exceptionnellement, il arrive que ces lettres débouchent sur un débat médiatisé et provoquent réactions et polémiques. C'est le cas, ce 5 juillet 2011, lorsque Nicolas Sarkozy reçoit un courrier à l'étonnant contenu. « Monsieur le Président, quand vous lirez cette lettre, je serai morte... » Cette mère de famille écrit au chef de l'État et charge son avocat d'envoyer cette lettre tout de suite après sa mort. Atteinte d'un cancer incurable, elle demande au Président de prendre soin de son fils tétraplégique de trente-trois ans, Eddy. Cet appel au secours, largement médiatisé, est entendu. Eddy est placé, sur instruction de l'Élysée, dans un établissement spécialisé. Neuf ans plus tôt, en 2002, une lettre tout aussi bouleversante arrive sur le bureau de Jacques Chirac. Elle est signée Vincent Humbert, lui aussi tétraplégique. Il demande au Président « le droit de mourir ». Sa mère, Marie, et le médecin traitant, le docteur Chaussoy, soutiennent sa démarche avec courage et détermination. Vincent meurt le 26 septembre 2003, après intervention du médecin. Le débat s'enflamme. Judiciairement, il se conclura par un non-lieu. La réponse politique sera la loi Leonetti du 22 avril 2005 sur l'euthanasie et le droit à mourir dignement. Une fois de plus, une simple lettre fait basculer un débat et avancer la société.

Il y a les courriers reçus et les courriers envoyés. Le Président écrit beaucoup. Ou plutôt, il signe des milliers de lettres chaque année. Pour féliciter après un mariage ou une décoration, pour exprimer ses condoléances après un décès, pour remercier après avoir reçu un livre, un CD ou un DVD. Emmanuel Macron dispose d'une organisation bien huilée. Lorsqu'il reçoit un livre, il répond très vite, remercie et ajoute sur sa carte un mot manuscrit. Malgré l'irruption d'Internet et l'usage courant des SMS, dont Hollande est un grand amateur, le bon vieux courrier traditionnel a encore de belles années à vivre...

Couturiers

À quelques rares exceptions près, dont Mme Albert Lebrun, qui préférait la discrétion, chaque Première dame a été habillée par un, voire plusieurs grands couturiers souvent reçus au Palais. Mais dans ce domaine plus que dans tout autre, les temps changent, les goûts plus encore, et les personnalités ne se ressemblent guère. Germaine Coty et Carla Bruni-Sarkozy ou Brigitte Macron appartiennent à des planètes fort éloignées.

On dispose de quelques jolies descriptions montrant les Premières dames parées des plus beaux atours. En mai 1889, pour l'inauguration de la Salle des Fêtes de l'Élysée, Mme Sadi Carnot porte, selon les propres termes de son créateur, Charles Frederick Worth, « une robe de satin de Lyon gris perle brodée d'argent, avec garniture de plumes du même ton et épaulettes de diamants ». Le chapeau est de Caroline Reboux. Le 1er juin 1931, Jeanne Gaussal épouse le président de la République, Gaston Doumergue, dans le Salon Vert du Palais. Elle porte une superbe robe griffée Jacques Doucet. Soixante-dix-sept ans plus tard, même salon, même circonstance. La mariée s'appelle Carla Bruni et la robe est signée Hermès. La réussite est toutefois loin d'être toujours aussi éclatante. En 1907, la grande couturière Jeanne Paquin a beau se déplacer elle-même à l'Élysée pour tenter d'habiller Mme Armand Fallières, rien n'y fait. La présidente manque à ce point de grâce, quelle que soit la robe, que Jeanne Paquin ne sait comment faire oublier qu'elle en est la créatrice. Pas d'aventure aussi fâcheuse en revanche pour le jeune Pierre Balmain, qui ouvre sa maison de couture en 1945, et qui, deux ans plus tard, se voit appelé par Mme Vincent Auriol. L'épouse du premier président de la IVe République ne déteste pas être vue et photographiée portant des créations haute couture. Outre Pierre Balmain, elle est fidèle à Mme Grès et à Jeanne Lanvin, dont la fille Marguerite vient, en 1946, de reprendre la maison fondée par sa mère, située à deux pas de l'Élysée, au 22, rue du Faubourg-Saint-Honoré (l'adresse n'a pas changé). En mai 1948, lors de la réception de la princesse Elizabeth d'Angleterre à l'Élysée, Michelle Auriol porte une robe de satin noir signée Lanvin très remarquée. Yvonne de Gaulle, elle, n'aura jamais qu'un couturier, Jacques Heim ; Anne-Aymone Giscard d'Estaing sera fidèle à Jean-Louis Scherrer et Danielle Mitterrand à Yves Saint Laurent, Louis Féraud et Torrente. Chacun aura également remarqué, le 14 mai 2017, pour la cérémonie d'investiture de son mari Emmanuel, l'élégant tailleur bleu lavande de Brigitte Macron. Signé Nicolas Ghesquière pour Vuitton, il sera largement, et positivement, commenté sur les réseaux sociaux.

Bien avant Carla Bruni-Sarkozy, dont les dix ans de mannequinat mettent encore plus en valeur tout ce qu'elle porte, et en particulier les créations de John Galliano, c'est Claude Pompidou qui inaugure cette nouvelle ère où les épouses des présidents, apparaissant davantage aux côtés de leurs maris, étant par là même plus observées, photographiées, filmées, se trouvent dans l'obligation de porter des toilettes que l'on remarquera. Pour Claude Pompidou, c'est aussi un devoir patriotique que de promouvoir la haute couture française, et tous les grands couturiers lui offrent ou prêtent des toilettes. Les créations de Dior, Cardin, Laroche, Yves Saint Laurent sont de ses préférées, mais c'est à Chanel qu'elle restera toujours fidèle. Le tailleur qu'elle porte le 19 juin 1969 pour l'entrée à l'Élysée de Georges Pompidou donne le ton. Dans son livre de souvenirs *L'Élan du cœur*, Claude Pompidou raconte qu'elle a assisté aux présentations des collections Chanel dès 1960, et lorsque Georges Pompidou s'installe à l'Élysée, « Mademoiselle » Gabrielle Chanel, dite Coco, laisse entendre qu'il ne lui déplairait pas d'y être invitée. Un dîner est organisé, qui dut étonner la célèbre couturière, puisque dès le lendemain, rapportant à un ami qu'elle avait passé la soirée au Palais, elle fit ce commentaire vachard : « N'empêche que, de mon temps, on n'invitait pas les fournisseurs ! »

Crèche

C'est Danielle Mitterrand qui fait ouvrir cette crèche élyséenne le 28 octobre 1985. Poussée, et convaincue, par Ségolène Royal, chargée à cette époque des Affaires sociales et de l'Environnement à l'Élysée, consciente des difficultés quotidiennes rencontrées notamment par ses secrétaires, elle en parle à son mari qui accepte ce projet immédiatement. Quelques mois de recherches et de travaux. Le choix se porte sur une partie du petit hôtel particulier du 14, rue de l'Élysée, l'une des dépendances du Palais. Jusque-là, on y soignait les chevaux de la garde républicaine, qui, changement oblige, vont aller rejoindre la caserne du boulevard Henri-IV, près de la Bastille.

Sur deux niveaux, une quarantaine d'enfants peuvent être accueillis. Leur mère ou leur père doit impérativement travailler au Palais, figurer dans les effectifs officiels. Pas de passe-droit. Pas de piston. Au quotidien, vingt-trois à vingt-cinq enfants. Le rez-de-chaussée pour les plus petits, le premier étage pour les plus grands, âgés de dix-huit mois à trois ans et demi. Un personnel de grande qualité, mis à disposition par l'Assistance publique, avec une directrice, six auxiliaires puéricultrices, un cuisinier et une lingère. Un apprentissage au goût, avec des produits frais, et une initiation à la lecture. Pas de télévision, pas de dessins animés français, américains ou japonais. Et, jolie surprise, à quelques mètres du faubourg Saint-Honoré, un petit jardin potager. Un framboisier, des tomates grappe, des salades, du laurier. Il y a même une minuscule piscine, qu'il faut adapter régulièrement aux normes de sécurité. Les enfants vivent dans cette crèche de 8 heures à 18 heures. Les parents peuvent passer les voir à tout moment de la journée. Le plus célèbre de ces enfants, c'est sans conteste Martin Chirac, fils de Claude et petit-fils du Président. Il fréquentera la crèche jusqu'à son entrée en maternelle. Giulia Sarkozy, en revanche, n'y fut jamais conduite.

Crises

Ils sont seuls. Seuls à décider. Seuls à arbitrer, à trancher dans le vif. Seuls à affronter les grandes crises politiques, diplomatiques ou militaires. Seuls à s'exprimer lorsque la situation est grave. Les présidents de la Cinquième, du général de Gaulle à Hollande, de 1959 à 2017, près de soixante ans durant, ont tous connu ces moments difficiles, ou tragiques, qu'ils doivent traverser dans la solitude. Certes, les Premiers ministres, les gouvernements et les proches collaborateurs, civils et militaires, sont là pour les conseiller ou les épauler. Mais ils sont bien seuls, face à l'opinion, face à leurs ennemis, face à l'adversité, lorsqu'il faut se déterminer ou lorsqu'il faut expliquer, souvent laborieusement, que les promesses du départ n'ont pas été tenues : de Gaulle avec l'Algérie, Mitterrand avec la stratégie économique et sociale, Chirac avec la fracture sociale, Sarkozy avec l'exemplarité de la fonction, Hollande avec la séparation entre vie publique et vie privée. Quand des événements dramatiques se produisent, de la crise algérienne aux attentats sanglants de 2015 et 2016, les chefs de l'État se retrouvent aussi face à leur destin. C'est en période de crise qu'ils se révèlent, avec leurs qualités et leurs défauts, leurs atouts et leurs handicaps. Bref, avec leur vraie personnalité.

13 novembre 2015. Le président de la République assiste, au Stade de France, au match de football France-Allemagne. Soudain, à partir de 21 h 20, et à plusieurs minutes de distance, de fortes détonations retentissent. François Hollande, immédiatement informé de la gravité des explosions, se rend aussitôt au PC sécurité avant de quitter les lieux et de rejoindre l'Élysée. Ainsi se déroulent les premiers instants de l'une des crises les plus graves qu'un chef de l'État ait dû affronter depuis le Palais. À l'Élysée, la gestion des crises est très différente selon les présidents. La Constitution, le contexte politique, le poids de l'entourage et surtout la stature de l'homme « en charge de l'essentiel » sont autant d'éléments incontournables. Avec un point commun depuis le début de la Ve République : c'est l'hôte du Palais, et lui seul, qui a le dernier mot, quelle que soit la nature de la crise et quelles que soient les circonstances.

En 1914, lorsque éclate la Première Guerre, Raymond Poincaré est président depuis près de dix-huit mois. Un homme rigoureux, intègre, d'une grande qualité, mais dont les pouvoirs sont limités dans cette IIIe République où l'impulsion politique vient de la

Chambre des députés. Dans cette épreuve terrible qu'est la « Grande Guerre », Poincaré, dixième président de la République, fait face avec courage et prend toutes les initiatives nécessaires pour entretenir, tant bien que mal, le moral des Français. Il va souvent sur le terrain. Il visite les tranchées. Le 4 août 1914, il rédige dans son bureau élyséen un message qu'il fera lire à la tribune de la Chambre et du Sénat. Ce sera l'appel à « l'Union sacrée ». « L'état de siège a été proclamé, la censure est établie ; mais, dans l'enthousiasme général, aucune de ces mesures d'exception n'est vraiment nécessaire pour assurer l'unité de l'opinion nationale. Les ministres donnent sans effort l'exemple vivant de la concorde ; ils oublient que, récemment, ils étaient presque tous mes adversaires politiques », écrira plus tard Poincaré[1]. Paradoxalement, c'est sa décision la plus importante qui contribuera à restreindre ses pouvoirs et son influence : l'arrivée, le 16 novembre 1917, de Georges Clemenceau à la présidence du Conseil et au ministère de la Guerre. Les deux hommes, chacun le sait, se détestent cordialement. Poincaré ? « Il a le lyrisme du Larousse... Il sait tout mais ne comprend rien... Épargnez-moi son discours sur ma tombe. Ce serait mourir deux fois ! » Tels sont quelques-uns des jugements portés par Clemenceau sur son meilleur ennemi. Et pourtant, ils vont terminer la guerre ensemble. Le Tigre nommé président du Conseil, le chef de l'État n'a plus vraiment son mot à dire. Il devient plus spectateur qu'acteur. Mais les Français apprécient que deux personnalités aussi différentes, aussi antagonistes décident de travailler côte à

1. Raymond Poincaré, *Au service de la France*, Plon, 1926.

côte. Clemenceau terminera la guerre en héros quasiment légendaire. Et Poincaré en sortira grandi.

À compter de 1959, après que René Coty eut accompli le geste le plus marquant de son mandat en appelant au pouvoir le général de Gaulle, la gestion des crises à l'Élysée a une tout autre dimension. La nouvelle Constitution place les présidents au centre, et au cœur, du paysage politique. Et davantage encore dans les périodes les plus difficiles. C'est vers le Palais que tous les regards se tournent. Avec de Gaulle, c'est l'évidence même. L'homme du 18 Juin dispose tout naturellement de l'autorité politique, du prestige historique et, bien sûr, de la légitimité militaire. Aucune décision majeure, hors les problèmes « d'intendance », n'est prise sans son accord. Il gère en direct et en petit comité. En liaison avec le Premier ministre, Debré pour la crise algérienne et Pompidou pour Mai 1968, avec son ministre des Armées, le fidèle Pierre Messmer, pour les dossiers militaires, et avec son ministre des Finances et des Affaires économiques, notamment Giscard entre 1962 et 1966, pour les crises monétaires. Quand une décision doit être prise rapidement, comme en avril 1961 au moment du putsch des généraux, de Gaulle est jupitérien. Personne autour de lui n'ose réellement le contredire, ni même poser une question. En 1963, quand il crée la Cour de sûreté de l'État, pas un murmure dans son camp. Le seul moment où, entre 1959 et 1969, la prééminence du Général est réellement mise en cause, voire franchement critiquée, c'est Mai 1968. Pompidou n'est pas sur la même ligne. Désaccord sur la réouverture de la Sorbonne occupée par les étudiants, stupéfaction lors du toujours mystérieux départ à Baden-Baden, divergences sur l'opportunité de dissoudre l'Assemblée en juin : sur ces points pourtant essentiels, les deux hommes ont vraiment du mal à trouver des solutions et des réponses communes, et tout simplement à se coordonner, voire à se comprendre. Pompidou en paiera le prix en étant finalement écarté en juin 1968, puis en ayant des relations de plus en plus distantes avec le Général. De Gaulle n'acceptait pas que son autorité puisse être contestée, en particulier dans une période de crise.

De Pompidou à Hollande, de 1969 à 2017, avec trois parenthèses pendant les cohabitations (1986-1988, 1993-1995, 1997-2002, neuf années au total), les crises restent pour l'essentiel gérées par le Président. C'est Pompidou, avec Giscard aux Finances, qui tranche dans le difficile dossier monétaire international, de 1971 à 1974. C'est Giscard qui négocie à l'international et organise la riposte face aux grands chocs pétroliers avec son ami, le chancelier allemand Helmut Schmidt. Et c'est lui qui prépare, fait directement exécuter et suit dans son bureau, sur une carte, minute par minute, en mai 1978, l'opération de sauvetage de la cité minière de Kolwezi, au Zaïre. Mitterrand s'installe au Palais, et la concentration des pouvoirs à l'Élysée apparaît encore plus clairement. Il est à la manœuvre, avec Hubert Védrine à ses côtés, pour gérer, en août 1990, la crise née de l'invasion du Koweït par Saddam Hussein et accompagner l'offensive américaine, neuf mois après avoir affronté, avec quelques difficultés et quelques ambiguïtés, l'événement historique qu'a constitué la chute du mur de Berlin. Mitterrand gère les crises à sa manière, le plus souvent solitaire, parfois brillante et toujours florentine, avec des connexions multiples, des conseillers mis en concurrence, des émissaires officieux et des éminences grises convaincues d'être les seules mises dans la confidence. Il pratique également ainsi, pendant ses douze années de règne, sur la scène intérieure. Crises politiques, comme en 1986 et 1993, après des échecs électoraux aux législatives, grands choix économiques et sociaux : Mitterrand écoute, reçoit, lit les nombreuses notes qui lui sont préparées. Mais il reste énigmatique. Un sphinx. Il sait qu'autorité rime aussi avec discrétion et secret. Avant de trancher, il peut adresser des signes, envoyer des messages subliminaux, poser des questions contradictoires. Mais quand il doit arbitrer, comme en mars 1983 pour la dernière dévaluation du XXe siècle ou, la même année, pour le tournant de la rigueur, il fait bien comprendre au Premier ministre, en l'occurrence Pierre Mauroy, et à ses visiteurs du soir, comme son ami l'industriel Jean Riboud, qu'il est le seul à avoir toutes les cartes entre les mains dans ces périodes de crise.

Chirac travaille, et gère ces crises, très différemment. Il aime travailler en équipe. Il s'emploie à interroger de nombreux amis, souvent des élus de terrain, de Corrèze et d'ailleurs. Il apprécie les réunions informelles, et il organise notamment les rendez-vous du samedi pour la relecture de ses principaux discours. Et puis, tout au long de ses deux mandats, pendant douze ans, il y a l'influence déterminante de Dominique de Villepin. Tour à tour secrétaire général de l'Élysée, de 1995 à 2002, ministre des Affaires étrangères, ministre de l'Intérieur et enfin Premier ministre, il est toujours là quand la situation est grave, quel que soit le sujet, quel que soit le degré de gravité de la crise. Avant le 14 février 2003, le jour du discours prononcé par le ministre devant le Conseil de sécurité de l'ONU expliquant le refus d'accompagner les États-Unis dans leur opération contre l'Irak, Chirac et Villepin se sont vus de nombreuses fois. Toujours sur la même longueur d'onde. Mais l'impulsion, comme toujours, est venue du Président. Tout comme à l'automne 2005, pendant les vingt et un jours de graves émeutes de banlieue. C'est dans son bureau, en présence de Villepin et Sarkozy, et avec le seul feu vert présidentiel, qu'est prise la décision de décréter l'état d'urgence et de recourir si besoin au couvre-feu. La réflexion est collective, mais la décision finale individuelle.

Dans leur manière de gérer les crises, Sarkozy et Hollande sont aussi différents que Mitterrand et Chirac. Face aux crises internes, le successeur de Chirac ne tergiverse pas. C'est, comme souvent avec lui, la théorie du rapport de forces. Il préside et gouverne tout à la fois. Ainsi que Fillon lui-même l'a expliqué sans détours, et notamment dans *Faire*, son livre à succès, le Premier ministre n'a pas vraiment les coudées franches, sauf sur des sujets relativement subalternes. Le secrétaire général de la présidence est omniprésent. Le cabinet élyséen est puissant, parfois même envahissant. Sarkozy est bien « l'hyper président » que chacun a décrit. Sur la scène internationale, qu'il s'agisse de la crise financière, de la crise géorgienne pendant qu'il préside l'Union européenne ou de l'intervention en Libye, il pilote lui-même, et jusque dans les moindres détails, les opérations. À la manœuvre, en direct, seul à trancher et à arbitrer. Il assume, il prend des risques, il négocie « à la hache », à sa manière. Quitte à être surexposé. C'est sur les dossiers de défense et les affaires militaires qu'il apparaît, à l'exception de la crise libyenne, le moins engagé, le moins déterminé, le plus prudent. À l'inverse, c'est sur ce terrain que François Hollande est le plus rapide et le plus volontariste. Les militaires le soulignent volontiers en privé. Ils apprécient le travail avec ce président, même s'ils se déclareront, à l'automne 2016, choqués par les confidences faites aux journalistes Gérard Davet et Fabrice Lhomme sur certains sujets concernant la défense, les exécutions ciblées en particulier. Autant Hollande est critiqué pour son souci permanent de la recherche de la synthèse et du consensus sur les sujets politiques, économiques et sociaux, autant ses réactions et ses arbitrages sont rapides et tranchants pendant les crises internationales, et notamment pour tout ce qui est lié au terrorisme depuis 2012. Dans ces moments tragiques, il est un président incontestable. Il décide rapidement, comme ce 11 janvier 2013 au matin pour intervenir au Mali afin de stopper l'avance des djihadistes vers la capitale, Bamako. Il réagit vite et juste après les attentats meurtriers de janvier et de novembre 2015 (voir : *Terrorisme*). En juin 2016, au lendemain de l'assassinat terroriste des deux policiers de Magnanville, « héros du quotidien » et « sentinelles de la République », il convoque dès 7 h 45 une réunion de crise et prend sans tarder les dispositions attendues par les forces de l'ordre. Et le 14 Juillet, peu avant 23 heures, quelques minutes après le début de la tragédie terroriste de Nice, alors qu'il se trouve au Festival d'Avignon, il est informé du drame. Aussitôt rentré à Paris, il rejoint à 1 h 30 la cellule de crise au ministère de l'Intérieur. En pleine nuit, à 3 h 47 précises, il prononce une allocution grave et solennelle. Et dans les jours qui suivent, il est présent sur tous les fronts : quatre conseils de défense et de sécurité réunis en moins d'une semaine dans le Salon Vert ; un Conseil des ministres extraordinaire ; un aller-retour à Nice, où il rend visite le 15 juillet aux blessés et aux familles des victimes du camion fou qui a déboulé le 14 juillet à 22 h 33 sur la Promenade des Anglais ; un séminaire gouvernemental sur la sécurité ; une participation symbolique à la minute de silence au milieu des responsables de la police et de la gendarmerie, place Beauvau, le 18 juillet à midi ; l'annonce d'une réunion hebdomadaire sur la sécurité durant tout l'été. Douze jours plus tard, la barbarie djihadiste frappe encore, à Saint-Étienne-du-Rouvray, en Seine-Maritime, cette fois. Dès qu'il apprend ce nouveau drame, la mort d'un prêtre de quatre-vingt-six ans sauvagement égorgé, Hollande se rend sur place. Puis, de retour à Paris, il reçoit l'archevêque de Rouen avant de prononcer une allocution télévisée de trois minutes, à 20 heures. « Tuer un prêtre, c'est profaner la République », déclare-t-il. Le lendemain matin, avant un nouveau conseil de Défense, les responsables de la Conférence des représentants des cultes rencontrent le Président, qui assistera à la messe célébrée à Notre-Dame, où il retrouve la plupart des dirigeants politiques et deux anciens présidents, Giscard et Sarkozy. Un rare moment de concorde nationale, alors que la polémique politique fait rage sur les moyens et les résultats de la lutte antiterroriste.

De la même manière, sur le terrain diplomatique, c'est avec promptitude qu'il réagit dans les heures qui suivent le Brexit, le 23 juin 2016 (voir : *Europe*). Loin du François Hollande qui semble souvent temporiser sur des dossiers intérieurs. Loin de ce président qui, après des heures de confusion et d'atermoiements, finit, le 22 juin en fin de matinée, par lever l'interdiction de la manifestation syndicale prévue le lendemain contre la loi Travail, en échange d'un tracé choisi par le ministère de l'Intérieur. Dans les crises, il y a le Hollande martial dans l'action extérieure et la gestion des attentats, et le Hollande hésitant sur le terrain intérieur. Deux façons, bien différentes, de gérer les crises.

Durant ses premiers mois à l'Élysée, le président Macron n'a pas été confronté à une crise majeure, terroriste, militaire ou sociale. Mais on devine aisément quelle méthode choisirait le nouveau chef de l'État. Une intervention solennelle, comme il l'a fait pour commenter le retrait américain de la COP 21 ; une grande réserve dans ses déplacements « *in situ* », sur le lieu de la crise ; et une gestion « jupitérienne », verticale, en lien direct avec Matignon.

C'est aujourd'hui une évidence : la dimension présidentielle se mesure dans ces périodes aiguës, sur le fil, où le pays s'inquiète et se mobilise, où l'avenir est en cause, où, parfois, comme dans la crise algérienne sous de Gaulle, comme dans la crise terroriste sous Hollande, l'histoire peut basculer. Aujourd'hui, à l'heure de l'« uberisation » du terrorisme, avec ces « loups » plus ou moins solitaires, et cette menace permanente des attentats djihadistes, la réaction, le sang-froid, le jugement, la solidité des hôtes de l'Élysée sont et seront des éléments déterminants. Au quotidien, au jour le jour, le Palais vit désormais au rythme de ces crises.

Cuisines

Dans *De Gaulle à Colombey*, documentaire radiophonique de Sébastian Danchin et François Jenny réalisé en 1990, Charlotte Marchal, employée de maison à La Boisserie, témoignait : « Le Général disait qu'à l'Élysée, quand les plats arrivaient, ils n'étaient plus chauds. Ici au moins, on mangeait chaud ! » Au Palais, la faute en revient à ce couloir souterrain de près de cent mètres de long séparant les cuisines, installées au sous-sol côté ouest, des appartements du chef de l'État, situés à l'opposé, dans l'aile est[1]. Inconvénient majeur auquel Georges Pompidou remédie en faisant aménager une cuisine dans les appartements privés. Les plats y sont tenus au chaud et certains préparés à la dernière minute. Mais c'est au cœur de la cuisine centrale que se décide et s'élabore ce qui finira dans l'assiette présidentielle.

Les cuisines de l'Élysée : cinq cents mètres carrés en sous-sol, reliés au Salon Napoléon III par un passe, qui permet le service des déjeuners et dîners officiels à la seconde près, à température voulue, et dans une présentation impeccable quel que soit le nombre de convives. Cette cuisine centrale a été installée sous le mandat de Vincent Auriol, lequel descendait volontiers boire un verre avec le chef après un dîner officiel réussi, une fois le dernier invité parti. Du Président et

1. Le chef pâtissier Francis Loiget raconte que, dans ce couloir maudit, où il fallait circuler au pas de course pour que les plats arrivent au moins tièdes, au risque de glissades et de collisions, un maître d'hôtel dérapa et revint aux cuisines veste, chemise et pantalon crépis par les quenelles de brochet sauce Nantua qu'attendait le Général...

ses invités aux collaborateurs immédiats, les cuisines préparent ainsi 95 000 repas par an, du déjeuner de travail au dîner d'État. Vingt-cinq cuisiniers, pâtissiers et plongeurs travaillent sous la houlette du chef et de son adjoint, dans un décor étincelant de casseroles, marmites, moules, braisières, sautoirs, plats, tous en cuivre, datant pour la plupart de 1845 et 1860. Ils sont étamés une à deux fois par an et briqués avec le plus grand soin. Les cuisines sont nettoyées tous les jours de fond en comble. Hormis le pain, tout ce qui se mange à l'Élysée est fait à l'Élysée, à partir de produits livrés chaque matin par les fournisseurs en légumes, fruits, boucherie, volailles, poissons, fromages, qui traitent directement avec l'intendant du Palais et le chef des cuisines. Il n'y a pas, comme à Buckingham, de fournisseurs exclusifs. La soumission aux marchés publics est de règle, sous contrôle de la Cour des comptes depuis 2008. Le rapport de la Cour sur la restauration à l'Élysée jugeait excessif le coût de 6,7 millions d'euros pour l'année 2009.

Aux cuisines, le patron... c'est le chef. Depuis novembre 2013, Guillaume Gomez, Meilleur Ouvrier de France. De célèbres toques ont dirigé les cuisines du Palais : Roland Pelois sous de Gaulle, Marcel Le Servot avec Pompidou et Giscard, puis Joël Normand avant Bernard Vaussion, prédécesseur de Guillaume Gomez. Mais le maître de maison, s'il ne commande pas en cuisine, y est néanmoins chez lui. Tous les présidents, de Vincent Auriol à Nicolas Sarkozy, ont rendu visite au moins une fois à leurs cuisiniers. François Hollande débarque aux cuisines le lendemain même de sa prise de fonctions, à 9 h 30 ! Même le général de Gaulle, dont le chef pâtissier Francis Loiget dira : « J'eus le sentiment de me trouver en présence d'une des statues de l'île de Pâques. » Tous sauf François Mitterrand. C'est pourtant sous sa présidence, en 1987, que les cuisines furent entièrement refaites. En quatorze ans de présence à l'Élysée, Mitterrand fut en revanche souvent critique envers les cuisines, auxquelles il n'adressa jamais de compliments, comme il est d'usage à la suite d'un dîner d'État spécialement réussi[1]. L'explication tient sans doute au fait que, pendant plusieurs années, la cuisine centrale ne s'occupa plus du service privé du Président. Un cuisinier particulier – entre 1988 et 1990 une cuisinière[2] –, parfois secondé par une diététicienne, travaillait dans la cuisine des appartements privés relookée par Philippe Starck, sans autre contact avec la cuisine centrale qu'une solide et réciproque hostilité[3]. C'est Danielle Mitterrand qui

1. Joël Normand, alors adjoint de Marcel Le Servot, reçut son diplôme de Meilleur Ouvrier de France dans le grand amphithéâtre de la Sorbonne des mains du président de la République, François Mitterrand, qui le complimenta :

— Toutes mes félicitations. Pour qui travaillez-vous ?

— Mais... pour vous, monsieur le Président. Aux cuisines de l'Élysée.

2. Cet épisode de la cuisinière privée de Mitterrand a fait l'objet en 2012 du film de Christian Vincent, *Les Saveurs du Palais*. Catherine Frot interprétait Danièle Mazet-Delpeuch, la cuisinière appelée à l'Élysée pour le service du Président, lequel était joué – on goûtera l'ironie – par Jean d'Ormesson.

3. Cette cuisine installée dans la partie privée de l'aile est du Palais sous la présidence de Georges Pompidou permet au chef de l'État de ne plus manger froid, comme à son époque le général de Gaulle... Elle dépend de la cuisine centrale, et c'est le chef lui-même qui y officie la plupart du temps pour servir le Président. Retenons aussi que la cuisine centrale ne s'occupe pas des repas du personnel de l'Élysée, qui dispose d'un restaurant d'entreprise, plus connu sous le nom de mess, situé rue de l'Élysée.

mit fin à ce système en 1992. C'est elle aussi qui vint aux cuisines, le jour où elle quitta l'Élysée, adresser à Joël Normand et son équipe les remerciements qu'ils n'espéraient plus.

Joël Normand, chef des cuisines de l'Élysée jusqu'en 2004, y est entré comme commis en 1965 ; l'ancien chef pâtissier Francis Loiget y est arrivé dans les mêmes conditions en 1962 ; Bernard Vaussion a découvert les cuisines du Palais en 1974 et a, comme le veut la tradition, cédé sa place à son adjoint, Guillaume Gomez, quarante ans plus tard. Ils ont tous publié leurs souvenirs et dressé le palmarès des présidents qu'ils ont eu le plus de plaisir à servir. En tête, au moment où le couple Macron s'installe à l'Élysée : Georges Pompidou et Jacques Chirac. Quant à la Première dame qu'ils ont élue comme leur préférée – et de loin : Bernadette Chirac.

Et maintenant, à table. Que mange-t-on à l'Élysée ? (Voir : *Menus*.)

Dame (Première)

Sous la monarchie, on appelait « Dames de France » les filles du roi. Accolée au qualificatif « Première », l'expression désignait le personnage féminin que l'ordre protocolaire distinguait en premier, qui pouvait être la reine, la régente, ou la fille aînée du roi. L'expression « Première dame » appliquée à l'épouse – ou, depuis 2012, à la compagne du Président – est moins une tradition héritée de l'Ancien Régime que la traduction littérale de *First Lady*, appellation chère aux Américains, elle-même importée des usages de la Vieille Europe. Mais le plus cocasse est que l'expression française fait pour la première fois son apparition... dans la presse américaine ! C'était en 1935, à l'occasion de la traversée inaugurale du paquebot *Normandie*, dont la marraine n'était autre que Marguerite Lebrun, l'épouse du président Albert Lebrun. Accompagnée de sa fille et de sa belle-fille, Marguerite Lebrun effectua le voyage jusqu'à New York, et fut reçue par le président Roosevelt et sa femme. C'est à cette occasion que les journaux américains accueillirent, en français dans le texte, la « Première dame » de France. L'expression refleurit après-guerre pour celle qui succéda à Marguerite Lebrun à l'Élysée, Michelle Auriol, lors de divers reportages photographiques sur celle qui modernisa considérablement le Palais, et s'y révéla une excellente maîtresse de maison. Quasiment aucune trace, en revanche, de « Première dame » pour Germaine Coty ou Yvonne de Gaulle. On disait « Madame Coty », « Madame de Gaulle », et affectueusement « Tante Yvonne » pour cette dernière. On trouve rarement la mention « Première dame » appliquée à Claude Pompidou, peu également à Anne-Aymone Giscard d'Estaing, et pratiquement jamais à Danielle Mitterrand. Il faut attendre Bernadette Chirac, et plus particulièrement la parution de son livre d'entretiens avec Patrick de Carolis en 2001, pour que l'expression réapparaisse et soit de plus en plus utilisée. C'est incontestablement Carla Bruni-Sarkozy qui a été, jusqu'en 2017 et l'arrivée de Brigitte Macron, le plus souvent désignée sous l'expression « Première dame ». Le cas de Valérie Trierweiler est à part. Après de nombreuses circonvolutions qui l'ont vue refuser le titre tout en le revendiquant, il lui a été attribué par souci de simplification, sans que les liens du mariage se soient révélés nécessaires. Différent encore est le cas de Julie Gayet, compagne discrète qui préfère son rôle d'actrice, de productrice et de « dame de cœur » à celui de Première dame. À l'Élysée, le commandement militaire a veillé toutefois sur sa sécurité, comme il le fait pour la famille de chaque président.

En France, jusqu'à l'été 2017 et la charte rendue publique par l'Élysée pour Brigitte Macron, la fonction de Première dame n'était régie par aucun texte (voir : *Macron Brigitte*). En dehors des obligations protocolaires, qui consistent à accompagner le Président dans ses déplacements officiels, notamment à l'étranger, et à accueillir les hôtes du Palais lors des dîners d'État, son rôle est laissé à sa propre appréciation. C'est prioritairement vers les œuvres à caractère social que se tournent donc les Premières dames. Sous la IIIe République, les actions généreuses de Cécile Carnot ou Henriette Poincaré sont restées dans les mémoires. La IVe République se souvient de Michelle Auriol, qui créa un service social dont le premier contributeur – pour la somme d'un million – fut le Président lui-même. Mais c'est Germaine Coty, qui paya de sa vie son inlassable activité en faveur des familles défavorisées, dont le souvenir est aujourd'hui encore le plus présent. Le nom de Germaine Coty est le seul parmi ceux des Premières dames à avoir été donné à autant d'écoles, de crèches ou de maisons de retraite. La première des Premières dames à créer une fondation est Élise Thiers (la Fondation Thiers pour les étudiants de France a été reconnue d'utilité publique en 1893). La plupart des Premières dames de la Ve République ont créé une fondation[1].

Anne-Aymone Giscard d'Estaing fut la première à être appelée par son prénom publiquement, par son mari, lors des vœux télévisés du 31 décembre 1975 (le général de Gaulle ou Georges Pompidou, en public, disaient « ma femme »). Elle est aussi la première à participer à la communication politique du Président, suivant en cela le modèle Kennedy, cher à Giscard. On a vu que ce rôle s'était depuis considérablement étoffé, passant de la communication politique à la politique tout court. Les initiatives de Danielle Mitterrand dans ce domaine ne furent pas toujours du goût du Président (voir : *Mitterrand Danielle*). Mais l'un des exemples les plus marquants reste celui de Cécilia Sarkozy. Présentée officiellement comme « représentante du président de la République française », elle joua un rôle déterminant en 2007 dans la libération des infirmières bulgares prisonnières du régime de Kadhafi (voir : *Sarkozy Cécilia*). Plusieurs parlementaires réclamèrent à cette occasion que soit élaboré un statut pour l'épouse du chef de l'État, fixant notamment les moyens dont elle bénéficiait au Palais et dans sa mission de représentation. La demande sera réitérée plusieurs fois depuis. En vain, jusqu'à l'été 2017.

La charte, dont les détails sont rendus publics le 21 août, un peu plus de cent jours après l'installation du couple Macron au Palais, permet pour la première

1. La Fondation Anne-de-Gaulle, qui œuvre pour les personnes handicapées mentales, a été créée en 1945, bien antérieurement à l'arrivée de Mme de Gaulle à l'Élysée en janvier 1959. Cette fondation est aujourd'hui présidée par la petite-fille du Général, Anne de Laroullière.

fois de faire la transparence sur les activités de la Première dame et sur les moyens dont elle dispose. Assurer la représentation de la France aux côtés du Président ; répondre aux sollicitations des Français et des personnalités qui souhaitent la rencontrer ; superviser les manifestations et les réceptions officielles au Palais ; soutenir, par son parrainage ou sa présence, des manifestations à caractère caritatif, culturel ou social qui participent au rayonnement international de la France : telles sont les prérogatives de Brigitte Macron. Bien entendu, cette charte ne concerne que le mandat de son mari, et n'engage donc en rien les successeurs. Elle précise également le cadre financier de ces activités : ni rémunération ni frais de représentation ; des coûts de fonctionnement rendus publics chaque année par la Cour des comptes dans un rapport détaillé et spécifique ; une mise à disposition, dans le cadre du budget élyséen, de collaborateurs intégrés au cabinet présidentiel. Au total, environ quatre cent quarante mille euros par an. C'est le règne de la transparence. Ainsi Brigitte Macron dispose-t-elle de deux conseillers, un directeur et un chef de cabinet, et d'un secrétariat. Et chaque mois, les Français connaîtront le détail de son agenda. Au Palais, après des décennies de secrets et d'opacité, c'est une petite révolution. Avec une telle charte, Danielle Mitterrand n'aurait pu jouer le moindre rôle en matière de politique étrangère. Bernadette Chirac aurait dû renoncer à certaines activités politiques, voire politiciennes. Et Cécilia ne serait pas allée à Tripoli jouer les intermédiaires dans la délicate affaire des infirmières bulgares.

Sur le plan logistique, la Première dame dispose d'un bureau situé au rez-de-chaussée de l'aile est et desservi par le « couloir Madame ». Elle y reçoit un volumineux courrier. C'est ainsi qu'un article du code de procédure pénale autorise les détenus à écrire à l'épouse du président de la République sous pli cacheté, comme c'est le cas lorsqu'ils s'adressent à certaines autorités politiques et judiciaires, sans contrôle de l'administration pénitentiaire.

Décompression

Les grandes interviews télévisées des présidents sont des moments d'une rare intensité. Elles sont, depuis Valéry Giscard d'Estaing, généralement suivies d'une rencontre informelle entre le Président, son entourage, les journalistes-interviewers et les dirigeants des médias concernés, qui suivent l'émission dans un salon adjacent, le Jardin d'Hiver, le Salon Murat ou le Salon Pompadour lorsque l'enregistrement ou le direct ont lieu dans une autre pièce du Palais.

Le climat est très variable. Détendu, lorsque l'interview n'a donné lieu à aucun incident. Crispé, quand les questions des journalistes ont été jugées trop pointues, ou trop agressives, par le chef de l'État ou ses conseillers.

Valéry Giscard d'Estaing faisait un tour rapide, dix à quinze minutes en général, avant de s'éclipser. François Mitterrand, l'humeur vagabonde, restait quelques minutes ou, parfois, un long moment, parlant de tout sauf de l'interview, le plus souvent d'histoire et de littérature. Il lui arrivait aussi d'en profiter pour faire visiter les lieux, y compris une partie des appartements privés, aux personnalités présentes. Jacques Chirac, accompagné de sa fille Claude, plus rarement de Bernadette, serrait quelques mains et, se méfiant beaucoup des journalistes, restait près de ses conseillers, faisant honneur à un buffet très « corrézien ».

Avec Nicolas Sarkozy, l'ambiance est à la fois plus directe, souvent musclée, parfois très libre. Au début de son mandat, le Président lâche souvent quelques commentaires acides sur les membres de son gouvernement ou sur ses collaborateurs. Le 20 septembre 2007, quelques minutes après la fin de l'interview accordée à Arlette Chabot et PPDA pour France 2 et TF1, il salue, mi-ironique mi-agacé, d'un tonitruant « Ah, voilà l'homme le plus puissant de France ! » l'arrivée au cocktail post-émission de Claude Guéant. L'intéressé devient écarlate. Le matin même, *Le Point* avait fait sensation en mettant à la une, avec ce titre provocateur, le nouveau secrétaire général de l'Élysée. Le 12 juillet 2010, à l'issue de l'entretien qu'il accorde à David Pujadas pour France 2 en pleine tourmente sur l'affaire Woerth-Bettencourt, il se montre très satisfait, pensant réellement avoir désamorcé les critiques qui montent de toutes parts sur le bouclier fiscal et le traitement privilégié accordé aux grandes fortunes. Souriant et affable, rejoint par Carla qui parle de son prochain album, il raconte ses soirées passées à regarder avec sa femme la série historique *Rome*. Pour Sarkozy, l'exercice de l'interview télévisée est un combat. Sorti du ring, il a besoin, lui aussi, de décompresser.

Situation différente pour son successeur. François Hollande s'était engagé à ne donner aucune interview au Palais. Il ne pourra tenir longtemps cette promesse, pour des raisons de sécurité et de commodité. Mais il donnera quelques interviews à l'extérieur de l'Élysée. Avec lui, il s'agit davantage de décontraction que de décompression. Il aime tellement parler aux journalistes qu'il passe de très longs moments avec eux à l'issue de ces émissions. Anecdotes, récits de rencontres internationales, souvenirs marquants, humour décapant : dans ces circonstances, Hollande est à son meilleur. Drôle, fin, percutant.

Défilé

Dans la tradition républicaine, le Président est associé de près à l'organisation, à la conception, et même, parfois, au déroulement du défilé du 14 Juillet. Il lui arrive d'en superviser les détails, de choisir certaines unités, d'inviter telle ou telle armée étrangère pour des raisons diplomatiques ou historiques particulières. Sa fonction de chef des armées l'y autorise, et l'y incite.

C'est sous le président Jules Grévy, en 1880, que le premier défilé est organisé. Il a lieu sur l'hippodrome de Longchamp, devant une foule de trois cent mille personnes, et ne rejoindra les Champs-Élysées qu'en 1919, pour une cérémonie en hommage aux disparus de la Grande Guerre, en présence d'un millier de Gueules cassées. En 1945, le général de Gaulle choisit l'itinéraire, très populaire, de la Nation à la Bastille. À partir de 1946, et jusqu'en 1973, le défilé reste sur les Champs-Élysées. VGE, dès qu'il est élu, choisit de le déplacer. À deux reprises entre Bastille et République, en 1974 et 1979. Une fois sur le cours de Vincennes, en 1975. Une autre fois devant l'École militaire, en 1977. En 1989, c'est le grand défilé-spectacle monté par le réalisateur et publicitaire Jean-Paul Goude pour le bicentenaire de la Révolution. Et, en 2007, à l'arrivée de Nicolas Sarkozy, un défilé très européen avec des détachements de toutes les armées des pays membres de l'Union. François Hollande apportera lui aussi sa patte, notamment pour commémorer la Grande Guerre : en 2014, pour le centenaire, on entendra, à la demande personnelle du Président-chef des armées, la célèbre *Madelon* ; et en 2016, des unités australiennes et néo-zélandaises, ainsi que des combattants maoris viendront rappeler la participation de ces troupes à la bataille de la Somme. Dans cette période dominée par les attentats terroristes, le défilé fournira également l'occasion de rendre hommage au RAID, au GIGN, à la BRI et, bien sûr, aux militaires de l'opération Sentinelle et, au Mali, de l'opération Serval. L'événement, pour le premier défilé d'Emmanuel Macron, le 14 juillet 2017, c'est la présence de Trump à l'occasion de la commémoration de l'entrée des États-Unis dans la Première Guerre, en 1917. Vieux blindés de 14-18, détachement interarmées de cent cinquante soldats américains, défilé aérien de Rafale français et de F16 américains unis contre Daesh : autant de symboles qui frappent les esprits. Avec, en prime, une étonnante parade des drapeaux français et américains et une prestation très réussie de l'orchestre de la Garde républicaine : émouvant lorsqu'il interprète l'hymne de la ville de Nice en hommage aux victimes de l'attentat du 14 juillet 2016, surprenant quand il joue un « medley » de Daft Punk. À l'issue du défilé, le président Macron prononce une courte allocution au pied de la tribune officielle.

Il souligne devant Trump la force des relations franco-américaines avant de s'adresser tout particulièrement aux pupilles de la nation. Cette intervention en forme d'adresse au pays constitue la principale innovation de ce défilé à dimension internationale.

Depuis 1880, le défilé du 14 Juillet est un événement national, consensuel et politique. Pas de débat partisan, peu de polémiques. Tout juste, au début de la campagne présidentielle pour 2012, quelques jours d'embrasement médiatique après les déclarations d'Éva Joly. La candidate écologiste avait en effet proposé de remplacer le défilé traditionnel par une cérémonie citoyenne, avec des écoliers et des seniors à la place des militaires. Tollé général dans toute la classe politique. Le débat n'ira pas plus loin. Éva Joly revient très vite sur le contenu et le sens de ses propos. L'affaire aura duré quelques heures. Le temps de vérifier, à travers les réactions quasi unanimes, la solidité de cette tradition républicaine.

Déjeuners et dîners

À l'Élysée, le dîner d'État s'est d'abord appelé « grand dîner », puis « dîner de gala ». Le protocole a subi des modifications au fil du temps – aujourd'hui seuls les chefs d'État et leurs épouses font leur entrée « en cortège » lorsque les invités ont pris place –, les quinze plats servis sous la IIIe République ne sont plus qu'un souvenir, mais demeure l'immuable : les menus imprimés sur beau papier ; la musique, interprétée par l'orchestre à cordes de la garde républicaine installée sur la scène du petit théâtre de la Salle des Fêtes ; le ballet impeccable des maîtres d'hôtel et des sommeliers, emmenés par l'intendant du Palais ; la disposition des tables, modifiée par François Hollande dans un souci de proximité et de convivialité. Désormais, l'installation des tables ne se fait plus en U, mais en épi, et la table du Président est dressée au fond de la Salle des Fêtes, dos au buffet d'eau. Exception notable : la tradition de la table en U est conservée si l'hôte d'honneur est la reine d'Angleterre.

Dans l'histoire élyséenne, certains dîners d'État occupent une place à part (voir : *Elizabeth II* et *Menus*). Pendant le quinquennat de Hollande, une quinzaine de ces grands événements ont été organisés, soit trois à quatre par an.

Dîners d'État et dîners privés. Avant 1958, leur rythme dépend de la personnalité des présidents. Assez rares sous le Général, de plus en plus fréquents pour ses successeurs. Chacun son style. Pour Charles et Yvonne de Gaulle, quelques rares dîners familiaux avec leur fils Philippe, sa femme Henriette, leur fille Élisabeth et son mari Alain de Boissieu. Et, lorsqu'ils sont au Palais le week-end, les « déjeuners du samedi » élargis à la famille, les « déjeuners de neveux », que le Général sélectionne soigneusement. Et les déjeuners du dimanche, suivis parfois de séances de cinéma (voir : *Cinéma*). La légende et la réalité ne font qu'une : le Général payait de sa poche ces repas familiaux. Avec le couple Pompidou, ce sont surtout des artistes et des amis qui se rendent, assez fréquemment, dans le Salon Paulin (voir : *Artistes*). Pour Valéry Giscard d'Estaing et Anne-Aymone : la famille, leurs quatre enfants notamment, et quelques amis triés sur le volet, comme les Poniatowski et les d'Ornano. De 1981 à 1995, sous les deux septennats de Mitterrand, c'est souvent l'improvisation qui domine. L'intendance doit s'adapter en permanence. Parfois, au tout dernier moment. Et avec des menus très particuliers, le Président raffolant notamment des fruits de mer. À l'arrivée de Jacques et Bernadette Chirac, le climat change assez radicalement. Beaucoup d'amis, ceux du couple présidentiel et ceux de Claude. Mais dans un cadre très organisé par la Première dame, pointilleuse et perfectionniste sur le protocole, les menus, les vins... et la bière Corona, jamais loin du Président. Des dîners chaleureux (voir : *Perron*). Pour les grandes occasions, comme les anniversaires, il n'y a que les vrais amis. Et leurs enfants qui dînent à côté d'eux. Lorsqu'il est invité, Patrick Sébastien fait parfois venir des artistes que l'on voit dans son « Grand Cabaret », sur France 2. Chez les Sarkozy, c'est plutôt Coca-Cola et fromage blanc. Après le mariage avec Carla, les dîners amicaux ont lieu le plus souvent au domicile parisien de sa femme ou, le week-end, entre le printemps et l'automne, au pavillon de La Lanterne.

Avec Hollande, des repas légers, très conviviaux, assez fréquents, avec les amis. Et une ambiance très bon enfant. Hollande, qui dîne souvent au Palais, multiplie aussi les déjeuners thématiques. Avec des lycéens venant d'obtenir la mention Très Bien au bac. Avec des experts économiques, des acteurs culturels, des historiens. Fin août 2012, il reçoit à sa table une douzaine de grands patrons. À l'automne, c'est un déjeuner consacré au mariage homosexuel, avec notamment le pédopsychiatre Marcel Rufo. Puis s'enchaînent des repas avec des sociologues, des chercheurs, des écrivains et des éditeurs avant le Salon du livre de 2014, des artistes, des stars du numérique, de jeunes députés socialistes, des Français anonymes, des économistes, des philosophes. Et, parfois, une curiosité. Ainsi, le 26 mars 2015, avant la dernière ligne droite qui précède l'Euro de football en France, quelques grands noms du journalisme sportif spécialisés dans le ballon rond : Jacques Vendroux, Eugène Saccomano, Christian Ollivier, Didier Roustan, Pascal Praud, Grégoire Margotton ou Jean Rességuié. François Hollande affectionne ces contacts directs et informels. Dans un autre registre, à la fois amical et historique, il y a ce dîner du 8 janvier 2016 pour honorer la mémoire de François Mitterrand, disparu vingt ans plus tôt. Une cinquantaine de convives, dont Mazarine, Fabius, Védrine, Lang, le couple Badinter. Seule absence, sans surprise : Anne Pingeot, toujours discrète. Une photo de famille immortalisera ce moment. Peu de moments particuliers durant les premiers mois du couple Macron à l'Élysée. Quelques déjeuners et dîners avec des proches, beaucoup de repas rapides avec les équipes rapprochées de l'Élysée et du gouvernement. Et un déjeuner très remarqué en décembre 2017 avec Barack Obama à l'occasion d'un passage à Paris de l'ancien président américain, puis un autre avec le leader turc Erdogan en janvier 2018.

Pour ces repas privés, le protocole est à peu près le même que pour les déjeuners ou dîners officiels. Linge de prestige, couverts en argent, assiettes en porcelaine, bouquets au centre de la table. Quatre verres par personne. Et la distance réglementaire entre les convives, soixante à soixante-dix centimètres en fonction du nombre d'invités. La routine.

Dans l'histoire du Palais, il y a aussi les repas privés organisés à l'extérieur. Et, bien sûr, les fameux dîners chez les Français du couple Giscard à partir de 1975. Une fois par mois au début, le mardi. En France ou chez des Français de l'étranger pendant des voyages officiels, comme en Iran, en URSS, au Sénégal ou au Maroc. Dans *Le Pouvoir et la Vie*, VGE y consacre un long passage mélancolique. Et se souvient de ces dîners. Le premier à Paris, chez un artisan encadreur. Puis les Yvelines, Tours, un sergent de sapeurs-pompiers à Paris, un garde champêtre dans l'Eure, un éducateur à Orléans, des agriculteurs dans le Morbihan... « Chacune de ces rencontres valait la peine d'être vécue », note Giscard, répondant, avec le recul, aux nombreuses critiques qui, à cette époque, soulignaient le caractère artificiel de ces dîners. Pour tous les présidents, sortir du Palais est pourtant un impératif. Mais aucun n'a repris l'idée giscardienne.

Départs

Le départ de l'Élysée est toujours un moment particulier. Depuis 1958, seuls les adieux de François Mitterrand et de Jacques Chirac se sont déroulés dans un climat à peu près dépassionné. Le premier président socialiste de la Cinquième quitte le Palais à bout de forces, soulagé, conscient que la fin est proche. L'ancien maire de Paris, lui, part fatigué, pressé par son entourage de se reposer mais, comme il l'écrit dans ses *Mémoires*, peu satisfait, et pour le moins inquiet, de voir Nicolas Sarkozy lui succéder.

En 1969, l'ambiance est en revanche électrique. Le général de Gaulle ne fera pas d'adieux. En quittant l'Élysée pour Colombey, le vendredi 25 avril, deux jours avant le référendum fatal, il sait déjà qu'il ne reviendra pas dans ce palais qu'il n'a jamais aimé. Les conditions de ce départ, semblable à celui de Napoléon Ier (voir : *Argent [Salon d']*) ont une vraie signification historique. À 13 h 15 ce vendredi, avant de franchir la porte de Marigny, le Général qui, lorsqu'il partait pour Colombey, avait l'habitude d'adresser un simple signe au commandant militaire du Palais, le colonel Laurent, fait arrêter sa voiture et, par la vitre baissée, serre la main du colonel. Très ému, ce dernier confiera plus tard qu'il avait compris à cet instant que le Général quittait pour toujours l'Élysée. Quelques heures plus tard, de Gaulle est à Colombey et dit à Charlotte Marchal, la gouvernante : « Cette fois-ci, nous rentrons définitivement. » C'est par un simple communiqué, dans la nuit du 27 au 28 avril, qu'il annoncera sa démission.

Les adieux et le départ les plus surprenants et les plus commentés aujourd'hui encore sont ceux de Valéry Giscard d'Estaing. À la télévision d'abord le 19 mai 1981, neuf jours après sa défaite face à François Mitterrand. Dans *Le Pouvoir et la Vie*, l'ancien président raconte dans le détail cette ultime intervention. Un décor « simple et presque anonyme », la pendule fétiche de son grand-père sur le bureau, un maquillage léger sur le visage et sur les mains, et des instructions que le réalisateur doit suivre « à la lettre ». « Lorsque j'aurai terminé mon texte, j'attendrai un instant avant de dire au revoir en regardant la caméra, c'est-à-dire les téléspectateurs, puis je me lèverai et me dirigerai vers la porte. Je sortirai et fermerai la porte derrière moi. Pendant ce temps, quelques secondes tout au plus, j'aimerais que la caméra me suive, sans changer de plan, jusqu'à ce que la porte soit refermée. » Tout juste, quelques années plus tard, Giscard s'interroge-t-il sur « le court ballet du départ ». En réalité, dans l'ambiance du moment, l'opinion ne relève que cette mise en scène quelque peu surréaliste. Personne ne retient son souhait « que la Providence veille sur la France ». Oubliées également la défense et illustration de son bilan. L'image de la chaise vide restera durablement. Dans le Jardin d'Hiver du Palais, ce 19 mai après-midi, les rares collaborateurs présents sont surpris. Ils découvrent le déroulement, la mise en scène, de cette dernière allocution pendant l'enregistrement. C'est tout seul que Giscard a choisi de partir ainsi, en dramatisant ses adieux. Le lendemain, après la passation de pouvoirs, il salue la garde républicaine et décide de quitter l'Élysée à pied, avant de rejoindre son fils Henri, au volant de la voiture qui le raccompagne à son domicile parisien de la rue Bénouville, dans le 16e arrondissement. Rue du Faubourg-Saint-Honoré, devant le Palais, des militants socialistes le sifflent. Ces adieux, inédits sous la Ve République, se terminent aussi mal qu'ils ont commencé. *Vae victis.* Malheur aux vaincus.

En mai 2012, Nicolas Sarkozy réussit plutôt son départ. Même ses adversaires le reconnaissent. Sa campagne, inspirée par son conseiller Patrick Buisson, a été vivement critiquée, y compris, en privé, dans son propre camp. Mais dès le soir de sa défaite, le 6 mai, le vaincu se « présidentialise ». « Jamais je ne pourrai vous rendre ce que vous m'avez donné », lance-t-il devant ses partisans, réunis à la Mutualité. Deux jours plus tard, la cérémonie du 8 mai, avec les deux présidents, le battu et le vainqueur, est empreinte d'une grande dignité. Même ambiance avec son gouvernement le lendemain 9 mai (voir : *Conseil des ministres*). Et le 11, dans le Jardin d'Hiver, devant ses collaborateurs qui viennent de lui offrir une lettre autographe de Barbey d'Aurevilly, il « interdit l'amertume ». « Avec de la tristesse, on peut faire de très belles choses », ajoute-t-il. Sous les verrières du Palais, il y a de la nostalgie chez ses conseillers. Quatre jours plus tard, le successeur prend possession des lieux. Pour François Hollande, les adieux et le départ se déroulent en plusieurs temps. Il y a d'abord, le 1er décembre 2016, cinq mois avant le terme du mandat, le désormais fameux discours de renoncement à la candidature. Il y a ensuite, le 31 décembre, les derniers vœux du quinquennat. Il y aura enfin le vrai départ, le 14 mai 2017, le jour de l'installation d'Emmanuel Macron. Bref, une longue séquence, près de cent soixante jours. Totalement inédit dans l'histoire du Palais.

Deschanel (Paul)

Le 17 janvier 1920, le cortège présidentiel parti de Versailles entre à l'Élysée. Paul Deschanel, qui vient d'être élu à soixante-cinq ans président de la République, est applaudi par les badauds qui se pressent sur son passage. Il se penche vers le préfet qui l'accompagne : « Ce peuple m'acclame et je ne suis pas digne de lui. »

À quoi fait-il allusion ? Au fait que c'est Clemenceau qui aurait dû entrer à l'Élysée, si l'hostilité d'Aristide Briand n'avait empêché le Tigre d'être élu ? Ou veut-il signifier de façon détournée qu'il se sait fatigué, malade même, sujet à de terribles crises d'angoisse et d'excitation ?

Le fils du professeur Émile Deschanel est né à Bruxelles, où son père avait été exilé en 1851 en raison de ses convictions républicaines. Victor Hugo, un ami de son père, est son parrain. À vingt ans, Paul est déjà titulaire d'une licence ès lettres et d'une licence en droit. Son brio, sa culture comme son esprit font merveille dans les salons. Intellectuel brillant, il est l'auteur de plusieurs essais sur le fonctionnement et les structures de la République.

À l'Élysée, Paul Deschanel est imprévisible. Tour à tour d'humeur enjouée ou maussade, rieur ou colérique, tapant rageusement du pied ou se livrant à d'interminables embrassades, et toujours en proie à l'abattement dès que surgit la moindre contrariété. Le Président souffre d'une maladie mentale sérieuse qui s'exprime par des crises de plus en plus aiguës. Parce qu'il s'agit du président de la République, on fait semblant à l'Élysée de ne s'apercevoir de rien, et aucune information sur l'état de santé du premier personnage de l'État ne franchit les murs du Palais. Le secret est bien gardé et, triste corollaire, aucun médecin n'est appelé en consultation. Quel traitement, au demeurant, aurait pu être envisagé, quand on sait que le lot commun des malades mentaux était à cette époque l'enfermement dans un asile d'aliénés ? Seule l'infinie patience de l'épouse de Paul Deschanel, Camille, permet de contenir quelques débordements et d'apaiser la situation. Mais il lui est impossible de se trouver en permanence aux côtés de son mari. Le couple a trois enfants, vivant tous à l'Élysée, et le plus jeune, Louis-Paul, n'a que onze ans. Deschanel s'enferme souvent dans son bureau (aujourd'hui la bibliothèque), seul, des heures entières. On l'entend parfois donner de la voix ou rire aux éclats face à un visiteur imaginaire. Les documents officiels nécessitant le paraphe présidentiel reviennent avec, régulièrement, la signature « Napoléon » au bas des pages. Mais dès que son esprit est en paix, Paul Deschanel redevient un homme talentueux, épris de justice et soucieux d'ouverture, notamment dans le domaine social.

L'épisode du train qui conduit le Président à Montbrison dans la nuit du 23 au 24 mai 1920 (voir : *Pyjamas*) fait éclater la vérité. Les Français découvrent que leur président a l'esprit dérangé. Non seulement il a quitté le train en marche[1], mais à la garde-barrière qui le recueille, il lance en lui caressant le visage : « Vous êtes la Vierge Marie. » Après cet incident, Deschanel passe deux mois au château de Rambouillet, résidence présidentielle, pour se reposer. Mais un pêcheur le découvre debout et songeur au milieu d'un étang. De retour en juillet à l'Élysée, Paul Deschanel se prend pour un corbeau (voir : *Arbres*). Le 21 septembre 1920, il accepte de signer sa démission. Il n'aura passé que huit mois à l'Élysée.

1. Paul Deschanel a été victime de ce que la psychiatrie appelle « syndrome d'Elpénor », une forme particulièrement sévère de somnambulisme, qui annihile toute conscience et peut entraîner le sujet dans des situations extrêmement dangereuses.

Deuil national

Décréter un deuil national, c'est l'une des nombreuses prérogatives du président de la République. À ce jour, cinq présidents ont pris une telle décision, de Gaston Doumergue, en 1930, à François Hollande, en 2015 et 2016.

9 mars 1930. Quelques jours plus tôt, du 1er au 4 mars, des inondations meurtrières ont fait des centaines de victimes dans le Tarn-et-Garonne. À l'Élysée, Gaston Doumergue prend la mesure du drame, et de son ampleur. Pour la première fois dans l'histoire de la République, il décrète un deuil national d'une journée. Il faudra attendre quarante ans, et la mort du général de Gaulle, pour qu'une telle décision soit prise de nouveau. Le 9 novembre 1970, Georges Pompidou est président. Dès qu'il apprend la mort de l'homme du 18 Juin, dont il a été le conseiller, le directeur de cabinet puis le Premier ministre, il prend sa décision. Le deuil national est annoncé pour le 12 novembre.

Quatre ans plus tard, c'est Alain Poher, président du Sénat et président de la République par intérim, qui fait le même choix pour rendre hommage à Pompidou, disparu le 2 avril 1974. À deux reprises, le 11 janvier 1996 après la mort de François Mitterrand, et le 14 septembre 2001 après les attentats du World Trade Center, le président Chirac fera de même. Janvier 2015 : la France est frappée au cœur par les actes terroristes de *Charlie Hebdo* et de l'Hyper Cacher. François Hollande décrète un deuil national. La décision est identique au lendemain du 13 novembre de la même année. Et après la tragique soirée du 14 juillet 2016, les 16,

17 et 18 juillet sont des journées de deuil national. Ce sera la huitième fois depuis 1930.

Ces journées prennent des formes diverses en fonction des circonstances : obsèques nationales lorsqu'un président disparaît, administrations éventuellement fermées, spectacles et manifestations culturelles ou sportives annulées, drapeaux en berne, minute de silence... C'est le Président en fonction qui décide. Avec un point commun pour chacune de ces occasions, de 1930 à 2016 : favoriser le recueillement, la solidarité nationale, le souvenir et la mémoire. Et, par-delà, renforcer l'unité et la cohésion du pays. On a vu malheureusement en juillet 2016 que cela n'était pas toujours chose aisée...

Disparition

Sous la Ve République, la disparition d'un président pendant quelques heures est un événement inhabituel. Et grave, s'il intervient à un moment particulier ou à l'occasion d'une crise aiguë. Régulièrement, la chronique élyséenne fait état d'absences, plus ou moins longues, délicates à gérer. Les présidents de la Cinquième, du Général à Hollande, choisissent parfois de s'isoler ou de s'éloigner, en demandant que la sécurité et les entourages évitent de les déranger. Mais ces absences volontaires peuvent créer de sérieux problèmes. Comme ce 3 octobre 1980. Vers 18 h 30, une bombe explose devant la synagogue de la rue Copernic, à Paris. C'est le soir du shabbat. Cet attentat antisémite fait quatre morts et de nombreux blessés graves. L'émotion est considérable dans tout le pays. Le samedi, une manifestation géante réunit notamment Simone Veil et François Mitterrand. Les réactions se multiplient. Parmi elles, celle, maladroite, de Raymond Barre, pourtant connu pour la rigueur de ses déclarations. Il dénonce un attentat odieux « qui voulait frapper les israélites qui se rendaient à la synagogue, et qui a frappé des Français innocents ». Tollé général. À l'Élysée, c'est d'abord le silence. Puis une réaction trop tardive. C'est seulement le 6 octobre, trois jours après l'attentat, que VGE dénonce à la télévision « les germes lâches de l'intolérance, du terrorisme et du racisme ». Au Palais, certains collaborateurs du Président expliquent confidentiellement qu'il avait « disparu ». Peu de temps après, on apprendra par les mêmes conseillers qu'il se serait trouvé à la chasse en Alsace, donc très difficile à joindre. Plus tard, VGE démentira cette « disparition », expliquant qu'il se trouvait en réalité dans la propriété familiale du Loir-et-Cher. Sur le moment, à quelques mois de la présidentielle, son absence aura bien alimenté la polémique.

Et puis, il y a bien sûr la véritable disparition de De Gaulle en 1968. Le 29 mai, peu avant 10 heures, l'aide de camp François Flohic est informé que « le Général le demande, en uniforme, muni d'un bagage pour la campagne ». Au même moment, de Gaulle reçoit son gendre le général Alain de Boissieu : « Je pars en direction de l'Alsace. Convoquez Massu [...]. Alain, je vous interdis d'indiquer à quiconque où je me rends. [...] À partir du moment où je ne serai plus ici, les gardes républicains n'auront pas à se défendre.

On n'attaque pas un Palais vide[1]. » À 10 h 30, Flohic, informé que les hélicoptères attendent à Issy-les-Moulineaux, est dans le bureau présidentiel. « Je n'arrive plus à dormir ici, dit de Gaulle. Je vais à Colombey pour me ressaisir. Sans qu'on vous remarque, prenez des cartes allant plus à l'est de Colombey. » À 11 heures, le Général appelle Pompidou, lui demande, sans plus de précisions, d'annuler le Conseil des ministres, lui dit « À demain » et termine par un inattendu « Je vous embrasse ». Jamais de Gaulle n'avait prononcé ou écrit cette phrase pour d'autres personnes que les membres de sa famille. Preuve de la gravité du moment ? Du doute qui envahissait le Général sur l'issue des événements ? D'une forme d'adieu ? D'une volonté d'entretenir le mystère et de créer le choc ? À 11 h 20, la voiture présidentielle quitte l'Élysée par la Grille du Coq. Dans ses *Souvenirs d'outre-Gaulle*, François Flohic raconte : « Le Général s'inquiète du trajet qu'il va emprunter pour gagner l'héliport d'Issy-les-Moulineaux, ne voulant pas, dit-il, "défiler quai de Javel devant Citroën". » Ce n'est que vers 13 heures, après un arrêt à Saint-Dizier pour le ravitaillement de l'hélicoptère, et alors que l'appareil continue de voler vers l'est, que de Gaulle dévoile à Flohic la destination : Baden-Baden. C'est la résidence du général Massu, qui commande les forces françaises en Allemagne fédérale. Philippe de Gaulle rejoint son père un peu plus tard, avec sa famille. À partir de là, deux thèses s'affrontent toujours. Coup de déprime ou coup de poker ? Les

1. De Gaulle fait allusion à la manifestation prévue l'après-midi, entre la Bastille et Saint-Lazare. Dans le climat du moment, il craint que les manifestants aient l'idée de s'approcher de l'Élysée.

avis sont partagés, y compris chez les gaullistes les plus proches. Le témoignage de Massu, à qui le Général aurait lancé en arrivant « Tout est foutu », fait clairement pencher pour un départ précipité. Dans *Le Pouvoir et la Vie*, Giscard relate le récit que ce militaire baroudeur lui a fait de cette journée, plusieurs années après. « Lorsque j'ai vu arriver de Gaulle, j'ai réalisé que c'était un homme désemparé, raconte Massu. Il m'a tenu des propos confus et découragés. J'avais du mal à reconnaître son comportement habituel, et à comprendre ses intentions... Je l'ai assuré de la loyauté de l'armée... Mon sentiment est qu'il était parti pour l'exil, sans idées précises sur la suite, mais sans intention de retour. » Une version confirmée par Georges Pompidou lui-même, avec ce récit d'un entretien avec le Général. « J'eus... l'émotion d'entendre ce grand homme me dire : "Pour la première fois de ma vie, j'ai eu une défaillance. Je ne suis pas fier de moi[1]." » Et cette suite, étonnante : « J'appris par la suite que le général Alain de Boissieu, qui était allé directement sur Colombey, détenait une lettre à moi adressée et qui me confiait, en des termes que je ne connais pas, "tous les pouvoirs". C'en était le sens même si je puis difficilement en apprécier la valeur constitutionnelle. » D'autres déclarations alimentent le mystère de cette disparition : celles de son fils Philippe, de son gendre Alain de Boissieu, d'André Malraux : « Dans la nature de De Gaulle, partir c'était déconcerter l'adversaire », et les réponses, plus ambiguës, du Général lui-même aux questions d'Alain Peyrefitte. « Il fallait que je m'assure de la loyauté de nos troupes stationnées

1. Georges Pompidou, *Pour rétablir une vérité*, Flammarion, 1982.

en Allemagne... Il fallait aussi que je m'assure de moi-même... Il fallait que je prenne du champ, dit-il à Peyrefitte le 14 juin 1968. J'étais assailli par le doute, comme ça m'est arrivé plusieurs fois dans le passé... Je prévoyais de rentrer le lendemain à Paris après avoir passé une bonne nuit. Mais je n'excluais pas de m'en aller définitivement. J'aurais lancé un dernier appel et on aurait bien vu... » Bluff ou résignation ? Le témoignage récent, et émouvant, de son petit-fils Yves de Gaulle[1] ne permet pas de répondre réellement à la question. Ou plutôt, il accrédite l'idée que, ce jour-là, toutes les options, tous les scénarios, étaient possibles. « Je n'avais plus prise sur rien ; la situation était totalement bloquée, et plus aucun échelon de l'État ne m'obéissait. J'ai voulu créer un vide pour voir s'il se passerait quelque chose. Ça a marché ; le contraire aurait été possible. Dans ce cas je serais parti définitivement. Mais ça a marché et j'ai pu reprendre les affaires en main[2]. » On verra dans ces propos, comme l'a rappelé François Flohic, la confirmation que de Gaulle n'a pas oublié ce qu'il écrivait dans *Le Fil de l'épée* : « garder par devers soi quelque effet de surprise ».

Le jour même de cette disparition, de Gaulle décide en tout cas de repartir au combat. Alors que Paris est en ébullition, il quitte Massu et Baden-Baden à 16 h 30 et rejoint Colombey à 18 h 15. Il y passe la nuit, et, le lendemain 30 mai, rentre à Paris où il a convoqué un Conseil des ministres à 15 h 30. La suite est connue.

1. Yves de Gaulle, *Un autre regard sur mon grand-père Charles de Gaulle*, *op. cit.*
2. *Idem.*

Le discours à la radio, la dissolution souhaitée par Pompidou, le maintien du Premier ministre à Matignon (mais pour quelques semaines), la manifestation géante sur les Champs-Élysées, le raz de marée bleu horizon aux législatives... Au total, la disparition aura réellement duré sept heures environ. Une éternité, compte tenu de l'exceptionnelle gravité de la situation en France. Mais, à l'arrivée, rétrospectivement, et quelles que soient les vraies motivations du départ, un coup de maître. Une disparition dramatisée. Mais qui a bousculé le cours des événements. Et rebattu les cartes en sa faveur... pour un peu moins d'un an seulement. Car le Général ne se remettra jamais vraiment du printemps 1968.

Dissolution

C'est sans doute l'arme politique essentielle dont dispose le Président sous la Ve République. Au terme de l'article 12 de la Constitution, le président de la République peut, après consultation du Premier ministre et des présidents des Assemblées, prononcer la dissolution de l'Assemblée nationale. Les élections sont alors organisées, vingt jours au moins et quarante jours au plus après le décret présidentiel. Aucune autre dissolution n'est possible dans l'année qui suit ce scrutin.

Depuis 1958, trois des sept présidents ont pris cette décision : de Gaulle à deux reprises, Mitterrand également, et Chirac une fois, en 1997. Quatre succès politiques, pour le Général et pour le président socialiste.

Un grave échec, pour l'ancien maire de Paris. Et des circonstances très différentes.

En 1962, pour la première (et, jusqu'à aujourd'hui, unique) fois depuis 1958, c'est une motion de censure qui va provoquer la dissolution. Le 20 septembre, de Gaulle annonce dans une allocution radiotélévisée l'organisation d'un référendum sur l'élection du Président au suffrage universel. Moins d'un mois plus tôt, le 22 août, il a échappé à un grave attentat, au Petit-Clamart (voir : *Chauffeur*). Que serait-il arrivé si l'attentat avait réussi ? Cet événement l'a définitivement convaincu de modifier la Constitution, d'aller plus loin vers la présidentialisation du régime pour éviter tout retour au régime et au système des partis. À trois reprises, les 19 et 26 septembre, puis le 2 octobre, le sujet est longuement évoqué en Conseil des ministres. Seuls les gaullistes et les républicains indépendants de Giscard approuvent cette réforme. Déposée le 2 octobre, la motion de censure est votée trois jours plus tard, le 5. Georges Pompidou, Premier ministre, présente sa démission le 6. Le 9, l'Assemblée est dissoute. Le référendum est fixé au 28 octobre. Soixante-deux pour cent de oui. Les législatives ont lieu les 18 et 25 novembre. Elles sont un succès pour de Gaulle. Comme le seront, et plus largement encore, les élections des 23 et 30 juin 1968, après la dissolution du 30 mai.

Les deux dissolutions suivantes, le 22 mai 1981 et le 14 mai 1988, sont d'un autre type. François Mitterrand a été élu, puis réélu. Chaque fois, l'Assemblée lui est hostile. Chaque fois, il l'emporte, très largement en 1981, plus étroitement en 1988. Il s'agit alors d'opérations de cohérence politique et électorale. Les Français, là encore, l'ont suivi.

Tout autre est la décision de Jacques Chirac en 1997. Élu en 1995, le Président est en difficulté. Les grèves et les mouvements sociaux de la fin 1995 l'ont affaibli. À Matignon, Alain Juppé peine à remonter la pente de l'impopularité. Poussé par Dominique de Villepin, le Président tranche vers la mi-avril. Le gouvernement, les responsables de la majorité – Sarkozy compris, Debré étant nettement plus hésitant – sont favorables à l'opération. À l'Élysée, seuls son conseiller Jacques Pilhan, Bernadette et Claude émettent de très sérieuses réserves. Jacques Chirac annonce la dissolution le 21. Et s'explique à la télévision. « Il faut redonner la parole au peuple, afin qu'il se prononce clairement sur l'ampleur et le rythme des changements à conduire... La France a besoin d'un nouvel élan. Cet élan ne peut être donné que par l'adhésion, clairement exprimée, du peuple français. » L'opinion ne suit pas. Le 25 mai, puis le 1er juin, Lionel Jospin et sa gauche plurielle l'emportent nettement. La dissolution s'est transformée en opération boomerang. Instauré le 24 septembre 2000, le quinquennat rend désormais, sauf crise subite et majeure, les dissolutions très improbables, les élections présidentielles et législatives coïncidant. Bien sûr, l'article 12 existe toujours. Mais sauf crise politique majeure, il risque fort de rester désormais aux oubliettes.

Divorce

Depuis 1848, et l'installation au Palais du premier président, l'Élysée n'aura connu qu'un seul divorce :

celui de Cécilia et Nicolas Sarkozy[1]. Il fut juridiquement prononcé par le juge le 15 octobre 2007. Le dernier acte se joue dans le Salon Doré, le bureau présidentiel, choisi pour des raisons de confidentialité. Nicolas Sarkozy étant en déplacement le lendemain, décision est prise de retarder l'annonce officielle. Le 17 octobre, la rumeur se répand, en particulier sur le Net. Le 18, l'Élysée rend public le divorce présidentiel, mais en deux temps, les anciens époux ne parvenant pas à un accord immédiat sur le contenu du communiqué. Le premier texte fait état d'une séparation par consentement mutuel. Cécilia impose que le mot divorce figure dans un second communiqué, publié par la présidence.

Leur mariage, célébré le 23 octobre 1996, aura duré onze ans. L'annonce de ce divorce enflamme les médias et fait les grands titres de toute la presse, au grand dam de l'Élysée. Arlette Chabot, à l'époque directrice de l'information de France 2, a provoqué la colère du Président en assumant, pourtant très légitimement, le traitement de ce divorce dans le 20 heures de ce 18 octobre 2007.

Domaine réservé

De Gaulle l'a inventé. Ses successeurs l'ont conservé. Les cohabitations l'ont redessiné. Le quinquennat l'a

1. Nous faisons exception de la séparation de Joséphine et Napoléon Ier, intervenue à la fin de l'année 1809, alors que l'Empereur avait fait de l'Élysée sa résidence.

encore renforcé. Dès 1958, le domaine réservé est clair. Pour le Premier ministre du Général, Michel Debré, pour l'ensemble du gouvernement, pour l'Assemblée nationale et le Sénat aussi, de Gaulle gère en direct la politique étrangère et la défense. La nouvelle Constitution est précise. L'article 15 fait du Président le chef des armées. L'article 52 prévoit qu'il négocie et ratifie les traités. C'est lui, et lui seul, qui décide de l'emploi de la force de frappe et des essais nucléaires. Et, avec Foccart, de la politique africaine et de la Françafrique. Plus largement, c'est au Palais, et nulle part ailleurs, que se tiennent les réunions les plus importantes en matière de défense, de sécurité, de politique internationale. Personne n'ose contester, ni même réellement discuter, les décisions, les choix et les arbitrages du Général. Souvent en contradiction avec l'article 20 de la Constitution, qui stipule que c'est le gouvernement « qui détermine et conduit » la politique de la nation, cette prééminence présidentielle s'étend souvent à d'autres domaines. Les grandes lignes de la stratégie économique et sociale, la culture, la justice, le maintien de l'ordre, l'éducation... Rien d'important ne se fait sans l'aval du Général. Le reste, c'est l'intendance.

Même si, Premier ministre, il a souvent souffert de ce domaine réservé, Georges Pompidou ne le remet nullement en cause. Très marqué par les événements du printemps 1968, il va l'élargir au pilotage régulier de la politique sociale et aux relations avec les syndicats. Et il surveille, presque au quotidien, l'information télévisée, en voie de libéralisation grâce à Chaban-Delmas. Jusqu'à revenir très vite à « la voix de la France » après le remplacement de son Premier ministre. Dans la foulée de Pompidou, Giscard consolide ce domaine réservé. Comme Mitterrand après lui. VGE est très vite en conflit avec son Premier ministre sur la répartition des tâches entre l'Élysée et Matignon. Et il ouvre une brèche en acceptant l'idée d'une cohabitation en 1978. Mitterrand, avec Chirac puis Balladur, et son successeur, avec Jospin, la mettront en œuvre. De ces trois cohabitations, le domaine réservé sort à la fois conforté et redéfini. Même si, pendant les grands sommets européens et internationaux, G8 et G20, le Président et le Premier ministre sont tous les deux présents, même si le domaine réservé est parfois partagé, le chef de l'État, qu'il s'agisse de Mitterrand ou de Chirac, garde la main en période de cohabitation. Et la prééminence dans la définition de la politique étrangère, battue en brèche par Balladur dans une tribune au quotidien *Le Monde* le 30 août 1994, est vite confirmée après une vive réaction du Président.

Puis, le 24 septembre 2000, arrive le quinquennat. Comme un accélérateur, il amplifie encore la tendance. Un peu avec Chirac à partir de 2002. Mais, à Matignon, le poids de Villepin est considérable. Beaucoup avec Sarkozy. Dès son arrivée au Palais, il modifie la pratique présidentielle, gère lui-même la plupart des dossiers, jusqu'au moindre détail dans leur mise en œuvre. Le domaine réservé concerne désormais quasiment tous les sujets. Fillon, le « collaborateur », s'en plaint. Un peu en public, beaucoup en privé. Et souvent dans le bureau présidentiel. L'équilibre des institutions est profondément modifié. Le Président travaille en direct avec les ministres. Il est partout, tout le temps. Mais l'opinion désapprouve cette omniprésence. Et le fait savoir, très clairement, à chaque élection. Début 2011, à un an de la campagne présidentielle, Sarkozy change légèrement de pied, se fait plus discret. Le domaine réservé est légèrement revu à la baisse. Il reste, dans la pratique élyséenne, l'un des éléments essentiels de la Ve République. Du Général à Macron, il a sensiblement évolué en fonction du style des présidents. Après une courte période « normale », pendant laquelle il laisse une assez large autonomie à Jean-Marc Ayrault, François Hollande élargit son champ d'action et pilote en direct un nombre croissant de dossiers, bien au-delà de la défense et de la politique étrangère. Quant au président Macron, il fixe des règles du jeu précises. C'est à lui, et à lui seul, que reviennent les grands arbitrages. Clairement, le dernier mot appartient toujours, et pour longtemps, à l'Élysée.

Doré (Salon)

C'est inédit depuis... 1947 : à l'été 2016, devant l'insistance des responsables des Monuments nationaux, et malgré les difficultés que cette décision entraîne, le chef de l'État doit quitter pour plusieurs semaines le bureau présidentiel, le Salon Doré. L'état réel du lieu est tel que les travaux sont indispensables. Des travaux d'électricité, de chauffage et une remise en état d'une partie du parquet, mis à mal par des décennies de passage. François Hollande quitte donc pour un moment le Salon Doré pour le Salon des Portraits, au rez-de-chaussée du Palais. La table de travail présidentielle, ce meuble conçu au XVIIIe siècle par l'ébéniste Charles Cressent, est également transférée dans le Salon des Portraits. Un mouvement rarissime au Palais.

« Ma décision a été instinctive et immédiate. Je ne m'installerai pas dans le bureau du général de Gaulle. Ce serait pour moi un acte sacrilège. » Ainsi parle Valéry Giscard d'Estaing en 1974, lorsqu'il décide de ne pas occuper le bureau du Général, le Salon Doré. Le fondateur de la Ve République l'a choisi pour cabinet de travail à son arrivée en 1959. Georges Pompidou a suivi. Giscard choisira le Bureau d'Angle, plus petit, à l'est du Palais, comme Alain Poher pendant ses deux intérims. Avant 1959, le Salon Doré faisait partie de « l'appartement royal » aménagé sous Vincent Auriol, et avait servi de salon de réception pour les entrevues officielles sous la IIIe République. Une gravure nous montre le président Émile Loubet s'entretenant avec le roi Édouard VII en mai 1903 devant la cheminée. Le Salon Doré, utilisé comme une salle de réunion et de réception de 1974 à 1981, servira aussi de cadre à l'un des entretiens les plus étonnants que la République ait connus sous ses ors. Raymond Aron et Jean-Paul Sartre, accompagnés d'André Glucksmann, sont reçus par Valéry Giscard d'Estaing en 1979 (voir : *Intellectuels*). Giscard évoquera « les deux normaliens jumeaux, les frères ennemis » dont l'un s'impatientait en grattant les accoudoirs de son fauteuil quand l'autre prenait la parole...

Les présidents qui ont travaillé dans cette pièce ont peu modifié le décor, créé pour l'impératrice Eugénie, l'épouse de Napoléon III. Seul François Mitterrand y remplace d'abord le fauteuil Empire du Général par un fauteuil Régence, puis fait installer un mobilier contemporain créé par le *designer* Pierre Paulin. Avant de quitter le Palais, il fait transporter certains de ces meubles *design* rue Frédéric-Le-Play, dans l'appartement de fonction, proche du Champ-de-Mars, qu'il occupera jusqu'à sa mort. Et demande que le bureau Louis XV retrouve le Salon Doré pour l'arrivée de Jacques Chirac. Son successeur appréciera le geste.

Le Salon Doré occupe, au premier étage, le centre du Palais. Une tapisserie des Gobelins, un tapis de la célèbre manufacture de la Savonnerie, un lustre à cinquante-six lumières et le célèbre bureau Louis XV de Cressent ornent cette pièce historique où tous les grands dirigeants du monde ont été reçus. Le Président s'installe généralement sur le canapé, face à son hôte. Cameramen et photographes travaillent quelques instants, avant que l'huissier ne referme la porte. L'entretien peut commencer.

Ce bureau connaît tous les secrets de la Ve République. C'est le symbole du Château. Le Président y dispose de tous les équipements nécessaires, multiples téléphones, liaison directe avec les ministres et les conseillers, et, depuis Georges Pompidou, installations informatiques modernes et sophistiquées. À l'arrivée de Jacques Chirac, en mai 1995, il a fallu réparer une partie du parquet proche du secrétariat, des éléments de l'ancien ayant été endommagés par les chaussures de golf de François Mitterrand. Plus récemment, le président qui s'installe dans le Salon Doré le 15 mai 2012 en modifie l'agencement afin de le rendre plus convivial (voir : *Hollande François*). On remarque également, devant la cheminée, un broyeur prêt à détruire des documents confidentiels ou personnels. Pour le reste, peu de changements : des photos de ses quatre enfants (début 2014, après la rupture, le cliché de la soirée victorieuse du 6 mai, à Tulle, avec Valérie Trierweiler, a bien sûr disparu), celle, plus officielle, de la grande marche du 11 janvier 2015, après les attentats ; des dizaines de livres, surtout historiques, des biographies, sur quatre petites consoles ; sur les murs, des gravures représentant l'Assemblée nationale ou la Première Guerre mondiale ; des dessins de Plantu et de Cabu ; une gravure de Jaurès et sa carte d'adhérent au parti socialiste ; le premier billet de l'Euro 2016 ; une collection de petites voitures miniatures, notamment la Citroën utilisée le jour de son installation. Et sur le bureau lui-même, des dizaines de dossiers. Seuls le Président et ses assistantes en connaissent le rangement et la disposition...

Dès son arrivée, Emmanuel Macron modifie l'ordonnancement du Salon Doré. Il fait déplacer le célèbre bureau, installé depuis Charles de Gaulle devant la cheminée, pour le mettre dos à la porte-fenêtre qui donne sur le parc. C'est moins solennel, plus lumineux. Devant le bureau sont désormais disposés deux larges fauteuils. Plus chaleureux pour les visiteurs, plus simple pour les photos et les images. Un peu comme dans le bureau ovale de la Maison blanche. C'est là, dans ce décor symboliquement modifié, que sera prise la photo officielle du huitième président de la Vᵉ République (voir : *Photo officielle*). Peu à peu, dès ses premiers mois à l'Élysée, Emmanuel Macron abandonne ce bureau pour travailler dans le Salon d'Angle, occupé entre 1974 et 1981 par Valéry Giscard d'Estaing (voir : *Salon d'Angle*). Il utilise le Salon Doré pour y recevoir des personnalités officielles ou les médias. Le Salon Doré est presque redevenu un salon d'apparat.

E. N. : ces deux initiales, rappelant Eugénie et Napoléon III, sont omniprésentes dans la pièce. Elles illustrent son caractère impérial. Depuis les trois portes-fenêtres donnant sur le balcon, récemment restauré, le Président peut profiter de la vue sur le parc et le bassin, et même au-delà. Bernadette Chirac appréciait que, le soir, on pût voir « jusqu'à la flèche illuminée de la tour Eiffel ». Le 30 mai 1968, Jean d'Escrienne, aide de camp de De Gaulle, ouvre la porte-fenêtre centrale. L'homme du 18 Juin s'avance. Dans l'air doux de l'après-midi lui parvient le grondement qui monte des Champs-Élysées. Un million de personnes de la Concorde à l'Étoile. Échos de *La Marseillaise*, et ce cri répété à l'infini : « Vive de Gaulle ! » D'Escrienne : « Quel succès pour vous, mon général ! » de Gaulle hoche la tête : « S'il ne s'agissait que de moi... »

Double vie

Levons tout de suite l'ambiguïté : avec François Mitterrand, l'Élysée ne découvrait pas ce qu'était une double vie... Napoléon Ier peut être considéré comme le précurseur, avec Marie Walewska dans l'ombre (voir : *Napoléon Ier*) ; Adolphe Thiers entretenait son double foyer composé de sa femme et de la sœur de celle-ci, Félicie (voir : *Thiers Adolphe*) ; et Napoléon III était le plus imaginatif. Il avait beau résider officiellement aux Tuileries, à partir de 1865 il passait à l'Élysée son temps de repos et de réflexion... Il y rencontrait en fait sa maîtresse grâce au souterrain qu'il avait fait creuser pendant les travaux, et qui reliait un boudoir du Palais (juste à côté de la chapelle !) à l'hôtel particulier situé au numéro 18 de la rue de l'Élysée. C'est là que logeaient son amante, la belle Marie-Louise de Mercy Argenteau, et le mari de celle-ci... Plus besoin de souterrain aujourd'hui, même si la vie privée des présidents reste (en principe) un sujet tabou. La communication moderne a contraint à la transparence, et si les présidents n'hésitent plus à exposer leur famille, elle demeure relativement protégée. Les photos volées existent, mais restent assez rares. Les rumeurs sont soigneusement gérées. Les crises, comme le divorce de Nicolas Sarkozy et Cécilia ou la rupture entre François Hollande et Valérie Trierweiler, font l'objet d'une communication officielle. Le Palais tente toujours de protéger, malgré Internet et les réseaux sociaux.

La révélation de la double vie de François Mitterrand fait l'effet d'un coup de tonnerre. Après la naissance de Mazarine, le 18 décembre 1974, et surtout dès l'installation de son père à l'Élysée, les rumeurs courent les salles de rédaction. Le manuscrit-pamphlet de l'écrivain Jean-Edern Hallier, qui révèle l'existence de la fille d'Anne Pingeot et François Mitterrand, circule sous le manteau. Certaines langues se délient, y compris au Palais, malgré les consignes de secret et le black-out permanent imposé par les seuls à vraiment tout savoir, André Rousselet, François de Grossouvre, parrain de Mazarine, Michel Charasse, Élisabeth et Robert Badinter et, bien entendu, le super gendarme Christian Prouteau et ses hommes. Peu à peu, pourtant, l'information prend corps. Mais, à quelques rarissimes indiscrétions près dans les médias, l'opinion n'en sait rien. Il faut en effet être dans le secret pour saisir l'allusion habile et un tantinet perfide que glisse Valéry Giscard d'Estaing au cours du débat qui l'oppose à François Mitterrand avant le second tour de l'élection présidentielle de 1981. « Prenons l'exemple d'une ville que vous connaissez bien, lance Giscard, Clermont-Ferrand... » Mitterrand ne cille pas. Pourtant tout est dans le « que vous connaissez bien », car Clermont-Ferrand est la ville d'où est originaire la famille Pingeot, qui y est toujours solidement implantée. Anne et la petite Mazarine s'y rendent fréquemment. Giscard évoquera plus tard un petit événement prouvant qu'il connaissait la double vie de son adversaire. À la veille du second tour, le 9 mai 1981, alors qu'il faisait quelques pas dans le jardin de sa propriété de Chanonat, en Auvergne, où il était arrivé depuis peu, il voit passer à basse altitude un hélicoptère prêt à se poser non loin de là. Les services de sécurité l'informent que cet hélicoptère transporte François Mitterrand... lequel rejoint Anne et Mazarine dans la propriété de campagne de la famille Pingeot, à deux kilomètres de Chanonat... Rapprochement géographique inattendu entre le président sortant et le futur hôte de l'Élysée...

Dans ce contexte de secret, la une de *Paris Match*, le 3 novembre 1994, fait donc sensation. Il est clair aujourd'hui, au-delà des démentis, que le Président, bien entendu informé et consulté, donne un feu orange à cette publication. Les Français découvrent donc l'histoire d'une jeune femme de vingt ans et de son père président. Ils n'en sont pas réellement choqués. Dès lors, tout s'accélère. On apprend que Mitterrand a réellement une seconde famille, qui vit au 11, quai

Branly, dans le 7e arrondissement de Paris, au premier étage de ces dépendances, les anciennes écuries de Napoléon III, où logent plusieurs permanents de l'Élysée. Le Président s'y rend très fréquemment le soir, en quittant son bureau. On découvre la mère de Mazarine, une femme discrète et élégante, une conservatrice spécialiste de la sculpture du XIXe siècle, Anne Pingeot. Ils se sont connus en 1962 dans les Landes, à Hossegor, où ses parents ont une propriété. Elle n'a pas vingt ans, il en a quarante-six. Elle fête ses trente-huit ans trois jours après l'élection de François, le grand amour de sa vie. Elle est là, au second rang, presque cachée, pendant la cérémonie au Panthéon. Elle sera la première à savoir la vérité sur le cancer de son compagnon. Elle ne partage pas, loin de là, toutes les décisions présidentielles, par exemple sur l'école privée, à laquelle elle est très attachée. Elle apparaît de temps en temps sur une photo, comme ce 1er décembre 1986, à l'inauguration du musée d'Orsay, aux côtés de VGE, l'initiateur du projet, et du père de sa fille, le Président. Ou dans la propriété de Grossouvre, en 1981. On la voit à vélo, dans Paris. On la surprend souvent devant la Pyramide du Louvre dont elle surveille les travaux. On sait que cette seconde famille vit dans le secret. Des apparitions furtives à l'Élysée. Des week-ends, depuis 1982, dans le château de Souzy-la-Briche, dans l'Essonne, propriété de l'État depuis 1976 où Mazarine monte à cheval, l'une de ses passions. Des sorties nocturnes, comme ces visites de la future Pyramide du Louvre, une fierté que François veut partager avec Anne. Une présence quasi permanente pour soutenir un président qui souffre le martyre, pendant les deux dernières années.

Le 11 janvier 1996, c'est une France bienveillante, presque complice, qui suit avec émotion les obsèques de l'ancien chef de l'État. Toute la journée, la double vie du président disparu éclate au grand jour, sans hypocrisie aucune, avec naturel. Dans l'avion qui mène les proches en Charente, pour la cérémonie du cimetière de Jarnac, Anne et Danielle sont assises face à face. Les deux femmes et les trois enfants, Mazarine, Jean-Christophe et Gilbert, ne se quittent pas de la journée. Des images et des photos qui font et refont le tour du monde. Du coup, les questions embarrassantes disparaissent. Oui, l'État a pris à sa charge la double vie présidentielle, et pendant des années. Oui, la sécurité d'Anne Pingeot et de sa fille a été assurée, et financée, par les services officiels. Mais la personnalité de Mitterrand, les conditions de sa mort et l'émotion d'une très large majorité du pays font passer toutes ces questions au second plan. La France assume et accepte sans états d'âme la double vie du président disparu. En octobre 2016, au moment où l'on célèbre le centenaire de la naissance de Mitterrand, la publication de 1 218 lettres intimes de François à Anne[1] vient confirmer l'intensité de cette relation de trente-trois ans. Des lettres admirables, extraordinaires au sens littéral du terme, parfois naïves, mais superbement écrites pour la plupart. « Je voudrais t'embrasser à petites lapées. Tu es mon oiseau chaud et doux de la nuit », lui écrit-il le 28 mars 1974, en pleine campagne présidentielle. Et à quelques mois de sa mort, le 22 septembre 1995 : « Mon bonheur est de penser à toi et de t'aimer. Tu m'as toujours apporté plus. Tu as été

1. *Lettres à Anne, 1962-1995*, Gallimard, 2016.

ma chance de vie. Comment ne pas t'aimer davantage ? » Une double vie assumée. Sans précédent pour un président de la Ve République.

Les aventures sentimentales de François Hollande n'auront pas le même écho, loin s'en faut. Combien de temps aura duré ce qui peut être assimilé à une double vie ? Difficile de le déterminer avec précision. Mais depuis Mitterrand, plus de vingt ans sont passés. Les temps ont changé. Cette fois, comme avec Nicolas Sarkozy, le marivaudage présidentiel sera sévèrement sanctionné par l'opinion.

Doumer (Paul)

« Un homme n'est grand que s'il a vu la mort de près et l'a regardée en face, impassible. Tous doivent être en état de le faire, quelles que soient les circonstances, sous quelque forme que la mort se présente. » Dans *Le Livre de mes fils*, Paul Doumer interpelle la mort, comme si, de tout temps, il avait su qu'elle marquerait son destin. Quand il est élu président de la République le 13 juin 1931, il a déjà connu la terrible douleur de perdre ses cinq fils à la guerre. Quatre tués au combat, le cinquième mort de ses blessures en 1923. Né dans une modeste famille auvergnate, Paul Doumer a été député, plusieurs fois ministre – aux Finances, il a été le premier inspirateur de l'impôt sur le revenu –, gouverneur général de l'Indochine, président du Sénat. C'est un homme austère, et même grave, qui entre à l'Élysée à l'âge de soixante-quatorze ans.

Paul Doumer se lève très tôt, travaille avec une rigoureuse obstination, mange peu, ne boit que de l'eau, ne fume pas, considère les vacances comme un poison et les maladies comme évitables. Surtout il déteste les plaisanteries grivoises. « C'est déjà bien assez triste que les nécessités sexuelles existent », avoue-t-il un jour. Au Palais, il mène une vie vertueuse à peine égayée, de temps à autre, par la présence de ses trois filles et de ses onze petits-enfants. Les réceptions sont peu festives, et il ne faut pas compter sur le président du Conseil, Pierre Laval, pour y apporter une quelconque fantaisie. Teint basané, regard et moustache couleur charbon, Laval effraie à ce point l'épouse de l'ambassadeur de Grande-Bretagne au cours d'un dîner à l'Élysée qu'elle demande à Doumer : « Monsieur le Président, qui est cet étranger à côté de moi ? »

Pierre Laval, précisément, parvient à faire tenir son ministère presque un an dans un contexte économique plus que tendu. Mais à partir de février 1932 s'ouvre une nouvelle période de crises ministérielles à répétition. Paul Doumer ne les connaîtra pas. Le 6 mai de cette année, alors qu'il inaugure la vente annuelle au profit des écrivains combattants, il est assassiné par Gorguloff, un fanatique russe, fondateur du « Parti national russe fasciste démocrate et antimonarchiste ». La dépouille du Président est conduite à l'hôpital Beaujon, du nom même de celui qui fut propriétaire de l'Élysée de 1773 à 1786. Mme Doumer refuse que son mari soit inhumé au Panthéon. Il sera enterré au cimetière de Vaugirard, à Paris.

Moins d'un an plus tard, le 4 avril 1933, Blanche Doumer, âgée de soixante-treize ans, est renversée par une voiture. Elle succombe quelques heures plus tard.

La mort, encore, que Paul Doumer, qui n'aura passé que onze mois à l'Élysée, pressentait et tutoyait constamment.

Doumergue (Gaston)

On s'attendait à ce que le mathématicien Paul Painlevé devînt le treizième président de la République, mais non. Après Émile Loubet et Armand Fallières, voici à nouveau à l'Élysée un radical méridional. Le 13 juin 1924, Gaston Doumergue est élu au premier tour par le Congrès réuni à Versailles. Il a soixante et un ans, a fait carrière dans la magistrature, notamment en Algérie, a été député, sénateur, ministre (du Commerce, de l'Instruction publique, des Colonies), et occupe la présidence du Sénat depuis février 1923. Mais outre son bel accent chantant – il est fils d'un vigneron du Languedoc –, Gaston Doumergue se distingue par le fait qu'il est le premier président protestant, et par cette particularité inédite depuis Louis Napoléon, précédent locataire du Palais, en 1848 : il est célibataire. Ce qui ne signifie pas qu'aucun cœur n'occupe le sien. Il arrive presque chaque jour au Président de quitter l'Élysée de très bonne heure, entre 6 heures et 6 h 30, en évitant la Cour d'Honneur et la rue du Faubourg-Saint-Honoré, pour se rendre avenue de Wagram, chez Jeanne Gaussal, un professeur de français du lycée Jules-Ferry. Chez cette amie très chère, il prend son petit déjeuner, puis rentre au Palais afin d'être à son bureau à 8 h 30.

Est-ce le fait d'y être seul ? Gaston Doumergue n'aime pas l'Élysée. Il trouve le décor lourd, le protocole pesant, et les heures interminables. Il a pourtant le caractère enjoué, le regard vif et chaleureux, le sourire franc. En 1928, il supprime la calèche présidentielle tirée par six chevaux et fait acheter une automobile. Sa popularité en fait le « Gastounet » des Français. Son concurrent malheureux à la présidence, Paul Painlevé, lui reconnaît « de la rondeur et de la pénétration ». C'est vrai que Doumergue est habile, et même rusé. La politique, il connaît, tout autant que les limites de sa fonction. « Respectueux de la Constitution dont je dois être le gardien, je resterai toujours dans le rôle qu'elle m'assigne. Ce rôle exige que je sois au-dessus des partis, afin d'être un arbitre impartial et indiscuté », déclare-t-il le jour de son investiture. Il sera cet arbitre, alors que le pays est secoué par une crise économique sans précédent. Herriot, Painlevé, Briand, Tardieu, Laval, pour ne citer qu'eux, se succèdent à la présidence du Conseil – en 1930, un ministère Chautemps ne durera que quatre jours –, sans parvenir à assainir la situation monétaire, malgré les succès obtenus par Poincaré dans ce domaine. Les prémices de la grande crise économique de 1931, à la suite du krach boursier de Wall Street deux ans auparavant, agitent tout le septennat de Doumergue.

On peut comprendre que, dans ces conditions, « Gastounet » refuse un nouveau mandat. Mais il ne quitte pas l'Élysée... sans s'y marier. Le 1er juin 1931, dans le Salon Vert, il épouse Jeanne Gaussal devant le maire du 8e arrondissement.

Dans le même salon, Nicolas Sarkozy renouvellera l'expérience soixante-dix-sept ans plus tard.

Gaston Doumergue aura accompli la totalité de son septennat, marqué, le 24 novembre 1929, par la mort de celui qui fit tant de présidents et ne le fut jamais, Georges Clemenceau.

DVD (et cassettes)

C'est sous Jacques Chirac que la circulation de cassettes, puis de DVD, entre dans la vie quotidienne de l'Élysée. L'ancien président, grand amateur de sumo, se fait régulièrement livrer par l'ambassade de France au Japon des enregistrements des principaux combats de lutte japonaise. Jacques Chirac regarde aussi, jusqu'à plusieurs fois par semaine, de vieux westerns et des films de cape et d'épée qu'il savoure le soir et le week-end en compagnie de Bernadette. John Ford est son réalisateur favori, John Wayne son comédien préféré. Il adore les films tournés par son ami l'acteur américain Gregory Peck. Et il a vu... une vingtaine de fois *Les Sept Samouraïs*, de Kurosawa, sans doute le film japonais le plus emblématique. La Première dame lui fait également découvrir ou redécouvrir les grands films du patrimoine français, sélectionnés par son amie Agnès Vincent, journaliste, responsable des émissions jeunesse à France 3 puis conseillère au CSA, dont le mari, Jacques Deray, était l'un des grands réalisateurs français.

Nicolas Sarkozy, après son mariage avec Carla Bruni, consacre une bonne partie de ses soirées à visionner des DVD. C'est son ami le producteur Marin Karmitz qui lui organise les premières sélections.

Le Président regarde surtout ces films au domicile de sa femme et, le week-end, à l'Élysée ou à la résidence de La Lanterne, à Versailles. Il aime en parler à sa famille, à ses collaborateurs, à ses amis et aux journalistes. Il confiera un jour, lors d'un déplacement officiel, avoir visionné près de... cent cinquante films avec Carla en 2010 !

Ses choix sont très éclectiques : les classiques du cinéma américain, de Charlie Chaplin à Hitchcock, tout Almodóvar, *Le Discours d'un roi*. Il apprécie aussi les séries comme *24 heures*, *Les Tudors*, *Borgia* et, en France, *Chez Maupassant*, la série diffusée sur France 2 jusqu'en 2011. Nicolas et Carla regardent également d'anciennes émissions, « Apostrophes », par exemple. Bernard Pivot se souvient d'un coup de téléphone de félicitations très chaleureux du chef de l'État qui venait de visionner quelques entretiens avec de grands auteurs (Marguerite Duras, Albert Cohen, Soljenitsyne...) diffusés sur le service public près de vingt ans plus tôt.

François Hollande aime le cinéma et le sport. Il multiplie les projections de longs-métrages à l'Élysée (voir : *Cinéma*). Du coup, faute de temps, il regarde peu de DVD. En revanche, le phénomène du replay s'invite rapidement au Palais où nombre de conseillers, et parfois le Président lui-même, regardent désormais à l'heure qui leur convient le mieux les journaux télévisés, certaines émissions politiques et des documentaires historiques. Quant à Emmanuel Macron, il regarde peu de DVD, sauf quelques classiques du cinéma en de rares occasions.

Éclats de voix

« Quand il me cherche à l'Élysée, il crie tellement fort que tout le Palais l'entend », confiait Bernadette Chirac. Il est vrai que les cloisons sont minces et la voix cuivrée de Jacques Chirac peu faite pour le chuchotis. Si, dans le cas présent, c'est monsieur qui appelle madame, l'Élysée a aussi connu la réciproque. Germaine Coty parcourait les couloirs en claironnant : « René ? René ? Où es-tu ? » Nous avons beau être dans la première maison de France, aussi feutrée qu'on puisse l'imaginer, dans un endroit où élever la voix fait partie des raretés, il est arrivé, il arrivera encore, que se lève le vent vocal. Les raisons peuvent être d'ordre pathologique – on entendait le président Paul Deschanel pousser de bruyantes onomatopées quand il était seul dans son bureau – ou, c'est le cas le plus fréquent, l'expression d'une colère. Celles, à répétition, de Napoléon, à la fin de l'année 1809, donnent lieu à de terribles éclats. Pour tenter de dissoudre le sentiment de culpabilité qui l'envahit à l'idée de répudier Joséphine et de l'envoyer vivre à Malmaison, l'Empereur s'en prend à tout le monde. Insultes et vociférations pleuvent sur la maison, et le premier servi est toujours le grand maréchal du Palais, le général Duroc.

Les cris et hurlements qui retentissent la nuit du 13 au 14 février 1820 sont d'une autre nature. On vient de ramener à l'Élysée la duchesse de Berry, la robe ensanglantée. Elle se précipite dans sa chambre, puis parcourt les salons en hurlant « Charles ! Charles ! ». Mais Charles, le duc de Berry, a été assassiné sous ses yeux quelques heures plus tôt à l'Opéra. Rien ne semble pouvoir arrêter les cris et les larmes de la duchesse, qui, ce soir-là, coupe une natte de ses cheveux qu'elle déposera dans le cercueil de son mari.

Les murs du Palais se souviennent aussi des colères, modérées mais réelles, de l'épouse de Vincent Auriol, menaçant de briser sur-le-champ quelques vases ou potiches particulièrement hideux que le personnel de l'Élysée avait consciencieusement remis en place après que la présidente elle-même les eut fait disparaître. Dans son *Élysée au temps de Charles de Gaulle*, Claude Dulong rapporte que les « explosions » du Général se produisaient ordinairement en fin de journée. La fatigue aidant, la colère était brusque et ne durait guère. Tout était dans le style. Jupitérien si l'on veut, gaullien à coup sûr. La cause du courroux pouvait être une simple broutille aussi bien qu'une question essentielle. Dans les deux cas, la voix du Général franchissait la double porte de son bureau et un silence de plomb tombait sur l'Élysée. En janvier 1960, Jacques Soustelle s'attire la foudre en avouant à de Gaulle qu'il redoute que sa politique algérienne n'aboutisse à rien. « Et moi, Soustelle, je redoute que vous ne fassiez plus partie du gouvernement ! On ne fait pas de la politique avec des appréhensions ! » En février 1963, Alain Peyrefitte est frappé par l'ire gaullienne : « Pourquoi vous laissez-vous poser des questions par les journalistes ?! Si vous avez quelque chose à leur dire, vous les convoquez, sinon vous vous taisez ! » En février 1964, l'ambassadeur de France à Moscou, Maurice Dejean, est convoqué d'urgence à l'Élysée, après s'être fait piéger par le KGB *via* une jeune et irrésistible espionne... L'ambassadeur entre, penaud, dans le bureau du

Général, qui l'accueille par un retentissant : « Alors, Dejean, on couche ? » Ce sera le rendez-vous le plus court de l'histoire du Palais. Mai 1968. On soumet au Général l'idée d'autoriser la force publique à faire usage des armes contre les jeunes manifestants. Il s'emporte. « Je n'ai pas fait tirer sur Challe, je n'ai pas fait tirer sur Jouhaud, je n'ai pas fait tirer sur Salan, tous plus cons les uns que les autres ! Je ne ferai pas tirer sur mon petit-fils, qui, lui, n'est pas bête ! » L'aîné de ses petits-enfants, qui porte le même prénom que lui, a pourtant essuyé une belle colère au Palais, où il a été convoqué un jour de 1967. Le grand-père rappelle sans ménagement au jeune homme qu'on ne se fait pas photographier en compagnie d'un chanteur – fût-ce Johnny Hallyday – quand on s'appelle de Gaulle. Surtout si la photo se retrouve dans un journal...

Le 22 septembre 1969, Georges Pompidou reçoit son Premier ministre Jacques Chaban-Delmas au sujet de la « nouvelle société » chère au locataire de Matignon. Selon le biographe Éric Roussel, l'entrevue est orageuse. La voix rauque et un peu sourde de Pompidou résonne jusqu'aux antichambres. Le Président martèle qu'il n'y croit pas, et que les idées de Jacques Delors – à l'époque conseiller de Chaban-Delmas – ne l'impressionnent pas. Chaban, dont la voix plus haut perchée franchit mieux les cloisons, répond que, dans ces conditions, il préfère démissionner. « Vous vous débrouillerez ! Moi je reprends ma raquette de tennis ! » lance le Premier ministre.

François Mitterrand, spécialiste des réactions à froid, élève rarement la voix. On se souvient quand même au Palais de sa colère quand Jacques Delors vient lui demander une pause dans les réformes, fin novembre 1981. Certains de ses conseillers sont, en revanche, connus pour leur franc-parler et leur spontanéité. De temps en temps, on entend Michel Charasse lancer un sonore « Qu'est-ce que c'est que ces conneries ?! ». C'est entre 1986 et 1988, période de la première cohabitation, que les éclats sont les plus fréquents au Palais, mais ils viennent peu souvent du Président lui-même.

Dans la période Chirac, quelques témoins se souviennent d'obus vocaux entre le Président et Philippe Séguin – dont les colères étaient célèbres –, particulièrement après la défaite électorale qui a suivi la dissolution de 1997. Jacques Chirac lui-même ne déteste pas recourir aux coups de gueule quand la situation l'impose. Ainsi en avril-mai 2004, au moment où Jean-Louis Borloo lance son plan de cohésion sociale. Le projet Borloo, tout le monde est contre : Raffarin, les Finances, les Affaires sociales, toute la haute administration. Chirac y voit une atteinte à son autorité. Borloo en joue, accentue la pression et menace de démissionner. Le week-end des 12 et 13 juin 2004, la voix du Président recevant les principaux acteurs concernés par le projet traverse les murs... « Qu'est-ce que c'est que ce bordel ?! » attaque Chirac. « Une gueulante d'anthologie », raconte un témoin. La séquence se terminera par un tonitruant : « Jean-Louis, on les emmerde... ! » lancé au téléphone à Borloo par le Président quelques heures avant le Conseil des ministres décisif. Le chef Bernard Vaussion se souvient lui aussi, un soir qu'il avait préparé le dîner dans la cuisine des appartements privés, avoir entendu un tonitruant : « Appelez-moi le chef ! » Volontiers facétieux, Jacques Chirac avait fait mine d'être insatisfait du repas, avant d'accueillir Bernard Vaussion avec un large sourire et le féliciter pour l'osso buco particulièrement apprécié : « C'était super bon ! » Mais entre 1995 et 2005, c'est peut-être la voix du secrétaire général de l'Élysée qu'on entend le plus. Dominique de Villepin explose régulièrement lorsqu'il livre ses appréciations sur l'inefficacité des uns et la lâcheté des autres. Un langage aussi viril qu'imagé accompagne la notation, qui va de simple « connard » à « triple connard », voire « super connard ».

Dans la lignée des secrétaires généraux peu adeptes de la *mezza voce*, le Corse Xavier Musca, auprès de Nicolas Sarkozy, tenait son rang. Les engueulades qu'il distribuait généreusement au téléphone se signalaient par une intensité propre à faire s'écailler les dorures du Palais. Chez Xavier Musca, le coup de gueule n'était pas que l'expression d'une irritation. Pour lui, remonter les bretelles de quelqu'un contribuait à assainir une situation et à redonner de la perspective. Quant à Nicolas Sarkozy, si ses colères sont devenues moins éruptives au fil du temps, elles n'ont jamais disparu : en réunion avec ses collaborateurs dans le Salon Vert ; au téléphone – avec une préférence pour le portable ; dans son bureau du Salon Doré ou, l'été, dans le Salon des Portraits ; en public lors de manifestations diverses, les remises de décorations en particulier. Certains de ces éclats sont devenus célèbres. Ils ont visé à peu près tout le monde. Les membres de ses gouvernements successifs, dont François Fillon, mis en cause devant ses ministres, ou Bernard Kouchner, taillé en pièces devant témoins et, souvent, en Conseil des ministres, des dirigeants étrangers, des patrons d'entreprises publiques, et d'abord ceux de France Télévisions de 2008 à 2010, qui se sont fait publiquement agonir lors de la remise de la Légion d'honneur à Yann Arthus-Bertrand à l'Élysée, par un Nicolas Sarkozy théâtral : « Et en plus, vous n'êtes même pas foutus de diffuser le match de ce soir[1] ! » Le directeur de l'hebdomadaire *Le Point*, Franz-Olivier Giesbert, habitué des avoinées présidentielles, se souvient, dans *M. Le Président*, de celle reçue le 5 juin 2008 lors d'une réception au Palais. Sarkozy, rendu furieux par un article du *Point* intitulé « Sarko et les psys », fonce en piqué sur Giesbert : « Bravo !... Après ce sera "Sarko et les sexologues" ?! C'est ça que tu crois, que je suis fou ? Dis-le-moi ! Je suis fou ? »

Dans *Scènes de la vie quotidienne à l'Élysée*, son ancien conseiller Camille Pascal raconte avec drôlerie, et une certaine mélancolie, deux coups de gueule mémorables de Sarkozy. Un soir de novembre 2011, l'ancien président apprend qu'un plan social doit être annoncé le lendemain par Philippe Varin, le patron de PSA. Le tête-à-tête au téléphone est musclé. « Vous êtes peut-être comptable devant vos actionnaires, mais moi je suis comptable devant les Français... Vous voyez de qui je veux parler. Ces gens qui achètent vos voitures. Ou, plus exactement, qui achetaient vos voitures », lui lance Sarkozy. Le plan social sera repoussé... après la présidentielle. Cinq mois plus tard, c'est le drame de Toulouse. Quatre personnes, dont trois enfants, sont sauvagement abattues dans le collège juif Ozar Hatorah. Au cours d'une réunion, le soir, à l'Élysée, Sarkozy découvre que la même arme

1. La rencontre de foot France-Italie, dont les droits de retransmission appartenaient à TF1.

a servi pour ce quadruple meurtre et pour l'assassinat de trois militaires à Montauban quelques jours plus tôt. La colère est volcanique. « Le monde entier nous regarde, dit-il aux conseillers présents, et vous êtes là le c... posé sur vos chaises en soie. Vous savez ce que vous êtes devenus ? Des notables égoïstes et incapables. »

Le troisième épisode, qui se déroule début juillet 2009, est minutieusement raconté par les journalistes Renaud Dély et Henri Vernet[1]. Furieux que le Conseil d'État ait invalidé l'élection municipale de Corbeil-Essonnes, dont Serge Dassault est le maire, Sarkozy convoque au Palais Jean-Marc Sauvet, le vice-président de cette prestigieuse instance administrative. Et la foudre tombe sur ce grand commis de l'État au-dessus de tout soupçon, ancien secrétaire général du gouvernement, accusé par le chef de l'État d'être « un militant socialiste comme tous les juges du Conseil d'État ». Du Sarkozy pur sucre...

Plus conscient que ses prédécesseurs que le pouvoir est aussi un spectacle, Nicolas Sarkozy ne déteste pas que ses éclats de voix soient connus ou entendus. Et répétés à l'extérieur du Palais au risque d'être déformés. Une vraie méthode de gouvernement.

Retour au calme avec François Hollande. Dans les moments de forte tension, on est davantage dans l'exaspération contenue. Le secrétaire général Pierre-René Lemas déclarera même en 2013 dans une interview : « Je n'ai jamais vu François Hollande piquer une colère. » Au Palais, on se souvient cependant de deux éclats présidentiels le jour des aveux de

1. Renaud Dély et Henri Vernet, *Frères ennemis*, Calmann-Lévy, 2015.

Jérôme Cahuzac et lorsqu'il apprend avec certitude qu'Emmanuel Macron va quitter le gouvernement et lancer sa campagne. Dans ces circonstances, Hollande reste courtois. Mais il devient sec, tranchant et abrupt. Froid et distant aussi, comme Mitterrand savait l'être.

Écoutes (et enregistrements)

Il y en a de toutes sortes. Des écoutes légales, dans le cadre de la défense contre le terrorisme ou pour lutter contre le grand banditisme. Des écoutes sauvages, des écoutes orchestrées par des pays étrangers. Des écoutes officielles et des écoutes officieuses. Des écoutes fréquentes, comme sous de Gaulle, pendant la crise algérienne et l'affrontement avec l'OAS, ou exceptionnelles. Des enregistrements aussi, ceux qui permettent de travailler sur des mémoires ou ceux qui correspondent tout simplement à de l'espionnage. Au Palais, ces écoutes mettent parfois en cause le Président lui-même. Et toujours, légitimement, elles créent la polémique.

« Oh ! Marcellin, quelle Watergaffe ! » : le 5 décembre 1973, *Le Canard enchaîné* déclenche la célèbre affaire des « plombiers ». La référence, dans le titre, au scandale américain du Watergate amplifie les réactions. Évidemment embarrassé par la révélation de l'installation de micros dans les locaux de l'hebdomadaire, l'exécutif aura une réponse politique. À l'Élysée, Pompidou fait face courageusement et douloureusement à la maladie. Messmer est Premier ministre. Marcellin est ministre de l'Intérieur. C'est lui, le premier concerné, qui fera les frais d'une affaire qui ne cesse d'enfler et qui, d'une certaine manière, modifiera le jeu politique. Conseillé, et fortement influencé par Pierre Juillet et Marie-France Garaud (voir : *Éminences grises*), Georges Pompidou décide en effet de remplacer Marcellin par son protégé, un certain Jacques Chirac, qui pourra ainsi, à un poste éminemment stratégique, préparer l'échéance présidentielle prévue pour 1976 mais qui, on le sait, aura lieu au printemps 1974, après la disparition du chef de l'État. Cette affaire donnera au *Canard* l'occasion de provoquer de vrais éclats de rire avec des titres évocateurs : « Lisez *Le Canard enchaîné*, le journal le plus écouté de France » ; ou encore : « De la matraque à la charrue », lorsque Marcellin est nommé au ministère de l'Agriculture. Au printemps 1974, dès son installation au Palais, Giscard supprimera les écoutes téléphoniques. Sans doute la conséquence immédiate de cette affaire...

Vingt ans plus tard, François Mitterrand se retrouve au cœur d'une affaire d'écoutes qui, de rebondissements en rebondissements, de procès en procès, va défrayer la chronique pendant plus de deux décennies. À l'origine, une décision du chef de l'État qui, au lendemain de l'attentat de la rue des Rosiers, en août 1982, crée à l'Élysée même une cellule antiterroriste. C'est le commandant Prouteau, un ancien patron du GIGN, qui en prend la direction. Mars 1993 : le quotidien *Libération* révèle que des écoutes illégales ont été effectuées par cette cellule élyséenne trois années durant, de 1983 à 1986. De nombreuses personnalités, dont le journaliste d'investigation Edwy Plenel, l'écrivain Jean-Edern Hallier, informé de l'existence de Mazarine, l'avocat des Irlandais de Vincennes ou encore le mari de la comédienne Carole Bouquet ont été placées sur écoute. La polémique enfle. La justice est bien entendu saisie. Plusieurs proches de Mitterrand, dont Christian Prouteau, seront définitivement condamnés le 9 novembre 2005. Au fil des enquêtes, il apparaîtra que c'est bien à l'Élysée même que les décisions étaient prises, et que ce vaste dispositif était organisé. À cette date, Mitterrand est mort depuis neuf ans. Cette affaire jettera une ombre sur son bilan. Et sur son image.

1er septembre 2011. Le quotidien *Le Monde* révèle que la DCRI, la Direction centrale des renseignements intérieurs, a eu accès aux relevés téléphoniques, les « fadettes », de l'un de ses journalistes, Gérard Davet, qui enquête sur l'affaire Bettencourt. Objectif : identifier l'informateur du journaliste au cabinet de Michèle Alliot-Marie, alors garde des Sceaux. Polémique immédiate, à la hauteur de l'accusation. Claude Guéant, ministre de l'Intérieur, récuse l'existence d'écoutes... mais confirme des « repérages » sur ces communications. Sarkozy est en première ligne. Embarrassant, à sept mois de l'échéance présidentielle.

Juin 2015. Cette fois, le scandale, politique et diplomatique, est mondial. WikiLeaks, l'organisation créée par le lanceur d'alertes Julian Assange, divulgue, *via* plusieurs grands quotidiens internationaux, dont *Le Monde*, une information immédiatement relayée par tous les médias : de 2006 à 2012, parmi d'autres grands dirigeants, trois présidents français successifs ont été écoutés par la NSA, l'Agence nationale de sécurité américaine. Dans l'ordre chronologique, Chirac, Sarkozy et Hollande. Protestations, excuses, mises au point musclées : les réactions se multiplient, en France et ailleurs. La crise diplomatique n'est pas loin. Elle sera évitée, au prix d'efforts des deux côtés de l'Atlantique. L'Élysée, qui se situe à quelque trois cents mètres de l'ambassade américaine, renforce ses dispositifs de protection. Les grandes oreilles ne devront plus passer les grilles du Palais. Il n'est pas interdit d'y croire.

Au chapitre « enregistrements », on trouve d'abord le premier président de la IVe République, Vincent Auriol. Pour être le plus précis possible dans ses futurs mémoires, *Mon septennat*, il lui arrivait d'enregistrer certains entretiens avec des visiteurs. De son côté, le général de Gaulle demandait à ce que certaines de ses communications téléphoniques soient enregistrées. Des dizaines d'années plus tard, et dans un tout autre registre, voici Patrick Buisson, l'un des proches conseillers de Nicolas Sarkozy de 2007 à 2012. Ce tenant d'une droite pure et dure enregistrait avec son dictaphone certains entretiens et certaines réunions avec le chef de l'État. Après cette révélation stupéfiante, début 2014, la presse va publier quelques verbatim de ces enregistrements. Là aussi, la justice est bien sûr saisie. Personne ne pouvait jusque-là imaginer que de telles pratiques soient possibles dans l'enceinte de l'Élysée, dans le propre bureau du président de la République, à son insu. Impensable, et pourtant réel.

Elizabeth II

Parmi toutes les têtes couronnées venues en visite – le plus souvent d'État – à l'Élysée, Elizabeth II jouit d'un statut particulier, parce que la première fois remonte à mai 1948, alors que régnait son père le roi George VI, et qu'elle était la jeune duchesse d'Édimbourg. C'est le début, comme le souligne Jean des Cars, d'« un grand roman d'amour avec la France ». Cette année-là, la princesse a vingt-deux ans, elle est déjà mariée avec Philip et attend son premier enfant, Charles. C'est le président Vincent Auriol qui la reçoit à l'Élysée. Elle a sûrement en mémoire les visites effectuées au Palais par sa famille, à commencer par son père George VI, accueilli par Albert Lebrun ; son grand-père George V, reçu par Poincaré ; son arrière-grand-père Édouard VII qui scella l'Entente cordiale avec Émile Loubet ; et sans doute par son ancêtre la reine Victoria, en 1855, sous le règne de Napoléon III. L'Élysée était alors occupé par les travaux voulus par l'Empereur, et il fallut les interrompre le temps de la visite royale.

Lorsque Vincent Auriol reçoit Elizabeth en 1948 sur le perron de l'Élysée, la France est sous le charme. Dans une robe de satin brodée de roses bleues, elle adresse un petit signe de la main et offre son irrésistible sourire. Quand les Français découvrent qu'elle s'exprime parfaitement dans leur langue, ils sont totalement conquis. Ils apprennent à cette occasion que la princesse s'est engagée parmi les volontaires de l'armée britannique en 1940, et qu'elle n'a jamais quitté Londres lorsque l'aviation allemande bombardait la ville.

Quand Elizabeth revient en France, elle est devenue reine. Nous sommes en 1957, et c'est le second président de la IVe République, René Coty, qui la reçoit. L'État républicain se mobilise pour la souveraine. Paris met son habit de fête. Elle est le dernier chef d'État à être accueilli par cent un coups de canon. Le protocole de la présidence reçoit quelques consignes du palais de Buckingham. On note que la reine préfère des menus exempts de caviar, d'huîtres et de coquillages de toutes sortes. On apprend en revanche que son péché mignon est... le foie gras. Elizabeth est sensible au champagne qu'on lui sert : un pol-roger, le préféré de Churchill. Le millésime non plus n'est pas choisi au hasard : 1943. Mais la reine s'inquiète quand elle lit sur le menu « Hérisson périgourdin au nid »... On la rassure aussitôt. Ce « hérisson » est en fait une boule de foie gras piquée de truffes... Et le « nid », une brioche lardée de lamelles d'amandes. La sophistication des appellations faisait déjà des ravages !

En 1972, Georges Pompidou reconnaît avoir été impressionné par Elizabeth II. Accueillant la souveraine, le Président lui prend le bras pour l'aider à monter les marches du perron... Horreur, on ne doit pas toucher la reine ! Jacques Chirac manquera commettre le même impair trente-deux ans plus tard. Mais, en 1972, la visite d'État est marquée par une originalité : à l'Élysée, le Premier ministre britannique Edward Heath, excellent pianiste à ses heures, ne résiste pas au plaisir de jouer pour la reine et le Président une sonate de Chopin...

François Mitterrand séduit Elizabeth II par sa culture et son art de la conversation en 1992. En 1998, à l'occasion de l'inauguration à Paris de la statue de Winston Churchill, Chirac fait servir à la reine un champagne Pol Roger, cuvée Churchill 1988. Elle sera une nouvelle fois sensible à cette attention, comme elle le sera en 2004, où l'on célèbre le centenaire de l'Entente cordiale. L'Élysée compose un menu où les vins seront les mêmes que ceux servis à Édouard VII cent ans auparavant, dans des millésimes différents, naturellement. Ainsi, le « foie gras d'oie maison à la gelée de sauternes et sa brioche mousseline » est-il accompagné d'un Château d'Yquem 1990, et la « Caille farcie aux morilles fraîches » d'un Château Mouton Rothschild 1988. Le champagne est un dom-pérignon de 1995.

Le 6 juin 2014, on commémore les soixante-dix ans du Débarquement en Normandie. De Barack Obama à Vladimir Poutine en passant par Angela Merkel, les principaux chefs d'État et de gouvernement ont répondu à l'invitation de François Hollande. Ce qui ne va pas sans poser de sérieux problèmes de sécurité et de diplomatie. Fort heureusement, la journée, commencée sur les plages de Normandie, se déroule sans difficulté. Le dîner d'État qui conclut la journée est donné à l'Élysée en l'honneur de la reine Elizabeth II, qui, depuis le matin, a participé à toutes les manifestations commémoratives. Ce dîner lui est réservé, ce qui offre pour le protocole un double avantage. D'abord, Elizabeth est le seul chef d'État à avoir connu la guerre – elle avait dix-huit ans l'année du D-Day –, et accessoirement on évite ainsi d'avoir à gérer le refus d'Obama et de Poutine de dîner à la même table à l'Élysée (le déjeuner au château de Bénouville, où ils étaient séparés par Elizabeth II, François Hollande et la reine Margrethe II de Danemark semble avoir suffi). Au dîner, la reine, portant une élégante robe-fourreau assortie à sa couronne scintillante, a pu se régaler de foie gras accompagné d'un Château d'Yquem 1997 et d'agneau de Sisteron soutenu par un graves prestigieux, le Château Haut-Brion 1990. Le chef des cuisines

Guillaume Gomez l'avoue non sans un certain plaisir et une légitime fierté : « On reçoit tous les chefs d'État, mais la reine d'Angleterre, c'est différent... »

Elizabeth II a accompli à ce jour cinq visites d'État en France[1], qui ont fait l'objet d'un album-souvenir personnel que François Hollande lui a remis le 6 juin 2014. Elle a rencontré tous les présidents de la République française depuis René Coty. Naturellement, elle n'a jamais fait connaître ses préférences. Mais les observateurs et bons connaisseurs de la vie à Buckingham avancent sans hésiter que la reine admirait de Gaulle, était plus réservée vis-à-vis de Giscard, qui, à ses yeux, et selon Jean des Cars, « en a un peu rajouté dans le côté monarque républicain ». Elle lui a néanmoins offert Samba, un chien labrador. L'érudition de Mitterrand l'a séduite, mais avec Hollande, il faut parler de courant intermittent. Pourtant, en décidant que les dîners d'État se dérouleraient désormais en tenue de ville, le Président a fait une exception : pour la reine d'Angleterre, le smoking reste de rigueur pour les hommes. De même, pour les dîners d'État, la traditionnelle table en U n'a été conservée dans la Salle des Fêtes que pour la reine Elizabeth. Pour les autres chefs d'État, on installe désormais des tables rondes à huit ou dix convives. François Hollande a aussi eu une attention appréciée pour terminer la soirée du 6 juin 2014. En raccompagnant la souveraine jusqu'à sa Bentley bordeaux qui attendait dans le parc, il a offert à Elizabeth II le privilège de quitter le Palais par les jardins illuminés.

---

1. Les dîners d'État donnés lors de ces visites ont eu pour cadre Versailles, le Louvre et l'Élysée.

Élysée

Dans la mythologie, l'Élysée – on dit aussi « les Champs-Élysées » – désigne le séjour délicieux des héros, des grands hommes et des guerriers valeureux après leur mort. Virgile et Homère l'évoquent comme un paradis. La langue française ne pouvait faire moins que d'utiliser ce nom (principalement masculin, mais employé aussi au féminin) pour désigner tout lieu paradisiaque et enchanteur. Ainsi Gérard de Nerval dans ses *Promenades et souvenirs* : « Il y a là des moulins, des cabarets et des tonnelles, des élysées champêtres et des ruelles silencieuses. »

C'est la princesse Bathilde d'Orléans, duchesse de Bourbon, qui donne en 1787 le nom d'Élysée – plus exactement d'Élysée-Bourbon, sans doute pour remercier son cousin Louis XVI de le lui avoir vendu – à ce qui s'appelait jusque-là l'hôtel d'Évreux. Le nom est choisi pour évoquer la déjà célèbre promenade des Champs-Élysées toute proche. Bathilde d'Orléans sera propriétaire de l'Élysée pendant dix ans, y compris aux pires moments de la Terreur, où elle devra toutefois abandonner les lieux. Sombre croisement des destinées : Napoléon Ier, dont l'Élysée sera la demeure principale de 1809 à son abdication en 1815, fit assassiner en 1804 le propre fils de Bathilde, le duc d'Enghien.

Pour terminer sur la confusion entre l'Élysée mythologique et celui du 55, rue du Faubourg-Saint-Honoré, on méditera ce dialogue extrait de *L'Œil du Monocle*, deuxième film de la trilogie commencée avec *Le Monocle noir*, réalisé par Georges Lautner en

1961. Paul Meurisse, un des acteurs préférés du général de Gaulle (voir : *Cinéma*), y incarne un agent des services secrets français surnommé « Le Monocle » envoyé en mission en Corse. Avant l'assaut final, Meurisse lance à ses coéquipiers :

— Quoi qu'il arrive, nous nous retrouverons à l'Élysée !

— À l'Élysée ??! bredouillent les autres, impressionnés.

— Le paradis des guerriers, bien sûr, répond Meurisse, dans un demi-sourire.

En 1962, l'allusion fit mouche, et fut, paraît-il, appréciée à sa juste valeur... à l'Élysée.

Éminences grises

De Jacques Foccart à Alain Minc, sous le règne du Général ou celui de François Hollande, les conseillers du Prince occupent parfois des fonctions officielles, mais travaillent aussi à l'extérieur des cercles du pouvoir. Leur point commun, c'est une influence particulière. Selon les présidents, et selon les périodes, l'éminence grise est plus ou moins présente au Palais. Elle voit le Président, souffle des idées, accède aux dossiers les plus confidentiels, prépare dans l'ombre les remaniements, oriente les stratégies et les tactiques, suggère les principales nominations. Bref, l'éminence grise est incontournable, même si son rôle est parfois limité dans le temps. Car la disgrâce est fréquente. L'éminence grise est en permanence sur le fil du rasoir, critiquée, jalousée, surveillée.

Sous de Gaulle, ils sont trois à occuper cette place privilégiée. André Malraux, Jacques Rueff sur les dossiers économiques et financiers et, bien sûr, Jacques Foccart. Le Général, qui les consulte fréquemment, les intègre dans son dispositif. Ils n'essaieront jamais de sortir de leur rôle. Aucune ambiguïté à cet égard. « Le Général ne souhaitait pas, témoigne Pierre Lefranc, que l'on puisse dire qu'autour de lui il existait des éminences grises, et il ne voulait pas être "chambré". Il avait vu comment l'entourage de Pétain décidait préalablement de tout. »

Avec Georges Pompidou, les choses changent. Cette fois, l'expression « éminences grises » est pleinement justifiée. Pierre Juillet et Marie-France Garaud font et défont les carrières. Ils contribuent largement et activement au remplacement de Jacques Chaban-Delmas, jugé trop libéral, par le fidèle Pierre Messmer, qui ne fait aucune ombre au Président. Et ils propulsent Jacques Chirac sur le devant de la scène, organisant minutieusement son ascension. Pompidou affaibli par la maladie, Juillet et Garaud seront pendant des mois les véritables têtes de l'exécutif. Jamais éminences grises n'auront joué un tel rôle.

On revient dans la norme avec Giscard. Michel Poniatowski et Michel d'Ornano sont consultés sur tous les sujets importants. Mais ils le sont en respectant les règles, sans trop sortir de leur rôle.

Mitterrand gère différemment ces conseillers très spéciaux. Il cloisonne et met en concurrence. Et surtout, pendant ses quatorze années à l'Élysée, il passe par des phases très différentes. Ces éminences ne sont pas toujours les mêmes. Il y a celles des périodes normales et les spécialistes de la cohabitation. Et celles qui sont là en permanence, aussi discrètes qu'influentes. Parmi elles, son frère Robert, Hubert Védrine, Jacques Attali, Michel Charasse et, les dernières années, Anne Lauvergeon. Malgré son départ pour diriger Canal Plus, André Rousselet fait aussi partie de ceux qui comptent vraiment, moins nombreux cependant qu'on ne le pense généralement. Auprès de Jacques Chirac, Jérôme Monod est incontestablement le plus influent. La confiance du Président lui est définitivement acquise. Il n'en abuse pas. Il aime peser sur les choix, préparer les arbitrages. Mais il n'intervient, par exemple, que très rarement dans les médias. Au Palais, Maurice Ulrich est aussi de ces éminences grises. Comme, à l'extérieur, et quelles que soient ses fonctions pendant ces douze ans, le fidèle Jean-Louis Debré. Toujours disponible. Toujours prêt à conseiller... et à agir, ce qui lui confère un statut singulier.

À partir de 2007, le paysage a profondément changé. Ils sont nombreux à jouer ce rôle auprès de Sarkozy. Ils s'affrontent souvent, comme Henri Guaino et Claude Guéant. Ils sont à la fois dedans et dehors, comme Pierre Giacometti et Patrick Buisson, cet ancien journaliste de *Minute*, de culture maurassienne, qui ne cesse de pousser le Président à « droitiser » sa stratégie. Certains, désintéressés, le conseillent bénévolement, comme le publicitaire Jean-Michel Goudard. Et puis, il y a Alain Minc. Une boîte à idées, bonnes ou mauvaises. C'est lui qui convainc Sarkozy, pendant les fêtes de Noël 2007, d'annoncer la suppression de la publicité sur France Télévisions. Aussitôt entendu, aussitôt validé, aussitôt annoncé, à la conférence de presse du 8 janvier 2008. Sans préparation ni concertation. Dans l'improvisation. Le Premier ministre, la ministre de la Culture et de la Communication et les dirigeants du groupe public l'apprennent en direct, en même temps que les médias. L'idée n'est pas nouvelle. Elle est *a priori* séduisante, en ce qu'elle permet de renforcer encore la différence entre la télévision publique et les chaînes privées. Mais sa mise en œuvre se révèle déplorable. L'accompagnement financier est bancal, et provoque l'hostilité de Bruxelles. Et surtout, la décision, tout aussi improvisée, également soufflée par Alain Minc – qui a au moins le mérite de revendiquer et d'assumer son influence – de faire nommer les patrons de l'audiovisuel public par le Président lui-même est un énorme retour en arrière. Un peu plus tard, il se murmure au Château que le Président regrette, et comprend qu'il s'agit, comme pour le bouclier fiscal, d'une mesure boomerang. On ajoute, dans son entourage, qu'il a mesuré à cette occasion les limites et les dangers de ces éminences grises lorsqu'elles dépassent le rôle, utile, de conseiller officieux à l'écoute de l'opinion, pour devenir des acteurs, et même des décideurs. Et lorsque leurs conseils, qui devraient rester confidentiels, se retrouvent sur la place publique. S'agissant d'Alain Minc, controversé jusque dans le premier cercle sarkozyste, critiqué par les plus proches du Président, tels Claude Guéant ou Brice Hortefeux, il y a le meilleur et le pire. Le meilleur quand il analyse et décrypte la crise des dettes souveraines et ses répercussions sur la zone euro. Le pire lorsqu'il improvise, sans lucidité ni connaissance réelle du dossier, une réforme bâclée de la télévision publique. Ou quand il s'efforce de placer ses hommes et de faire jouer ses réseaux. C'est en réalité la limite institutionnelle. Car le système peut facilement se dérégler. Et le fragile équilibre des pouvoirs être remis en cause. Un gouvernement hors jeu, un Parlement simple observateur, des collaborateurs tenus à l'écart : c'est le risque que ces éminences grises font courir au Président quand elles sont trop écoutées. Ou trop peu discrètes. Avec Hollande, les éminences grises deviennent plus rares : parmi eux, Julien Dray, de plus en plus influent tout au long du quinquennat, surtout après la rupture avec Valérie Trierweiler qui ne l'appréciait pas. Mais ce turbulent et talentueux agitateur d'idées ne parviendra pas à convaincre son ami François de se représenter en 2017. Et il en sera meurtri. Il y a aussi les ministres Jean-Yves Le Drian, Bernard Cazeneuve et Stéphane Le Foll, la sénatrice Frédérique Espagnac, le communicant Robert Zarader. Mais Hollande est méfiant. Il n'accordera pas à ces éminences grises le rôle essentiel que l'on a connu en d'autres temps. Emmanuel Macron se méfie trop des phénomènes de cour pour disposer de véritables éminences grises. Il écoute attentivement les conseils de ceux qui l'ont rejoint parmi les premiers, dès le lancement d'En marche !. Le ministre de l'Intérieur Gérard Collomb, François Bayrou, le sénateur François Patriat, le patron des députés LREM Richard Ferrand et Christophe Castaner en font partie.

Pour nous en être tenus à la Ve République, on ne saurait terminer sans évoquer la plus célèbre des éminences grises que l'histoire de l'Élysée ait connue : le duc de Morny. Celui qui était le demi-frère de Louis Napoléon – ce qui n'avait pas contribué à créer de courant de sympathie entre eux au tout début – était devenu le plus indispensable de ses conseillers, au point de lui souffler, dès juillet 1851, l'idée du coup d'État. Morny supervisera, avec intelligence et minutie, l'opération qui, le 2 décembre 1851, permit à Louis Napoléon de se maintenir au pouvoir et de devenir empereur. Morny en sera récompensé par le poste de ministre de l'Intérieur, qu'il s'attribuera en quelque sorte lui-même. Le 2 décembre au matin, Morny se présente en effet au ministère et annonce au ministre Thorigny qu'il est destitué et prié de quitter les lieux. L'éminence grise a pris le pouvoir.

Émissaire

De Gaulle, Pompidou, Giscard, Mitterrand : ces quatre présidents ont tous choisi, à l'occasion d'une crise ou d'un événement particulier, de charger un émissaire, le plus souvent un proche, d'une mission confidentielle, voire secrète. Diplomatie et action extérieure, politique intérieure, vie privée, négociation sur le fil : ces émissaires touchent à tous les domaines du périmètre présidentiel. Ils sont incontournables. Leur point commun : des relations personnelles étroites avec le chef de l'État. Leur consigne : passer des messages, lancer ou relancer une négociation, éviter une crise, parler discrètement au nom du Président, écouter, argumenter. Seuls les présidents connaissent réellement le contenu, l'étendue et le détail de la mission. Ils sont seuls habilités à recueillir le compte rendu. Un maillon stratégique dans l'éventail des moyens dont dispose l'hôte de l'Élysée.

1961. De Gaulle est président de la République. Il a compris que seules l'autodétermination et l'indépendance pouvaient permettre de résoudre durablement la crise algérienne. Mais les discussions piétinent avec les négociateurs du GPRA, le Gouvernement provisoire de la République algérienne. Le Général décide de charger un émissaire de toute confiance de renouer le fil. Ce sera Georges Pompidou, alors chez Rothschild. Le futur président part à deux reprises en Suisse : le 20 février pour Lucerne, puis le 8 mars à Neuchâtel, deux lieux choisis bien sûr d'un commun accord. Le secret est absolu. Pompidou s'est grimé pour l'occasion. Il dispose « d'un faux passeport, son visage est transformé par une moustache postiche et il porte un chapeau à large bord destiné à dissimuler son profil aisément reconnaissable[1] », écrira son fils Alain. À son bureau, il a simplement signalé qu'il prenait quelques jours de vacances. Ces rencontres seront très utiles et déboucheront l'année suivante, en mars 1962, sur les accords d'Évian... et sur la décision du Général de nommer Pompidou à Matignon.

Été 1969. Quelques semaines plus tôt, de Gaulle a démissionné. Son référendum sur la décentralisation et la suppression du Sénat assez largement perdu, il a quitté ses fonctions et rejoint sa retraite de Colombey après un désormais mythique séjour en Irlande. À l'Élysée, Georges Pompidou, le successeur, a pris les rênes. On le sait (voir : *Pompidou*), ses relations avec le Général sont considérablement dégradées depuis l'affaire Marković et les événements de mai 1968. Mais le nouveau président veut reprendre le contact avec son prédécesseur. Il le sait fatigué, mélancolique, désabusé, atteint par le choix des Français, déçu par l'attitude de

1. *Claude. C'était ma mère*, *op. cit.*

nombre de gaullistes. La solution semble évidente : un émissaire doit tenter d'arrondir les angles. Le choix s'impose : Olivier Guichard. Un fidèle des deux hommes, qui a notamment accompagné de Gaulle pendant sa traversée du désert. Un homme d'État aussi, qui ne voit que l'intérêt général. Toujours loyal, jamais pris en défaut. Efficace et discret, habile et expérimenté. Attaché au gaullisme et à son héritage. Ouvert et disponible pour cette mission délicate, car il entretient avec les deux hommes des relations de confiance. Le nouveau président, Georges Pompidou, l'a nommé ministre de l'Éducation nationale dans l'équipe de Jacques Chaban-Delmas. Et le Général reste en contact avec lui. « Croyez bien que je ne vous oublie pas, non plus que tant de choses que nous avons faites ensemble depuis vingt-deux ans », lui écrira-t-il depuis sa retraite de Colombey fin décembre 1969[1]. Mais en cet été 1969, l'homme du 18 Juin est fatigué. Ses derniers efforts, il les consacre à la rédaction de ses mémoires. Il limite donc au maximum les visites à La Boisserie, les réservant à sa famille, à André Malraux ou à son éditeur, Marcel Jullian. Aucun responsable politique ne se rendra plus à Colombey, même les plus proches. Olivier Guichard le sait, qui n'aura avec lui que quelques conversations téléphoniques et surtout de nombreux contacts indirects avec des intermédiaires, notamment la famille du Général. Juste le temps de faire passer des messages élyséens, et de comprendre que de Gaulle ne reverra jamais son successeur. Mais l'émissaire aura réussi l'essentiel : éviter l'irréparable, faire en sorte que les choses restent en l'état, qu'elles

1. Olivier Guichard, *Mon Général*, Grasset, 1980.

ne s'enveniment pas. De Gaulle critiquera certains points de l'action de son ancien Premier ministre, la négociation des accords de Grenelle en mai 1968 notamment[1]. Georges Pompidou prendra lui aussi ses distances, en particulier sur le comportement et le caractère du Général[2]. Mais Olivier Guichard a fait en sorte que le conflit, potentiel, n'éclate pas au grand jour. Mission accomplie.

1978. Giscard est à l'Élysée, son ami Michel Poniatowski est ambassadeur de France et représentant personnel du chef de l'État après avoir quitté, en mars 1977, le ministère de l'Intérieur. La situation en Iran se dégrade. Depuis Neauphle-le-Château, près de Paris, l'ayatollah Khomeiny lance des attaques permanentes contre le shah. Celui-ci est combattu dans son pays et contesté à l'extérieur. Faut-il expulser Khomeiny vers un pays d'accueil qui pourrait être l'Algérie ? C'est l'idée de Giscard, qui demande que l'on prépare cette opération. Au dernier moment, le shah, évidemment consulté, émet de vives réserves, craignant les conséquences d'une telle expulsion. Mais le *statu quo* est impossible. Au Palais, le Président décide alors de charger Michel Poniatowski d'une mission confidentielle à Téhéran. L'ancien ministre aime ces opérations délicates. Il a l'expérience, le jugement, la capacité d'analyse, le goût du dialogue. C'est aussi un négociateur hors pair, qui a depuis longtemps toute la confiance de Giscard. Il se rend donc dans la capitale iranienne du 26 au 28 décembre. De retour à Paris, il adresse

1. Alain Peyrefitte, *C'était de Gaulle*, Éditions de Fallois et Fayard, 1994, 1997, 2000.

2. Georges Pompidou, *Pour rétablir une vérité*, Flammarion, 1982.

à VGE une longue note[1]. Il évoque un souverain « très digne et lucide, mais triste, fatigué et désabusé ». Au cours des entretiens survient une panne d'électricité. « Voyez, tout s'éteint, c'est un symbole », lance le shah. L'émissaire présidentiel revient pessimiste à Paris. Dans cette note, il estime que « le point de crise est très proche » et que, « l'armée mise à part, le rejet du shah est général ». On connaît la suite : le départ vers l'exil quelques semaines plus tard, le 16 janvier 1979 ; le retour triomphal de Khomeiny en Iran le 1er février suivant ; des étapes successives pour le shah et sa famille en Égypte, au Maroc, au Mexique, aux États-Unis, à Panama ; la maladie, la souffrance, et la mort au Caire, le 27 juillet 1980. L'émissaire avait vu juste. Sa mission aura permis à la France de se préparer à gérer dans les meilleures conditions un dossier international qui deviendra très vite explosif.

29 mars 1993. La veille, François Mitterrand a subi une lourde défaite électorale. Il prépare sa riposte. La droite et le centre, le RPR et l'UDF, sortent grands vainqueurs des législatives. Les socialistes sont laminés. Comme en 1986, le Président doit choisir un Premier ministre issu de la nouvelle majorité. Chirac, qui veut préparer la présidentielle de 1995 en prenant le recul nécessaire, a décidé de laisser la place à son « ami de trente ans », Édouard Balladur. Isolé dans son Palais, Mitterrand veut retrouver un peu d'espace, une marge de manœuvre minimum. Il décide de brouiller les cartes, de lancer quelques ballons d'essai auprès de personnalités comme Giscard et Barre. De manière surprenante, c'est à... Bernard Tapie qu'il

1. Valéry Giscard d'Estaing, *Le Pouvoir et la Vie*, *op. cit.*

demande de prendre contact avec Valéry Giscard d'Estaing pour le consulter sur la situation politique et évoquer avec lui une très hypothétique nomination à Matignon. Curieux émissaire et étonnante mission. VGE sait que Mitterrand ne le nommera pas Premier ministre. Mais il accepte de voir le ministre de la Ville du gouvernement sortant. Tapie se rend donc chez l'ancien président. Conversation quelque peu surréaliste. Il est davantage question des médias et de la communication politique que de la situation en ce lendemain de débâcle électorale pour la gauche. Publiquement, la rencontre reste confidentielle. Mais en coulisse, l'information circule. « Balladur et Chirac le surent, et s'en inquiétèrent. Surtout Balladur, terrifié à l'idée de perdre sa place. Tout à coup, les conditions draconiennes qu'ils avaient posées à Mitterrand pour cette nouvelle cohabitation se trouvèrent adoucies. Le vieux président acculé avait desserré l'étau », écrira Georges-Marc Benamou[1]. Grâce à cette mission, le judoka politique qu'était Mitterrand avait réussi, une fois de plus, à modifier le rapport de forces.

Au même moment, dans ces heures de bascule où se joue une étonnante partie de bras de fer, un autre émissaire présidentiel est chargé d'une mission parallèle. Hubert Védrine va rencontrer Édouard Balladur. Sa feuille de route : vérifier qu'il y aura bien un accord sur la répartition des tâches entre l'Élysée et Matignon, évaluer d'éventuelles divergences, tracer les contours de cette deuxième cohabitation. La rencontre, secrète, a lieu dans un salon privé du Plaza Athénée, le palace

1. Georges-Marc Benamou, *Dites-leur que je suis pas le diable*, Plon, 2016.

situé avenue Montaigne, à quelques encablures du Palais. Védrine est secrétaire général de l'Élysée. Il est talentueux, fidèle, loyal, expérimenté. Il connaît bien les pensées et les arrière-pensées du Président. En ce lendemain de défaite, Mitterrand lui demande donc d'appeler Nicolas Bazire, qui sera directeur de cabinet de Balladur à Matignon, pour préparer le rendez-vous organisé le jour même, en fin de matinée, entre 12 h 30 et 13 h 30. Védrine a le sens de l'État. Il va respecter à la lettre l'ordre de mission. Pendant près d'une heure, après avoir insisté sur le respect absolu des prérogatives présidentielles et l'importance des acquis sociaux à préserver, il écoute Balladur, qui est arrivé accompagné de Bazire. Le futur Premier ministre prend des engagements. Il expose sa conception de la cohabitation. Il entend appliquer à plein l'article 20 de la Constitution (« le gouvernement détermine et conduit la politique de la nation ») mais promet de respecter la fonction présidentielle avec tous ses attributs. Le rendez-vous est clair, précis, fructueux. Le partage des responsabilités entre les deux têtes de l'exécutif est acté. Quelques noms de futurs ministres sont cités, comme Alain Juppé aux Affaires étrangères. Balladur précise tout à la fois qu'il n'aura pas recours aux ordonnances, qu'il ne procédera à aucune nomination inacceptable par l'Élysée et qu'il entend maintenir la parité entre le franc et le mark allemand. Et il ajoute que, s'il souhaite participer aux conseils européens aux côtés du Président, c'est à ce dernier qu'il revient de décider si le Premier ministre doit l'accompagner dans les grands sommets internationaux. Enfin, il affirme très clairement qu'il ne sera pas candidat à la prochaine élection présidentielle... Une fois de plus, la mission secrète s'est révélée utile. Pour les présidents de la Cinquième, le rôle de ces émissaires est donc essentiel. Il leur permet de négocier sans trop apparaître, d'y voir plus clair sans prendre de risques. Bref, d'agir sans s'exposer, sans s'engager réellement et personnellement. Une carte maîtresse dans les situations délicates.

État d'urgence

Perquisitions, couvre-feu, interdictions de séjour, restriction du droit de manifester, assignations à résidence, fermetures de salles de spectacle : ce sont quelques-uns des outils que l'état d'urgence permet d'utiliser à tout moment lorsque la sécurité du pays est menacée. Depuis 2015, l'Élysée vit en état d'urgence presque permanent. Mais il y a beaucoup plus longtemps que le quotidien du Palais présidentiel est affecté par cette réalité. C'est au Château, en toutes circonstances, dans le bureau du chef de l'État puis en Conseil des ministres, que se prend une telle décision. Et le Président en assume seul la responsabilité, même si la mise en œuvre incombe au gouvernement.

C'est une loi du 3 avril 1955 qui instaure l'état d'urgence. Alors que la situation se dégrade en Algérie, il s'agit, pour le président René Coty et le gouvernement, de donner un contenu juridique à l'action politique sur le terrain et d'éviter, à l'époque, l'état de siège qui transfère l'essentiel des pouvoirs aux forces armées. Cette loi subira au fil du temps quelques adaptations.

Elle prévoira notamment que l'état d'urgence fait l'objet d'un décret, et que le Parlement doit voter son éventuelle prolongation, ce qui sera le cas dès 1955. Depuis cette date, l'état d'urgence a été instauré à huit reprises : sous la présidence Coty, de nouveau, pendant la guerre d'Algérie, le 17 mai 1958, quatre jours après le coup d'État et la création à Alger du Comité de salut public ; le 23 avril 1961, sous de Gaulle, après le putsch des généraux ; trois fois en 1984, 1986 et 1987, pendant le premier mandat de François Mitterrand, dans les DOM-TOM, plus précisément en Nouvelle-Calédonie, dans les îles de Wallis-et-Futuna et en Polynésie ; en novembre 2005, Jacques Chirac étant à l'Élysée, Dominique de Villepin à Matignon et Nicolas Sarkozy au ministère de l'Intérieur, après le déclenchement des graves émeutes en banlieue ; et, bien sûr, au lendemain du 13 novembre 2015.

Peu avant minuit, le soir des attentats sanglants du 13 novembre, la décision est prise. Dans son bureau, au premier étage du Palais, au retour du Bataclan, François Hollande est catégorique. L'état d'urgence s'impose. Il sera formellement et juridiquement acté pendant le dramatique Conseil des ministres convoqué à cet effet à minuit. Il sera prolongé à plusieurs reprises, jusqu'au 26 février 2016 d'abord, puis jusqu'au 26 mai, et, pour assurer le maximum de sécurité pendant l'Euro de football et le Tour de France, jusqu'au 26 juillet. Chacun connaît l'épisode suivant : quelques heures après que Hollande eut annoncé, dans son interview télévisée du 14 Juillet, la levée de l'état d'urgence à la fin du mois, c'est le carnage terroriste de Nice. Au milieu de la nuit (voir : *Crises*), le Président indique, parmi d'autres mesures, que l'état d'urgence est prolongé. Il le sera d'abord pour six mois, jusqu'à la fin janvier 2017, à l'aube de la campagne présidentielle puis jusqu'à l'été 2017. Le nouveau gouvernement le prolongera jusqu'au 1er novembre.

Au Palais, le terrorisme a modifié bien des habitudes. L'état d'urgence fait partie des options permanentes. Le Président doit, à tout moment, être prêt à le déclencher. Dans l'arsenal sécuritaire, c'est aujourd'hui une pièce maîtresse. Et sans doute pour longtemps.

Europe

« Bien entendu, on peut sauter sur sa chaise comme un cabri en disant "l'Europe, l'Europe, l'Europe", mais cela n'aboutit à rien et cela ne signifie rien » : ce 14 décembre 1965, entre les deux tours de la première élection présidentielle au suffrage universel, alors qu'il a été mis en ballottage, Charles de Gaulle, interviewé à la télévision par le journaliste Michel Droit, prononce ces mots qui resteront dans l'histoire de la construction européenne. Le Général est favorable à l'Europe des États et des nations, et très sourcilleux, voire intransigeant, sur tout ce qui pourrait remettre en cause l'indépendance ou la souveraineté nationale. Ses successeurs, eux aussi, prononceront plus ou moins sincèrement des discours réalistes, enflammés, électoralistes, voire démagogiques, sur l'Europe. Le palais de l'Élysée, en près de soixante ans de Ve République, s'est souvent transformé en QG européen. Aujourd'hui, l'avenir de l'Union européenne, quelques mois après le Brexit, est présent chaque jour dans la réflexion, ou l'emploi du temps, du chef de l'État.

Tous les présidents de la Cinquième y ont consacré une part importante de leur travail, de leur campagne électorale et de leur feuille de route. Au-delà des crises, des sommets, des conseils bruxellois, des rendez-vous officiels et officieux, au-delà des négociations au couteau, de ces rencontres multilatérales et bilatérales soigneusement préparées au Palais, au-delà des multiples conversations téléphoniques avec les dirigeants européens, l'Europe est un sujet de préoccupation permanent. Et depuis une quinzaine d'années, une source d'inquiétude au quotidien. Désormais, le président de la République est en même temps, par-delà les soubresauts, les crises et les affrontements diplomatiques, un dirigeant de l'Union européenne. Deux missions en une, deux ambitions parallèles, deux projets simultanés, qui s'éloignent parfois et se rejoignent souvent.

Lorsqu'il arrive à l'Élysée, le 20 juin 1969, Georges Pompidou s'efforce de relancer la dynamique européenne. Il provoque à cet effet un sommet, à La Haye, des six pays fondateurs de la Communauté. Un peu plus tard, en avril 1972, il accélère l'élargissement de l'Europe en organisant un référendum sur l'entrée de quatre pays, dont la Grande-Bretagne. Le résultat est mitigé. Certes, le oui l'emporte très largement, avec plus de 68 % des suffrages. Mais l'abstention est préoccupante : près de 40 %, le signe d'une méfiance, d'une réserve vis-à-vis des Britanniques et de Bruxelles, d'un manque d'enthousiasme pour le moins. Pompidou en sera affecté, personnellement et politiquement. En 1974, l'élection de Valéry Giscard d'Estaing marque clairement un nouveau départ pour la construction européenne. Il y a longtemps que le nouveau, et jeune, président milite activement dans ce sens. Dès son installation, et grâce à ses relations amicales, et même privilégiées, avec le chancelier allemand Helmut Schmidt (voir : *France-Allemagne*), il va multiplier les initiatives : création du Conseil européen, plus informel, plus efficace, plus souple, plus fréquent, à la place de ces sommets arides et compassés de la période précédente ; approfondissement de la coopération monétaire, avec la création du SME, le Système monétaire européen, et, à l'horizon, la monnaie commune et l'euro ; lancement des négociations sur l'élargissement de la Communauté à trois nouveaux pays, l'Espagne, le Portugal et la Grèce ; première élection du Parlement européen au suffrage universel, en juin 1979, et première présidence, prestigieuse et symbolique, d'une femme, Simone Veil, à la tête de ce Parlement. Le duo Giscard-Schmidt fonctionne parfaitement. L'Europe avance. À l'Élysée, la mobilisation est générale. Une nouvelle génération est aux manettes. Une génération europhile, polyglotte, tournée vers l'extérieur.

De 1981 à 1995, François Mitterrand fera mentir tous ceux, nombreux, qui avaient anticipé un repli ou une frilosité à l'égard de l'Europe. Progressivement, tout au long de ses quatorze années de mandat, il apparaîtra comme de plus en plus européen. Réaliste et pragmatique au début, avec un gouvernement comprenant des ministres communistes qui ne partagent pas ce même combat ; puis, avec Michel Rocard à Matignon notamment, très pro-européen. « La France est notre patrie, l'Europe est notre avenir » : c'est le credo de Mitterrand qui n'hésite pas à affronter une Margaret Thatcher pugnace, avec son fameux

« *I want my money back* ». Après la chute du mur de Berlin et le flottement diplomatique qui suivra, la dynamique européenne est relancée. Le chef de l'État, déjà affaibli (voir : *Maladie*), s'engage à fond, en septembre 1992, dans la bataille du référendum sur le traité de Maastricht. Le oui est victorieux, mais de justesse. À Bruxelles, Jacques Delors fait merveille à la tête de la Commission européenne. On parle désormais de « l'Union européenne ». Et le 17 janvier 1995, Mitterrand délivre son testament devant le Parlement de Strasbourg. Ce sera la phrase prémonitoire, « Le nationalisme, c'est la guerre », d'un président épuisé par la souffrance et ovationné par une immense majorité de députés européens. Son successeur restera sur cette ligne pro-européenne, mais avec des résultats contrastés. Bien sûr, la période de l'Appel de Cochin avec la dénonciation violente des « partisans du renoncement » et des « auxiliaires de la décadence » est oubliée. Chirac a soutenu en 1992 le « oui » à Maastricht. Durant ses deux mandats, l'élargissement se développera, en particulier à plusieurs anciens pays de l'Est. Trop rapide ? Insuffisamment préparé ? En mai 2005, c'est le grave échec du référendum sur la nouvelle Constitution européenne. Chirac sait qu'il a mal géré cette campagne. Sa popularité est en berne. Ce « non » sera un vrai coup d'arrêt. Un tel choc politique, aussi, qu'il provoquera le remplacement de Raffarin par Villepin à Matignon. À l'Élysée, on broie du noir...

De 2007 à 2017, dix ans durant, l'Europe ira de crise en crise. Au Palais, on gère au jour le jour, on colmate les brèches. Les sherpas sont à la manœuvre jour et nuit. Sous Sarkozy, c'est la crise financière de 2008, puis, en août de la même année, sous la présidence française, la crise géorgienne. Sarkozy monte en ligne, à sa manière. Omniprésent, sur le terrain comme dans les médias. Virevoltant, actif, parfois brouillon. Sa relation avec Angela Merkel s'est renforcée au fil du quinquennat, au point d'accréditer l'idée d'une Europe totalement dominée par un duo « Merkozy » qui dirigerait l'Union à la baguette.

Hollande, lui aussi, est fidèle à son style sur le dossier européen. À la recherche du consensus et du compromis, veillant à rassembler plutôt qu'à diviser. Volontariste, à l'image de son mentor Jacques Delors, déterminé, mais discret dans ses initiatives. Crise financière grecque, qu'il contribue activement à régler pendant l'été 2015 ; crise terroriste, bien sûr ; crise migratoire ; crise politique, avec la montée des nationalismes europhobes ; crise diplomatique, avec le vote du Brexit en juin 2016 puis, dans la foulée, le remplacement de David Cameron par Theresa May, reçue pour la première fois au Palais le 21 juillet 2016, et l'arrivée au ministère des Affaires étrangères d'un Boris Johnson turbulent, impulsif, incontrôlable, provocateur, parfois franchement vulgaire, toujours imprévisible : à chacune de ces occasions, Hollande recherche d'abord la cohésion de l'Union et la priorité donnée au lien franco-allemand. Pendant sa campagne et durant les premiers mois de son mandat, Emmanuel Macron fait de la relance européenne l'une de ses priorités internationales. Contacts presque permanents avec Angela Merkel, même pendant la campagne électorale outre-Rhin, déplacements dans de nombreuses capitales, coups de téléphone quasi quotidiens, suivi attentif des négociations sur la mise en œuvre du Brexit, réforme de la directive sur les travailleurs détachés, grands discours à la Sorbonne puis à Athènes sur l'avenir de l'Union : il est à peu près sur tous les fronts et veut, en particulier, passer sous les 3 % de déficit budgétaire pour respecter ses engagements de campagne, resserrer les liens diplomatiques, avancer sur la défense européenne, dynamiser la croissance et l'emploi, combattre le dumping social et la concurrence déloyale. Un vrai défi.

Depuis plus d'une vingtaine d'années maintenant, l'Europe fait du surplace. Pire, pour nombre d'observateurs et de diplomates, elle recule. Pour Emmanuel Macron comme pour ses prédécesseurs, le dossier européen figure en bonne place parmi les urgences absolues.

Fallières (Armand)

Belle allure radicale, élégante barbe blanche, embonpoint rassurant, accent du Sud-Ouest, regard pétillant d'intelligence et d'ironie. Clemenceau, grand faiseur de présidents, sait parfaitement qu'Armand Fallières, soixante-cinq ans, qui préside le Sénat depuis 1899, qui a été de nombreuses fois ministre, qui est anticlérical juste ce qu'il faut, dont la carrière et le physique font très IIIe République, plaira aux Français. On parle du nouveau président en disant affectueusement « le père Fallières ». Quand il s'installe à l'Élysée en janvier 1906, il prononce un discours où il démontre qu'il a tout compris du fonctionnement des institutions et de son rôle. « Je vous dirai toujours franchement mon sentiment, dût-il vous déplaire. Vous trouverez en moi un conseiller sincère, un ami sûr, et à l'occasion un critique, mais il n'y aura pas, à l'encontre de celle du gouvernement, une politique de l'Élysée. »

Au Palais, Armand Fallières travaille déjà sur le bureau XVIIIe de l'ébéniste Cressent, qui sera celui du général de Gaulle. La bonhomie du Président cache une connaissance aiguë des dossiers, en particulier dans le domaine international. À partir de la chute du ministère Clemenceau, à l'été 1909, il répète à ses visiteurs qu'il faut se préparer à une guerre. Fallières adore cette diabolique invention qu'est l'automobile. On le conduit à Versailles et à Maisons-Laffitte dans un véhicule fonçant à 40 kilomètres à l'heure ! Mais il ne déteste pas la promenade à pied. On le voit parfois sortir du Palais par la Grille du Coq et faire quelques pas sur les Champs-Élysées. La sécurité n'étant pas son souci, le Président est un jour agressé par un jeune royaliste qui... lui tire la barbe ! Malgré l'humour dont il sait faire preuve, Armand Fallières prend mal l'affront et fait condamner le tireur de barbe à la prison. Un journaliste s'en offusque dans *Le Midi socialiste* : « Quelle condamnation pour un geste aussi banal, alors que ni l'honneur du grand Armand, ni sa barbe n'ont souffert ! » Ce journaliste s'appelle... Vincent Auriol !

Au Palais, la vie de la famille Fallières est paisible, mais il faut recevoir. Bals et mondanités se succèdent. Le Président possédant un vignoble dans sa propriété de Loupillon, la table de l'Élysée est approvisionnée par ce qui « est loin d'être un nectar, à peine un vin », si l'on en croit Clemenceau. Près de Mézin, dans le

Lot-et-Garonne, la propriété familiale de Loupillon est véritablement le centre de gravité des Fallières. Jeanne, l'épouse du Président, a demandé à la cuisinière de quitter Loupillon et de venir au Palais remplacer le chef des cuisines. Jeanne Fallières ne laisse rien perdre. Économe au plus haut point, soucieuse de l'argent public, elle fait revendre les fruits envoyés au Palais par les serres du jardin du Luxembourg, et de temps en temps les cigares destinés au Président. Mme Fallières recommande également de ne pas repasser les plats dans les dîners semi-officiels, mais il est des invités devant lesquels elle sait faire preuve de générosité, à sa façon, franche et sans détour. Au roi Édouard VII, qui semble apprécier les spécialités culinaires françaises, elle y va de ses encouragements : « Prenez, prenez, sire, ils en ont encore à la cuisine ! »

En 2011, Claude, la fille de Jacques Chirac, épouse Frédéric Salat-Baroux, qui fut secrétaire général de l'Élysée. Sait-on que la fille d'Armand Fallières en a fait autant ? En 1908, Alice Fallières rencontre au cours d'un bal au Palais son futur mari, qui répond au nom de Lannes, et qui est secrétaire général de la présidence. Les journaux satiriques saluent l'événement à leur manière : « Le président, sa fille et Lannes » ou encore : « À l'Élysée, on fait tout un foin de ce mariage. »

Armand Fallières accomplit la totalité de son septennat mais refuse d'en attaquer un deuxième. Il se retire sur ses terres viticoles de Loupillon. Jusqu'au bout il sera un président pétri d'humour, y compris face à son successeur qui en est totalement dépourvu. Faisant visiter le Palais à Raymond Poincaré, il s'arrête devant la baignoire des appartements privés et lance : « J'espère que vous aurez autant de chance que nous. Nous ne nous en sommes jamais servis. Mme Fallières et moi n'avons pas été malades un seul jour en sept ans ! »

Faure (Félix)

« Président de la République, moi ? Jamais ! » On parle toujours trop vite. Félix Faure n'opposera aucune résistance à son élection, le 17 janvier 1895. Il a cinquante-quatre ans. D'origine modeste – il est le fils d'un fabricant de fauteuils du faubourg Saint-Denis –, Faure est d'abord apprenti tanneur à Amboise avant de créer un petit commerce de peausserie au Havre, qui deviendra en 1880 la Société Félix Faure et Cie, cuirs en tous genres. Comme beaucoup de notables, la politique le tente. Il est élu député en 1881, dans les rangs de la droite modérée.

Pour se rendre à l'Élysée en ce jour de janvier 1895, Félix Faure choisit... la marche à pied. La distance kilométrique n'est certes pas telle qu'il faille parler d'exploit, puisque le nouveau président était depuis plusieurs mois déjà ministre de la Marine. Il quitte donc son ministère place de la Concorde et, par la rue du Faubourg-Saint-Honoré, accomplit à pied les quelques centaines de mètres qui séparent l'hôtel de la Marine du palais présidentiel. Sur son passage, de bienveillantes acclamations finissent de dissiper les craintes et scrupules qui l'ont agité à l'idée d'occuper la magistrature suprême. Ça tombe bien. L'Élysée, il va adorer.

D'emblée, Faure fait connaître son ferme point de vue sur la fonction. Elle doit s'accompagner d'un certain éclat, et même d'un éclat certain, semblable à celui qui entourait les souverains de jadis. À défaut de pouvoir s'installer à Versailles, le Président entend faire de l'Élysée un palais à part entière, où le personnage le plus important après lui est désormais le chef du protocole. Avec une infinie délicatesse, ce dernier s'en va annoncer à Mme Félix Faure que « dans toute manifestation officielle, elle est priée de marcher à plusieurs pas en arrière du Président. Pour la position assise, son siège sera également disposé en retrait du fauteuil présidentiel ». L'Élysée devient la maison de tous les fastes. En octobre 1896, Félix Faure offre un somptueux dîner de cent vingt couverts en l'honneur du tsar Nicolas II et de la tsarine Alexandra en visite à Paris. Le président de la République se fait servir en premier. À la grande princesse Vladimir qui manque de s'en étrangler, on fait remarquer que « c'est l'usage à la cour de France ».

On peut dire de Félix Faure, bel homme à la moustache suavement lissée, portant guêtres blanches et habit d'un bout à l'autre de la journée, qu'il n'avait d'autre souci que de paraître et d'entretenir sa propre légende, celle de l'humble ouvrier parvenu au sommet. Douter de ses capacités de chef d'État et s'élever contre son intelligence médiocre, Clemenceau s'en est chargé par quelques sentences féroces, dont la dernière servit de conclusion nécrologique : « Dans le néant où il retourne, Félix Faure va se sentir chez lui. »

Sa mort, justement. Faure est le seul président de la République à avoir rendu son dernier soupir à l'Élysée, dans des circonstances qui restent confuses plus de cent dix ans après les faits. Le 16 février 1899, Félix Faure déroge à ses habitudes. Se sentant « les jambes molles », il renonce à monter à cheval, comme il le fait chaque matin. Mais à 17 heures, il se rend dans le Salon d'Argent pour « s'entretenir » avec Mme Marguerite Steinheil, qu'il reçoit régulièrement au Palais, et toujours entre 17 et 19 heures. On a apporté une bouteille de vouvray, et le Président en boit un verre pour accompagner l'étrange médecine qu'il avale consciencieusement, une préparation virilisante qui lui permet de soutenir sans faiblir la conversation avec sa visiteuse. Au bout d'une vingtaine de minutes, un cri de femme s'échappe du salon. Le secrétaire accouru découvre sur le canapé le Président agonisant, et Mme Steinheil, en partie dévêtue, à ses pieds. Une version des faits non vérifiée mais terriblement réaliste nous précise que la main du Président était crispée dans la chevelure de Mme Steinheil, et qu'il fallut une paire de ciseaux pour dégager la malheureuse. Quoi qu'il en soit, on évacue Marguerite, qui en oublie son corset, lequel sera conservé par le secrétaire. L'anecdote est connue : un garde se précipite dans la rue, aperçoit un abbé, l'entraîne auprès du moribond en lui expliquant la situation. L'abbé demande si le Président « a toujours sa connaissance ». « Non, monsieur l'abbé, répond le garde, on l'a fait sortir par le jardin. » Cette réplique appartient probablement à la légende. Ce qui est en revanche avéré, c'est qu'après le départ de ladite connaissance on transporta Félix Faure jusqu'à son bureau (l'actuelle bibliothèque), où il succomba quelques heures plus tard des suites d'une hémorragie cérébrale. Comme la femme et la fille du Président avaient entre-temps été prévenues, les journaux les mieux pensants purent annoncer le lendemain, une larme à la manchette, que « le président de la

République s'était éteint dans les bras de sa chère épouse ». Pour un peu, ils auraient ajouté « pieusement ». Ce qui eût été logique pour un président accusé de favoriser les cléricaux.

Dans son *Histoire secrète et indiscrète de l'Élysée*, Claude Pasteur rappelle qu'il existe un rapport médical du docteur Lannelongue certifiant que la mort de Félix Faure était étrangère à la présence de Mme Steinheil, et que tout le reste n'était que pure médisance. Le rapport ne précise toutefois pas en quoi il était nécessaire pour les dames d'ôter leur corset au cours de ces entretiens. L'insolence populaire suppléa à ce pudique silence en surnommant Marguerite Steinheil « la pompe funèbre ». Parti pour un septennat, Félix Faure ne resta ainsi que quatre ans à l'Élysée.

Fermeture

10 juin 1940-16 janvier 1947. Pendant plus de six ans, l'Élysée est quasiment vide. Le dernier président de la IIIe République, Albert Lebrun, quitte le Palais précipitamment le 10 juin, en même temps que le gouvernement, pour rejoindre Tours, puis Bordeaux. Six ans et sept mois plus tard, le premier président de la Quatrième, Vincent Auriol, s'installe à l'Élysée aussitôt après son élection.

Pendant l'Occupation, le Palais est gardé. Compte tenu des circonstances, il n'est pas un enjeu. Sécurité et protection sont assurées. Quelques objets précieux du Mobilier national sont transportés sur des sites plus sûrs. Aucune activité. Le grand silence. Dans *L'Élysée*.

Histoire d'un palais, Georges Poisson évoque cependant la présence au Palais, en 1942, de l'amiral Darlan.

Au lendemain de la victoire, entrant dans Paris, le général de Gaulle choisit de prendre ses quartiers au ministère de la Guerre, rue Saint-Dominique, comme l'avait fait Georges Clemenceau le 17 novembre 1917. Il y arrive le 25 août 1944 à 17 heures. Tout, des bureaux aux huissiers, est exactement identique à ce qu'il avait quitté le 10 juin 1940. « Rien n'y manque, excepté l'État, écrit-il dans les *Mémoires de guerre*. Il m'appartient de l'y remettre. Aussi m'y suis-je d'abord installé. » Il n'a d'ailleurs jamais réellement envisagé de rejoindre l'Élysée fin août 1944. « Je n'ai pas voulu du palais de l'Élysée, marquant ainsi que je ne préjuge ni des institutions de demain, ni de la place que j'y prendrai. D'ailleurs, le train de vie qu'imposerait au général de Gaulle et que coûterait à l'État l'installation à l'Élysée serait choquant au milieu de la misère nationale. » C'est en janvier 1959 qu'il s'installera au Palais.

Fêtes (Salle des)

C'est la plus vaste, la plus prestigieuse pièce du Palais. C'est aussi la plus anciennement connue des téléspectateurs, qui la découvrent réellement avec la cérémonie d'investiture du général de Gaulle en 1959, et la retrouvent régulièrement pour les réunions de presse présidentielles. Inaugurée par Sadi Carnot avant l'Exposition universelle de Paris, le 10 mai 1889, alors que les travaux n'étaient pas terminés, elle modifia sensiblement l'équilibre et l'harmonie de l'Élysée. On peut estimer son décor passablement chargé. Claude Dulong, l'auteur de *La Vie quotidienne à l'Élysée au temps de Charles de Gaulle*, raconte qu'un soir de réception dans les années 1960, alors qu'elle contemplait, songeuse, la lourde décoration du plafond, André Malraux s'approcha : « On peut toujours se consoler en pensant que les tapisseries sont de Raphaël ! » Depuis cent vingt-huit ans, la Salle des Fêtes accueille la plupart des grands événements : la cérémonie d'investiture des présidents élus, les grands-messes que constituent les conférences de presse, des interventions télévisées, celles du général de Gaulle notamment, la plupart des remises de décorations, les déjeuners et dîners d'État, parfois suivis, jusqu'en 1980, de concerts, spectacles chorégraphiques ou, jusqu'en 1975, de pièces de théâtre jouées sur la petite scène. C'est aussi là qu'est organisé l'arbre de Noël de l'Élysée.

François Mitterrand fait percer en 1984 dix portes-fenêtres, cinq donnant sur les jardins et cinq au fond de la salle, pour pouvoir profiter dans les meilleures conditions du parc et des arbres. Ces travaux apportent à cette pièce la luminosité qui lui manquait. Et puis, peu de temps avant de quitter le Palais, le premier président socialiste de la Cinquième fait discrètement, presque secrètement, inscrire son emblème, le chêne et l'olivier, sur un petit morceau de zinc placé sous le toit de cette Salle des Fêtes. Cette inscription est invisible de l'intérieur. Il faut monter sur le toit de ce salon historique pour observer cette bizarrerie, une trace personnelle de François Mitterrand littéralement cachée sous un toit du Palais où il a régné quatorze ans durant.

Au-delà des grandes heures que connut la Salle des Fêtes, l'une des curiosités reste l'organisation parfaite, au millimètre, des dîners d'État. La transformation en salle à manger reste en effet un moment spectaculaire. Les tapissiers, argentiers, fleuristes, maîtres d'hôtel, huissiers, gardes républicains, ainsi que les différents agents de service, dressent les tables au cordeau – 60 centimètres entre chaque couvert –, mettent en place la décoration, vérifient chaque détail et répètent jusqu'à trois fois les entrées et sorties des maîtres d'hôtel, l'attribution des rangs et l'ordre de service. Une véritable chorégraphie. Sur la petite scène se tiennent les musiciens de l'orchestre à cordes de la garde républicaine, qui joueront des compositeurs français mais aussi Mozart, Haendel, et bien sûr des œuvres originaires du pays de l'hôte d'honneur pendant le dîner. En novembre 2014, il fallut d'urgence revoir l'étanchéité du lieu, car la malédiction qui poursuit François Hollande s'étant à nouveau manifestée, il s'était mis à pleuvoir dans la Salle des Fêtes au beau milieu d'une conférence de presse du Président (voir : *Rénovation et travaux*).

Fiefs

En juin 1981, moins d'un mois après l'installation de François Mitterrand à l'Élysée, la Direction générale de la SNCF est saisie d'une demande entre toutes prioritaire : l'électrification de la ligne ferroviaire Paris-Clermont-Ferrand. Le projet n'est pas nouveau, mais, comme souvent en France, il s'enlise. Cette fois,

« la demande vient de l'Élysée », reconnaît-on à la SNCF. Laquelle est priée de sérieusement raccourcir les délais d'exécution. Explication : la ligne Paris-Clermont passe par Nevers, et la Nièvre, c'est le fief du président élu le 10 mai 1981... Cette histoire illustre une réalité : depuis les débuts de la République, un parlementaire devenu ministre, voire le premier d'entre eux, a toujours pris soin de traiter son fief électoral avec les égards qu'exige la fidélité. Pourquoi l'hôte de l'Élysée, dès lors qu'il a siégé comme député ou sénateur, n'en ferait-il pas autant ? Par attachement à une terre natale ou non, ou en signe de reconnaissance envers les électeurs, bien des présidents ont fait de l'Élysée une petite ambassade de leur fief électoral.

Si le général de Gaulle est l'exception qui confirme la règle – il se plaçait au-dessus de ces usages qui lui rappelaient trop les pratiques radicales-socialistes des IIIe et IVe Républiques –, l'attention que les hôtes de l'Élysée ont portée à leurs fiefs s'est différemment traduite au fil des époques. En 1947, le Toulousain Vincent Auriol demande que le cassoulet et la garbure figurent dans les menus servis au Palais. Valéry Giscard d'Estaing charge un membre du cabinet de suivre les « affaires d'Auvergne », en particulier la question du désenclavement, où sont privilégiées les infrastructures autoroutières. Le Charentais François Mitterrand, ex-élu du département de la Nièvre, porte personnellement, tout au long de ses deux septennats, une attention sourcilleuse aux dossiers nivernais. Un ancien collaborateur du Président rapporte qu'aux yeux de Mitterrand « un habitant de la Nièvre rencontrant un problème avait autant d'importance qu'une crise internationale ». Faire bénéficier son fief de quelques privilèges, c'est dans la logique des choses et relève de la tradition. Mais ça ne marche pas à tous les coups. Lorsque Mitterrand demande qu'on utilise des pierres provenant de carrières de la Nièvre pour la construction de Bercy, il n'est pas entendu.

Entre Jacques Chirac et la Corrèze, c'est plus qu'une histoire d'amour. Bien que né à Paris, Chirac se sent infiniment plus chez lui sur la terre de ses ancêtres, où il est élu député pour la première fois en 1967. Parvenu à l'Élysée, il n'oublie rien. Tout ce qui, de près ou de loin, concerne la Corrèze, il veut en être informé, s'appuyant pour cela sur un réseau fidèle d'élus locaux... au premier rang desquels son épouse Bernadette, conseillère générale du canton de Corrèze ! François Hollande retiendra cette leçon du terroir, que Chirac avait apprise de Georges Pompidou.

« Est-ce que vous connaissez un Auvergnat qui ait été infidèle à sa province ? » interroge Georges Pompidou en 1972, avant ce qui sera son dernier voyage sur sa terre natale, où il fut élu député alors qu'il était déjà Premier ministre. Devenu président, Pompidou continuera de s'occuper activement de son cher département du Cantal, en veillant notamment à son développement agricole. « L'Auvergnat que je suis ne peut oublier ce qu'il doit à son pays », répète-t-il. Le journal *Le Crapouillot* lui répond en l'affublant du surnom de « Bougnaparte ». À l'Élysée, le Président ne transige pas : les fromages sont auvergnats, et la roborative potée figure fréquemment au menu. Il est aussi l'homme généreux qui offre anonymement un téléviseur à une maison de retraite de son ancienne circonscription. François Hollande est un Corrézien d'adoption – et d'élection. Mais il a observé Chirac et avoue à Franz-Olivier Giesbert, qui le rapporte dans ses *Derniers carnets*, que son modèle est... Georges Pompidou. Entre mai 2012 et février 2013, il se rend à Tulle à quatre reprises, comme ce 19 janvier 2013 pour la cérémonie des vœux (ce qu'il fera chaque année), malgré la gestion de la guerre au Mali et la prise d'otages dans le complexe pétrolier d'In Amenas, en Algérie. À l'Élysée, le maire de Tulle, Bernard Combes, s'occupe des affaires corréziennes et des relations avec les élus. Le Président aime à recevoir des Corréziens. Le 19 novembre 2012, à l'occasion du Congrès des maires de France, il accueille deux cents élus du département, qui lui offrent deux châtaigniers. À la table du Palais comme sur celle du Conseil des ministres, il n'oublie pas non plus son fief, en faisant servir l'eau de Treignac, une toute récente eau minérale 100 % corrézienne. François Hollande lit chaque jour *La Montagne*[1]. Il suit de près les performances du club local, le Tulle Football Corrèze, en division d'honneur. Et à chaque occasion, la Corrèze et Tulle font l'objet d'une attention particulière : ligne à grande vitesse entre Poitiers et Limoges et desservant le chef-lieu du département, inauguration d'un cinéma à Tulle, réouverture du tribunal de grande instance (fermé en 2008 au moment de la mise en œuvre de la nouvelle carte judiciaire), rénovation du quartier de la gare.

1. Depuis Vincent Auriol en 1947, les présidents continuent de lire régulièrement, si ce n'est quotidiennement, la presse régionale. Celle qui concerne leur fief, s'entend. Parce que sa zone de diffusion couvre le plus grand nombre de fiefs présidentiels, *La Montagne*, à travers ses différents titres ou éditions, détient sans doute le record du journal le plus lu à l'Élysée par les présidents Pompidou, Giscard, Mitterrand, Chirac et Hollande.

Tout cela resterait anecdotique si ne s'imposait la dimension politique de l'attachement à un fief. En France, l'endroit d'où l'on vient, mieux encore, dont on a été l'élu, est un précieux viatique pour parvenir à l'Élysée. La province apparaît décidément comme une valeur ajoutée indiscutable.

Fleurs et couronnes

Le 27 septembre 2011, le quotidien londonien *Times* tresse une couronne d'épines à Carla Bruni-Sarkozy : « Ses histoires de cœur et de fleurs n'ont pas réussi à convaincre. » Le journal évoque l'interview – en anglais – de la Première dame de France par Christine Ockrent, diffusée ce même jour par la BBC. Carla y fait, à propos de son mari, cette révélation : « Il connaît toutes les appellations latines des fleurs... On marchait dans les jardins de l'Élysée, et il m'expliquait tout sur les tulipes et les roses. Et je me disais : "Mon Dieu, il faut que j'épouse cet homme"... » À quoi tient la destinée. Il faut de la passion, et aussi de la mémoire, pour désigner sous leurs noms latins les cent variétés de rosiers qu'on peut admirer à l'Élysée, les trente sortes de rhododendrons, les azalées, althéas, osmanthus, glycines, tulipes, symphorines, lunaires mauves et blanches, géraniums, mufliers et frémontodendrons... Sans oublier la centaine d'orchidées rassemblées dans la petite serre située au fond du parc, installée à la demande de Bernadette Chirac.

Ne pas confondre cependant. Les fleurs qui ornent les jardins, et qui témoignent du minutieux travail des six jardiniers de l'Élysée, ne sont pas celles qu'on retrouve en bouquets et compositions à l'intérieur du Palais. Sous les ors de la République, c'est le domaine des fleuristes. Leur fonction a été créée en 1954 par le président René Coty, qui appréciait grandement, ainsi que son épouse, les jardins, les salons et les tables couverts de fleurs. Les quatre fleuristes du Palais vont faire leurs achats de fleurs coupées à Rungis. Ces achats obéissent à la règle des marchés publics. Les plantes fleuries proviennent, elles, des serres de la Ville de Paris.

Si Nicolas Sarkozy n'a pas d'exigences particulières pour le fleurissement de son bureau et du Palais en général, Georges Pompidou ne voulait surtout pas d'œillets, qu'il n'aimait pas, et demandait principalement des roses. On aurait pu s'attendre à ce que François Mitterrand en fît autant, mais il ne tenait pas à ce que le symbole du parti socialiste fût trop visible. Les roses ne sont pas pour autant restées sur les rosiers en 1981, et se sont retrouvées à orner les tables de travail de quelques collaborateurs du premier cercle. Dans *L'Élysée de Mitterrand*, Michel Schifres et Michel Sarazin précisent que les bureaux du secrétaire général Pierre Bérégovoy, du conseiller spécial Jacques Attali et de Michel Charasse étaient en permanence fleuris de roses rouges. Le Président, lui, ne voulait que des fleurs champêtres, simples et belles, offrant une multitude de couleurs. Tout comme son prédécesseur, Valéry Giscard d'Estaing, qui, pressentant peut-être que la rose allait lui être fatale, avait fait transformer la roseraie qui existait devant les appartements privés, et qui ravissait le Général et Mme de Gaulle[1]. Sous François Hollande, les impérieuses économies ont imposé l'abandon du fleurissement systématique du Palais. Par la même occasion, on a retiré les vases en porcelaine de Sèvres. Les beaux bouquets qui avaient fait l'admiration de la famille Khrouchtchev dans les années 1960 sont désormais réservés aux dîners d'État et aux réceptions officielles.

L'Élysée pratique aussi l'envoi de fleurs. Le plus célèbre, qui déclencha la polémique, était destiné à la tombe du maréchal Pétain au cimetière marin de l'île d'Yeu. En 1968, pour commémorer le cinquantième anniversaire de la victoire de 1918, de Gaulle fait déposer une gerbe de chrysanthèmes sur la tombe de tous les généraux qui avaient combattu pendant la Grande Guerre. Pétain est de ceux-là. À l'île d'Yeu, le ruban ornant la gerbe et portant le nom du général de Gaulle est aussitôt arraché par des mains anonymes et nostalgiques.

Georges Pompidou fait lui aussi déposer une gerbe sur la tombe de Philippe Pétain en février 1973, lorsque la dépouille du maréchal est ramenée à l'île d'Yeu, après l'invraisemblable épisode de l'enlèvement du cercueil par un groupe d'extrême droite, qui voulait voir le vainqueur de Verdun reposer à l'ossuaire de Douaumont. En 1978, pour le soixantième anniversaire de la victoire, Valéry Giscard d'Estaing fait comme le général de Gaulle dix ans auparavant.

---

1. Mmes Coralie Grévy, Henriette Poincaré, Germaine Coty, Anne-Aymone Giscard d'Estaing, Bernadette Chirac ont donné leur nom à des variétés de roses. C'est aussi le cas de... Charles de Gaulle, dont la caractéristique est ainsi présentée : « arbuste à port droit, bonne tenue, et résistant »...

C'est avec François Mitterrand qu'éclate la polémique. Non la première fois, en septembre 1984, le jour où Mitterrand et le chancelier Helmut Kohl célèbrent en se donnant la main à Verdun l'unité franco-allemande ; non en juin 1986 pour le soixante-dixième anniversaire de la bataille de Verdun ; mais à cause de la troublante régularité qui s'installe à partir de l'année suivante. Chaque 11 novembre en effet, une gerbe est déposée au nom du président de la République. Devant la vive émotion exprimée par la communauté juive, l'Élysée cessera en 1992 de faire fleurir la tombe du maréchal Pétain.

Fougères (Salon des)

C'est peut-être le salon le plus idéalement situé. Au rez-de-chaussée de l'aile est du Palais, entre la bibliothèque et le Salon des Cartes, face à la roseraie sur laquelle s'ouvrent deux portes-fenêtres. Le Salon des Fougères, où l'on peut notamment admirer un portrait de Louis XV par Van Loo et trois magnifiques tableaux d'Hubert Robert, doit son nom aux motifs floraux de sa tapisserie. Il faisait partie des appartements de Caroline Murat, laquelle n'avait qu'une idée en tête : être reine. Elle gémissait sans cesse auprès de son frère l'Empereur, se plaignant de n'être pas aussi bien considérée que les autres membres de la fratrie Bonaparte. Souvent sur les champs de bataille, le prince Murat, dont les appartements occupaient le premier étage, permettait à son épouse de régner sans partage sur l'Élysée, en attendant mieux. Dans ces appartements, Caroline Murat se livrait à ses deux activités favorites : comploter et recevoir ses amants. Elle accueillait sans grand plaisir sa sœur Pauline, qu'elle n'aimait guère, mais avec qui elle s'entendait au moins sur un point : la détestation de l'impératrice Joséphine. L'idée, bien répandue dans la famille Bonaparte, était de convaincre Napoléon de se séparer de « la vieille ». Caroline avait dans ce lieu séduit Junot, alors gouverneur de Paris, puis plus tard Metternich. Si les murs pouvaient parler... Peut-être nous feraient-ils entendre aussi les échos des entretiens avec Talleyrand, qui disait de Caroline : « C'est la tête de Machiavel sur un corps de jolie femme. »

Depuis l'arrivée du général de Gaulle, le Salon des Fougères fait partie des appartements privés, essentiellement destinés aux réceptions. Le Président y donne les déjeuners en petit comité. Yvonne de Gaulle y recevait les représentants des associations de bienfaisance et de charité. Bernadette Chirac appréciait l'endroit, qui ouvre à l'arrière sur le « couloir Madame ». Elle s'y entretenait avec ses visiteurs, à deux pas de son propre bureau. Carla Sarkozy aimait aussi y travailler et Valérie Trierweiler y jouer à la Première dame. François Hollande y recevait pour des déjeuners ou des dîners en petit comité, comme le 1er décembre 2016 lorsqu'il y rejoint, après avoir annoncé son renoncement à la télévision, ses quatre enfants. Brigitte Macron y a installé son bureau dès son arrivée au Palais.

France-Allemagne

Et soudain, Angela Merkel posa sa tête sur l'épaule de François Hollande. C'est plus qu'un signe d'amitié. Un geste symbolique qui marquera les esprits et qui fera rapidement le tour de la planète. Ce dimanche 11 janvier 2015 en fin de matinée, la chancelière allemande vient d'arriver à l'Élysée avant de participer à la grande marche contre le terrorisme qui réunira des dirigeants du monde entier. Le président français l'accueille sur le perron. Tristesse et émotion. Quelques jours plus tôt, au siège de *Charlie Hebdo*, à Montrouge et à l'Hyper Cacher de la porte de Vincennes, des attentats barbares ont fait au total dix-sept victimes et de très nombreux blessés (voir : *Terrorisme*). Angela Merkel voulait absolument manifester sa compassion et la solidarité de l'Allemagne. Un peu plus tard, en octobre 2015, on les voit tous les deux, à Strasbourg, au Parlement européen, complices et complémentaires, répondre coup pour coup aux diatribes de Marine Le Pen. Le lien entre Paris et Berlin est devenu, au-delà des hauts et des bas, avec des moments d'harmonie et des périodes de tension, la colonne vertébrale de l'Union européenne. Et le Palais vit désormais fréquemment au rythme des rencontres bilatérales.

L'amitié franco-allemande, c'est d'abord l'histoire de quelques hommes. Et de quelques couples politiques aujourd'hui entrés dans l'Histoire. De Gaulle-Adenauer, Pompidou-Brandt, Giscard-Schmidt, Mitterrand-Kohl, Chirac-Schröder, Sarkozy-Merkel et Hollande-Merkel. Autant de duos très divers, mais toujours liés par une même conviction : sans l'amitié franco-allemande, l'Europe ne peut pas progresser. À l'Élysée, la coopération Paris-Berlin fait presque partie de la vie quotidienne.

22 janvier 1963. Salon Murat. C'est dans cette pièce majestueuse, au rez-de-chaussée du Palais, que de Gaulle et Adenauer signent le traité franco-allemand qui scelle la réconciliation entre les deux pays. La photo de leur accolade se retrouve dans les livres d'histoire. Les deux dirigeants s'estiment. Leurs relations sont même si proches que le Général a invité le chancelier à Colombey pendant deux jours, les 14 et 15 septembre 1958, quelques mois après son retour aux affaires. Adenauer est le seul chef d'État à avoir bénéficié de ce privilège. « Le cadre d'une maison familiale a plus de signification que n'en aurait eu le décor d'un Palais. Ma femme et moi faisons donc au chancelier les modestes honneurs de La Boisserie », écrira de Gaulle[1]. Ce traité franco-allemand est un événement historique. Ses anniversaires sont régulièrement célébrés. Il prévoit notamment une coopération étroite en matière d'éducation, de jeunesse et d'information, des contacts réguliers entre les états-majors militaires, des consultations systématiques entre les gouvernements sur les grands sujets diplomatiques. Ce jour-là, une page se tourne.

Des duos qui se succéderont pendant près de cinquante ans, on retiendra la véritable amitié qui lie Giscard et Schmidt. Ils ont été élus au même moment, à quelques jours près. Pendant le septennat de VGE, aucune décision économique, financière ou diplomatique

1. Charles de Gaulle, *Mémoires d'espoir*, « Le Renouveau », Plon, 1971.

ne sera prise sans une concertation préalable. Valéry et Helmut se voient souvent seuls, sans interprète. Comme ce rendez-vous du 3 février 1980 que Giscard raconte dans ses mémoires[1]. Les deux dirigeants sont dans le Salon des Aides de camp, en tête à tête. Ils parlent des prochaines élections américaines. Soudain, Helmut Schmidt pâlit. Récit de VGE : « Il tire brusquement sur sa cravate, défait le nœud. Il y a des vaisseaux rouge vif dans le globe de ses yeux. Il se renverse dans le fauteuil, inconfortable, à cause du dossier droit... Je l'aide à se lever et à s'étendre sur le canapé. Il ne me répond pas. Sa tête roule de côté. Ses yeux chavirent vers le haut. Il doit avoir perdu connaissance. Nous sommes tous les deux seuls dans la pièce... » Ce malaise, finalement sans gravité, durera peu de temps. Seuls l'intendant du Palais et le médecin de permanence, appelés par VGE, seront dans le secret. Il n'y aura jamais la moindre fuite.

On se souvient aussi au Palais de cette photo souvenir du 22 septembre 1984 qui montre Mitterrand et Kohl, main dans la main, à Douaumont, près de Verdun, pendant que retentit *La Marseillaise*, à l'occasion d'un hommage solennel aux victimes de la guerre 14-18. Un symbole de plus. Désormais, les réunions bilatérales se multiplient. À l'Élysée, c'est presque une routine. Les deux chefs d'État se parlent très fréquemment, dès qu'un problème se pose en réalité. Ils se voient une dizaine de fois par an au minimum, dont cinq à six fois à l'Élysée. Les entourages et les ministres apprennent à travailler ensemble. Et même lorsqu'un désaccord apparaît, comme en 2015 et 2016

1. Valéry Giscard d'Estaing, *Le Pouvoir et la Vie*, *op. cit.*

sur la difficile question des réfugiés, il est rare qu'une position commune ne puisse pas être négociée. Par moments, les tiraillements sont inévitables. Ainsi, le 28 mars 2013[1], François Hollande admet « une tension amicale » entre les deux pays à propos de la stratégie européenne face à la rigueur. Mais globalement, depuis l'aggravation de la crise économique, l'amitié franco-allemande résiste.

10 novembre 2015. Helmut Schmidt disparaît. Chancelier de 1974 à 1982, c'est l'un de ceux qui ont fait avancer l'Europe à grands pas. Le même jour, l'Assemblée nationale, debout, unanime, rend un hommage exceptionnel à cette figure de la coopération franco-allemande. Une véritable ovation. C'est dans ces occasions-là que, des deux côtés du Rhin, les opinions publiques peuvent mesurer la solidité de l'entente Paris-Berlin. À l'Élysée, cinquante-trois ans après la signature du traité, la nécessité absolue d'un accord permanent entre les deux pays est le socle incontournable de la diplomatie française. À la suite de ses sept prédécesseurs, le président Macron s'y emploiera dès son installation au Palais.

Fromages

Les témoins ont du mal à s'accorder sur le nombre exact, mais c'est bien à l'Élysée, au cours d'une réception, que de Gaulle lance à ses interlocuteurs : « Comment voulez-vous gouverner un pays qui compte

1. France 2, émission spéciale avec David Pujadas.

265 sortes de fromages ? » (Certains ont entendu « 300 », d'autres « 350 ».) Les fromages inspirent-ils une aversion particulière au Général ? On peut se poser la question en constatant qu'il n'hésite pas à les faire supprimer des menus pour éviter que les repas ne s'éternisent – au-delà de quarante minutes, c'est non seulement insupportable, mais indigne de la table d'un militaire.

On aurait pu craindre que ne se perpétue la malédiction des fromages élyséens en découvrant cette confidence de Georges Pompidou au député Jean de Lipkowski quelques jours avant le référendum d'avril 1969 : « La régionalisation, c'est une idée de technocrates, soutenue par quelques amateurs de fromages. » Fort heureusement, Pompidou devenu président n'oublie pas qu'il est natif d'Auvergne. Le fromage fait son grand retour à l'Élysée, et pour tout dire y prend sa revanche. Georges Pompidou impose quasi exclusivement trois grands fromages auvergnats : le cantal bien évidemment, le saint-nectaire et la fourme d'Ambert, auxquels il fait largement honneur. Du coup, il faut rallonger d'une quinzaine de minutes la durée des repas. Valéry Giscard d'Estaing, adepte de l'allègement sous toutes ses formes, fait retirer les fromages des dîners officiels, et dans les autres occasions se replie sur le fromage blanc. Lors de son premier déjeuner à l'Élysée, le 21 mai 1981, François Mitterrand ne prend pas de fromage. Les cuisines apprennent ainsi que le nouveau président suit un régime. Jacques Chirac, lui, apprécie le fromage dans les omelettes, et, à la fin du repas, une pâte du style roquefort.

Quant à Nicolas Sarkozy, soucieux que tout aille vite, il impose des repas de quarante-cinq minutes d'où le fromage est banni, sauf le fromage blanc 0 %. Les pâtes dures, molles ou persillées deviennent ainsi les premières victimes d'une fatale trilogie instituée par le nouveau président : rupture, rapidité et restrictions (budgétaires).

À la grande satisfaction des cuisines, le fromage réapparaît dans les menus élyséens à l'arrivée de François Hollande. Comme Jacques Chirac, son prédécesseur corrézien, le nouveau président les apprécie. Même s'ils ne sont pas toujours compatibles avec les contraintes d'un hypothétique régime minceur.

G (du G5 au G20)

Ils en parlent ensemble depuis plusieurs années, Giscard et son ami Helmut Schmidt. Depuis qu'ils se connaissent, ils évoquent régulièrement, entre eux, mais aussi avec les Britanniques, les Américains et les Japonais, l'idée de sommets à cinq. Pour coordonner les stratégies économiques. Pour réfléchir aussi à moyen et long terme sur tous les grands dossiers. Lorsqu'ils arrivent au pouvoir, à trois jours d'intervalle, Schmidt le 16 mai 1974, VGE le 19 mai, ils en reparlent. Le projet chemine. Il est rendu plus nécessaire, et plus évident avec le choc pétrolier, le premier d'une longue série. Français, Allemands de l'Ouest, Américains, Britanniques et Japonais se mettent d'accord. Après un véritable forcing diplomatique et politique, les Italiens obtiennent d'être intégrés eux aussi dans ce club des pays les plus riches et les plus industrialisés. Ce sera donc, après une réunion informelle du G5, le G6. G pour groupe, six pour le nombre de pays participants. La première date est fixée. Avec l'appui d'Helmut, Giscard parvient à imposer la France comme pays hôte. Et la résidence officielle qu'il préfère, le château de Rambouillet. Pendant près de trois jours, du 15 au 17 novembre 1975, en séance plénière ou au coin du feu, les six vont apprendre à travailler ensemble. Le futur G8 est né.

Du G6 au G8, deux étapes : le Canada entre dans le club en 1976, la Russie en 1994. Les huit se retrouvent une fois par an. Parfois, ils sont sept, sans la Russie. La présidence tournante est instaurée. Le G8 représente une réelle puissance, les deux tiers du PIB mondial et du commerce international. Il dispose de l'appui logistique des grandes organisations internationales, du FMI (Fonds monétaire international) à l'OCDE (Organisation de coopération et de développement économique) en passant par l'OMC (Organisation mondiale du commerce), et de leurs experts. Chaque réunion, scrutée par les marchés et les médias, se termine par un communiqué commun généralement préparé et négocié à l'avance par les conseillers (voir : *Sherpa*). Et qui reprend, en les déclinant, les thèmes classiques : concertation, coordination, harmonisation. Sur le fond, peu de progrès formels. Mais souvent, des conversations privées et des tête-à-tête utiles. Tout est en réalité dans l'image. Mais la crise des *subprimes*, en 2008, et celle des dettes souveraines, en 2011, montrent la limite de l'exercice. Au niveau des chefs d'État et de gouvernement, comme à celui des simples ministres. Les marchés, qu'il s'agit de rassurer, sont en général stables ou en petite hausse le lendemain, avant de replonger très vite, dès que les experts observent que les décisions annoncées n'engagent que très peu les gouvernements. Les altermondialistes eux-mêmes semblent de moins en moins mobilisés. Quelques violences, toujours. Mais peu de monde. Et moins de médias pour les suivre. Peu à peu, le G8 sort aussi de ses ordres du jour prévus de longue date. Et se saisit des sujets d'actualité. Comme celui de Deauville, les 26 et 27 mai 2011, qui traite en priorité du printemps arabe et de ses conséquences, celui de Camp David, les 18 et 19 mai 2012, qui voit les premiers pas de François Hollande sur la scène mondiale, ou celui de Taormina, en Sicile, fin mai 2017, où les dirigeants occidentaux accueillent pour la première fois Emmanuel Macron.

G8, et G20. En 1999, les grands pays industrialisés font leur examen de conscience. Ils doivent impérativement s'élargir, au risque de perdre leur représentativité, et donc leur légitimité. C'est la création du G20, dix-neuf pays et l'Union européenne. Les principaux pays émergents, de l'Inde au Brésil, rejoignent le cercle. C'est un modeste début de pilotage économique international. Londres et Pittsburgh en 2009, Toronto et Séoul en 2010, Cannes les 3 et 4 novembre 2011 pour l'année de la présidence française. Là aussi, concertation et coordination. Et un vrai dialogue. Sans doute moins de langue de bois diplomatique. Les nouveaux venus sont offensifs et combatifs. À terme, les experts ne s'en cachent pas, c'est au sein du G20 que l'essentiel va se passer. En pleine tempête financière, le 15 septembre 2011, les dirigeants des « BRICS », le Brésil, la Russie, l'Inde, la Chine et l'Afrique du Sud, se retrouvent à Washington. Objectif : examiner les moyens d'aider la vieille Europe à surmonter ses difficultés. Et à sortir de cette crise, lancinante et paralysante, des dettes souveraines. Los Cabos, au Mexique en 2012, Saint-Pétersbourg en 2013 (dans une ambiance polaire entre Obama et Poutine), Brisbane en 2014, Antalya, en Turquie, en 2015, Hangzou, en Chine, en 2016, Hambourg début juillet 2017 avec le nouveau président, Emmanuel Macron : désormais, quel que soit l'ordre du jour, les sujets d'actualité (le dossier ukrainien, la guerre en Syrie, le terrorisme, la crise migratoire, la COP 21...) dominent. Sur le moment, les conclusions et les annonces semblent bien maigres. Mais on apprend souvent quelque temps après que cette concertation internationale, avec ses entretiens confidentiels, a débouché sur de réelles avancées.

Gabriel (Avenue)

Du nom de l'architecte qui créa la place de la Concorde, l'élégante avenue Gabriel est la quatrième voie longeant le palais de l'Élysée, au sud, à la sortie du parc, dont elle est séparée par la Grille du Coq. Sur des dizaines de mètres, elle est soigneusement surveillée par des policiers. À quelques encablures, on trouve le célèbre Studio Gabriel, où Michel Drucker enregistre ses émissions depuis le début des années 1980. Lorsqu'il invita Carla Bruni pour la promotion de son dernier album pendant le mandat de Nicolas Sarkozy, il vit arriver le Président, venu à pied, en voisin, entouré d'une nuée de gardes du corps.

L'avenue Gabriel a été percée en 1818, au moment où le Palais était la propriété du duc de Berry. Elle permet d'accéder à l'Élysée soit très discrètement, soit, à l'inverse, solennellement, comme l'ont fait quelques grands de ce monde, d'Adenauer à Kennedy, de la reine Elizabeth à Angela Merkel. Dans ces occasions, les présidents accueillent ces personnalités côté parc, sur la terrasse du Palais.

Garde républicaine

Créée officiellement en juin 1848, intégrée le 1er février 1849 à la gendarmerie par Louis Napoléon Bonaparte, c'est un vrai corps d'élite. Connu pour défiler parfaitement, au cordeau, chaque 14 Juillet. Célèbre aussi, et au-delà des frontières, pour son courage, sa discipline, son patriotisme. Héritier de la garde municipale créée par Bonaparte en 1802, il a traversé près de deux siècles tumultueux en conservant intact son prestige.

À l'Élysée, la garde républicaine assure tout à la fois la sécurité et les honneurs militaires dus aux personnalités françaises et étrangères. Dans l'imaginaire collectif figurent en bonne place les images, toujours étonnantes, du Palais ou du défilé annuel sur les Champs-Élysées : les cent cinquante-sept cavaliers, sabre au clair, qui encadrent et entourent le véhicule présidentiel le 14 Juillet ; la musique ; les gardes en tenue d'honneur, plumet rouge sur le casque pour les fantassins, crinière pour les cavaliers ; l'escadron motocycliste ; la relève, parfaitement orchestrée, à l'entrée du Palais, où deux gardes républicains sont présents vingt-quatre heures sur vingt-quatre, de part et d'autre du porche. Lorsqu'un chef d'État arrive à l'Élysée pour un entretien ou un repas officiel, ou pour une visite d'État, il revient à la garde républicaine de rendre les honneurs (voir : *Commandement militaire*).

Les gardes républicains en poste à l'Élysée sont, en principe, les seuls autorisés à porter des armes à l'intérieur du Palais. Profil moyen au moment de leur recrutement : environ 1,75 mètre, pas plus de 80 kilos. Une belle allure. Une fidélité légendaire aux présidents qu'ils servent, à l'Élysée comme dans les autres résidences officielles. Peu d'états d'âme. Un véritable attachement à leur unité, le premier régiment d'infanterie. Sans eux, le Palais perdrait de sa personnalité et de sa dimension historique.

Garde-robe

Jusqu'à François Hollande, la tenue des présidents de la République ne suscitait guère de débats. Les choses ont changé. Car l'habillement fait aussi partie désormais de ce qui doit obligatoirement être connu, commenté, jugé. Les réseaux sociaux s'en chargent et les communicants en tirent d'utiles leçons. Tout est devenu politique.

Sous la IIIe République, les présidents n'apparaissaient que dans les manifestations officielles et autres inaugurations où ils portaient l'habit. On les voyait peu dans la vie de tous les jours. À l'Élysée, en dehors des cérémonies, ils ne se distinguaient pas vraiment les uns des autres. Le costume de notable IIIe République traversait les mandatures. Les cols étaient empesés, cassés ou ronds, ces derniers constituant une innovation due à Jean Casimir-Perier. Le nœud papillon était plus volontiers porté que la cravate. L'exception vient de Félix Faure, qui tenait trop à l'apparat pour se contenter de la panoplie de ses prédécesseurs. Vêtu d'une redingote et d'un pantalon gris perle galonné de noir, il commençait sa journée à 7 heures du matin par sa promenade à cheval avenue du Bois. Un monocle complétait la mise. « Félix le Bel », ainsi qu'on le surnommait, portait volontiers l'habit le reste de la journée, auquel on avait ajouté un gilet blanc. Il avait aussi décidé de porter des guêtres blanches, ce qui avait surpris jusqu'à ses intimes. C'est dans cette tenue qu'il dînait tous les soirs, toujours à 19 h 30. Il arborait aussi un magnifique chapeau cronstadt gris à ruban noir, sur l'aile droite duquel le chapelier avait placé un petit morceau de cuir... Contraint de saluer fréquemment au cours des cérémonies, le Président avait ainsi trouvé le moyen de garantir la durée de son haut-de-forme. Il lui arrivait naturellement de porter le costume, mais ce n'était pas sa tenue préférée. Pas assez prestigieuse, et pour tout dire pas assez « royale ». Les deux présidents de la IVe République, Vincent Auriol et René Coty, qui étaient tous deux avocats, portaient l'habit lorsque les circonstances l'exigeaient, et, le reste du temps, le costume croisé, typique de l'époque. On se pliait aux codes de la bienséance, sans recherche ni souci particulier d'élégance.

La fantaisie n'est pas non plus dans les habitudes vestimentaires du général de Gaulle. Rigueur, classicisme. Ses tenues civiles et militaires sont coupées par son tailleur habituel, M. Vauclair. Mesures et essayages ont naturellement lieu au Palais, et le Général n'y accorde que peu de temps. Les chemises, toujours blanches, portées avec une cravate discrète, couleur bordeaux ou bleu foncé, sont taillées par la maison Charvet, à laquelle Mme de Gaulle envoie régulièrement un mot de remerciements. De Gaulle ne détestait pas porter l'habit, car, à ses yeux, la fonction l'exigeait dans les circonstances où le prestige de l'État était en jeu. Un dîner d'État à Versailles ou à l'Élysée, ou encore la réception des ambassadeurs au Palais. En 1959, comme ils le faisaient depuis plus d'un an, les adversaires de De Gaulle répandent l'idée selon laquelle les seules visées politiques du Général consistent à établir une dictature et à confier aux militaires les leviers du pouvoir. Certains irréductibles ont d'ores et déjà averti qu'un signe ne tromperait pas : pour la photo officielle, de Gaulle poserait en uniforme, comme le maréchal de Mac-Mahon en 1873. Le Général ne sera pas là où on l'attendait. Il ne posera pas en uniforme (jamais il n'en avait eu l'intention), mais bel et bien en habit. Toutefois, pas n'importe lequel : l'habit d'officier général (à six boutons dorés) rappelant que Charles de Gaulle appartenait aux forces blindées de l'armée française.

À partir de Georges Pompidou, les épouses ou compagnes des présidents vont jouer un rôle important dans les tenues présidentielles, même si le successeur du Général a lui-même bousculé les codes. Il a accepté de porter le costume droit, parfois orné d'une pochette blanche, le veston croisé devenant épisodique. Claude Pompidou, qui ouvre l'Élysée aux grands créateurs, estime qu'il est de son rôle de promouvoir la haute couture française. Son mari profite de ce bouleversement des habitudes. Pierre Cardin, notamment, habille le Président.

Au cours de son mandat, Valéry Giscard d'Estaing a été désigné personnalité politique la plus élégante. Le jour de son investiture, il rompt avec la tradition en abandonnant la jaquette au profit du costume de ville. Pour le quotidien, le costume droit est sa règle, les chemises blanches aussi, mais Giscard s'autorise certains jours des chemises bleu ciel. Les dîners d'État requièrent toujours le smoking. Les fournisseurs présidentiels sont au nombre de deux en sept ans, dont un tailleur alsacien établi rue du Faubourg-Saint-Honoré. Pierre Cardin, voisin immédiat du Palais, ayant fait savoir qu'il habillerait volontiers le Président, rendez-vous est pris à l'Élysée, et le contact est excellent. Quelque temps plus tard, Cardin fait livrer un costume dont le pantalon enchante Giscard, mais pas le veston... orné d'un col Mao !

Avec François Mitterrand, pas question de décontraction excessive, encore moins de tenue « prof de gauche ». Certains ministres doivent s'y faire. Jack Lang bénéficie du privilège de porter des cols Mao et des chemises roses. Tenue de travail en quelque sorte. Le velours et les vestes de randonneur naguère portés par Mitterrand sont désormais réservés à sa résidence de Latche, à l'ascension de la Roche de Solutré et aux balades campagnardes au lac de Guéry, en Auvergne. Pas question non plus de déroger à la tradition. À l'Élysée, les dîners d'État sont habillés, et le protocole est entièrement respecté. La tenue de ville de Mitterrand ne varie pas. Un costume taillé par Marcel Lassance ou Cifonelli, des chemises blanches, des cravates sobres. Ce qu'on n'avait pas vu depuis la IVe République, c'est le port du chapeau et l'écharpe, généralement rouge, sa tenue favorite lorsqu'il arpente les rues de Paris et rend visite à ses libraires.

Jacques Chirac, malgré son aspect d'homme toujours en mouvement et plutôt décontracté, ne tolère pas le négligé. Il estime que l'Élysée, première maison de France, ne peut se permettre, pour quiconque y travaille, d'arborer une tenue... qui n'en aurait pas. Chirac y veille, son épouse plus encore. La maison Lanvin lui taille ses costumes, et il porte des cravates Hermès.

On a surtout retenu de Nicolas Sarkozy le côté « bling bling » en commentant par exemple le port ostentatoire de montres Rolex. Il ne faut pourtant pas oublier que, dans la fonction de président de la République, Sarkozy a toujours été habillé de façon sobre et impeccable, qui tranchait avec les habitudes du jeune loup de la politique n'hésitant pas à porter des vestons à carreaux, des chemises aux couleurs vives et des cravates à rayures. À l'Élysée, la fonction commande. Des costumes sombres parfaitement coupés, exécutés par des tailleurs aussi traditionnels que Stark & Sons, avec une préférence pour Dior, Franck Namani, et, après l'arrivée de Carla, pour la griffe italienne Prada. La marque Lagonda lui convient aussi. Les chemises viennent de la maison anglaise Hilditch & Key, et le noir ou le bleu foncé des cravates signe une élégance toute classique, à l'image du smoking sur mesure.

Comme Chirac, comme Sarkozy, François Hollande ne supporte pas que ses collaborateurs soient en tenue négligée. Ce qui peut faire sourire, tout comme son classement en 13e position des hommes les mieux habillés de l'année 2015 dans le très sérieux *Financial Times*. Beaucoup ont cru à une farce. Un humoriste, pourtant classé à gauche, a eu cette phrase cruelle : « Ce n'est pas que le Président soit mal habillé, c'est que rien ne lui va ! » Hollande n'aime pas consacrer de temps à ses tenues vestimentaires. Il a toujours estimé que le port de la cravate était suffisant pour marquer une fonction de haute responsabilité. « On peut respecter les Français en étant habillé correctement, pas luxueusement », répond-il dans une interview en 2015. On est loin de l'élégance recherchée d'un Laurent Fabius ou de l'aspect soigné et volontiers dandy de Bernard Cazeneuve. Chez François Hollande, on ne saurait systématiquement accuser les variations de poids toujours spectaculaires pour expliquer les vestons qui le boudinent, une manche trop courte, les pantalons accordéoneux et les cols de chemise parfois trop souples. Que faut-il dire, dans ce cas, de la cravate ? On en oublie la couleur pour vérifier que, faute de savoir bien la nouer, elle est toujours de travers. Et pour cela devenue célèbre, jusqu'à faire naître sur Internet le site francois-tacravate.fr... Valérie Trierweiler ne s'est pas privée de dire qu'elle lui avait fait changer sa garde-robe, mais l'expérience des quelques costumes sur mesure de la marque française Smuggler, pourtant coupés dans des ateliers en Corrèze, n'a pas été renouvelée. La mesure, et souvent la demi-mesure, est toujours la règle, sauf que François Hollande a délaissé Smuggler pour agnès b. En ce qui concerne le smoking, nombreux sont ses proches qui lui ont conseillé la mesure et non plus la location, après avoir déploré son allure le 6 juin 2014 pour le dîner d'État à l'Élysée à l'occasion du 70e anniversaire du débarquement en Normandie. La reine Elizabeth a pu voir ce soir-là sur le président français un veston de smoking croisé trop long, aux épaules trop larges, et un pantalon tire-bouchonnant... Mais comme l'a confié un ami du Président : « Pour François, tout cela n'a pas d'importance. »

Emmanuel Macron suit l'avis de son conseiller Ismael Émelien et choisit ses costumes chez Jonas, une boutique de la rue d'Aboukir à Paris. L'Élysée fait savoir que les prix y sont raisonnables. Pas plus de 450 euros par costume. Le Président porte du bleu foncé, du gris clair ou anthracite, des cravates unies. Les chemises, blanches ou bleues, sont le choix de Brigitte Macron chez Figaret. Rien à redire. Simple et classique. En privé, le style est bien sûr plus décontracté : chemise Lacoste du tennisman, jean ou pantalon de couleur du marcheur. Souvent en harmonie avec les tenues de son épouse.

Garden-party

« À l'occasion de la fête nationale, garden-party à partir de treize heures au palais de l'Élysée. Entrée par l'avenue de Marigny. » En cette année 1978, le carton d'invitation est des plus convoités. On se bouscule pour être de cette fête voulue par Valéry Giscard d'Estaing. Il faut dire que « garden-party » fait autrement plus chic que « réception dans les jardins ». On s'amusera quand même à imaginer l'impossible : le général de Gaulle utilisant une expression anglaise pour lancer ses invitations. Quant à François Mitterrand, il s'arrangeait pour ne pas avoir à prononcer « garden-party », non plus que tout autre mot anglais... Mais les pelouses de l'Élysée n'ont pas attendu Giscard et 1978 pour être foulées par des milliers d'invités, conviés à toutes sortes de fêtes, nationales ou non. À vrai dire, la garden-party élyséenne existe depuis toujours.

C'est la Pompadour qui, en quelque sorte, lance la mode. Au cours de la décennie où la favorite de Louis XV est propriétaire de l'hôtel d'Évreux, et bien qu'elle n'y passe que peu de temps, les fêtes dans les jardins sont nombreuses et somptueuses, agrémentées de superbes illuminations, comme c'est le cas en juin 1763 pour l'inauguration de la statue du roi sur la place Louis XV (l'actuelle Concorde). Caroline Murat donne des fêtes grandioses en l'honneur de son frère Napoléon, et des feux d'artifice jaillissent des bosquets. En 1889, la République multiplie les réceptions à l'occasion de l'Exposition universelle. Quoique toute neuve, la Salle des Fêtes de l'Élysée ne peut rivaliser avec le charme des jardins au printemps ou au début de l'été. Pour renforcer le côté champêtre de sa réception et abriter les musiciens, Sadi Carnot fait construire un kiosque à musique. Avec Félix Faure, de républicaine la garden-party devient royale. Le faste avant tout. Quant au président Vincent Auriol, il s'est souvenu longtemps de sa garden-party du 14 juillet 1951. Le défilé militaire sous le soleil avait réveillé les soifs, nous raconte l'historien Georges Poisson. Les buffets dressés dans le parc étaient pris d'assaut, et lorsque le président de la République tenta de s'approcher de l'un d'eux, un serveur (qui n'appartenait pas au personnel de l'Élysée) lui ordonna :

— Un peu de patience, chacun son tour !

Vincent Auriol s'en amusa et souffla à ses voisins :

— C'est beau, la popularité...

Aux beaux jours, et pas uniquement pour la fête nationale, le général de Gaulle ne détestait pas recevoir dans les jardins. Mme de Gaulle et lui accueillaient les invités dans le Salon des Ambassadeurs, qui ouvre sur la terrasse et le parc. Ceux qui rencontraient de Gaulle pour la première fois étaient bien sûr impressionnés. Ceux qui en avaient l'habitude pouvaient l'être tout autant. Ce fut le cas de l'épouse d'un ministre. Troublée, émue, ou incommodée par la chaleur de l'été, elle salua le président de la République d'un « Bonjour, madame » qu'elle destinait sans doute à Mme de Gaulle, mais une inversion de répliques arrive toujours trop vite... « Mes respects, mon général », lui répondit de Gaulle, un brin goguenard... Claude Dulong raconte avec beaucoup d'esprit son expérience personnelle au cours d'une garden-party dans les années 1960. Le Général se promenait dans le jardin, allant d'un invité à l'autre. Claude Dulong ne le vit pas arriver. Sa surprise la tétanisa et expliqua les interminables silences d'une conversation que, dans son désarroi, elle meubla comme elle put.

« Eh bien, madame, il fait bon ce soir ! attaqua de Gaulle.

— Très bon, Général...

— C'est rare qu'on puisse se tenir ainsi dans le jardin.

— Très rare, Général... »

Silence. Long. Déstabilisant. Claude Dulong avoue :

« Je finis par prononcer cette phrase que, de ma vie, je n'oublierai :

"Et la météo dit qu'il fera encore plus beau demain !

— Eh bien, madame, si cet oracle tombe de votre bouche, il faut l'accepter !" »

En 1978, Valéry Giscard d'Estaing n'invente donc pas la garden-party de l'Élysée. Mais il lui donne une nouvelle dimension. Jusque-là, les invités appartenaient pour la plupart aux corps constitués, à la haute administration et aux armées. Giscard ouvre largement à la société civile cette réception pas comme les autres, qui va s'en trouver popularisée et même, au fil des années, « peoplelisée ». De 1978 à 2009, date de sa suppression pour cause de restrictions budgétaires, la garden-party du 14 Juillet connaît trente et une éditions et quatre présidents. Quatre mille, puis cinq mille, et jusqu'à sept mille cinq cents invités la dernière année, en 2009. Des politiques, des chefs d'entreprise, des leaders syndicaux, des artistes, des sportifs, beaucoup de journalistes. Et, chaque année, des Français dits « méritants », qui se sont illustrés dans leur domaine, souvent le social et l'éducation. Une foule. La fanfare de la garde républicaine. Une quinzaine de tentes dressées dans le parc. Des buffets régionaux. Des groupes musicaux des DOM-TOM. Un vrai rituel. Un événement pour ceux qui ne sont jamais venus au Palais, et ne connaissent donc pas le parc. Une obligation pour la plupart des invités. Une corvée aussi, comme le reconnaissent certains, anonymes mais sincères.

Pour les quatre présidents qui ont invité le 14 Juillet à cette traditionnelle garden-party, le protocole est incontournable. Après le défilé, quelques instants de repos. Et une pause sur la terrasse, sous les applaudissements, avant d'aller affronter la foule. Quelques évolutions pendant ces trente et une années. Ainsi, à partir de 1996, la présentation d'invités prestigieux ou exceptionnels par le Président, au micro, sur la terrasse. Cette année-là, c'est Nelson Mandela. Deux ans plus tard, en 1998, c'est l'équipe de France de football, emmenée par Zinedine Zidane et Aimé Jacquet, auréolée par sa victoire en Coupe du monde. Jacques Chirac, qui commet d'abord un lapsus en évoquant le succès « en Coupe de France », les fait longuement ovationner. En 2008, c'est Ingrid Betancourt, libérée douze jours plus tôt après six ans et cinq mois de captivité dans la forêt colombienne. Derrière un pupitre, Nicolas Sarkozy l'accueille et la décore de la Légion d'honneur. Parfois, il faut gérer la difficulté, lorsqu'une personnalité dérange. Cette même année 2008, de nombreux chefs d'État et de gouvernement sont à Paris, à l'occasion du lancement de l'Union pour la Méditerranée. Parmi eux, Ben Ali, Moubarak et Bachar el-Assad. Joli trio de dictateurs. La présence du dirigeant syrien au défilé du matin crée la polémique. *Persona non grata* à la garden-party, il reste à l'hôtel de Marigny, de l'autre côté de l'avenue, en compagnie des autres dirigeants.

Depuis Giscard, en 1975, cette réception est aussi l'occasion pour les présidents de s'exprimer à la télévision. La tradition s'instaure, avec quelques variantes, comme ce 14 juillet 1995. Chirac vient de s'installer à l'Élysée. Il choisit, appréciant peu les interviews, d'organiser plutôt un point de presse, pour annoncer notamment la reprise des essais nucléaires dans le Pacifique. Dès l'année suivante, il revient à l'exercice traditionnel devant les caméras. Certaines de ces interviews restent comme de vrais et grands moments de télévision : Mitterrand annonçant, en 1986, au début de la cohabitation, qu'il refuse de signer les ordonnances sur les privatisations ; ou encore Chirac, en 2004, lançant un tonitruant « Je décide, il exécute » à l'adresse de Sarkozy, son ambitieux ministre de l'Économie, qui déjeune tranquillement au même moment, avec quelques invités, dans la salle à manger de Bercy. L'année suivante, le 14 juillet 2005, revenu à l'Intérieur, l'intéressé répond, de façon tout aussi cinglante, « qu'il n'a pas vocation à démonter tranquillement les serrures à Versailles pendant que la France gronde ». Élu président, il décide de rompre, et d'abandonner cette tradition des interviews. Préférant choisir sa date et son terrain quand il veut s'expliquer devant les Français.

De la même manière, il tranche dans le vif en 2010. Plus de garden-party. Plus de concert géant le soir sur le Champ-de-Mars. Il faut donner l'exemple, au moment où l'État doit se serrer la ceinture. En 2009, selon les indications fournies par Matignon au député René Dosière, la garden-party avait coûté très précisément 732 826 euros pour environ sept mille cinq cents invités. Quasiment cent euros par personne. 313 618 euros pour les traiteurs. 295 921 euros pour l'aménagement des tentes dans le parc. 43 128 euros pour les boissons, jus de fruits, vin et champagne. Et 80 159 euros pour les frais divers. Au Palais, les seuls vraiment satisfaits de cette décision d'annulation, ce sont les jardiniers. Chaque année, au lendemain de la garden-party, ils devaient remettre le gazon en état. Deux à trois semaines de travail. Les invités ne ménageaient pas la pelouse. Après trente et un ans d'agitation, le Palais est désormais à peu près calme le 14 Juillet. Même si, en 2012, François Hollande ouvre le parc aux visiteurs. Sans toutefois revenir à la garden-party.

Gaulle (Charles de)

« J'entends se refermer sur moi, désormais captif de ma charge, toutes les portes du Palais. » Si cette phrase, tirée des *Mémoires d'espoir* de Charles de Gaulle, indique assez justement que le premier président de la Ve République avait pris la mesure de sa tâche, on ne peut s'empêcher d'y respirer comme un parfum critique à l'égard de la maison elle-même. De fait, le Général n'aimait pas l'Élysée. On peut y voir deux raisons. La première est qu'il n'ignorait rien des événements qui s'étaient déroulés derrière les murs de l'ancien hôtel d'Évreux. Des caprices de la Pompadour à la mort galante de Félix Faure, des frasques du Directoire à l'abdication de Napoléon, en passant par les séjours de Wellington et du tsar, pour un homme comme de Gaulle il y avait de quoi ruminer. Il ne s'en privera pas : « C'est un Palais de la main gauche ! C'est au Louvre que j'aurais dû m'installer... On ne fait pas l'histoire dans le 8e arrondissement. »

L'autre raison est que, à ses propres yeux comme à ceux de l'histoire, de Gaulle est unique. Alors qu'il était encore à Matignon, un visiteur lui lança imprudemment : « Un de vos prédécesseurs... » Le Général le coupa net par un « De Gaulle n'a pas de prédécesseurs » qui fit l'effet de la foudre. La formule valait toujours, et plus encore, à l'Élysée.

8 janvier 1959, 11 heures. De Gaulle, en jaquette, grimpe les quelques marches du perron. L'homme qui l'accueille en lui tendant la main est René Coty, le président sortant. Dans la Salle des Fêtes, le discours de Coty s'ouvre sur un trait de choix, « le premier des

Français est désormais le premier en France », et se termine par une citation de Blaise Pascal : « En vous s'est opérée la conjonction de la grandeur d'établissement et de la grandeur personnelle. » Tout cela est bel et bon... sauf que le premier des Français rêvait de s'installer ailleurs ! « Quand je pense que l'on a accordé à l'Élysée le nom de Palais ! » lâche-t-il pendant la visite du couple Kennedy à Versailles, en 1961, raconte le centriste Pierre Sudreau à Michel Tauriac dans *Vivre avec de Gaulle*. Pour remplacer l'Élysée, plusieurs solutions ont été proposées. On a envisagé le château de Vincennes. C'est plus grand, plus aéré, et, pour de Gaulle, l'histoire y est autrement à son avantage. Malheureusement, devant le coût des travaux à entreprendre, le Général, toujours soucieux que l'État ne dépense pas en vain, renonce[1]. On songe aux Invalides, à l'École militaire, au Grand Trianon, et même à l'hôtel Biron (l'actuel musée Rodin). Dans sa remarquable *Vie quotidienne à l'Élysée au temps de Charles de Gaulle*, Claude Dulong rapporte la réaction du Général quand cette dernière idée lui fut soumise : « Il est impensable d'installer la République dans un bâtiment qu'elle a volé aux Dames du Sacré-Cœur ! » Tout compte fait, de Gaulle va, selon sa propre expression, « s'accommoder » de cet Élysée, qu'en bon

1. C'est sous la présidence de Nicolas Sarkozy qu'a été initié le plan de transfert de la présidence de la République au château de Vincennes en cas de crue majeure de la Seine. Les travaux nécessaires ont été terminés en 2010, complétés régulièrement par l'installation et la maintenance des outils informatiques les plus performants. En juin 2016, lors de la crue qui a paralysé une partie de la capitale, l'alerte a été activée, sans que toutefois le Président ait eu à quitter l'Élysée.

militaire il se résigne à considérer comme une garnison de plus. Hormis les effets personnels, quelques livres et photos de famille, les appartements privés ne porteront jamais la marque du couple présidentiel qui va pourtant y vivre pendant dix ans. Si l'Élysée est bien ainsi la résidence du président de la République, pour le général de Gaulle, La Boisserie à Colombey-les-Deux-Églises, « c'est ma demeure ».

Le Président qui s'installe en janvier 1959 à l'Élysée inaugure par là même la nouvelle Constitution. Du sur-mesure. Des pouvoirs élargis que sa propre stature va encore agrandir. C'est dire que la place risque de manquer pour les collaborateurs, cinq fois plus nombreux que ceux du président Coty. *Exit* donc « l'appartement royal » du premier étage installé à grands frais sous Vincent Auriol (voir : *Pyjama*). Le bureau du nouveau président de la République occupe désormais le Salon Doré, dont les trois portes-fenêtres donnent sur les jardins. La table de travail est un magnifique meuble Louis XV en bois d'amarante dû à l'ébéniste Cressent. Elle était au Palais depuis... que Félix Faure l'avait fait déménager du ministère de la Marine à son arrivée en 1895, mais que lui-même n'utilisait pas comme bureau.

De Gaulle à l'Élysée, c'est une organisation toute militaire. Une journée normale, c'est un lever à 7 heures, qu'il y ait eu ou non des obligations officielles la veille en soirée. Le Général lit la presse en prenant son petit déjeuner et, peu après 9 h 30, entre dans son cabinet de travail, où lui ont été préparés les dossiers, notes et rapports nécessaires à la journée. À 13 heures, il retourne à ses appartements privés pour le déjeuner avec son épouse, ou, s'il reçoit des invités, dans un des salons du Palais transformé en salle à manger. Le repas lui-même n'excède pas une quarantaine de minutes. À 14 h 30, il est de retour dans son bureau. L'après-midi, les audiences se succèdent, sans qu'aucune dépasse la demi-heure, sauf si le visiteur s'appelle André Malraux... Parfois, vers 17 heures, il prend une tasse de thé et un ou deux biscuits. Vers 19 h 30, de Gaulle quitte son bureau après en avoir éteint les lumières[1]. Dans ses appartements où il retrouve Mme de Gaulle, le Général se détend en faisant une réussite aux cartes, regarde le journal télévisé, dîne simplement en commençant toujours par un potage[2], et regarde la télévision en sirotant une infusion de verveine.

Le Général se sent-il prisonnier au Palais ? C'est évident. Les questions de sécurité et de protocole le privent entre autres d'un genre de spectacle qu'il affectionne particulièrement : l'opérette. Il aurait aimé voir ou revoir *Mignon*, *Rose-Marie*, *Dédé*, *La Belle Hélène*, mais, confiait-il avec regret : « Galichon [son directeur de cabinet] ne veut pas ! »

Ainsi réglée, la vie du Général à l'Élysée peut donner l'impression de monotonie. La réalité est tout autre. Claude Dulong a recensé les activités de Charles

1. Yves de Gaulle rapporte cette confidence de son grand-père : « Je ne travaille que huit heures par jour, au-delà, cela ne sert à rien et, parmi mes collaborateurs, ceux qui travaillent le plus ne sont pas les meilleurs. »

2. Jean Mauriac a rapporté sa propre expérience... Journaliste admis à accompagner de Gaulle en 1956 à bord du navire des Messageries maritimes à destination des Antilles, il avait, le premier soir, refusé le potage. Réplique sans appel du Général : « Apprenez, Mauriac, qu'à ma table on prend du potage. Maître d'hôtel, veuillez servir monsieur. »

de Gaulle président de la République au cours de l'année 1964 : « Il préside cent vingt et un Conseils, dont le Conseil des ministres hebdomadaire, accorde sept cent quarante-six audiences, reçoit sept chefs d'État ou de gouvernement en visite officielle, compose et prononce soixante-sept discours ou allocutions, tient deux conférences de presse de deux heures chacune, accomplit quarante et une sorties officielles dans la capitale, cinq déplacements à l'intérieur du pays, quinze voyages dans la France d'outre-mer ou à l'étranger, dont une tournée de trois semaines et trente mille kilomètres dans dix pays d'Amérique latine. » Ajoutons à cet inventaire les nombreuses réceptions et rappelons que, cette année-là, de Gaulle a soixante-quatorze ans et subit en outre, au mois d'avril, une opération de la prostate.

La Ve République fait de l'Élysée l'épicentre du pouvoir. Tout part de là et tout y revient. La personnalité du Général accentue le phénomène et les accusations d'« exercice personnel du pouvoir », venues parfois de son propre camp, vont pleuvoir tout au long de ses deux mandats. On ne peut pourtant dire que de Gaulle, pour peu qu'on se souvienne de son discours de Bayeux en 1946 où fut exposée sa conception du rôle de l'exécutif, ait pris quiconque par surprise. Révélatrice à cet égard est la scène rapportée par Gilbert Guilleminault dans *Le Roman vrai de la Ve République*. Nous sommes à l'Élysée en novembre 1959, au cours du Conseil des ministres qui se tient dans le Salon d'Angle du premier étage. Le ministre des Finances Antoine Pinay croit bon de réagir au discours prononcé par le Général la veille à l'École militaire, et à une phrase sans ambiguïté : « La défense de la France doit être française. »

— Doit-on en conclure, monsieur le Président, que vous avez condamné le principe même de l'OTAN ? demande Pinay.

De Gaulle prend d'abord la remarque de façon badine.

— Je ne savais pas, monsieur le ministre des Finances, que vous vous intéressiez à la politique étrangère !

— Je m'y intéresse en effet, monsieur le Président, et j'estime que nous n'avons pas les moyens de nous défendre seuls.

Silence de glace. De Gaulle se lève.

— Je vous remercie, monsieur le ministre des Finances. Messieurs, la séance est levée.

Quelques minutes plus tard, Pinay est informé que le Président va le recevoir en audience. Le rappel à l'ordre est on ne peut plus clair.

— C'est moi seul qui fais la politique, et sous ma seule responsabilité, dit de Gaulle. Moi seul ai le pouvoir de décision.

Antoine Pinay a une tout autre vision de la nouvelle Constitution et entend s'y tenir. La rupture est inévitable. Deux mois plus tard, il reprend son célèbre petit chapeau et s'en retourne dans sa bonne ville de Saint-Chamond. Un nouveau ministre des Finances lui succède : Wilfrid Baumgartner.

En décembre 1965, pour la première fois, les Français élisent le président de la République au suffrage universel. De Gaulle n'a fait connaître son intention de se présenter qu'un mois auparavant. C'est peu dire qu'il a hésité. Il est élu, mais au second tour, par 54,5 % des voix face à François Mitterrand. Avoir été placé en ballottage sera pour lui une blessure définitive.

Il n'achèvera pas son deuxième septennat. De nombreux historiens s'accordent aujourd'hui à penser que le Général ne croyait pas, non seulement au succès du référendum du 27 avril 1969, mais à ce référendum lui-même, qu'il aurait imaginé comme une sorte de suicide politique. « Je serai heureux et soulagé si le non l'emporte... Oui, ce serait une fin. J'aurai fait ce que j'ai pu pour mon pays. L'histoire dira que les Français ne m'ont pas suivi et l'histoire jugera », confie-t-il à Jacques Foccart le 23 avril 1969.

Deux jours plus tard, il quitte l'Élysée pour Colombey-les-Deux-Églises. Selon l'habitude, c'est pour le temps du week-end où, comme tous les électeurs, il ira voter. Mais de Gaulle ne reviendra pas à l'Élysée, ce Palais qu'il n'a jamais aimé. Et si Yvonne de Gaulle l'espère, lui le sait.

Le 10 juin 1969, dans une lettre à l'écrivain Françoise Parturier, de Gaulle tire une conclusion à sa mesure :

« Il est possible qu'un jour l'époque terminée le 28 avril apparaisse comme préférable à celle qui la suit, et cela aux yeux mêmes de ceux qui ne supportent pas l'altitude.

« En attendant, ne plaignez pas Sisyphe qui ne roule plus son rocher. »

Gaulle (Yvonne de)

Lorsque, à l'automne 1920, Yvonne Vendroux, vingt ans, née dans une famille de la bonne bourgeoisie du Pas-de-Calais, fait la connaissance du commandant

Charles de Gaulle, de dix ans son aîné, elle sait d'emblée qu'elle vient de rencontrer l'homme de sa vie. « Ce sera lui ou personne », annonce-t-elle à ses parents. Ils se marient en avril 1921. Commence alors une vie commune qui durera quarante-neuf ans, et sera marquée par le destin exceptionnel d'un mari qui, adolescent, se rêvait en « général de Gaulle », et dont l'ambition n'est somme toute que d'incarner la France.

Le Général n'aime pas l'Élysée, Yvonne l'apprécie encore moins. « Nous allons vivre en meublé », commente-t-elle en 1959. Dans *De Gaulle, mon père*, Philippe de Gaulle raconte l'installation dans les appartements privés du Palais : « Inquiète à l'idée que le chauffage aurait pu être déficient, ma mère fit aussitôt vérifier l'étanchéité de la vitrerie. Elle refusa bibelots et pendules de valeur sur les cheminées, parce qu'elle aurait été agacée de voir quelqu'un pénétrer chez elle pour l'entretien. Elle excluait tout le monde, excepté le maître d'hôtel-valet de chambre de mon père, le premier-maître de la marine Hennequin, et son épouse la femme de chambre. » Discrète, presque silencieuse, Yvonne de Gaulle ne quitte ses appartements de l'Élysée que pour les manifestations officielles – elle accompagne toujours le Général –, les réceptions, ou... les départs pour Colombey-les-Deux-Églises, seul endroit où elle se sent vraiment chez elle. Très attentive au sort des plus malheureux, elle soutient de nombreuses associations de bienfaisance, mais Yvonne de Gaulle n'a pas de bureau à l'Élysée et puise dans sa cassette personnelle. Elle visite des hôpitaux, des maternités ou des maisons de retraite. Plus de trois cents en dix ans. Mais ne se déplace que si elle est assurée qu'il n'y aura ni photographes ni reporters.

Elle quitte aussi le Palais pour aller faire ses courses. « Dès son arrivée à l'Élysée, raconte Philippe de Gaulle, elle est allée acheter de la vaisselle au Bon Marché, de façon à ne pas devoir se servir de celle marquée aux armes de l'État dans sa salle à manger particulière. » Les veilles de week-end où on ne va pas à Colombey, Yvonne se rend place de la Madeleine, chez Fauchon ou Hédiard, et fait ses emplettes pour le déjeuner du dimanche, auquel elle a invité ses enfants et petits-enfants. « À force de discrétion, elle réussissait cette extraordinaire performance de passer inaperçue », remarque un collaborateur du Général. Le principe de base chez les de Gaulle est que l'État n'a pas à supporter les frais de la vie familiale du président de la République. Règle intangible, à laquelle Yvonne de Gaulle veille autant que son mari. Si des membres de la famille doivent être invités au Palais pour une quelconque occasion, elle demande à être consultée auparavant, et n'accepte qu'à deux conditions : pas trop souvent, et en nombre restreint.

Au cours des réceptions et manifestations officielles au Palais, Yvonne de Gaulle joue parfaitement sa partition de maîtresse de maison dans la grande tradition bourgeoise, sans ostentation, sans éclat qui puisse choquer. Elle estime que sa première tâche est de veiller sur son mari, dont elle parle en disant « le Général ». Elle souhaite lui éviter les fatigues excessives ou une alimentation qui ne lui conviendrait pas. Au cours des déjeuners et dîners, souriante mais sans familiarité, elle s'enquiert auprès des invités de tout ce qui touche à leur famille et à leurs goûts, mais ne parle jamais de politique. Elle ne déteste pas en revanche que le Général se montre taquin. Reçu à déjeuner, l'ambassadeur de

Grande-Bretagne confie avec un brin de malice : « Monsieur le Président, je crois ne vous avoir jamais dit que ma femme était une gaulliste fervente... » De Gaulle, du tac au tac : « La mienne, monsieur l'ambassadeur, ça dépend des jours... » Yvonne de Gaulle avoue ressentir en public une certaine timidité, une retenue qui la met parfois mal à l'aise et dont elle espère qu'elle ne sera jamais prise pour de la distance. Elle n'est pas « proche du peuple » comme Germaine Coty, mais son côté vieille France ne déplaît pas. Dans le surnom de « Tante Yvonne » qu'elle gagne rapidement, il faut voir un hommage respectueux et affectueux de la part des Français. « Elle jouait vraiment un rôle important, explique Jean Lacouture dans le documentaire *De Gaulle à Colombey*. Auprès du Général, qui était, à sa façon, un personnage extravagant, hors de toutes les normes, elle représentait la quotidienneté et la tradition, l'enracinement français. Elle s'était mariée avec un homme qui était un point d'exclamation. Elle, justement, était peut-être les points de suspension à côté... » Yvonne de Gaulle, baptisée « Madame de Maintenant » dans la savoureuse chronique « La Cour » qu'André Ribaud écrivait chaque semaine dans *Le Canard enchaîné*, a souvent été présentée comme une bigote austère, qui interdisait qu'on reçût à l'Élysée les divorcé(e)s, et, en règle générale, tous ceux accusés de mener une vie peu conforme aux bonnes mœurs. Philippe de Gaulle s'insurge contre cette idée, en rappelant que nombre d'habitués de l'Élysée étaient divorcés ou vivaient en concubinage, à commencer par André Malraux. Mais parce qu'un certain ministre avait pris l'habitude de se présenter au Palais chaque fois avec une femme différente, et qu'Yvonne de Gaulle avait fini par dire « Quand même, il exagère », la rumeur de l'ordre moral régnant à l'Élysée s'était propagée (voir : *Indésirables*). Les témoins sont nombreux qui affirment qu'Yvonne de Gaulle ne manquait pas d'humour et que le Général s'est plus d'une fois amusé à une remarque de sa femme. Très au fait de la réputation de pruderie qu'on lui avait accolée, elle savait aussi faire preuve de beaucoup d'esprit. Le secrétaire général de l'Élysée Bernard Tricot a raconté ce jour où un film était projeté au Palais. Avant la séance, alors qu'il contemplait au plafond les cupidons aux couleurs pastel, enrubannés pour ne pas choquer les regards, sa voisine Yvonne de Gaulle lui avait glissé malicieusement : « Malgré ce que vous pouvez penser, ce n'est pas moi qui ai fait ajouter ces rubans ! »

S'il n'avait tenu qu'à son épouse de prendre la décision, de Gaulle ne se serait pas représenté en 1965. Le Général, on le sait, a entretenu le mystère jusqu'à la dernière minute – il annoncera sa candidature en novembre, l'élection ayant lieu en décembre –, mais pendant plusieurs mois Yvonne de Gaulle a tenté de le convaincre de renoncer. Pas directement. Mais par le biais de fidèles du Général qui pouvaient, à l'occasion, lui parler. Aussi, en 1969, cette femme qui a toujours su admirablement éviter d'afficher ses sentiments éprouve-t-elle un réel soulagement lorsque de Gaulle se retire après l'échec au référendum. Yvonne de Gaulle était en fait un paradoxe. Aucune épouse de président de la République n'aura été plus discrète. Aucune n'aura été plus présente.

Gayet (Julie)

Ne lui dites surtout pas qu'elle aurait pu être une Première dame. L'artiste Julie Gayet veut rester elle-même. Elle entend conserver son indépendance, garder des marges de manœuvre professionnelles et personnelles. Pas de bureau au Palais, pas de conseillers, à l'inverse de (presque) toutes les épouses et compagnes des présidents successifs. Tout juste, mais pas en permanence, et pour des raisons évidentes, une protection officielle, un minimum de sécurité. Ses activités, c'est à l'extérieur de l'Élysée qu'elle les exerce. Productrice, comédienne, dénicheuse de talents, elle est classée à part dans le petit monde du cinéma et de l'audiovisuel. Cette féministe cultivée aime prendre des risques. Elle est fidèle en amitié. Ses convictions sont clairement à gauche. Elle soutient depuis longtemps les candidats socialistes aux élections présidentielles, comme elle l'a fait en 2007 pour Ségolène Royal avec laquelle elle s'entend très bien. C'est une femme engagée, pas une militante de parti. Et elle se garde bien, lorsqu'elle participe à un déjeuner ou à un dîner amical à l'Élysée, d'intervenir dans les discussions politiques. Son influence, ses goûts, ses envies, ses passions, c'est dans le domaine artistique qu'il faut les rechercher. Sa vie, c'est avant tout le cinéma et le spectacle vivant, le théâtre notamment, à un moindre degré la télévision.

Janvier 2014. *Closer* publie des photos volées montrant François Hollande sur un scooter, arrivant au domicile de Julie Gayet. Des rumeurs circulaient depuis un certain temps dans les rédactions et les antichambres du pouvoir. Cette fois, la liaison entre le

Président et l'artiste est confirmée. Mais les deux protagonistes de cette aventure romanesque veulent avant tout respecter, et faire respecter, la confidentialité. Même, et surtout, s'il s'agit du chef de l'État et d'une comédienne et productrice en vue. Jamais une confirmation, jamais non plus un démenti. Aucune photo officielle. Juste quelques nouveaux clichés volés au pavillon de La Lanterne, dans la propriété des parents de Julie, au cœur du Gers, ou dans l'ancienne roseraie du parc de l'Élysée, qui fait partie des appartements privés du Palais. Cette dernière photo provoque nombre de réactions... et des sanctions sévères (voir : *Sécurité*), la preuve étant faite de manière évidente que la personne ayant « shooté » le couple se trouvait à l'intérieur du Palais, sans doute dans les appartements privés du Président. Julie et François évitent au maximum les paparazzis et la presse people. Leur vie privée doit rester privée. Et si le Président, qui s'y était politiquement engagé, se garde bien de lancer la moindre procédure contre les journaux à scandale qui publient ces photos, la comédienne ne s'en prive pas et obtient régulièrement, et légitimement, satisfaction. Peu à peu, pourtant, la réalité de cette liaison s'installe, au Palais et ailleurs. Ils sont tous deux pudiques. Julie est très discrète. Elle ne croise jamais, ou très rarement, les collaborateurs du Président. Quand il lui arrive de participer à un déjeuner ou à un dîner privé au Château, ou d'y passer la nuit, notamment le week-end, elle évite soigneusement d'apparaître dans un lieu de passage, sur le perron ou dans le vestibule par exemple. Et lorsque, le 18 juin 2015, elle participe au Mont-Valérien, non loin de François Hollande, à la commémoration de l'appel du général de Gaulle, c'est pour accompagner son grand-père Alain Gayet, un Compagnon de la Libération. Mais de manière subliminale, elle est clairement, pour les Français, la compagne du Président. Plus personne n'en doute. Ses proches ne s'en cachent pas. Elle-même, en petit comité, en parle assez librement. Le couple organise parfois des projections privées à l'Élysée (voir : *Cinéma*) et va fréquemment dîner chez des amis. Mais, longtemps, pas un mot en public, jamais une confidence spontanée ou calculée. C'est, pour eux, ils l'expliquent volontiers, le seul moyen de garantir un minimum d'intimité. Jusqu'à ce livre, « *Un président ne devrait pas dire ça*[1]... », dans lequel il s'exprime pour la première fois. Julie Gayet ? « Une belle femme... une fille bien. » Cette liaison sera-t-elle reconnue ? « Elle est demandeuse pour le faire. Ça brûle... Elle souffre de cette situation... Il n'y aura pas d'officialisation. Y compris pour le second quinquennat [*sic*], il n'y a pas de raison », répond Hollande.

Le Tout-Paris culturel a prêté à Julie Gayet une influence qu'elle ne souhaitait pas exercer. On surestimait son poids politique jusqu'à lui attribuer l'idée de la nomination d'Audrey Azoulay, qu'elle connaît assez bien, au ministère de la Culture et de la Communication lors du remaniement de février 2016. En fait, elle a tenu à ne pas répondre aux sollicitations, diverses et variées, qu'on n'a pas manqué de lui adresser, pour telle ou telle nomination. Tout juste savait-on, et depuis longtemps, qu'elle partageait la lutte des intermittents, qu'elle était favorable à une augmentation du budget de la culture, et, dans ce

1. De Gérard Davet et Fabrice Lhomme, *op. cit.*

cadre, à un effort particulier en faveur du cinéma et du spectacle vivant. Elle s'investit également dans des causes collectives, par exemple ce combat qu'elle mène pour sensibiliser l'opinion sur l'endométriose, une maladie chronique qui touche une femme sur dix. Et elle participe activement aux campagnes contre le sexisme et pour l'égalité hommes-femmes.

Pour la première fois depuis 1958, la femme qui partage la vie d'un président de la République n'a rien voulu changer à sa vie professionnelle. Certains s'en sont émus lorsque cette liaison est devenue notoire. Ils soulevaient notamment des difficultés protocolaires. Mais au Palais, la vie quotidienne n'a pas changé. Tout simplement, durant cette courte période, le rôle de Première dame s'est effacé.

Giscard d'Estaing (Anne-Aymone)

En 1974, l'épouse de Valéry Giscard d'Estaing n'a ni le goût ni vraiment l'envie de vivre à l'Élysée, où pourtant vécut un de ses ancêtres, le duc de Berry, de 1816 à 1820.

Comme Yvonne de Gaulle et Claude Pompidou, elle n'aime guère ce Palais et lui préfère son hôtel particulier de Paris et sa propriété d'Authon, dans le Loir-et-Cher. En épousant en décembre 1951 un polytechnicien et inspecteur des Finances promis à un bel avenir, Anne-Aymone Sauvage de Brantes s'attendait à partager la vie d'un homme public. Mais elle n'imaginait pas devenir à quarante et un ans la Première dame de France.

Les Français la découvrent élégante et timide, même si elle affiche résolument sa volonté de moderniser ce statut d'épouse de président de la République. En retrait dans les cérémonies présidentielles, elle préfère aux manifestations élyséennes les voyages à l'étranger mais reste effacée, quelles que soient les circonstances. Pourtant, dans le petit milieu politique, on connaît son sens de l'humour. À l'époque où son mari était jeune secrétaire d'État, elle répondit un jour au général de Gaulle qui lui demandait, au début d'un dîner officiel, combien elle avait d'enfants : « Quatre, Général. » À la fin du repas, le Président, peu prolixe, sans grande imagination et plutôt réservé avec les femmes, lui repose la même question. La réponse fuse, spontanée : « Toujours quatre, Général ! » L'anecdote amusa beaucoup au Palais.

Le 31 décembre 1975, VGE, soucieux d'innover, lui demande de s'associer aux vœux qu'il va présenter aux Français. Elle s'y plie sans enthousiasme. Le couple s'installe, au coin du feu. Un moment peu naturel, délicat et embarrassant pour celle qui craint beaucoup les médias, en particulier la télévision. « Qu'avez-vous fait aujourd'hui ? » lui demande en arrivant le Président devant les techniciens qui terminent leur préparation. La scène est suivie en instantané rue Cognacq-Jay, au siège des rédactions, qui reçoivent l'image en direct. « Rien de spécial », répond-elle, laconique. Un peu plus tard, elle doit se plier à un essai de voix. « Que dois-je dire ? demande-t-elle. — "Le corbeau et le renard", lui suggère son mari. — Je l'ai oublié », avoue-t-elle avec franchise. Elle n'aime décidément pas cet exercice télévisé. Et l'expérience, pas franchement convaincante, ne sera pas renouvelée.

Les contraintes de la charge et le poids du protocole ennuient la Première dame même si, peu à peu, elle commence à s'intéresser à la politique et à s'amuser de ses jeux. En privé, et devant ses amis, elle ne cache pas son admiration pour les débuts du septennat, l'abaissement du droit de vote à dix-huit ans notamment. Malgré une éducation conservatrice et de solides convictions religieuses, elle approuve la mise en œuvre de la loi Veil sur l'avortement. Mais elle continue de préférer à la vie publique sa vie de famille et l'éducation de ses enfants.

Entourée d'une petite équipe de collaborateurs, dont une jeune professeure de lettres, Christine Albanel, elle fait le maximum d'efforts pour jouer au mieux un rôle qu'elle juge ingrat et souvent pesant. En 1977, elle crée la Fondation pour l'enfance dont elle s'occupera activement et avec efficacité. Après la défaite de son mari, qu'elle vit douloureusement, elle poursuivra cette action humanitaire en faveur des enfants et des familles en difficulté. Cette Fondation est sans doute son meilleur souvenir de l'Élysée.

Giscard d'Estaing (Valéry)

« Je voudrais regarder la France au fond des yeux... » Valéry Giscard d'Estaing vient d'annoncer sa candidature à la présidence de la République ce 8 avril 1974, six jours après la disparition de Georges Pompidou. Le 19 mai il est élu avec 50,81 % des suffrages ; 400 000 voix d'avance sur son adversaire François Mitterrand. Le 27 mai il entre à l'Élysée.

À pied, comme Félix Faure, et en costume de ville. Dans la Salle des Fêtes, où il prononce son discours d'investiture, il refuse de passer au cou le collier de grand maître de la Légion d'honneur. Il a quarante-huit ans. C'est le plus jeune président de la République française depuis Louis Napoléon Bonaparte, élu à quarante ans. Bachelier à quinze ans, polytechnicien, énarque, inspecteur des Finances. À trente ans député du Puy-de-Dôme, à trente-trois secrétaire d'État au Budget dans le premier gouvernement de Michel Debré lors du retour au pouvoir du général de Gaulle, à trente-six ans ministre des Finances. Une éblouissante précocité qui n'impose qu'un qualificatif pour l'homme, son intelligence, son parcours : brillant. Évoquant leurs années d'études, son ami Jean d'Ormesson a confié : « Il était toujours premier. Dans toutes les matières. Même en couture. » Antoine Pinay recommande Giscard à de Gaulle. « Mon meilleur grand argentier », dit le Général, qui ajoutera cependant plus tard : « Son problème, c'est le peuple. » Brillant mais froid. Dès son accession à l'Élysée, Giscard se défend pourtant d'être un personnage hautain. Il n'est pas que cette phénoménale mécanique intellectuelle. Au fond, il cherche à apparaître tel qu'il se sent : un homme moderne, jeune et en bonne santé. Un point qui a son importance après le silence imposé autour de la maladie de Georges Pompidou[1]. On verra dans *Paris Match* le Président,

---

1. Valéry Giscard d'Estaing et Georges Pompidou ne s'aimaient guère. Dans *VGE, une vie* (Flammarion, 2011), Georges Valance rapporte cette remarque de Giscard à propos de Pompidou : « J'appartiens à la Basse Auvergne, lui était de la Haute Auvergne, du Cantal, où les gens sont méfiants. Pompidou était un homme essentiellement méfiant, particulièrement à l'égard des personnes talentueuses et plus jeunes

sportif et bronzé, à la plage, aux sports d'hiver, ou au bord de la piscine. Ce que Giscard apprécie, c'est qu'on parle de lui en faisant référence à Kennedy, dont la photo restera dans le bureau présidentiel durant tout le septennat.

L'Élysée relooké par Pompidou ne convient pas à Valéry Giscard d'Estaing. Et ce n'est pas parce que le nouveau président n'y réside pas en permanence – il préfère, ainsi que ses enfants adolescents, l'hôtel particulier de son épouse, rue Bénouville – que le Palais ne doit pas retrouver son lustre d'antan. Des aménagements voulus par les Pompidou, il ne restera que la salle à manger imaginée par Pierre Paulin. L'ancienne bibliothèque retrouve sa place et son décor, au détriment du fumoir *design*. Les toiles de Vasarely et les œuvres cinétiques d'Agam quittent les salons. Le Président entre dans les détails : les façades à ravaler, les trumeaux à rafraîchir, les monogrammes à redorer, les éclairages et ce que l'on trouve dans les assiettes. Le chef pâtissier Francis Loiget se souvient : « Il s'occupait de tout, dirigeait tout, voulait tout voir et tout savoir. À commencer par les menus, épluchant chaque jour à 9 heures avec l'intendant les propositions du chef, qu'il annotait et modifiait. » Une tarte fine aux pommes, dessert nouveau à l'époque, proposé au roi du Maroc, faillit coûter sa place au chef pâtissier : « Le Président m'a dit qu'il avait eu honte de servir un dessert aussi médiocre à Sa Majesté Hassan II », dit l'intendant de retour aux cuisines.

que lui. » Georges Valance rappelle qu'« un grand écart séparait le petit-fils de paysan pauvre de Montboudif et le grand bourgeois aux prétentions aristocratiques ».

« De ce jour date une ère nouvelle de la politique française... Ainsi c'est moi qui conduirai le changement... Voici que s'ouvre le livre du temps, avec le vertige de ses pages blanches. » C'est en ces termes que le nouveau président marque son arrivée au Palais. Valéry Giscard d'Estaing refuse d'installer son bureau dans le Salon Doré, ne voulant pas se conformer au choix de De Gaulle et Pompidou. Le Salon d'Angle, côté est, lui convient mieux. Sa table sera celle qu'il avait choisie au ministère des Finances, et sur laquelle avait travaillé Raymond Poincaré. Et ses premières décisions sont favorablement accueillies : abaissement à 18 ans du droit de vote, libéralisation de l'IVG, réforme du divorce, création du Conseil européen, saisine du Conseil constitutionnel...

Mais les difficultés relationnelles entre le Président et son Premier ministre Jacques Chirac, qui vont grandissant jusqu'à la démission de ce dernier en 1976, troublent autant les Français que les idées de Giscard pour se rapprocher d'eux. Dans ce but, rien de mieux que d'aller dîner chez les citoyens. Rien de plus symbolique que d'inviter les éboueurs du quartier à venir petit-déjeuner à l'Élysée. Rien de moins inutile que de ralentir le rythme de l'hymne national (voir aussi : *Garden-party* et *Vœux télévisés*).

Le Président qui a tant voulu le changement dans la continuité change lui-même dans la seconde partie de son septennat. Au poste de Premier ministre, Raymond Barre a succédé à Jacques Chirac, et ce dernier est devenu maire de Paris. Pas vraiment dans le but de faciliter la vie du locataire de l'Élysée. Malgré la victoire, assez inattendue, aux législatives de 1978 et l'accession de Simone Veil à la présidence d'un

Parlement européen désormais élu au suffrage universel, d'autres événements et épreuves s'accumulent, auxquels Giscard ne réagit pas comme l'attendent les Français, apparaissant au mieux lointain, au pire inaccessible. Les assassinats des anciens ministres Jean de Broglie et Joseph Fontanet, le suicide de Robert Boulin, le ministre du Travail, les attentats du BHV et de la rue Copernic, l'affaire des diamants de Bokassa marquent l'opinion, créant le début d'un mouvement qui se traduira par l'échec de 1981. Valéry Giscard d'Estaing raconte dans *Le Pouvoir et la Vie* le dernier entretien avec Jacques Chirac à l'Élysée au début de l'année 1981. Chirac, qui garde le mystère sur sa propre candidature, va droit au but : « De toute façon, monsieur le Président, je ne sais pas si vos collaborateurs ont le courage de vous le dire, mais vous serez battu à la présidentielle. Votre situation se dégrade très vite. Je préfère vous le dire[1]. » Le 10 mai 1981, les Français ne font pas « le bon choix » qu'espérait Giscard. Le président sortant ne recueille que 48,24 % des voix face à François Mitterrand, qui l'emporte avec 51,75 %. Le 21 mai, Valéry Giscard d'Estaing accueille son successeur sur le perron de l'Élysée. Trente minutes plus tard, le vingtième président de la République quitte à pied le Palais, sous des huées que Mitterrand jugera « indignes ».

1. Jacques Chirac n'a jamais démenti cet ultime entretien à l'Élysée. Il l'aurait même commenté plus tard à un proche en ces termes : « Je suis allé à l'Élysée présenter l'addition à Giscard. Trahir de Gaulle et mépriser Pompidou, ça se paye un jour. »

Gorilles (du Général)

Ce sont les Mousquetaires du Général. Baptisés « Gorilles » par Dominique Ponchardier, un ancien résistant, agent des services secrets, qui, devenu écrivain, inventa le personnage du Gorille dans la Série Noire. Dans l'histoire de l'Élysée, les Gorilles figurent en bonne place. Pendant dix ans, de 1959 à 1969, ils assurent la sécurité et la garde rapprochée de De Gaulle. Avec des périodes de grande tension et d'immense inquiétude, comme au moment de la guerre d'Algérie et des attentats de l'OAS. Ils sont donc quatre à ne pas quitter le Général d'une semelle, que ce soit à Paris, pendant les déplacements en province, ou encore les voyages officiels à l'étranger, sans parler de Colombey, le week-end et pour les vacances. Curieusement, ils ont été sélectionnés par André Malraux, car certains d'entre eux avaient assuré sa protection en 1958.

Le patron des Gorilles, c'est Paul Comiti, un ancien des commandos marine, grand résistant. Avec lui, un boxeur, Roger Tessier ; un combattant de la France Libre, d'origine kabyle, Henri Djouder ; et un parachutiste, René Auvray, remplacé en 1963, pour raisons de santé, par Raymond Sasia, un tireur d'élite formé au FBI. Des physiques à la Roger Hanin, à la Belmondo ou à la Ventura. Des célébrités, que l'on voit à la télévision, encadrant le Général, dès qu'il se déplace. Avec des faits d'armes, comme ce jour de 1964, lors d'un voyage à Mexico, où Comiti doit porter le Général sur plusieurs mètres pour lui éviter d'être étouffé par une foule d'étudiants enthousiastes. Les Gorilles connaissent parfaitement le Général.

Entre eux, ils l'appellent « Pépère ». Il n'aime pas être surveillé, ou entravé, lorsqu'il prend un bain de foule. Mais ils ont, ses Gorilles et lui, leurs règles du jeu. Toujours présents, mais sans l'empêcher de prendre des risques, d'aller au contact. Il est myope, et déteste porter ses lunettes en public ? Ils l'aident à franchir les obstacles, à descendre les marches des escaliers. Il est sous la menace d'attentats ? Ils redoublent d'attention, durcissent la surveillance, comme ils le feront après l'attentat du Petit-Clamart, en 1962, et après l'assassinat de Kennedy, deux événements qui confirment la vulnérabilité des dispositifs de sécurité. Dans ces années 1960, les technologies sont balbutiantes. Pas de portables, pas d'oreillettes, pas de systèmes de surveillance sophistiqués. Les Gorilles, bien sûr, sont armés, mais ils ont surtout l'expérience, le physique, le tempérament, le courage aussi. Et la confiance du Général. Les anecdotes sont étonnantes, comme celles recueillies pour *De Gaulle et ses gorilles*, un excellent documentaire de Renaud Fessaguet et Frédéric Decossas, produit par Tony Comiti, le propre fils de l'ancien patron des Gorilles. Un exemple parmi tant d'autres : en 1967 à Montréal, Roger Tessier repère par hasard un micro dans un coin du balcon où de Gaulle vient saluer les Québécois en liesse. Il va l'apporter au Général, qui demande précisément un micro car il veut prononcer quelques mots... Ce sera, sonorisé grâce à ce gorille, « Vive le Québec libre ! ».

En 2010, Raymond Sasia publie ses souvenirs dans un savoureux et émouvant ouvrage, *Le Mousquetaire du Général*. Il raconte notamment ce jour où de Gaulle demande à s'arrêter dans une ferme au retour d'une promenade dans les environs de Colombey un samedi de 1962. Inquiétude chez les Gorilles. La fermière accueille avec joie le Général, qui accepte une tasse de café. Arrive le fermier, qui entame avec de Gaulle une conversation sur la betterave à sucre et les effets de la concurrence étrangère. « Combien vendez-vous le quintal ? » demande le Président. Trois jours plus tard, en plein Conseil des ministres à l'Élysée, de Gaulle interroge à brûle-pourpoint Edgard Pisani : « Monsieur le ministre de l'Agriculture, où en sommes-nous avec la production de la betterave sucrière ? » Pisani bafouille : « La production se maintient, mon général... — À combien est le prix du quintal, ce trimestre ? » insiste le Président. Refusant d'être pris en flagrant délit d'ignorance, Pisani avance un chiffre. « Ce n'est pas cela du tout ! triomphe de Gaulle, qui donne le prix au centime près. Renseignez-vous ! Et secouez vos énarques ! » Pisani remerciera chaleureusement les Gorilles : « Bande de salauds ! Vous auriez pu me prévenir qu'il avait fait le tour des fermes ce week-end ! » Le jour des obsèques du Général, Mme de Gaulle demande que les quatre Mousquetaires entourent la tombe au moment de la mise en terre. Raymond Sasia n'oubliera jamais : « Nous étions là, en larmes, nous avions perdu notre père. Nous qui avions juré de donner notre vie pour la sienne, nous étions comme des orphelins. »

Grâce (présidentielle)

Il s'appelle Hamida Djandoubi. Condamné à mort pour assassinat, torture et viol, il est guillotiné le

10 septembre 1977 à la prison des Baumettes, à Marseille. C'est le dernier guillotiné. Elle s'appelle Germaine Godefroy. Condamnée pour meurtre, elle est guillotinée le 25 mars 1949, sous la présidence de Vincent Auriol. C'est la dernière femme à subir ce châtiment. Giscard en 1977, Auriol en 1949. À chaque exécution, la question de la grâce présidentielle est posée. Jusqu'à l'élection de François Mitterrand, et la promulgation de la loi abolissant la peine de mort, le 9 octobre 1981.

Article 17 de la Constitution : « Le président de la République a le droit de faire grâce à titre individuel. » Modifié à l'occasion de la dernière révision constitutionnelle de 2008, cet article vient de loin. Depuis toujours, sous des formes différentes, le droit de grâce existe. S'agissant de la peine de mort, et jusqu'à son abolition, les présidents sont tenus d'examiner le dossier dans le détail et de recevoir les avocats avant de prendre leur décision. Avec, presque chaque fois, et quels que soient les circonstances, débats et polémiques.

Plus généralement, et pas seulement pour la peine capitale, l'histoire des Républiques, des présidents et de l'Élysée est rythmée par l'exercice du droit de grâce. Avec des dates fondatrices, des choix historiques et des moments clés. C'est Sadi Carnot qui refuse la grâce d'Auguste Vaillant, anarchiste responsable d'un attentat à la Chambre des députés, et qui meurt le 25 juin 1894 des mains d'un autre anarchiste, l'Italien Caserio. C'est Émile Loubet qui, le 19 septembre 1899, gracie courageusement le capitaine Dreyfus, de nouveau et injustement condamné à dix ans de réclusion. C'est Armand Fallières qui, en 1906, au début de son mandat, gracie tous les condamnés à mort.

Près de quarante ans plus tard, de Gaulle, chef du Gouvernement provisoire, commue en réclusion à perpétuité la condamnation à mort de Philippe Pétain. Il rejette en revanche la grâce de Robert Brasillach, écrivain collaborateur, journaliste antisémite à *Je suis partout*, condamné à mort pour intelligence avec l'ennemi. Après le putsch avorté du « quarteron de généraux en retraite », dans la nuit du 21 au 22 avril 1961 à Alger, de Gaulle campe sur une position dure. Refusant dans un premier temps de gracier Jouhaud, condamné à mort par le haut tribunal militaire, il finit par accepter, après une intervention sous haute tension de son Premier ministre Pompidou et du garde des Sceaux Jean Foyer. Le premier responsable de la tentative de putsch, Raoul Salan, condamné à la détention à vie, est quant à lui gracié le 15 juin 1968. Ce jour-là, dans les couloirs du Palais, où le Général est de fort méchante humeur, il se murmure que l'épisode de Baden-Baden (voir : *Disparition*), et la conversation « virile » avec le général Massu ne sont pas étrangers à cette décision.

De Gaulle est, en revanche, intraitable avec Jean Bastien-Thiry, le cerveau de l'attentat du Petit-Clamart. La peine de mort sera exécutée. Il l'explique à Alain Peyrefitte, le 13 mars 1963, dans son bureau. Dialogue publié trente-quatre ans plus tard dans *C'était de Gaulle*. Peyrefitte : « Certains journalistes ont été surpris que vous ayez gracié des assassins qui vous ont bel et bien mitraillé, et que vous n'ayez pas gracié Bastien-Thiry, qui n'a pas participé directement à l'action. » De Gaulle : « Justement, c'est impardonnable ! Il n'a pas tiré lui-même ! Il s'est contenté de donner le signal de la fusillade avec un journal... Ce qui est impardonnable aussi, c'est qu'il a fait tirer sur une voiture dans laquelle il savait qu'il y avait une femme. »

Sous Pompidou et Giscard, six refus de grâce, six exécutions capitales. Dont celles de Buffet et Bontemps en 1972, et celle de Christian Ranucci en juillet 1976. Giscard décide à quatre reprises de gracier des condamnés à mort. Pendant la campagne présidentielle de 1981, François Mitterrand annonce qu'il fera abolir la peine de mort. Aussitôt élu, quatre jours après son arrivée à l'Élysée, il gracie Philippe Maurice, condamné à mort pour le meurtre d'un policier. C'est la dernière grâce pour une condamnation à mort. Cinq mois plus tard, Robert Badinter entre dans l'histoire en faisant voter l'abolition de la peine de mort.

D'autres grâces, de nature très différente, alimentent le débat. Ce sera le cas après le 23 novembre 1971, en raison de la grâce accordée par Georges Pompidou à Paul Touvier, l'ancien chef de la milice lyonnaise. Tollé général. Cascade de réactions. Plus près de nous, en 1998, la décision de Jacques Chirac de gracier Omar Raddad, ce jardinier condamné à dix-huit ans de réclusion pour le meurtre de Guislaine Marchal, est, à l'inverse, accueillie plutôt favorablement. De très nombreux experts, observateurs et journalistes penchent, à l'examen du dossier, pour l'erreur judiciaire. Le roi du Maroc, Hassan II, intervient en faveur d'Omar Raddad auprès du président français. Chirac n'hésite pas longtemps avant de prendre sa décision, une grâce partielle entraînant une réduction de peine. Plus récemment, le 5 octobre 2011,

Nicolas Sarkozy refuse la grâce de Dany Leprince, condamné en 1997 à la réclusion criminelle à perpétuité pour un quadruple meurtre, avec une peine de sûreté de vingt-deux ans.

Et puis, il y a ces grâces collectives longtemps décrétées le jour de la fête nationale. Et, jusqu'à la suspension de cette tradition en 2007, à l'arrivée de Nicolas Sarkozy, de plus en plus restrictives. Avant les années 2000, l'Élysée annonce généralement, chaque 14 Juillet, un mois ou deux de remise de peine. Sauf pour les meurtres de mineurs et de personnes âgées, les récidivistes et les auteurs de violences contre les forces de l'ordre. Chirac y ajoute les condamnations pour viol et agressions sexuelles, pour racisme, les actes de terrorisme et les infractions routières lourdes.

Aujourd'hui, la grâce présidentielle est de moins en moins utilisée. Sauf exception. Pour une injustice flagrante ou une erreur judiciaire évidente. Ainsi, le 31 janvier 2016, François Hollande accorde d'abord une grâce partielle en décidant une remise de peine en faveur de Jacqueline Sauvage. Près de deux mois plus tôt, cette femme a été condamnée à dix ans de prison pour avoir tué son mari, violeur et extrêmement violent qui l'a battue pendant des dizaines d'années. L'émotion gagne tout le pays. Les filles de Jacqueline se mobilisent. Une pétition, très médiatisée, recueille plus de quatre cent mille signatures. La décision de Hollande est donc saluée, mais aussi jugée insuffisante. Le 28 décembre 2016, le Président annonce par un tweet qu'il accorde finalement à Jacqueline Sauvage une grâce totale. Elle sera libérée le jour même. Une affaire qui aura, d'une certaine manière, et malgré les critiques de certains magistrats, relégitimé le principe de la grâce présidentielle.

Grévy (Jules)

La lettre de démission de Mac-Mahon est à peine lue, ce 30 janvier 1879, que le Congrès se réunit et, deux heures plus tard, proclame Jules Grévy président de la République. Le temps s'accélère. Lui-même ne peut se permettre d'en perdre. Entré dans sa soixante-douzième année, après une carrière d'avocat sans relief et de député sans plus d'éclat, il apparaît comme un républicain sincère mais modéré, qui doit son élection à la crainte qu'inspire aux parlementaires le remuant Léon Gambetta. La liaison que ce dernier entretient avec la belle-sœur de Mac-Mahon n'a par ailleurs pas contribué à lui ouvrir le chemin de l'Élysée. Jules Grévy est originaire d'une modeste famille de paysans du Jura et entend bien se conformer à ce que la fonction de président de la IIIe République exige de lui : ne rien faire. Il va ainsi réussir à faire passer l'inertie pour de la sagesse, et dissimuler son farouche souci de tranquillité sous de profondes et silencieuses réflexions. Ce qui ne signifie pas que Jules Grévy néglige les avantages de la fonction. Avec son épouse Coralie, il fait en sorte que les indemnités de représentation accordées à la présidence se retrouvent en bonne part dans sa cassette personnelle.

Président est donc en 1879 une tâche de tout repos. Jules Grévy déteste en tout les excès, se tient à l'écart, évite les conflits et les hommes de caractère – Gambetta et Clemenceau au premier chef. C'est un modéré. Mieux : un assoupi. La République, elle, avance à grands pas. En cette année 1879, l'Élysée est décrété résidence officielle du Président et *La Marseillaise* proclamée hymne national. Le 14 juillet 1880, Jules Grévy préside à Longchamp la première célébration de la fête nationale. Chaque jour, le Président se promène dans le parc du Palais en compagnie du canard Bébé et fait admirer à ses visiteurs son merle blanc apprivoisé, tandis que quelqu'un travaille avec acharnement à consolider la République. C'est l'autre Jules. Le ministre de l'Instruction publique Jules Ferry, qui sera aussi chef du gouvernement, fait voter les grandes lois de 1881 et 1882 instituant l'obligation, la gratuité, et la neutralité de l'enseignement primaire. L'école de la République voit ainsi le jour alors que les congrégations religieuses sont expulsées de leurs établissements scolaires. Au pape qui s'en émeut, Jules Grévy fait savoir qu'il aimerait agir mais que la Constitution lui interdit de se mêler de ces affaires.

Jules et Coralie Grévy aiment leur petite vie au Palais. Ils sacrifient à l'obligation de recevoir, sans aller au-delà du strict minimum. La table est chiche, les buffets indigents – un petit pain pour deux invités. Ce qu'on ne dépense pas profite aux économies personnelles du couple. Le seul domaine où Coralie Grévy ne se montre pas avare est celui des bourdes et bévues. La presse de l'époque s'en délecte. Au grand poète provençal Frédéric Mistral, qu'on reçoit à l'Élysée, elle demande : « Vous êtes du Midi, je crois, monsieur Mistral ? » Étant elle-même originaire de Narbonne, sans doute espérait-elle s'adresser à un compatriote. En 1880, le Président décide d'agrandir le Palais en faisant construire le Jardin d'Hiver, dans le prolongement du Salon Napoléon III. Cette serre d'apparat va servir au mariage d'Alice, la fille du Président. La bourgeoisie répand le bruit que cette construction a uniquement été conçue pour cette occasion, la location d'un lieu plus approprié étant par là même économisée. En présence de Jules Ferry et de Gambetta – les Grévy les invitent bien malgré eux, mais comment faire autrement, Gambetta est président de la Chambre –, Alice Grévy épouse Daniel Wilson, ancien noceur et dilapideur de fortune, écornifleur à la Jules Renard, qui a réussi à se faire élire député d'Indre-et-Loire et à s'introduire à l'Élysée où il joue au billard avec le Président. En toute connaissance de cause, il va de soi. À vingt-huit ans, Alice Grévy représente un parti intéressant à plus d'un titre. Daniel Wilson s'installe à l'Élysée avec sa jeune épouse. Il y installe aussi ses bureaux, réquisitionnant les actuels Salons des Portraits, Pompadour et Cléopâtre. Wilson est propriétaire d'un petit groupe de presse, un journal à Tours et d'autres à Paris, dont l'envoi aux abonnés bénéficie de la dispense de franchise postale accordée au palais présidentiel. Il y a mieux : entouré d'une dizaine de collaborateurs de la présidence, Wilson met en place une fructueuse entreprise où l'on vient acheter grâce présidentielle et décorations. Les barèmes sont connus. De 50 000 à 100 000 francs pour une Légion d'honneur. Au rayon en dessous, le Mérite agricole au tarif de base de 1 000 francs. À quelqu'un qui pensait qu'un acte et une conduite méritoires s'imposaient pour porter la Légion d'honneur, Wilson répond qu'il n'est pas nécessaire d'avoir fait quelque chose pour la mériter, qu'il suffit simplement de n'avoir rien fait qui puisse empêcher de l'obtenir...

Ce commerce au cœur du Palais prospère discrètement et suffisamment longtemps pour que Jules Grévy sollicite un deuxième mandat. Il entame ainsi son second septennat par une triomphale réélection en décembre 1885. Deux ans plus tard, le scandale éclate. Le trafic de décorations est découvert. Grévy tente dans un premier mouvement de protéger son gendre : « Daniel est un bon garçon, il a rendu trop de services, voilà son crime. » Les chansonniers se déchaînent : « Ah, quel malheur d'avoir un gendre ! », « Embrassons-nous, mon gendre » et « Les regrets d'un beau-père » sont les refrains à la mode. Grévy ne veut pas démissionner. Sa solution : changer de président du Conseil. Mais tous les chefs de gouvernement pressentis refusent les uns après les autres. La presse multiplie ses attaques. *Le Gaulois* publie en première page une petite annonce retentissante : « À céder, après fortune faite, fonds de président de la République dans quartier riche. Maison fondée en 1879 au coin de l'avenue Gabriel. » Le 2 décembre 1887, Grévy démissionne enfin. Pas de son plein gré : « La France dira que, pendant neuf années, mon gouvernement lui a assuré la paix, l'ordre et la liberté. Elle dira qu'en retour, j'ai été enlevé du poste où sa confiance m'avait placé. »

Wilson s'en tirera mieux que son beau-père. Condamné à deux ans de prison, il fait appel, est acquitté, et sera réélu député. La question centrale, et mystérieuse, demeure, elle, sans réponse, plus de cent trente ans après. Que savait Jules Grévy des escroqueries de son gendre ?

Grille du Coq

Plantée avenue Gabriel, elle est à l'Élysée, côté parc, à quelques pas des Champs-Élysées, ce que le porche officiel est au Palais, côté rue du Faubourg-Saint-Honoré. Une entrée dans ce lieu de pouvoir qu'est la présidence. En 1889, Sadi Carnot fait construire la Salle des Fêtes à l'occasion de l'Exposition universelle. En 1900, c'est pour la même raison qu'Émile Loubet, le septième président de la IIIe République, décide de faire édifier cette grille monumentale. Sa réalisation est confiée à l'architecte Adrien Chancel, qui a déjà travaillé sur la décoration de la Salle des Fêtes. Au sommet de cette grille, le coq gaulois. Symbole, avec le drapeau tricolore, de la République, le coq avait jadis été délogé du Palais par un autre oiseau, l'aigle, devenu figure impériale, l'aigle napoléonienne. En 1900, il était de bon ton de célébrer la République triomphante, dont les initiales, en lettres d'or entrelacées sur écusson noir, surplombent la grille.

Totalement rénovée au printemps 2011, la Grille du Coq est le passage symbolique choisi pour quelques grandes occasions. C'est là qu'arrivent au début de leur voyage officiel certains grands dirigeants étrangers, comme John Kennedy en mai 1961. Et c'est par là que sortent du Palais par le parc, le jour de leur investiture, les présidents de la Cinquième avant de rejoindre l'avenue des Champs-Élysées et la place Charles-de-Gaulle où ils vont notamment ranimer la flamme du soldat inconnu.

Prestigieuse, la Grille du Coq est aussi discrète. Parfaite quand un président veut recevoir le plus confidentiellement possible ses visiteurs du soir. Ou d'autres personnalités, comme ce 24 juin 2010 où Sarkozy, soucieux de l'avenir de l'équipe de France de football après la déconfiture de la Coupe du monde, fait venir Thierry Henry dès son retour d'Afrique du Sud, et demande qu'il rentre au Palais par cette grille, dans un véhicule banalisé de la présidence. Un an plus tôt, le dimanche 7 juin 2009, Michelle Obama, accompagnée de ses deux filles et de quelques proches, choisit elle aussi de passer par l'avenue Gabriel et la Grille du Coq pour rejoindre le Président et sa famille en ce jour de fête des mères... et d'élection européenne. Il s'agit d'un déjeuner privé, au lendemain des cérémonies d'anniversaire du débarquement en Normandie. L'épouse du président américain voulait ainsi éviter à ses filles la cohue des photographes et des cameramen.

Heures et horloges

Oublions l'horloge installée à l'époque de Jules Grévy au fronton du Palais, que l'épouse de Vincent Auriol fait enlever en 1947, craignant qu'on ne confonde l'Élysée « avec une gare de province ». Admirons plutôt les pendules. Omniprésentes, spectaculaires, volumineuses. Des trésors d'ingéniosité et de savoir-faire. Officiellement, le Palais en compte trois cent vingt. En réalité, un peu moins. Chaque mardi matin – jour précédant le Conseil des ministres –, une maître horlogère en gants blancs, membre du personnel du Mobilier national, se rend à l'Élysée pour vérifier les mécanismes et remonter toutes les pendules : aujourd'hui, c'est Yohanna Arvaud, héritière d'une véritable dynastie d'horlogers. Avant elle, son père et son grand-père ont effectué ce même travail. Des pendules et des horloges, il y en a de toutes sortes. Partout. La pendule de voyage à deux cadrans de la table du Conseil des ministres qui permet au Président et au Premier ministre, assis l'un en face de l'autre, de disposer de la même heure ; dans le Salon Murat, la pendule ornée de peintures sur porcelaine ; celle en bronze doré du Salon Pompadour ; celle qui date du Premier Empire dans le Salon Vert. Dans le Salon des Ambassadeurs, l'horloge astronomique qui cache une boîte à musique, et dont le cadran indique les heures, les minutes, les mois et même la position des signes du zodiaque. Chaque salon, chaque bureau, chaque pièce du Palais dispose ainsi d'un véritable objet de musée. Lourd, plutôt chargé, mais impressionnant.

Et puis, il y a le protocole, précis à la minute. Les horloges et pendules du Palais le rythment en permanence, du matin au soir. Un protocole efficace, discret, pointilleux. De Gaulle y tenait beaucoup. Question de prestige et de tenue. Ponctualité toute militaire. Les invités d'un déjeuner avaient été conviés à 13 h 15. Le Général s'était retrouvé à 13 h 12 à l'entrée de la salle à manger. « Qu'est-ce que je fais là, à attendre ? » Pour une audience prévue à 17 heures, un huissier avait ouvert la porte du bureau présidentiel à 16 h 59 et avait été accueilli par un « Ce n'est pas encore l'heure ». On se souvient aussi d'un léger froncement de sourcils du Général en direction de Tante Yvonne, lorsqu'elle avait fait attendre pendant quelques minutes, à la suite d'une erreur du protocole, la femme d'un chef d'État. Et en mars 1969, lors de la visite officielle de Richard Nixon à Paris, un retard d'un petit quart d'heure du président américain pour l'un des trois entretiens avait provoqué l'irritation, visible par tous, du Général.

En réalité, tous les présidents, sous toutes les Républiques, ont dû vivre au Palais avec un protocole aussi efficace que pesant. Tous ont joué le jeu, par devoir ou par goût. Tous ont appris à travailler dans ce cadre rigide, mais nécessaire à la vie quotidienne du Palais. Tous, sauf François Mitterrand. Pendant ses quatorze années à l'Élysée, il n'a jamais cessé de se plaindre de ce corset. Et de s'en échapper aussi souvent que possible. On ne comptait plus les retards. Dès le premier jour, lors de son installation au Palais, il obligea Giscard à patienter ! Même les Conseils des ministres ou les remises de décorations commençaient avec dix à quinze minutes de décalage, voire davantage. Pour Mitterrand, il s'agissait presque d'une question de principe. Sa liberté avant tout. C'était sa façon de travailler. C'était aussi sa coquetterie, car il devait soutenir sa réputation de seul homme politique français à n'avoir jamais été à l'heure à un rendez-vous. Maître de son propre temps. Cette formule était devenue le cauchemar du protocole. Mais elle révélait un président soucieux d'imposer son propre rythme.

Hollande (François)

« J'ai décidé de ne pas être candidat à l'élection présidentielle. » Ce jeudi 1er décembre à 20 h 08, c'est l'épilogue réel du mandat de François Hollande. Dans le petit studio de la rue de l'Élysée à côté du Palais lui-même où il prononce en direct cette allocution, le chef de l'État a la voix cassée. Il a pris sa décision définitive la veille au matin. Depuis, il a informé sa famille, quelques rares proches et le Premier ministre Manuel Valls, qui piaffe à Matignon. François Hollande est à la fois triste, grave et serein. Triste et grave car il sait que ce renoncement est historique, inédit sous la Ve République. Du général de Gaulle à Nicolas Sarkozy, tous les présidents se sont représentés, à l'exception d'un Georges Pompidou terrassé par la maladie. Ce jour-là, le chef de l'État est aussi serein. Il a longtemps réfléchi, pour ne trancher qu'au tout dernier moment. Il a bien compris que sa candidature poserait plus de problèmes qu'elle n'en résoudrait. Il sait qu'il est à peu près seul, isolé dans son palais, au plus bas dans les sondages. Son quinquennat se termine prématurément, même s'il lui reste alors un peu plus de cinq mois. Un quinquennat agité, chahuté. Un quinquennat anormal pour un président normal...

« Je viens de vivre la journée la plus importante de ma vie politique » : ce 2 février 2013, François Hollande est sur la place de l'Indépendance à Bamako, la capitale du Mali. L'accueil est enthousiaste. L'opération Serval, lancée moins d'un mois plus tôt, est un succès. Les troupes françaises ont réussi à stopper l'offensive djihadiste. L'intégrité du Mali a été sauvegardée. C'est sans doute le meilleur souvenir du quinquennat pour ce président qui a vu s'accumuler les difficultés et les épreuves, politiques et personnelles.

« C'est bien. » Il est 18 h 32, le dimanche 6 mai 2012. Dans son bureau de président du Conseil général de

Corrèze, à Tulle, François Hollande apprend que sa victoire est définitive. Pudique, presque laconique, il se contente de ce simple commentaire. Le même que François Mitterrand trente et un ans auparavant. Un peu plus tard, après 20 heures, lorsqu'une caméra de France 2 montre subrepticement dans ce bureau le septième président de la Ve République et ses proches, on aperçoit un sourire, et un léger salut de la main. Normal. François Hollande veut s'en tenir à ce style, à cette sobriété qui tranche avec la personnalité transgressive et parfois provocatrice de son prédécesseur. Il cultive en permanence la différence avec Nicolas Sarkozy. C'est la présidence modeste. Il y a chez lui du Mitterrand dans le sens tactique et le talent d'orateur, et du Chirac dans le goût authentique du contact. Une personnalité singulière que les Français ne commencent réellement à découvrir qu'au début 2012, au moment où la campagne présidentielle s'engage.

De sa jeunesse à Rouen, où il est né le 12 août 1954, François Hollande conserve un réel attachement pour la province et les territoires. Il y grandit dans une famille bourgeoise, très politique. Son père, médecin, est proche de l'extrême droite, partisan de l'Algérie française. Même si leurs relations sont notoirement difficiles, c'est lui qu'il appelle en premier, le 6 mai 2012 en fin d'après-midi, lorsqu'il est assuré d'être élu. Sa mère, qu'il adorait, est décédée en 2009. C'était une assistante sociale catholique et militante de gauche. Un exemple pour lui. Le parcours de François est linéaire, sans échec, sans ombre : le lycée Pasteur à Neuilly, où il croise la future bande du Splendid, Clavier, Jugnot et Lhermitte ; Sciences-Po, HEC, l'ENA, la Cour des comptes. Il fait partie de la fameuse promotion Voltaire, où il rencontre Ségolène Royal et se lie d'amitié avec Jean-Pierre Jouyet. Après, tout va très vite. Le PS en 1979, la campagne victorieuse de Mitterrand en 1981 au côté de Jacques Attali, dans la foulée une défaite électorale en Corrèze face à Jacques Chirac, un court passage à l'Élysée sous Mitterrand, la direction du cabinet de Max Gallo, porte-parole du gouvernement Mauroy, et même une présence furtive à la rédaction du quotidien de gauche *Le Matin de Paris*. Il est finalement élu en 1988, à trente-trois ans, député de Corrèze. La route est tracée. Comme Ségolène Royal, la mère de ses quatre enfants, il adore la politique sur le terrain, le contact. À Paris, il voit beaucoup son petit groupe d'amis, avec lesquels il refait le monde, et qui partagent le plus souvent sa passion du football. Davantage un cercle amical qu'un réseau politique. On y retrouve Jean-Pierre Jouyet, bien sûr, mais aussi des proches de Jacques Delors, Jean-Michel Gaillard, un énarque et normalien brillant et atypique disparu en 2005, l'avocat Jean-Pierre Mignard ou Jean-Yves Le Drian, qu'il nommera dès son premier gouvernement ministre de la Défense. Autant de personnalités qui le soutiendront quoi qu'il arrive. Battu en 1993, Hollande est réélu en 1997, et ira dès lors, dans ce fief chiraquien de la Corrèze, de victoire en victoire. Il conquiert la mairie de Tulle en 2001 puis le Conseil général en 2008. En 1997, après la victoire socialiste aux législatives, Lionel Jospin lui donne les clés du parti socialiste. Il le dirige jusqu'en 2008. Avec des hauts et des bas. Des victoires européennes, régionales, départementales et municipales. Mais des défaites qui lui laissent un goût amer. Surtout celle du 21 avril 2002. Il en tirera des leçons pour sa campagne victorieuse de 2012. Séparé de Ségolène en 2005, il vit mal les primaires socialistes de 2006 et la campagne de 2007. Il quitte la direction du PS l'année suivante. Pour mieux se préparer. Car François Hollande a compris que la victoire suprême n'ira pas sans une solide implantation locale. Il a vu Mitterrand dans la Nièvre et a retenu toutes les leçons de Chirac en Corrèze. Mieux : dès 2008, il sait pouvoir compter en terre corrézienne sur le soutien discret mais efficace de l'ancien président. Nicolas Sarkozy et Neuilly-sur-Seine subiront la revanche du terroir.

51,64 % des suffrages. Pas loin du score de Mitterrand en 1981. Sans être éclatant, le succès du 6 mai est clair et net. François Hollande n'a rien laissé au hasard. Dès le 31 mars 2011, à Tulle, où il annonce officiellement sa candidature aux primaires socialistes, il croit en sa victoire. Il surfe sur la vague anti-sarkozyste, donne la priorité à la justice fiscale, s'engage pour une présidence modeste. Le 15 mai, c'est l'affaire DSK à New York. Hollande devient d'un coup le favori. Pour les primaires, et pour la présidentielle. Les primaires sont rudes, usantes, mais populaires. Il les remporte facilement contre Martine Aubry, avec le renfort appréciable de Ségolène et de Montebourg – entre les deux tours. La campagne présidentielle s'ouvre. On l'imagine tendue et ardente. Elle sera nerveuse, musclée, cruelle, parfois surprenante, souvent déroutante. Elle se terminera par un duel au couteau le 2 mai, avec cette anaphore, ce « moi, président », qui laisse curieusement le sortant sans réaction. Le 6 mai, François Hollande devient le vingt-quatrième président de la République française. Le septième depuis 1958.

« Vivre à l'Élysée n'est pas utile, je n'aurai pas à le faire. » François Hollande répond ainsi à la question d'un lecteur du *Parisien* à deux semaines du premier tour. C'est dit : s'il est élu, la résidence officielle du président de la République sera son bureau et rien de plus. Quand il s'y installe le 15 mai, il tient parole. Le « candidat normal » se veut un « président normal ». Dans cette première phase, le contraste est saisissant avec son prédécesseur. L'escorte officielle s'arrête aux feux rouges. Le véhicule présidentiel, une Citroën DS 5 hybride, est modeste. À l'Élysée, pour la cérémonie d'investiture, c'est la sobriété. Ni glamour ni bling-bling. Pas de famille, pas d'enfants, mais une Valérie Trierweiler assez présente. Et les premières décisions vont dans le même sens. Simplicité, économies. Le salaire du Président et des membres du gouvernement est diminué de 30 %. Les déplacements sont moins coûteux. Pour sa première réunion à Bruxelles, le chef de l'État prend le Thalys, et rentre la nuit en voiture. Le 10 juin, le soir du premier tour des législatives, il est même retardé par un embouteillage. Dans le 15e arrondissement, où il habite, il continue de faire régulièrement ses courses lui-même, certes entouré de quelques gardes du corps. Et en août, le couple présidentiel fait l'aller-retour sur son lieu de vacances, le fort de Brégançon, en TGV, au milieu des touristes. Le dispositif de sécurité est également allégé. François Hollande choisit de s'installer dans le bureau de tous les présidents de la Cinquième – à l'exception de Valéry Giscard d'Estaing : le Salon Doré au premier étage. Mais par souci de convivialité, le nouveau locataire fait remplacer par des fauteuils la banquette où s'installaient ses prédécesseurs pour recevoir les visiteurs. Et dans un coin du Salon Doré, une table ovale permet désormais de tenir des réunions en comité très restreint, deux à trois personnes en général, six au maximum. Le train de vie dans son ensemble est revu à la baisse. Ainsi, aucun sondage ne doit plus être commandé en direct par l'Élysée. François et Valérie passent quelques week-ends à La Lanterne, comme Nicolas et Carla. C'est le seul point commun entre les deux périodes. On a changé d'époque.

Dans le même temps, le Palais n'est plus le seul lieu de décision. Une partie du pouvoir a traversé la Seine. De l'Élysée vers Matignon, où Jean-Marc Ayrault tient la barre. Officiellement, c'est la fin des arbitrages permanents au Château, des conseillers omniprésents qui dament le pion aux ministres, d'un secrétaire général tout-puissant qui, comme Claude Guéant, dicte ses instructions au Premier ministre. Désormais, l'entourage présidentiel ne s'exprime plus jamais dans les médias. Bien sûr, François Hollande, comme il le rappelle le 14 juillet 2012, trace les grandes lignes, fixe le cap. Et sur le Mali, c'est au Palais que se prennent les décisions. Mais, dans un premier temps, la méthode a changé. Hollande préside, mais ne gouverne pas au quotidien (voir : *Premier ministre*).

Le nouveau président doit très vite affronter une première tempête, le tweet vengeur de Valérie Trierweiler en faveur de l'adversaire de Ségolène Royal aux législatives de juin. Sous le choc, il encaisse et tentera de recadrer le 14 Juillet. Par ailleurs, et très vite, il mesure le risque d'isolement, et même d'enfermement. « Il y a comme une couche d'ozone présidentielle qui vous met hors du monde. L'Élysée, c'est du barbelé symbolique », confie l'un de ses conseillers au *Journal du dimanche*. Ainsi resurgit le double spectre du pouvoir qui isole et de l'Élysée prison dorée (voir : *Prison*). Accaparé par les premiers voyages internationaux, Washington, le G8 à Camp David, les capitales européennes, le Conseil de Bruxelles, une visite à Londres, Hollande craint vraiment de perdre le contact avec l'opinion. Les sondages, en baisse, confirment ce sentiment. Pour la fête nationale, il ouvre le parc de l'Élysée aux Français, comme pour la Journée du patrimoine, et renoue avec la traditionnelle interview. Mais où aura-t-elle lieu ? Le nouveau président ne s'est-il pas trop avancé en annonçant qu'il n'y aurait plus d'interview à l'Élysée ? Le 14 juillet 2012, l'émission se déroule donc à l'hôtel de la Marine, dans un des salons donnant sur la place de la Concorde, où Félix Faure, alors ministre de la Marine, se plaisait à accueillir les invités à ses fastueuses réceptions. Mais dès l'année suivante, le 14 juillet 2013, retour à l'Élysée. L'interview a lieu dans le parc, avec perspective sur le Palais. Un décor très présidentiel...

Les Français connaissent-ils vraiment leur vingt-quatrième président ou faut-il encore attendre ? On lui reproche souvent le flou, la recherche systématique du compromis, le renvoi de certaines décisions à des commissions *ad hoc*, la concertation permanente, une gestion du temps trop lente, une difficulté à trancher dans le vif. Son prédécesseur décidait de tout, sur à peu près tout. Il vivait dans l'urgence permanente, au point d'apparaître fébrile, voire anxiogène. François Hollande, à l'image de François Mitterrand, préfère donner du temps au temps. À l'exception de la crise malienne. Sur la scène internationale, en Europe comme en Syrie, le changement de méthode est réel.

En réalité, les Français s'interrogent. Le vingt-quatrième président serait-il hésitant à l'heure des choix difficiles, au-delà de la gestion quotidienne assurée par le Premier ministre ? Y aurait-il toujours chez lui l'obsession de l'équilibre qui était son pain quotidien entre 1997 et 2008, à l'époque où il dirigeait le Parti socialiste ? Derrière des apparences très consensuelles, y a-t-il, au contraire, un « roseau d'acier », comme l'explique Serge Raffy dans sa talentueuse biographie du Président ? Les débuts sont décidément difficiles. La première rentrée est marquée par une chute dans les sondages. L'opinion n'a pas apprécié ses longues vacances alors que la crise syrienne s'aggrave. La suite sera chaotique. Hollande est notamment affaibli par le dossier de Florange, le rejet par le Conseil constitutionnel de la taxe de 75 % sur la part des revenus supérieurs à un million d'euros et surtout par la progression continue du chômage.

« D'ici un an », la courbe du chômage devra être inversée. Le 9 septembre 2012, sur TF1, il prend cet engagement pour le moins risqué. Pendant quatre longues années, les faits le démentiront, jusqu'à la petite éclaircie de la rentrée 2016. Et même si la guerre au Mali est gérée par un Hollande martial soutenu par l'opinion, la situation se dégrade. Certes, l'accord sur le marché du travail entre les partenaires sociaux semble consacrer une méthode basée sur la concertation et la négociation. Et malgré des manifestations massives, le Président reste « droit dans ses bottes » sur le mariage pour tous. Mais l'impopularité atteint un niveau record, et le déclenchement de l'affaire Cahuzac alourdit encore le climat. Les séquences suivantes seront tout aussi difficiles : pêle-mêle, la progression du chômage, les élections (municipales, régionales, européennes et départementales) perdues, la montée du Front national, la rupture très médiatisée avec Valérie Trierweiler, les fractures de son camp et l'offensive des frondeurs, l'affaire Leonarda... En 2014, Valls remplace Ayrault. La stratégie sociale-démocrate se confirme, avec notamment le pacte de responsabilité, le CICE et la loi Travail. La gauche se déchire. Aurélie Filippetti, Arnaud Montebourg et Benoît Hamon quittent le gouvernement. La majorité présidentielle rétrécit.

« Être président, c'est vivre avec la tragédie » : lorsqu'il prononce cette phrase, en avril 2016, sur France 2, Hollande a en tête les images, terribles, des attentats de 2015. Les Français approuvent la réaction du chef de l'État en janvier 2015, beaucoup moins après le 13 novembre. D'autant que le débat, très polémique, sur la déchéance de nationalité et le départ fracassant de Christiane Taubira électrisent le climat.

« Ça va mieux » : cette affirmation, lancée sur France 2 en mai 2016, n'est pas comprise par l'opinion. La loi El Khomri fracture la majorité et passe au forceps, grâce au 49.3. Et au lendemain de l'attaque terroriste de Nice, l'union nationale souhaitée par le Président laisse la place à un débat enflammé qui creuse les divisions. Les mois qui suivent confirment le divorce entre Hollande et les Français. Sondages en berne, annonces fiscales jugées électoralistes, choc européen du Brexit, démission spectaculaire d'Emmanuel Macron, dossier Alstom, multiplication des candidatures de gauche pour la présidentielle. La dernière rentrée du quinquennat est plus secouée que jamais.

« Quand bien même il y aurait une baisse continue du chômage en 2016 et dans les premiers mois de 2017, si l'ambiance est morose, c'est foutu[1] » : au printemps 2016, Hollande commence à évoquer publiquement l'échéance présidentielle de 2017. Et le 8 septembre, le discours qu'il prononce Salle Wagram sur la démocratie et le terrorisme est considéré comme une sorte d'entrée en campagne. « Pépère [*NdA* : l'un de ses surnoms] est de retour », titre *Libération* le lendemain. Assiégé à sa droite comme à sa gauche, Hollande, qui souhaite se représenter, abat ses premières cartes. Il commence à souligner les réussites de son mandat : la COP 21, les initiatives internationales au Mali, en Côte d'Ivoire et en Centrafrique, sa désignation à New York en septembre 2016 comme homme d'État de l'année, la légère érosion du chômage. Las ! En septembre et octobre 2016, l'avalanche de livres, six au total, et notamment le désormais célèbre *« Un président ne devrait pas dire ça... »*, regorgeant de confidences diverses, variées, iconoclastes et surréalistes, est très mal accueillie dans le milieu politique, y compris dans la gauche de gouvernement, dans les médias, unanimement très sévères, et dans l'opinion (voir : *Journalistes et médias*). Une séquence *horribilis* pour un président contesté de partout, poussé vers la sortie par un Manuel Valls dans les starting-blocks. Hollande s'est mis lui-même au pied du mur au moment de décider s'il doit, et peut, se représenter. Son renoncement intervient donc le 1er décembre 2016. Dès lors, le quinquennat est virtuellement terminé. Il lance quelques initiatives internationales,

1. Hervé Asquin, *L'Élysée selon Hollande*, L'Archipel, 2016.

multiplie les déplacements en France et à l'étranger. Le crépuscule dure cinq mois. François Hollande sera président jusqu'au 14 mai 2017. Mais le 1er décembre 2016 reste la date virtuelle de sa fin de mandat. Les adieux de Fontainebleau... sans les Cent-Jours.

Huissier

C'est le dernier rempart du Président au premier étage du Palais. Le dernier à le protéger, le plus proche lorsqu'il se trouve à son bureau de l'Élysée. Toujours un militaire, souvent un gendarme (voir : *Commandement militaire*). Un physique impressionnant derrière l'habit protocolaire, frac, chemise de soirée et nœud papillon blanc. Et la lourde chaîne, argentée, avec le médaillon où sont gravées en majuscules les deux lettres, R et F, pour République française. À l'Élysée, l'huissier est notamment chargé d'introduire les visiteurs dans le bureau présidentiel. Le chef de l'État dispose d'une sonnette, reliée au premier vestibule. Dès qu'elle retentit, l'huissier sait que le Président est disponible. Il accompagne alors le visiteur jusqu'à la porte du Salon Doré.

La journée des huissiers commence tôt. Vers 7 h 30, après un passage dans le vestiaire installé au troisième étage du bâtiment central, où ils disposent également d'une salle de bains, ils récupèrent au secrétariat particulier la liste des rendez-vous et des audiences du jour. Et l'apportent aux gardes républicains, qui accueillent les visiteurs à leur entrée au Palais.

Les huissiers du Palais sont de véritables figures. Comme François Furling, présent à l'Élysée de René Coty à Valéry Giscard d'Estaing. Le 18 mai 1981, huit jours après sa défaite, trois jours avant l'arrivée de François Mitterrand, Giscard le décore, à l'occasion de son départ à la retraite. L'ancien président évoque la cérémonie dans ses Mémoires. Avec une certaine nostalgie. Aujourd'hui, c'est souvent Bernard Bracq qui officie. À l'heure d'un Palais médiatisé, objet de reportages et de nombreux documentaires, le visage souriant de ce gendarme arrivé à l'Élysée il y a plus de trente ans est connu des téléspectateurs. À l'image de ses collègues actuels et passés, il est tout à la fois discret et indispensable, efficace et effacé. Ému et fier aussi, ce 10 novembre 2015, lorsqu'il reçoit dans cette Salle des Fêtes qu'il connaît si bien la médaille militaire des mains de François Hollande, son cinquième président. Formé au GIPN, le groupe d'intervention de la police nationale, Bernard Bracq parle couramment anglais et allemand. Il a accompagné plusieurs fois dans le Palais la reine Elizabeth d'Angleterre. Huissier à la présidence, c'est l'un de ces métiers rares qui contribuent à l'excellence, et même à la perfection de l'organisation et de la bonne marche de l'Élysée.

Imitateurs

Imiter l'hôte de l'Élysée est une activité qui ne date guère que de la Ve République. Avant 1959, les présidents étaient au mieux brocardés par les chansonniers, au pire complètement ignorés. La raison est tout entière dans la règle de base de l'imitation : on ne peut contrefaire que ceux dont le public connaît, et donc reconnaît, les caractéristiques vocales, voire la gestuelle. Or Vincent Auriol et René Coty, les deux présidents de la IVe République – *a fortiori* leurs prédécesseurs de la IIIe –, n'étaient pas élus au suffrage universel, n'avaient pas, comme de Gaulle, une dimension historique qui dépassait leur fonction, et surtout n'exerçaient pas de réel pouvoir qui les aurait amenés à s'adresser au pays – et donc à être connus des Français – par l'intermédiaire, à l'époque, de la seule radiodiffusion. Jusqu'à l'arrivée du général de Gaulle à l'Élysée, la France ne connaissait guère de son président que sa photographie officielle. On n'imite pas une photo.

De Gaulle et la télévision changent la donne. Le Général et le petit écran s'installent presque simultanément dans la vie des Français, et vont y occuper une place grandissante. En cette même année 1959, un jeune pensionnaire de la Comédie-Française est prié de quitter l'illustre maison à la suite d'une catastrophique représentation de *Port-Royal*, de Montherlant. Il s'appelle Henri Tisot, et, n'ayant plus rien à perdre, décide d'utiliser ce don qu'il possède de contrefaire la voix du premier des Français. Il s'y est déjà essayé avec succès devant ses camarades, en provoquant ici et là, à sa plus grande joie, confusion et embarras. Tisot se sert habilement de l'actualité. Parodiant la conférence de presse du 16 septembre 1959 où de Gaulle consacre de longues minutes à la question algérienne et à l'autodétermination, il compose l'*Autocirculation*. Tisot « tient » magnifiquement la voix du Général, ses chevrotements, ses départs dans les aigus, ses soudaines plongées dans le grave, son articulation martelée, ses césures tout droit sorties du théâtre classique. Le triomphe est immédiat. Henri Tisot se produit au Théâtre de Dix Heures, et rapidement dans tout le pays. Il vend plus d'un million de disques de l'*Autocirculation* (à l'époque des 45 tours), et naturellement en adresse un exemplaire, accompagné d'une lettre, à l'Élysée. Quelques jours plus tard, c'est par un appel téléphonique de Bernard Tricot, alors conseiller technique à la présidence, que Tisot apprend que de Gaulle a apprécié son imitation. En 1961, Henri Tisot récidive et fait parvenir au Palais son nouveau 45 tours, *La Dépigeonnisation*, un sommet de la parodie : « En 1959, j'ai proclamé le droit des populations aériennes à l'Oiseaudétermination. En 1960, j'ai à maintes reprises affirmé sans ambages que les oiseaux seraient aériens au-dedans et au-dehors. [...] Cela, c'est le bon sens, et cela s'appelle la Dépigeonnisation ! »

Le Général s'amuse franchement à l'écoute de son imitateur, particulièrement lorsque celui-ci stigmatise « un quarteron de balayeurs en retraite » et ordonne de « barrer la route aux auteurs du pigeonamento »... Quelque temps plus tard, apprenant que les ventes du disque de *La Dépigeonnisation* n'ont pas atteint celles de l'*Autocirculation*, de Gaulle commente à sa façon : « Alors comme ça Tisot est en baisse ? Je vais encore finir tout seul ! »

Henri Tisot imitera de Gaulle onze années durant, mais, à son grand regret, sans jamais recevoir une invitation à venir rencontrer son illustre modèle à l'Élysée. Il devra se contenter d'avoir pu saluer le président de la République, un soir de 1959 à la Comédie-Française, quand le Général et Mme de Gaulle avaient rencontré les comédiens, dont Tisot faisait encore partie, à l'issue d'une représentation d'*Electre*, de Jean Giraudoux.

L'imitation des hommes politiques, et pas seulement du président de la République, connaît son essor au milieu des années 1970. Un jeune homme au talent exceptionnel, Thierry Le Luron, fait mouche avec la voix nasillarde et haut perchée de Jacques Chaban-Delmas avant de devenir l'imitateur quasi officiel de Valéry Giscard d'Estaing. Le chuintement aristocratique, le râle aigrelet brisant les fins de phrases, tout y est. Le Luron ponctue les pseudo-discours de claquements de langue et autres bruits buccaux qui provoquent l'hilarité. Le 13 février 1974, il se produit dans la Salle des Fêtes de l'Élysée, à l'issue d'un dîner offert par Georges Pompidou aux membres du gouvernement. Mais le sommet de l'imitation giscardienne est *La Causerie au coin du feu*, avec Pierre Desproges dans le rôle de l'intervieweur. En 1980, au Théâtre Marigny, situé à deux pas de l'Élysée, et alors que Giscard est empêtré dans l'affaire des diamants de Bokassa, Le Luron attaque avec la voix du Président : « Bonsoir messieurs, bonsoir mes diams ! »

La satire n'exclut pas l'amitié. Thierry Le Luron est proche de Valéry Giscard d'Estaing. À ce titre, il est reçu à l'Élysée. Ce qui ne l'empêche pas – bien au contraire – dès 1981, rose à la main et feutre sur la tête, d'imiter le nouveau président. Le Luron restitue à merveille le timbre patelin de François Mitterrand, ses hésitations calculées, les vacheries distillées dans un souffle, onctueusement, à la manière d'un prélat. À l'Élysée, Mitterrand reçoit avec plaisir Pierre Douglas, qui fait beaucoup rire le Président avec son imitation...

de Georges Marchais ! Au début des années 1990 débarque un surdoué de l'imitation, Laurent Gerra, qui inscrit d'emblée à son répertoire le président de la République François Mitterrand et le maire de Paris Jacques Chirac. Mitterrand recevra Laurent Gerra et Patrick Sébastien à l'Élysée en 1993.

Si Laurent Gerra saisit parfaitement les graves profonds du timbre de Chirac, ainsi que cette articulation singulière que le jeu des maxillaires amplifie encore, Yves Lecoq n'est pas en reste aux « Guignols » de Canal+. La marionnette du maire de Paris a déjà fait les beaux soirs de l'émission, mais va se révéler plus encore à un an de la présidentielle de 1995. Soir après soir, Lecoq reproduit les inflexions de la voix du candidat Chirac alors que celui-ci voit défections et trahisons se multiplier autour de lui. Le futur locataire de l'Élysée engrange ainsi un tel capital de sympathie que bon nombre d'observateurs estimeront que « Les Guignols » ont contribué à le faire élire. Un de ses principaux supporters est aussi son imitateur : Patrick Sébastien, que le nouveau président rencontre avec plaisir sur leurs terres communes de Corrèze comme à l'Élysée.

Rien n'est plus difficile pour un imitateur que de tenter de reproduire une voix lisse, sans caractère particulier, sans aspérité. Avec Nicolas Sarkozy, aucun risque. Le Président fait tant d'efforts pour maîtriser la nervosité, voire les agacements qui donnent à ses discours un phrasé saccadé, que les imitateurs, dont la qualité première est d'avoir de l'oreille, s'en emparent sans difficulté, et bien sûr l'exagèrent. Même traitement pour François Hollande dont le phrasé non précipité est transformé en parler hésitant, voire bégayant et paniqué, par Laurent Gerra ou Nicolas Canteloup. Laurent

Gerra imitera même François Hollande sous les yeux de l'intéressé le 15 janvier 2017, au cours du spectacle de Michel Drucker. Au même moment avait lieu le débat de la primaire de la gauche... Et Emmanuel Macron ne sera pas non plus épargné.

Enfin, rançon de la médiatisation permanente et des efforts pour la parité, depuis 1995 les épouses ou compagnes des présidents ne sont pas épargnées. L'imitatrice Sandrine Alexi réussit un beau triplé avec Bernadette Chirac, Carla Bruni-Sarkozy et Valérie Trierweiler.

Indésirables

Ils sont peu nombreux. Mais très facilement identifiables. Et généralement identifiés, par les entourages, les milieux politiques et les médias. Les indésirables au Palais le sont en permanence, définitivement rayés des listes, ou par périodes, intermittents dans la disgrâce. Selon les circonstances politiques, les conflits personnels, les évolutions familiales, les révélations sur le passé, les affaires. Il y a aussi les indésirables de l'étranger. Surtout lorsque des tyrans deviennent, au-delà de la raison d'État, réellement infréquentables. Bachar el-Assad, la famille Ben Ali, Moubarak et sa femme, Kadhafi et ses fils. Ainsi que les anciens dictateurs, jadis protégés par leur statut de chef d'État, qui ont perdu le pouvoir et, par voie de conséquence, toute honorabilité. Comme lors du printemps arabe. Quelques mois plus tôt, les portes du Palais leur étaient grandes ouvertes...

Sous de Gaulle, il y a deux catégories d'indésirables. Ceux coupables d'hostilité au Général, d'ambiguïté pendant la guerre, sans compter bien entendu les collaborateurs notoires, les « vichystes », disait Yvonne de Gaulle. Il y a aussi ceux qui militent à l'OAS pendant et après la guerre d'Algérie. Et ceux dont la vie privée ne rencontre pas l'adhésion d'Yvonne. Selon de nombreux témoins, l'épouse du Général n'aime ni les divorces ni les doubles vies. Certains responsables politiques du moment, pourtant proches du Président, doivent leur mise à l'écart aux soubresauts de leur vie personnelle. Et donc aux réserves exprimées par la Première dame. Changement de climat avec Georges et Claude Pompidou. L'Élysée ouvre ses portes aux divorcés, séparés et séducteurs notoires. Le couple présidentiel est plutôt libéral sur ce point. Les nouveaux indésirables sont les adversaires du duo Juillet-Garaud. Et surtout ceux, assez nombreux, dont le nouveau président estime qu'ils ont été associés de près ou de loin à l'affaire Marković. Pompidou ne pardonne pas, et sur un petit bristol figurent les noms des coupables et des responsables. Ceux-là ne viendront jamais au Palais pendant les cinq ans du mandat. « Je n'ai pas de rancune, mais j'ai de la mémoire », dira Georges Pompidou. Sous Giscard, les disgrâces sont plutôt de nature politique. Avec, en toile de fond, les rivalités politiciennes et personnelles, qui ne cessent de s'aggraver, entre giscardiens et chiraquiens.

Mitterrand et les indésirables, c'est l'histoire d'une ambiguïté. Rares sont celles ou ceux que le nouveau président récuse ou rejette personnellement, après les règlements de comptes des premiers mois. Certains journalistes, licenciés après mai 1981, se souviennent des propos amicaux et encourageants de l'Élysée et du Président. Beaucoup d'entre eux sont revenus assez vite, discrètement encouragés par Mitterrand lui-même. Le plus célèbre des indésirables, c'est René Bousquet, mais seulement après les révélations publiques de 1986 sur son passé. Auparavant, l'ancien secrétaire de la police de Vichy voyait François Mitterrand fréquemment. Rue de Bièvre, à Latche, un peu moins souvent au Palais. La polémique sur ses relations avec le Président (voir : *Confessions*) modifie radicalement les choses. On ne le verra plus, ni à l'Élysée ni ailleurs. Question de décence élémentaire.

Chirac et Sarkozy à l'Élysée, place aux critères politiques et personnels. Et à la prime accordée aux vrais ou faux fidèles. L'ancien maire de Paris met en quarantaine ceux qui l'ont quitté pour Balladur, notamment Nicolas Sarkozy. Et il écarte aussi, jugés vraiment indésirables, ceux qu'il juge responsables des affaires le mettant en cause, ou qui ont critiqué, ou attaqué, sa famille. À partir du printemps 2007, sous Sarkozy, l'aspect personnel va d'abord dominer. Cécilia jusqu'au divorce, Carla à partir du début 2008 jouent un rôle majeur. Les indésirables de 2007 ne sont pas ceux de 2008, comme le porte-parole David Martinon. Le Président est un affectif. Il aime et veut être aimé. Ceux qui lui résistent, ou qui simplement ne suivent pas à la lettre ses instructions ou ses souhaits, deviennent vite les nouveaux indésirables. Leaders politiques, banquiers, chefs d'entreprise, responsables de média comme l'ancien patron de *Paris Match*, Alain Genestar, coupable d'avoir publié à la une, fin août 2005, une photo de Cécilia et Richard Attias à New York. La liste est longue. À géométrie variable aussi. Comme chez les ados, les indésirables du lundi peuvent être les chouchous du mardi... Retour au calme avec François Hollande. Pas d'indésirables notoires. La présidence « normale » ne s'y prête guère. Mais François Hollande n'aime pas ceux qui lui ont réellement manqué ou les coupables de fautes jugées impardonnables. La liste est courte. On y retrouve son ancien conseiller Aquilino Morelle, l'ancien secrétaire d'État Thomas Thévenoud et, bien évidemment, Jérôme Cahuzac. Ceux qui ont fait oublier la promesse d'une présidence « exemplaire ».

Intellectuels

22 janvier 2015. Les attentats ont plongé le pays dans la tristesse et l'effroi. À l'Élysée, Hollande, soucieux d'unité nationale et de réflexion sur le terrorisme et ses conséquences sur la société française, réunit pour dîner, au terme d'une journée de consultations, une dizaine d'intellectuels, chercheurs et universitaires. À d'autres moments du quinquennat, il recevra, lors de déjeuners thématiques, des historiens, des scientifiques, des sociologues. L'occasion pour lui d'élever le débat, de dialoguer avec d'autres interlocuteurs que les traditionnels dirigeants politiques. Comme il le fait en septembre 2015 en dialoguant dans les colonnes du quotidien *Le Monde* avec le philosophe Marcel Gauchet et l'historien Pierre Nora.

23 août 2011. Tripoli tombe aux mains des rebelles libyens. Le QG de Kadhafi est investi le lendemain. Le dictateur disparaît le 19 octobre. Dans un premier

temps, aux yeux mêmes de l'opposition, et avant que la Libye ne devienne ingouvernable, c'est un succès pour ceux qui, en France, soutiennent depuis le début cette opération de la coalition. C'est aussi une vraie satisfaction pour Bernard-Henri Lévy. L'intellectuel « engagé » a, le premier, convaincu Sarkozy de mener le combat et de reconnaître le CNT, le Conseil national de transition. Présent aux côtés du Président le 15 septembre, pendant le voyage à Tripoli et Benghazi, BHL est aimé ou détesté. Dans ce dossier, Alain Juppé et le Quai d'Orsay n'apprécient pas franchement son activisme. Mais il se montre combatif. Et utile. Omniprésent, il sait communiquer. Il lui arrive d'en abuser. C'est une nouvelle date dans les relations, tumultueuses, entre l'Élysée et les intellectuels.

« Quel est le rôle d'un intellectuel, sinon de combattre les préjugés ? Qu'ai-je fait d'autre toute ma vie ? Et pourtant, je me heurte à des préjugés plus forts chez les intellectuels que dans aucune autre catégorie de la nation. » Ce 23 avril 1963, le Général s'exprime ainsi devant Alain Peyrefitte. Ce sentiment d'incompréhension face aux intellectuels, la plupart des présidents le ressentent. Et, selon les moments, y répondent par la séduction ou la fermeté. Les échanges aigres-doux entre le Général et Raymond Aron ne manquent pas. Sur les institutions, l'exercice du pouvoir, la politique étrangère, Israël et le Proche-Orient. « M. Raymond Aron est professeur au *Figaro* et journaliste au Collège de France ! » raille de Gaulle. Le philosophe n'est pas le seul à subir les foudres du Général. Le 8 mai 1968, en pleine tourmente, de Gaulle reçoit un télégramme de cinq prix Nobel, dont Mauriac, Monod et Jacob. Ils lui demandent un geste « susceptible d'apaiser la révolte des étudiants ». « Méprisable de démagogie », lâche le Général. Même ses amis sont parfois visés. Tel André Malraux devant lequel, en plein Conseil des ministres, il qualifie François Mauriac, qui va être élevé à la dignité de grand-croix de la Légion d'honneur, de « plus grand écrivain français vivant ». Se rendant compte de sa bévue, le Général se penche alors vers Malraux : « Parmi d'autres, cher ami... »

Les présidents ne détestent pas charger les intellectuels de missions particulières. Ou évoquer avec eux, souvent à leur initiative, les grandes décisions, les choix stratégiques. C'est VGE qui reçoit, le 26 juin 1979, une délégation emmenée par Raymond Aron et Jean-Paul Sartre, avec André Glucksmann. Ils viennent le sensibiliser sur la situation des *boat people* en particulier, sur les droits de l'homme en général. « Quand Jean-Paul Sartre s'exprime, d'une voix sourde et peu audible, Raymond Aron gratte les accoudoirs de son fauteuil. Même intelligence dans les visages, une intelligence si intense qu'elle les a déformés avec l'âge, au point d'en faire leur propre caricature », racontera VGE, à la fois ému, amusé et impressionné par cet entretien[1]. Trois ans plus tard, en 1982, François Mitterrand, à l'initiative de son conseiller Régis Debray, reçoit Simone de Beauvoir, Michel Foucault, Pierre Nora, Claude Lanzmann, Alain Finkielkraut et Jean Daniel. Dix ans plus tard, en 1992, il demande à son ami Élie Wiesel de se rendre à Moscou pour rencontrer Gorbatchev et Eltsine après le coup d'État manqué. Et c'est donc Sarkozy qui traite le dossier

1. Valéry Giscard d'Estaing, *Le Pouvoir et la Vie*, *op. cit.*

libyen en quasi tête à tête avec BHL avant l'opération de la coalition. Au grand dam de la diplomatie française, déjà en conflit avec le philosophe à l'époque de la crise bosniaque ou de la guerre civile au Rwanda.

Et puis, il y a, assez régulièrement, les déjeuners élyséens. Un vrai jeu de rôles. Avec un président souvent provocateur, toujours attentif et parfois érudit. Comme ce déjeuner pendant lequel François Mitterrand, devant Hélène Cixous, Jean-Marie Rouart et François-Marie Banier notamment, encense la presse d'opposition et taille en pièces André Malraux, principale cible du repas. Ou celui qui permet à quelques historiens, invités à la table de Nicolas Sarkozy, de faire assaut de civilités et de complaisance, voire de courtisanerie. L'un d'entre eux va jusqu'à demander à son hôte quel surnom il aimerait avoir. « Comme on surnommait Louis XIV le Roi-Soleil », ajoute-t-il sans rire. Réponse du Président, modeste : « J'aimerais simplement que l'on m'associe à une période où la France a été réformée. » Le 14 septembre 2011, sept mois avant le premier tour de la présidentielle, Sarkozy invite de nouveau une dizaine d'historiens, et teste auprès d'eux l'idée d'une journée de commémoration de tous les morts pour la France le 11 novembre de chaque année. Une sorte de *Memorial Day* à la française, explique l'Élysée. Accueil bien entendu positif. Moins convaincant, en revanche, est l'épisode fâcheux du 28 septembre 2011. Plusieurs personnalités sont réunies dans la Salle des Fêtes pour une remise de décorations. Parmi elles, la philosophe et psychanalyste Julia Kristeva, qui va être élevée au rang de commandeur dans l'Ordre national du mérite. Évoquant son parcours, le Président parle de Roland Barthes, l'auteur de *Mythologies* et de *Fragments d'un discours amoureux*, en prononçant Roland... « Barthesse », référence au gardien de but de l'équipe de France de football ! Éclat de rire général dans cette assemblée largement composée d'intellectuels, qui comprend que Sarkozy est plus à l'aise avec les noms de footballeurs...

En réalité, les rapports entre les intellectuels et l'Élysée évoluent peu, au fil des années. Au-delà des amis fidèles et des adversaires irréductibles, ils passent souvent très vite, selon les circonstances, de l'harmonie au conflit. Avec toujours, comme déjà sous de Gaulle, un profond sentiment d'incompréhension réciproque. Seule exception relative, les années Mitterrand. Jusqu'à la révélation publique des liens du Président avec René Bousquet. Quant à Emmanuel Macron, féru de littérature et de philosophie, il aime dialoguer, dans son bureau ou au téléphone, avec une brochette d'intellectuels à qui il demande de « parler vrai », sans détours, sans langue de bois. Parmi eux, des écrivains, Philippe Besson et Erik Orsenna, Olivier Mongin, l'ancien responsable de la revue *Esprit*, Thierry Pech qui anime le club de réflexion Terra Nova et Laurent Bigorgne, le directeur de l'Institut Montaigne.

Intendant

C'est l'une des chevilles ouvrières du Palais. Incontournable et omniprésent. À la tête d'un service de soixante-dix à quatre-vingts personnes, selon les périodes et les présidents, il dirige les cuisines et le service privé de l'hôte du Palais. Il prépare les menus avec le chef cuisinier, parfois avec la Première dame. Il est responsable des appartements privés et, à ce titre, coiffe hiérarchiquement le majordome. Il organise les réceptions officielles et les grands dîners, ouvrant la marche aux maîtres d'hôtel. Il s'occupe lui-même des séjours des dirigeants étrangers lorsqu'ils logent dans les résidences officielles, comme l'hôtel de Marigny.

L'un de ces intendants est dans toutes les mémoires au Château. Guy Hennequin, déjà là sous le Général, puis avec Pompidou avant de rejoindre VGE. Dans *Le Pouvoir et la Vie*, Giscard raconte comment, le jour de son installation, cet officier de marine devenu intendant lui a donné les clés et le mode d'emploi du coffre-fort présidentiel. Il rappelle aussi à quel point la confiance doit être totale. Un jour de février 1980, le chancelier allemand Helmut Schmidt est victime d'un malaise pendant un tête-à-tête avec le président français. C'est à Guy Hennequin que Valéry Giscard d'Estaing demande d'aller chercher, dans le plus grand secret, le médecin de permanence (voir : *France-Allemagne*). Jusqu'aux révélations de VGE, des années plus tard, personne n'en saura rien. Aujourd'hui, le métier d'intendant a sensiblement évolué. L'intendant du Palais est devenu au fil des ans un patron de PME. Il gère un budget important, il lance les appels d'offres, il dirige, avec deux adjoints, une équipe nombreuse et diverse (maîtres d'hôtel, sommelière, lingères, fleuristes, argentières...), il accompagne le Président pour les longs déplacements (Pérou, Wallis et Futuna ou Tahiti). L'intendant de l'Élysée entend (presque) tout. Il sait (presque) tout. Puissant et corvéable, à la disposition permanente du Président.

Intérim

Alain Poher, président du Sénat depuis le 3 octobre 1968, aura assuré l'intérim à l'Élysée à deux reprises : cinquante-trois jours pour le premier, du 28 avril au 20 juin 1969, cinquante-cinq jours pour le second, du 2 avril au 27 mai 1974.

Le 27 avril 1969, moins d'un an après les événements de Mai 1968, c'est dans son bureau du Sénat, au palais du Luxembourg, qu'Alain Poher apprend en fin d'après-midi par l'IFOP, le principal institut de sondages, que le non l'a emporté au référendum sur la réforme du Sénat et la régionalisation avec 53 % des suffrages. Le Général avait prévenu, dans sa dernière allocution. « Je cesse d'exercer mes fonctions de président de la République. Cette décision prend effet aujourd'hui à midi », annonce-t-il dans un communiqué laconique, diffusé à l'Agence France-Presse dans la nuit, le 28 avril à 0 h 11. Le Général ne quittera pratiquement plus le village de Colombey, qu'il a rejoint deux jours avant le scrutin. Dans son entourage, très hostile au Sénat, même si les relations personnelles sont plus courtoises avec Alain Poher qu'avec son prédécesseur Gaston Monnerville, personne n'appelle le président du Sénat qui s'installera à l'Élysée dès le lundi 28 avril en début d'après-midi. L'atmosphère est lourde. Le Premier ministre, Maurice Couve de Murville, a évoqué la veille au soir l'éventualité de troubles à l'ordre public. Plusieurs préfets et le ministre de l'Intérieur Raymond Marcellin contactent Alain Poher et se montrent rassurants. C'est Bernard Tricot, secrétaire général de la présidence, qui accueille sur le perron le président par intérim. Aucune passation de pouvoirs, le Général étant à La Boisserie. Bernard Tricot remet à Alain Poher la clé du coffre-fort. On n'y trouvera qu'une autre clé, plus petite, qui en ouvre d'autres. Ils sont tous vides ! Le Palais ressemble à la Belle au bois dormant. Les bureaux et les tiroirs sont tout aussi vides. Les collaborateurs du Général sont, pour la plupart, déjà partis. Alain Poher, qui s'installe dans le bureau du secrétaire général, arrive avec deux conseillers, Bernard Beck, secrétaire général au Sénat, qui occupera cette même fonction à la présidence de la République pendant l'intérim, et Pierre Bordry, ancien assistant parlementaire du centriste Jean Lecanuet, qui fait office de conseiller politique, de porte-parole, et de patron du service de presse. Le premier Conseil des ministres qui suit l'arrivée d'Alain Poher est très tendu. Le garde des Sceaux, René Capitant, l'un de ceux qui ont ourdi le complot, la véritable machination, contre le couple Pompidou à travers l'affaire Marković, a ainsi quitté ses fonctions dans la foulée de la démission du Général. Se doutant que la vengeance du probable futur chef de l'État serait aussi immédiate que fulgurante, il a prudemment, et piteusement, pris les devants.

Alain Poher, qui sera candidat à l'élection présidentielle quelques semaines plus tard contre Georges Pompidou, se fixe en priorité d'assurer la continuité de l'État. Tâche difficile. Il mettra ainsi plusieurs jours avant d'obtenir le code secret de la force de frappe. L'une de ses plus grandes surprises sera la visite au Palais d'un trésorier-payeur général venu lui apporter une valise pleine de billets, les fameux fonds secrets. Alain Poher les fera remettre à la disposition de la recherche médicale, de la lutte contre le cancer et de la Croix-Rouge.

Lorsque Georges Pompidou est élu, le 20 juin 1969, la passation de pouvoirs est sobre et rapide. Le premier intérim de la Ve République se termine. Ni Alain Poher ni sa femme Henriette n'auront passé une seule nuit à l'Élysée. L'ombre du Général est trop présente. Pendant ces cinquante-trois jours, ils restent à la présidence du Sénat.

Moins de cinq ans plus tard, Alain Poher est de retour. Le 2 avril 1974, le président Pompidou est mort, terrassé par la maladie de Waldenström. Alain Poher, informé depuis quelque temps de la gravité de son état par la police et le service des voyages officiels, savait sa fin très proche. Mais il l'apprendra comme tous les Français, le 2 avril au soir, en regardant la télévision.

À son arrivée à l'Élysée, le 3 avril, il est reçu par Édouard Balladur, alors secrétaire général de la présidence. L'accueil est correct, mais la situation politique très confuse. Autour de la table du premier Conseil des ministres, plusieurs candidats potentiels sont présents : Pierre Messmer, Edgar Faure et Valéry Giscard d'Estaing. À l'Élysée, où Alain Poher est revenu avec les deux mêmes collaborateurs qu'en 1969, Bernard Beck et Pierre Bordry, on s'organise dans l'improvisation. Le président par intérim, qui doit prononcer une allocution officielle, veut utiliser un prompteur. Il devra, pour s'y accoutumer, se rendre dans les studios de l'ORTF, rue Cognacq-Jay, où il est accueilli par Jacqueline Baudrier, la patronne de l'information, et Pierre Sabbagh, qui dirige la deuxième chaîne. Pour apprivoiser ce nouveau matériel, il lira sur le prompteur... le journal télévisé de la veille au soir !

Quelques incidents émaillent ce début d'intérim. Alain Poher éprouvera ainsi les pires difficultés pour imposer que la commission de contrôle des élections puisse sécuriser le déroulement des opérations outre-mer. Les principaux candidats à l'élection, fixée aux 5 et 19 mai, se tournent vers lui dès qu'une difficulté se présente. Ainsi, après une intervention de Robert Badinter au nom de François Mitterrand, il s'oppose à la sortie d'une feuille électorale d'une grande violence contre le candidat socialiste qui devait être diffusée à un million d'exemplaires.

Mais, cette fois, le climat au Palais est bien meilleur qu'en 1969. Les dossiers sont transmis. Pas de problème pour le code de la force de frappe. Alain Poher pourra même visiter la base militaire de Taverny, dans le Val-d'Oise, l'un des lieux névralgiques de la force de dissuasion. Le président par intérim veille avant tout à la neutralité de l'État et au bon déroulement de la campagne électorale. Inquiet, comme les deux candidats du second tour, Valéry Giscard d'Estaing et François Mitterrand, de la publication par *France Soir* d'un sondage IFOP donnant 50-50 à la veille de l'élection, il invite d'urgence à sa table les patrons des chaînes de radio et de télévision, et leur demande de ne pas en parler. Et il devra adresser une lettre manuscrite à la direction de la rédaction de *France Soir* pour lui demander de ne rien publier la veille du scrutin, la loi ne l'interdisant pas à cette époque. *France Soir* publiera la lettre d'Alain Poher... mais pas le sondage.

Alain Poher quitte l'Élysée le 27 mai 1974 après avoir accueilli le nouveau président, Valéry Giscard d'Estaing. La passation de pouvoirs est sobre et courtoise. Le président du Sénat, le seul à avoir assuré un intérim au XXe siècle, aura passé au total cent huit jours au palais de l'Élysée. *Le Canard enchaîné* ne s'était pas privé, en 1974, d'ironiser sur ce cas unique : « Un intérim par-ci, un intérim par-là, ça va bien finir par faire un septennat ! »

Internet, Twitter et réseaux sociaux

1997-2018. En une vingtaine d'années, la communication de l'Élysée a changé de style et de nature. Internet, Twitter et les réseaux sociaux ont totalement bouleversé les habitudes du Palais. La consécration définitive de ces nouvelles technologies, qui envahissent progressivement l'Élysée, interviendra le 11 février 2016. Ce jour-là, c'est en effet sur Twitter que la présidence de la République annoncera le remaniement ministériel. Un épisode qui intervient après des années de montée en puissance de la communication élyséenne sur les réseaux sociaux.

1997. L'Élysée choisit le 14 Juillet pour créer son site. Sobre, professionnel et assez sommaire dans ses débuts, plus complet, modernisé et stylisé après la refonte du site au printemps 2010. Fin 2012, six personnes, installées au 14, rue de l'Élysée, y travaillent et l'alimentent en permanence. Elysee.fr assure la diffusion et la mise en valeur du président Sarkozy. On y retrouve l'agenda de la semaine, les déplacements, les discours, certaines archives, des communiqués. Douze mille pages au total à la fin 2011. Chaque fois que Nicolas Sarkozy se déplace, l'un des deux journalistes reporters d'images l'accompagne et réalise un reportage.

En 2011, la France présidant le G8 et le G20, un site dédié est également créé. La cellule Internet s'occupe aussi des réseaux sociaux, du compte Twitter de l'Élysée et de la page Facebook du Président avec près de 500 000 « fans ».

Cette petite équipe est chargée en outre des applications mobiles pour smartphones et tablettes. Sarkozy et ses équipes savent qu'Internet et les réseaux sociaux jouent un rôle majeur dans la vie politique. Ils ont vu Obama à l'œuvre sur ces nouveaux supports, comme candidat puis comme président. Au Palais aussi, la démocratie numérique se met à l'heure américaine... Mais la polémique n'est jamais loin. Début décembre 2011, l'équipe du candidat François Hollande commence à critiquer sévèrement la page Facebook du président-candidat. Reproche essentiel : elle s'est transformée au fil du temps en instrument électoral. Internet devient décidément un véritable enjeu politique.

Peu de changements immédiats à l'arrivée de François Hollande. Une biographie sobre. Un rappel rapide de sa carrière politique, avec ses succès... et ses échecs. Une simple phrase sur sa vie privée : « François Hollande est né le 12 août 1954 à Rouen. Il a quatre enfants et vit maritalement avec la journaliste Valérie Trierweiler. » Huit derniers mots qui disparaîtront début 2014...

C'est le 18 décembre 2012 que le site de l'Élysée fait peau véritablement neuve pour la première fois. Des efforts sensibles dans la navigation. Le site est plus lisible, plus moderne, plus dépouillé, plus interactif. L'Élysée en souligne l'ambition éditoriale. Coût de l'opération : cinquante mille euros. Les quatre années suivantes verront les innovations se multiplier. François

Hollande lui-même se prête aisément à l'exercice et encourage les responsables du site et de ses comptes Twitter et Facebook à multiplier les initiatives. Aujourd'hui, l'Élysée est donc très « proactif ». Discours présidentiels relayés en direct, comme celui de la Salle Wagram en septembre 2016 ; suivi permanent de l'actualité, en texte et en images ; intégralité des annonces élyséennes ; hommages aux personnalités disparues, félicitations au prix Nobel Jean Tirole ou aux sportifs médaillés ; photos ; détail de l'agenda présidentiel ; et, bien sûr, tout ce que les internautes, jeunes ou moins jeunes, veulent savoir sur le Palais, son histoire, ses hôtes, ses salons, sur la Constitution et tous les textes fondateurs. Sur Twitter, Hollande a près de deux millions de « followers » à la fin de son mandat, et environ un million d'abonnés sur Facebook. Et sur les réseaux sociaux, Snapchat et Instagram sont aussi fréquemment utilisés. Une révolution permanente dans ce vieux palais.

Une nouvelle page se tourne avec l'arrivée d'Emmanuel Macron et de son équipe élyséenne. Internet, Twitter, Facebook et les innovations technologiques deviennent la règle. À quelques très rares exceptions près, chaque information est d'abord communiquée sur les réseaux sociaux. Les vidéos élyséennes sont monnaie courante, puisque quotidiennes. L'interactivité est permanente. Certes, et fort heureusement, le huitième président de la Ve République est loin, très loin, de Donald Trump, qui envoie l'équivalent de deux mille quatre cents tweets par an. Mais avec Macron, le Palais se met résolument à l'heure du numérique.

Interview

C'est une date historique. Dans *C'était de Gaulle*, Alain Peyrefitte raconte comment, en décembre 1965, il a réussi à convaincre le Général, d'abord réticent, de répondre aux questions d'un journaliste. Ce sera Michel Droit, qui enregistrera dans le Salon des Ambassadeurs cet entretien d'anthologie. Pour la première fois, Charles de Gaulle se fait interviewer à la télévision. La situation l'exige : le Président a été mis en ballottage au premier tour de l'élection présidentielle. On retient de cet échange un florilège de petites phrases devenues cultes : « On peut sauter sur sa chaise comme un cabri en disant "l'Europe, l'Europe, l'Europe"... » ; « La ménagère veut le progrès, mais elle ne veut pas la pagaille... » Le Général a soigneusement préparé cet entretien. Tout juste, raconte Alain Peyrefitte, acceptera-t-il que soit coupé un extrait dans lequel il compare le centriste Jean Lecanuet et ses amis « aux enfants de chœur qui ont bu le vin des burettes ». Il fallait impérativement, avant le second tour qui l'opposait au socialiste François Mitterrand, éviter de s'en prendre à l'électorat centriste, et ne pas heurter les convictions religieuses du plus grand nombre.

Cet entretien donne le vrai coup d'envoi d'une longue série d'interviews que tous les présidents de la Vᵉ République accorderont aux journalistes. Le Général se prêtera au jeu à deux autres reprises, toujours avec Michel Droit : le 7 juin 1968, pour tirer les leçons des événements de Mai, et le 10 avril 1969, quelques jours avant sa défaite au référendum. Dans son livre *Les Feux du crépuscule*, Michel Droit rapporte cette conversation inattendue avec de Gaulle trois jours avant l'interview du 7 juin 1968, qui aura lieu dans le Salon des Ambassadeurs.

— Évidemment, lance de Gaulle, l'idéal serait que vous puissiez me dire : « Mais qu'est-ce que vous avez foutu, le 29 mai[1] ? » !

— Mon Général, je ne peux tout de même pas vous demander : « Qu'est-ce que vous avez foutu ? » !

— Non, bien sûr, mais c'est l'esprit.

Dès lors, ces interviews obéiront à un véritable rituel avec, chaque fois, au Palais, les mêmes questions, quels que soient les présidents : quelle pièce ? quel décor ? avec quel(s) journaliste(s) ? sur quelle chaîne ? Le choix du lieu est devenu l'objet d'intenses réflexions dans les entourages présidentiels. La Salle des Fêtes pour une interview solennelle, la bibliothèque pour un entretien plus personnel et plus feutré, voire intime, le parc de l'Élysée, lorsque le temps le permet, pour les fameux rendez-vous du 14 Juillet initiés par Giscard en 1975, ou encore la terrasse, comme ce 12 juillet 2010, quand Nicolas Sarkozy s'explique en tête à tête avec David Pujadas en pleine affaire Woerth-Bettencourt. Le détail du décor est le plus souvent proposé par le réalisateur qui, lui aussi, peut être choisi par l'Élysée. Cinq ou six caméras sont généralement installées, deux pour le chef de l'État, une sur chaque journaliste, une ou deux pour les plans larges. Lorsqu'il s'agit de commenter un événement important ou d'annoncer une grande décision, le Président est le plus souvent assis derrière une table ou un

1. 29 mai 1968 : « disparition » du président de la République, parti à Baden-Baden rencontrer le général Massu.

bureau. Pour des exercices plus personnels, où l'image passe avant tout, un fauteuil suffit. Quant au choix du ou des journalistes, il donne lieu à de véritables tractations, à de vraies-fausses discussions avec les dirigeants des chaînes de télévision publiques ou privées. Habituellement, ce sont les présentateurs ou présentatrices des journaux télévisés ou les responsables des services politiques qui viennent poser leurs questions. Des questions très « téléphonées » sous Georges Pompidou, préparées avec soin sous Giscard, dans le détail avec Jacques Pilhan sous Mitterrand, puis avec Claude Chirac entre 1995 et 2007. Après l'élection de Nicolas Sarkozy, c'est Franck Louvrier et, parfois, jusqu'à début 2011, Claude Guéant qui reçoivent les journalistes, ou leurs patrons, avant l'interview. Aquilino Morelle et Christian Gravel d'abord, Gaspard Gantzer ensuite joueront ce rôle de 2012 à 2017, sous la présidence Hollande.

Certaines de ces interviews/émissions sont entrées dans la légende élyséenne. C'est Pompidou, cigarette aux lèvres, faisant visiter les appartements privés de l'Élysée rénovés et modernisés. C'est Giscard dialoguant en février 1977 avec un panel de soixante Français dans la Salle des Fêtes pour une « spéciale » des « Dossiers de l'écran », annonçant « à chaud » l'opération sur Kolwezi en mai 1978, ou répondant à contrecœur en 1980 à la question taboue sur l'affaire des diamants. C'est Mitterrand interrogé en avril 1985 par un Mourousi nonchalamment assis sur un bureau *design*, évoquant avec Jean-Pierre Elkabbach ses relations avec René Bousquet (voir : *Confessions*) ou interrompant brutalement en 1993 un entretien musclé avec un journaliste de la RTBF, la télévision publique belge, qui le questionnait sur les écoutes élyséennes par un très sec, et contre-productif, « Je ne pensais pas qu'on allait tomber dans un tel degré de vilenie ». C'est Chirac jugeant « abracadabrantesques » les accusations lancées contre lui ou lâchant, à propos de Nicolas Sarkozy, un brutal : « Je décide, il exécute. » Ce sont les échanges électriques, et souvent musclés, entre l'actuel président et ses différents intervieweurs.

Quelques-uns de ces exercices ritualisés donnent lieu à des épisodes curieux, voire cocasses. Ainsi, la journaliste Arlette Chabot, souvent choisie pour interroger les présidents, était devenue malgré elle la spécialiste du rattrapage. Ce 19 août 1991, elle participe à l'interview de François Mitterrand le soir du coup d'État contre Gorbatchev. Le Président est mal à l'aise. Il provoque un tollé en lisant un extrait de la lettre que lui a adressée le putschiste Ianaiev. Deux jours plus tard, il faudra renverser la vapeur. C'est elle, de nouveau, qui lui posera quasiment les mêmes questions dans le journal de France 2. Le 8 mars 1994, à l'occasion de la Journée de la Femme, elle interroge François Mitterrand qui doit annoncer à cette occasion le transfert, très symbolique, des cendres de Marie Curie au Panthéon. Le Président est rongé par la maladie. Elle devra faire plusieurs enregistrements avant qu'il « lâche » enfin l'information. En 2005, à quelques semaines du référendum sur la Constitution européenne, Jacques Chirac dialogue avec quelques jeunes dans une émission spéciale. S'étonnant des craintes exprimées sur le plateau, il ne « sent » pas l'exercice et s'en sort mal. Trois semaines après, aux côtés de PPDA, c'est encore Arlette qui est « sélectionnée ». « Cette fois, vous avez été bon », glissera Bernadette à son mari après l'interview. Peine perdue. Le référendum sera un grave échec.

Patrick Poivre d'Arvor est, lui aussi, l'un des grands spécialistes de ces interviews présidentielles. Avec quelques souvenirs, surprenants ou cuisants, lors de rendez-vous télévisés avec un Mitterrand glacial ou un Sarkozy agacé. Le 20 juin 2007, il interroge le successeur de Chirac en compagnie de Claire Chazal et le décrit, dans une question, « excité comme un petit garçon qui entre dans la cour des grands ». Le Président est furieux. Moins d'un an plus tard, PPDA sera « remercié » et quittera TF1...

Depuis les années 1960, l'Élysée réquisitionne très régulièrement plusieurs chaînes. Avec des périodes de présence intense et répétée. Le 27 octobre 2011, quelques heures après le compromis de Bruxelles sur la dette grecque, l'Élysée choisit Yves Calvi et Jean-Pierre Pernaut pour interroger Nicolas Sarkozy, qui veut tirer les leçons de cette difficile négociation. Soixante-treize minutes d'interview dans le Salon des Portraits, son bureau d'été, au rez-de-chaussée du Palais, diffusée simultanément sur TF1 et France 2. Douze millions de téléspectateurs, un score correct si l'on additionne les deux chaînes. Huit jours plus tard, nouvel exercice. Avec une audience décevante, moins de onze millions pour le total TF1-France 2 à l'heure des journaux télévisés. Cette fois, l'entretien, vivement « souhaité » par l'Élysée, est réalisé à Cannes, où se termine un G20 secoué par la crise de l'euro, avec Obama et Sarkozy interrogés par Laurence Ferrari et David Pujadas. Pendant vingt-quatre minutes, les deux plus grandes chaînes, TF1 et France 2, diffusent là encore le même programme. Une exception française, assez surréaliste dans un paysage audiovisuel en pleine explosion. Dans les autres pays développés, seules les déclarations solennelles de quelques minutes sont diffusées sur plusieurs chaînes en même temps. Cette tradition française, imposée depuis toujours aux chaînes publiques et privées, est considérée au Palais comme une évidence. Elle n'aura sans doute qu'un temps. Pour les journalistes « choisis », ces interviews sont, au bout du compte, une réelle épreuve. Souvent brocardés par leurs confrères de la presse écrite, parfois littéralement taillés en pièces, comme sous Mitterrand ou Sarkozy, par un président qui veut faire passer ses messages plutôt que répondre aux questions, ils sortent rarement indemnes de cet exercice. Même si François Hollande leur simplifie relativement la tâche en affirmant sa volonté de ne pas accorder d'interview sous les dorures du Palais. Engagement partiellement tenu.

Le 29 mai 2012, c'est dans le studio du JT de France 2 qu'il répond aux questions de David Pujadas. Six semaines plus tard, le 14 juillet, devant les caméras de Tristan Carné, il est sur TF1 et France 2 en direct de l'hôtel de la Marine, place de la Concorde (voir : *Hollande François*). Le 9 septembre, il se rend dans la tour de TF1, à Boulogne, pour promettre devant Claire Chazal l'inversion à venir de la courbe du chômage. Et en avril 2016, c'est au musée de l'Homme qu'il lance sur France 2 le fameux « Ça va mieux ». Dans toutes ces circonstances, le ton est à la fois grave et courtois, direct et pugnace, mais rarement naturel. Il est toujours difficile d'interroger un chef d'État dans une monarchie républicaine.

Est-ce l'une des raisons pour lesquelles, dans un premier temps, Emmanuel Macron tient les journalistes à distance et renonce, par exemple, à la traditionnelle interview télévisée du 14 Juillet, préférant les colonnes de *Ouest France* et de douze quotidiens allemands ? Et fin août, inaugurant sa nouvelle stratégie de communication, ouvrant un cycle d'interventions, c'est à la presse écrite, en l'occurrence *Le Point*, qu'il donne une interview fleuve. Seize pages et quelques mises au point utiles. Son élection ? « Nous avons tourné la page de trois décennies d'inefficacité... Je n'ai pas le temps de me laisser griser. Je n'oublie pas les circonstances dans lesquelles j'ai été élu. » Les sondages de popularité médiocres ? « Je vais devoir vivre pendant des mois avec l'impatience du peuple. » L'opposition ? « Les forces du monde ancien sont toujours là, bien présentes, et toujours engagées dans la bataille pour faire échouer la France. » Le cap ? « Notre société a besoin de récits collectifs, de rêves, d'héroïsme. » La démission du général Pierre de Villiers ? « Une tempête dans un verre d'eau... L'autorité militaire rend compte à l'institution civile et politique, et non le contraire. » Une interview en forme de feuille de route et de mise en perspective. Suivront deux interviews télévisées. La première, traditionnelle, le 15 octobre 2017, permet à Emmanuel Macron, interrogé par Anne-Claire Coudray, Gilles Bouleau et David Pujadas, de mettre en perspective ses réformes économiques et sociales, du code du travail à l'intéressement en passant par l'assurance chômage, la formation professionnelle et les retraites. La seconde, beaucoup plus innovante sur la forme, fera l'objet d'un large débat dans les médias et sur les réseaux sociaux. Pendant plus de dix-sept minutes, dans le JT de 20 heures du dimanche 17 décembre de France 2, le Président déambule dans l'Élysée en compagnie de Laurent Delahousse. « Je fais ce que j'ai dit », répète le chef de l'État qui évoque les grands projets nationaux et internationaux : l'écologie, le terrorisme, la Syrie, la situation économique, plutôt favorable après sept mois de présidence. La performance technique, avec de petites caméras 5D et des lumières particulièrement soignées, est saluée. L'audience est honorable, mais la forme de l'interview controversée.

Investiture (Cérémonie d')

En cette matinée d'investiture, qui se déroule au printemps depuis la mort du président Pompidou un 2 avril, c'est à 11 heures en général, sur le gravier de la Cour d'Honneur, qu'est déployé le tapis rouge de 60 mètres de long qui sera foulé par le nouveau locataire du Palais. À quelques détails près, le rituel ne varie pas. Entrée par le porche officiel, passage en revue d'un détachement de la garde républicaine en tenue d'apparat. Accueil sur le perron. Longue poignée de main pour les médias. Passation de pouvoirs dans le bureau présidentiel. Après avoir raccompagné son prédécesseur, le nouveau président reçoit le cordon de grand-croix de la Légion d'honneur des mains du grand chancelier, dans le Salon des Ambassadeurs ou celui des Aides de camp. Rejoint par le Premier ministre sortant et les présidents des deux Assemblées, il pénètre ensuite dans la Salle des Fêtes au son de l'orchestre de la garde républicaine. Le président du Conseil constitutionnel proclame les résultats définitifs du scrutin. Le grand chancelier présente le collier de grand maître de l'ordre. C'est ensuite l'allocution présidentielle, puis quelques minutes au milieu des invités, et le passage sur la terrasse. Les honneurs militaires sont rendus. Prise d'armes. Salut au drapeau. *Marseillaise*. Et les traditionnels vingt et un coups de canon tirés depuis les Tuileries. La cérémonie élyséenne est terminée. La matinée se poursuit par une remontée des Champs-Élysées et le dépôt d'une gerbe sur le tombeau du soldat inconnu, place de l'Étoile autrefois, place Charles-de-Gaulle depuis une décision du 13 novembre 1970, quatre jours après la mort du Général.

Les grands moments de ces cérémonies remontent, pour l'essentiel, à la création de la Ve République. Avec ces scènes, ces images et ces formules restées dans l'histoire. « Le premier des Français est désormais le premier en France », lance, ému, René Coty à son successeur. C'est ce que l'on retient de ce 8 janvier 1959 qui voit de Gaulle prendre ses fonctions, et enterrer la IVe République. On se souvient aussi, dix années plus tard, de la gravité de Georges Pompidou, et de cette image qui le montre aux côtés de son faux ami et vrai adversaire Maurice Couve de Murville, le dernier Premier ministre du Général, qui s'est montré pour le moins lâche et ambigu pendant l'odieuse affaire Marković. En 1974, c'est Giscard qui arrive jusqu'à Marigny au volant de sa voiture, son chef de cabinet à ses côtés et son chauffeur à l'arrière, avant de rejoindre le Palais à pied. Un VGE célébrant le changement dans sa première allocution, passant en revue un escadron du 2e régiment de dragons, celui dans lequel il a servi pendant la guerre et remontant, de nouveau à pied, les Champs-Élysées.

L'investiture de Mitterrand, c'est un moment d'histoire. Son entrée solennelle dans la Salle des Fêtes, suivi de Pierre Bérégovoy et André Rousselet. Les larmes de Pierre Mendès France. La démission du grand chancelier et gendre du Général, Alain de Boissieu, qui refuse de remettre le collier de grand maître au nouveau président, coupable d'avoir écrit le pamphlet *Le Coup d'État permanent*, et qui doit être remplacé au pied levé. Le premier discours, lyrique. L'émotion de la famille officielle, Danielle et leurs deux fils. En 1988, place à la sobriété. On ne célèbre pas une réélection avec le même éclat.

L'image la plus forte du 17 mai 1995, et de l'investiture de Jacques Chirac, on la connaît peu, tant elle est furtive et discrète. À trente-sept ans, Laurence, la fille aînée de Jacques et Bernadette, très malade depuis plus de vingt ans, est présente dans la Salle des Fêtes. Simplement accompagnée de sa grand-mère, Mme Jean de Courcel, la belle-mère du nouveau président. Elle reste un peu à l'écart. Son père la serre dans ses bras. Longue accolade. Grand moment d'émotion, pour lui, et pour elle, qui combat la maladie depuis si longtemps. Ce jour-là, Laurence est la seule personne que Chirac embrasse si longuement. Elle quitte le Palais tout aussi discrètement, dès que la cérémonie est terminée.

Douze ans plus tard, l'investiture de Nicolas Sarkozy, le 16 mai 2007, est surtout un événement médiatique. Images d'une famille recomposée : Cécilia et les cinq enfants qui arrivent ensemble dans la Cour d'Honneur : Pierre et Jean, les deux fils de Nicolas ; Jeanne-Marie et Judith, les deux filles de Cécilia ; et Louis, le fils de Nicolas et Cécilia, dix ans depuis quelques semaines, qui s'intéresse de près, devant les caméras, au collier de grand maître de la Légion d'honneur qui va être remis à son père. Image surtout d'un Sarkozy épanoui, profitant de chaque instant, saluant sa famille et ses amis, embrassant tendrement sa femme, et ayant envers elle une délicate attention : faire jouer par l'orchestre de la garde républicaine, pour l'entrée dans la Salle des Fêtes, une œuvre du compositeur espagnol Isaac Albéniz, arrière-grand-père de Cécilia... Images d'un jeune président qui arrive là où il rêve d'être depuis trente ans. Images presque décalées aujourd'hui.

Le 15 mai 2012, la simplicité domine (voir : *Hollande François*). Les quatre enfants du nouveau président sont absents, ainsi que leur mère, Ségolène Royal. Ainsi en ont-ils décidé après une réunion familiale. Valérie Trierweiler est omniprésente. Au-delà de la sobriété de la cérémonie, le discours du nouveau président frappe les esprits. Par son ton, à la fois offensif et apaisant. Par l'hommage qu'il rend à ses prédécesseurs de la Ve République... à l'exception de Nicolas Sarkozy, à qui il se contente d'adresser ses vœux « pour la nouvelle vie qui s'ouvre à lui ». Récit de son conseiller politique Aquilino Morelle sur la préparation de ce premier discours présidentiel : « Je ne veux rien sur Sarkozy, explique le nouveau président. [...] Je ne veux pas le saluer. Pas après ce qu'il a fait, pas après ce qu'il a dit, en particulier sur Valérie (*NdA* : Trierweiler). Il s'est comporté de manière indigne pendant toute la campagne[1]. »

1. Aquilino Morelle, *L'Abdication*, Grasset, 2017.

Le 14 mai 2017, c'est à 11 h 20 précises qu'Emmanuel Macron est officiellement investi. La cérémonie est relativement classique : tapis rouge, lent passage des troupes en revue, poignée de main chaleureuse avec François Hollande, entretien de soixante-sept minutes dans le Salon Doré entre l'ancien et le nouveau président, coups de canon aux Invalides, passage et bain de foule à l'Hôtel de Ville. Mais il y a aussi quelques innovations qui ont toutes une valeur symbolique et visent clairement à raffermir la fonction présidentielle. Plusieurs observateurs y ont décelé des accents gaulliens. Ainsi, et pour la première fois sous la Ve République, c'est à bord d'un command-car que Macron quitte le parc de l'Élysée et remonte les Champs-Élysées. Et c'est en chef des armées qu'après avoir ranimé la flamme du soldat inconnu, il s'arrête quelques instants, en redescendant les Champs, devant le numéro 102 de l'avenue, à l'endroit précis où, quelques semaines plus tôt, le jeune policier Xavier Jugelé a été abattu par un terroriste. L'après-midi sera consacré à une visite à l'hôpital militaire de Percy où sont soignés les soldats français blessés en opération. Le soir, enfin, il reçoit une centaine de celles et ceux qui ont accompagné En marche depuis son lancement, treize mois plus tôt. Un moment joyeux et festif après la journée officielle d'investiture.

Grave ou légère selon les circonstances, toujours très protocolaire, la cérémonie d'investiture est ancrée dans la mémoire collective. Elle est toujours suivie en direct par des millions de téléspectateurs. C'est un point de départ, solennel et institutionnel. Mais le plus difficile reste à faire...

Jardin d'Hiver

C'est Jules Grévy, le troisième président de la IIIe République, qui fait construire cette pièce, en 1881, s'adaptant ainsi à la mode de la fin du XIXe siècle. Il demande que ce Jardin d'Hiver soit aménagé, avec sa grande verrière, comme une serre, et y fait installer des plantes exotiques. Pendant quelques années, cette pièce, qui donnait alors directement sur le parc, fut considérée comme l'une des curiosités du Palais, jusqu'à ce que le successeur de Grévy, Sadi Carnot, lance les travaux de la Salle des Fêtes, pour l'Exposition universelle de 1889.

Dans cette pièce aux belles dimensions, devant la tapisserie de la manufacture des Gobelins représentant Héliodore chassé du temple, le général de Gaulle pose pour la traditionnelle photo au milieu du premier ministère de la Ve République en 1959. Au deuxième rang, on aperçoit un jeune secrétaire d'État qui sera quinze ans plus tard président de la République. C'est Valéry Giscard d'Estaing, lequel, en 1976, fera rénover ce Jardin d'Hiver. D'autres travaux seront également entrepris sous Mitterrand en 1984.

Le Jardin d'Hiver sert essentiellement à des réunions de travail et à des réceptions. Le Président y organise les remises de décorations lorsqu'il n'y a qu'un seul récipiendaire. Il y installe des commissions. Il y tient parfois des points de presse, pendant la présidence Sarkozy notamment. C'est dans cette pièce que Valéry Giscard d'Estaing enregistra son célèbre « Au revoir » le 19 mai 1981, deux jours avant de quitter l'Élysée. Le Palais l'utilise également comme un prolongement de la Salle des Fêtes, à l'occasion de grandes manifestations ou de cérémonies particulières, comme les traditionnels vœux de début d'année.

Journalistes (et médias)

« La presse est une citadelle hostile. » Cette phrase de De Gaulle, rapportée par Alain Peyrefitte, tous les présidents de la Cinquième auraient pu la prononcer. Tous ont entretenu avec les médias des rapports difficiles, parfois brutaux, souvent tumultueux et même volcaniques. Et tous les journalistes qui ont rencontré au Palais ces présidents peuvent en témoigner. L'Élysée et les médias, c'est une chronique ininterrompue de crises, de coups de sang, de colères rentrées, de véritables explosions. Avec de rares moments de répit et d'harmonie.

En 1964, estimant que l'événement concerne davantage les Alliés que la France, de Gaulle refuse de se rendre sur les plages de Normandie pour le vingtième anniversaire du Débarquement. La presse critique vivement ce coup de menton. « Ces messieurs de la presse qui me reprochent de ne pas aller en Normandie vingt ans après, que faisaient-ils alors ? Ils ne se battaient ni en Normandie ni ailleurs. La Libération s'est passée sans eux. Elle s'est passée d'eux », lance le Général devant son ministre de l'Information. Un an plus tard, lors du Conseil des ministres qui suit sa victoire à la présidentielle, il tire quelques leçons, et s'en prend de nouveau, raconte Alain Peyrefitte, à la presse. « Les journaux, on les ménage, on est aux petits soins. On a tort. » De Gaulle estimera toujours que la presse lui est hostile, qu'il faut donc « tenir » la télévision et la radio publiques. Seuls les événements de Mai 1968 lui feront comprendre, avec la popularité de la grande grève de l'ORTF, que cette politique allait évidemment à l'encontre des souhaits de la société française.

Son successeur, pourtant, restera sur cette ligne. Après l'expérience de libéralisation de l'information télévisée en 1969 par le Premier ministre Jacques Chaban-Delmas et le journaliste Pierre Desgraupes, une initiative vivement condamnée par Pompidou et ses conseillers Marie-France Garaud et Pierre Juillet, la mainmise du gouvernement va de nouveau se manifester. Le Président parle de « la voix de la France » et estime que les journalistes de l'ORTF, ancêtre de France Télévisions et Radio France, « ne sont pas des journalistes comme les autres ». Sa dernière année de mandat, avant sa mort, sera marquée par la discrétion et la dissimulation. Interdiction de parler de sa maladie, de diffuser des gros plans de son visage, et même de préparer une rétrospective de sa carrière ! Le 2 avril 1974, lorsque son décès est annoncé, la télévision publique manquera d'images déjà montées pour l'émission spéciale immédiatement organisée. Et ce sont les images d'une « nécro », une rétrospective montée par la télévision publique japonaise, la NHK, qui seront finalement diffusées !

Avec VGE, le climat va d'abord s'améliorer, avant de se durcir. L'ORTF éclate en plusieurs sociétés. Le nouveau président tient sa première conférence de presse debout, à l'américaine, derrière un pupitre. Pour la première fois, la presse féminine y est invitée. Et il commence à beaucoup recevoir les journalistes, ce que son prédécesseur, qui préférait le plus souvent des entretiens privés avec Raymond Tournoux ou Philippe de Saint-Robert, ne faisait qu'exceptionnellement. Giscard reçoit les journalistes par petits groupes de six à huit, souvent les mêmes, au rythme d'environ une fois par mois. Parfois, ce sont les états-majors des rédactions qui sont conviés, en fin d'après-midi, au Palais. L'atmosphère y est plutôt agréable, bien qu'un peu professorale. Les relations avec la presse vont se dégrader après la démission de Jacques Chirac, en août 1976. Elles s'envenimeront avec l'affaire des diamants, que Giscard reconnaîtra plus tard avoir mal gérée.

François Mitterrand à l'Élysée, c'est un bouleversement aussi dans les relations entre les médias et la présidence. La télévision et la radio publiques changent de patrons. Les rédactions sont réorganisées. Le Président reçoit fréquemment les éditorialistes, souvent à l'occasion de petits déjeuners qui s'éternisent, jusqu'à durer deux heures. Jacques Attali, qui prend tout en note, le secrétaire général de l'Élysée et son adjoint sont présents. Ainsi que Jacques Pilhan, le meilleur *spin doctor* du moment, qui théorise la stratégie de la rareté et du désir afin que la parole présidentielle soit parfaitement dosée. Le rythme de ces rencontres s'accélère pendant les périodes électorales. Il ralentit en 1986 et en 1993, au début des deux cohabitations. À la fin de son règne, Mitterrand ne verra que les très rares journalistes avec lesquels il entretient des relations anciennes et singulières. Alain Duhamel et Jean-Pierre Elkabbach sont de ceux-là. Il les connaît depuis très longtemps. Assez régulièrement, une dizaine de fois entre 1981 et 1994, avant l'aggravation de la maladie présidentielle, ils reçoivent un appel du secrétariat particulier le vendredi, vers 17 heures.

Rendez-vous est pris le lendemain matin à 10 heures aux Invalides pour une escapade qui va durer toute la journée. Direction la Bourgogne, qu'ils rejoignent en hélicoptère. Souvent la basilique de Vézelay, parfois la visite d'un simple étang. Et toujours un déjeuner de grande qualité, chez Bernard Loiseau, à Saulieu, par exemple. On parle un peu politique, mais surtout histoire et littérature. Le Président est affable et détendu. Mais il n'aime pas être contredit. Sur le terrain littéraire, il se montre catégorique, voire dominateur. Il n'accepte la critique qu'en matière politique. Alain Duhamel se souvient aussi de ces appels fréquents, presque une fois par mois, qui le convient au Palais dans les minutes qui suivent son éditorial matinal à la radio. Le plus souvent pour évoquer les dossiers européens et internationaux. « Vous vouliez me parler ? » s'amuse parfois un président d'humeur très changeante, mordant lorsque l'éditorial était critique, pédagogue sur les sujets complexes. François Mitterrand se comporte avec les journalistes comme avec les politiques. Fidèle, mais caustique et tendu, toujours soucieux de convaincre, plaidant longuement. Après des débuts chaotiques, il crée avec les journalistes des rapports plutôt confiants. Sauf lorsque les circonstances ou les affaires le rendent froid, irascible et distant, en particulier au moment de l'affaire des écoutes ou après les révélations sur son ami René Bousquet.

Quand Jacques Chirac s'installe au Palais, il n'aime guère les journalistes. Son conseiller Jacques Pilhan, déjà à l'Élysée sous Mitterrand, permet d'arrondir les angles. Et la présence attentive de sa fille Claude le rassure. Mais il se méfie des médias, et ne rencontrera qu'assez rarement les leaders d'opinion. À l'exception de ceux, tel le journaliste du *Figaro* Paul Guilbert, qu'il fréquente depuis longtemps et avec lesquels il entretient de vrais rapports d'amitié. Les rencontres informelles avec la presse sont soigneusement préparées. Elles ont lieu le plus souvent avant de grands rendez-vous, européens ou internationaux, ou à l'occasion de grandes réformes comme la suppression du service national ou l'instauration du quinquennat. Ses collaborateurs sont présents. Le discours est technique, très argumenté. Il teste ses interlocuteurs, leur demande leur avis et leur soutien. Quand il s'agit de tête-à-tête, il peut se montrer chaleureux. Mais, plus généralement, le climat est à la méfiance.

Avec Nicolas Sarkozy, le changement est total. Le nouveau président connaît personnellement la plupart des patrons de presse et des éditorialistes. Il les tutoie, connaît souvent leur vie personnelle, leur famille et toujours, dans le détail, leur itinéraire professionnel. Au Château, il va d'abord les choyer, les recevoir en tête à tête, leur faisant parfois visiter le parc et certaines pièces privées. « Tu es chez toi », leur lance-t-il fréquemment. Assez rapidement, après une courte période d'état de grâce, le ton va changer. Il critique durement, et parfois très brutalement, les papiers sur sa vie privée, la soirée au Fouquet's et le style bling-bling. Devant des confrères, à l'occasion de rencontres en petit comité, il s'en prend personnellement, et violemment, à tel ou tel patron de rédaction ou éditorialiste. Les « permanents », et ceux qui le suivent sur le terrain, sont plutôt épargnés. Mais le climat n'est plus vraiment le même. Le traitement du dossier de l'audiovisuel public et les empoignades avec les dirigeants de France Télévisions vont aggraver la situation. Le Président est accusé d'interventionnisme. Sa décision, très controversée, de nommer lui-même, directement, les patrons du service public va entretenir un long feuilleton. Il s'efforcera, au début de 2011, de prendre quelque distance. Mais une atmosphère conflictuelle s'est installée. Et pendant la campagne présidentielle de 2012, les liens amicaux qu'il entretient avec de nombreux patrons de presse n'auront que peu d'effet. Globalement, les médias seront alors critiques avec le président sortant. Sa stratégie de tension permanente aura finalement échoué.

Le climat n'est plus le même au printemps 2012. François Hollande connaît très bien nombre de journalistes. Il a, en 1984, passé quelques mois au *Matin de Paris*, un quotidien proche du PS. Là encore, dès son installation au Palais, il veut apaiser les relations avec les journalistes, notamment avec la plupart des éditorialistes qu'il a beaucoup fréquentés pendant les dix ans passés à la tête du Parti socialiste. Préparation d'une loi réformant le mode de nomination des patrons de l'audiovisuel public, instruction formelle à son entourage élyséen et au gouvernement de ne pas intervenir dans la vie des médias : de ce point de vue, aucun incident majeur ne vient bousculer le début du quinquennat. François Hollande est un grand consommateur d'information. Chaque soir, tard, il reçoit une synthèse des quotidiens du lendemain matin. Certaines unes, certains papiers le dérangent. Mais il tient à rompre avec les habitudes précédentes. Ses réactions ne sortent pas de l'enceinte du Palais, sauf au moment de l'affaire Leonarda.

Le Président voit beaucoup de journalistes. Trop ? Il aime ces contacts à titre personnel, et il les juge utiles pour transmettre du « background ». À l'automne 2012, juste avant l'annonce des décisions gouvernementales sur la compétitivité, afin d'accompagner le tournant social-démocrate, il multiplie les déjeuners de presse. Du *off* proche du *on*. Du décryptage, de la mise en perspective. Des déjeuners avec des rédactions, comme celles de France Télévisions, avec des patrons de la presse quotidienne régionale, avec des éditorialistes. Des contacts tous azimuts. Et à la rentrée 2016, pour dresser lui-même son bilan, ce sera une avalanche de livres basés sur d'innombrables conversations avec le chef de l'État. Il s'épanche, il se confesse. Des confidences comme s'il en pleuvait, des révélations sur sa vie privée et son intimité, des commentaires parfois tranchants sur les membres du gouvernement, ses homologues étrangers. De la pédagogie, de la communication à outrance, de l'autojustification. Le livre de Davet et Lhomme[1], notamment, retient l'attention. Un livre étonnant, décoiffant, souvent embarrassant, parfois franchement dérangeant. Un livre bilan, un livre récit. Un livre de combat aussi, avec une offensive en règle contre Sarkozy, « de Gaulle le petit ». On disait Hollande impudique ? Il évoque ses relations personnelles avec Ségolène Royal, Valérie Trierweiler et, pour la première fois, Julie Gayet. Il est à la fois président, observateur, commentateur, conteur, acteur et spectateur. Du jamais-vu à l'Élysée. Ses adversaires, unanimes, critiquent violemment. Ses amis s'interrogent en public et se désolent en privé. Leur colère n'est pas feinte. On le pensait prudent ? Il s'en prend par exemple, et brutalement, à la magistrature,

1. *« Un président ne devrait pas dire ça... », op. cit.*

jusqu'à provoquer une vive réaction publique des plus hauts magistrats français. Les deux grands reporters ont vu le chef de l'État à 61 reprises, entre janvier 2012 et septembre 2016. Il répond à tout. Il fait son propre droit d'inventaire. Prépare-t-il sa sortie ou sa candidature ? En cette mi-octobre 2016, chacun interprète à sa façon. Ce livre, c'est une psychanalyse à ciel ouvert. Un suicide politique pour certains, un « hara-kiri » pour d'autres. Une réponse au « Hollande bashing » ? En tout cas, un exercice de transparence à outrance totalement inédit, une communication pour le moins brouillonne et confuse. Un livre passionnant mais ravageur. À l'inverse de la plupart de ses prédécesseurs, Hollande aura, tout au long de son quinquennat, reçu en tête à tête ou par petits groupes des dizaines et des dizaines de journalistes. Des centaines d'heures. Jusqu'à plus soif. Jusqu'à se demander où il trouvait le temps. Un record sans précédent sous la Ve République.

Le changement est radical à l'arrivée d'Emmanuel Macron. Dans un premier temps, le nouveau locataire de l'Élysée assume clairement de jouer la carte de la rareté, de prendre ses distances avec les journalistes. Le jour du premier Conseil des ministres du quinquennat, le 18 mai 2017, la cour du Palais sera fermée pour la sortie des dix-huit ministres et des quatre secrétaires d'État. La presse s'en étonnera. Et la consigne de silence transmise aux membres du gouvernement sera globalement respectée. Durant tout l'été, soit les cent premiers jours du mandat, pas d'interview radio ou télévisée. Rien pour le rendez-vous traditionnel du 14 Juillet. Macron ne reçoit quasiment pas de journalistes au Palais. C'est l'inverse de la stratégie de ses deux prédécesseurs. Le tournant interviendra dans les derniers jours d'août. À l'occasion de sa tournée dans des pays de l'Est européen, le chef de l'État évoque pour la première fois depuis l'étranger un dossier français, en l'occurrence la réforme du droit du travail. Et il convie quelques journalistes à le rejoindre dans le salon de l'avion présidentiel. Il en profite pour faire savoir que sa stratégie médiatique va changer, qu'il interviendra davantage dès la rentrée. Emmanuel Macron a compris que l'opinion attendait de lui un cap, un agenda, une méthode, une pédagogie, une feuille de route. Il adapte donc sa méthode. Et c'est dans ce cadre nouveau qu'il choisit de nommer un porte-parole venant des médias, Bruno Roger-Petit, chargé de « relayer la parole publique de l'Élysée ». Il s'exprimera, explique-t-on au Palais, « par tous les moyens à sa disposition ». Il n'est pas le premier journaliste à rejoindre l'Élysée, abandonnant ainsi définitivement son métier d'origine. Sous la Ve République, on a connu Jean-Louis Guillaud et Xavier Marchetti sous Pompidou, Michel Bassi sous Giscard, Muriel de Pierrebourg sous Mitterrand, Catherine Pégard sous Sarkozy, Claude Sérillon et Pierre-Louis Basse sous Hollande. Mais c'est la première fois en France qu'un éditorialiste devient porte-parole du Président. Cette fonction avait été précédemment occupée en 2007, pendant dix petits mois, par l'actuel diplomate David Martinon, un proche de Cécilia, sous Sarkozy.

Chacun son rôle : c'est en substance ce que note Emmanuel Macron le 3 janvier 2018 en présentant ses vœux à la presse dans la Salle des Fêtes du Palais. Le Président saisit l'occasion pour souhaiter que les médias se préoccupent davantage du fond, et des faits, que de l'anecdotique. Et surtout, il annonce un texte de loi pour lutter contre les « fakes news », ces fausses informations et pseudo-révélations qui pullulent sur les réseaux sociaux.

En ce début 2018, il manque quelqu'un d'essentiel au Palais dans le dispositif dédié aux journalistes : une personnalité discrète mais indispensable, pudique mais essentielle dans l'organisation élyséenne, Évelyne Richard. Chargée depuis 1969 d'aider et de gérer la presse, lors des voyages officiels en particulier, elle quitte le Palais à l'automne 2017 et laisse un grand vide. À son départ, à l'occasion d'une cérémonie dans la Salle des Fêtes, celle qui a commencé à travailler à la présidence sous Georges Pompidou croule sous les compliments. « Un monument de la présidence », commentera en particulier François Hollande. Sans Évelyne Richard et son autorité souriante, les journalistes se sentent orphelins...

Jupiter

Il ne s'agit pas là de gloser sur le surnom du huitième président de la Ve République, mais d'évoquer la pièce la plus mystérieuse de l'Élysée. Au sous-sol du Palais, sous les appartements privés, c'est le très secret PC Jupiter. PC pour Poste de commandement. Jupiter pour la foudre. Un ancien abri antiaérien, construit sous la présidence d'Albert Lebrun.

À la fin de 1977, Giscard y fait installer le commandement de la force nucléaire. Un lieu aussi secret que le code nucléaire. Interdit aux journalistes, et bien sûr à tous les visiteurs, sans aucune exception. Une protection sophistiquée pour tenter d'éviter les écoutes et toutes les indiscrétions possibles. Plusieurs bureaux, dont un réservé en permanence au Président. Une salle de réunion. Quelques images furtives tournées sous VGE et qui ne laissent deviner qu'un étroit couloir. D'autres, un peu plus fournies, enregistrées durant le septennat de François Mitterrand pour un documentaire de Bruno Masure.

Quand on parle de Jupiter au Palais, même les questions semblent gêner. Quant aux réponses... Tout juste admet-on que cette salle de commandement permet d'actionner l'arme nucléaire.

Kennedy

« Égocentrique, méchant et venimeux » : ainsi Jackie Kennedy décrit-elle le général de Gaulle, dans une étrange confession posthume, rendue publique par sa fille Caroline en septembre 2011. Un extrait d'enregistrements réalisés en 1964, un an après l'assassinat de son mari à Dallas. La critique est d'autant plus étonnante que la visite officielle du couple Kennedy, en mai 1961 à Paris, reste comme l'un des moments importants dans l'histoire récente de l'Élysée.

« Je suis le gars qui accompagne Jackie Kennedy. » Devant la presse, le nouveau président américain est irrésistible. Drôle et grave en même temps, en pleine guerre froide. Jackie, dont les lointaines origines françaises sont notoires (elle s'appelle Bouvier), séduit par son intelligence et sa beauté. Les photos avec le Général en témoignent. De Gaulle est sous le charme. Il la juge « brillante et cultivée ». Une succession d'images qui restent dans les mémoires, comme ces sourires sur la terrasse du Palais, face aux jardins, ou cette visite avec Tante Yvonne dans une école de puériculture créée en 1919 grâce à la Croix-Rouge américaine. Et comme le dîner d'apparat dans la Galerie des Glaces à Versailles, suivi d'un ballet à l'Opéra royal. Cette visite d'État est un énorme succès. En trois jours, le couple Kennedy devient super star en France. Cinquante ans après, les confidences de Jackie surprennent donc vraiment. Que s'est-il passé pendant ce voyage, sans aucune fausse note en apparence, pour que, trois ans plus tard, Jackie s'en prenne avec autant de virulence au Général ? Le mystère demeurera sans doute, car on ne saurait attribuer les raisons de cette triste appréciation au dialogue entre Jackie et de Gaulle, que plusieurs témoins ont rapporté, et qui eut lieu au cours de la première réception à l'Élysée.

Jackie Kennedy : — Vous savez, Général, ma famille a des origines françaises...

De Gaulle : — La mienne aussi, madame.

Langue française

Dans un pays qui s'est doté d'un dispositif administratif et politique dédié à la francophonie, qui fait par ailleurs de sa langue le premier outil d'intégration, on pourrait s'attendre à ce que le sommet de l'État donne l'exemple d'un scrupuleux respect du français.

Ce fut le cas par le passé[1], mais, parce qu'elle a instauré la primauté présidentielle, intéressons-nous à la Ve République.

C'est une évidence : le général de Gaulle, Georges Pompidou et François Mitterrand s'exprimaient dans un français marqué du sceau de la perfection, fidèles à ce qui fait le génie de cette langue : la clarté et l'équilibre. Chez de Gaulle, on n'était jamais loin, dans les discours, allocutions, conférences de presse, et même pour les interventions apparemment improvisées, du vers racinien, de l'alexandrin cher au théâtre classique. Dans les écrits, l'empreinte laissée par la lecture attentive de Chateaubriand est manifeste. Pas de langage savant ou de pédantisme, rien d'abscons, mais une syntaxe parfaite, et aucune faute dans la concordance des temps de conjugaison. Même impeccable construction de la phrase chez Pompidou, et, à l'instar du Général, un véritable sens de la formule, fondu dans un lyrisme sans emphase, une précision sans maniaquerie, une émotion sans pathos. Lors de la séance de pose pour la photo officielle en 1981, François Mitterrand dit à la photographe Gisèle Freund, justifiant ainsi le choix d'apparaître livre en main dans la bibliothèque : « N'oubliez pas qu'avant d'être président j'étais écrivain. » De fait, si le normalien Georges Pompidou est un des plus fins connaisseurs de la poésie francophone – son *Anthologie de la poésie française* (1961) est toujours un ouvrage de référence –, de Gaulle

---

1. Le président Raymond Poincaré maniait de façon talentueuse le français avec le souci de donner l'exemple. Son ennemi de toujours Georges Clemenceau, pas toujours de bonne foi, l'avait épinglé aussi sur ce point : « Cet homme-là a un dictionnaire à la place du cœur. »

et Mitterrand sont des prosateurs de premier plan. On admire chez l'un comme chez l'autre la richesse du vocabulaire, les figures de style, et le balancement musical de la phrase. Deux exemples – de genres bien différents – nous le prouvent : les *Mémoires* (1954-1971) du premier, les *Lettres à Anne* (parues en 2016) du second. S'inscrivant dans la lignée du fondateur de la Vᵉ République et de Pompidou, Mitterrand a soigneusement évité, dans ses écrits et interventions parlées, d'user de mots ou expressions étrangers – imagine-t-on de Gaulle employer un terme anglo-saxon ! De même, tout vocabulaire relevant d'une supposée modernité, ou pire, emprunté aux tics du langage technocratique, étaient-ils bannis.

Avec Valéry Giscard d'Estaing et Jacques Chirac, le souci n'est pas toujours la belle langue. Il faut être immédiatement compris et s'adapter à la communication moderne. La syntaxe est globalement respectée, mais le vocabulaire se réduit, et les phrases bâties dans le grand style classique sont assez rares. En aristocrate affirmé, Giscard fait certes des efforts, et son livre *Démocratie française*, publié en 1976, est de bonne facture. Chirac est, dans le quotidien, plus à l'aise avec le parler populaire et direct. Le mieux pour les deux est donc, dans leurs interventions officielles, d'opter pour la formule sujet-verbe-complément. On n'y trouve guère de relief, mais la langue n'est pas massacrée.

Nicolas Sarkozy et François Hollande vont s'en charger. L'un et l'autre vont offrir aux Français un festival de pataquès, redoublements de sujet, accords fantaisistes et autres cuirs dont on se demande parfois s'ils ne sortent pas tout droit d'un bêtisier déjà confectionné. Ce qui n'empêche pas le premier d'être un tribun de haute volée et le second d'afficher de réelles vertus pédagogiques. Mais quand on entend, dans la bouche de Sarkozy, au cours d'une réunion publique tenue en mars 2009, « Si y'en a que ça les démange d'augmenter les impôts... », et dans celle de Hollande, en 2015, « Je suis plutôt dans l'esprit que les choses s'améliorent », on est en droit de se poser la question : comment en est-on arrivé là ? Car ces deux exemples ne sont pas isolés[1], mais parfaitement révélateurs de ce que les Français ont pu entendre, régulièrement, depuis 2007. Les raisons ? On accablera les époques qui ne sont plus les mêmes et les générations qui ne se ressemblent pas. On pourra même accuser l'école, la formation, et l'éducation en général. Mais il faudra d'abord se souvenir que les trois présidents qui ont été de vrais serviteurs de la langue française avaient tous trois été nourris à la grande culture classique, et surtout en avaient gardé le goût.

Le siècle de la communication n'est décidément pas favorable au respect du français. Si le verbe présidentiel lui fait subir autant d'outrages, la forme écrite n'est pas épargnée. En novembre 2011, le service de presse de la présidence de la République publie un communiqué d'une dizaine de lignes rendant hommage à Danielle Mitterrand qui vient de disparaître. Passons sur le style laborieux et déplorons que ces dix lignes comportent... six fautes d'orthographe. Le 31 décembre 2016, dans l'ultime message de vœux de François Hollande relayé sur le compte Twitter de

---

1. Sur le sujet, on lira avec profit le livre d'Anne Queinnec, *« Qu'est-ce qu'il s'agit là-dedans ? »*, recueil des meilleurs exemples de massacre de la langue française par les politiques, First, 2017.

l'Élysée, on en dénombre tout autant. Le contraste n'en est que plus flagrant avec Emmanuel Macron, qui s'exprime dans un français clair et subtil. Rien d'étonnant : la littérature et la philosophie sont les fondements de sa culture. Et Brigitte Macron a longtemps été professeur de lettres...

Lebrun (Albert)

Après l'assassinat de Paul Doumer le 10 mai 1932, le Congrès élit Albert Lebrun président de la République. Il a soixante et un ans, est lorrain comme Raymond Poincaré, a été plusieurs fois ministre et occupe la présidence du Sénat depuis l'année précédente. C'est un homme d'une grande intelligence – sorti major de sa promotion à Polytechnique comme à l'École des mines – mais sans envergure. Il est travailleur, consciencieux, d'une probité exemplaire, mais dénué d'autorité, et peut-être même de volonté. Les années qui suivent son élection vont être marquées par une crise économique et toute une série d'événements sociaux, grèves et manifestations, qui aboutissent à la victoire du Front populaire en mai 1936. Auparavant, à la fin de l'année 1933, avait éclaté le scandale du Crédit Municipal de Bayonne qui deviendra l'affaire Stavisky, où seront compromis des hommes politiques de tous bords. À l'instigation des ligues d'extrême droite, les émeutes se multiplient. L'organisation clandestine armée la Cagoule se lance dans une vague d'assassinats et d'attentats. La situation internationale se tend chaque jour davantage :

Hitler devient chancelier du Reich, la guerre civile éclate en Espagne, le fascisme triomphe en Italie. Le premier septennat d'Albert Lebrun voit se succéder quinze présidents du Conseil, d'Herriot à Daladier. En mars 1939, Marguerite Lebrun supplie son mari de ne pas se représenter, pour lui éviter d'être « le président de la guerre ». Il répond : « C'est pour cela que je dois rester. » Le 5 avril, il est réélu pour un nouveau mandat. Tant d'épreuves, si peu de satisfactions. Les rares fois où l'on aperçoit l'ombre d'un sourire sur le visage d'Albert Lebrun, c'est en février 1933, à la création de la Loterie nationale, et en 1935, lorsque le paquebot *Normandie* traverse l'Atlantique et remporte le Ruban bleu.

Comment la vie à l'Élysée serait-elle sereine dans ces conditions ? Marguerite Lebrun n'est guère portée sur les mondanités, mais, comme son mari, elle a le souci de bien faire. Elle est cultivée et distinguée, et lorsqu'elle reçoit le souverain britannique en 1938, il n'est pas besoin de faire appel à un interprète. La présidente s'exprime aussi bien en anglais que le roi George VI en français... Elle aurait volontiers lancé des travaux de modernisation au Palais, mais l'époque ne s'y prête pas, les finances publiques encore moins. Il vaut mieux faire aménager dans les sous-sols un abri antiaérien. On installe aussi le chauffage central, vaste chantier qui modifie du tout au tout l'organisation de la maison. Parce qu'elle apporte à son mari un puissant soutien moral, Marguerite Lebrun souffre de le savoir incompris. Il voudrait tant être écouté. Elle enrage de le voir cruellement caricaturé. On représente le Président une boîte de cirage noir à la main, uniquement occupé à teindre sa moustache, et, parce qu'il ne porte pas de lunettes et a les yeux rougis par la myopie, les chansonniers l'ont surnommé « le sot pleureur ».

Le 2 septembre 1939, la France déclare la guerre à l'Allemagne. Le 10 juin 1940, le couple présidentiel quitte l'Élysée pour Bordeaux, où le gouvernement de Paul Reynaud a décidé de se replier. Albert Lebrun pense qu'il reviendra au Palais, son mandat n'expirant qu'en 1946. Ce ne sera pas le cas. Cinq jours auparavant, le 5 juin 1940, Reynaud avait fait entrer dans son gouvernement un sous-secrétaire d'État au ministère de la Défense nationale et de la Guerre nommé Charles de Gaulle. « Je tiens à vous attester que je vous suis tout acquis », déclare Lebrun au Général qui le reçoit dans son bureau du ministère de la Guerre le 9 octobre 1944. Et qui, dans ses *Mémoires de guerre*, dira de ce président resté huit ans et deux mois à l'Élysée : « Au fond, comme chef de l'État, deux choses lui avaient manqué : qu'il fût un chef, qu'il y eût un État. »

Lectures

20 septembre 1992, 17 heures. Depuis 8 heures du matin, les Français votent pour ou contre le traité de Maastricht. Les premiers sondages sortis des urnes donnent le non en tête pour ce référendum historique. François Mitterrand va rejoindre Paris après avoir voté à Château-Chinon et déjeuné chez Ginette Chevrier, l'ancienne propriétaire de l'hôtel du Vieux-Morvan. Le Président monte dans le Falcon 50, s'installe, puis, dès le décollage, et malgré les circonstances politiques, se plonge dans... les *Mémoires* de Vauvenargues, un

moraliste du XVIIIe siècle. Il ne refermera le livre qu'après l'atterrissage à Villacoublay, juste avant qu'on lui apprenne que, finalement, le oui va l'emporter d'une courte tête. Tout est là, dans cette anecdote. Le Mitterrand amoureux des livres, et résolu, quoi qu'il arrive, à goûter intensément à « ce vice impuni, la lecture », heureuse expression de Valery Larbaud, écrivain qui lui était cher.

Pour s'en tenir aux présidents de la Ve République, force est de constater qu'en règle générale on a affaire à de solides lecteurs. Par temps calme, ou lorsque la tempête s'annonce, ils ont besoin de s'évader, de retrouver des racines, ou de réfléchir au poids et au sens, souvent tragique, de l'histoire. Philippe de Gaulle raconte que son père lisait jusqu'à trois livres par semaine. Et son petit-fils décrit, souvenirs à l'appui, la diversité de ces lectures[1] : Pascal et Gide, Courteline et Confucius, Chateaubriand, maintes fois relu, et le *Journal* d'Anne Frank, *Le Désert des Tartares* de Buzzati et *Le Rivage des Syrtes* de Julien Gracq, Mauriac et Barrès, Anatole France, Joseph Roth et Thomas Mann. Dans les lectures du Général, on trouvera aussi Marguerite Yourcenar, Aragon, Roger Vailland, Jean Cocteau, Jules Verne, ainsi que des écrivains qui ne s'étaient pas rangés dans son camp : Paul Morand[2] – de Gaulle savait par cœur des passages d'*Ouvert la nuit* – ou Jacques Chardonne,

1. Yves de Gaulle, *Un autre regard sur mon grand-père Charles de Gaulle*, *op. cit.*

2. Dans une des émissions de « Radioscopie », Paul Morand fera à Jacques Chancel cette inattendue et touchante confidence : « Vous savez combien j'ai détesté de Gaulle, mais quand je l'ai vu seul, sur la plage d'Irlande, voûté et comme abandonné des dieux, j'ai été tout près de l'aimer. »

à qui le Général écrit en 1966 : « Je goûte votre style pur et sans accessoires. » Et puis les fidèles, ceux qui ont cru en de Gaulle et l'ont suivi, dans la régularité ou l'intermittence : Romain Gary, Joseph Kessel, Maurice Druon, Georges Bernanos, Jean Dutourd, Maurice Clavel, auxquels il faut ajouter le délicat et discret poète Pierre Jean Jouve. Mais le plus surprenant est sans doute de découvrir que Charles de Gaulle ne négligeait pas la lecture des jeunes romanciers. En 1963, il apprécie vivement *Le Procès-Verbal*, premier roman d'un écrivain de vingt-trois ans, Jean-Marie Le Clézio. « Votre livre m'a entraîné dans un autre monde, le vrai très probablement », écrit-il à celui qui obtiendra quarante-cinq ans plus tard, en 2008, le Nobel de littérature.

Georges Pompidou est tout aussi éclectique, avec une prédilection pour la poésie. Auteur d'une *Anthologie de la poésie française*, il aime à relire, comme à dire à haute voix, de mémoire, les vers de Baudelaire, Apollinaire, Rimbaud, Verlaine, Victor Hugo, René Char, Saint-John Perse, Paul Éluard. Son auteur de chevet, auquel il revient sans cesse : Racine. Du côté des romans, il aime Stendhal, Céline. Mais il apprécie aussi les œuvres modernes dont les auteurs sont des proches, comme Françoise Sagan, ou ses anciens camarades de khâgne et de l'École normale supérieure, Léopold Sédar Senghor, Julien Gracq, Henri Queffélec, Roger Ikor, Paul Guth.

Avec Giscard, retour aux grands romans de la littérature classique. Pendant sa campagne victorieuse de 1974, il ne quitte pas *Guerre et Paix*. À son arrivée à l'Élysée, il apporte avec lui *L'Éducation sentimentale* de Flaubert et *Les Contes et Nouvelles* de Maupassant, son auteur préféré, dont il parle dans « Apostrophes », chez Bernard Pivot, en juillet 1979.

François Mitterrand est, avec de Gaulle, le plus avide lecteur parmi les présidents de la Vᵉ République. Leurs goûts ne sont d'ailleurs pas aussi éloignés qu'on pourrait le croire. Mitterrand aime lire mais aussi parler des livres, tester les goûts et connaissances littéraires de ses interlocuteurs, faire découvrir un auteur... et en démolir un autre. Il ne se précipite pas sur les romans contemporains, à l'exception de ceux de Michel Tournier, Patrick Modiano, Jean d'Ormesson, des deux Marguerite (Yourcenar et Duras), ou d'amis comme Antoine Blondin et René Fallet. Il goûte surtout des écrivains et poètes moins révélés, plus tamisés, comme René-Guy Cadou, Henri Thomas, Charles-Louis Philippe, Eugène Fromentin, Henri Bachelin, Louis Guilloux. Comme de Gaulle, il connaît par cœur des pages entières d'auteurs aussi divers que Lamartine, Paul-Jean Toulet, ou son compatriote charentais Jacques Chardonne. Parmi les classiques, Renan, Stendhal, Valéry ont ses préférences, et les accents nivernais de Jules Renard l'enchantent. Mais son goût profond, ce sont les moralistes, le cardinal de Retz et le prince de Ligne en tête. Il aime aussi les biographies. L'une des dernières qu'il lit à l'Élysée est celle du pape Jules II. Lorsqu'il quitte le Palais pour une promenade dans Paris, deux fois sur trois François Mitterrand se rend dans une librairie. Il est aussi le président le plus entouré d'écrivains, à l'Élysée, au gouvernement ou dans la diplomatie. Paul Guimard, Erik Orsenna, Claude Manceron, Max Gallo, François-Régis Bastide, Laure Adler sont de ses proches ; Françoise Sagan, Bernard Frank, Edmonde

Charles-Roux, François-Marie Banier l'accompagnent parfois dans ses voyages.

Sur ses goûts littéraires comme sur tout ce qui touche à sa vie personnelle, Jacques Chirac déteste se confier. On sait que dans sa jeunesse il a adoré Alexandre Dumas, et plus particulièrement *Les Trois Mousquetaires*. Il apprécie Balzac et les grands auteurs russes : Pouchkine, Dostoïevski. Dans *L'Inconnu de l'Élysée*, Pierre Péan parvient non sans mal à faire dire à Chirac qu'il a lu tout Malraux et Francis Carco. Qu'il aime Paul Éluard et La Fontaine, et qu'il connaît par cœur, depuis sa jeunesse, ce grand poème burlesque et surréaliste, *La Négresse blonde*, de Georges Fourest (également auteur du *Géranium ovipare*)... Plus tard, bien après son élection, on découvre le goût de Jacques Chirac pour la littérature chinoise et pour les haïkus, ces courts poèmes japonais de trois vers qu'il dévore et dont il conseille la lecture. Et quand Nicolas Sarkozy ironise devant des journalistes sur cette préférence littéraire, il réagit violemment, faisant savoir à l'intéressé que ces critiques ne sont pas « convenables ». C'est sans doute l'une des attaques de son successeur qu'il appréciera le moins.

Fin juin 2011, les photos de Nicolas Sarkozy à son arrivée à Bruxelles le montrent tenant sous son bras, par-dessus les dossiers, le premier tome de la collection Simenon publiée par *Le Monde*. On sait depuis que le Président a demandé chaque jeudi qu'on n'oublie pas de lui apporter son volume Simenon avec le quotidien. Le 1er août 2011, à la sortie du Conseil des ministres, qui se tient exceptionnellement à l'hôtel de Marigny, même scénario : Nicolas Sarkozy tient ostensiblement sous le bras *Un portrait de femme*, l'un des grands romans d'Henry James. Pendant son voyage en Nouvelle-Calédonie, à la rentrée 2011, il lit Dostoïevski. Et *Guerre et Paix* de Tolstoï, en rentrant de Libye. Depuis des mois, à chaque occasion, le Président fait connaître publiquement ses dernières lectures, ses découvertes littéraires. On savait avant 2007 qu'il avait apprécié *Belle du seigneur* d'Albert Cohen, *Voyage au bout de la nuit* de Céline, *Le Rouge et le Noir* de Stendhal, et encore *Le Nom de la rose* d'Umberto Eco. On apprend, en particulier à la lecture de *M. le Président* de Franz-Olivier Giesbert, qu'il se plonge désormais dans Jules Verne, Hugo, Racine, Proust, Steinbeck, Camus ou encore Lévi-Strauss. Et le comédien Denis Podalydès, peu suspect de sarkozysme, rapporte une conversation nourrie et passionnante sur la littérature avec l'hôte de l'Élysée pendant un tête-à-tête. Bien sûr, la campagne électorale approche. Mais le soudain appétit culturel du Président surprend. En réalité, il provoque à la fois ironie, suspicion et intérêt. La posture présidentielle doit décidément s'accompagner d'un solide bagage littéraire...

François Hollande le sait. Et le comprend lorsqu'il fait connaître pendant la campagne 2012 quelques-uns de ses auteurs préférés. En tête, Hugo, notamment *Les Misérables*, et Camus, en particulier *Le Mythe de Sisyphe*. Mais il considère la lecture comme son jardin secret. Il se revendique d'abord « grand acheteur de livres ». L'Écume des pages est une librairie parisienne qu'il fréquente régulièrement, et on le croise parfois à la Fnac de la rue de Rennes. Son goût le porte davantage vers les biographies et les essais, qu'il lit souvent au cours de ses voyages, temps protégé entre tous. Mais François Hollande s'intéresse aussi à la bande dessinée, comme on l'apprendra lors de la parution d'un nouvel album de « Lucky Luke » en novembre 2016.

En 2017, c'est un grand lecteur qui s'installe au Palais. On connaît les goûts, très éclectiques mais à dominante classique, du nouveau chef de l'État (voir : *Macron Emmanuel*). Le Président se réserve toujours quelques heures pour relire quelques-uns de ses auteurs favoris, Char ou Gide, et des œuvres philosophiques. Il n'a guère le temps de se plonger dans les romans de la rentrée littéraire, mais a lu durant ses premières vacances, en août 2017, *Zabor ou les psaumes* de l'auteur algérien Kamel Daoud et *Angela Merkel l'ovni politique* de la journaliste Marion Van Renterghem. Il partage avec sa femme ce goût de la lecture. Ils relisent régulièrement *Les Fleurs du mal*, de Charles Baudelaire, un grand classique qu'ils aiment tous les deux. « Je lis tous les jours. Plutôt le soir et la nuit. Quand on oublie de lire, on se trompe. On perd le rapport au sens, à l'intemporel[1]. » Pendant son mandat, il favorisera sans doute, avec le concours de Françoise Nyssen, la ministre de la Culture, ancienne patronne d'Actes Sud, la promotion et le développement de la lecture.

Légion d'honneur (et autres décorations)

Lorsqu'il s'installe à l'Élysée en 1809, Napoléon n'a pas oublié Bonaparte, qui créa la Légion d'honneur en

1. *Le Point*, 31 août 2017.

1802. C'est même à partir de 1809 que les « légionnaires » sont appelés « chevaliers ».

De son côté, estimant qu'il fallait éviter le trop-plein – expression qu'il affectionne – dans l'ordre de la Légion d'honneur, le général de Gaulle crée en 1963 l'ordre national du Mérite. L'un et l'autre font aujourd'hui encore l'objet de cérémonies qui se déroulent au Palais, dans le Salon Napoléon III, le Jardin d'Hiver ou la Salle des Fêtes. La cérémonie sur laquelle se fondent toutes les autres a lieu lors de l'investiture d'un nouveau président. Le grand chancelier lui remet le collier de grand maître de l'ordre (voir : *Investiture [Cérémonie d']*). En 1981, le général de Boissieu, gendre du Général, démissionne de son poste de grand chancelier de l'ordre pour ne pas avoir à remettre le collier à François Mitterrand.

En sa qualité de grand maître, c'est donc au président de la République que revient le soin de décider par décret de l'attribution de la Légion d'honneur, après que les ministères concernés ont fait part de leurs propositions. Celles-ci doivent être entérinées par le Premier ministre et visées par le grand chancelier. Sous Jules Grévy, le trafic de décorations organisé par Daniel Wilson, le gendre du Président, conduira ce dernier à la démission (voir : *Grévy Jules*). Mais quand tout fonctionne normalement, c'est dans le secret de son cabinet de travail, parfois en compagnie du secrétaire général, voire en Conseil des ministres, que le Président approuve, hésite ou refuse. Paul Doumer inscrit, à côté du nom d'un jardinier de quatre-vingt-trois ans qui avait travaillé longtemps à l'Élysée et espérait la Légion d'honneur : « À cet âge, on ne peut plus attendre. » Vincent Auriol a la surprise de recevoir de l'écrivain Marcel Aymé une lettre de refus on ne peut plus explicite : « Quant à la Légion d'honneur, vous pouvez vous la carrer dans le train. » Le général de Gaulle accorde une sourcilleuse importance aux décorations, qu'il n'entend pas distribuer de façon inconsidérée. Au cours d'un Conseil des ministres, André Malraux intervient pour que la grand-croix de la Légion d'honneur soit décernée à Jules Romains. De Gaulle en veut toujours à l'auteur de *Knock* de lui avoir fait faux bond en 1940, et ne lui pardonne pas davantage les attaques perpétuelles dans ses éditoriaux de *L'Aurore*. Malraux insiste, faisant valoir que Jules Romains connaît de graves ennuis de santé, exagérés à dessein pour infléchir la décision du Président.

— Il est si malade que ça ? demande de Gaulle.

— Il est alité, mon général, répond Malraux, se forçant à la désolation la plus complète.

— Et il reçoit du monde ?

— Plus personne, mon général.

— Eh bien, si personne ne peut le voir, qu'il la porte, la grand-croix !

Le scénario est à peu près le même au Conseil des ministres du 31 juillet 1962. Roland Dorgelès est proposé comme grand officier de la Légion d'honneur.

— C'est la consécration d'une brillante carrière vichyste, laisse tomber le Général.

Le Premier ministre Georges Pompidou intervient dans un souci d'apaisement.

— Mon général, c'est parce qu'il a été vichyste que sa carrière dans la Légion d'honneur a été ralentie.

— Je vois donc que ça a changé ! réplique de Gaulle. Le vichysme ne ralentit plus, il accélère !

Le président de la République décore lui-même certaines personnalités. De Gaulle réservait cet honneur à quelques grands noms, généralement élevés au plus haut rang. Ainsi le 19 mars 1960, le Général épingle-t-il – avec beaucoup de difficulté, en raison de sa vue défaillante – une plaque de grand-croix sur un plastron célèbre : « François Mauriac, nous vous élevons à la dignité de grand-croix de la Légion d'honneur. » De Gaulle ajoute : « C'est un honneur que la France se fait à elle-même. » Le récipiendaire remercie d'un signe de tête, car l'usage, du moins à cette époque, veut qu'on ne prenne pas la parole après le président de la République. Certains parfois l'oublient. Ainsi l'abbé Pierre se lançant dans un discours après que François Mitterrand l'eut décoré (voir : *Protocole*).

La remise de décoration à une seule personne reste assez exceptionnelle. Généralement, le Président fait procéder à des regroupements au cours d'une même cérémonie. Les récipiendaires sont placés sur un rang et doivent s'en détacher au moment où le Président leur fait face, un huissier à ses côtés, présentant la décoration sur un coussin de velours rouge à l'aide de camp, qui la tend au Président. À l'Élysée, on se souvient de ce jour, émouvant, où Jacques Chirac, longtemps après les JO d'hiver de Grenoble, décora en même temps le héros de ces Jeux, Jean-Claude Killy, et le ministre de la Jeunesse et des Sports qui les organisa avec succès, François Missoffe. La vue de Missoffe étant devenue déficiente, c'est le triple médaillé d'or qui le guida et l'accompagna jusqu'au Président.

Nicolas Sarkozy ne lit pas de discours et laisse volontiers, comme le fera également François Hollande, certains décorés dire quelques mots après lui. L'ambiance est souvent plus joyeuse que solennelle. Et Sarkozy profite quelquefois de ces événements pour régler des comptes ou, à l'inverse, remercier chaleureusement certains récipiendaires, par exemple le très discuté Patrick Buisson en septembre 2007. La tonalité peut en effet être très différente en raison de la personnalité décorée et de la distinction elle-même. Quelques exemples sous la présidence de Jacques Chirac. Le 13 juillet 1997, il remet la grand-croix de la Légion d'honneur à Geneviève de Gaulle-Anthonioz (la nièce du Général) dans la Salle des Fêtes. Elle est assise dans un fauteuil, seule, face au pupitre derrière lequel le chef de l'État prononce un discours exaltant cette grande figure de la Résistance et de l'humanitaire. Le président de la République est, ce jour-là, aussi ému que celle à qui il remet la plus haute distinction de la République. C'est dans un tout autre climat que Jacques Chirac décore Lydie Gerbaud, sa collaboratrice de longue date, le 22 mars 1996 dans la Salle des Fêtes. Le Président affiche un air mutin et espiègle dont on va rapidement connaître la raison. Délaissant le discours traditionnel, il improvise : « Ma chère Lydie, je vais vous dire quelque chose que vous ne savez pas, et que j'ai su avant vous... C'est rare !... Figurez-vous que je suis grand-père pour la première fois depuis une heure et quart ! » Et on se souvient au Palais de ce jour étrange où Chirac décora deux agents des services spéciaux pour leur action au Kosovo. Ils étaient grimés pour l'occasion, fausse moustache et cheveux postiches, afin de préserver leur anonymat.

François Hollande affectionne ces cérémonies. Dans les premiers mois de son quinquennat, il passe du respect, lorsqu'il décore Simone Veil en famille, à l'humour amical quand il épingle Anne Hidalgo. Par la suite, il multipliera les remises de décorations à forte dimension symbolique : à des politiques, de Jean-Marc Ayrault à Lionel Jospin, de Michel Rocard à Manuel Valls ; des figures de la lutte pour l'environnement avant l'ouverture de la COP 21, Nicolas Hulot et le fils du commandant Cousteau ; des artistes, Paul McCartney, Gérard Jugnot, son ami proche Bernard Murat et la populaire Line Renaud, à qui il lance, sous les rires : « Ce n'est pas toujours facile d'être aimé par les Français. Ça se mérite, il faut du temps » ; des sportifs, notamment les athlètes médaillés aux JO, Teddy Riner ou Yannick Agnel, et, le jour de son renoncement, le 1er décembre 2016, les médaillés olympiques et paralympiques de Rio. D'autres cérémonies ont marqué la vie du Palais au cours du dernier quinquennat. Quelques moments délicats, comme cette Légion d'honneur discrète et très controversée au prince héritier d'Arabie Saoudite le 4 mai 2016. Et des moments de grâce, comme ce 26 novembre 2014, lorsque le chef de l'État décore Jean d'Ormesson. Un festival d'esprit à la française. « Vous avez réussi tout au long de votre vie à être aimé. Comment avez-vous fait ? » lui dit, amusé, avec une pointe d'envie, Hollande, avant d'ajouter : « On vous pardonne tous : à gauche d'être de droite et à droite d'être impertinent. » Et l'académicien préféré des Français de répondre, sur le même ton, en se présentant comme un « malheureux écrivain qui n'a jamais décroché ni le moindre Nobel ni le moindre Goncourt ». Dans ces circonstances, Hollande se situe entre Mitterrand et Chirac. Un zeste de détachement, et une bonne dose de convivialité. Ainsi termine-t-il son intervention face à Jean d'Ormesson par ce subtil trait d'esprit : « Permettez à celui pour qui vous n'avez pas voté de vous faire grand-croix de la Légion d'honneur... »

Emmanuel Macron annonce très vite la couleur. Il a une nouvelle vision de la Légion d'honneur. Plus équilibrée entre hommes et femmes, plus restreinte également. Il s'agit de promouvoir réellement le mérite, et de rajeunir les promotions à venir. Parmi les personnalités personnellement décorées par Emmanuel Macron figurent en particulier l'un de ses proches, promu sous François Hollande, Philippe Grangeon, ainsi que le président du Secours populaire, Julien Lauprêtre. Le jeune président décide également de retirer la Légion d'honneur au producteur américain Harvey Weinstein, accusé à Hollywood par de très nombreuses femmes de viols et d'agressions sexuelles. « Il n'est plus digne de porter la décoration », explique-t-on au Palais lorsque cette décision est rendue publique.

Livres

Depuis que les présidents y logent ou y travaillent, deux livres ont été écrits à l'Élysée pendant la durée de leur mandat. Le *Journal* de Félix Faure, entre 1895 et 1899, et *Démocratie française*, de Valéry Giscard d'Estaing, en 1976. S'y ajoutent, beaucoup plus modestement, la présentation par Nicolas Sarkozy en 2008 d'un traité pour l'Europe ; la préface, par Jacques Chirac, de *L'Éloge de la sieste* de Bruno Comby, en

2004 ; en 2001, le seul livre écrit au Palais par une Première dame, *Conversation*, de Bernadette Chirac ; et, en 2016, la courte préface par François Hollande d'un livre sur la démocratie sociale.

Le sixième président de la IIIe République succède à Jean Casimir-Perier le 17 janvier 1895. À compter de ce jour, et chaque fois qu'un événement le justifie, Félix Faure prend la plume et raconte. C'est un document étonnant, qui n'a connu qu'une publication récente. Il tient ce journal jusqu'au 2 février 1899, quatorze jours avant sa mort brutale (voir : *Faure Félix*). Et il n'élude rien. Ni les petits tracas quotidiens, comme cet agacement contre son prédécesseur qui prend trop de temps à quitter le Palais, ni les nombreuses crises ministérielles, ni les Conseils des ministres, ni les voyages officiels, tel ce déplacement à Paris, en octobre 1896, du tsar Nicolas II. Sans parler des rebondissements successifs de l'affaire Dreyfus. Félix Faure, clairement classé par les historiens parmi les antidreyfusards, manque singulièrement de courage et de lucidité pendant cette affaire qui a légitimement bouleversé la société française.

Le livre que publie le président Giscard d'Estaing le 8 octobre 1976 est d'une tout autre nature. Écrit dans le plus grand secret pour accentuer l'effet de surprise, *Démocratie française* est vendu au total à près d'un million d'exemplaires. Moins de deux mois après la démission fracassante de Jacques Chirac, il vise à remettre le septennat giscardien en perspective, à en préciser les objectifs, à en fixer le timing jusqu'aux législatives de mars 1978. Giscard l'a écrit seul. Son proche conseiller Jean Serisé en sera le premier lecteur et y apportera quelques retouches. C'est un livre programme, une belle opération marketing aussi, l'éditeur Fayard ayant réussi à garder jusqu'au bout le projet confidentiel. Un an plus tard, en décembre 1977, quelques mois avant l'échéance législative de mars 1978, le livre sort en poche avec une nouvelle préface.

En mars 2008, c'est un livre de tout petit format, *Un traité pour l'Europe*, dont Nicolas Sarkozy signe la présentation. Un ouvrage pédagogique de deux cent vingt-deux pages, dans une collection de Dalloz créée par Olivier Duhamel. L'objet, c'est le traité de Lisbonne sur les institutions et le fonctionnement de l'Europe, conclu fin 2007 par les vingt-sept membres de l'Union. Peu médiatisé à sa sortie, ce livre permet à Sarkozy de livrer, dans sa présentation, sa vision de l'Europe quelques mois après son installation au Palais.

Avec *Conversation*, le livre entretien qu'elle publie en 2001 chez Plon, Bernadette Chirac crée vraiment la surprise. Elle est, à ce jour, l'unique Première dame à se livrer à cet exercice pendant la présidence de son mari. Patrick de Carolis réussit à la convaincre après une émission « Des racines et des ailes » à laquelle elle participe fin 2000. Jusque-là, elle a toujours refusé. Entre fin janvier et début mai 2001, douze rendez-vous sont organisés le vendredi après-midi dans son bureau. La femme du Président n'a pas informé son époux. « J'ai passé l'âge de demander l'autorisation », répond-elle au journaliste qui l'interroge. Bernadette se livre à cœur ouvert. Elle évoque son itinéraire personnel, sa famille, ses goûts musicaux et littéraires, son attachement au Palais. Elle parle politique librement. Elle milite et s'engage. Le livre est un gros succès. Près de trois cent mille exemplaires vendus.

Dans la foulée, elle participe au « Vivement dimanche » de Michel Drucker qu'elle prépare, selon les propres termes de son mari, « comme un oral de l'ENA ». Rendez-vous réussi. Avec ce livre et cette émission, Bernadette Chirac est entrée de plain-pied sur le terrain politique.

François Hollande a hésité. Un temps, il a envisagé d'écrire et de publier fin 2016 un ouvrage sur son quinquennat et sur les grandes lignes d'un éventuel second mandat. Mais l'actualité était trop intense, trop dramatique aussi. Et il n'était pas certain, comme on l'a vu, de se représenter en 2017. Il choisira donc de se livrer aux nombreux journalistes qui publient ces documents en rafale à la rentrée 2016, avec les effets politiques dévastateurs que l'on connaît. Et il rédigera la courte préface, cinq pages, d'un ouvrage de réflexion publié par la Fondation Jean-Jaurès, *Le Moteur du changement, la démocratie sociale*.

Loubet (Émile)

S'il est un septennat qui commence mal, c'est bien celui d'Émile Loubet, élu à soixante et un ans président de la République le 18 février 1899. Félix Faure a rendu l'âme deux jours plus tôt dans des conditions jusque-là inédites au Palais (voir : *Faure Félix*), et le Congrès élit Loubet avec, si l'on peut dire, la bénédiction de Clemenceau : « Il nous fera un président bourgeois très simple, amène et bon enfant, qui ne se croira pas obligé de faire sonner de la trompette chaque fois qu'il éternuera. » Émile Loubet est issu d'une famille de paysans de la Drôme ; il a été avocat, est devenu député, ministre, président du Conseil puis du Sénat. Tout s'annonce bien, sauf que ce 18 février 1899, œufs pourris et patates germées tombent dru sur la voiture du nouveau président qui s'engouffre dans la cour de l'Élysée. Que lui reproche-t-on ? Un peu tout. D'être dreyfusard – il dira n'être ni l'un ni l'autre mais accordera la grâce au capitaine Dreyfus – et d'avoir protégé des parlementaires compromis dans le scandale de Panama lorsqu'il était président du Conseil. D'où les cris de « Loubet Panama » et « Loubet démission » entre deux tirs de légumes avariés.

L'Exposition universelle de 1900 va apaiser les esprits, et profiter à Émile Loubet, en qui les Français reconnaissent désormais un honnête homme. Qualité qui n'est pas de trop lorsque se déchaîne la campagne laïque du président du Conseil Émile Combes. L'acharnement contre les congrégations religieuses met au désespoir le Président, et plus encore son épouse Marie-Louise. Chaque jour qu'elle le peut, elle se met à prier, en demandant à Dieu qu'on cesse de persécuter religieuses et prêtres. Avant tout mère de famille – elle a quatre enfants, dont le plus jeune, Émile, n'a que sept ans lorsque son père devient président –, Marie-Louise Loubet n'est pas très à l'aise à l'Élysée. Les habitués du Palais qualifient son allure de « provinciale » et moquent ses origines modestes – son père était quincaillier à Montélimar. La brave femme n'a peut-être pas les manières, mais son cœur est sincère. Elle se plie de son mieux aux obligations, même si elle donne des sueurs froides au protocole chaque fois que s'annonce une manifestation officielle. Quand va-t-elle se prendre les pieds dans sa robe ? La première révérence lui sera-t-elle fatale ? À quel moment va-t-elle se retrouver par terre ? En avril 1904, l'Élysée reçoit une nouvelle fois le roi Édouard VII, venu à Paris sceller un accord qui fera date : l'Entente cordiale entre la France et la Grande-Bretagne. À la fin du dîner de gala dans la Salle des Fêtes, Édouard VII déclare dans un français impeccable : « Je n'oublierai jamais l'accueil que j'ai reçu de vous, monsieur le Président, de votre gouvernement et de votre peuple. » L'émotion n'est pas feinte, et gagne tous les invités. Le discours royal terminé, Marie-Louise Loubet pense qu'il est temps de parler de la famille. Désignant le prince de Galles, fils du roi, qui régnera à partir de 1910 sous le nom de George V, elle demande avec candeur au souverain britannique : « Et ce grand garçon, qu'est-ce que vous allez en faire, plus tard ? » Édouard VII, en parfait gentleman, s'amuse beaucoup de cette manifestation originale de l'esprit français.

On l'aura compris, Mme Loubet préfère les journées sans rois de Suède, d'Espagne, du Portugal ou d'Angleterre, sans shah de Perse ou bey de Tunis, tous reçus à l'Élysée sous le septennat de son mari. Des journées où elle peut se consacrer à ses enfants et à son mari. Et aussi s'offrir un petit somme l'après-midi. Pour autant que le parc soit à peu près silencieux. C'est compter sans les corneilles et les corbeaux dont les criailleries empêchent la présidente de s'assoupir. « Supprimez-les », ordonne Émile Loubet un jour de 1900. Les gardes munis de carabines font de leur mieux, mais ne parviennent pas à décimer la bruyante colonie[1]. Ils réussissent en revanche à semer la terreur dans tout le quartier. Dès les premiers éclats de la fusillade, les voisins du Palais se barricadent, pensant à un attentat, voire à un coup d'État, de la part des antidreyfusards.

En 1905, Émile Loubet fait savoir qu'il n'accomplira pas un autre septennat. Même si l'Élysée n'a pas connu de bouleversements sous sa présidence, Loubet reste marqué, et meurtri, par l'immobilisme auquel la fonction l'a contraint, en particulier au moment des mesures antireligieuses qui auront conduit au vote de la loi sur la séparation des Églises et de l'État en décembre 1905, quelques semaines avant qu'il quitte l'Élysée.

Mac-Mahon (Patrice de)

Si quelqu'un avait grande envie de rester à l'Élysée, c'était bien Adolphe Thiers. S'il en était un qui ne voulait à aucun prix y mettre les pieds, c'était Mac-Mahon. La vie est mal faite. En mai 1873, Thiers est contraint de céder la place sous la pression de la majorité royaliste. On lui trouve immédiatement un successeur en la personne du maréchal Patrice de Mac-Mahon, soixante-cinq ans, qui aussitôt supplie

1. Cent ans plus tard, les corneilles et les corbeaux du parc de l'Élysée n'ont pas disparu. Ils seraient responsables du massacre des jeunes colverts que François Mitterrand avait confiés aux bons soins de Jacques Chirac. Claude Chirac est formelle : le labrador présidentiel a été accusé à tort. Tandis que les corbeaux au bec ensanglanté, elle en a été témoin... (voir : *Canards*).

ses amis royalistes de ne pas l'envoyer à l'Élysée. Il fait valoir qu'il est avant tout un soldat et qu'il n'entend rien à la politique : « Je me juge incapable de diriger le gouvernement dans les circonstances difficiles où nous nous trouvons. » Cette sincère adresse aux parlementaires reste sans effet. Dans une ultime tentative, il assure que devenir président lui fera perdre son influence sur l'armée. Rien n'y fait. Autant dire que ce 24 mai 1873, le maréchal de Mac-Mahon entre à l'Élysée à reculons, après avoir adressé cette forte pensée à ceux qui venaient de l'élire : « L'armée sera toujours l'armée. » On n'en attendait pas moins d'un grand soldat qui s'était vaillamment comporté sur les champs de bataille d'Algérie ou de Crimée, sans oublier celui de Magenta, qui lui avait valu le titre de duc.

Au fond, Mac-Mahon ne se retrouve à l'Élysée que pour préparer la nouvelle Restauration, rendue possible par l'accord entre la branche légitimiste, représentée par le comte de Chambord[1], et la branche orléaniste, représentée par le comte de Paris. Il est convenu que le comte de Chambord régnera sous le nom d'Henri V et reconnaîtra comme héritier le comte de Paris. Mais Chambord se ravise, refusant le drapeau tricolore. Seul l'étendard blanc de la royauté devra flotter sur le pays. Cette intransigeance fait s'effondrer toute perspective de retour à la monarchie et Mac-Mahon, qui espérait du comte de Chambord qu'il vienne le délivrer de l'Élysée, voit fixer à sept ans le

1. Le comte de Chambord est le fils du duc et de la duchesse de Berry, né en 1820, après l'assassinat de son père. La duchesse de Berry avait alors quitté l'Élysée où elle résidait avec son mari depuis 1816, et où l'on peut penser que le futur comte de Chambord avait été conçu...

mandat de celui que la nouvelle Constitution de 1875 appelle désormais officiellement président de la République. Pour un monarchiste aussi convaincu que Mac-Mahon, militaire de surcroît, on peut appeler cela une défaite.

L'Élysée sous Mac-Mahon accueille bals et réceptions où se presse toute la bonne société. Le Président ne manque pas d'allure dans son uniforme d'apparat. La maréchale de Mac-Mahon, née Élisabeth Charlotte Sophie de La Croix de Castries, qui exerce une influence politique certaine en faveur des légitimistes et du comte de Chambord, est une maîtresse de maison distinguée et très présente. Les têtes couronnées qu'on reçoit au Palais dînent dans le splendide service en vermeil fabriqué à la demande de la maréchale. Élisabeth crée également, au Palais même, un atelier de lingerie chargé de confectionner des layettes destinées aux nouveau-nés des familles pauvres (Mme Jules Grévy maintiendra cette activité). Mac-Mahon et son épouse affichent tous deux suffisamment de quartiers de noblesse pour que la vie au Palais s'en ressente. Mais le faste qu'ils y déploient est bien différent du luxe ostentatoire qu'imposera un bourgeois enrichi comme Félix Faure. C'est au cours d'une réception à l'Élysée que la sœur d'Élisabeth de Mac-Mahon, la comtesse de Beaumont, fait la connaissance de Gambetta, dont elle deviendra la maîtresse. Ce qui n'arrange pas la situation de Mac-Mahon, dont l'ardent républicain Léon Gambetta est à jamais l'adversaire. En octobre 1877, Gambetta demande solennellement à Mac-Mahon de « se soumettre ou de se démettre ». Fidèle à ses idées, le Président répond : « Je resterai pour défendre les intérêts conservateurs. » Depuis son célèbre « J'y suis, j'y reste » lancé lors de la prise de Sébastopol en 1855, rester est en quelque sorte la marque de fabrique de Mac-Mahon. Ce n'est cependant pas la seule formule sortie de sa bouche qui passera à la postérité et fera les délices des échotiers. En 1876, il va lui-même constater les dégâts provoqués par les inondations et s'exclame : « Que d'eau, que d'eau ! Et encore, on n'en voit que le dessus. » Reconnaissons-lui le mérite d'avoir prévenu : le pouvoir, ce n'était pas son affaire. L'armée était sa vie.

Le 20 janvier 1879, le chef du gouvernement Armand Dufaure soumet à Mac-Mahon une série de révocations concernant précisément l'armée. Le Président refuse de signer. Cette fois, il ne restera pas. La démission s'impose. Gambetta et la République attendent aux portes du Palais. Patrice de Mac-Mahon aura vécu cinq ans et huit mois à l'Élysée. Son dernier président du Conseil, Armand Dufaure, comptait dans son cabinet un ministre de l'Instruction publique du nom d'Agénor Bardoux. L'arrière-grand-père de Valéry Giscard d'Estaing.

Macron (Brigitte)

« Avec Emmanuel, je suis tellement habituée à ce qu'il m'arrive des choses extraordinaires que je me demande toujours quelle va être la prochaine aventure[1]. » Cent jours après son arrivée à l'Élysée, Brigitte Macron se livre pour la première fois depuis qu'elle est Première dame. Elle semble sereine, bien dans sa

1. *ELLE*, 18 août 2017.

peau. Une charte de la transparence, rendue publique le 21 août 2017, permettra désormais aux Français de suivre les activités quotidiennes de la femme du Président, de connaître les objectifs et les moyens affectés à ce petit cabinet qui l'entoure (voir : *Première dame*). Un exercice inédit promis par son mari pendant la campagne présidentielle. Pour la première fois, l'épouse du Président agira réellement à ciel ouvert. On connaît désormais ses missions et ses prérogatives. On apprend que, durant les cent premiers jours, elle a notamment reçu la princesse héritière du Danemark, les épouses des présidents du Guatemala, de Colombie et du Mexique et des Premiers ministres de Belgique et du Luxembourg, Bernadette Chirac ou l'équipe de France féminine de football. Ses déplacements de Première dame sont tout aussi éclectiques, de l'Institut Gustave-Roussy à Villejuif à l'exposition Dior aux Arts décoratifs. Début décembre 2017, elle prononce son premier discours officiel à l'occasion d'une visite au zoo de Beauval, dans le Loir-et-Cher, où elle vient célébrer le baptême de son filleul, un bébé panda, Yuan Meng (« réalisation d'un rêve »), symbole de l'amitié franco-chinoise. Plus discrètement, elle se rend assez fréquemment dans les établissements hospitaliers, comme l'hôpital Necker-Enfants malades, sans micro ni caméras.

Son budget sera communiqué chaque année par la Cour des comptes qui en fera une présentation précise (voir : *Première dame*). La liste de ses collaborateurs sera également rendue publique. Une façon de protéger des polémiques celle qui accompagne le chef de l'État durant son mandat.

Le couple Macron, qui entre à l'Élysée le 14 mai 2017, ne ressemble à aucun des couples présidentiels qui l'ont précédé. C'est un véritable duo, fusionnel et atypique, hors normes et singulier. Leur histoire fait désormais partie de la légende élyséenne. Ils se rencontrent au début des années 1990 au lycée jésuite de la Providence, à Amiens. Elle est professeur de lettres. Il est élève, déjà brillant et curieux de tout. Elle lui apprend le théâtre. Il la séduit par son intelligence précoce et sa culture éclectique. C'est le coup de foudre, malgré les vingt-quatre années qui les séparent. Elle a 39 ans. Il en a 15. Rumeurs incessantes, tentatives de déstabilisation, turbulences provinciales force 7. Le couple tient le choc. Elle divorce en 2006. Ils se marient en octobre 2007. Très attaché aux trois enfants de Brigitte, dont l'une, Tiphaine, deviendra une militante active d'En marche !, et à ses sept petits-enfants, Emmanuel est adopté par la famille. En réalité, c'est une adoption réciproque. Brigitte rejoint Paris pour enseigner le français à Saint-Louis-de-Gonzague, un établissement privé renommé. Ses élèves et ses collègues l'adorent. Elle y restera jusqu'en septembre 2015, mais continuera de s'y rendre fréquemment, d'y déjeuner à la cantine jusqu'au lendemain du premier tour de la présidentielle de 2017. À Bercy, lorsque Emmanuel est ministre du gouvernement Valls, ou pendant la campagne électorale victorieuse, elle donne son avis, parle cash, mais évite soigneusement de se transformer en conseillère politique. Leur jardin secret, c'est la littérature. Ils en parlent sans cesse, même si leurs goûts sont différents. Brigitte aime Maupassant, Flaubert, Molière. Le poète qu'ils apprécient vraiment tous les deux, c'est Charles Baudelaire, en particulier

Les Fleurs du mal. Sur l'éducation, comme ancienne professeur de lettres, sur l'égalité hommes-femmes, le handicap, la lutte contre l'autisme en particulier, ou sur la politique culturelle, l'enseignement artistique et le harcèlement à l'école, elle aura sans doute son mot à dire. La dixième Première dame de la Ve République est une des plus cultivées, et la plus curieuse de toutes.

Des dizaines de couvertures de magazines, des photos et des images de Brigitte et Emmanuel dans le monde entier, des reportages, des décryptages et des analyses : le couple Macron a compris que la maîtrise des médias s'imposait. C'est Mimi, Michèle Marchand, amie du couple et incontournable dans l'univers des « people » avec son agence Bestimage, qui s'en charge. Brigitte Macron a dû s'accoutumer à ce monde médiatique dont elle ne connaissait rien. L'apprentissage s'est révélé délicat, tant la Première dame se méfie, comme son mari, des journalistes. Elle sait que la presse, les réseaux sociaux et l'opinion l'observent et la surveillent. Davantage encore que les Premières dames précédentes, elle n'a pas le droit à l'erreur tant la pression médiatique et politique est lourde et permanente.

« Priez pour mon mari », aurait glissé Brigitte Macron aux responsables religieux présents le 14 mai 2017 au Palais pour la cérémonie d'investiture. Elle imaginait partager sa vie avec une personnalité du monde culturel ou artistique, un écrivain par exemple. Elle se retrouve Première dame, et doit se plier aux multiples obligations et aux contraintes protocolaires. Ce rôle ne la faisait pas rêver. Il ne lui déplaît finalement pas. Peu à peu, elle s'y fait. Sa cote de popularité est élevée, vite supérieure à celle de son mari. Son entrée au Palais, le 14 mai, avait été très remarquée.

Elle apparaît à la fois discrète et épanouie. Son tailleur Vuitton bleu lavande dessiné par Nicolas Ghesquière avait fait sensation. À l'Élysée comme à l'Hôtel de Ville, elle avait, pendant ses bains de foule, battu des records de selfies. Quelques jours plus tard, elle s'installe dans le Salon des Fougères de l'aile est et prend ses premières décisions. Un directeur et un chef de cabinet la rejoignent, ainsi qu'une assistante. Elle reçoit beaucoup, rencontre les ministres de l'Éducation et de la Culture, se tient éloignée des journalistes jusqu'à l'entretien dans le magazine *ELLE*, à la mi-août. Après avoir visité les locaux dédiés au Mobilier national, elle fait rentrer Hartung et Alechinsky au Palais et engage une vaste opération de rénovation de l'Élysée, en modernisant et en allégeant la décoration, des tentures aux rideaux. Elle est quelque peu submergée par le courrier et les mails, une moyenne de cent cinquante par jour avec des pointes à deux cents. Et elle continue de voir beaucoup, le plus souvent possible, sa famille. Réussir à conjuguer le rôle de Première dame et sa vie personnelle, c'est le pari de toutes celles qui ont vécu à l'Élysée depuis 1959. Ce sera l'un des défis de Brigitte Macron.

Macron (Emmanuel)

« Je suis votre chef. » À la veille du 14 juillet 2017, le président Macron s'adresse ainsi aux nombreux responsables militaires présents dans le parc du ministère des Armées. C'est le début d'une polémique qui enflera avant de déboucher sur la démission du chef d'état-major des armées, le général Pierre de Villiers. Car ce rappel martial, très volontariste puis très médiatisé, s'adresse d'abord à ce général qui a semblé défier le nouveau président en indiquant de manière crue et imagée devant la Commission de la défense de l'Assemblée nationale qu'il n'acceptait pas la réduction envisagée du budget des armées pour 2017. Ce rappel présidentiel, qui s'inscrit dans la ligne de la Constitution de la Ve République, est également destiné à l'opinion publique dans son ensemble. Il y a deux mois qu'Emmanuel Macron est arrivé à l'Élysée. Très vite, il s'est coulé dans la fonction et le costume présidentiels. En juin, les électeurs, malgré la faible participation, lui ont apporté une solide majorité absolue au Palais-Bourbon. Le gouvernement d'Édouard Philippe s'est rapidement mis au travail. L'été s'annonce studieux, bien rempli. Le jeune chef de l'État a choisi ce moment pour affirmer son autorité. Jupiter, ce surnom qu'il a lui-même inventé quelques mois plus tôt en soulignant la nécessité d'un exercice vertical du pouvoir, doit assumer ses responsabilités dans leur plénitude. D'où ce « rappel au règlement » présidentiel.

Le 7 mai au soir, les Français ont très largement élu leur huitième président de la Ve République. Le plus jeune aussi. Emmanuel Macron a 39 ans lorsqu'il entre au Palais. Quatre jours avant le second tour de l'élection, il a battu par K-O son adversaire Marine Le Pen lors d'un étonnant débat télévisé qui a vu la candidate d'extrême droite s'effondrer littéralement. Au soir de son élection, il traverse à pied la Cour Napoléon du Louvre avant de rejoindre, au son de l'*Ode à la joie*, le podium où il s'adresse à ses supporters. Aussitôt installé au Palais (voir : *Investiture*), le président Macron met en œuvre son projet politique. Première priorité : poursuivre la recomposition du paysage politique, rassembler la droite, le centre et la gauche modérée après l'élimination du candidat LR, François Fillon, et du candidat socialiste, Benoît Hamon, au premier tour de l'élection présidentielle. Il nomme à Matignon un proche d'Alain Juppé, Édouard Philippe. Plusieurs autres capitaines ou lieutenants de la droite modérée, dont Bruno Le Maire et Gérald Darmanin, rejoignent une équipe gouvernementale féminisée, rajeunie et très largement renouvelée. Dans la foulée, c'est donc la campagne législative et la large victoire de la majorité présidentielle. Le PS est laminé et LR sensiblement affaibli tandis que la France insoumise de Mélenchon et le FN entrent à l'Assemblée. Emmanuel Macron fait son entrée sur la scène internationale en recevant Vladimir Poutine à Versailles puis Donald Trump à Paris à l'occasion du défilé du 14 Juillet. Autant de rencontres fortement médiatisées avec des images et des photos qui font le tour du monde. Macron lance également des signaux diplomatiques et militaires symboliques : un déplacement au Mali pour rencontrer les forces françaises ; une plongée à bord du *Terrible*, le dernier des quatre sous-marins nucléaires ; une participation active au G7 de Taormina, en Sicile, au G20 de Hambourg et au sommet de l'OTAN à Bruxelles, avec cette poignée de main virile au président américain ; une réaction télévisée musclée, en pleine nuit, en direct depuis l'Élysée, après le retrait américain de l'accord de Paris sur le climat (voir : *Allocutions [et discours]*) ; la création auprès de lui d'une « task-force » d'une quarantaine de personnes dédiée à la lutte antiterroriste ; une visite à l'ambassade de Grande-Bretagne en France tout de suite après l'attentat sanglant de Londres, le 7 juin ; l'annonce du maintien de l'état d'urgence jusqu'au 1er novembre 2017. La presse internationale tresse des couronnes à ce jeune président. En France, après des débuts réussis, les premiers nuages apparaissent. Et le style de « Jupiter » est largement débattu, voire contesté, dans les médias. Chacun apprend à connaître ce chef de l'État new-look quasiment inconnu deux années plus tôt.

« J'aurais aimé être Stendhal, Romain Gary ou René Char, à cause de leur vie, de leur liberté », glissera le candidat Macron pendant la campagne présidentielle[1]. Cette passion pour la littérature, c'est à sa grand-mère qu'il la doit. « Il n'est pas de jour où je ne pense à elle et où je ne cherche son regard[2]. » On ne peut vraiment comprendre la personnalité, le parcours et la psychologie d'Emmanuel Macron si l'on ne mesure pas l'intensité des liens qui l'ont uni à sa grand-mère. Germaine, ou plutôt Manette, son surnom familial, a été tout à la fois un repère, un mentor et une éducatrice. Les parents d'Emmanuel, Françoise et Jean-Michel, sont tous deux médecins, comme son frère Laurent et sa sœur Estelle. Ils sont divorcés. La boussole personnelle d'Emmanuel, celle dont il parlera à chacun de ses meetings électoraux, celle dont la disparition, le 13 avril 2013, le marquera profondément,

1. Philippe Besson, *Un personnage de roman*, Julliard, 2017 ; 10/18, 2018.

2. Emmanuel Macron, *Révolution*, XO Éditions, 2016.

c'est Manette. Avec elle, il apprend l'histoire et la géométrie, la géographie, la littérature et, plus encore, la passion des livres. Elle l'encourage à monter sur scène pour aimer le théâtre, à se perfectionner assidûment au piano. Elle lui fait connaître Gide et Giono, Baudelaire, Julien Gracq, Colette et Cocteau. « Zigoto », « poudre de perlimpinpin », « croquignolesque », « je vous fiche mon billet » : ces mots et ces expressions, un peu désuets, lui viennent de cette grand-mère dont il parle souvent en privé. Ce qu'il y a de gauche en lui, le fils aîné d'une famille de la bonne bourgeoisie d'Amiens, vient de Manette. Il lui doit aussi la recherche de l'excellence, la capacité de travail, le perfectionnisme, un goût prononcé pour l'indépendance et la liberté. Elle est heureuse de ses succès scolaires et universitaires : bachelier avec mention Très Bien, lauréat du Concours général de français, un DEA de philosophie, Sciences Po, l'ENA dans la brillante promotion Léopold Senghor, inspecteur des Finances. Son seul échec, qu'ils regretteront vivement, Manette et son petit-fils préféré, c'est Normale Sup. Son CV lui ouvre toutes les portes. Le futur président fait un passage rapide à la banque Rothschild, ce que ses concurrents et ses adversaires ne cesseront de lui reprocher. Mais c'est l'action publique qu'il choisit. Repéré par Jacques Attali, il conseille François Hollande pendant la campagne victorieuse de 2012 et devient secrétaire général adjoint de la présidence. Durant deux ans et deux jours, il sera ensuite ministre de l'Économie et des Finances, avant de démissionner pour entamer, fin août 2016, sa chevauchée présidentielle. En avril 2016, il crée En marche !. Un an plus tard, il est en tête au premier tour avant d'accéder à l'Élysée le 7 mai 2017. Un scénario totalement inédit sous la Ve, un exploit politique favorisé par l'écroulement de Fillon et l'effondrement de Hamon. Jupiter veut incarner une présidence verticale, restaurer une fonction présidentielle affaiblie par les deux quinquennats précédents. Il s'y emploie très vite. Avec des réussites, des interrogations, puis des doutes et des critiques.

Loi sur la moralisation de la vie politique, ordonnances sur la réforme du code du travail, réductions budgétaires controversées, nationalisation provisoire des chantiers STX de Saint-Nazaire : dans les cent premiers jours, Matignon et l'Élysée travaillent activement. Macron et Philippe ont fixé de nouvelles règles de fonctionnement de l'exécutif, avec une diminution sensible du nombre de collaborateurs dans les cabinets et l'installation d'une douzaine de conseillers communs à l'Élysée et à Matignon. La première crise politique survient très vite. L'affaire des assistants parlementaires du MoDem provoque la démission de Sylvie Goulard, ministre des Armées, de François Bayrou, le garde des Sceaux, et de Marielle de Sarnez, la ministre des Affaires européennes. Et Richard Ferrand, l'un des plus proches d'Emmanuel Macron, doit également quitter ses fonctions gouvernementales après le déclenchement de l'affaire des Mutuelles de Bretagne. Un peu plus tard, le débat parlementaire sur la réforme du code du travail et l'annonce des premières mesures d'économies, notamment une baisse de cinq euros mensuels des APL et une diminution de la dotation aux collectivités locales provoquent en août, après cent jours, une baisse sensible et préoccupante de la cote de popularité présidentielle.

La polémique autour de la démission du général de Villiers a également mis au centre du débat la manière, autoritaire, dont Emmanuel Macron entend exercer ses fonctions. Les débuts ont été réussis, la suite controversée avant une nette remontée de la cote de popularité présidentielle à l'automne.

« Quelle histoire ! » On prête au huitième président de la Cinquième cette formule déjà utilisée par François Mitterrand le jour de son élection, le 10 mai 1981. Lorsqu'il crée En marche !, en avril 2016, Emmanuel Macron pensait-il réellement arriver au pouvoir un an plus tard ? Saurait-il lui-même répondre ? Il invoque parfois le souvenir de trois de ses prédécesseurs, de Gaulle, Giscard et Mitterrand, pour expliquer la nécessité d'innover et de réformer. La répartition des rôles avec son Premier ministre semble aujourd'hui plus claire. Édouard Philippe gouverne, mais le chef de l'État arbitre, et ne s'en prive pas, comme ce dimanche 9 juillet vers 23 heures, quand il revient sur le report de certaines réformes pourtant annoncées par le Premier ministre quelques jours auparavant dans son discours de politique générale. La communication élyséenne est cadrée et, dans une première phase, la parole présidentielle rare devant les médias (voir : *Journalistes*). L'image est soigneusement gérée, avec un mélange de respect des traditions et de modernité. Il n'hésite pas à transgresser, quitte à surprendre ou à choquer, en utilisant des mots provocateurs, des « fainéants » ou « bordel ». Il devient peu à peu omniprésent. On le voit successivement en tenue d'aviateur façon Tom Cruise dans *Top Gun*, à bord d'un sous-marin, jouer au tennis pour promouvoir la candidature de Paris aux JO de 2024, taper le ballon avec les joueurs de l'OM. Les photos officielles du Président et du gouvernement sont le symbole parfait de cet équilibre (voir : *Photo*). Emmanuel Macron reçoit beaucoup. Des chefs d'État, des artistes et des élus porte-drapeaux de grandes causes, Bono, Rihanna ou Schwarzenegger. Il aime inviter François Hollande et Nicolas Sarkozy à certaines manifestations afin de cultiver le sentiment d'unité nationale. Il rend visite à Valéry Giscard d'Estaing et à Jacques Chirac. Il se montre exigeant, parfois dur, avec ses collaborateurs. Il lance régulièrement des rappels à l'ordre sur la nécessité de la discrétion et de la solidarité, car il supporte mal les petites phrases et les fuites calculées.

Reste son pari essentiel : réussir à associer l'opinion à ces réformes structurelles qui constituent la colonne vertébrale de son projet présidentiel. Il veut à cet effet tenir le rythme soutenu des réformes. Il multiplie les séminaires gouvernementaux. Et il médiatise à l'américaine le paraphe présidentiel des grandes lois (moralisation de la vie politique, réforme de la loi Travail, loi antiterroriste...) en signant ces documents devant les caméras dans le Salon Doré. Il arbitre, il tranche et assume, par exemple lorsqu'il décide mi-janvier 2018 avec son Premier ministre de renoncer à construire l'aéroport de Notre-Dame-des-Landes. La conjoncture économique semble favorable. Les syndicats réformistes paraissent prêts à jouer le jeu si la justice sociale et la solidarité sont au rendez-vous. Emmanuel Macron dispose de beaucoup d'atouts. Il a su renouveler le paysage politique. Saura-t-il de la même manière moderniser l'économie, les relations sociales et certaines structures poussiéreuses de la société politique, technocratique et administrative française ? Son vrai succès est à ce prix.

Madame (bureaux et couloir)

À l'Élysée, on désigne par « couloir Madame » le passage situé dans l'aile est du rez-de-chaussée, qui longe l'arrière du Salon des Cartes, du Salon des Fougères et de la bibliothèque. De l'autre côté de ce couloir s'ouvrent de petits bureaux qui constituent le secrétariat de la Première dame. Au bout, donnant sur la rue de l'Élysée, un petit salon, appelé Salon de la Coupole. Danielle Mitterrand, Bernadette Chirac et Carla Bruni-Sarkozy en avaient fait leur bureau. Sous le quinquennat de François Hollande, il a été attribué à un conseiller du Président. Et c'est dans le Salon des Fougères, faisant partie de cet ensemble, que s'est installée Brigitte Macron.

Majordome

C'est l'un des postes les plus mystérieux et les plus sensibles auprès du Président. Le majordome, le plus souvent un militaire, est, à l'Élysée, bien davantage qu'un simple valet de chambre. Chargé du service privé, faisant partie de l'équipe de l'intendant, assisté généralement de deux femmes de chambre s'il y a un couple présidentiel, il est en permanence au côté du locataire du Palais, lorsque celui-ci y habite. Il le suit dans tous ses déplacements officiels, en France comme à l'étranger. Il s'occupe du petit déjeuner, lui choisit chaque matin les vêtements du jour, sert les repas dans les appartements privés, prépare ses bagages pour les voyages. Le majordome, tenu à une confidentialité absolue, partage réellement l'intimité du Président. C'est aussi lui, en fonction de la personnalité de l'élu, qui a en charge tout ou partie de la garde-robe présidentielle, pantalons, chemises, chaussettes et sous-vêtements, à l'exception des costumes, le plus souvent exécutés sur mesure par des tailleurs qui se déplacent au Palais. Le majordome s'occupe également des produits de toilette. Il est incontournable et irremplaçable.

Dans la légende élyséenne, le marin Walter Luttringer est une vraie figure. Il est le seul majordome à avoir servi trois présidents. À dix-neuf ans, simple matelot de base, il fait partie des valets de chambre du Général. Près de deux ans auprès du couple de Gaulle. Sur intervention du Président, qui le lui annonce personnellement, il est affecté fin 1963, comme il le souhaitait, en Nouvelle-Calédonie. Il revient dix ans plus tard, pour servir Georges Pompidou. Une période douloureuse, même s'il ignore au début, malgré sa proximité, la gravité de la maladie qui ronge le Président. Souvenir ému et intense. Walter se souvient d'avoir incité Pompidou, qui fumait déjà beaucoup de cigarettes, à remplacer le cigare par de petits cigarillos, moins nocifs. C'est lui aussi qui le convainc de remplacer les mocassins, qui font souffrir le Président, par des chaussures à lacets, plus souples et moins serrées. Le malaise présidentiel à

Pitsounda, en URSS, l'impressionne. Peu de temps après, le 2 avril 1974, le Président s'éteint dans son appartement de l'île Saint-Louis. Walter Luttringer aidera Alain Pompidou, le fils unique du président défunt, à ranger les effets et les objets personnels de son père et à les emporter quai de Béthune. Quelques semaines plus tard, sur le conseil de Claude Pompidou, il est choisi par Giscard dont il devient assez proche. Il lui explique le fonctionnement du Palais, lui fait tout visiter, des caves au grenier, où est stocké le linge. Pendant sept ans, il est là quotidiennement. Du petit déjeuner au coucher. Il prépare les affaires de tennis quand VGE part, tôt le matin, échanger quelques balles. Il l'écoute jouer quelques notes de piano avant de rejoindre son bureau. Il lui fait penser à ne pas oublier ses lunettes, une habitude du Président. Il est chargé de lui acheter ses caleçons, aux Trois Quartiers, un grand magasin très chic de l'époque, près de la Madeleine. Il l'accompagne dans les autres résidences présidentielles, Rambouillet pour une chasse ou un réveillon en famille, Marly, Chambord ou Brégançon à Pâques, à la Pentecôte et l'été. Dans toutes ces circonstances, le majordome, qui a grimpé en grade pour terminer major, est indispensable. Efficace et discret, omniprésent et silencieux, sauf lorsque le chef de l'État l'interroge, il fait partie de la vraie garde rapprochée. Une fonction méconnue, mais essentielle à la tranquillité du Président, quel qu'il soit.

Maladie

Secrets d'État. Mensonges officiels. Mystère absolu. La maladie d'un président, sous la Ve République, est un sujet totalement et absolument tabou. Au point de nourrir des fantasmes, d'alimenter une sinistre et détestable chronique et de renforcer une opacité source de tous les soupçons. De Gaulle, Pompidou, Mitterrand, voire Chirac : trois ou quatre présidents de la Cinquième ont-ils été incapables de gouverner pendant quelques jours, quelques semaines, quelques mois, quelques années ? La question se pose, claire et légitime. D'autant que les réponses apportées par l'Élysée dans ces périodes d'incapacité ou d'absence présidentielle n'ont évidemment pas été satisfaisantes (voir : *Bulletin de santé*).

Le 17 avril 1964, lorsque le Général est opéré de la prostate à l'hôpital Cochin, la surprise est totale. Un simple communiqué explique que son état est satisfaisant et précise la nature de l'opération effectuée par le professeur Aboulker, assisté d'Adolphe Steg, le futur médecin de Mitterrand, et de l'anesthésiste Jean Lassner. De Gaulle reste dix jours à l'hôpital. En son absence, le Conseil des ministres est réuni par Georges Pompidou en vertu de l'article 21 de la Constitution. Le Général, fatigué, reprend son travail au Palais le 30 avril. Son absence aura duré treize longues journées. On apprendra seulement dans les années 1980 qu'un anévrisme de l'aorte abdominale avait été diagnostiqué chez de Gaulle en 1955. Il n'en a jamais été informé. Ses dix années passées à l'Élysée auront été couvertes par un secret médical absolu. C'est cet anévrisme qui s'est rompu en novembre 1970, provoquant la mort du Général.

À quel moment le président Pompidou apprend-il réellement la gravité de sa maladie ? La question reste posée aujourd'hui. Le sait-il quand il se présente au suffrage des Français, le 29 avril 1969, après la démission du Général ? Sans doute pas. Mais il est difficile de répondre formellement car les avis sont contradictoires. On sait en revanche, depuis une interview de son ancien Premier ministre Pierre Messmer à *L'Express* le 29 mars 2004, qu'il connaît au moins la nature de cette maladie en 1972. Il évoque alors devant son Premier ministre une maladie « rare et bien compliquée ». Qui, dans le proche entourage du Président, est informé ? Évidemment son fils Alain, un médecin de grande qualité, ses collaborateurs Michel Jobert, Édouard Balladur, Pierre Juillet et Marie-France Garaud. Pierre Messmer à coup sûr et sans doute Olivier Guichard dans les derniers mois. Pas davantage. Sans certitude, on peut donc penser aujourd'hui que Pompidou sait en 1969 qu'il est malade, mais ne peut en mesurer la gravité. Il est clair, en revanche, qu'il vit un véritable calvaire à partir de la fin 1972, un an et demi avant sa mort. Peu à peu, à partir de cette période, les rumeurs et les chuchotements s'amplifient. Officiellement pourtant, l'omerta reste totale. Le 30 mai 1973, le président français arrive à Reykjavik, en Islande, pour un sommet monétaire avec l'Américain Nixon. Pour ceux qui vivent ce moment, l'effet est saisissant. Georges Pompidou a le visage bouffi. Il semble épuisé par son traitement médical, descend avec difficulté la passerelle de la Caravelle. Aussitôt, les journalistes américains présents réagissent.

Outre-Atlantique, la presse insiste sur l'état de santé du président français. À Paris, ordre est donné par l'Élysée aux patrons de la télévision publique, au nom de l'intérêt supérieur du pays, de passer l'événement sous silence. Et de ne diffuser aucun gros plan du Président. Plus de trente ans après, dans *Le Pouvoir et la Vie*, Valéry Giscard d'Estaing, qui fait ce voyage pour l'Islande en avion avec Pompidou, se souvient « du visage gris, plombé par la fatigue », d'une « carapace de cuir qui s'épaississait, et sous laquelle la vie était en train de se retirer ». Il revoit, à son arrivée à l'Élysée, une grande pièce, aux murs « recouverts d'un carrelage Art déco de couleur verte », utilisée comme salle de bains par le général de Gaulle, dans les appartements privés, où ont été placées « les installations nécessaires aux soins médicaux » pour Pompidou, et où « règne encore une odeur compacte de produits pharmaceutiques, une senteur camphrée ». Dès ce voyage à Reykjavik, il est clair que Giscard connaît l'existence d'une maladie grave. À Paris, c'est, pendant des mois, le silence. Seul *Le Canard enchaîné* puis le quotidien *Le Monde* évoquent la maladie présidentielle. Les malaises se multiplient, en privé mais aussi en public. Début 1974, après un voyage en Chine et une rencontre sur la mer Noire, à Pitsounda, avec le dirigeant soviétique Brejnev, l'état de Pompidou devient alarmant. L'Élysée ne peut plus se taire. On décide de parler d'une forte grippe, puis... d'hémorroïdes. C'est pourtant la fin. Le 21 mars, le Palais annonce que le Président ne participera pas au grand dîner traditionnel du corps diplomatique. Le 27 mars, il préside un Conseil des ministres qui sera le dernier. Il ne cache pas sa fatigue, son épuisement même, annonce qu'il va partir se reposer quelques jours et attend le départ des ministres pour se lever et rejoindre son bureau. Quelques-uns affirment le voir saigner du nez. Certains se doutent qu'ils ne le reverront plus (voir : *Conseil des ministres*). Cette fois, la presse est informée et la rumeur s'emballe, en absence d'explications officielles.

La Tragédie du pouvoir. Le courage de Georges Pompidou[1] : en octobre 2013, près de quarante ans après ces moments dramatiques, Édouard Balladur, alors secrétaire général de l'Élysée depuis un an, raconte dans le détail ces semaines de courage et de souffrance. « La gravité de la maladie dont il fut atteint à la fin de sa vie, le doute entretenu sur sa capacité à poursuivre sa tâche, son refus de s'en expliquer publiquement pèsent sur sa mémoire », écrit en préambule ce témoin privilégié. Les quelques moments clés de cette période douloureuse, tels qu'ils sont décrits par Balladur, sont étonnants de réalisme et de gravité :

« – Mercredi 27 février 1974. Georges Pompidou a beaucoup souffert pendant le Conseil des ministres. Il me le confie après : "Depuis des semaines, vous ne pouvez savoir ce qu'il m'a fallu d'efforts pour m'organiser sur le simple plan physiologique... Je n'en peux plus, il faut que cela prenne fin d'une manière ou de l'autre."

– Lundi 4 mars. "Vous soigne-t-on ? lui ai-je demandé. Que vous dit-on sur l'amélioration de votre état ? — Que cela va être progressif, qu'il faut patienter. Mais c'est fort désagréable. Quand je souffre, je ne peux penser à rien d'autre, j'enverrais tout promener..."

1. Édouard Balladur, *La Tragédie du pouvoir*, *op. cit.*

– Dimanche 10 mars. Les choses ne s'arrangent guère, depuis huit jours. Georges Pompidou demeure quai de Béthune ; il arrive à l'Élysée en toute fin de matinée, vers une heure, voire en début d'après-midi, et repart tôt le soir... Il faut vaincre chez lui un détachement poignant, progressif, perceptible quoi qu'il fasse, et qui par moments le saisit avant qu'il le surmonte.

– Mardi 12 mars. Le Président est dans l'avion pour Pitsounda, en URSS, où il va rencontrer Brejnev, le numéro un soviétique. Pompidou a eu une nouvelle crise au moment de partir. Vignalou [*NdA* : le médecin personnel du chef de l'État] étant sorti de la cabine, je vais m'asseoir auprès de lui : "Je n'ai qu'une chose à vous dire : réfléchissez bien à votre responsabilité vis-à-vis du Président... Est-ce qu'il existe un espoir d'amélioration ou non ? Au cas où cela devrait ne pas se produire, songez à l'image qu'il laisserait devant l'histoire s'il venait à perdre peu à peu tout pouvoir et toute autorité. Dans cette hypothèse, mieux vaudrait qu'il démissionne."

– Jeudi 14 mars. À 19 heures, le Président pénètre dans son bureau et m'appelle : "J'ai eu une crise tout juste comme je m'apprêtais à quitter le quai de Béthune. Désormais, elles durent dans les deux heures. Je n'en peux plus..." Il est abattu, presque en larmes.

– Dimanche 31 mars. Je suis résolu à m'exprimer sans détour pour l'inciter à envisager une décision douloureuse avant qu'elle ne lui soit imposée. Je le dois à moi-même, pour la sauvegarde de sa mémoire ; je le dois aussi à notre pays... Il est temps pour lui de quitter le pouvoir, de le faire de son plein gré avant d'y être contraint par une conjuration. »

Édouard Balladur ne fera jamais cette intervention. Deux jours plus tard, le 2 avril 1974, Georges

Pompidou fait un malaise dans sa maison d'Orvilliers et rentre mourir dans son appartement du quai de Béthune. Très vite, les langues se délient. On apprend qu'il souffrait de la maladie de Waldenström[1], qu'il a succombé à une septicémie, qu'il surconsommait de la cortisone, que la douleur était souvent insoutenable. Témoignage poignant de son fils, le professeur Alain Pompidou[2] : « Les médecins se concertent. Ils ont rédigé un communiqué, que voici : "Le Président était atteint de la maladie de Waldenström (macroglobulinémie). Après qu'il l'eut longtemps bien supportée, elle s'est récemment compliquée d'accidents infectieux. Le 31 mars s'est déclarée une infection générale grave, hautement fébrile, qui a causé sa mort." J'informe Claude [*NdA* : la mère d'Alain et femme de Georges Pompidou]. Elle fait irruption dans le salon. Bien qu'elle se soit, jusqu'à présent, gardée de toute relation avec les spécialistes, elle fait valoir que "personne ne comprendra ce nom imprononçable" (ce sont ses termes) et exige le respect absolu du secret médical. Les médecins ne peuvent que s'incliner. »

Il reste, avec le recul, que le pays n'a jamais été informé. Que le Président n'a sans doute pas, à certains moments, été en mesure d'accomplir totalement sa fonction. Que l'opacité a été totale. Que la communication était pour le moins partielle et inexacte. Où est la frontière entre vie privée et vie publique ? La maladie

1. La maladie de Waldenström – du nom du médecin suédois qui l'a décrite en 1944 – est une forme de leucémie relativement rare qui touche principalement les hommes. Le président algérien Houari Boumédiène, en 1978, ainsi que le shah d'Iran en 1980 ont eux aussi succombé à cette maladie.

2. Alain Pompidou, *Claude*, *op. cit.*

d'un président relève-t-elle de l'une ou de l'autre ? Pour la première fois, la question est vraiment posée. Les réponses apportées ne seront pas à la hauteur.

Giscard est élu. Il annonce que des bulletins de santé seront publiés deux fois par an. Louable intention. Mais cet objectif ne sera jamais vraiment tenu. Et sept ans plus tard, avec la maladie de François Mitterrand, on retrouve peu ou prou les mêmes problèmes, les mêmes questions, la même absence de réponses. Encore le secret d'État. Toujours le mensonge officiel.

Selon tous les témoignages, désormais confirmés, le cancer de François Mitterrand est diagnostiqué en novembre 1981, six mois après son élection. C'est le professeur Steg, patron du service d'urologie à Cochin, qui lui apprend la nouvelle à l'Élysée, en compagnie de son médecin traitant, que François Mitterrand connaît depuis les années 1960, Claude Gubler. La lettre confidentielle *Mardi matin* (qui, de ce fait, recevra la visite fréquente des RG, les Renseignements généraux), puis l'hebdomadaire *Paris Match* évoquent les rumeurs. On parle d'examens réalisés à l'hôpital Édouard-Herriot à Lyon et au Val-de-Grâce, sous un faux nom. Indiscrétions balayées. Comme pour Pompidou dix ans auparavant, Mitterrand savait-il avant de se présenter en 1981 ? Là encore, cette question reste aujourd'hui encore posée. La certitude, c'est qu'à partir de cet automne 1981, le mensonge d'État est décliné sous toutes ses formes et en permanence. Et le Président sait qu'il est gravement atteint. Lettre d'Anne Pingeot à François, le 9 novembre 1981[1] :

1. François Mitterrand, *Lettres à Anne*, *op. cit.*

« Vous m'apprenez... votre cancer, ses métastases et le pronostic "entre trois mois et deux ans". » « Tout de suite, il fut occupé par cette boule, cette grenade dans son ventre qui un jour, sans prévenir, se dégoupillerait. Tête-à-tête obsédant avec la mort », écrira Georges-Marc Benamou[1]. Pendant près de onze ans, jusqu'à l'annonce, inévitable, de sa première opération de la prostate le 11 septembre 1992, et en réalité jusqu'à la fin de son second mandat, une vingtaine de bulletins de santé parfaitement inexacts seront publiés. S'y ajoutent de rocambolesques dispositions pour cacher le traitement et les médicaments pendant les déplacements, en France comme à l'étranger, et des malaises, les uns connus, au Venezuela, en Corée du Sud et dans la Salle des Fêtes du Palais lors d'une remise de décorations, d'autres soigneusement occultés, par exemple pendant un voyage officiel à Djibouti ou pendant un conseil de Défense au Palais. Ses collaborateurs connaissent l'existence d'une maladie mais, pour la plupart, en ignorent la gravité. Aujourd'hui encore, ils affirment de bonne foi qu'il n'a jamais, jusqu'en 1992, été « empêché », que les voyages, épuisants, n'étaient pas perturbés. Bref, qu'il a toujours exercé ses fonctions dans leur plénitude entre 1981 et 1992. Ceux qui savent, Pierre Mauroy, Michel Charasse et Hubert Védrine notamment, ne disent rien. Le professeur Steg, une personnalité exceptionnelle qui jouit d'un immense prestige auprès de ses pairs, ne parlera jamais, même longtemps après, malgré les innombrables sollicitations. Question de déontologie et de

1. Georges-Marc Benamou, *« Dites-leur que je ne suis pas le diable », op. cit.*

secret médical. La responsabilité est politique. L'omerta dure jusqu'en septembre 1992, simplement brisée par de rares journalistes, frappés par la fatigue et le teint cireux du Président. François Mitterrand lui-même souffre en silence. Il fait cependant passer quelques messages, à sa manière. Ainsi, il invite un samedi deux journalistes, qu'il connaît bien, à venir déjeuner à Latche en compagnie... d'Adolphe Steg. Les deux, Alain Duhamel et Jean-Pierre Elkabbach, comprennent. Pendant le repas, pas un mot sur la maladie. Mais le message, subliminal, est passé. Le 3 septembre, c'est le face-à-face télévisé sur Maastricht organisé à la Sorbonne par Guillaume Durand. Mitterrand est épuisé. Il quitte discrètement le plateau pendant quelques minutes pour soulager sa douleur. Philippe Séguin, qui lui est opposé dans ce face-à-face, évoquera un Mitterrand « blême et comme titubant » et « un véritable hôpital de campagne » installé dans les coulisses[1]. Une semaine après, le 10 septembre 1992, le Président entre à Cochin. L'opération a lieu le lendemain. Il sort le 16, trois jours avant le référendum sur le traité européen. « État satisfaisant ». Le communiqué fait état du cancer, mais n'en évoque ni la gravité ni les conséquences. Pourtant, le physique présidentiel ne trompe pas. Deux années durant, de l'automne 1992 à l'été 1994, la maladie progresse. Le Président souffre le martyre. Histoires vraies ou fausses, anecdotes et confidences circulent. Mutisme au Palais, contre tout bon sens. Les médecins se succèdent, certains distillent des bribes d'informations.

1. Philippe Séguin, *Itinéraire dans la France d'en haut, d'en bas et d'ailleurs*, Seuil, 2003.

Son état se détériore. Le 17 juillet 1994, il rentre de nouveau à Cochin. Opéré le lendemain, il sort le 23. Physiquement diminué. La rentrée de septembre est éprouvante. Dans leur ouvrage de référence, *La Décennie Mitterrand*, Pierre Favier et Michel Martin-Roland racontent dans le détail cet automne 1994, la souffrance, le calendrier allégé, les déplacements difficiles, les collaborateurs tétanisés. Le Président a encore la force d'intervenir à la télévision pour répondre aux questions de Jean-Pierre Elkabbach sur l'affaire Bousquet (voir : *Confessions*). Ses médecins se déchirent, à l'exception du professeur Steg. Gubler est écarté. Arrive au Palais, où il dispose d'un bureau, et où il passe ses jours et la plupart de ses nuits, Jean-Pierre Tarot. Un spécialiste reconnu du traitement de la douleur qui s'est occupé de Jean Riboud, un ami de Mitterrand, à la fin de sa vie. Il ne le quittera plus. La fin du mandat est un calvaire. En avril 1995, dans la voiture qui l'emmène en studio participer à un « Bouillon de culture » spécial de Bernard Pivot sur les grands travaux, il n'a même plus la force de tourner les pages d'un journal. Jusqu'au dernier moment, Pivot se demande si l'enregistrement pourra commencer. Le récit de cette période, dans *L'Année des adieux*, par Laure Adler, qui voit fréquemment le Président et ses médecins, est saisissant. Mitterrand reste de plus en plus souvent dans ses appartements privés. Lorsqu'il est dans son bureau et reçoit des visiteurs, il s'éclipse quelques minutes, le temps d'une piqûre. Il arrive à bout de forces à tenir jusqu'à la passation de pouvoirs avec Chirac, après des cérémonies du 8 Mai éprouvantes. C'est une quasi-certitude aujourd'hui. Pendant les dix à douze derniers mois,

Mitterrand ne peut exercer ses fonctions dans leur plénitude. Son courage impressionne. Son autorité est intacte. Il pèse face au Premier ministre Balladur, en campagne. Mais, selon nombre de témoins, ses moments de faiblesse et de souffrance sont tels que la fin de mandat se déroule au ralenti. Sans que l'opinion publique, qui le devine, en soit réellement officiellement informée.

Les autres présidents de la Cinquième connaissent eux aussi des problèmes de santé, plus ou moins graves. Dans *Le Pouvoir et la Vie*, Valéry Giscard d'Estaing, dont la santé n'a jamais été un problème pendant le septennat, révèle pourtant qu'en février 1976 il est saisi d'un gros accès de faiblesse pendant une messe célébrée à l'église de Bormes-les-Mimosas, près du fort de Brégançon. Examens au Val-de-Grâce, dans le secret absolu. Il ne s'agit que de « cadavres de microbes témoignant d'une infection ancienne... contractée dans des marigots en Afrique... et aujourd'hui résorbée ». L'alerte est levée. Les Français n'en sauront rien. Nicolas Sarkozy, cinq mois après son installation, subit une petite opération, bénigne, toujours au Val-de-Grâce. Un début de phlegmon à la gorge. Quelques heures d'absence. Mais aucune précision officielle. Le 26 juillet 2009, c'est un peu plus sérieux. Le Président est victime d'un malaise vagal en faisant son jogging, près du pavillon de La Lanterne, dans le parc du château de Versailles. Il reste deux jours en observation au Val-de-Grâce. Communiqué rassurant. Plus de peur que de mal. Mais qu'aurait-on su si un passant n'avait alerté les médias après avoir assisté de loin à l'incident, et vu un hélicoptère se poser en urgence peu de temps après ?

Les circonstances de l'hospitalisation, plus grave, de Jacques Chirac le 2 septembre 2005 sont tout aussi opaques. Un communiqué de l'Élysée évoque, certes, « un petit accident vasculaire cérébral ayant entraîné un léger trouble de la vision ». Le Président reste une semaine à l'hôpital. L'information, qui tombe pendant les journées parlementaires de l'UMP à La Baule, circule très lentement. Le Premier ministre, Dominique de Villepin, n'aurait été prévenu que le lendemain matin. Après son retour au Palais, Chirac souffre, selon certains de ses conseillers, d'un problème de mémoire. Il paraît diminué. Et ne se rétablit à peu près qu'au bout de plusieurs semaines. On est loin de la polémique, assez anecdotique, sur sa prothèse auditive. Selon des sources proches et fiables, le Président est lointain, peu combatif, usé et vraiment fatigué. Des années plus tard, des ministres révèlent en privé qu'il devenait parfois « absent » pendant les Conseils du mercredi. Rien n'est communiqué aux Français sur son état de santé réel qui va se détériorer très rapidement après son départ de l'Élysée, en 2007. Quatre ans plus tard, et trois jours avant l'ouverture de son procès, on apprend qu'il est alors victime d'une maladie grave qui se nomme « anosognosie ». Que ce trouble neurologique est l'un des symptômes de la maladie d'Alzheimer. Et sans doute une suite de l'AVC de 2005. Arrive le septième président de la Ve République. Dès le 5 juin 2012, trois semaines après son installation, François Hollande publie son premier bulletin de santé. Des examens cliniques et paracliniques, il ressort que tout est... normal. Mêmes résultats lors d'un second contrôle médical, début mars 2013. Le Président souhaite la transparence. Il en donne ainsi, et très vite, les premiers signes. Plutôt rassurant.

Maladie officielle... ou confidentielle. Mystère et secret d'État. Il est clair, à la lumière de près de cinquante années de Ve République, que la maladie présidentielle, grave ou bénigne, est le plus souvent traitée au Palais dans l'opacité et parfois l'improvisation. Des grippes à répétition de Pompidou aux rhumatismes et lumbagos de Mitterrand, et jusqu'à l'AVC de Jacques Chirac, le secret l'a emporté sur le souci légitime de transparence. La vie privée doit bien sûr être protégée. Mais la santé d'un président, surtout lorsqu'on s'interroge sur ses capacités réelles à gouverner à tel ou tel moment, comme sous Pompidou et Mitterrand, doit-elle rester un sujet tabou ? Poser la question, c'est y répondre.

Mappemonde

Elle a souvent trôné, majestueuse, dans le bureau du Président, quel que soit l'emplacement du bureau. La mappemonde symbolise la puissance, la place, le prestige et l'influence de la France. Elle donne aussi au bureau du Président, lorsqu'elle s'y trouve, une dimension particulière, internationale, presque napoléonienne.

La plus originale des mappemondes, c'est sans aucun doute celle imaginée personnellement par François Mitterrand, et commandée à l'architecte Fernand Pouillon. Avec, pour vocation, d'être souvent offerte aux dirigeants étrangers. Un objet singulier, mitterrandien jusqu'au moindre détail, d'un étonnant égocentrisme : un diamètre d'un mètre vingt et toute une série de références, un portrait du Président, une reproduction du collier de grand maître de la Légion d'honneur, et l'évocation de lieux symboliques. On y retrouve Jarnac, en Charente, le lieu de naissance du chef de l'État, Cluny, en Bourgogne, où il rencontre sa future femme, Danielle, Solutré et sa roche, où Mitterrand se rend en pèlerinage chaque année à la Pentecôte avec son labrador Baltique et ses proches, comme il le faisait après la guerre avec des amis de la Résistance, Latche enfin, le village des Landes où se trouve sa maison familiale. Après 1995 et son départ de l'Élysée, plusieurs mappemondes de ce type sont installées dans des lieux très différents : la maison natale de Jarnac, aujourd'hui transformée en musée, l'Institut François-Mitterrand, le Quai d'Orsay, la cellule diplomatique de l'Élysée notamment.

La mappemonde sarkozyste est très différente. On la trouve sur le site Internet du Palais, au chapitre International de la page d'accueil. Virtuelle, animée et interactive, elle permet de suivre tous les déplacements du Président à travers le monde. Moins imposante que celle de Mitterrand, mais tout aussi étonnante. L'évocation permanente, réactualisée à chaque nouveau voyage, d'un président globe-trotter qui avale les kilomètres depuis 2007. Un objet utile pour les campagnes électorales. Mais les élections se gagnent-elles aux distances parcourues par les candidats ?

Mariage

À soixante-dix-sept ans de distance, deux présidents se sont mariés à l'Élysée pendant leur mandat : Gaston Doumergue le 1er juin 1931 et Nicolas Sarkozy le 2 février 2008. Deux points communs : le lieu de la cérémonie, le Salon Vert du Palais, et la présence, indispensable juridiquement dans les deux cas, d'un élu du 8e arrondissement. En l'occurrence, le maire.

En 1931, c'est un Gaston Doumergue radieux, selon les témoins de l'époque, qui épouse une amie d'enfance, Jeanne-Marie Gaussal. Le Président termine son mandat quelques jours plus tard. Il a soixante-huit ans. Sa femme, une enseignante, en a une vingtaine de moins. Ce mariage ne passionne pas les Français en cette IIIe République vieillissante. Il passe même quasiment inaperçu.

Le 2 février 2008 en fin de matinée, moins d'un mois après le fameux « Avec Carla, c'est du sérieux » lancé lors de sa conférence de presse du 8 janvier, Nicolas Sarkozy épouse Carla Bruni dans ce même salon qui jouxte son bureau, au premier étage du Palais. Devant une vingtaine de personnes, le maire du 8e arrondissement, François Lebel, lit les articles du code civil et ajoute quelques mots rapides et chaleureux.

Farida Khalfi, une ancienne mannequin devenue actrice, ainsi que la comédienne Marine Delterme sont les témoins de la nouvelle Première dame. Pour le Président, les témoins sont Nicolas Bazire, ancien directeur de cabinet d'Édouard Balladur et aujourd'hui numéro deux du groupe LVMH, et Mathilde Agostini, directrice de la communication de Prada en France.

Une seule photo de la cérémonie existe, prise par une collaboratrice de Carla Bruni. À ce jour, elle n'a jamais été publiée. D'autres amis rejoindront les jeunes mariés le soir, pour un dîner intime organisé au pavillon de La Lanterne, à Versailles. Parmi eux, Rachida Dati, Alain Minc, le comédien Vincent Pérez et sa femme Karine Silla, et le fidèle compagnon de route du Président, Pierre Charon. Carla Bruni-Sarkozy choisira l'un des plats préférés de son mari, une fondue bourguignonne. Ambiance détendue et très amicale. La première journée du troisième mariage de Nicolas Sarkozy se terminera tôt. Et les jeunes mariés, en raison des obligations présidentielles, seront privés de lune de miel.

Marigny (Hôtel de)

RF : visibles dans toutes les pièces de l'hôtel de Marigny, ces deux lettres ne signifient pas République française mais... Rothschild Frères. Car cette grande famille de banquiers reste présente dans cette demeure acquise par le baron Gustave de Rothschild en 1872. Un siècle très exactement avant que Georges Pompidou, un ancien de cette banque, ne demande à l'État d'acheter cet hôtel, idéalement situé en face du Palais, pour y accueillir certains invités officiels de la République. De grands salons, des appartements spacieux, un parc agréable. L'hôtel de Marigny est une dépendance aujourd'hui très appréciée par ses visiteurs. On y trouve des bureaux, des salles de réunion et des lieux de réception. Des conseillers du Président y sont parfois installés. Mais, jusqu'à l'arrivée de François Hollande, l'hôtel de Marigny est, pour l'essentiel, réservé aux dirigeants étrangers en voyage officiel ou en visite d'État à Paris. Parmi eux, le roi d'Espagne, Eltsine, Ceausescu (voir : *Vol*) ou encore Fidel Castro.

La plus étonnante, la plus inédite, la plus « scandaleuse » de ces visites est, bien sûr, celle du dictateur libyen Kadhafi. Nous sommes le 5 décembre 2007. Cinq mois auparavant, la libération des infirmières bulgares, aussitôt suivie d'un aller-retour du Président à Tripoli, a fait grand bruit. Le dictateur libyen exige, et obtient, en compensation l'installation d'une grande tente de Bédouins dans le parc de l'hôtel de Marigny. C'est la tempête, prévisible, politique, diplomatique morale et médiatique. Du 5 au 10 décembre, pendant les cinq jours, interminables, que dure ce voyage officiel, la polémique enfle. Rama Yade, secrétaire d'État aux Droits de l'homme, fulmine. En revanche, son ministre de tutelle, Bernard Kouchner, reste courageusement discret. Les intellectuels, Bernard-Henri Lévy en tête, tempêtent. Kadhafi n'en a cure. Interrogé, sous sa tente, par David Pujadas pour le JT de France 2, il parle « d'amitié et de chaleur ». Toutes les chaînes de télévision montrent la tente sous toutes ses coutures, les braseros qui l'entourent, avec l'escorte féminine, les célèbres « amazones ». Les images font évidemment le tour du monde. L'hôtel de Marigny connaît une bien triste heure de gloire. Kadhafi n'était pas venu à Paris depuis son accueil par Georges Pompidou, en 1973. Il ne reviendra pas avant sa chute. Et sera lâché par la France dès le début de l'embrasement de la Libye, au printemps 2011.

Marigny a depuis retrouvé son calme, et n'est plus occupé que par des bureaux, destinés le plus souvent à accueillir des missions temporaires, comme la préparation de la COP 21 en 2016. Un de ces bureaux fut à l'origine de l'affaire qui éclaboussa le Palais en 2014. L'un des plus proches conseillers de François Hollande, Aquilino Morelle, avait convoqué à Marigny pour entretenir sa collection de mocassins... un cireur de chaussures.

Marseillaise (La)

Le général de Gaulle regrettait qu'on ne jouât jamais *La Marseillaise* dans la version d'Hector Berlioz. Le secrétaire général de l'Élysée, Bernard Tricot, avait fait remarquer au président de la République que cette version de Berlioz, composée en 1830 (au moment de la Révolution !), durait près de dix minutes, et avait été conçue pour orchestre symphonique, chœurs, chœur d'enfants et deux solistes, une soprano et un ténor ou baryton. Un tel effectif n'était guère commode à mobiliser... et coûtait cher. « Comme toujours... », avait déploré le Général, abandonnant tout espoir d'entendre à nouveau *La Marseillaise* revisitée par Berlioz autrement que par le biais de l'enregistrement, ou à l'occasion de circonstances exceptionnelles. Car s'il est un lieu où *La Marseillaise* de Berlioz ne peut être donnée, c'est bien à l'Élysée ! Où installer un nombre aussi élevé d'exécutants ? La Salle des Fêtes semble tout indiquée, mais, dans ce cas, il faut faire un choix : ce sont les musiciens... ou les auditeurs !

Au palais présidentiel, l'hymne national, désormais réduit à environ une minute, dans sa seule version instrumentale, est néanmoins joué par la musique de la garde républicaine dans une formation à vent d'une vingtaine d'instrumentistes, chaque fois que les événements s'y prêtent, comme une visite de chef d'État, ou, il va de soi, la cérémonie d'investiture d'un nouveau président[1].

La Marseillaise, originellement *Chant de guerre pour l'armée du Rhin*, fut imaginée par le capitaine du génie Claude Joseph Rouget de Lisle en 1792 à Strasbourg. Rouget de Lisle était musicien amateur, mais son chant, poussé par le vent du patriotisme, se retrouva à Marseille et fut adopté par les volontaires marseillais, dont le bataillon arriva à Paris fin juillet. Le 17 octobre de la même année, la Convention décida que ce qui était désormais connu sous le nom *La Marseillaise* devenait l'hymne de la République. En 1795, il était définitivement promu « chant national ». Situation assez cocasse quand on sait que Rouget de Lisle avait toujours manifesté un penchant pour la monarchie.

On comprend que la version symphonique de Berlioz avait les faveurs de De Gaulle. La mélodie s'y déploie avec ampleur et éclat grâce à une riche orchestration. L'émotion est réelle quand le chœur d'enfants entonne son couplet : « Nous entrerons dans la carrière quand nos aînés n'y seront plus. » Bref, c'est la grandeur de la France qui se fait entendre. Certains critiques ont cependant jugé la version de Berlioz pompeuse et inutile.

---

1. À la télévision, sur une image du Palais, quelques mesures de *La Marseillaise* ouvraient et concluaient toujours une allocution radiotélévisée du président de la République prononcée à l'Élysée. Les chaînes, y compris celles du service public, se sont peu à peu affranchies de cet usage, préférant enchaîner sur les commentaires et les réactions que suscite l'intervention présidentielle.

Le chant de Rouget de Lisle ne ressemblait guère, au départ, à ce qu'on connaît aujourd'hui. Ce n'est qu'au fil du temps que le caractère martial s'affirma et que l'appellation d'origine, *Chant de guerre*, fut du coup justifiée. Est-ce ce qui incita Valéry Giscard d'Estaing, en 1974, à demander un « ralentissement » de *La Marseillaise*, qui visait à créer un rapprochement avec d'autres hymnes nationaux, comme le *God Save the Queen*, par définition plus majestueux, moins scandé[1] ? La polémique que l'initiative de Giscard déclencha fut inversement proportionnelle à l'importance du changement. L'expression « réforme-gadget » fit son apparition. On s'insultait à propos du rythme de l'hymne national ! Giscard souhaitait surtout revenir aux partitions d'origine – un *mi* et non un *sol* dièse pour la deuxième note – et en finir avec cette *Marseillaise* transformée en marche militaire en 1887 par le compositeur Ambroise Thomas à la demande du général Boulanger. Réforme qui n'en était pas une, l'idée de Giscard ne put s'imposer, et, en 1981, François Mitterrand revint à la tradition.

Quant à Rouget de Lisle, à qui Berlioz dédia sa version et lui fit obtenir une pension alors qu'il se trouvait dans le plus extrême dénuement, il passa à la postérité non pour faits militaires, mais pour avoir improvisé ce

1. L'hymne britannique est, au départ, bien français... Il s'agit d'un thème composé par Lully, sur des paroles de la Supérieure de la Maison Royale de Saint-Louis (future institution de Saint-Cyr voulue par Mme de Maintenon). Le titre *Dieu protège le roi* fait référence au rétablissement de Louis XIV, qui relevait de maladie. Le roi avait assisté à la cérémonie donnée en son honneur, en compagnie de Mme de Maintenon. Parmi les invités, un ambassadeur anglais, qui n'avait pas les oreilles dans sa poche...

chant patriotique un soir d'avril 1792 en Alsace. Postérité sans sérénité, car, au gré des époques, on contestera à Rouget de Lisle la paternité de la musique. On l'accusa même d'avoir plagié des thèmes de Carl Philipp Emanuel Bach, de Mozart, du Français Dalayrac ou de l'Allemand Holtzmann. Quant aux paroles... L'hymne a comporté jusqu'à sept couplets aux multiples auteurs. L'un d'eux serait dû à Marie-Joseph Chénier. Le 14 juillet 1915, la nation reconnaissante transfère aux Invalides les cendres de Rouget de Lisle sous les yeux du président Poincaré.

Doit-on enfin se demander si l'auteur de l'hymne national est également connu pour avoir donné son nom à une préparation culinaire, les *sorbets à la Rouget de Lisle*, servis pour la première fois en 1890 au président Sadi Carnot à Toulon, et à plusieurs reprises ensuite, jusqu'à la présidence d'Armand Fallières, au palais de l'Élysée ?

Mazarine

Quand il s'installe au Palais, l'existence de la fille de François Mitterrand est un secret bien gardé (voir : *Double vie*). Née à Avignon le 18 décembre 1974, Mazarine Pingeot a six ans et demi le 10 mai 1981. Comme sa mère, et malgré son jeune âge, elle est à la fois fière et inquiète le soir de l'élection de son père, dont elle suit le déroulement à la télévision dans leur petit appartement de la rue Jacob, près de Saint-Germain-des-Prés. Elle est fière de cette victoire, mais inquiète de voir sa vie bouleversée. Elle n'a pas tort.

Jusqu'en novembre 1994, jusqu'à la publication, à la une de *Paris Match*, de la photo la montrant aux côtés de son père à la sortie du restaurant Le Divellec, sur l'esplanade des Invalides, Mazarine vit dans le secret permanent. Elle ressent « un choc terrible » lorsqu'elle comprend, après la une de *Match*, que son existence va basculer.

Elle ne vit pas à l'Élysée, où elle se rend rarement, mais quai Branly, avec sa mère. François Mitterrand leur rend visite très fréquemment. Mais Mazarine ne partage réellement la vie de son père que pendant les vacances, et de nombreux week-ends au château de Souzy-la-Briche, dans le département de l'Essonne. Ils y séjournent très régulièrement et y mènent une vraie vie familiale. Elle monte beaucoup à cheval, d'abord un poney offert par son père, plus tard un pur-sang, cadeau, en mai 1993, du président du Turkménistan. Ils vont aussi ensemble dans la maison de Gordes, à Hossegor, où la famille Pingeot possède une propriété proche de Latche, ou encore en Auvergne, où sont établis les Pingeot. De 1982 à 1995, sa sécurité est assurée par Christian Prouteau. À son arrivée au Palais, c'est le parrain de Mazarine, François de Grossouvre, qui révèle son existence au patron des gendarmes et lui explique la marche à suivre. Huit hommes au total sont chargés de les protéger, sa mère et elle, pendant treize ans. Deux sont présents en permanence. Du matin au soir, dans les moments difficiles comme dans les périodes de bonheur. Ils partagent à peu près tout, beaucoup de souvenirs. L'inquiétude du père, ce jour de 1989 où elle est transportée sous un faux nom, après une chute de cheval, à l'hôpital du Val-de-Grâce. La joie au quotidien aussi, quand ils aident le Président à récupérer dans un arbre le chaton de sa fille. En mars 2010, Christian Prouteau revient sur ces épisodes et sur ces années avec émotion dans *La Petite Demoiselle et autres affaires d'État*.

Même s'il a pris des dispositions auparavant, François Mitterrand ne reconnaît juridiquement sa fille que le 25 janvier 1984. L'acte officiel de reconnaissance sera signé au domicile personnel du couple Badinter. Selon tous les témoignages, Mitterrand a pour elle une véritable passion. Ils partagent le goût de la littérature... et de la politique. Il ne cache pas sa joie, en petit comité, lorsqu'en septembre 1994, quelques mois avant la fin de son second mandat, elle réussit le concours d'entrée à Normale Sup. Ancienne d'Henri-IV, elle est excellente élève tout au long de sa scolarité. Ils parlent souvent de sa future carrière d'écrivain. Elle est aussi fusionnelle avec son père qu'avec Anne, sa mère.

C'est rue Frédéric-Le-Play, au dernier domicile parisien de son père, que Mazarine rencontre Danielle Mitterrand pour la première fois. Émotion partagée. Histoire emblématique d'une famille recomposée dans cette France du milieu des années 1990 où les codes, les mentalités et les traditions se transforment profondément.

Menus

« J'ai faim ! » tonne Victor Hugo, sortant de l'Élysée où il vient de dîner face à Louis Napoléon Bonaparte nouvellement élu – nous sommes en décembre 1848, et le poète n'en est pas encore à flétrir « Napoléon le petit ». La table était, dit-on, pourtant bien fournie, mais la poularde farcie au foie gras ne suffit pas à rassasier le futur auteur des *Misérables*. Sous la IIIe République triomphe la grande cuisine bourgeoise du XIXe siècle, avec des menus comportant une douzaine de plats, lesquels installent les convives à table pour deux ou trois bonnes heures... Armand Fallières reçoit à déjeuner Theodore Roosevelt le 25 avril 1910. Au menu : petit soufflé aux crevettes Diplomate ; barbue à l'Amiral ; suprêmes de gélinote au porto ; carré d'agneau à la moderne ; foie gras à la Souvaroff ; spoom au cherry brandy et sorbet au vin de Chypre ; pintadons truffés rôtis ; pâté de canard d'Amiens accompagné de salade américaine ; petits pois nouveaux à la française ; glace Ceylan ; dessert. Le prestige de la République passe par le nombre de plats, et le régime politique s'affirme en ignorant le régime tout court. Question prestige justement, le général de Gaulle ne transige pas, mais c'est la fin des banquets interminables. Transmises aux cuisines, ces consignes sont valables pour les déjeuners officiels et les dîners d'État. Pour le service privé du Général, la simplicité d'abord. Le déjeuner du 31 mai 1961, offert lors de la visite officielle des Kennedy, comporte : langouste à la parisienne ; noix de veau Orloff ; foie gras du Périgord en gelée ; salade ; melon en surprise. À la même époque, en tête à tête avec son épouse dans ses appartements privés, le Général se contente au dîner de : potage, saucisses grillées accompagnées d'une purée de pommes de terre, et fruit.

C'est Michelle Auriol qui a l'idée de faire conserver tous les menus aux archives, évitant ainsi aux invités de marque de manger deux fois la même chose.

Yvonne de Gaulle relève dans les magazines féminins des recettes qui sont transmises aux cuisines, Bernadette Chirac supervise et décide, table officielle ou table privée. La règle veut qu'en tout état de cause les propositions de menus soient adressées au Président dès lors qu'il reçoit des invités, qu'il s'agisse d'un simple déjeuner ou d'un dîner d'État. Le résultat varie entre une approbation totale, un accord assorti de suggestions – cas de figure où Valéry Giscard d'Estaing est insurpassable. Il annote lui-même au stylo vert, avec des commentaires souvent pertinents, les propositions, prouvant par là l'intérêt réel qu'il porte à la cuisine. Dernière possibilité : le refus, accompagné de critiques. Une spécialité de François Mitterrand (voir : *Cuisines*).

Georges Pompidou maintient la tradition de la cuisine et du service « à la française » (c'est-à-dire qu'on présente le plat et non l'assiette, à la gauche du convive, qui se sert lui-même). Le dîner officiel du 13 novembre 1973 en témoigne avec une croustade de Saint-Jacques à l'armoricaine ; une poularde farcie gâtinaise avec pommes à la dauphinoise et cœurs de laitues ; des fromages (d'Auvergne, voir : *Fromages*) ; et un soufflé glacé aux noisettes. Un basculement s'opère avec Valéry Giscard d'Estaing. La mode est à la nouvelle cuisine, qui enterre peu à peu le mijotage et les longues cuissons. Les plats roboratifs tant appréciés du général de Gaulle, les sauces chères à Georges Pompidou disparaissent. Le 25 février 1975, Giscard remet la Légion d'honneur au « pape des cuisiniers », le grand Paul Bocuse. Au déjeuner qui suit la cérémonie, on sert une création de Bocuse lui-même pour la circonstance, la soupe de truffes Élysée, qui sera suivie de la célèbre escalope de saumon de Loire à l'oseille, de Pierre et Jean Troisgros. Deux plats emblématiques de la nouvelle cuisine, qui, au-delà de ses goûts culinaires, symbolise le style VGE.

Depuis 2014, Guillaume Gomez et sa brigade ont à cœur, en chaque grande occasion, d'élaborer des menus où l'inventivité n'oublie pas la tradition[1]. Le souci de l'excellence dans un domaine où la France a un rang particulier à tenir, même si, à la cuisine, on regrette de ne plus travailler – où très exceptionnellement – des produits comme la truffe, le caviar ou le homard. Les restrictions budgétaires sont partout.

À table au quotidien, chaque président a eu ses préférences et ses rejets[2]. De Gaulle adorait la bouillabaisse et Giscard détestait les lentilles ; Mitterrand raffolait du homard et des huîtres quand Pompidou se régalait du gigot de sept heures ; Chirac aimait les escargots à l'ail, l'agneau en sauce, et était reconnaissant à la cuisine de ne pas oublier son en-cas

1. L'affaire a fait le tour de la planète. En mars 2014, le président chinois est reçu à l'Élysée pour un dîner d'État. Au menu : gourmandise de foie gras truffé ; volaille landaise rôtie avec viennoise de champignons et moelleux de pommes de terre forestière ; fromages ; nuance chocolat et caramel, glace acidulée. Les vins servis sont un sauternes château-d'yquem 1997, un château-lafite 1999, un champagne Deutz 2005. À la sortie, l'obscure ministre du Commerce extérieur dit à un de ses collègues que « le repas était dégueulasse ». François Hollande se mêle de l'affaire dès le lendemain. Il refuse la démission du chef. Lequel continue donc de faire apprécier son talent en régalant tous les hôtes du Palais. Une semaine après l'incident, la ministre, elle, ne l'était plus.

2. Après l'attentat du Petit-Clamart en août 1962, on évita de servir au général de Gaulle de cette garniture à base d'artichauts et de petits pois appelée Clamart. Sauf au cours d'un dîner officiel en 1963... La bévue ne passa pas inaperçue, et plus jamais on ne vit de garniture Clamart à l'Élysée.

de fin de matinée : quelques rondelles de saucisson entre deux tranches de pain bien croustillant. Sarkozy n'appréciait pas la viande rouge et adorait les pâtes fraîches à l'italienne. Hollande proscrit les artichauts, les asperges et les choux. Macron ne cache pas son goût pour un plat simplissime, le cordon-bleu, et son épouse Brigitte veille à ce qu'il consomme une dizaine de fruits et légumes chaque jour. Côté desserts, le Général aimait les crêpes Bourdaloue ; Georges Pompidou la tarte au citron meringuée ; Valéry Giscard d'Estaing la charlotte aux pommes ; François Mitterrand la mousse à la fraise des bois ; Jacques Chirac le Paris-Brest ; et Nicolas Sarkozy tout ce qui contient du chocolat. Le président élu en 2007 était même au bord de l'addiction face aux ganaches, frappées à la feuille d'or du sigle de l'Élysée.

Une dernière note salée. On rapporte que le Général, qui avait un faible pour le lapin aux pruneaux, ne détestait pas, lorsque l'humeur s'y prêtait, s'amuser d'une vieille plaisanterie à laquelle Yvonne de Gaulle avait fini par s'habituer.

— Tiens ! Encore du chat !

— C'est impossible, Charles. Vous savez très bien que je demande toujours à la cuisine de conserver les pattes, répondait Mme de Gaulle.

— Oui, mais ce sont toujours les mêmes qu'on me ressort !

Et la note sucrée de la fin. Nous sommes en 1974, quelques jours après l'installation de Giscard à l'Élysée. Le Président vient de dîner, et pousse la porte de la cuisine des appartements privés. Il adresse ses chaleureux compliments aux cuisiniers, pose des questions sur chacun des plats, et soudain surgit un « oui, mais » à propos du dessert... Le Président avait apprécié la crème glacée, mais plus jamais il ne voulait voir de roses en sucre dessus... On n'a jamais su si c'était la décoration pâtissière ou le symbole politique qui était en cause.

Mais la première chose à faire quand on prend place à table, c'est de consulter le menu. À l'Élysée, une tradition plus que centenaire est respectée, essentiellement pour les dîners d'État : celle des magnifiques menus imprimés sur beau papier, disposés à la gauche de chaque convive. Ornés de photos d'œuvres d'art françaises (peintures, gravures), et parfois de dessins originaux évoquant la France et le pays reçu, ces menus, vraies pièces de collection, comportent aussi un cordon de soie aux couleurs du pays hôte d'honneur.

Millerand (Alexandre)

Vaincu par la maladie mentale qui lui faisait pousser des cris, descendre d'un train en marche et grimper aux arbres, Paul Deschanel finit par démissionner. Le 24 septembre 1920, le Congrès porte à la présidence Alexandre Millerand, soixante et un ans, président du Conseil depuis l'élection de Deschanel. Ancien avocat, député de Paris à l'âge de vingt-cinq ans, il a été plusieurs fois ministre. C'est un homme de gauche dont on reconnaît la compétence et la justesse des analyses politiques. La fonction élyséenne est-elle du coup faite pour lui ? Quand il proclame : « Le président de la République n'est pas constitutionnellement le syndic des parlementaires, mais bien le représentant de la France », il annonce de fait qu'il sera l'homme des initiatives, des interventions, et qu'il se placera à la barre du pays chaque fois que nécessaire. L'opposé d'un président-soliveau comme Jules Grévy. Le précurseur de la conception gaullienne où on ne saurait se contenter d'« inaugurer les chrysanthèmes ». Dans cette période d'après guerre qui voit se négocier âprement la reconstitution du pays, Millerand confie d'abord la présidence du Conseil à Aristide Briand, puis à Raymond Poincaré, ami personnel de Millerand, mais moins à l'aise dans les habits de chef du gouvernement après avoir été président de la République. Le cartel des gauches dénonce le « pouvoir personnel » de Millerand et le traite de dictateur.

Au Palais règne une atmosphère studieuse et tendue. Le Président travaille sans cesse, recevant les ministres non pour sagement les écouter, mais pour les bombarder d'instructions. Au Conseil des ministres, la parole lui revient plus souvent qu'au président du Conseil. La Première dame, Jeanne Millerand, s'acquitte parfaitement de ses obligations de maîtresse de maison, même si elle préfère se consacrer à l'éducation des quatre enfants du couple. Au cœur des « Années folles », les réceptions au Palais voient déferler la mode des chapeaux cloches et des tenues à la garçonne, qui laissent de marbre la présidente, définitivement acquise à la robe longue et aux grands chapeaux fleuris.

Les élections de mai 1924 sont un succès pour le cartel des gauches, alors que le Président a pris parti pour le bloc national, ouvertement conservateur, contre ses anciens amis socialistes. Tout le monde comprend que les jours de Millerand à l'Élysée sont comptés. La tactique employée pour le contraindre au départ est la même qui a si bien réussi à chasser Jules Grévy : les refus successifs de ceux que le Président appelle pour former le gouvernement. Herriot dit non, Painlevé dit non, de moindres figures disent non. Alexandre Millerand démissionne donc le 11 juin 1924, après trois ans et neuf mois passés à l'Élysée. Clemenceau lui assène le coup de grâce : « Millerand ouvre son journal, lit dedans qu'il faut partir : il part ! » À la TSF, invention qui connaît un engouement fulgurant, Yvonne George chante son succès du moment, une romance sentimentale qu'on croirait destinée au président de la République :

Pars sans te retourner, pars,
Sans te souvenir...

Ministres communistes

Le 24 juin 1981, c'est l'événement dans la Cour d'Honneur du Palais. Quatre ministres communistes arrivent à l'Élysée pour le Conseil des ministres. Il y a trente-quatre ans qu'ils n'ont pas participé au gouvernement, depuis que Paul Ramadier les en avait exclus, le 5 mai 1947. François Mitterrand, lui, l'avait annoncé pendant sa campagne. Au lendemain de la victoire aux élections législatives, il fait entrer dans l'équipe de Pierre Mauroy quatre grognards du PC : Charles Fiterman, Anicet Le Pors, Jack Ralite et Marcel Rigout sont les héros du jour.

Ralite et Rigout, tous deux députés, se rejoignent à l'Assemblée nationale. Charles Fiterman quitte au volant de sa voiture son domicile de banlieue. À ses côtés, une équipe de TF1 et un jeune journaliste qui a obtenu de l'accompagner jusqu'au perron de l'Élysée. L'interview commence avenue de Marigny et se terminera au pied du perron. « Vous connaissez le chemin par cœur ? lui demande le reporter. — Mon rêve, c'était d'être chauffeur de taxi », lui répond le nouveau ministre au moment où sa voiture pénètre dans la cour de l'Élysée. Ce reportage est signé Patrick de Carolis, qui travaille alors au service politique de TF1. Il se souvient d'une cohue indescriptible. Les quatre ministres communistes montent les marches. Ils se dirigent, précédés d'un huissier, vers le Salon Murat. Leur premier Conseil sera, selon leur témoignage, détendu et même chaleureux.

Quelques jours plus tard, le téléphone interministériel sonne dans le bureau du nouveau ministre de la Santé, Jack Ralite. C'est Jack Lang, le ministre de la Culture, qui lui demande comme un service de ne pas venir au Festival d'Avignon pour ne pas lui faire de l'ombre. Ralite est en effet très apprécié, et depuis longtemps, par les milieux culturels. Avignon est son jardin. Le nouveau promu accepte, au nom de la solidarité gouvernementale. Quelques minutes plus tard, c'est le Président lui-même qui appelle, pour lui demander de l'accompagner... en Avignon. Impossible de refuser. Jack Ralite fait très vite l'apprentissage du mitterrandisme, de ses intrigues, de ses codes et de ses calculs. Il garde de ce déplacement un souvenir intense. Et a toujours en mémoire, longtemps après, une longue conversation en tête à tête, dans l'avion de retour, sur la poésie et Saint-John Perse. On est loin, ce jour-là, du programme commun et du bras de fer violent entre socialistes et communistes.

Trois ans plus tard, Pierre Mauroy remet sa démission et cède sa place à Laurent Fabius, qui a pour mission de mettre en œuvre une nouvelle stratégie économique, plus réaliste et moins dépensière. Nous sommes le 17 juillet 1984. Deux jours plus tard, le Comité central du Parti communiste français décide de ne plus participer au gouvernement, refusant de cautionner la politique de rigueur. Les quatre ministres communistes quittent le gouvernement. L'histoire de l'Élysée et de la Cinquième retiendra que, pendant cette période, le président Mitterrand aura sensiblement réduit l'influence du PC. Il l'avait annoncé dès 1981 à l'Américain George Bush père. Il a tenu cette promesse.

Mitterrand (Danielle)

Une militante à l'Élysée. C'est sans conteste la plus engagée, la plus libre, la plus indépendante des Premières dames de la Ve République. Danielle Mitterrand a cinquante-sept ans lorsque son mari, qu'elle a épousé trente-sept ans plus tôt, s'installe au Palais. Elle n'apprécie pas le lieu, mais apporte quelques aménagements et fait appel à de grands artistes comme Philippe Starck et le peintre Gérard Garouste. À ce dernier, elle confie la rénovation du plafond de la chambre qui lui est attribuée dans les appartements privés. Le peintre réalise la toile dans son atelier, puis la retouche et l'installe sur place, juché sur un échafaudage, en y travaillant la nuit sous le regard, vigilant, se souvient-il, des gardes républicains. Mais Danielle n'en profite pas. Elle n'habite pas au Palais et n'y dort jamais. Elle préfère la petite maison de la rue de Bièvre où il n'est pas question d'abandonner les dîners familiaux et amicaux du dimanche soir, qui continueront tout au long des deux mandats de son mari. Elle dispose d'un bureau au Palais, et prend au sérieux son rôle et son statut. En 1986, elle fonde France Libertés, une ONG qui lutte pour les droits de l'homme, la solidarité, la justice, la sécurité sanitaire. Une action internationale qui, parfois, n'est pas franchement en ligne avec les positions officielles du Président et du gouvernement. Sur le Tibet, les Kurdes, le roi du Maroc Hassan II, qu'elle refuse de côtoyer au nom des droits de l'homme, Cuba et Fidel Castro, il y a même divergences, dans l'analyse comme dans le comportement.

« Tu sors de ton rôle... C'est irresponsable... Ce n'est pas ta politique étrangère. C'est celle de la France... » Ce jour-là, François Mitterrand est vraiment en colère. Devant Alain Duhamel installé dans son bureau, il passe à sa femme un « savon » mémorable au téléphone. Et il veut que cela se sache, demandant à son visiteur de ne pas sortir, malgré le caractère très personnel de la conversation. L'objet de l'ire présidentielle, c'est le soutien résolu de Danielle au peuple kurde. La Turquie fait connaître son mécontentement. Le Président est contraint de recadrer sa femme. Et ce n'est pas la première fois, tant s'en faut. Mais il le sait, son épouse tient à sa liberté. Elle continue donc, jusqu'à la fin du second mandat, à agir et à parler comme elle l'entend. En veillant cependant à ne pas trop gêner son mari. Le Quai d'Orsay est chargé de la surveiller de loin, et discrètement. Les incidents sont, finalement, assez peu nombreux. Mais le soutien affiché à Fidel Castro, par exemple, passe mal et crée de vraies difficultés diplomatiques.

Danielle et François, c'est un couple hors norme. Une grande liberté, des vies privées très personnelles et totalement séparées, une indépendance réciproque mais, en même temps, un réel attachement. Tous ceux qui les approchent à l'Élysée pendant ces quatorze ans s'en souviennent. Elle défend bec et ongles son mari, quoi qu'il arrive. Il peut se révéler glaçant, mordant, voire exaspéré, mais il n'accepte pas la moindre critique publique sur la mère de ses deux fils, celle qui partage une partie de sa vie depuis leur mariage, le 28 octobre 1944. Danielle connaît l'existence et la place qu'occupe Anne Pingeot (voir : *Double vie*). Elle apprend très vite la naissance de Mazarine. Elle l'accepte. Mais, bien sûr, et ses proches ne s'en cachent pas, elle en souffre. Le couple est à la fois solide et fragile. Il tient jusqu'au bout. Et la dignité de Danielle lors des obsèques de son mari, alors que tous les regards sont braqués sur Anne Pingeot et Mazarine, impressionne. Cette militante est une femme forte. Après le départ et la mort de son mari, loin du Palais, jusqu'à sa disparition dans la nuit du 21 au 22 novembre 2011, elle continue son combat avec courage. Et poursuit avec détermination son action militante.

Mitterrand (François)

Lorsqu'il prend ses fonctions, le 21 mai 1981, à 11 h 15, avec, déjà, un quart d'heure de retard, le premier président de gauche de la Vᵉ République est impassible. Marmoréen. Presque lointain. Son arrivée à l'Élysée sonne comme une revanche. Celui qui avait écrit *Le Coup d'État permanent*, un pamphlet au vitriol contre le général de Gaulle, celui que le fondateur de la Vᵉ République décrivait comme une « arsouille » ou « le Rastignac de la Nièvre », l'a emporté le 10 mai, à sa troisième candidature présidentielle, avec 15 708 306 voix, soit 51,76 % des suffrages. Immédiatement, il se coule dans les habits de cette fonction qu'il avait tant combattue. Tout en feignant de n'y accorder aucune importance, il choisit sans hésiter, contrairement à Giscard, qui l'a précédé au Palais, l'ancien bureau du Général, le Salon Doré. « Ce pouvoir n'est rien sans ses ors et ses fastes surannés... Comment perpétuer le rêve sans les dorures de l'histoire ! » explique le nouveau président à Jacques Séguéla, qui le raconte dans son *Autobiographie non autorisée*. Il y installe une mappemonde très « mitterrandienne » (voir : *Mappemonde*) et confirme le protocole dans son intégralité et jusqu'au moindre détail. Il ne prend ses distances avec les pesanteurs protocolaires qu'en continuant de se promener régulièrement sur les quais en compagnie de ses vieux compagnons, Georges Dayan, Roger-Patrice Pelat ou François de Grossouvre, et de certains de ses collaborateurs, Hubert Védrine, Jacques Attali, Pierre Bérégovoy, Anne Lauvergeon ou Michel Charasse. Libre. De la même manière, ses échappées en province (voir : *Journalistes*) ou à l'étranger, lors de voyages officiels, se déroulent le plus discrètement possible, loin des regards de la presse, et parfois loin des forces de sécurité. Hubert Védrine se souvient ainsi avec émotion de leur visite privée, absolument seuls, sans la moindre protection, dans la célèbre crypte des Capucins, au cœur de Vienne.

Cet artiste de la politique, florentin et réaliste, calculateur et visionnaire, applique d'abord à la lettre le programme commun de la gauche : abolition de la peine de mort, retraite à soixante ans, cinquième semaine de congés payés, vague de nationalisations. Trois ans plus tard, il se pliera aux règles du marché et du début de la mondialisation. Européen actif et convaincu, bâtissant une relation politique et amicale très forte avec le chancelier Kohl, hésitant à la chute du mur de Berlin, clairement aux côtés des États-Unis en 1990 contre Saddam Hussein pendant la guerre du Golfe, il se passionne pour la politique étrangère. En France, les cohabitations de 1986 et 1993 seront diamétralement opposées : d'abord volcanique, puis normalisée avec un Jacques Chirac qu'il battra largement en 1988, plutôt courtoise avant de s'envenimer avec un Édouard Balladur qu'il combattra durement, au point d'encourager contre lui le maire de Paris en 1995.

François Mitterrand maîtrise ses émotions. Mais il ne peut cacher ses sentiments lors de grands événements, personnels ou politiques. Ses plus proches en distinguent trois, aussi différents qu'exceptionnels ; une immense joie à la naissance de Mazarine, en 1974, et, pendant ses quatorze années de mandat, une bonne humeur communicative lorsqu'il allait rejoindre Anne Pingeot et leur fille (voir : *Double vie*) ; une réelle détresse en découvrant à son arrivée à Beyrouth, le 24 octobre 1983, l'ampleur de l'attentat qui avait fait la veille, à 6 h 20 du matin, cinquante-huit victimes parmi les soldats français ; en 1993, une vraie tristesse en apprenant le suicide de Pierre Bérégovoy.

Le président Mitterrand est un sentimental caché sous les traits d'un cynique. Les lettres qu'il envoie à Anne Pingeot sont un étonnant mélange de lyrisme, de romantisme et de virtuosité. Anne est sa complice. Elle le surnomme « Cecchino » – tireur d'élite. Il l'emmène régulièrement, tard le soir, surveiller les travaux de la Pyramide du Louvre, dont elle a eu l'idée. François Mitterrand pleure, sans se cacher, aux obsèques de ses amis, Gaston Defferre, Georges Dayan, Roger-Patrice Pelat ou Pierre Bérégovoy. Il n'aime pas se séparer de ses amis ou de ses plus fidèles collaborateurs. Il gère avec difficulté, et une certaine douleur, les départs de Pierre Mauroy, de Charles Hernu, son ministre de la Défense, après l'affaire Greenpeace, ou d'Édith Cresson. Le suicide de son ami et conseiller François de Grossouvre le laisse stupéfait, presque sans réaction. Il tente sans succès de réagir avec violence à l'affaire, peu glorieuse, des écoutes de l'Élysée qui atteint réellement sa stature et son image. Ses colères, toujours froides, sont redoutées. « L'imbécile ! » est pour lui l'injure suprême. À l'opposé, certains de ses fous rires sont légendaires. Les blagues qu'il apprécie vraiment, comme une groupie, viennent de son beau-frère Roger Hanin, bien sûr, et, plus curieusement, de l'Égyptien Hosni Moubarak lorsqu'il se moque... du Libyen Kadhafi.

En quittant l'Élysée le 17 mai 1995, François Mitterrand laisse une vraie trace dans l'histoire. Et bat un record de longévité, inatteignable depuis l'instauration du quinquennat et la limitation à deux mandats consécutifs. Quatorze ans au Palais. Quatre de plus que son plus vieil et meilleur ennemi, Charles de Gaulle.

Mitterrand (Jean-Christophe)

« Papa m'a dit ». Derrière ce surnom, qui le suit et le poursuit pendant longtemps, il y a un fils, Jean-Christophe Mitterrand, et surtout un conseiller aux affaires africaines. L'aîné des Mitterrand a trente-sept ans lorsqu'il entre à l'Élysée, en 1983. Il connaît assez bien l'Afrique pour avoir été correspondant de l'Agence France-Presse, notamment en Mauritanie. Il en sait beaucoup sur cette « Françafrique » qui fait souvent scandale. Il va devoir, d'abord, lutter contre l'hostilité, ou les réticences, d'une partie de l'entourage de son père, puis entretenir avec les dirigeants africains des relations complexes. Pas facile, dans ces conditions, d'être le fils du chef de l'État. Sous la Vᵉ République, très rares sont les présidents qui font venir auprès d'eux l'un de leurs enfants. Depuis 1959, seuls Jean-Christophe Mitterrand et Claude Chirac. Auparavant, Paul Auriol, secrétaire général adjoint pendant le septennat de son père, premier président de la IVᵉ République.

Jean-Christophe a des relations particulières avec son père. Il le voyait assez peu avant de le rejoindre à l'Élysée. Des vacances. Quelques dîners rue de Bièvre, le week-end. Une grande complicité avec sa mère,

Danielle, qui l'aidera beaucoup au début des années 2000, au moment où ses ennuis judiciaires le mèneront quelques jours en prison. Au Palais, leurs contacts sont surtout professionnels. La plupart des témoins le confessent : la présence tutélaire du père est pesante. Beaucoup de non-dits. Sur sa petite sœur Mazarine aussi. Jean-Christophe connaît les rumeurs. Mais il attend des années avant d'avoir la confirmation officielle de l'existence de cette demi-sœur. À l'Élysée, on se souvient de Jean-Christophe Mitterrand comme d'un homme sympathique et chaleureux. Et de son père, assez lointain avec lui. Mais peut-on être facilement père et président ?

Mobilier national

Tous les sièges, canapés, bureaux, tableaux, vases, toutes les tables, pendules, commodes, tapisseries, lampes, toute la vaisselle qui se trouvent au palais de l'Élysée appartiennent au Mobilier national et sont, en principe, strictement gérés par cet organisme. La règle est la même pour les ministères, les ambassades et tous les bâtiments de la République. Dans la pratique, les choses ne sont pas aussi simples, et le Mobilier national a bien du mal à s'y retrouver dans ses collections de meubles et d'œuvres d'art. En cause, la circulation des biens dont les mouvements ne sont pas forcément connus des services, alors que la moindre lampe ne peut être déplacée sans autorisation. La négligence des utilisateurs, et parfois l'honnêteté tout approximative de certains, a créé les conditions d'une pagaille dont l'ampleur est variable, mais qui se révèle parfois incurable. Dans un rapport publié le 15 juillet 2014, la Cour des comptes s'alarmait de la disparition, à l'Élysée et dans les résidences présidentielles, de trente-deux œuvres d'art prêtées par les musées nationaux et six cent vingt-cinq meubles appartenant au Mobilier national. Sur un total avoisinant les six mille, la proportion est quand même élevée (voir : *Vols*). Elle peut s'expliquer par le fait que l'Élysée n'est pas aussi contrôlé qu'un ministère. Le Président et ses collaborateurs peuvent agir un peu à leur guise, au grand dam du député René Dosière, qui veille aux dépenses et à la gestion du Palais. Il admet que les pertes, les dégradations et la casse sont inévitables, mais déplore qu'à l'Élysée règne une certaine négligence et que l'on y « oublie » de déclarer telle disparition ou tel endommagement. Surtout quand la Cour des comptes ne manque pas de rappeler que, chaque année, l'entretien du mobilier de l'Élysée s'élève à cinq cent mille euros.

Se consolera-t-on en apprenant que les meubles qui se volatilisent ne sont pas un phénomène récent ? Les services de recherche ont repéré sur le site de vente eBay des pièces de la Manufacture nationale de Sèvres, qui avaient disparu de l'Élysée sous la IVe République... L'enquête a permis d'établir que, dans les années 1950, un attaché militaire du Palais avait trouvé original d'offrir à des connaissances ou des relations les pièces d'un service aux armes du palais présidentiel. À six décennies de distance, les plats, assiettes et saucières ont ainsi été retrouvés.

Murat (Escalier)

Passé le vestibule, il faut emprunter cet escalier d'honneur pour accéder au premier étage du Palais, et rejoindre ainsi les antichambres où les visiteurs du Président et de ses principaux collaborateurs sont accueillis par un garde républicain.

C'est le maréchal d'Empire Murat qui fit construire cet escalier en 1806, au moment où il s'installa dans cette résidence avec son épouse Caroline. La décoration est impériale, avec les rampes soutenues par des palmes dorées, symbole des victoires napoléoniennes. Sur le palier, une œuvre en bronze signée Rodin. On se souviendra avec amusement qu'Auguste Rodin était un ami du président Armand Fallières, lequel, voyant un jour une œuvre non achevée du sculpteur, lui dit, l'air faussement navré et plus pince-sans-rire que jamais : « Mon pauvre Rodin, encore un accident de parcours ! »

Les présidents utilisent cet escalier plusieurs fois par jour. Mais Nicolas Sarkozy est le premier à l'avoir monté et descendu... en jogging, dès le début de son mandat, à l'été 2007. Un événement inattendu dans la petite chronique élyséenne. Et aussi inédit que le choix de cet escalier pour y photographier, curieusement réparti sur les premières marches, le gouvernement d'Édouard Philippe autour d'Emmanuel Macron en mai 2017.

Murat (Salon)

Situé au rez-de-chaussée, entre le Salon des Aides de camp et le Jardin d'Hiver, ouvrant sur le parc, le Salon Murat doit bien sûr son nom au maréchal, beau-frère de Napoléon Ier, qui vécut à l'Élysée de 1805 à 1808 avec la capricieuse Caroline Bonaparte, son épouse. Murat fit entreprendre à l'Élysée d'importants travaux. Caroline ne pouvant recevoir avec le faste voulu dans des pièces pour elle trop exiguës, Joachim Murat fit réunir salle à manger et chapelle pour créer une salle de bal, laquelle est devenue ce salon, qui porte son nom et célèbre sa gloire par deux peintures, dont l'une représente le passage du Tibre par Murat et ses troupes lors de la campagne d'Italie. Le 10 décembre 1848, le Salon Murat devient bureau de vote ! L'élection présidentielle qui porte au pouvoir Louis Napoléon, futur locataire de l'Élysée, trouve ici un lieu de scrutin pour le quartier Saint-Honoré.

Jusqu'en 1969, le Salon Murat accueille réceptions et réunions. En septembre 1962, de Gaulle y enregistre l'allocution radiotélévisée où il annonce le référendum sur l'élection du Président au suffrage universel. En janvier 1963, le Général et le chancelier Adenauer y signent le traité de l'Élysée, acte fondateur de la réconciliation franco-allemande. Mais c'est à partir de la présidence de Georges Pompidou que cette pièce impériale connaît son grand destin républicain. C'est ici qu'aura lieu désormais le Conseil des ministres chaque mercredi à 10 heures, et ce jusqu'au printemps 2014, date à laquelle le Président réunit le plus souvent son gouvernement resserré dans le Salon des Ambassadeurs, plus petit, moins solennel.

Autour de la longue table dressée pour l'occasion prennent place selon la hiérarchie tous les membres du gouvernement, le président de la République et le Premier ministre se faisant face, au centre, le Président ayant toujours le parc sur sa gauche. Entre eux, au milieu de la table, la fameuse pendule à double face (voir : *Conseil des ministres*). De Pompidou à Hollande, avec six présidents en exercice, on imagine combien cette pièce a pu connaître de moments forts et parfois exceptionnels. Deux exemples : le dernier conseil de Georges Pompidou, le 24 mars 1974, où Jacques Chirac, alors ministre, a du mal à retenir ses larmes devant le Président épuisé par la maladie qui allait l'emporter une semaine plus tard. Ou le dernier de François Mitterrand le 6 mai 1995, avec cette phrase finale adressée au Premier ministre Édouard Balladur : « Vous avez l'avenir devant vous, pas moi. » Dans cette pièce aussi, que de propos solennels, tendus ou mesurés, de minutes dramatiques ou légères, de silences écrasants, de fous rires contenus et de rancœurs recuites, d'heures trop longues et de vanités inutiles ! Tous ceux qui ont participé à un Conseil des ministres sont unanimes à dénoncer les deux défauts du Salon Murat. Il y fait chaud en été et froid en hiver, et l'acoustique y est tellement mauvaise qu'il vaut mieux avoir l'ouïe fine et la voix claire. Avec François Hollande, le salon n'accueille depuis le printemps 2014 les Conseils des ministres qu'en disposition plénière, c'est-à-dire en présence des ministres délégués et des secrétaires d'État.

Le Salon Murat comporte peu de mobilier. On y trouve une magnifique console au décor de porcelaine de Sèvres et des bibliothèques basses abritant quelques belles reliures. Parmi elles, les œuvres complètes de Corneille et les *Mémoires* du cardinal de Retz. Deux auteurs appréciés du général de Gaulle et de François Mitterrand.

Musique

On a toujours fait de la musique à l'Élysée. Depuis le comte d'Évreux, la Pompadour et Beaujon. Bathilde d'Orléans elle-même pince la harpe et fait sonner le clavecin dans le salon de musique du premier étage. En 1798, alors que la maison a été transformée en lieu de divertissement, un chef d'orchestre du nom de Martini fait régulièrement entendre une de ses anciennes compositions, qui deviendra un succès planétaire, *Plaisir d'amour*. En 1820, Jacques-Fromental Halévy se rend au Palais au lendemain de l'assassinat du duc de Berry. La duchesse lui demande une œuvre pour accompagner les obsèques de son mari. Halévy compose un bouleversant *De Profundis*. Trente-deux ans plus tard, Louis Napoléon Bonaparte invite le célèbre auteur de valses Olivier Métra à diriger l'orchestre le temps de quelques bals, en particulier celui au cours duquel l'Empereur présente sa future épouse, Eugénie de Montijo. En 1854, un jeune pianiste lui aussi compositeur de valses fait ses débuts à l'Élysée : Émile Waldteufel. Sous la présidence d'Émile Loubet, Camille Saint-Saëns se met souvent au piano. Comme ce jour où le roi et la reine d'Italie viennent à l'Élysée. Le roi continue de bavarder pendant que Saint-Saëns joue, et le Président n'ose pas intervenir... Saint-Saëns se venge en plaquant plusieurs accords tous plus faux les uns que les autres. Au milieu des années 1950, dans le Salon des Portraits résonne le violon du président Coty, qui jouait en amateur éclairé. Quant à Valéry Giscard d'Estaing, pianiste pas du tout malhabile, on l'entend plaquer quelques accords le matin dans les appartements privés, avant qu'il rejoigne son bureau. En revanche, il abandonne l'accordéon aussitôt installé au Palais.

La musique, « cette sublime entremetteuse », disait de Gaulle, est surtout, au Palais, l'affaire de la garde républicaine, dans des formations qui varient suivant les circonstances et les oreilles auxquelles elle est destinée. La fanfare de la cavalerie, voire la musique de la garde rendent les honneurs lors des visites officielles. Sous les dorures de la Salle des Fêtes, les musiciens de l'orchestre de chambre jouent pendant les dîners d'État. Que jouent-ils ? Mozart et encore Mozart, soupirent les habitués, mais aussi Haendel et Vivaldi, et bien sûr des compositeurs français. Le programme prévoit aussi des œuvres originaires du pays de l'hôte d'honneur. Le président russe Medvedev entend ainsi des œuvres de son compatriote Tchaïkovsky en mai 2008. On ne se limite pas pour autant au classique. Adaptés pour l'orchestre à cordes, des thèmes de Gainsbourg, des ballades d'Henri Salvador, des musiques de films signées Francis Lai, Vladimir Cosma, Henry Mancini ou Charlie Chaplin sont également interprétés. La reine d'Angleterre a droit à la version instrumentale de *Yellow Submarine* des Beatles, le 6 juin 2014, et, en décembre, le roi et la reine de Suède apprécient d'entendre *Dancing Queen*, un tube du groupe Abba. On chante aussi ! En 2015,

Luz Casal interprète *Piensa en mi* pour les souverains espagnols ; Amadou et Mariam chantent pour le président du Mali ; et en 2016, devant le président cubain Raúl Castro, Nathalie Cardone entonne naturellement *Commandante Che Guevara*. La formation musicale peut s'agrandir jusqu'à atteindre l'effectif d'un orchestre de trente à quarante exécutants. Les musiciens s'installent alors à l'extérieur, sur les pelouses du parc, ou dans le Salon Napoléon III. Le programme peut être adapté à la circonstance et conçu en forme d'hommage. Ainsi, les musiciens jouent-ils Gershwin et Barber lors de la visite de Kennedy en 1961. En 1964, en l'honneur du prince Sihanouk, la garde, tous cuivres dehors, fait entendre des hymnes napoléoniens aussi toniques que *Réveil au bivouac* et *La Marche des Bonnets à poils*. Le jour de son investiture, Nicolas Sarkozy décida aussi du programme, en faisant jouer un extrait de la suite *Iberia* du compositeur espagnol Isaac Albéniz, arrière-grand-père de Cécilia, l'épouse du nouveau président. Le 14 mai 2017, jour de son investiture, Emmanuel Macron choisit une œuvre de Saint-Saëns, *Lauriers*, dédiée en 1919 au président Poincaré. Des compositeurs et interprètes ont aussi fréquenté le Palais. En 1922, le président Alexandre Millerand reçoit Gabriel Fauré ; Pierre Boulez fait partie du cercle amical de Georges Pompidou ; Marcel Landowski compte parmi les proches de Jacques Chirac, lequel a également accueilli à plusieurs reprises son ami violoncelliste et chef d'orchestre Mstislav Rostropovitch, ainsi que le violoniste Yehudi Menuhin.

2017. Quelques mois après son installation, Emmanuel Macron décide d'organiser régulièrement des « jeudis de l'Élysée » dans la Salle des Fêtes.

Des rendez-vous musicaux auxquels sont invités, outre le personnel de la présidence, des pupilles de la nation et des élèves de ZEP notamment. Ainsi, en octobre, le violoniste Renaud Capuçon interprète du Mozart avec l'orchestre de la garde républicaine. C'est le grand retour de la musique classique au Palais.

Mythes et légendes

Il y a toujours, au Palais, quelques histoires, anecdotes, et légendes tenaces. Elles circulent, traversent les années et les mandats. Elles s'oublient, puis réapparaissent d'un coup, plus solides que jamais. Vraies ou fausses, elles font aussi partie de l'histoire de l'Élysée.

La plus étonnante, c'est « Giscard et le camion du laitier ». Au début de son mandat, VGE aurait heurté au petit matin, seul au volant de la voiture d'un ami (la rumeur désignant Roger Vadim), le camion d'un laitier. Un incident sans conséquence corporelle, un simple petit accrochage. Quelques personnalités « bien informées » racontent que le président de la République a pris le risque de rouler dans Paris, sans escorte ni la moindre sécurité. L'anecdote circule sous le manteau pendant des mois. Elle fait la joie des dîners parisiens. Sans que personne ne sache si l'incident est réel ou inventé de toutes pièces. Informé de ces rumeurs, le Président fait démentir en privé, et en *off*. Peine perdue. L'histoire, près de quarante ans plus tard, court toujours. Dans *VGE, une vie*, Georges Valance écrit que Giscard aurait affirmé à ses proches qu'il ne s'agissait pas d'un camion de laitier, mais d'un incident « à l'heure du laitier ». D'autres révélations ont laissé entendre depuis que le Président était ce matin-là non pas seul dans la voiture, mais en galante compagnie.

La plus comique, c'est l'histoire dite « des vacances de l'aide de camp du Général ». Selon les habitués de l'Élysée dans les années 1960, elle est absolument authentique. Un vendredi de juillet, le colonel de Bonneval, l'un des aides de camp de De Gaulle, demande à prendre quelques jours de congé pour emmener sa famille sur son lieu de vacances. Avec un argument solide : il y a des mois qu'il n'a pu quitter Paris. De Gaulle, qui déteste les vacances, les siennes comme celles des autres, accepte, mais avec réticence. Bonneval prend la route. Il est vite rattrapé par les motards de la police. « Mon colonel, le président de la République vous demande de toute urgence. » Demi-tour, arrivée à vive allure au Palais qu'il a quitté quelques heures plus tôt. L'huissier introduit l'aide de camp essoufflé dans le Salon Doré. Le Général l'observe, et lui lance, goguenard : « Alors, Bonneval, ces vacances ? »... Aujourd'hui encore, l'anecdote est utilisée à la présidence pour rappeler à certains conseillers en mal de repos que leur présence est indispensable à tout moment. Dans les premières années du mandat de Nicolas Sarkozy, Claude Guéant aimait raconter cette anecdote. Parfois avec humour, souvent le plus sérieusement du monde...

La plus universelle sans doute, c'est l'histoire des trois enveloppes. Fréquemment racontée par un ancien président, qui affirmait la tenir d'un grand chef d'État occidental. Le décor, c'est le bureau présidentiel pendant la passation de pouvoirs. En partant, le président sortant glisse à son successeur, mi-amusé mi-sérieux, qu'il lui laisse trois enveloppes marquées « confidentiel » dans l'un des tiroirs du bureau. Il lui recommande de les ouvrir à chacune des trois premières crises graves qu'il devra affronter. Un an après, la première crise survient. Le Président ouvre la première enveloppe, où est écrit : « Dites que c'est la faute de votre prédécesseur. » Quelques mois plus tard, un gros conflit social impose un changement de gouvernement. Deuxième enveloppe. « Expliquez que tout vient de la situation internationale. » Puis vient la troisième crise, la plus grave. Le Président ouvre la troisième et dernière enveloppe, et lit : « Préparez trois enveloppes... »

Naissance

Elle s'appelle Giulia. Née le 19 octobre 2011 à Paris, elle est la fille de Carla et de Nicolas. Une naissance très médiatisée, même si, du côté du Palais, on souhaite officiellement la discrétion et le respect de la vie privée. Un événement inédit aussi. C'est la première fois en France qu'un président de la République a un enfant pendant l'exercice de son mandat. On avait connu pareille situation pour deux chefs de gouvernement : la naissance d'Isabelle, fille de Félix Gaillard, président du Conseil sous la IVe République, en janvier 1958, et celle de Clara Juppé, la fille de l'ancien Premier ministre, en octobre 1995. À l'étranger, deux exemples identiques, en Grande-Bretagne : les naissances de Leo, fils de Cherie et Tony Blair, en 2000, et de Florence, fille de Samantha et David Cameron, en 2010.

Carla, Nicolas et Giulia, c'est l'exemple de la famille recomposée. À près de cinquante-sept ans, le Président a son quatrième enfant avec sa troisième femme. Pierre et Jean sont les fils de Marie-Dominique Culioli. Louis est celui de Cécilia. Aurélien est le fils de Carla Bruni et Raphaël Enthoven. Cinq enfants à eux deux. Vingt-six années d'écart entre le plus âgé, Pierre, et la plus jeune, Giulia.

Le 19 octobre 2011 à 19 h 30, c'est l'effervescence devant la clinique de la Muette. Une nuée de photographes, des chaînes d'information en direct, des radios sur le pied de guerre, une police omniprésente. Giulia naît en pleine crise financière. Son père vient à plusieurs reprises, entre une série de réunions urgentes et un aller-retour en Allemagne. Avant la naissance, Carla explique de nombreuses fois, à la radio ou à la télévision... qu'elle ne dira rien. Les parents ont une manière très médiatique de ne pas montrer leur fille. Une photo, inévitable, à la sortie de la clinique. Une autre, beaucoup moins spontanée, le 1er novembre, à l'occasion d'une promenade à trois dans le parc du pavillon de La Lanterne. Une communication subliminale à moins de six mois de l'élection présidentielle de 2012.

Napoléon Ier

Napoléon avait repéré l'Élysée bien avant que de l'habiter. Dès 1804, année où il devient empereur, après avoir fait fusiller le duc d'Enghien, fils de la duchesse de Bourbon Bathilde d'Orléans, propriétaire de l'Élysée de 1787 à 1797. En octobre de cette même année 1804, le maréchal Joachim Murat, beau-frère de Napoléon, se porte acquéreur du Palais, où il résidera avec son épouse Caroline. L'Empereur, qui a encouragé sa sœur et son beau-frère à s'installer dans cet hôtel, lequel respire, trop encore à son goût, l'air des Bourbons, exige que l'Élysée devienne un lieu du faste impérial. Il aimerait tant dire « royal »... La pompe napoléonienne essaie d'imiter l'éclat de la royauté. L'Empereur lui-même honore de sa présence certaines fêtes. Sa manière toute militaire d'ouvrir le bal impressionne l'assistance. Il s'avance au milieu des danseurs, et du haut de son mètre soixante-huit lance l'ordre de s'amuser ! En 1807, c'est encore l'Élysée qui est choisi par l'Empereur – qui n'aime pas les Tuileries, c'est maintenant évident – pour célébrer par une fête somptueuse le deuxième mariage de son frère Jérôme. Le célèbre cuisinier Antonin Carême prépare le souper le plus fin et le plus long (plus de vingt plats principaux !).

À l'été 1808, Napoléon offre à son horripilante sœur ce qu'elle lui réclame depuis maintenant trois ans. Murat est fait roi de Naples, Caroline va enfin porter une couronne, et son Empereur de frère pouvoir occuper l'Élysée... sans avoir à l'acheter. Un contrat établi en juillet indique que les Murat abandonnent tous leurs biens en France... à l'État. Joséphine, épouse – pour quelque temps encore – de Napoléon, et sa fille Hortense sont les premières à emménager. L'Empereur n'y prend ses quartiers qu'en février 1809. Le Palais devient alors l'Élysée-Napoléon. Des travaux d'aménagement et d'embellissement sont entrepris. L'actuel Salon des Portraits devient le cabinet de travail, et le Salon Cléopâtre est transformé en salle de toilette où

Napoléon prend de longs bains très chauds, se frictionnant le corps avec des eaux de Cologne dont il demande que les senteurs lui rappellent sa Corse natale. Le 16 décembre 1809, l'Empereur divorce de Joséphine de Beauharnais. Joséphine se retrouve à Malmaison, tente un retour au Palais deux mois plus tard, en repart définitivement au mois de mars 1810. Napoléon, lui, est toujours enchanté de son Élysée, qu'il appelle sa « maison de santé ». Il se prépare à épouser Marie-Louise d'Autriche tout en fréquentant Marie Walewska, vingt-quatre ans, qui lui donne un fils au mois de mai, quelques mois avant que Marie-Louise en fasse autant. Napoléon inaugure là les existences à plusieurs faces. L'Élysée en connaîtra d'autres (voir : *Double vie*).

La naissance du roi de Rome, fils de l'Empereur et de Marie-Louise, incite Napoléon à engager d'autres travaux au Palais. Tout est pensé pour le confort et la sécurité de l'enfant, installé au deuxième étage avec sa gouvernante. Napoléon, lui, part en guerre. C'est la campagne de Russie. De retour à Paris en 1813, l'Empereur n'est plus cet ogre qui a fait trembler le monde. L'île d'Elbe est visible de l'Élysée.

En 1814, les vainqueurs de Napoléon trouvent le Palais à leur goût. Pendant que l'ex-Empereur est en exil, le tsar Alexandre Ier s'installe à l'Élysée. Il y donne quelques réceptions du meilleur ton, et Paris, toujours à la recherche d'une mode, trouve du dernier chic de fréquenter ces grands cosaques, fussent-ils des occupants. Le tsar reçoit à l'Élysée la visite de Chateaubriand, qui lui parle du trône de France et des Bourbons. Voilà qui tombe bien : Louis XVIII est enfin aux Tuileries, où les bonapartistes d'hier quémandent les faveurs du nouveau pouvoir. La roue tourne. Dans les deux sens, ce qu'on oublie toujours. La preuve : Napoléon a quitté l'île d'Elbe et le revoici à Paris. C'est Louis XVIII qui s'enfuit. Joseph Bonaparte, frère aîné de Napoléon, a profité de ce nouveau changement pour s'établir à l'Élysée, dont l'Empereur lui demande de déguerpir promptement afin de s'y réinstaller lui-même. Marie-Louise et le petit roi de Rome sont à Vienne, et le Palais est triste. Le 31 mai 1815, Napoléon quitte l'Élysée pour aller livrer bataille à Waterloo. Le 21 juin, trois jours après la terrible défaite, il est de retour. Avant même que commence le défilé des renégats venus lui demander de se démettre, il sait son départ inéluctable. Marie Walewska vient à Paris avec Alexandre, le fils qu'elle a eu de Napoléon. Dernière promenade dans les jardins, seul endroit de l'Élysée que l'Empereur n'aime guère. C'est à son frère Joseph, dans le Salon d'Argent, qu'il dicte l'acte d'abdication : « Je m'offre en sacrifice à la haine des ennemis de la France. Puissent-ils être sincères dans leurs déclarations et n'en avoir jamais voulu qu'à ma personne. Unissez-vous tous pour le salut public et pour rester une nation indépendante. Je proclame mon fils, sous le nom de Napoléon II, empereur des Français. » Joseph Bonaparte dépose le vélin sur la table de marbre. Napoléon signe. Le lendemain, alors que la rue du Faubourg-Saint-Honoré est envahie par des partisans qui crient « Vive l'Empereur ! », Napoléon sort par le jardin et rejoint la berline du général Bertrand. Il quitte l'Élysée à jamais.

L'histoire se répète. Le tsar réemménage à l'Élysée dix jours plus tard. Les nations victorieuses (Russie, Prusse, Autriche, Angleterre) retrouvent la capitale avec plaisir. Trois mois de séjour, et le Russe cède la place à l'Anglais. Le duc de Wellington, vainqueur de Napoléon à Waterloo, s'installe pour quelques semaines au Palais.

Napoléon III (Salon)

Il se situe juste à côté du Salon Murat, où se tient chaque mercredi le Conseil des ministres. Il est à l'image du Palais, mi-impérial mi-républicain. Napoléon III en a commandé en 1860 la construction et la décoration, fastueuse. Mais c'est Mac-Mahon qui l'inaugure, en 1873. Ce grand salon donnait alors directement sur le parc. Aujourd'hui, il est en réalité une sorte d'antichambre, avant le Jardin d'Hiver et la Salle des Fêtes.

Les présidents de la Ve République l'utilisent surtout pour des réceptions, et parfois pour quelques réunions internationales suivies de points de presse. Napoléon III l'avait imaginé comme une prestigieuse salle à manger. Le salon est devenu, au fil des ans, une pièce un peu hybride, souvent un simple point de passage, parfois même un garde-meuble. C'est dans cette pièce, sous le double regard de l'aigle impériale et de la République, que sont réceptionnés les plats montés des cuisines.

Mais depuis quelques années, et notamment sous François Hollande, ce salon est très souvent utilisé pour des allocutions solennelles. Un décor est prêt à être utilisé à tout moment, avec le pupitre, le fond et l'éclairage nécessaire. C'est là que François Hollande est intervenu pendant les dramatiques journées de janvier 2015. C'est là aussi qu'il a prononcé son allocution, la nuit du 13 au

14 novembre de la même année. Des interventions graves dans ce salon qui est devenu, au fil des ans, un véritable studio de télévision.

Otages

15 mai 2012. Dans le Salon Doré, au premier étage, au centre du Palais, là où l'histoire politique a connu des moments essentiels, Nicolas Sarkozy et François Hollande sont face à face (voir : *Passation de pouvoirs*). Parmi les sujets évoqués figure la situation des otages français au Niger. Ils ont été enlevés par AQMI, Al-Qaïda au Maghreb islamique, en septembre 2010. Le président battu informe son successeur des efforts entrepris pour les libérer. Après trois années de négociations tous azimuts, ils retrouveront la liberté fin octobre 2013. François Hollande, qui s'est beaucoup engagé dans toutes les discussions, officielles et officieuses, ira, comme le veut l'usage, les accueillir à leur arrivée. En réalité, plusieurs présidents de la Cinquième ont dû affronter des prises d'otages de ressortissants français. Des dossiers difficiles, compte tenu de l'inquiétude légitime des familles et des proches. Il y a dans ces affaires une dimension humaine, un caractère politique et un contexte particulier en raison de la mobilisation de l'opinion publique et de l'évidente émotion qui ne cesse, au fil du temps, de s'amplifier. Dramatique pour les otages bien sûr, et pour leurs familles. Et très délicat pour les présidents qui doivent à la fois, depuis l'Élysée, gérer les négociations, installer des cellules de crise, rechercher des soutiens

diplomatiques sur place, trouver parfois, malgré de vertueux démentis, des moyens financiers exigés par les terroristes, informer les familles et communiquer en direction de l'opinion publique. À les entendre, la gestion de ces prises d'otages fait partie des sujets les plus difficiles à affronter.

Avril 1974. Georges Pompidou est mort au début du mois. Alain Poher, le président du Sénat, fait l'intérim au Palais. La campagne présidentielle a commencé. C'est à ce moment qu'une ethnologue française, Françoise Claustre, est enlevée au Tchad. Aussitôt élu, Giscard doit faire face à cette première prise d'otage. Il faudra trente-trois longs mois pour que la Française soit libérée. Trente-trois mois de tractations, de rebondissements publics et confidentiels, de médiations diplomatiques. L'affaire suscite une grande émotion. Au Palais, plusieurs conseillers la suivent en permanence. Valéry Giscard d'Estaing est informé de chaque élément nouveau. De la même manière, dans les principales prises d'otages qui suivront, les chefs d'État en exercice seront en première ligne.

Mars 1986 : des journalistes, appartenant notamment à la rédaction d'Antenne 2, sont enlevés au Liban. Ils seront libérés, en pleine cohabitation Mitterrand-Chirac, entre juin 1986 et novembre 1987. Les négociations sont menées en parallèle par l'Élysée et Matignon. De la même manière, en 1988, d'autres otages du Liban, enlevés en 1985, feront l'objet, en pleine campagne présidentielle, d'une gestion coordonnée entre François Mitterrand à l'Élysée et Jacques Chirac, Premier ministre de cohabitation et candidat. Leur libération interviendra entre les deux tours de l'élection, à un moment ultra-sensible, lorsque tout événement devient un enjeu, lorsque toutes les récupérations politiques sont possibles. Jacques Chirac, accompagné de son ministre de l'Intérieur, Charles Pasqua, ira accueillir personnellement les otages à leur arrivée à Villacoublay le 4 mai, entre les deux tours de l'élection. Le résultat final n'en sera pas affecté. Mitterrand est réélu.

Août 2004. Jacques Chirac est à l'Élysée depuis plus de neuf ans. Deux journalistes, Christian Chesnot et Georges Malbrunot, sont enlevés en Irak. Là encore, le Président, épaulé par Raffarin à Matignon, est en première ligne. Après d'intenses négociations, la libération interviendra quatre mois plus tard, quelques jours avant Noël. En janvier 2005, Florence Aubenas est à son tour enlevée. L'émotion est nationale, la mobilisation générale. Elle sera libérée cinq mois après. 29 décembre 2009 : Nicolas Sarkozy est aux commandes lorsque deux journalistes de France Télévisions, Hervé Ghesquière et Stéphane Taponier, sont enlevés près de Kaboul, en Afghanistan. Comme il le fait pour la plupart des dossiers, le Président gère l'affaire en direct, avec Claude Guéant, son secrétaire général, le Quai d'Orsay et l'état-major militaire en support. Dix-huit mois très difficiles, cinq cent quarante-sept jours très exactement, pour les otages bien sûr, pour les familles aussi. Certes, les médias ne cessent de soutenir la mobilisation de l'opinion. Mais la gestion par l'Élysée surprend. Le coût des recherches par l'armée est rendu public, ce qui est pour le moins inédit. Et le 22 janvier 2010, recevant les familles au Palais, Sarkozy, « agressif[1] », pointe,

1. Hervé Ghesquière, *547 jours*, Albin Michel, 2012.

devant les familles, « cinq manquements à la sécurité[1] ». Du jamais-vu. « Tout le monde est intimidé, mal à l'aise et un peu abasourdi par l'accueil glacial... Aucun chef d'État en France ne s'est jamais comporté de cette manière devant des familles d'otages[2] », écrira Hervé Ghesquière.

Quant à François Hollande, il devra notamment faire face à une prise d'otages très médiatisée, de juin 2013 à avril 2014. Quatre journalistes sont enlevés en Syrie : Didier François, que le Président connaît personnellement, Édouard Élias, Nicolas Hénin et Pierre Torres. Le Président s'implique personnellement. Il réunit régulièrement les ministres concernés. Il reçoit les familles. Il négocie. Il fait bouger quelques lignes diplomatiques. Pendant ces dix mois, l'Élysée est réellement à la manœuvre, en direct. L'issue est heureuse. Un vrai soulagement. Mais désormais, à l'heure du terrorisme multiforme et mondialisé, les prises d'otages sont, pour l'hôte du Palais, un risque permanent.

Passation de pouvoirs

Ce sont sans doute les moments les plus mystérieux de l'histoire du Palais. Giscard-Mitterrand. Mitterrand-Chirac. Chirac-Sarkozy. Sarkozy-Hollande. Hollande-Macron. De toutes les passations de pouvoirs que le Palais a connues, ce sont aussi les plus étonnantes, les plus curieuses, les plus inattendues, dans leur déroule-

1. *Ibid.*
2. *Ibid.*

ment comme dans le récit, souvent divergent, que les intéressés en ont fait. Par écrit ou en privé. Jusqu'à la Vᵉ République, il s'agit d'un exercice purement protocolaire, sans grand éclat. Une simple poignée de main le plus souvent. Même si, en recevant René Coty, le 16 janvier 1954, Vincent Auriol organise une cérémonie plus solennelle. Le climat est bien différent le 8 janvier 1959, lorsque Coty accueille de Gaulle sur le perron de l'Élysée avant de l'accompagner dans la Salle des Fêtes. Mais il n'y a pas réellement de passation de pouvoirs.

1959-1981. Il faut attendre vingt-deux ans pour que cette expression revête une signification politique réelle. De Gaulle démissionne. Pompidou disparaît. Chaque fois, le successeur est reçu par Alain Poher (voir : *Intérim*). C'est le 21 mai 1981, onze jours après la victoire de François Mitterrand, et la première alternance de la Vᵉ République, que cette manifestation protocolaire devient un véritable événement politique, quasi historique. Le récit de l'entretien, d'environ cinquante minutes, entre Valéry Giscard d'Estaing et Mitterrand varie d'une version à l'autre. Dans *Le Pouvoir et la Vie*, Giscard cite trois sujets, confidentiels, évoqués avec un Mitterrand qui « ne semble pas intéressé ». Trois secrets, écrits sur un papier plié en deux que Giscard sort de sa poche. Ils portent sur la coopération nucléaire avec les États-Unis, un projet d'opération militaire initié par l'Égyptien Sadate, et soutenu par les États-Unis, pour renverser le Libyen Kadhafi, et l'avis du Conseil supérieur de la magistrature sur le recours en grâce d'un condamné à mort, Philippe Maurice (voir : *Grâce [présidentielle]*). D'après Giscard, le nouveau président tient aussi à lui parler de la réforme de la loi électorale, et des avantages de la proportionnelle. Dans *La Décennie Mitterrand*, Pierre Favier et Michel Martin-Roland évoquent d'autres thèmes de discussion : le choix du successeur du dirigeant soviétique Brejnev, Constantin Tchernenko, et l'existence d'un nouveau procédé d'exploration pétrolière, les fameux avions renifleurs. Là où Giscard parle de « quelques propos aimables et insignifiants », Mitterrand se souvient, lui, d'une conversation « urbaine » avec un homme « digne », un peu « lassé ». Et révèle aux deux journalistes cet échange. VGE : « On est un peu prisonnier ici, vous verrez. » Mitterrand : « C'est très dangereux de se représenter au terme d'un septennat. Personne ne pouvait m'empêcher d'être élu. Si vous ne vous étiez pas représenté, vous me succéderiez dans sept ans. » « Je ne sais pas ce qu'il vivait en réalité », dira Giscard de l'attitude de Mitterrand trente-cinq ans après[1]. Curieux tête-à-tête. Des non-dits, des arrière-pensées et, en même temps, une sorte de complicité. Transmission du code nucléaire. Évocation de quelques noms, des conseillers que Giscard recommande à Mitterrand. L'entretien se termine. Un peu plus long que prévu. Un moment intense, comme le Palais en a peu connu. En parallèle, le dernier secrétaire général de VGE, Jacques Wahl, s'entretient avec son successeur, Pierre Bérégovoy. « Je lui ai fait un état des lieux des fonds secrets de l'Élysée : les 7/12e de ces fonds ont été transmis... ce dont je m'enorgueillis », racontera Jacques Wahl[2] [*NdA* : ces 7/12e correspondaient aux sept derniers

1. *Giscard, de vous à moi. Les confidences d'un Président*, France 3, 2016.

2. Renaud Revel, *Les Cardinaux de la République*, *op. cit.*

mois de 1981, de mai à décembre]. L'ambiance est républicaine.

Quatorze années plus tard, le climat est tout à fait différent. Cordial, presque chaleureux. Cette fois, les témoignages concordent. Aux deux mêmes journalistes, pour *La Décennie Mitterrand*, le sortant explique que Chirac était « resplendissant de bonheur... prêt à tout pour lui faciliter la vie ». De son côté, le nouveau président parle d'une conversation « très agréable ». Et, dans ses *Mémoires*, Chirac évoque le « testament » de Mitterrand, la « liste des protégés qu'il souhaite voir reclasser ». Il lui promet d'aider financièrement l'Institut qui porte son nom. Mitterrand lui demande de prendre soin des petits canards colverts qu'il a fait introduire dans le parc, et surtout de leur prochaine couvée. Et quelques minutes plus tard, lorsque Jacques Chirac le raccompagne au pied du perron, Mitterrand lui reparle de ses colverts. « Surtout, ne les oubliez pas », répète-t-il avant de quitter définitivement l'Élysée.

Il n'y a jamais de témoin lors de la passation de pouvoirs. Mais les présidents ne se privent pas de tout raconter, ou presque, à leurs proches. Après la cérémonie du 16 mai 2007, certains détails de l'entretien Chirac-Sarkozy sont très vite rapportés, et répétés. Au-delà du rituel désormais traditionnel, la transmission du code nucléaire et la liste des conseillers à aider, un souvenir est assez longuement évoqué entre les deux hommes. Celui du 14 juin 1975. À cette époque, Chirac est Premier ministre de Giscard ; Sarkozy, âgé d'un peu plus de vingt ans, étudiant à Nanterre. Les assises du RPR sont organisées à Nice. Jeune militant, déjà ambitieux et turbulent, Sarkozy a le droit de parler à la tribune. Trois minutes de discours, pas plus. Il parlera près d'un quart d'heure. Et impressionnera Chirac. Trente-deux années plus tard, ils se retrouvent dans le bureau du général de Gaulle pour cette passation de pouvoirs. « Qui aurait dit que ce jour-là, il y avait deux présidents à la même tribune ? » glisse Nicolas Sarkozy. À leurs proches, ils parlent tous les deux d'émotion, de franchise, mais aussi d'une tension palpable. Même sentiment quand le nouveau accompagne l'ancien jusqu'à sa voiture.

Applaudissements nourris. Vive émotion chez Claude Chirac, les larmes aux yeux, discrètement placée au deuxième rang, au milieu du personnel de l'Élysée. Plusieurs poignées de main pour les images et les photos. Passage obligé pour deux hommes qui, depuis le soutien de Sarkozy à Balladur, fin 1994, ne cessent de batailler. Dans ses *Mémoires*, Jacques Chirac critique durement son successeur. En privé, il est plus sévère encore. Mais la tradition républicaine demeure. Cette passation de pouvoirs est sans doute la plus hypocrite que le Palais ait connue.

Le 15 mai 2012, celle qui réunit Nicolas Sarkozy et François Hollande est, selon les rares personnes mises dans la confidence, plutôt rude. Le tête-à-tête dure trente-cinq minutes. Plus tard, on en saura davantage. On apprendra qu'ils ont parlé du rôle des médias, que le président sortant critique vertement, de la situation internationale bien sûr, et des otages français alors prisonniers à Arlit, au Niger. « La passation de pouvoirs, contrairement à tout ce qui s'est écrit, s'est bien passée. La discussion était apaisée et responsable. Ce n'était pas froid », confiera pourtant François Hollande[1].

1. *Journal du dimanche*, 15 décembre 2013.

« On s'est tutoyé d'emblée. Il a beaucoup parlé. Beaucoup parlé de lui, surtout, comme il le fait d'habitude. Il m'a dit à quel point cela avait été dur pour lui, à quel point cela lui avait coûté cher. Les rumeurs, les contrevérités sur Internet, les mensonges. Dur pour Carla aussi. Il semblait réellement affecté », dira-t-il encore[1]. Ce jour-là, l'affrontement brutal de la campagne est encore présent. Comme le veut la tradition, le président sortant évoque par ailleurs la situation de quelques collaborateurs, dont son secrétaire général, Xavier Musca. Contrairement au souhait de Sarkozy, ce dernier ne sera pas nommé à la tête de la Caisse des dépôts et consignations mais au Crédit Agricole. Au même moment, Carla Bruni et Valérie Trierweiler se rencontrent. L'occasion de quelques confidences. L'ancienne Première dame dit à la compagne de Hollande « avoir mal vécu la médiatisation à outrance et les médisances ». « J'ai peur que, sans la politique, mon mari perde le sens de sa vie », ajoute-t-elle[2]. À l'issue de ce double tête-à-tête, Carla et Nicolas quittent le Palais. Sur le perron, la poignée de main présidentielle est froide, rapide, presque furtive. François Hollande ne s'attarde pas. « Je ne voulais pas d'effusions particulières », dira-t-il[3]. Il ne raccompagne pas son prédécesseur à sa voiture, ce que Sarkozy lui reprochera publiquement, et avec virulence. Sait-il, devine-t-il déjà, à ce moment précis, que son prédécesseur et lui se retrouveront sur le ring politique, jusqu'à

---

1. Nathalie Schuck et Frédéric Gerschel, *« Ça reste entre nous, hein ? »*, Flammarion, 2014.

2. Valérie Trierweiler, *Merci pour ce moment*, Les Arènes, 2014.

3. Gérard Davet et Fabrice Lhomme, *« Un président ne devrait pas dire ça... »*, *op. cit.*

leur élimination commune, à quelques jours de distance, au début de l'hiver 2016 ?

Soixante-sept longues minutes. C'est la durée de l'entretien entre Hollande et Macron le dimanche 14 mai en fin de matinée. Un record. Et un tête-à-tête étonnant entre deux hommes qui se connaissent bien, ont longtemps travaillé ensemble et se sont vraiment appréciés. Le président sortant transmet à son ancien secrétaire général adjoint et ministre les dossiers sensibles en matière de terrorisme et de politique étrangère. Il lui donne quelques conseils. Ils reparlent du passé immédiat, du renoncement de Hollande et de la campagne électorale. Et ils évoquent, mi-amusés mi-consternés, le face-à-face télévisé du 3 mai, d'accord pour s'étonner encore, dix jours après, de la contre-performance de Marine Le Pen. Emmanuel Macron raccompagne son prédécesseur. Ils promettent de se revoir vite, ce qui sera le cas dès le mois de juillet à l'occasion de deux grandes manifestations, l'hommage national à Simone Veil et la commémoration de l'attentat de Nice. Un peu plus tard, l'ancienne complicité des années élyséennes 2012-2014 se transformera en agacement réciproque lorsque Hollande, mécontent de la polémique sur le bilan budgétaire de son quinquennat, sortira du bois et lancera un avertissement à Macron à propos de la loi Travail. Dès le lendemain, Macron lui répondra. Le climat amical de la passation de pouvoirs est déjà loin...

Patrimoine (Journées du)

1984. Trois ans après son arrivée à l'Élysée, François Mitterrand crée les premières Journées du patrimoine. Sur une idée de Jack Lang. Succès quasi immédiat. L'Élysée fait évidemment partie des sites les plus visités. Une foule de plus en plus impressionnante qui, chaque année, attend des heures entières avant de pénétrer dans le Palais. En 2011, le spectacle est étonnant. Une longue file, qui se forme devant les studios de Michel Drucker, derrière l'Élysée, et longe l'avenue Gabriel avant d'entrer dans le parc par la Grille du Coq. Quinze mille personnes en 2008. Vingt et un mille dix-sept très exactement en 2010. Environ 22 000 les 17 et 18 septembre 2011. Près de huit heures d'attente. Une visite marquée par la découverte des travaux de rénovation terminés fin août. À la mi-septembre 2012, ils sont encore plus de 21 000 à venir au Palais. Baptême du feu pour François et Valérie, qui se mêlent à la foule. Le Président, qui se présente comme un « locataire », fera savoir un peu plus tard que le parc sera désormais ouvert au public le dernier dimanche de chaque mois, à compter du 28 octobre de cette année-là. Une initiative abandonnée après les premiers attentats de 2015.

Au Palais, le déroulement de ces deux journées ne cesse de s'améliorer depuis 1984. Les visiteurs peuvent désormais admirer quasiment toutes les pièces, à l'exception des appartements privés et du PC Jupiter. Sont exposés également les véhicules présidentiels, actuels et anciens, jusqu'à ceux de la IIIe République, la vaisselle, l'argenterie, des photos anciennes des lieux, une sélection des menus officiels. Photos souvenirs. Y compris dans le bureau du Président où, en septembre 2016, les amateurs peuvent voir dans le Salon Doré, derrière un cordon rouge, François Hollande en personne assis derrière son bureau. Une curieuse photo, style musée Grévin, qui sera, on l'imagine, diversement commentée sur les réseaux sociaux. Des visites de l'hôtel de Marigny et du fort de Brégançon sont aussi organisées. Un vrai week-end portes ouvertes. Pour essayer, depuis trente-quatre ans, de rapprocher les Français de leur président. Le 17 septembre 2017, il y a encore foule au Palais. Vingt mille personnes se pressent pour visiter l'Élysée et tenter de croiser le nouveau couple présidentiel. Bain de foule, selfies : Brigitte et Emmanuel Macron accueillent les visiteurs avec le sourire. La tradition élyséenne se perpétue...

Paulin (Pierre)

Ce grand *designer* a fait entrer à l'Élysée le plastique, le polyester, le verre fumé et l'aluminium.

Deux présidents lui ont fait confiance. Georges Pompidou, en 1971, en lui demandant de transformer totalement la décoration d'une partie des appartements privés. Ce sera le désormais célèbre Salon Paulin, ou, en langage élyséen, la salle à manger Paulin, là même où, au siècle précédent, Napoléon III avait installé sa chambre à coucher. Deux tables rondes de douze couverts et une étonnante structure murale, démontable, en font l'un des symboles du mobilier contemporain des années 1970.

Treize ans plus tard, en 1984, François Mitterrand confiera à Paulin la nouvelle décoration de son bureau. Un ensemble moderne, très *design*. Avant l'installation de Jacques Chirac en 1995, il demandera que le bureau du général de Gaulle soit remis en place. Geste apprécié par le nouveau président, qui fera modifier le reste de la décoration pour lui redonner le style Empire traditionnel.

Disparu en juin 2009 à quatre-vingt-un ans, Pierre Paulin, honoré en 2016 par une grande rétrospective au Centre Pompidou, reste dans l'histoire élyséenne comme le premier créateur à avoir réellement transformé le Palais au XXe siècle.

Permanence

Longtemps ils se sont couchés tard. On les appelait les permanenciers. Institués par Valéry Giscard d'Estaing, ils étaient présents la nuit, les fins de semaine, les jours fériés, veillant à ce que « jamais l'État ne s'absente », selon une expression chère à Richelieu. Généralement dévolue à un membre du cabinet du président de la République, la permanence de l'Élysée exigeait de son titulaire une parfaite disponibilité, une bonne dose de vigilance et – plus délicat – un sens de l'appréciation à exercer dans l'instant. On parlerait aujourd'hui de réactivité. Le permanencier devait ainsi se livrer à une opération mentale de classification des événements qui l'amenaient à déranger, selon les cas, le directeur de cabinet, le secrétaire général, voire, si la situation l'exigeait, le président de la République lui-même, ou... personne, s'il estimait que ce qu'il venait d'apprendre ne méritait pas plus de considération.

Dès que débutait la permanence, le permanencier prenait ses quartiers dans l'appartement aménagé à cet usage, trois pièces confortables sans être luxueuses, situé au premier étage du Palais, à l'angle de la rue du Faubourg-Saint-Honoré et de l'avenue de Marigny. À partir de 20 heures, tous les appels téléphoniques venant du standard aboutissaient là. Armé de sa bonne connaissance des affaires de l'État, le permanencier pouvait alors redouter deux choses : l'ennui ou les ennuis. Si son rôle consistait à savoir gérer les seconds, la République, bonne fille comme on sait, procurait quelques avantages pour tromper le premier. Outre l'appréciable confort de l'appartement, le permanencier avait la possibilité d'inviter à sa table famille, amis ou relations. Sous Giscard, le nombre des convives était en principe strictement limité à quatre, et le menu du dîner imposé par le chef des cuisines. C'est sous François Mitterrand que la permanence connut, peut-on dire, ses riches heures...

Michel Charasse, qui fut l'un des principaux conseillers de Mitterrand avant de devenir ministre du Budget, assura de nombreuses permanences où s'illustrèrent son sens de l'État autant que son sens de l'amitié. C'est ainsi qu'un samedi de 1983 il avait convié quelques amis dont Charles Hernu et Henri Emmanuelli. La table était plus que convenable, et les invités faisaient honneur aux flacons. Le maître des lieux, que son rôle obligeait à une totale sobriété, voyait avec angoisse l'heure avancer et les convives s'adonner à une franche bamboche. « J'ai eu toutes les peines du monde à les mettre dehors à minuit et demi », avoue aujourd'hui Michel Charasse. Ce même soir, le président de la République avait prévu de rentrer à l'Élysée au terme d'une soirée qui s'était terminée peu après 23 heures. Et il avait eu l'idée, voyant de la lumière, de monter dire bonsoir... Charasse et ses amis ne durent leur salut qu'à Pierre Tourlier, le chauffeur de François Mitterrand, qui dissuada le Président de cette visite impromptue, au motif qu'il était bien tard...

Quelques mois plus tôt, Michel Charasse avait assuré cette même permanence, et invité, entre autres, l'écrivain Georges Conchon et l'acteur Jean Carmet. Les mêmes causes produisant les mêmes effets, Carmet, en grande forme bachique, s'était précipité sur le téléphone quand la sonnerie avait retenti. « Vous êtes à l'Élysée, oui... C'est Jean Carmet à l'appareil... Qu'est-ce que je peux faire pour vous ? » Tout en imaginant la tête de l'interlocuteur à l'autre bout du fil, Charasse se félicita ce soir-là que cet appel téléphonique fût anodin.

Sous le premier septennat de François Mitterrand, il fut un temps convenu que le ministère de l'Intérieur voisin, où régnait Gaston Defferre, assurerait aussi les permanences de l'Élysée. Le ministre lui-même s'y colla en quelques occasions. On peut aussi penser que ce dispositif avait été imaginé dans le but de ramener le service de permanence du Palais à plus de discrétion après les excès signalés plus haut.

Pourquoi parler au passé des permanences assurées au palais de l'Élysée ? Parce que Nicolas Sarkozy les a supprimées, du moins telles que Giscard les avait conçues. Aujourd'hui, joindre un responsable au Palais est toujours possible... même s'il ne s'y trouve pas. Les moyens de communication ont évolué et les nouvelles technologies sont passées par là. Le Président est alerté en temps réel, où qu'il soit, quoi qu'il arrive, et pas nécessairement par la voie officielle. Par qui, quand et comment Nicolas Sarkozy a-t-il été informé de l'arrestation de Dominique Strauss-Kahn par la police new-yorkaise le 14 mai 2011 ? Ce même soir, alors qu'il assiste, au Stade de France, à la finale de la Coupe de France de football et que chacun le voit consulter fréquemment, l'air préoccupé, son BlackBerry ? Dans la nuit du 14 au 15 ? Ou le 15 mai vers 8 heures, comme l'Élysée l'a laissé entendre, sans vraiment convaincre, dans un premier temps ?

Sous François Hollande, l'appartement de permanence a été définitivement supprimé et les locaux transformés en bureaux. Mais, plus que jamais, l'État reste mobilisé jour et nuit, toute l'année. La plupart des services de l'Élysée assurent une permanence, en premier lieu ceux qui assurent la sécurité. Quant au Président, aujourd'hui comme demain, on sait, où qu'il se trouve, qu'il dispose de plusieurs téléphones mobiles, tout comme les membres du service de sécurité qui l'accompagnent en permanence.

Perron

C'est, évidemment, l'un des lieux emblématiques du Palais, l'un des plus connus des téléspectateurs. Observant un protocole précis selon l'importance du visiteur, le Président accueille et raccompagne les personnalités sur le perron, en posant pour les photographes. C'est là qu'ils se serrent la main ou s'embrassent.

C'est aussi le lieu où le secrétaire général de l'Élysée annonce les changements de Premier ministre et les grands remaniements. Derrière un micro, rituel immuable pour la télévision, jusqu'aux années 2010, avant le déferlement de Twitter, il lit consciencieusement, le plus souvent juste avant les journaux télévisés, la liste des heureux élus, sans oublier le moindre secrétaire d'État.

Ce perron a connu quelques grands moments d'histoire, comme en témoignent ces photos du général de Gaulle avec le chancelier Adenauer au moment de la signature du traité franco-allemand, en janvier 1963. Il a aussi vécu, une fois refermées les portes du Palais, des épisodes franchement comiques. À plusieurs occasions, lors de ses anniversaires, Jacques Chirac inventait ainsi, avec sa famille et ses invités, parmi lesquels Line Renaud, Muriel Robin, Michèle Laroque, Sylvie Joly – une camarade de classe de Bernadette –, Vincent Lindon et Patrick Sébastien, un divertissement inédit et, selon les témoins, irrésistible. Vers minuit, il « jouait », avec l'accent, le rôle d'un président étranger, africain, américain, asiatique ou indien, et, montant les marches du Palais, se faisait accueillir par l'un de ses invités qui, de son côté, interprétait le rôle du président français. Et cela, devant quelques gardes républicains incrédules, mais amusés. Effet garanti. Aucune caméra, même familiale, n'a jamais filmé ce petit divertissement entre amis. Informé de ce spectacle politique, François Hollande s'y prêta une fois. Avec le même humour que Jacques Chirac.

Petits déjeuners

À l'Élysée comme dans toute bonne maison, on prend le petit déjeuner. Il y a ceux que les présidents dégustent seuls, avant de rejoindre leur bureau, à quelques dizaines de mètres. De Gaulle les aimait traditionnels, et surtout « très français », comme le souligne son fils : du pain, du beurre, de la confiture, et, en bon natif du Nord, du café au lait à la chicorée. Pompidou les préférait solides, et découpait lui-même le jambon d'York que le maître d'hôtel lui apportait. Giscard les exigeait « light », avec des œufs brouillés. Mitterrand variait, en fonction des circonstances. Légers s'il était seul, et fournis, à l'anglo-saxonne, s'il avait des invités. Chirac les avalait comme tous ses repas, à la corrézienne. Sarkozy faisait dans le rapide diététique, Hollande dans le traditionnel classique, Macron dans le léger, et même l'allégé.

Et puis il y a les petits déjeuners politiques... Mitterrand en raffolait. Le mercredi, avant le Conseil des ministres, il avait l'habitude de retrouver son frère Robert, avec lequel il parlait de tout, surtout de la situation politique. En période de cohabitation, il recevait chaque semaine les dirigeants socialistes, comme le fera Chirac entre 1997 et 2002 avec les responsables du RPR.

Sarkozy, dès son installation, réunit ses conseillers chaque matin à 8 h 30 pour un petit déjeuner de travail. Pour évoquer le déroulé de la journée, commenter la presse et les radios du matin, préparer les échéances à court et moyen terme, répartir le travail. En 2007, la réunion a un côté café du commerce. On y parle, selon plusieurs participants, de tout et de rien. Le Président s'emporte souvent. Parmi les présents, Claude Guéant, Henri Guaino, Franck Louvrier, Catherine Pégard, Pierre Charon... On les appelle les « apôtres ». Parfois, au cours des premiers mois, Cécilia passe la tête. À partir du début 2009, l'organisation se resserre. Moins de monde. Moins de fuites. Peu à peu, Sarkozy laisse la main à son secrétaire général. En 2010, il n'y assiste que rarement. Il réunit en revanche très régulièrement les patrons de sa majorité, le mardi ou le jeudi matin. Un petit déjeuner très recherché. Un test pour l'influence de chacun. Certains quittent le cercle. D'autres le rejoignent, comme Bruno Le Maire. Une consolation pour celui qui a brigué, en vain, quelques semaines plus tôt, le poste de Christine Lagarde à Bercy. Le 31 août 2011, c'est pendant ce petit déjeuner que Nicolas Sarkozy s'en prend vivement à Jean-Pierre Raffarin, coupable d'avoir critiqué l'une des dispositions du plan d'austérité budgétaire. Quelques semaines plus tard, le 27 septembre, deux jours après la victoire de la gauche aux élections sénatoriales, c'est un Sarkozy très agacé qui explique à ses convives du petit matin que la majorité « perdra dans la dignité la présidence du Sénat ». Une réponse à ceux qui tentent, depuis quarante-huit heures, de récupérer dans la coulisse quelques voix de sénateurs pour conserver la présidence de la Haute Assemblée. Le Président, en faisant fuiter ces confidences, utilise ces petits déjeuners pour communiquer indirectement en direction des médias. Ce rituel bien français devient dès lors un rendez-vous très politique.

Il y a enfin les surprises atypiques du matin. Souvent organisées au dernier moment. François Mitterrand aimait ainsi bousculer le protocole.

Quelques éditorialistes de la radio et de la presse écrite s'en souviennent. Et parfois, ce petit déjeuner se transforme en moment d'histoire. Comme ce 17 mai 1995. Quelques heures plus tard, Mitterrand va quitter l'Élysée et laisser la place à Chirac. C'est le jour de la passation de pouvoirs. Dernier clin d'œil. Il choisit d'inviter l'un de ses plus farouches adversaires, l'académicien et journaliste Jean d'Ormesson. Deux heures de tête-à-tête que l'écrivain racontera, quatre années plus tard, dans *Le Rapport Gabriel*, un livre de souvenirs. Il révèle ainsi que, interrogé sur René Bousquet, François Mitterrand lui parle ce matin-là de l'influence du « lobby juif ». Tollé général. Le 5 janvier 2006, dans les colonnes du *Nouvel Observateur*, à l'occasion du dixième anniversaire de la mort du premier président socialiste de la Cinquième, Jean d'Ormesson revient sur cette rencontre. Il évoque une conversation « irrésistible » où son hôte lui parle de son enfance, de ses goûts littéraires, et assène quelques jugements sur la classe politique « avec une drôlerie meurtrière ». Un petit déjeuner d'anthologie.

Celui organisé par Valéry Giscard d'Estaing le 25 décembre 1974 est tout aussi exceptionnel. Mais d'une autre nature. Le Président cherche un symbole. Il pense à ceux « qui assurent un travail de nuit autour de l'Élysée[1] ». Il imagine ainsi d'inviter des éboueurs au Palais le matin de Noël pour le petit déjeuner. Son chef de cabinet, Philippe Sauzay, est chargé de l'opération, dans le plus grand secret. Le matin du 25, à 6 h 30, Sauzay arrête la benne en faisant de grands signes lorsqu'elle arrive au niveau de la porte Marigny. Discrètement, les gardes républicains restent à l'écart.

1. *Le Pouvoir et la Vie*, *op. cit.*

Le camion stationne. Le chef de cabinet informe l'équipe de l'invitation présidentielle. Ils sont quatre, dont trois d'origine africaine, deux venant du Mali et un du Sénégal. Blousons de sécurité rouges. Passe-montagne pour deux d'entre eux, en raison du froid. Direction la salle à manger du rez-de-chaussée, dans les appartements privés. Thé, café, jus d'orange et croissants. VGE les interroge sur leur métier et leur pays d'origine. Ils parlent de leurs conditions de travail « avec une certaine réserve, mais sans artifice ni agressivité[1] ». Ils repartent avec un cadeau, dinde et champagne. L'un d'entre eux, de religion musulmane, refuse le champagne. Seul un photographe de l'Agence France-Presse prend des clichés. L'initiative est très critiquée. VGE s'en explique. « Toutes les sociétés, même les plus hiérarchisées, ont cherché à utiliser des signes pour souligner la dignité ultime de leurs membres, écrira-t-il. De tous les repas que j'ai donnés à l'Élysée durant mon septennat, ce n'est pas, et de loin, celui où je me suis trouvé le plus inconfortable[2]. » De tous les petits déjeuners élyséens, celui du 25 décembre 1974 reste bien gravé dans les mémoires au Palais comme le plus étonnant. Et le plus contesté.

Photo (officielle)

Elle est accrochée dans toutes les mairies, dans tous les ministères et toutes les administrations : la photo

1. *Le Pouvoir et la Vie, op. cit.*
2. *Idem.*

officielle du président en exercice est omniprésente. Elle illustre le style présidentiel. Les deux premiers présidents de la Ve République posent en habit, avec la grand-croix de l'ordre de la Légion d'honneur et le collier de grand maître de l'ordre. Photo plus moderne à partir de Giscard, qui bouscule les codes établis en posant devant l'objectif de Jacques-Henri Lartigue en costume, plan serré, horizontal, devant un drapeau tricolore. Ses successeurs ne reviendront pas sur cette innovation, remisant au grenier l'habit présidentiel.

Les séances durent longtemps. Pourtant le Général n'aime guère prendre la pose. Même en privé, il n'apprécie pas les photos. « Je voudrais vivre avec les miens sans être mitraillé par un objectif comme un animal dans sa cage au Jardin des Plantes », dit-il un jour devant son fils Philippe. En janvier 1959, au début de la séance organisée pour le portrait officiel, dans la bibliothèque de l'Élysée, le photographe Jean-Marie Marcel s'aperçoit que la haute taille du Général empêche ce dernier de poser la main sur le guéridon placé à sa droite, sur lequel on a disposé un livre. Jean-Marie Marcel demande qu'on rehausse l'ensemble d'un deuxième ouvrage, que le chef de cabinet va chercher au hasard dans la bibliothèque. Mauvaise pioche ! Ce sont les *Mémoires* du général Weygand, ouvrage antigaulliste s'il en est... Jean-Marie Marcel entend alors grommeler de Gaulle. Weygand était toujours un des ennemis du Général.

François Mitterrand choisit Gisèle Freund parce que, avant lui, elle a photographié les plus grands auteurs du XXe siècle, Sartre et Malraux notamment. Conséquence : retour dans la bibliothèque. Mitterrand pose assis, les *Essais* de Montaigne à la main. Chirac préfère une photo en pied, au milieu du parc de l'Élysée, les mains derrière le dos. Il a fait appel à Bettina Rheims, une grande photographe, spécialiste des portraits. Sur le conseil de Cécilia, c'est Philippe Warrin que choisira Nicolas Sarkozy. Retour dans la bibliothèque, avec une innovation. Le nouveau président prend la pose, pour la première fois, devant deux drapeaux : le tricolore et celui de l'Union européenne.

Le 29 mai 2012, deux semaines après l'installation de François Hollande, c'est Raymond Depardon qui réalise la photo officielle. Les deux hommes se connaissent, et s'estiment. La photo est presque champêtre. Le nouveau président est dans le parc, en mouvement. Une curiosité : les oriflammes française et européenne flottant le long du mur de la Salle des Fêtes. Précis, consciencieux, Raymond Depardon prend deux cent vingt clichés au total. Il termine avec son très ancien Rolleiflex, déjà utilisé pour des photos d'Édith Piaf, de Marlon Brando et... du général de Gaulle.

Avec la photo officielle d'Emmanuel Macron, une page se tourne. C'est sans doute le premier cliché élyséen de l'ère numérique avec sa déclinaison vidéo. Réalisé par Soazig de la Moissonnière, la photographe qui a suivi Macron durant toute sa campagne, il a fait l'objet d'une préparation minutieuse. Sur le site du Palais, on verra les images du Président choisissant lui-même les objets qui figureront sur cette photo officielle et qui sont autant de symboles liés à la fonction comme à la personnalité d'Emmanuel Macron : deux smartphones, un encrier avec une partie en forme de coq, l'horloge installée chaque semaine sur la table du Conseil des ministres et trois livres publiés par la Pléiade, *Les Nourritures terrestres* de Gide, *Le Rouge et le Noir* de Stendhal et les *Mémoires de guerre* du général de Gaulle. Réalisée le 24 juin au soir, la photo est rendue publique cinq jours plus tard. Emmanuel Macron est dos au bureau désormais placé devant la porte-fenêtre donnant sur le parc (voir : *Salon Doré*). Il apparaît conquérant et volontaire. Derrière lui, le drapeau tricolore et le drapeau européen. Un équilibre soigné, proche du style Obama, entre la tradition et la modernité. Le symbole de l'Élysée sous le règne de Macron ?

Il y a enfin la photo qui immortalise chaque nouveau gouvernement, et qui est toujours prise au Palais. Autour du Président et du Premier ministre posent tous les membres du nouveau gouvernement, selon leur rang dans l'ordre protocolaire (un ministre d'État ne sera pas placé comme un ministre délégué). La terrasse donnant sur le parc, avec le Palais en arrière-plan, est, depuis 1958, le décor le plus fréquemment utilisé, à condition que le temps le permette. Le Jardin d'Hiver est souvent choisi à l'intérieur. On y pose devant la majestueuse tapisserie des Gobelins (voir : *Jardin d'Hiver*). Le salon Napoléon III a été parfois utilisé, tout comme la Salle des Fêtes, retenue en février 2016 pour la photo officielle du gouvernement Valls après son remaniement. Deux photos de groupe, deux innovations pour les deux premiers gouvernements Macron-Philippe : le choix se porte d'abord, curieusement, sur l'escalier Murat, ensuite sur le parc côté jardin, face au Palais.

Poincaré (Raymond)

Le 17 janvier 1913, le jeune et brillant président du Conseil Raymond Poincaré devient président de la République. La fonction étant généralement réservée à des candidats plus aguerris en politique, à cinquante-trois ans il fait figure d'exception. Mais Poincaré s'est toujours montré précoce. Avocat à vingt-quatre ans, député à vingt-sept, ministre à trente-trois, élu à l'Académie française à quarante-sept... Originaire d'une famille bourgeoise de Lorraine, Raymond Poincaré est le cousin du mathématicien Henri Poincaré. Son élection à la présidence de la République envenime les relations avec un ennemi farouche, Clemenceau, qui préférait un autre candidat, et avait demandé à Poincaré de se désister. Peine perdue. On n'abandonne pas ce genre d'ambition. Pourtant, le lendemain de son élection, Raymond Poincaré avoue qu'il n'a pas pu dormir. « Une seule pensée m'habitait : la terrible responsabilité qui va peser dorénavant sur moi, tandis que le principe de l'irresponsabilité constitutionnelle me condamne pour sept ans au mutisme et à l'inaction. » Propos rapportés à Clemenceau, peu enclin à la compassion : « Il le savait avant d'y aller. Qu'il ne vienne pas se plaindre. »

Poincaré entre à l'Élysée un mois après son élection, le 17 février 1913. L'homme est sérieux (trop) et intelligent (trop). Même s'il sait que ses pouvoirs sont limités, son rôle encadré pour ne pas dire surveillé, il veut tout voir, comprendre, et ne rien signer les yeux fermés. « Il a le cœur bourré de dossiers », persifle Clemenceau ; « C'est une caricature d'empereur », écrit le jeune journaliste Vincent Auriol ; et Léon Daudet assène le coup de grâce en le surnommant « Nabotléon ». D'autres lui reconnaissent une compétence hors du commun et le souci de l'intérêt général, mais déplorent la manière. Le Président n'est qu'une machine intellectuelle. À la tête d'un pays, affirment ses détracteurs, on ne peut se montrer aussi hautain, sec, maladroit.

Poincaré arrive à l'Élysée avec sa femme, Henriette, une très belle Italienne, ses deux chiens et son chat. Les adversaires du Président le harcèlent à propos d'Henriette, à qui on reproche deux précédentes unions soldées par un divorce et un veuvage. D'autant que lorsqu'il s'installe au Palais, Poincaré n'a contracté qu'un mariage civil avec Henriette. Le 5 mai 1913, quelques mois après sa prise de fonctions, le Président peut enfin se marier religieusement, la mort du premier mari d'Henriette ayant été établie. La cérémonie n'a pas lieu à l'Élysée, mais dans son appartement privé de la rue de Babylone. C'est autant une déclaration d'amour à Henriette qu'un geste politique destiné à rassurer une partie de l'électorat.

Raymond Poincaré fait installer l'électricité dans tout le Palais, mais les réceptions sous les grands lustres illuminés vont attendre. La guerre éclate. Le 3 septembre 1914, Poincaré rejoint le gouvernement replié à Bordeaux. De retour au Palais trois mois plus tard, il s'afflige d'être contraint « de rester immobile loin des lieux désolés où se décide le sort de la France ». Mais lorsque le Président rend visite aux soldats à Verdun et dans les forêts d'Argonne, on lui reproche de ne marquer aucune émotion, d'être encore et toujours cette mécanique parfaite oublieuse de l'homme, tout entière tournée vers l'État. L'hebdomadaire *La Politique illustrée* d'octobre 1917 le caricature en télégraphiste, les bras chargés de proclamations et félicitations diverses, avec cette légende : « Le président de la République va au front. » Si Raymond Poincaré a du mal à exprimer sa sensibilité – il dira qu'eu égard à sa fonction il estime n'en avoir pas le droit –, affirmer qu'il en est dépourvu est excessif. Évoquant le printemps 1917, il écrit : « Depuis quinze jours, la roseraie de l'Élysée est en pleine floraison et répand une délicieuse odeur. Le jardin est rempli d'oiseaux. Tous ces chants, tous ces parfums, toute cette joie de la nature, si près de tant de souffrances humaines. » Trois mois plus tard, le jardin de l'Élysée est précisément le théâtre d'un incident qui fait craindre, l'espace d'un instant, pour la vie d'Henriette (voir : *Arbres*). En novembre de cette même année, quoi qu'il lui en coûte, Poincaré appelle Clemenceau à la présidence du Conseil. De ce jour, alors qu'il s'exprimait souvent en Conseil des ministres, ses interventions deviendront plus rares. Clemenceau entend exercer pleinement ses prérogatives. Entre les deux hommes, qui se détestent cordialement, c'est une sorte de cohabitation qui s'installe.

À l'Élysée, depuis le début du conflit, Henriette a réquisitionné la Salle des Fêtes pour confectionner des colis destinés aux soldats. La présidente compte près de douze mille filleuls de guerre. En novembre 1918, Poincaré, plus isolé que jamais, laisse enfin couler ses larmes. Joie de voir la guerre terminée, regrets amers d'être le grand oublié. « Pour tout le monde, Clemenceau est le libérateur du territoire, l'organisateur de la victoire. Seul, il personnifie la France. Quant à moi, je n'existe pas. »

Le 17 février 1920, Raymond et Henriette Poincaré quittent l'Élysée au terme d'un septennat marqué par quatre ans de guerre. Pour tous les Français, il est évident que Georges Clemenceau va succéder à Poincaré. Mais l'hostilité d'Aristide Briand empêche le Tigre de devenir président de la République. C'est Paul Deschanel qui entre à l'Élysée.

Pompadour (Salon)

Situé au rez-de-chaussée, presque au centre du Palais, ce salon a été le plus souvent utilisé pour quelques rendez-vous exceptionnels et prestigieux et, plus rarement, pour des déjeuners ou des dîners officiels en petit comité.

C'est la pièce que choisit par exemple François Mitterrand, le 18 novembre 1989, neuf jours après la chute du mur de Berlin, pour inviter à dîner les chefs d'État et de gouvernement européens. En octobre 2015, lors du sommet sur l'Ukraine, le salon est transformé en bureau pour la chancelière Angela Merkel.

À l'origine, le Salon Pompadour était la chambre de parade des propriétaires du Palais, et notamment celle de la maîtresse de Louis XV. Sa superficie a été plusieurs fois réduite en raison des travaux d'agrandissement du Palais, pour construire l'Escalier Murat d'abord, pour installer des ascenseurs desservant le sous-sol ensuite. À l'exception d'un buste de Marie-Antoinette, tout, ici, est dédié à la Pompadour et rappelle sa présence, même si elle n'y résidait et n'y dormait qu'épisodiquement, préférant Versailles, la

Cour et ses fastes. La favorite du roi avait mis un soin particulier à décorer cette pièce. Elle a choisi la célèbre commode en placage de bois de violette. Elle a dessiné elle-même les boiseries qui ornent les murs. Son portrait, sous forme de médaillon, est suspendu entre deux fenêtres donnant sur le parc. Et une grande tapisserie rappelle l'emplacement de son lit. Très prisé par la duchesse de Berry, qui avait fait disposer des jardinières de fleurs devant les portes-fenêtres, ce salon fut également utilisé comme chambre à coucher par l'empereur Napoléon Ier lors de son installation au Palais, en 1808. Il fut transformé en chapelle ardente pour accueillir les visiteurs venus s'incliner devant la dépouille de Sadi Carnot, le président assassiné, en 1894.

Après l'arrivée dans les lieux de Nicolas Sarkozy, et le choix qu'il faisait de venir fréquemment travailler juste à côté, dans le Salon des Portraits, le Salon Pompadour est le plus souvent neutralisé entre 2007 et 2012. Aujourd'hui, c'est un lieu historique très recherché par les visiteurs, notamment à l'occasion des Journées du patrimoine.

Pompidou (Claude)

« Vint l'Élysée. Je le pressentais, en le redoutant. Quand je passais en voiture devant le porche, je détournais le regard. C'était puéril, mais instinctif. Franchement, je ne souhaitais pas y aller. » C'est Claude Pompidou qui parle, dans son livre de souvenirs, dont le titre, *L'Élan du cœur*[1], résume assez bien

1. Plon, 1997.

la personnalité et le caractère de l'épouse du dix-neuvième président de la République. La jeune étudiante en droit Claude Cahour a vingt-deux ans lorsqu'elle fait la connaissance de Georges Pompidou dans un café de la place Saint-Michel où se réunissent les étudiants. Elle est grande, blonde, sportive, et manifeste, en même temps qu'un fort tempérament indépendant, un goût profond pour les arts et la culture. Le brillant normalien Georges Pompidou a vingt-trois ans. Il dira plus tard : « J'ai eu un seul coup de foudre dans ma vie, le jour où j'ai rencontré ma femme. » Le mariage a lieu l'année suivante, en 1935[1].

Si Claude Pompidou est heureuse – du moins le paraît-elle – de voir son mari accéder à la plus haute fonction, elle avoue d'emblée ne pas aimer l'Élysée. Lorsque Georges Pompidou était Premier ministre, elle avait réussi à le convaincre de ne pas vivre à Matignon, de continuer à habiter leur appartement de l'île Saint-Louis. Là, pas question de se dérober. « Les Français ne comprendraient pas qu'après le général de Gaulle, le président de la République ne vive pas à l'Élysée », explique Pompidou. La Première dame déteste à la fois la politique et les acteurs politiques, à l'exception du général de Gaulle qu'elle continue

1. Pour bien montrer la force qui unissait Georges et Claude Pompidou, revenons à la fin de l'année 1968, lorsque éclate le complot lié à l'affaire Marković. L'honneur de Mme Pompidou est sali dans le seul but d'abattre politiquement son mari. Georges Pompidou encaisse le coup, mais ne pardonnera jamais à ceux qui s'en sont pris à sa femme. Éric Roussel rapporte cette confidence de Pompidou à son ami Jean Prouvost, à propos de Maurice Couve de Murville, Premier ministre à l'époque de l'affaire, et qui avait « laissé faire » : « Je le tuerais de mes propres mains. »

d'admirer malgré une attitude qui la déçoit vivement pendant l'affaire Marković. La raison l'emporte. Mais on comprend que Claude Pompidou rejette ce Palais à ses yeux trop ancien, pesant, chantourné, à l'opposé de l'esprit « rive gauche » qui lui est cher. « Une prison dorée va se refermer sur elle », écrira son fils Alain[1]. Claude déteste chaque jour davantage le monde politique, qui n'est, à ses yeux, « que jalousies et mensonges, petites intrigues et querelles d'intérêts personnels[2] ». Heureusement, elle partage avec son mari le goût de l'art contemporain, et participe de près aux transformations et aménagements qui vont totalement modifier l'aile est du Palais (voir : *Pompidou Georges* et *Paulin Pierre*). À Matignon, elle avait fait rentrer les peintres contemporains Max Ernst et Nicolas de Staël. À l'Élysée, elle va s'investir dans cette modernisation, y mettre sa patte personnelle, allant jusqu'aux moindres détails. Sans elle, les changements dans la salle à manger et la bibliothèque des appartements privés n'auraient pas été aussi novateurs.

Dans un premier temps, Claude Pompidou est à la peine avec la machine élyséenne. Le premier soir, elle invite à dîner le couturier Oscar de la Renta et sa femme, mais oublie de prévenir l'intendance. La soirée sera néanmoins joyeuse autour d'une salade et d'une tranche de jambon ! Ce même soir, Claude Pompidou se rend compte qu'elle va dormir dans la chambre du général de Gaulle... Elle ne fermera pas l'œil de la nuit. Elle avouera plus tard avoir eu du mal à se plier aux règles protocolaires. « Au début,

1. Alain Pompidou, *Claude*, *op. cit.*
2. Claude Pompidou, *L'Élan du cœur*, *op. cit.*

je ne comprenais pas la précision minutieuse des horaires qu'on me fixait : départ à 10 h 17, rencontre de telle personnalité à 17 h 43 ! » En fait, Claude Pompidou souffre de voir sa liberté rognée par son statut d'épouse de président. Elle conserve cependant quelques bons souvenirs. Ainsi, cette soirée de mai 1972 lors de la visite de la reine Elizabeth, avec le Premier ministre britannique Edward Heath se mettant au piano et interprétant du Chopin. « Elle [*NdA* : la reine] semblait ne plus vouloir partir, au grand dam du protocole qui n'appréciait guère le débordement des horaires strictement fixés », racontera-t-elle[1]. « J'aimerais pouvoir me promener dans les rues lorsque j'en ai envie, faire des courses comme autrefois, entrer au hasard dans un cinéma... Mais un jour vous vient la conscience que ce n'est pas convenable, comme dit le protocole. » Elle accepte néanmoins, pour la première fois dans l'histoire de l'Élysée, que les caméras de télévision entrent dans les appartements privés du Président. C'est ainsi qu'en 1970, les téléspectateurs apprennent que Georges Pompidou appelle sa femme « Biche » (et non « Bibiche » comme une mauvaise écoute de la bande son a pu le laisser penser).

Investie dès son plus jeune âge dans différentes actions sociales – notamment grâce à son père, médecin à Château-Gontier – et encouragée par son mari, dont la générosité se passait de publicité, Claude Pompidou met à profit son statut de Première dame pour créer, à l'image de la Fondation Anne-de-Gaulle, dont Georges Pompidou fut longtemps le trésorier, la Fondation Claude-Pompidou. Dès 1970, elle œuvre

1. Claude Pompidou, *L'Élan du cœur*, *op. cit.*

ainsi avec un dévouement infini en faveur des enfants handicapés et des personnes âgées. Claude Pompidou s'occupera activement de cette fondation bien après la disparition du Président, y consacrant l'essentiel de ses journées, jusqu'à sa mort, en 2007, à l'âge de quatre-vingt-quatorze ans. C'est Bernadette Chirac qui en assure, depuis, la présidence.

Parce qu'elle a vécu à l'Élysée la maladie de son mari – Georges Pompidou avait expressément demandé qu'on ne révèle pas à sa femme le mal dont il souffrait –, Claude Pompidou déclara en 1990 à Bertrand Meyer-Stabley[1] : « L'Élysée a quelque chose qui fait que c'est une maison mal aimée. Depuis la mort de mon mari, je ne suis pas retournée à l'Élysée, et je n'y retournerai jamais, quel que soit le président. Pour moi, c'est la maison du malheur. » Claude Pompidou ne pouvait admettre que le Palais, maudit à ses yeux, mette un terme à l'histoire d'amour vécue avec ce jeune agrégé rencontré en 1934, et devenu président de la République. Raymond Tournoux nous en donne témoignage en rapportant une scène qui se déroule en octobre 1970, lors du voyage officiel en URSS. Claude Pompidou prend le thé dans l'ancien appartement des tsars en compagnie de Mmes Brejnev et Podgorny. Les deux épouses des dirigeants soviétiques font part de l'admiration qu'elles portent à leurs maris. Madame Brejnev interroge alors la Première dame française : « Et vous, madame, n'admirez-vous pas le Président ? » Claude Pompidou sourit, une infinie tendresse dans le regard : « Moi, je l'aime. »

1. *Les Dames de l'Élysée*, Perrin, 1999.

Pompidou (Georges)

Le 15 juin 1969, l'ancien Premier ministre du général de Gaulle est élu à la présidence de la République. Avec 58,21 % des voix et plus de onze millions de suffrages, l'ancien professeur du lycée Henri-IV devient, à cinquante-huit ans, le deuxième président de la Vᵉ République. Et, jusqu'à présent, le mieux élu. Très vite, il impose un nouveau style, fait entrer l'art contemporain à l'Élysée (voir : *Paulin Pierre*), y installe Vasarely et Poliakoff. Il ouvre à la télévision les portes du Palais et celles du fort de Brégançon. Ses résidences secondaires d'Orvilliers, près de Paris, et de Cajarc, dans le Lot, deviennent également familières. À l'Élysée, on le voit, en pull et cigarette aux lèvres, accueillir les caméras de l'ORTF au côté de sa femme Claude. Le nouveau président est aussi très proche de leur fils adoptif, Alain, près de vingt-sept ans en 1969, un futur grand médecin, qui surnomme son père « Picou » ou « Papicou ». Georges Pompidou joue la carte de la simplicité et de la proximité avec les Français après dix ans de règne gaulliste et gaullien. Comme son prédécesseur, il n'aime guère ce Palais étouffant. « C'est devenir quelqu'un d'autre », lâche-t-il un jour, à la télévision, en évoquant à la fois le lieu et la fonction.

À l'avant-garde des arts et de la culture, bâtisseur et volontariste en matière d'urbanisme, de logement et d'industrialisation, européen réaliste mais convaincu, autoritaire et travailleur, soucieux de cohésion sociale, il est le président de la fin des Trente Glorieuses, ces années d'expansion rapide, avant le premier grand choc pétrolier. Paradoxalement, ce modernisme économique s'accompagne d'un conservatisme, certes éclairé, sur les mœurs et les réformes de société.

Sa présidence est à l'image de ses deux Premiers ministres. Brillante avec Jacques Chaban-Delmas, même s'il ne partage pas, loin de là, l'ambition de la « nouvelle société » chère au maire de Bordeaux, avec lequel il bataillera durement, notamment sur l'information télévisée, Pompidou s'opposant à toute idée de libéralisation après une période d'ouverture. Plus conservatrice avec le fidèle Pierre Messmer, qui soutient loyalement le Président tout au long de sa douloureuse maladie.

Georges Pompidou a de la mémoire. Légitimement scandalisé par les accusations infondées contre sa femme dans l'éprouvante affaire Marković, il garde dans son portefeuille, sur un support en cuir, un petit bristol sur lequel sont soigneusement notés les noms de tous ceux qu'il soupçonne d'avoir participé, de près ou de loin, à cette sordide machination qui éclate en novembre 1968 et met en cause la vie privée de son épouse. Dès qu'il est informé de cette affaire, il comprend que c'est lui qui est visé. Il faut le disqualifier dans la course à l'Élysée. « Moi j'ai la peau épaisse d'un Auvergnat, mais qu'on s'en prenne à ma femme, je ne peux le tolérer. » La liste comprend des policiers, des membres des services secrets, des hauts fonctionnaires et des journalistes. Pas de politiques. Mais il a en ligne de mire le Premier ministre Maurice Couve de Murville et le ministre de la Justice René Capitant. Éric Roussel, son biographe, nous rappelle qu'à partir du déclenchement de cette affaire Mme Pompidou refusera toujours de serrer la main de Couve de Murville. Ce qui blessa profondément Georges Pompidou, ce fut l'attitude du général de Gaulle, qui n'eut ni les mots ni le geste de soutien que son ancien Premier ministre attendait. Reçu à l'Élysée en novembre 1968, Georges Pompidou ressort déçu et meurtri de son entrevue. Il racontera plus tard à Pierre Viansson-Ponté, éditorialiste au *Monde* : « Savez-vous ce qu'il a trouvé à me dire, le père de Gaulle ? Pompidou, la presse est basse ! »

Georges Pompidou aime passer des soirées tranquilles, avec son épouse Claude, son fils Alain et ses plus proches amis, le plus souvent des artistes, à écouter dans les appartements privés élyséens Bach et Mozart. Grand amateur de littérature, auteur d'une excellente *Anthologie de la poésie française*, il provoque un intense moment d'émotion au cours de sa conférence de presse du 22 septembre 1969 en citant de mémoire quelques vers d'Éluard à propos de l'affaire Gabrielle Russier (voir : *Conférences de presse*).

Foudroyé par la maladie (voir : *Maladie*) le 2 avril 1974 à dix-neuf heures dans son appartement du quai de Béthune, dans l'île Saint-Louis, il aura passé à l'Élysée cinq ans et deux mois.

Portraits (Salon des)

Napoléon III avait une assez haute idée de son impériale personne : lorsqu'il décide de faire accrocher, dans ce Salon d'Angle, à la place des neuf muses voulues et sélectionnées par la Pompadour, les portraits des plus prestigieux souverains de l'époque, il choisit d'abord d'y figurer. À ses côtés, la reine

Victoria, le tsar Nicolas Ier, le pape Pie IX, ou encore l'empereur d'Autriche et le roi d'Italie, Victor-Emmanuel. Ces portraits sont la curiosité principale de cette pièce agréable, donnant sur le parc et l'ancienne roseraie. La marquise de Pompadour avait établi là son salon de musique ; Napoléon Ier et le duc de Berry en avaient fait leur cabinet de travail ; Louis Napoléon y tenait son Conseil des ministres ; le gendre de Jules Grévy y vendait des Légions d'honneur ; et les ministres s'y réunissaient sous Vincent Auriol et René Coty.

Si de Gaulle y préside quelques réunions interministérielles, ce Salon des Portraits est surtout utilisé pour des déjeuners et des dîners. François Mitterrand et Jacques Chirac y reçoivent volontiers, en particulier des journalistes. Nicolas Sarkozy y installa ses quartiers d'été. Il aimait ce salon au point de l'avoir fait transformer en second bureau. Au Palais, certains confient même qu'il voulait l'occuper toute l'année. Les exigences de la sécurité en avaient décidé autrement, même si le Président apprécie de pouvoir à tout moment se rendre sur la terrasse pour téléphoner de son portable. L'aménagement de la pièce est alors revu, et largement corrigé, avec du mobilier très contemporain en bois blond. Le bureau est personnalisé avec un grand coffre à cigares qui accompagne Sarkozy depuis le ministère de l'Intérieur, un téléviseur ultra-plat, deux petites statuettes, et deux grandes photos personnelles.

À l'arrivée de François Hollande, ce salon a repris ses couleurs et ses meubles traditionnels pour redevenir un salon de réception. En 2016, le Président y donne la traditionnelle interview du 14 Juillet. Le mobilier moderne a rejoint l'ancien président dans ses nouveaux locaux de la rue de Miromesnil, à quelques pas du Palais.

Hollande, comme Mitterrand et Chirac avant lui, y reçoit des invités, parfois des proches, souvent des rédactions politiques d'une dizaine de personnes. Et le 2 octobre 2015, il en fait l'épicentre du sommet sur l'Ukraine en « format Normandie », en référence aux négociations qui s'étaient déroulées le 6 juin 2014 au château de Bénouville, dans le Calvados, en marge des commémorations du 70e anniversaire du Débarquement allié. Ce 2 octobre, ils sont quatre à négocier, en tête à tête ou en plénière. L'Élysée a réparti les salons du rez-de-chaussée de la manière la plus diplomatique possible, afin que personne ne se croise et que les susceptibilités soient ménagées : Vladimir Poutine dans ce Salon des Portraits (sous les yeux du tsar Nicolas Ier... et dans l'ancien bureau de Napoléon Ier !), Angela Merkel dans le Salon Pompadour et l'Ukrainien Petro Porochenko dans le Salon des Aides de camp, François Hollande restant dans son bureau du premier étage. Les délégations retrouvent leurs chefs de file dans le Salon des Ambassadeurs ou sur la terrasse du Palais. Le rez-de-chaussée de l'Élysée est, ce jour-là, transformé en haut lieu de la diplomatie mondiale.

Potager

Le parc de l'Élysée, célèbre pour ses arbres et ses fleurs, comporte, depuis juin 2015, un potager. Il n'a pas pour visée de fournir des légumes régulièrement et en abondance, mais, de manière ponctuelle, de produire, par exemple, des tomates et du basilic pouvant être servis à la table présidentielle.

L'Élysée se fait « locavore ». Le chef des cuisines Guillaume Gomez a d'ailleurs instantanément réagi, en imaginant une première recette : une volaille à la sauge, la plante provenant bien sûr de la production du Palais.

On trouve dans ce potager des tomates, aubergines, courgettes, betteraves, potirons, poivrons, concombres, et aussi de la sarriette, du basilic, du cerfeuil, du thym, du romarin, de l'estragon, du persil... Au total plus d'une vingtaine d'espèces de légumes et plantes aromatiques.

Pourquoi s'arrêter en si bon chemin ? Au Palais, on envisage maintenant de planter des arbustes à petits fruits type groseille, cassis, mûre et framboise. L'une des prochaines étapes sera aussi l'installation de ruches. Le président de la République pourra ainsi déguster, récolté dans le parc de l'Élysée, un miel qui lui procurera un peu de douceur dans une fonction qui en manque singulièrement.

Premier ministre

Article 20 de la Constitution de la Ve République : « Le gouvernement détermine et conduit la politique de la nation. Il dispose de l'administration et de la force armée. » Depuis 1958, ces deux lignes rythment la vie du gouvernement et les relations entre les vingt-trois Premiers ministres, de Michel Debré à Édouard Philippe, successivement nommés à ce jour par les huit présidents de la République. Trois sous de Gaulle, deux sous Pompidou, deux sous Giscard, sept sous Mitterrand, quatre sous Chirac, un seul sous Sarkozy, trois sous Hollande, un à ce jour sous Macron : ils ont pour la plupart, à l'exception du fidèle Pierre Messmer sous Pompidou et de Jean-Pierre Raffarin avec Jacques Chirac, rencontré des difficultés dans leur rapport avec le Château (voir : *Ruptures*). C'est bien, depuis près de soixante ans, et malgré les dénégations de Manuel Valls, « L'enfer de Matignon ».

À l'Élysée, le chef du gouvernement est traité, selon les cas et les circonstances, avec respect, distance, suspicion ou mépris. Du Président au simple conseiller, tout est fait pour bien rappeler, sauf en période de cohabitation, qui exerce réellement le pouvoir et où. C'est au Palais que les grandes décisions sont prises, que les principaux arbitrages sont rendus.

L'histoire des nominations du Premier ministre donne lieu, à la présidence, à quelques épisodes savoureux ou étonnants. Ainsi, en 1968, si le Général s'interroge sur le maintien ou le remplacement de Georges Pompidou, le Premier ministre lui-même ne cache pas sa lassitude. « Je veux reprendre ma liberté. J'en ai assez. Qu'on se débrouille sans moi », lâche-t-il, épuisé par les événements de Mai 1968, devant Philippe de Gaulle[1]. Face aux multiples pressions de ses amis, et apprenant que le Général pense à Couve de Murville pour lui succéder, Pompidou se ravise et accepte finalement de poursuivre sa mission. Il fait connaître son revirement à de Gaulle, qui lui fait répondre : « Trop tard. Couve de Murville a accepté. »

1. *De Gaulle, mon père*, *op. cit.*

On peut penser que la nomination de Maurice Couve de Murville, ennemi de Pompidou, détériora un peu plus les relations entre de Gaulle et son ancien Premier ministre.

Installé à l'Élysée en 1969, Georges Pompidou hésite peu avant de nommer Jacques Chaban-Delmas, malgré les lourdes réticences de son cabinet noir, Pierre Juillet et Marie-France Garaud, qui n'ont de cesse de batailler avec le maire de Bordeaux, jugé trop progressiste. Quatre ans plus tard, très diminué par la maladie, Pompidou pense même, un moment, sous l'influence des deux conseillers, nommer Chirac à Matignon pour remplacer Messmer. Il y renonce devant la bronca des barons gaullistes, hostiles à ce jeune loup qui veut tout dévorer.

Giscard, avant même son élection, a pris la décision de nommer Chirac à Matignon. Une façon de le récompenser pour son appui personnel et le fameux appel des 43, ces députés gaullistes qui choisissent VGE plutôt que Chaban. Il le confie assez clairement, le jour de son élection, en déjeunant à Chamalières avec les journalistes qui ont suivi sa campagne. Mais, quelques jours plus tard, il s'interroge, assez impressionné par le nombre et la véhémence de ceux qui lui déconseillent fortement ce choix. Parmi eux, son ami Michel Poniatowski. Le futur ministre de l'Intérieur, épisode méconnu, lui recommande plutôt le gaulliste Olivier Guichard. Les deux hommes se connaissent très bien. Fin mai 1958, à l'hôtel Matignon, au retour du Général, ils organisent entre eux seuls la passation de pouvoirs pour une raison sans appel : de Gaulle et Pierre Pflimlin, président du Conseil sortant, ne souhaitent pas se croiser. Guichard a toute la confiance du futur fondateur de la Ve République, Ponia est le chef de cabinet de Pflimlin. Une douzaine d'années plus tard, leurs enfants Constance et Ladislas se marient. Ce jour-là, donc, fin mai 1974, Giscard hésite devant l'insistance et les arguments de son ami. D'autres personnalités sont plus ou moins sérieusement envisagées : outre Olivier Guichard, Alain Peyrefitte, Robert Boulin, Jacques Chaban-Delmas, le battu du premier tour... et même, très curieusement, Pierre Juillet, dont le nom sera peu de temps évoqué. Le profil et le parcours de ce conseiller de l'ombre de Georges Pompidou et de Jacques Chirac intéressent et intriguent le nouveau président qui le fait discrètement tester par ses proches avant de lui proposer finalement, mais sans succès, le ministère de la Défense. Pendant quelques jours, Giscard consulte, écoute, pèse le pour et le contre... pour finalement ne pas modifier sa décision. Ce sera Chirac et, en 1976, la rupture spectaculaire entre les deux hommes. Au lendemain des élections législatives de mars 1978, Giscard pense de nouveau à installer Olivier Guichard à Matignon. Il y renonce une nouvelle fois, et conserve Barre auprès de lui malgré son impopularité.

Des nombreuses autres nominations, la chronique élyséenne retient aussi les trois cohabitations, les choix prévisibles de Chirac par Mitterrand et de Jospin par Chirac, et celui, un peu moins évident, de Balladur par Mitterrand. Il faudra un tête-à-tête secret, dans une suite de l'hôtel Plaza, entre Hubert Védrine et le futur Premier ministre pour lever les derniers doutes (voir : *Émissaires*). Le Palais se souvient aussi des moments où le Président, sous le poids des circonstances, doit plier ou se faire forcer la main : Rocard en 1988,

Villepin en 2005, et le maintien de Fillon à l'automne 2010, alors que Nicolas Sarkozy, à plusieurs reprises, avait clairement promis le poste à Jean-Louis Borloo, allant jusqu'à lui demander de préparer son programme et son équipe. Et pourtant, on a appris depuis que François Fillon vivait surtout l'enfer de Matignon... lorsqu'il se rendait au Palais, se retrouvait dans des réunions ou des déplacements avec Sarkozy ou, tout simplement, apprenait ce que le Président disait de lui en son absence. Critiques virulentes du « collaborateur » Fillon, souvent devant ses ministres, parfois devant de simples visiteurs ébahis, humiliations fréquentes : à de multiples reprises, Fillon a été au bord de la démission fracassante.

La nomination de Jean-Marc Ayrault, le 25 mai 2012 à 16 h 47, ne surprend réellement personne. François Hollande en parlait ouvertement depuis plusieurs semaines. Entre le nouveau président et le maire de Nantes, la confiance est totale. Ce professeur d'allemand de cinquante-trois ans est apprécié pour son sérieux, sa solidité, sa loyauté. On connaît aussi Jean-Marc Ayrault pour sa pugnacité face à la droite. Il confesse lui-même un manque de charisme et une méfiance profonde vis-à-vis des médias et des paillettes. Il est parfois trop autoritaire, notamment avec certaines fortes personnalités, Arnaud Montebourg par exemple. Leur différend public pendant la crise de Florange n'est pas un exemple de cohésion gouvernementale. Et le couple Hollande-Ayrault a clairement un handicap : le Président et son Premier ministre se ressemblent trop. Le goût de la « normalité », l'attachement au consensus, la volonté d'éviter les crises en allant au bout de la négociation. Méthode louable, mais pas toujours en phase avec le rythme du quinquennat et la vitesse médiatique. Dès l'automne 2012, on observe d'ailleurs un rééquilibrage. Les arbitrages quotidiens se font toujours à Matignon, mais le Président remonte en première ligne quand les circonstances l'exigent : crises internationales, comme celle du Mali, choix budgétaires, plan pour la compétitivité, mariage pour tous... Le remplacement d'Ayrault par Manuel Valls, au lendemain du grave échec de la majorité aux élections municipales, se déroule aussi mal que possible. Hollande ne dit pas clairement à son Premier ministre qu'il est décidé à le remplacer. « Tu te rends compte ? Tu imagines le matin où je devrai décrocher mon téléphone pour l'appeler et lui dire que c'est fini... », glisse-t-il quelques mois plus tôt à son conseiller politique Aquilino Morelle[1]. Et quand Ayrault apprendra que la nomination de Valls est dans les tuyaux depuis plusieurs semaines, il réagira vivement, laissant même à un collaborateur le soin de porter à l'Élysée sa lettre de démission. Quant à Manuel Valls, il ne cessera de demander à Hollande une clarification politique claire et nette vis-à-vis des frondeurs. Jusqu'à l'automne 2016, il restera loyal. Mais l'approche de la primaire socialiste provoquera une tension extrême entre le Président et son Premier ministre. Manuel Valls ne cache pas son ambition, son souhait d'être candidat en 2017. Il estime depuis des années que François Hollande ne sera pas en mesure de se présenter. Le 1er décembre 2016, le chef de l'État tire sa révérence. Manuel Valls démissionne pour se lancer dans la compétition de la primaire de gauche

1. Aquilino Morelle, *L'Abdication*, *op. cit.*

dont il sortira nettement battu au second tour par Benoît Hamon. Il sera aussitôt remplacé par le ministre de l'Intérieur Bernard Cazeneuve. Le duo Hollande-Cazeneuve fonctionne bien. Il se donne pour cinq mois une seule feuille de route : « protéger les Français ».

Au lendemain du bouleversement politique d'avril et mai 2017, le choix d'Édouard Philippe est une surprise supplémentaire. Issu du premier cercle d'Alain Juppé, le nouveau chef du gouvernement illustre la recomposition du paysage politique. L'ancien maire du Havre est cultivé, travailleur, loyal et réformiste. Il manque d'expérience, comme on l'observe lors d'un passage laborieux et très critiqué dans la matinale de Jean-Jacques Bourdin, sur RMC, à la fin du mois d'août 2017. Avec l'Élysée, il faut quelque temps, après de nombreux couacs estivaux, pour installer des relations simples et transparentes. Un séminaire gouvernemental, le 28 août 2017, permet de resserrer le dispositif. Édouard Philippe et ses ministres sont appelés à intervenir davantage dans les médias. Le Premier ministre multiplie les émissions de radio et de télévision. Il monte en première ligne, afin de mieux protéger le chef de l'État et de mieux répliquer aux oppositions. Comme tous les Premiers ministres, il doit aussi s'imposer à la tête de la majorité parlementaire. Pas évident pour un juppéiste qui n'a réellement rejoint le camp Macron qu'après le premier tour de la présidentielle. Traditionnellement, depuis 1958, le premier des chefs de gouvernement est un proche du nouveau président. Il a toujours, jusque-là, largement contribué à la victoire de l'hôte de l'Élysée : Debré avec de Gaulle, Chaban avec Pompidou, Chirac avec Giscard, Mauroy avec Mitterrand I en 1981 et Rocard avec Mitterrand II en 1988, Juppé avec Chirac, Fillon avec Sarkozy, Ayrault avec Hollande. Cette fois, après le tsunami présidentiel, le schéma est nouveau. À Macron et Philippe d'en inventer les contours.

Primaire

« Je n'en suis pas surpris. » Lapidaire est la réponse de François Hollande lorsque le patron du PS, Jean-Christophe Cambadélis, lui annonce sa décision de convoquer une primaire de la « gauche de gouvernement » les 22 et 29 janvier 2017. Le Président en exercice réfléchissait à cette idée depuis longtemps, depuis qu'il savait que ses chances de succès, ou même d'être qualifié au second tour, se réduisaient. Dès lors, compte tenu de l'état de l'opinion, il lui fallait impérativement trouver la solution pour se relégitimer. Malgré les doutes de la plupart des observateurs, la primaire à gauche s'imposait dans son esprit, avec tous ses inconvénients, le chef de l'État n'étant plus le candidat naturel de son camp. Un fait inédit depuis 1958 pour un président sortant. Son renoncement final mettra un terme à un spectacle politique confus et quelque peu surréaliste durant ce mois de novembre 2016. Mais les surprises ne s'arrêteront pas là. Il y aura la large victoire de Benoît Hamon et de son programme ancré à gauche toute. Et, le soir et le lendemain du premier tour, l'incroyable cafouillage sur les chiffres de participation. Une leçon à méditer pour toutes les primaires partisanes à venir.

Ainsi donc, dans chaque camp, la primaire apparaît avant l'automne 2016 et l'hiver 2017 comme un point de passage presque incontournable. Même si, à cette occasion, l'esprit de la Constitution de la Cinquième République semble bien remis en cause. À droite et à gauche, la bataille présidentielle de 2017 se jouera donc en quatre manches, deux pendant les primaires, deux pendant la campagne traditionnelle. Terminé, le face-à-face direct souhaité par le général de Gaulle entre le candidat et le peuple français. Aux oubliettes, la candidature au-dessus des partis. Violents, les échanges et les arguments qui favorisent, durant ces deux primaires, les divergences et les surenchères, comme, à droite, dans les jours qui suivent la tragédie de Nice, le 14 juillet 2016, puis pendant la campagne de l'automne 2016. Bien sûr, l'exercice des primaires est absolument démocratique, à l'exemple du système américain. Mais, évidemment, les institutions en sortent transformées. Et l'exemple de 2017 se transforme en boomerang, les deux vainqueurs, Fillon à droite et Hamon à gauche, ayant été éliminés sèchement au soir du premier tour de la présidentielle. Du coup, cette idée de primaires ouvertes, plébiscitée quelques mois plus tôt, perd du terrain. À droite, ses détracteurs semblent désormais majoritaires. À gauche, le débat s'engagera sans doute très vite. Compte tenu du calendrier politique serré lié au quinquennat, les arbitrages dans chacun des camps devront intervenir dans les dix-huit mois à deux ans.

Prison

Dans une interview télévisée qu'il donne dix-huit mois après son entrée à l'Élysée, à la question : « Que vous manque-t-il ? », Valéry Giscard d'Estaing répond sans hésiter : « La liberté. » Il n'est pas le premier à le dire. Le Palais, une prison ? L'historienne Claude Pasteur nous livre les propos de quelques-uns des présidents qui se sont épanchés sur le sujet.

Jean Casimir-Perier, sixième président, déclare en sanglotant : « Je suis un prisonnier » ; Armand Fallières demande à son prédécesseur Émile Loubet : « On est en prison ici, n'est-ce pas ? » ; Raymond Poincaré va plus loin : « Triste maison... Je me crois en prison, ou plutôt, je crois habiter la maison des Morts. » Le même Poincaré, un peu plus tard : « Le Palais, sous ces grillages blancs, ressemble un peu plus à une prison. » Son successeur, Paul Deschanel, n'est pas en reste : « Ces murs m'écrasent » ; quant à Gaston Doumergue, il ne s'embarrasse pas de précautions devant ses amis qui le pressent d'accepter un deuxième septennat : « J'en ai assez ! On voit bien que vous n'avez pas eu à mener la vie que j'ai connue ici : prisonnier, j'ai été ! Vous entendez bien : prisonnier ! Au secret ! » La situation de Vincent Auriol avait, elle, été annoncée de longue date. Il aimait à rappeler qu'une diseuse de bonne aventure lui avait un jour prédit « sept ans de prison avec beaucoup d'honneurs ».

Ce n'est pas le Général mais Mme de Gaulle qui s'exprime, par l'intermédiaire d'André Malraux dans *Les Chênes qu'on abat* : « Elle parle de l'Élysée comme elle parlerait d'un camp de concentration »...

Éric Roussel rapporte ces confidences de Georges Pompidou à Philippe de Gaulle au cours d'un déjeuner : « Ici, je suis prisonnier. Ma femme est encore plus affectée que moi par cette situation. Je suis coupé de l'extérieur. Bien sûr, je reçois beaucoup de monde, mais les bruits de la ville me parviennent ici tamisés, déformés. » Dans une lettre adressée le 14 décembre 1969 à son ami Robert Pujol, et publiée en 2012 dans le livre initié par son fils Alain, le président Pompidou confie que la vie de chef d'État « est vraiment une vie de prisonnier et une contrainte permanente ».

C'est peut-être avec François Mitterrand que la situation évolue. Dans une interview parue en 1984, il reconnaît que la question se pose et livre sa recette personnelle : « J'ai organisé ma vie de telle sorte que je ne sois pas prisonnier de ma fonction au-delà du nécessaire. Vivre à l'Élysée n'est pas désagréable, mais si je devais ajouter à mes douze heures de travail quotidien ici, six jours sur sept, l'obligation d'y habiter, et d'y rester à l'heure où l'on peut retrouver dehors ou chez soi les gens qu'on aime voir... oui, si je devais être privé de tout cela, j'étoufferais sans doute un peu. » François Mitterrand prouve ainsi qu'il n'a pas oublié ce conseil que lui a glissé Valéry Giscard d'Estaing le jour de la passation de pouvoirs : « Ne vous laissez pas enfermer ici. On y est un peu prisonnier, vous verrez. »

Bien qu'il vive à l'Élysée, Jacques Chirac ne s'exprime pas sur le sujet. Mais on trouve dans ses *Mémoires* une indication somme toute assez révélatrice : dès le premier Conseil des ministres, en mai 1995, il fait savoir qu'il entend alléger le protocole et diminuer les dispositifs de sécurité. Ayant vu de Gaulle, Pompidou, Giscard subir cette forme de privation de liberté, on peut penser qu'il sait à quoi s'en tenir.

Nicolas Sarkozy travaille avec rapidité, quitte à désorienter ses collaborateurs. Manière, sans doute, de rendre moins pesants les usages de l'Élysée, et par là même d'éviter l'impression d'enfermement, voire d'écrasement, en conservant une marge de liberté. Malgré tout, peut-on s'affranchir complètement de la solitude et de l'isolement qui semblent inévitables dès lors qu'on devient président de la République ? À la question de savoir si c'est le Palais ou la fonction qui crée l'emprisonnement, Mitterrand, fin connaisseur, avait tranché : « C'est le pouvoir. »

François Hollande sait ce qui l'attend quand il déclare en 2012 : « Vivre à l'Élysée n'est pas utile, je n'aurai pas à le faire. » Ainsi continue-t-il, au début de son mandat, d'habiter avec Valérie Trierweiler l'appartement qu'ils louent depuis plusieurs années dans le 15e arrondissement de Paris. Après leur séparation, le Président vit à l'Élysée. En mai 2016, il nous confie[1] que le Palais est un lieu quasiment « coupé de la vie, où le silence est impressionnant ». François Hollande sort, va au spectacle, mais reconnaît qu'on peut passer « une semaine entière sans jamais sortir ». Quelque temps plus tard, évoquant devant des journalistes l'hypothèse de ne pas faire de deuxième mandat, il dira : « Ce serait une libération. » Le mot révèle bien que François Hollande partage l'avis de ses prédécesseurs à l'Élysée, mais qu'il s'agit peut-être d'un mal nécessaire quand on occupe la plus haute fonction de

1. Entretien avec les auteurs.

l'État. « Au sommet des affaires, on ne sauvegarde son temps et sa personne qu'en se tenant méthodiquement assez haut et assez loin », écrivait Charles de Gaulle.

« Dans cette maison, on n'entend rien et on ne sent rien », aurait confié Emmanuel Macron pendant sa campagne. Il affirme dès son installation, le 14 mai 2017, qu'il n'entend pas être enfermé dans une bulle, prisonnier du Palais et de ses pesanteurs. Et qu'il organisera son emploi du temps de manière à conserver le contact avec l'extérieur. Son épouse l'encourage vivement dans ce sens. Parviendra-t-il à « sentir » le pays, ses humeurs, ses doutes, ses colères et ses impatiences ? Nombre de ses prédécesseurs y ont échoué, préparant ainsi leur futur échec.

Protocole

À l'Élysée, le protocole s'est réellement développé avec le septième président, Félix Faure, de 1895 à 1899. Ses prédécesseurs remplissaient tant bien que mal, avec les moyens d'une République encore fragile, des obligations de représentation purement honorifiques, que régentaient les services du protocole du ministère des Affaires étrangères, au Quai d'Orsay. De 1879 à 1887, Jules Grévy, dont on disait qu'« il empochait les indemnités de représentation sans représenter et les frais de voyage sans voyager », avait transformé les usages protocolaires en source de revenus personnels. Mais, dès son arrivée, Félix Faure donne le ton en déclarant : « Il y a toujours une cour en France. »

Le protocole dépend toujours du Quai d'Orsay mais devient à cette époque premier service de l'Élysée. On puise allègrement dans l'héritage séculaire de la monarchie. Le Président est considéré et reçoit comme un souverain. De l'éclat, encore de l'éclat (voir : *Faure Félix*).

Avec l'arrivée du général de Gaulle, la Ve République se dote d'un service uniquement attaché à l'Élysée. Le protocole est débarrassé d'usages par trop désuets, mais la tradition est respectée. « Tout compte s'il s'agit du prestige de l'État », prévient le Général, qui entend que « les choses se passent avec ampleur et mesure, bonne grâce et dignité ». En clair, pas de tape-à-l'œil, mais aucun manquement, aucun relâchement n'est toléré. Car, sur le fond, le changement est capital, puisque s'ajoute désormais la dimension politique. Le service du protocole tel qu'il existe aujourd'hui, avec son personnel traditionnellement installé au Quai d'Orsay, fonctionne toujours sur ces bases. Son rôle : encadrer les déplacements du président de la République, en France et à l'étranger, ainsi que le déroulement des cérémonies et réceptions qui se tiennent à l'Élysée. Le chef du protocole est toujours un haut diplomate, le plus souvent un ambassadeur. Avec ses collaborateurs, il veille à tous les détails. La révérence et le baisemain sont soigneusement codifiés selon les circonstances, de même que la manière de s'adresser à l'hôte d'honneur, où il convient parfois d'user de la troisième personne, comme par exemple « Votre Altesse ». Une erreur lors d'une manifestation officielle accueillant un chef d'État peut se transformer en incident diplomatique. Pour une cérémonie, un dîner, une réception au Palais, le protocole établit la liste des invités dans le respect du souhait présidentiel, organise l'accueil de ces mêmes invités, et prévoit leur présentation au Président. S'il s'agit d'un repas, le protocole définit la place de chacun à table, selon le rang qu'il occupe. Plus on est quelqu'un d'important, plus on est près du Président. Si l'on en est éloigné... En fait, la règle du plan de table n'a guère varié depuis l'Ancien Régime. On rappellera ici comment Talleyrand, notre « prince des diplomates », appliquait à la lettre, mais non sans ironie, ce tout premier usage protocolaire. En parfait maître de maison, il tenait à découper lui-même le rôti et s'adressait à ses invités. En premier lieu, « Son Altesse me fera-t-elle l'honneur d'accepter une tranche de rôti ? », puis « Monsieur le Duc, puis-je me permettre de vous offrir un morceau de rôti ? », suivi de « Comte, acceptez-vous du rôti ? », et enfin, avec un regard distrait aux convives placés en bout de table, « Rôti ? ».

Si les règles protocolaires fondamentales remontent à la monarchie, elles ont été allégées et adaptées aux époques. Ainsi des tenues. Pour les dîners d'État, le général de Gaulle portait l'habit de soirée des officiers, bleu nuit avec un gilet gris perle, qui rappelait son arme, les blindés. Georges Pompidou fit adopter le smoking, que François Hollande supprima, en demandant qu'on le maintînt en une seule circonstance : si l'on recevait la reine d'Angleterre (voir : *Garde-robe*). Au fil du temps, la durée des repas a été raccourcie, et la présentation des invités au chef de l'État et à son homologue étranger simplifiée. Mais le chef du protocole continue d'avoir l'œil à tout et de tout devoir prévoir. Ainsi, pour une remise de Légion d'honneur, lui arrive-t-il fréquemment de rappeler avec discrétion et diplomatie au récipiendaire que la règle veut qu'on ne prenne pas la parole après le Président, même pour adresser des remerciements. L'usage s'est assoupli à partir de 2007, et les récipiendaires, lorsqu'ils sont seuls à être décorés, prennent désormais souvent la parole. Le protocole travaille aussi en étroite collaboration avec les services de l'intendance. Exemple lors des dîners d'État, où le chef d'État hôte d'honneur et le Président sont servis les premiers : l'entrée doit impérativement être présentée au président de la République dans les trente secondes après qu'il s'est assis à table.

Les vraies entorses au protocole sont rares au Palais. Deux d'entre elles sont restées dans les mémoires, à cinquante ans de distance. À chaque fois, la reine Elizabeth II en a été la « victime » plutôt souriante et accommodante. Sous le règne du général de Gaulle, un retard de quelques minutes, une sorte de sacrilège avec la souveraine britannique, provoqua l'irritation du Général. Et pendant le quinquennat de François Hollande, en 2014, ce fut une malencontreuse poignée de main présidentielle en lieu et place du baisemain. Un incident aussitôt dénoncé par la presse people britannique, mais dont Elizabeth II, qu'Hollande intéressait et amusait, n'a pas tenu rigueur au septième président français.

Terminons avec une anecdote rapportée par Claude Dulong. De Gaulle n'aimait pas que le chef du protocole se tînt trop loin de lui. Il fallait parfois lui rafraîchir la mémoire au sujet d'un invité. Lors d'une réception dans les années 1960, une dame à la taille imposante se faisait remarquer par son peu de discrétion.

— Qui est-ce ? demande de Gaulle au chef du protocole.

— Je ne la vois que de dos, mon général.

— Eh bien, faites-en le tour et voyez qui c'est.

Pyjama

« Je ne tiens pas à rencontrer des rois en pyjama dans mes couloirs ! » lance de Gaulle en arrivant à l'Élysée en janvier 1959. Est visé ce qu'on appelle « l'appartement royal », que Vincent Auriol a fait aménager au premier étage du Palais en 1947. Ces appartements, destinés à recevoir les hôtes d'honneur de la France, irritent le Général qui a besoin de place. C'est ainsi que les chambres et salons, la salle à manger et la salle de bains, où les souverains étrangers pouvaient en effet se promener en pyjama, vont laisser place aux bureaux et salles de réunion. Le salon central, appelé Salon Doré ou Salon de Musique, deviendra ainsi le bureau présidentiel.

Le Général encore : « Ce que vous voulez, c'est que de Gaulle se montre en pyjama ! » C'est la réponse peu enthousiaste qu'il fait devant Alain Peyrefitte à l'idée de paraître à la télévision, non pour une allocution mais pour une interview... On est en 1965, et l'exercice est inédit. Il faut toute la ténacité de quelques proches pour convaincre le Président pour qui, jusque-là, le jeu des questions et réponses se limitait aux conférences de presse. L'interview est de l'ordre de l'intime, comme les pyjamas.

Mais le plus célèbre pyjama élyséen reste bien sûr celui du président Paul Deschanel. Le 24 mai 1920 au petit matin, près de Montargis, un cheminot découvre, marchant sur la voie ferrée, un homme en pyjama disant être le président de la République. Paul Deschanel est tombé du train présidentiel parti dans la soirée de la gare de Lyon. La qualité du pyjama a immédiatement convaincu le cheminot que cet homme disait vrai (voir : *Deschanel Paul*).

Quinquennat

C'est une grande date dans la vie quotidienne de l'Élysée. Et une évolution majeure des institutions, dans leur esprit comme dans leur pratique. Un vrai tournant vers un régime présidentiel à la française. Cent vingt-sept ans après la loi du 20 novembre 1873 instaurant le septennat, fruit d'un difficile compromis à l'époque, les Français approuvent le quinquennat par référendum le 24 septembre 2000, pendant le premier mandat d'un Jacques Chirac pourtant résolument hostile à cette réforme un an plus tôt. C'est l'aboutissement d'une lente et chaotique gestation d'un processus engagé par Georges Pompidou en 1973.

Le quinquennat ? « Cela rendrait le mandat présidentiel plus précaire. » Le 30 avril 1963, le Général répond ainsi à Alain Peyrefitte. Le fondateur de la Ve République est formel. Il pointe notamment du doigt la simultanéité des élections présidentielle et législatives. Avec d'éventuels effets sur le rapport de forces entre l'Élysée et l'Assemblée. Dix ans plus tard très exactement, son successeur tourne résolument le dos à ce rappel gaullien. Quelle est, à ce moment, la part de la maladie dans la décision de Pompidou ? Sans doute déterminante. Depuis l'été 1972, il connaît la nature du mal qui le ronge. Selon son biographe Éric Roussel, le professeur qui soignait le Président lui aurait même conseillé de préparer sa succession. Comment, dans ces circonstances, ne songerait-il pas à abréger son mandat en le transformant en quinquennat ? Claude Pompidou, qui pourtant intervient rarement sur les sujets politiques, approuve cette fois le projet. Malgré la résistance de certains de ses proches, comme Pierre Juillet, et de plusieurs barons du gaullisme, Pompidou tient bon. En privé, à certains de ses intimes, il confie qu'il prévoit de s'appliquer cette réforme à lui-même, et donc de quitter l'Élysée aussitôt après l'adoption définitive du texte. Le principe du quinquennat est adopté en Conseil des ministres le 6 septembre 1973. Tout va très vite. L'Assemblée l'approuve le 16 octobre suivant, le Sénat le 19 octobre. Mais le décompte des voix est clair. La réforme n'obtiendrait pas, au Congrès, la majorité nécessaire des trois cinquièmes. Reste le référendum, beaucoup trop risqué. Comme en 1969, il pourrait tourner au plébiscite. Pompidou y renonce. Il disparaît six mois après.

De Giscard à Chirac en passant par Mitterrand, l'idée fait son chemin... pendant vingt-sept ans ! VGE l'envisage pendant la campagne de 1980. Mitterrand aussi, mais plutôt à la fin de son premier mandat, en 1988. C'est finalement sous Chirac que le projet aboutit. L'ancien maire de Paris rejette pourtant l'idée, lorsqu'elle réapparaît, en 1999. « C'est une erreur. Je ne l'approuverai pas », explique-t-il à la télévision, le 14 juillet de cette année. Mais Giscard insiste et dépose une proposition de loi. À Matignon, Lionel

Jospin approuve, et s'associe à la demande. Un axe VGE-Jospin surprenant. La réforme est clairement majoritaire, au Parlement comme dans l'opinion, régulièrement testée par sondage. Chirac doit s'y résoudre. Dans ses *Mémoires*, il parle finalement d'un projet « majoritairement perçu comme le gage d'une plus grande vitalité démocratique ». Le 24 septembre 2000, les Français approuvent par référendum. Certes, l'abstention est massive, plus de 69 %. Mais le résultat est sans ambiguïté. 73,21 % pour le oui. 26,79 % pour le non. Le septennat a vécu. Il aura duré de 1873 à 2002. En 2002, Chirac est réélu contre Jean-Marie Le Pen au second tour. Et il commence le premier quinquennat de l'histoire. Sarkozy apporte sa pierre à l'édifice en limitant à deux le nombre de mandats successifs. Une réforme constitutionnelle votée le 23 juillet 2008. Désormais, l'article 6 de la Constitution prévoit que « nul ne peut exercer plus de deux mandats consécutifs ». Un virage à l'américaine. Le quinquennat est certainement plus en phase avec le temps médiatique. Mais il comporte des inconvénients évidents : lorsqu'un nouveau venu est élu, Sarkozy ou Hollande, il lui faut près d'un an pour s'installer dans la fonction. Et la campagne électorale, notamment en raison des primaires, démarre en réalité dès la quatrième année, en 2011 sous Sarkozy, en 2016 sous Hollande. Du coup, le quinquennat réel dure plutôt trois ans, ponctué par des scrutins intermédiaires, municipaux, départementaux, européens ou régionaux. Dès le début de la campagne présidentielle de 2017, certains candidats proposent donc d'instaurer un septennat unique. De quoi alimenter l'éternel débat sur l'adaptation des institutions. Temps long ou temps court ? Avec le quinquennat, tout semble s'accélérer, au rythme de la frénésie médiatique, des chaînes d'information permanente et des réseaux sociaux. Pas une journée ne s'écoule sans un discours, un déplacement, une visite surprise, une réception, une réunion médiatisée. Hollande s'est vite coulé dans le moule. Présent sur tous les lieux de drame ou de catastrophe, s'exprimant en permanence, recevant des journalistes sans interruption, distillant des confidences destinées à être publiées. Durant cent jours, Macron rompt avec cette habitude. Jupitérien, il se fait plutôt rare dans les médias. Ses débuts, réussis, lui permettent de rester à l'écart des soubresauts politiques. Mais les couacs de l'été le contraignent à changer de cap. Il est plus présent. Il arbitre, il communique, il fixe le cap, il donne le ton. La répartition des rôles entre l'Élysée et Matignon est clarifiée lors d'un séminaire de rentrée au palais, le 28 août. L'impulsion reste à l'Élysée, la gestion quotidienne rue de Varenne. Le quinquennat, avec son rythme trépidant, a de nouveau imposé ses règles.

Référendum

On en compte dix. Dix, en application de l'article 11 de la Constitution, entre 1958 et 2005. Du premier, le 28 septembre 1958, sur les institutions de la Ve République, au dernier en date, le 29 mai 2005, pour interroger les Français sur la ratification du traité constitutionnel européen. Du plus large dans son résultat, près de 91 % de oui le 8 avril 1962 pour approuver les accords d'Évian sur l'Algérie, au plus serré,

51,04 % de oui le 20 septembre 1992 pour ratifier le traité de Maastricht. Cinq sous le général de Gaulle, un pendant le mandat de Georges Pompidou sur l'élargissement de l'Europe à la Grande-Bretagne, à l'Irlande, au Danemark et à la Norvège. Aucun sous Giscard. Deux à l'initiative de Mitterrand, et deux pendant les douze années à l'Élysée de Jacques Chirac, dont l'échec de mai 2005. Huit victoires pour le oui. Deux défaites, lourdes de conséquences. En 2005 sur le nouveau traité européen, et le 27 avril 1969 sur la réforme des régions et du Sénat. Des taux de participation souvent très importants, près de 85 % en 1958, plus de 75 % en 1962 pour les deux référendums, sur l'Algérie le 8 avril, sur l'élection du Président au suffrage universel six mois plus tard, le 28 octobre 1962. Puis, au fil des consultations, des taux d'abstention de plus en plus élevés : près de 70 % en septembre 2000 pour l'adoption, sans surprise il est vrai, du quinquennat.

Dix référendums, et, chaque fois, des épisodes marquants, et très particuliers, de notre histoire politique. En 1962, dans un climat lourd, avec une OAS menaçante, un de Gaulle au mieux de sa forme remporte un véritable plébiscite sur les accords d'Évian, avant de transformer les institutions et la fonction présidentielle avec l'élection du Président au suffrage universel. Sept ans plus tard, c'est le référendum boomerang sur les régions et le Sénat. De Gaulle voulait sortir de Mai 1968 par une consultation populaire. Il envisage déjà, dans une allocution du 24 mai, un référendum. Il y renonce très vite, choisit la dissolution sous la pression de Pompidou et l'emporte largement aux législatives de juin. Mais la plupart des témoignages concordent : il veut, quitte à être battu, une consultation en forme de plébiscite. Les Français veulent-ils, oui ou non, continuer avec lui ? Tout s'enchaîne. Le choix, presque suicidaire, de la suppression du Sénat comme l'un des objets de la consultation d'avril 1969. Une campagne sans souffle. Une défaite presque souhaitée par son épouse et annoncée par ses plus proches compagnons. Des défections dans sa majorité, comme celle de Giscard, qui ne fera pas campagne mais choisira, hostile à cette consultation, de déposer dans l'urne un bulletin blanc. Pour de Gaulle, l'échec sera cuisant et la démission immédiate.

Pour le référendum sur le traité de Maastricht, le climat général est, là encore, pesant. Septembre 1992. Mitterrand est au plus mal (voir : *Maladie*). Après sa première opération de la prostate, il sort de l'hôpital quatre jours avant le référendum. Les sondages sont serrés. Le Président jette ce qu'il lui reste de forces dans la bataille. Le oui l'emporte à l'arraché : 539 410 voix d'écart. Ce score est prémonitoire. Il annonce déjà, à travers le scepticisme de l'électorat, l'échec du 29 mai 2005. C'est le dernier référendum organisé à ce jour. Une défaite lourde de sens pour les Européens convaincus, qui n'ont pas su, ou pas pu, mobiliser et convaincre. Le succès du non est sans appel : 54,67 %. Plus de deux millions six cent mille voix d'écart. Un grave échec qui, pour certains, dirigeants politiques, constitutionnalistes ou observateurs, met en cause le principe même de cette consultation. Dès le début de la campagne présidentielle de 2017 pourtant, nombre de prétendants, à gauche, à droite et à l'extrême droite, proposent de multiplier les référendums après l'élection. Conviction sincère ou surenchère électorale et populiste ? Au-delà des péripéties de campagne, le référendum redeviendrait-il à la mode ?

Remaniement

C'est l'un des exercices politiques les plus redoutés et les plus délicats au Palais depuis 1959. Jusqu'en 1958, les changements de gouvernement se préparent, souvent dans la confusion et au prix de négociations interminables, à l'hôtel Matignon, autour du président du Conseil, le président de la République jouant un simple rôle de spectateur. C'est à partir de l'installation du général de Gaulle, le 8 janvier 1959, que tout se déroule à l'Élysée.

Le rituel est assez immuable. Lorsqu'il s'agit d'un remaniement ne s'accompagnant pas d'un changement de Premier ministre, le Président et son chef de gouvernement se concertent, négocient, évaluent les équilibres politiques, prennent en compte les critères régionaux, et depuis peu les questions de parité hommes-femmes. Des listes circulent, préparées par le secrétaire général de l'Élysée et le directeur de cabinet du Premier ministre. Les ministres concernés, entrants ou sortants, sont consultés, le plus souvent au téléphone. Certains se rendent à Matignon. Il faut, selon les circonstances, quelques heures ou quelques jours. Les arbitrages ayant été rendus par le chef de l'État, la liste définitive est arrêtée. Elle fait l'objet d'un tweet, d'un simple communiqué, ou d'une présentation solennelle par le secrétaire général sur le perron. L'horaire est important, l'objectif étant de diffuser l'information avant les journaux télévisés de 20 heures.

Aucun remaniement significatif ne peut se faire sans douleur. Les ambitions se heurtent, les frustrations se manifestent, les réactions se multiplient, les vrais et les faux amis interviennent. Beaucoup de ministres, arrivant au gouvernement ou le quittant, ne connaissent leur sort qu'en regardant la télévision ou en écoutant la radio. Le Président est sous tension. Il joue avec les appétits et les carrières. Il se fait en quelques minutes des ennemis irréductibles et de nouveaux amis... jusqu'au prochain changement d'équipe.

Une histoire de remaniement mérite d'être contée, car elle aura des années plus tard de vraies conséquences politiques. Le 28 juin 2011, Christine Lagarde est nommée au FMI, en remplacement de Dominique Strauss-Kahn après l'affaire du Sofitel de New York. Ce qui aurait pu être un simple réajustement devient, en quelques heures, un mouvement d'ampleur imprévue. Sarkozy pense depuis longtemps à Bruno Le Maire pour Bercy. Des qualités indéniables, une expérience européenne, des contacts privilégiés avec Berlin, une parfaite maîtrise de l'allemand. Sarkozy s'engage à le nommer. C'était sans compter la réaction de François Baroin, indispensable chiraquien pour la campagne de 2012 à venir. Tout était prêt pour une annonce tranquille dès le 28 au soir. Tout va se compliquer. Les menaces de démission se succèdent. Les esprits s'échauffent. Le Président s'impatiente. À l'arrivée, Baroin l'emporte, et le remaniement se transforme en un jeu de chaises musicales. Bruno Le Maire, une pièce importante sur l'échiquier électoral de Sarkozy, chargé de préparer le projet présidentiel de 2012, doit impérativement être consolé, et donc choyé. Il est invité, seul, à déjeuner avec le Président dans sa résidence estivale de Brégançon. Mais il n'oubliera pas cet échec, et se présentera contre Sarkozy en 2014 à la présidence de l'UMP comme en 2016 aux primaires de la droite et du centre. De tout ce tintamarre, le paysage politique sort finalement assez peu modifié. Tout ça pour ça. Le Palais a vécu l'un de ces psychodrames dont ses occupants ont le secret...

Il y a les remaniements réels, et les virtuels. Ceux que l'on prépare au Palais avant d'y renoncer au dernier moment. Début novembre 2011, en pleine crise financière, au lendemain du G20 de Cannes, un large remaniement est conçu dans le secret le plus absolu. Objectif : provoquer un choc psychologique... et réussir un coup politique. Ce mouvement prévoit notamment le remplacement de Fillon par Juppé à Matignon, l'arrivée de Jean-Claude Trichet, ancien patron de la BCE à Bercy, l'entrée de Dominique de Villepin à un poste stratégique et la nomination d'un centriste (on pense à Borloo, sans cependant le consulter) au Quai d'Orsay. Sarkozy hésite deux jours durant. Pour finalement reculer, craignant la réaction de l'opinion à cinq mois de l'échéance présidentielle. Le risque était double : l'improvisation et la précipitation d'un côté, la nature évidemment électoraliste de l'autre.

Et puis, il y a les remaniements brutaux, douloureux, ceux que l'on n'oublie pas au Palais ou dans le milieu politique. C'est le cas des derniers mouvements en date, en janvier et en septembre 2016. En janvier, c'est la démission tonitruante de Christiane Taubira, hostile à la déchéance de nationalité. « Parfois, résister c'est rester, parfois résister c'est partir », explique la garde des Sceaux avant de laisser sa place à Jean-Jacques Urvoas. Satisfaction à Matignon, où Valls supportait difficilement l'attitude de la ministre de la Justice. Embarras à l'Élysée, où le Président perd une nouvelle carte à la gauche de sa majorité. En septembre, c'est le départ, tout aussi spectaculaire, encore plus médiatisé, d'Emmanuel Macron. Le ministre de l'Économie et le chef de l'État n'ont jamais pu, ou su, s'expliquer franchement, les yeux dans les yeux. Leurs conversations s'apparentaient à un dialogue de sourds, une succession de non-dits. Mais quoi qu'il arrive, la cassure semble définitive. « Il m'a trahi avec méthode », confie, dépité, Hollande devant les dirigeants de la majorité. Et Macron, déterminé, prend son élan.

C'est sous la pression que le huitième président de la Cinquième devra très vite remanier son gouvernement. Fin juin, un peu plus d'un mois après son installation et la nomination d'Édouard Philippe à Matignon, l'affaire des emplois fictifs du MODEM provoque une cascade de démissions : tour à tour, Sylvie Goulard, François Bayrou et Marielle de Sarnez quittent le gouvernement. Richard Ferrand, mis en cause dans l'affaire des Mutuelles de Bretagne, abandonne lui aussi ses fonctions ministérielles pour prendre la tête du groupe parlementaire d'En marche!. Le 13 octobre 2017, l'affaire est classée sans suite avant que, mécaniquement, en janvier 2018, une nouvelle information judiciaire soit ouverte à la suite d'une plainte de l'association Anticor. Quelques semaines plus tôt, le 25 novembre 2017, c'est un petit réaménagement qui accompagne le remplacement de Christophe Castaner, désormais délégué général du mouvement En marche ! et toujours secrétaire d'État chargé des relations avec le Parlement, par Benjamin Griveaux comme porte-parole du gouvernement. Une polytechnicienne, Delphine Gény-Stephann, est nommée secrétaire d'État auprès du ministre de l'Économie et des Finances, Bruno Le Maire. Et le socialiste Olivier Dussopt devient secrétaire d'État en charge de la fonction publique. Six mois après l'élection d'Emmanuel Macron, l'ouverture politique se poursuit.

Rémunération

Vingt-deux mille euros brut par mois. Un peu plus de 19 000 euros net. Lorsqu'en 2007, la rémunération réévaluée du nouveau président est rendue publique, la polémique s'enflamme. Moins en raison du montant lui-même qu'à cause de l'augmentation, 140 %. Le salaire n'est pas en soi scandaleux. C'est ce que gagne Angela Merkel en Allemagne. C'est, en France, à peu près ce que touche le Premier ministre. Un ministre est payé près de 14 000 euros brut mensuels, un secrétaire d'État environ 13 000. Les écarts semblent parfaitement justifiés. Et, dans tous les cas, les innombrables avantages en nature viennent s'ajouter à la rémunération elle-même. L'augmentation, en revanche, est jugée excessive et inopportune. Et cette décision vient sérieusement troubler l'état de grâce du début de mandat de Nicolas Sarkozy. Cinq ans plus tard, c'est l'inverse. Dès son arrivée au Palais, comme il l'avait promis pendant sa campagne, François Hollande diminue sa rémunération de 30 %. L'opinion réagit favorablement. En 2017, Emmanuel Macron conservera la même rémunération que son prédécesseur.

Dans *L'Argent caché de l'Élysée*, René Dosière, le député socialiste devenu le spécialiste de l'argent public et du budget élyséen, se prononce pour une fixation par la loi du salaire présidentiel. Il propose également que soient revus le cumul retraite emploi, dont bénéficie souvent l'hôte de l'Élysée, et le calcul de la retraite des anciens présidents. Seule quasi-certitude pour l'avenir : aucun président élu ne prendra plus le risque d'augmenter d'un coup, et largement, son salaire. Dans le cadre du plan d'austérité du 7 novembre 2011, François Fillon, avec l'accord d'un Sarkozy conscient d'avoir commis une erreur lourde, annonce le gel du salaire du chef de l'État, du Premier ministre et de tout le gouvernement jusqu'au retour à l'équilibre budgétaire. La crise financière est passée par là. Désormais, sans aller jusqu'à la rigueur observée en Europe du Nord, la maîtrise du train de vie de l'État concernera aussi, et peut-être d'abord, l'Élysée. Pour l'exemple.

Rénovation

18 septembre 2014. Dans la Salle des Fêtes de l'Élysée, François Hollande tient une importante conférence de presse : terrorisme et État islamique, service civique, construction européenne, situation économique, livre-brûlot de Valérie Trierweiler... Dehors, l'orage gronde. Et d'un coup, la pluie se met à tomber dans cette salle prestigieuse où l'histoire politique a connu tant de grands moments. Une fuite d'eau

au fond de la salle due à l'usure d'un morceau de zinc de la toiture. Des travaux seront vite entrepris. Mais cet épisode est là pour confirmer la vétusté de plusieurs bâtiments du Palais.

L'Élysée vieillit. C'est le constat que dresse régulièrement, depuis des années, l'architecte en chef des Bâtiments de France. En 2008, décision est prise d'engager un vaste programme de travaux. Le Président ne devant, et ne pouvant, être dérangé ou perturbé dans ses activités quotidiennes, le calendrier est long. Les travaux ne se font qu'en son absence. La rénovation de l'Élysée va donc s'étaler sur plusieurs années. À partir de 2009, dès que Nicolas Sarkozy s'absente au moins pour une journée, les ouvriers s'installent et travaillent à un rythme soutenu. Un véritable branle-bas de combat. Tous les corps de métiers sont là. Souvent des Compagnons du tour de France, les meilleurs parmi les meilleurs. Pierre par pierre, planche par planche, pièce par pièce, salon par salon. L'électricité comme l'isolation thermique. Tout est revu, selon un plan précis et rigoureux. Avec quelques surprises, comme ces morceaux de journal retrouvés sous un plancher et datant du président Émile Loubet, en... 1903 !

En 2009, cette rénovation concerne d'abord la toiture, puis la Salle des Fêtes et le Salon Vert, à côté du bureau présidentiel. L'année suivante, en 2010, on restaure le vestibule, l'Escalier Murat, la façade donnant sur le parc et le Salon Doré. Il était temps. Le grand balcon du bureau présidentiel surplombant le parc risquait de s'effondrer. En 2011, c'est le plus gros et le plus spectaculaire. Plus de trois cents ouvriers, quatre cents certains jours, sept jours sur sept pendant la trêve du mois d'août. Les travaux, organisés par équipes de deux, commencent à 6 heures du matin pour se terminer à 22 heures. Ils concernent le Salon Murat, une rénovation indispensable mais difficile, le Salon des Ambassadeurs, la Grille du Coq, remplacée pendant sa rénovation par une grille spécialement réalisée à cet effet, et les façades donnant sur la Cour d'Honneur. Durant ce mois d'août, de vastes échafaudages recouvrent les murs. L'Élysée offre aux visiteurs et aux touristes un visage inhabituel et franchement étonnant. Les habitudes et le protocole sont quelque peu perturbés. Le dernier Conseil des ministres avant les vacances se tient exceptionnellement à l'hôtel de Marigny. Pendant la crise de la dette, à l'issue d'une réunion d'urgence convoquée par Nicolas Sarkozy, on voit devant les caméras François Fillon et les ministres sortir d'un Palais méconnaissable. Malgré deux interruptions, liées au retour à Paris de Nicolas Sarkozy pour cause de crise financière, le timing des travaux est parfaitement respecté. Tout est terminé dans les temps, pour le 23 août, veille du Conseil des ministres de rentrée. Seule surprise : l'arrivée inopinée de l'Inspection du travail, soucieuse de vérifier que toutes les mesures de sécurité sont prises.

Cette tranche de travaux, la plus importante jamais réalisée au Palais, est estimée au départ à 24 millions d'euros. Une facture prise en charge par le budget de la Culture, s'agissant d'un bâtiment officiel classé et protégé. À l'arrivée, la facture est ramenée à 15,6 millions. De quoi répondre aux critiques sur l'engagement de tels travaux en période de crise budgétaire. Cette opération de rénovation se poursuivra pendant le mandat de François Hollande. Elle concerne en août 2013 six cents mètres carrés de toiture puis, à l'été 2015, l'étanchéité de la toiture de la Salle des Fêtes et la rénovation ainsi que la mise en conformité de l'ascenseur afin que les personnes handicapées puissent l'utiliser. Et surtout, pendant l'été 2016, le Salon Doré va faire l'objet d'importants travaux. Le Président doit donc quitter son bureau pour s'installer dans le Salon des Portraits. Il retrouvera le Salon Doré début septembre après une mise aux normes des réseaux électriques et informatiques, un raccordement au réseau de climatisation « Climespace » et des travaux sur une partie du parquet (voir : *Salon Doré*). Le bureau présidentiel est ainsi rénové huit mois avant la fin du mandat. Prêt à accueillir le nouveau président.

Trois jours avant son installation au Palais, le 11 mai 2017, Emmanuel Macron est alerté par le rapport annuel de la Cour des comptes sur l'état des résidences présidentielles. La Cour, qui évalue à 100 millions d'euros sur sept ans le montant des travaux indispensables, souligne « le risque existant, à force de repousser les nécessaires opérations de conservation du patrimoine immobilier, que celui-ci se dégrade et que les coûts nécessaires à sa restauration en soient augmentés ». Derrière le jargon administratif, c'est une mise en garde claire. Quelques mois plus tard, pour des raisons budgétaires, la plupart de ces travaux seront cependant repoussés.

Résidences (et dépendances)

Le pavillon de La Lanterne et l'hôtel de Marigny : aujourd'hui, seules ces deux résidences figurent encore parmi les dépendances officielles de la présidence.

Les autres résidences présidentielles, Marly-le-Roi, Rambouillet et Souzy-la-Briche notamment, sont gérées par le ministère de la Culture. Et désormais, même si les présidents peuvent continuer de s'y rendre ponctuellement, le fort de Brégançon est affecté au CMN, le Centre des monuments nationaux, qui l'a ouvert au public en 2014, avec 55 000 visiteurs la première année et 100 000 en 2015. Budgétairement, l'opération est neutre pour l'État. Officiellement, elle permet à l'Élysée d'afficher une économie significative à l'heure de restrictions drastiques sur le train de vie de l'État. Toutes ces dépendances ont une histoire, voire une légende. Et quelques mystères. Chaque président a eu ses préférences. Petite revue de détail.

L'hôtel particulier acheté en 1972 aux Rothschild (voir : *Marigny [Hôtel de]*) est la seule résidence présidentielle à n'accueillir que des dirigeants étrangers. Avant cette date, certains d'entre eux étaient logés au château de Rambouillet, qui n'est plus dans le domaine présidentiel depuis 2009. Mais auparavant, ce château situé près de Paris a connu de grandes heures : les vacances estivales de Félix Faure, la convalescence de Paul Deschanel, une présence assez fréquente de Poincaré et de Paul Doumer, et surtout, à partir de 1958, quelques moments de flirt avec l'histoire. De Gaulle accueille souvent à Rambouillet des chefs d'État étrangers pour des déjeuners ou des dîners en famille, notamment en 1960 le chancelier Adenauer et ses proches. De Gaulle se plie aussi aux usages. Rambouillet est le domaine des chasses présidentielles. Comme il n'est pas chasseur, le Général s'arrange pour n'avoir qu'à présider le déjeuner final... Au début des années 1960, il se fait même représenter dans cette obligation par... René Coty, son prédécesseur à l'Élysée ! L'autre président qui n'aime pas la chasse, c'est Jacques Chirac. Les chasses présidentielles sont supprimées à sa demande. Auparavant, Pompidou, Giscard, Mitterrand (qui fut le Président le plus entouré de chasseurs) sont allés chasser à Rambouillet. C'est surtout Valéry Giscard d'Estaing qui apprécie cette résidence. Il y passe en famille des réveillons. Il y organise des séminaires gouvernementaux et surtout, en 1975, le premier sommet des pays industrialisés, le G5 devenu G6 avec l'arrivée de l'Italie. En 1978, avant les élections législatives qui s'annoncent difficiles, il envisage de s'y installer si l'opposition remporte le scrutin. Rambouillet, écrira VGE[1], « répond à l'idée que je me fais de l'élégance française : pas de pompe, pas trop de dorures, pas de décor baroque, des proportions justes, un peu au-dessus de la normale mais sans viser à l'écrasement ». Giscard aime aussi beaucoup Marly-le-Roi, près de Versailles. Il s'y rend souvent pour participer aux chasses présidentielles. Édifié pour Louis XIV, ce petit château qui ressemble davantage à un pavillon de chasse dispose d'un domaine d'environ quatre cents hectares. Une demeure sobre, peu confortable selon ses derniers occupants, que de Gaulle habite entre fin janvier et fin mai 1946, après sa démission et avant de rejoindre Colombey. Trente ans après, VGE y organise quelques rendez-vous politiques discrets. Et, parfois, des dîners avec une dizaine de journalistes, invités avec leurs conjoints.

Souzy-la-Briche, à moins de quarante kilomètres de Paris, dans le département de l'Essonne, est surtout

1. Valéry Giscard d'Estaing, *Le Pouvoir et la Vie*, *op. cit.*

le domaine de François Mitterrand, d'Anne Pingeot et de leur fille Mazarine. Certes, Jacques Chirac s'y rendait de temps en temps, avec ses filles Claude et Laurence. Mais pour Mazarine et ses parents, c'est beaucoup plus fréquent, parfois plusieurs week-ends de suite. Cette propriété a une histoire particulière. Un couple sans enfants la lègue à l'État, en 1972, à deux conditions : que leurs deux tombes, et celle de leur petit chien, soient soigneusement entretenues et, demande beaucoup moins connue, exprimée au début du septennat de Giscard, que les bijoux de la donatrice soient portés par la Première dame de France. Après examen, la seconde condition est jugée difficilement recevable. Les bijoux sont versés au patrimoine national, estampillés du sigle RF, République française. Vu du Palais, cette propriété est une donation rare. Et une aubaine pour Mitterrand et sa deuxième famille (voir : *Double vie*). Ils en feront une véritable maison de campagne, avec écuries pour la jeune cavalière Mazarine. André Rousselet, l'un des plus proches amis de Mitterrand, les retrouve fréquemment. Ses souvenirs sont précis, et évocateurs : « Souzy, c'est un lieu un peu magique pour la transformation qu'il opère toujours sur François Mitterrand. Si soucieux ou préoccupé qu'il puisse être en semaine à l'Élysée, quand il arrive à Souzy-la-Briche, c'est un autre homme, un père de famille heureux de se détendre un moment avec les siens et quelques amis. Ce sont des déjeuners ou des dîners sans protocole, prolongés de conversations ou de fous rires interminables. C'est convivial, bon enfant[1]. » C'est à

1. André Rousselet, avec Marie-Ève Chamard et Philippe Kieffer, *À mi-parcours. Mémoires*, Kero, 2015.

Souzy que Mitterrand adore regarder les derniers rebondissements du grand feuilleton américain de l'époque, *Dallas*. Et c'est là qu'il reconstitue lui-même avec Mazarine quelques scènes de cette série culte.

À quelques encablures de Toulon, le fort de Brégançon a une histoire mouvementée. Réellement construit au XVIIe siècle, ce fortin accueille Bonaparte en 1793, après le siège victorieux de Toulon. Devenu résidence présidentielle, il est très diversement apprécié par les présidents de la Ve République. Le Général, qui y dort après les cérémonies commémoratives du 25 août 1964 en Provence, ne supporte ni les moustiques ni le lit, trop petit pour lui. Il n'y retournera jamais. Georges et Claude Pompidou s'y rendent très régulièrement. Ils y font d'importants travaux et ouvrent parfois le fort au public et aux caméras de télévision. Claude, suivie quelques années plus tard par Anne-Aymone Giscard d'Estaing, fait notamment aménager les jardins en étages qui descendent jusqu'à la mer. Mais Claude n'a pas une réelle passion pour ce lieu de villégiature présidentielle. « On ne peut pas passer des vacances dans ce décor : c'est comme si on avait mis l'Élysée au bord de la mer[1]. » C'est en mémoire des Pompidou que le 1er juillet 2016, alors que le fort est désormais visité en permanence, y sont installées des œuvres de Pierre Paulin et de Soulages. Giscard, qui joue au tennis chez des amis proches de Brégançon, aime bien ce piton rocheux à la vue imprenable. Il y passe des vacances et de longs week-ends avec femme et enfants. Il va à la messe à Bormes-les-Mimosas. Il y reçoit notamment le couple Chirac à la

1. Delphine Le Guay, *Femmes de président*, France-Empire, 1995.

Pentecôte 1976, pour un séjour controversé et tumultueux (voir : *Ruptures*). Mitterrand, lui, déteste l'endroit, et ne s'en cache pas. « Que c'est laid ! » dit-il un matin en recevant, en pyjama, François Léotard invité à le rencontrer en sa qualité de député du Var. Tout juste Mitterrand accepte-t-il d'accueillir à Brégançon Helmut Kohl en août 1985. Chirac, sans doute en souvenir de Pompidou, qu'il continue de vénérer, y passe de très nombreuses vacances en famille après son élection. Son petit-fils Martin aime l'endroit. Des chefs d'État y défilent, comme l'Algérien Bouteflika en août 2004. Après 2007, Sarkozy y vient avec Cécilia. Les paparazzi, qui connaissent bien le fort, se régalent. Puis, sa nouvelle épouse disposant d'une propriété autrement agréable et confortable au Cap Nègre, tout près de Brégançon, on l'y voit assez peu. Jusqu'à l'été 2011, pendant lequel il y rejoint chaque week-end de juillet Carla, qui s'y repose à trois mois de son accouchement. Brégançon est un symbole. L'exemple de la résidence d'été, où les présidents aiment venir en famille. Très facile d'accès. Proche des touristes, qui en raffolent. Commode aussi pour les visites de chefs d'État. Et pour les réunions de travail, comme celle de l'été 2010 destinée à préparer les difficiles arbitrages budgétaires de septembre.

La résidence de La Lanterne, dans le parc du château de Versailles, est un cas à part. Un coup de cœur du couple Sarkozy, en 2007, et notamment de Cécilia, et ce pavillon change d'occupants. Dès son élection, le nouveau président fait savoir à François Fillon qu'il réquisitionne le pavillon... Car depuis de Gaulle, et jusqu'à 2014 sur le plan administratif, ce sont les Premiers ministres qui en disposent. Ou certains ministres – André Malraux s'y installe, avec Louise de Vilmorin, pendant plusieurs années, après l'attentat de l'OAS dans l'immeuble parisien où il habitait. Plus tard, en 1988, Michel Rocard y fait construire un tennis et une piscine. Lionel Jospin et Sylviane Agacinski y passent de nombreux week-ends. À partir de fin mai 2007, Nicolas et Cécilia y sont comme chez eux. La Lanterne est, de loin, leur résidence préférée. Celle du nouveau couple que forment Carla et Nicolas aussi. Dîners privés, comme le soir de leur mariage, et soirées amicales s'y succèdent. C'est à quelques centaines de mètres de là, en juillet 2009, que le Président fait un malaise pendant son jogging quotidien. C'est là qu'il multiplie les rendez-vous confidentiels, voire secrets, dans le cadre de sa pré-campagne présidentielle. C'est là aussi qu'il s'installe avec sa femme et leur fille Giulia, âgée d'une dizaine de jours. Pour le couple, La Lanterne est un refuge en temps de crise. Cette résidence restera, après l'élection de François Hollande, dans le giron élyséen. François et Valérie l'apprécient autant que le couple précédent. Et après leur rupture, le Président y retournera régulièrement, souvent avec ses enfants, parfois avec Julie Gayet. Il n'y fera effectuer aucun aménagement particulier, à l'exception de quelques éléments de décoration et de petits travaux de mise en sécurité. François Hollande apprécie le calme et la sérénité de ce pavillon presque champêtre. Un point commun avec son prédécesseur. Avec son successeur aussi, le couple Macron appréciant également le charme et la sérénité de ce pavillon. En joueur chevronné, Emmanuel y voit un avantage particulier : le court de tennis, qu'il utilise lorsqu'il passe un week-end à La Lanterne.

Retraite

5 octobre 2021. C'est à cette date qu'entreront en vigueur les nouvelles dispositions relatives à la retraite des anciens locataires de l'Élysée. Ainsi le précise le décret 2016.1302 du 4 octobre 2016 publié le lendemain 5 octobre au *Journal officiel de la République française*. Désormais, les anciens présidents de la République verront leurs facilités, ou leurs privilèges, réduits, cinq ans après la fin de leurs fonctions. Pour les anciens présidents actuels, par ordre chronologique Valéry Giscard d'Estaing, Jacques Chirac, Nicolas Sarkozy et François Hollande, ces dispositions s'appliqueront à compter de cette même date du 5 octobre 2021.

Jusque-là, le régime appliqué aux anciens chefs de l'État était fixé par une loi du 3 avril 1955 s'agissant de la rémunération et par une lettre du Premier ministre Laurent Fabius à Valéry Giscard d'Estaing en date du 8 janvier 1985. Si la rémunération ne change pas, environ 65 000 euros brut par an (à laquelle s'ajoutent les différentes retraites et, s'ils y siègent, le traitement de membre de droit du Conseil constitutionnel), les autres mesures sont donc sensiblement revues à la baisse. Le nombre de collaborateurs passe de sept à trois, celui des agents de service affectés à l'appartement de fonction, meublé et équipé, de deux à un. Par ailleurs, les déplacements aériens, maritimes ou ferroviaires, toujours en première classe, ne seront gratuits que s'ils sont justifiés par leur activité d'ancien président. Pour la voiture de fonction et le chauffeur, c'est le ministère de l'Intérieur qui prendra les décisions.

Le nouveau décret ne faisant aucune référence aux Premières dames, elles perdent donc le bénéfice de la pension de réversion liée à la rémunération des anciens présidents. Au total, ces différentes mesures permettront d'économiser quelque trois millions d'euros par an sur un total d'environ dix millions d'euros, un chiffre récemment estimé par la Cour des comptes. Un signe à la fois significatif et symbolique dans cette période de réduction des dépenses publiques.

Rêves et regrets

La phrase, ou plutôt la pique, n'est pas passée inaperçue. Le 22 octobre 2014, dans la Salle des Fêtes, François Hollande fait son Premier ministre Manuel Valls grand-croix de l'ordre national du Mérite. C'est la règle pour chaque nouveau nommé à Matignon. Mais pour le prédécesseur de Valls, Jean-Marc Ayrault, la presse n'avait pas été conviée. Cette fois, la cérémonie se déroule devant les micros et les caméras. La raison en est simple : le Président a un message à faire passer. Il ne tardera pas. Évoquant Clemenceau, que Manuel Valls admire profondément, François Hollande, sourire en coin, lâche : « Il n'est pas devenu président de la République, mais on peut réussir aussi son existence sans être président de la République. » Le Premier ministre encaisse. Dans son regard, une petite lueur en guise de réponse. Comme s'il répliquait : « Nous verrons. »

À cet instant, on ne peut s'empêcher de songer à ceux et celles qui ont rêvé de s'installer à l'Élysée.

La liste est longue, qu'on pourrait diviser en deux grandes catégories. Dans la première, on rangerait ceux qui n'ont jamais cru qu'ils y entreraient vraiment, leur candidature ne dissipant qu'un temps les ténèbres de leur anonymat. Qui se souvient de Louis Ducatel, Marcel Barbu ou Jean-Claude Sebag ? Qui a cru aux chances de Jacques Cheminade ou Gérard Schivardi ?

La seconde catégorie est celle des regrets. Des occasions manquées. Peut-être des grands ratages de la République. En 1879, l'insignifiant Jules Grévy s'installe à l'Élysée alors que Léon Gambetta s'y préparait. À l'origine de l'échec, des manœuvres politiques, naturellement, et politiciennes, mais aussi une raison d'ordre privé : la belle-sœur du peu apprécié président sortant, Mac-Mahon, était la maîtresse de Gambetta... En 1920, la popularité acquise par Clemenceau depuis la guerre en fait le candidat naturel à la présidence de la République. L'élection n'est qu'une formalité. Clemenceau n'entend d'ailleurs pas perdre de temps à faire campagne auprès des parlementaires, ni même à poser officiellement sa candidature. Ses amis s'en chargent. Il est bien assez occupé à réduire l'hostilité d'Aristide Briand, seul véritable obstacle à son entrée à l'Élysée. Ne nous y trompons pas : Briand n'est pas un concurrent, c'est l'ennemi de toujours, que Clemenceau – relayé par les pamphlets de Léon Daudet, ce qui n'est pas aussi paradoxal qu'on pourrait le penser – a toujours profondément détesté. « Le Tigre » est sûr de lui, car il possède quelques documents prouvant que Briand n'a pas été, pendant la guerre, le patriote qu'on croit. Mais Briand est habile. Il trouve le moyen de contourner le chantage. Il répand l'idée selon laquelle Clemenceau à l'Élysée, c'est la

France qui sombre définitivement dans l'athéisme, et que jamais les relations avec le Vatican ne reprendront. Pendant ce temps, Clemenceau répète à qui veut l'entendre : « J'entrerai à l'Élysée pour sept ans, et pendant sept ans, Briand battra la semelle devant la présidence du Conseil... » Et Briand de répliquer : « Moi vivant, jamais Clemenceau n'entrera à l'Élysée ! » La manœuvre de Briand est efficace. Le 17 janvier 1920, celui qui n'avait rien demandé, mais s'était laissé fléchir, Paul Deschanel, s'installait à l'Élysée.

Léon Blum aurait-il pu devenir président en 1947 à la place de Vincent Auriol ? Jacques Chaban-Delmas aurait-il pu prendre la suite de Georges Pompidou ? Citons encore Raymond Barre, qui manqua 1988, Jacques Delors, qui préféra Bruxelles au palais de l'Élysée, et Michel Rocard, qui espéra tant ce grand rendez-vous avec la République. On terminera sur un sourire, en évoquant la personnalité de celui qui a toujours rêvé du Salon Doré : Edgar Faure. Alors que François Mitterrand entame son premier septennat et que triomphe sur les écrans le film de Steven Spielberg *E.T. l'extraterrestre* (1982), un dessin satirique représente Edgar Faure, tête ronde de E.T. et yeux exorbités, planté devant l'Élysée, tendant un long doigt (comme le faisait le héros du film) en direction du porche d'entrée. De sa bouche s'échappe ce murmure : « Maison... Maison... »

Ruptures

La longue histoire des relations entre présidents, Premiers ministres et ministres est, sous la Ve République, une succession de malentendus, de dialogues de sourds et d'épisodes parfois violents, parfois feutrés. Sans revenir sur les affrontements quasi permanents des périodes de cohabitation, la nature même des institutions, l'existence du domaine réservé, l'apparition des primaires et l'étendue de l'article 20 de la Constitution sur les prérogatives du Premier ministre, créent des situations le plus souvent ambiguës.

Malgré sa loyauté, Georges Pompidou connaît assez vite avec le général de Gaulle des difficultés de compréhension. Il lui reproche par exemple de l'avoir tenu à l'écart de ses réflexions sur sa candidature à l'élection présidentielle de 1965, de ne pas l'avoir informé de son mystérieux départ pour Baden-Baden en 1968, et d'avoir choisi l'ambiguïté au moment de l'affaire Marković. Entre Georges Pompidou et Jacques Chaban-Delmas, le désaccord est évident dès les premières semaines, le nouveau président critiquant ouvertement le discours de politique générale du maire de Bordeaux sur la nouvelle société. « Ah ! Il me casse les pieds avec sa nouvelle société ! J'ai déjà bien du mal avec l'ancienne ! » lâche le Président devant quelques journalistes à l'automne 1969. Plus tard, il confiera : « Chaban avait le talent de faire croire que les décisions que je prenais venaient de lui. En réalité il ne décidait rien du tout et se contentait de faire ce que je lui disais. » En écho, une petite phrase prononcée trente-cinq ans plus tard par Jacques Chirac à propos de son ministre Nicolas Sarkozy : « Je décide, il exécute. »

Le conflit Mitterrand-Rocard est très vite flagrant, portant sur la plupart des questions économiques et sociales. Les difficultés avec Laurent Fabius sont discrètes, à l'exception de l'incident sur la visite officielle du général polonais Jaruzelski et le célèbre « lui c'est lui, moi c'est moi » du jeune Premier ministre.

Les exemples de conflits se sont, en réalité, multipliés pendant les cinquante dernières années. Mais c'est évidemment entre Giscard et Chirac que l'affrontement a été le plus rude, jusqu'à la rupture violente et publique de l'été 1976, après deux ans de cohabitation et de paix armée entre les deux hommes et leurs entourages.

« Je ne dispose pas des moyens que j'estime nécessaires pour assumer efficacement les fonctions de Premier ministre et, dans ces conditions, j'ai décidé d'y mettre fin. » Ce 25 août 1976, c'est un Chirac tendu, le visage serré, qui annonce sa démission. Il avait acté cette décision un mois plus tôt dans une lettre remise au Président, après des semaines de conflits. Giscard « entendait tout décider par lui-même », explique-t-il dans ses *Mémoires*, au milieu d'un long réquisitoire. Entre les deux hommes, l'entente aura été de très courte durée. Formation du gouvernement, relations entre le RPR et l'UDF, stratégie européenne, rapports personnels, politique étrangère : tous les sujets, ou presque, sont l'objet d'affrontements.

La situation se détériore début 1976. Le 31 mai, Chirac demande par écrit la démission du gouvernement, la formation d'une équipe resserrée et la dissolution de l'Assemblée à l'automne. L'épisode de Brégançon, à la Pentecôte, n'arrange rien, le Premier ministre reprochant au Président d'avoir invité à dîner son moniteur de ski. Le 11 juillet, à l'occasion d'une revue navale au large de Toulon, les Français découvrent, en compagnie de Giscard, un Chirac si nerveux qu'il utilise ses jumelles... à l'envers !

La charge au canon du maire de Paris, le jour de sa démission, marque le début d'une guerre qui dominera l'histoire de la droite pendant trois décennies. À la lecture de leurs Mémoires respectifs, le malentendu entre Giscard et Chirac est total et l'incompréhension permanente. Leur dernier entretien à l'Élysée version Giscard est surréaliste et saisissant. « Je ne sais pas encore ce que je vais faire, dit Chirac. J'hésite entre plusieurs possibilités. L'une serait d'ouvrir une galerie de peinture... En tout cas, vous n'entendrez plus parler de moi !... Je souhaite n'avoir plus aucun contact avec le milieu politique. » Jacques Chirac, de son côté, évoque différemment ce moment : « Nous échangeons quelques mots sur un ton presque détendu avant que je me rende à Matignon où m'attendent les caméras de télévision... » Le dialogue de sourds se poursuit toujours trente années plus tard. Quelques mois avant 1981, ce duel connaît une sorte d'apothéose avec le fameux dîner qui réunit, au domicile parisien d'Édith Cresson, rue Clément-Marot, Chirac et Mitterrand. Une rencontre secrète que VGE considérera comme la preuve de la trahison de son ancien Premier ministre. Cet affrontement Giscard-Chirac est, depuis 1958 et l'élection du Président au suffrage universel, la rupture la plus spectaculaire que le Palais ait connue. Mais, bien entendu, d'autres suivront : Rocard, humilié par Mitterrand en 1991, ou, vingt-cinq ans plus tard, Manuel Valls qui choisit publiquement de se préparer au combat présidentiel à l'automne 2016, certain que la page Hollande va, et doit, être tournée. Autant de divorces politiques qui font désormais partie de la chronique élyséenne.

Sarkozy (Nicolas)

Le 20 novembre 2003, au cours de l'émission « 100 minutes pour convaincre » sur France 2, Alain Duhamel interroge le ministre de l'Intérieur Nicolas Sarkozy : « Laurent Fabius a avoué qu'en se rasant il pensait à la présidentielle. Y pensez-vous aussi en vous rasant ? » Le ministre répond du tac au tac : « Pas seulement en me rasant. » Tout est dit. L'ambition, la détermination, l'audace, la transgression et le culot. Nicolas Sarkozy est déjà militant du parti néogaulliste lorsqu'il devient avocat d'affaires en 1981. Sa carrière politique, tout entière consacrée au département des Hauts-de-Seine, est menée à la hussarde. Quand il souffle la mairie de Neuilly à Charles Pasqua en 1983, il n'a que vingt-huit ans. Député, président du Conseil général, Sarkozy se construit des réseaux solides et efficaces qui lui permettent de s'imposer partout, et surtout là où on ne l'attend pas. Très bon orateur, débatteur redoutable, celui qui fait penser au jeune Bonaparte autant qu'à *L'Homme pressé* de Paul Morand a incontestablement du talent. Ministre pour la première fois en 1993, Nicolas Sarkozy a, comme Chirac, fait de l'Élysée son but ultime. Comme Giscard, il pense être le meilleur de sa génération. Comme Mitterrand, il connaît cette patience mêlée de rage. Comme tant d'héritiers, il s'apprête à tuer le père politique. La préméditation remonte à 1993, lorsqu'il choisit Édouard Balladur contre Jacques Chirac. La suite, jusqu'à l'élection de 2007, est un long parcours où Sarkozy encaisse, tombe, se relève, se fait étrangler, ébouillanter, écarteler, et à son tour poignarde, asphyxie, éparpille, taille en pièces. Un guerrier. Un animal politique. « Chirac ne me hait pas. C'est pire, il me craint », lâche-t-il en 2004. Il est vrai que le président sortant ne va rien faire pour faciliter l'accession à l'Élysée de son ancien protégé. Mais le destin est imparable. Le 6 mai 2007, Nicolas Sarkozy est élu vingt-troisième président de la République française ; le 16 mai, il entre à l'Élysée. Au président du Conseil constitutionnel, Jean-Louis Debré, qui proclame : « À partir de ce jour, vous incarnez la France », le nouveau Président répond par les douze exigences qu'il s'est fixées, dont celle de « rompre avec le comportement du passé ».

Enfant du siècle, celui de la vitesse et des médias, Sarkozy impose au Palais le rythme de sa vie propre. Les premiers temps de sa présidence suffisent à le désigner comme l'« omniprésident », présent partout et tout le temps, le plus souvent au détriment du Premier ministre. À l'Élysée, il s'entoure de fidèles qui travaillent avec lui depuis plusieurs années et le connaissent bien. Ainsi de Claude Guéant, qu'il nomme secrétaire général, et d'Henri Guaino, qui devient le conseiller spécial, rôle tenu par Jacques Attali sous François Mitterrand et Jérôme Monod avec Jacques Chirac. Très peu de modifications dans l'agencement du Palais. Le Président occupe le bureau traditionnel du chef de l'État, dans le Salon Doré, mais s'en attribue un second, au rez-de-chaussée (voir : *Portraits [Salon des]*). Dans le parc, on installe une cabane pour Louis, âgé de dix ans lorsque son père entre à l'Élysée. Pour le Président lui-même, des panneaux de protection au-dessus des murs du parc, qui assurent sa sécurité et sa tranquillité lorsqu'il fait son jogging. La première Première dame ne fait que passer (voir : *Cécilia*). Nicolas et Cécilia divorcent en octobre 2007, cinq mois après l'installation à l'Élysée. Les médias ironisent : « Il avait promis la rupture. Promesse tenue ! » Pendant trois mois, Nicolas Sarkozy est, comme ses lointains prédécesseurs Louis Napoléon Bonaparte et Gaston Doumergue, un président célibataire. Carla Bruni, deuxième Première dame et troisième épouse, entre officiellement à l'Élysée par son mariage le 2 février 2008. Elle met au monde Giulia en octobre 2011 (voir : *Naissance*).

Nicolas Sarkozy travaille à l'Élysée, mais réside dans le 16e arrondissement, près de la porte d'Auteuil, où Carla habite une maison depuis plusieurs années. Il ne déteste pas l'Élysée, dont il connaît l'histoire, qu'il aime à raconter aux artistes et écrivains qu'il invite, de plus en plus nombreux, à déjeuner. « Le Président mange vite et peu », dit-on au Palais, avec une nette préférence pour le sucré. Son plat favori reste toutefois les macaronis aux truffes, spécialité de l'hôtel Bristol... à cent mètres de l'Élysée.

Nicolas Sarkozy connaît des débuts difficiles à la tête de l'État. Il a enfin le pouvoir et veut que ça se sache. Soirée au Fouquet's parmi ses amis du CAC 40, virée sur le yacht de Bolloré, premières vacances dans une luxueuse maison du New Hampshire, à Wolfeboro : son image se dégrade. On lui reproche de ne pas « faire président », et d'émettre un seul son : « bling-bling ». Il provoque, recevant ses premiers visiteurs en leur lançant, si satisfait d'être là, les pieds sur une table basse, dans ce bureau qu'occupa, jadis, le général de Gaulle : « Regarde où je suis ! Je réforme pendant cinq ans, je change radicalement la société française, et puis, ensuite, je pars dans le privé et je gagne beaucoup d'argent. » Politiquement, il lance en effet quelques réformes. Sa volonté d'ouverture est mal comprise. Les appels du pied à la gauche font grincer des dents, malgré la nomination du populaire Bernard Kouchner aux Affaires étrangères. Las ! Ce dernier manquera à la fois de courage et de lucidité et encaissera, sans réagir publiquement, humiliations politiques et diplomatiques. En 2008, les premières alertes économiques et financières poussent Sarkozy à afficher son souci de se « présidentialiser ». La marche rapide des événements ne lui en laisse guère le temps. Reculades ou abandons figent les réformes. La crise s'amplifie. Président pendant six mois de l'Union européenne, il est omniprésent, martèle que son devoir premier est de protéger le pays, et qu'il ne relâchera pas son effort. En clair, ne pas changer de stratégie ni d'attelage avant d'avoir atteint la rive à l'occasion de sa réélection. Le 6 mai 2012, les Français en décident autrement. Cet échec surprend Nicolas Sarkozy. Il se croyait imbattable, invulnérable. Il a raté sa campagne, trop marquée, trop influencée par Patrick Buisson, le théoricien d'extrême droite. Sarkozy découvre l'amertume et la solitude de la défaite. Cinq ans plus tard, il quitte définitivement la scène politique après un échec cuisant dès le premier tour de la primaire de la droite et du centre.

Secrétaire général

Après le Président, c'est de loin la personnalité la plus importante à l'Élysée. Véritable tour de contrôle, Premier ministre *bis*, voire vice-président, le secrétaire général voit tout, ou presque, regarde tout, sait tout. Il est en contact permanent avec le directeur de cabinet du Premier ministre, coordonne la communication, valide la hiérarchie des priorités, prépare le Conseil des ministres du mercredi. La plupart des informations passent par son bureau. Les notes y sont adressées, les projets de discours travaillés, les grandes nominations préparées, les dossiers sensibles filtrés et traités, du plus confidentiel au plus anodin. Depuis les débuts de la Vᵉ République, les décisions les plus importantes y sont préparées. C'est avec Claude Guéant, le premier secrétaire général de Nicolas Sarkozy, que le secrétaire général franchit un pas supplémentaire. Il pousse en effet son avantage jusqu'à multiplier les missions diplomatiques parallèles, et apparaître, au rythme de ses nombreuses sorties médiatiques, comme un porte-parole quasi permanent, avec l'aval du Président. De la même manière, il gère, à la demande du chef de l'État, les dossiers délicats de l'audiovisuel et de la presse écrite, en particulier les nominations, et pas seulement celles des P-DG. Un visiteur se souvient de l'avoir entendu, en 2010, négocier directement au téléphone l'arrivée d'un nouveau rédacteur en chef dans un journal de presse écrite. Son successeur immédiat, Xavier Musca, reviendra à un rôle plus conforme aux institutions et aux usages du Palais.

Le secrétaire général est aujourd'hui installé à côté du Salon Vert, qu'il traverse pour se rendre chez le

Président. Salle de réception sous Napoléon III, salle à manger sous la IVe République, c'est là, dans cette pièce d'angle, que se tenait le Conseil des ministres sous de Gaulle. Le secrétaire général voit souvent le chef de l'État entrer dans son bureau, dès que l'actualité l'impose. Après le Salon Doré, c'est le vrai centre de pouvoir, là où s'opèrent les arbitrages, où se font et se défont les carrières, où les ministres sont convoqués, là où les grands patrons et les dirigeants des médias défilent.

Sans parler des périodes de cohabitation, où il faut en permanence négocier, composer, arbitrer, éviter les polémiques, harmoniser les positions et la communication dans les sommets internationaux, le secrétaire général de la présidence et l'équipe du Premier ministre ont souvent des relations difficiles. Et deviennent vite concurrents dans l'exercice du pouvoir. Entre 2007 et début 2011, la relation avec Matignon est ainsi notoirement conflictuelle. Les ministres observent souvent, dans le huis clos du Conseil des ministres, la fraîcheur, voire l'hostilité, des contacts entre Fillon et Guéant. L'omniprésence politique, diplomatique et médiatique du secrétaire général exaspère le Premier ministre, qui s'en ouvre fréquemment au Président, et obtient de temps en temps que Guéant soit réduit au silence. Début 2011, la situation s'améliore lorsque Nicolas Sarkozy modifie son gouvernement, nomme Guéant à l'Intérieur et le remplace donc à l'Élysée par Xavier Musca. Tout aussi loyal, le directeur de cabinet de Fillon, Jean-Paul Faugères, s'entend parfaitement avec le successeur de Guéant qui a compris qu'il doit éviter, à l'inverse de son prédécesseur, la surexposition politique et médiatique.

Avec l'arrivée de Pierre-René Lemas, en mai 2012, la fonction de secrétaire général retrouve sa place d'origine. Discret, efficace, organisateur hors pair, ce préfet que François Hollande a connu à l'ENA, dans la fameuse promotion Voltaire, maîtrise tous les rouages de l'Administration. Gros fumeur, amateur de théâtre, il manie l'humour et cultive un certain détachement. C'est en réalité un bourreau de travail. Chaque semaine, il déjeune avec Christophe Chantepy, le directeur de cabinet de Jean-Marc Ayrault, pour serrer les boulons. Il est fréquent que les deux hommes retrouvent pour le café François Hollande et son Premier ministre. La confiance entre l'Élysée et Matignon, c'est la clé d'un exécutif harmonieux. Sous la Ve République, le pouvoir est en principe dual, partagé entre l'Élysée et Matignon. Et c'est au secrétaire général de la présidence que revient la responsabilité de la coordination entre les deux maisons. Ce rôle, Jean-Pierre Jouyet le remplira à partir d'avril 2014 avec l'efficacité et le recul d'un grand commis de l'État connaissant parfaitement les rouages de l'Administration, les pièges et les embûches, les chausse-trappes et les dossiers empoisonnés. Ami intime de François Hollande, sauf lorsqu'il accepta la proposition de Sarkozy d'entrer dans le gouvernement, amateur de football et de chanson française, Jouyet est, malgré l'épisode malencontreux du déjeuner avec Fillon, l'archétype du secrétaire général. Loyal et compétent, travailleur et désintéressé, suffisamment proche du Président pour lui parler sans langue de bois quand ils sont en tête à tête. Bourreau de travail, brillant, cultivé, doté d'un humour très « british », Alexis Kohler, le secrétaire général nommé au printemps 2017 par Emmanuel Macron, arrive au Palais accompagné d'une solide réputation. Sciences Po, l'ESSEC, l'ENA dans la promotion Averroès : cet Alsacien de quarante-cinq ans est passé par le FMI avant de rejoindre la direction du cabinet de Macron lors de son passage à Bercy. « Il est plus intelligent que moi », aurait glissé un jour Emmanuel Macron. Les deux hommes s'entendent parfaitement bien. Selon l'entourage présidentiel, un seul regard leur suffit pour se comprendre.

Armand Fallières, le huitième président de la IIIe République, est le premier à nommer un secrétaire général. Dix-sept se succèdent depuis 1958 : trois avec de Gaulle – dont, de 1959 à 1962, Geoffroy Chodron de Courcel, cousin de Bernadette Chirac –, deux avec Pompidou, trois avec Giscard, trois avec Mitterrand, trois avec Chirac, deux avec Sarkozy et deux avec François Hollande.

Certains d'entre eux sont restés dans la mémoire du Palais. Michel Jobert, très original, aimait travailler... assis par terre. Patrick Balkany, le député-maire de Levallois-Perret, qui effectuait alors son service militaire à la présidence, se souvient de l'avoir vu dans cette position, travaillant avec l'ambassadeur britannique en France, sir Christopher Soames, le gendre de Churchill, le stylo à la main, devant des pages du traité d'adhésion de la Grande-Bretagne à l'Europe éparpillées au sol. Celui qui lui succéda en 1973 auprès de Georges Pompidou, Édouard Balladur, annotait chaque jour à la main le journal *La Croix*, avant de faire porter ce quotidien à un curé ami. Mais surtout, compte tenu de la gravité de la maladie de Pompidou, Balladur fut sans doute, dans les derniers mois du mandat, l'un des secrétaires généraux les plus puissants. Avec le recul, seuls Bérégovoy, Védrine, Villepin et Guéant peuvent lui disputer cette première place.

Preuve éclatante du rôle éminent des secrétaires généraux de l'Élysée, trois sont nommés Premiers ministres, Pierre Bérégovoy, Édouard Balladur et Dominique de Villepin. Six deviennent ministres, Michel Jobert, Jean François-Poncet, Hubert Védrine, Jean-Louis Bianco, Philippe Bas et Claude Guéant. Un autre, Frédéric Salat-Baroux, devient, en épousant sa fille Claude le 11 février 2011, le gendre du président qu'il a servi, Jacques Chirac. Aucun n'est ministre sous le général de Gaulle. Et aucun, à ce jour, parmi les dix-sept qui se sont succédé, n'a été... président. Le seul point commun dans cette période, c'est l'absence de femmes dans cette fonction. Plus qu'une anomalie, une faute.

Sécurité

1958-2017. De Gaulle face à l'OAS, Hollande face à une vague terroriste sans précédent : à près de soixante ans de distance, le Palais a dû affronter des situations exceptionnelles. Mais c'est en permanence que la sécurité élyséenne doit conjurer les risques, prévoir les accidents, organiser la riposte à tous les scénarios possibles. La sécurité reste en permanence une priorité absolue.

Au même titre que le code nucléaire et le PC Jupiter, c'est un sujet difficile à aborder au Palais. Le moindre détail sur la sécurité du Président, aujourd'hui comme hier, doit rester un secret. Embargo absolu. Tout juste sait-on que la sécurité du Président et de ses proches est aujourd'hui assurée par une soixantaine de membres du SPHP, le Service de protection des hautes personnalités. Moitié policiers, moitié gendarmes. Armes de poing, oreillettes, moyens de communication ultramodernes. Ils disposent de toute la panoplie nécessaire.

La sécurité des présidents, c'est une histoire mouvementée. Elle commence réellement après l'attentat qui coûte la vie au roi Alexandre Ier et au ministre français des Affaires étrangères Louis Barthou, le 9 octobre 1934 à Marseille, sous la présidence d'Albert Lebrun. Déjà, les assassinats de deux présidents, Sadi Carnot en 1894 tué par l'anarchiste italien Caserio en 1894, et Paul Doumer victime d'un déséquilibré russe, Gorguloff, en 1932, avaient fait apparaître la nécessité d'organiser une véritable protection. Peu à peu, cette sécurité devient un impératif. Sous la Ve République, et avec l'arrivée du Général, elle va se transformer en obsession légitime.

De Gaulle n'apprécie pas la présence trop voyante des Gorilles, ses gardes du corps (voir : *Gorilles [du Général]*). Mais les événements d'Algérie, le combat mené par l'OAS et l'attentat du Petit-Clamart le contraignent à l'accepter. Le trottoir de la rue de l'Élysée qui longe le Palais, jusque-là ouvert au public, est interdit d'accès. À chaque déplacement, en France comme à l'étranger, la protection est renforcée. Elle sera nettement allégée sous Pompidou et Giscard. Les policiers sont présents, mais pas trop visibles. C'est François Mitterrand qui va très sensiblement renforcer le dispositif. Convaincu par le fondateur du GIGN, le commandant Prouteau, il impose en 1983 la création du GSPR, le Groupe de sécurité de la présidence de la

République. De Gaulle, nom de code « Pépère », avait ses Gorilles, Mitterrand, successivement « Dieu » et « Tonton », aura ses Mousquetaires, les célèbres gendarmes de l'Élysée. Ils protègent le Président, sa famille légitime ainsi qu'Anne et Mazarine Pingeot (voir : *Double vie*). Ils seront jusqu'à cent vingt à la fin du second septennat.

Dès son arrivée, Jacques Chirac modifie le dispositif, désormais plus souple et moins voyant. Nettement plus léger aussi. Une grosse cinquantaine d'agents les premières années, jusqu'à soixante après l'épisode du 14 juillet 2002 et la tentative de tir à la carabine contre le Président par Maxime Brunerie, place Charles-de-Gaulle. « Vega », c'est le nom de code donné à Chirac par sa sécurité, déjà composée à parts égales de gendarmes et de policiers. Un dispositif alternativement commandé par un représentant de chaque corps avec l'apparition de femmes – quatre en 2007, à la fin du second mandat. Symboliquement, le Président fait ouvrir aux piétons, pendant quelque temps, le trottoir qui longe le Palais, rue du Faubourg-Saint-Honoré. Outre Jacques et Bernadette, le petit-fils du Président, Martin, est protégé pendant un temps, parce qu'il emprunte toujours le même itinéraire pour aller de son domicile à son école. Sa mère, Claude, refuse toute protection. Elle veut vivre à peu près tranquille, et libre de ses mouvements. On se souvient encore au Palais d'une grosse colère quand elle apprend, peu de temps après son arrivée à la présidence, qu'elle a été protégée, sans le savoir, pendant une semaine.

Branle-bas de combat en 2007. Quand il arrive au Palais, Nicolas Sarkozy avoue en privé n'avoir vraiment confiance que dans les policiers. Son jugement évoluera un peu plus tard, quand il découvrira la qualité, l'efficacité et la discrétion des gardes républicains. Mais au début, la sécurité est assurée par les seuls policiers du SPHP, le GSPR créé par Mitterrand ayant été absorbé. D'abord quatre-vingts policiers, puis une centaine. Omniprésents, expérimentés, dotés des meilleurs équipements électroniques. Une vigilance de tous les instants. Le Président fait régulièrement du jogging dans le parc ? On installe une clôture au-dessus du mur, rue de l'Élysée, pour éviter les regards indiscrets des voisins et minimiser les risques. Pendant les déplacements, les dispositions sont prises pour éloigner au maximum les manifestations hostiles. Ce qui n'empêche pas tous les incidents, comme le 30 juin 2011 à Brax, dans le Lot-et-Garonne, où le Président est agrippé par la veste pendant un bain de foule habituellement réservé aux militants UMP et aux sympathisants. L'image passe en boucle sur les chaînes de télévision et sur le Net. Et le débriefing qui suivra, à l'Élysée, sera, selon les témoins, plutôt musclé. En matière de sécurité présidentielle, le risque zéro doit exister.

En 2012, après l'arrivée de François Hollande, nouveau changement de pied. Le dispositif est d'abord allégé, ramené à une soixantaine de personnes. La rue de l'Élysée est de nouveau ouverte à la circulation. Les gendarmes font leur retour au côté des policiers. L'équilibre est de nouveau à 50-50. Il le restera après l'arrivée d'Emmanuel Macron. Et surtout, en 2012, et pour la première fois, une femme dirige le GSPR. Sophie Hatt a quarante-quatre ans. Un parcours sans faille et sans faute. Chargée de la sécurité de Lionel Jospin à Matignon de 1999 à 2002, elle a été très légèrement blessée à Ramallah, en Cisjordanie, lorsque l'ancien Premier ministre fut sérieusement chahuté par des manifestants. Elle occupe en 2012 une responsabilité majeure. Une vraie révolution au Palais.

François Hollande ayant choisi de conserver l'appartement qu'il loue avec sa compagne rue Cauchy, dans le 15e arrondissement, la sécurité présidentielle doit d'abord s'adapter. Un système personnalisé d'alerte est installé dans le logement du Président. Il permet à tout moment, à partir d'un simple bouton et d'un mot de passe, de déclencher une intervention des services de sécurité.

Dans les cinq années qui suivront, aucun incident majeur ne se produira. Mais plusieurs failles, plus ou moins graves, seront détectées, et parfois rendues publiques : en décembre 2013, une vraie frayeur lorsque, lors d'une escale à Bangui, en Centrafrique, sur le chemin du retour de Johannesburg où avait lieu la cérémonie d'hommage à Mandela, des miliciens armés se dirigent vers le Falcon présidentiel qui vient de se poser ; en novembre 2014, c'est une photo volée (voir : *Photo*) qui fait scandale, l'Élysée se demandant toujours aujourd'hui comment le cliché de François Hollande avec Julie Gayet dans le parc, devant les appartements privés, avait pu être pris, sans doute du premier étage du Palais ; dix mois plus tôt, c'est la photo du Président arrivant à scooter chez sa future compagne qui avait déjà déclenché une polémique sur la protection présidentielle. Mais c'est surtout en 2015, à l'occasion des attentats successifs, que les risques personnels pris par le chef de l'État font l'objet d'un vrai débat. En janvier, le périmètre autour de *Charlie Hebdo* n'est pas totalement sécurisé quand Hollande, très vite, arrive sur les lieux. Le 13 décembre, on apprendra qu'au moment où le Président rejoint le Bataclan, Abbaoud, le terroriste qui a organisé le carnage, se trouvait toujours dans les environs. Le Président affirmera que ces risques étaient parfaitement maîtrisés. Autour de l'Élysée, la sécurité sera sensiblement renforcée : interdiction de circuler rue du Faubourg-Saint-Honoré, devant le Palais, et rue de l'Élysée ; parc fermé aux visiteurs pour les Journées du patrimoine ; et fin septembre 2016, à la suite d'alertes prises très au sérieux, en particulier le scénario d'une opération kamikaze, le dispositif est de nouveau durci, avec des policiers en binôme autour du Palais. La vigilance absolue est désormais permanente. L'accès aux piétons, avenue de Marigny, est soigneusement filtré. Et une barrière métallique est installée sur le trottoir rue du Faubourg-Saint-Honoré. Après l'installation d'Emmanuel Macron au printemps 2017, le dispositif se déploie dans un secret absolu. Impossible de connaître jusqu'à présent le moindre détail sur la nouvelle sécurité présidentielle. Tout juste apprendra-t-on qu'en raison des risques terroristes, les services chargés de la sécurité présidentielle seront renforcés. Ils sont désormais une centaine au total à assurer la protection du Président.

Sénat

Entre les deux palais, celui de l'Élysée et celui du Luxembourg, les relations sont plutôt mouvementées depuis 1958. Très dégradées sous de Gaulle, avec un Gaston Monnerville en embuscade. Correctes, mais toujours méfiantes et vigilantes, pendant les présidences Pompidou, Giscard, Mitterrand, Chirac, Sarkozy et Hollande d'un côté de la Seine, Monnerville, Poher, Monory, Poncelet, Bel et Larcher de l'autre. Et puis, c'est le coup de tonnerre du 25 septembre 2011, la victoire de la gauche et, pour la première fois sous la Ve République, l'arrivée d'un élu du PS sur le « plateau », à la présidence du Sénat. Trois ans après, en septembre 2014, la droite et le centre retrouvent la majorité, et Gérard Larcher son fauteuil. De Monnerville à Larcher, près de soixante ans d'une histoire qui alimente la chronique élyséenne.

« C'est une assemblée inamovible, sans responsabilité ni sanction. Il peut dire n'importe quoi et s'en laver les mains. » Ce 19 septembre 1962, en Conseil des ministres, le Général parle ainsi du Sénat pendant le tour de table qu'il a organisé sur la réforme constitutionnelle et l'élection du Président au suffrage universel. Ces propos traduisent vraiment son état d'esprit. Ses relations avec Gaston Monnerville, qui préside la Haute Assemblée, sont notoirement exécrables. Le 29 septembre, le contentieux va encore s'alourdir. Devant le congrès du Parti radical réuni à Vichy, Monnerville parle de « forfaiture » en évoquant le projet constitutionnel souhaité par de Gaulle et mis en œuvre par Pompidou. Le mot utilisé déclenche les foudres gaullistes. Le 2 octobre, Monnerville est réélu à la présidence du Sénat. Il le sera de nouveau en 1965, avant d'abandonner son fauteuil en 1968. À l'Élysée, le Général ronge son frein. Après le succès du référendum constitutionnel du 28 octobre, 62,2 % de oui mais une abstention significative, il pense déjà à l'étape suivante. Le 7 décembre 1962, toujours en Conseil des ministres, six semaines après la consultation populaire, il reprend ses attaques contre ce Sénat qui est « un talon d'Achille ». « Il faudra détruire ce Sénat, ou en tout cas le transformer, ce sera la première des choses à faire. » Il y réfléchira sept années durant, jusqu'à ce référendum du 27 avril 1969. Avec toujours l'idée de faire payer au Sénat son hostilité, son indépendance, voire son indiscipline.

Après l'affrontement de la période 1958-1969, les relations s'améliorent progressivement. Surtout à partir de 1974, car Pompidou et Poher entretenaient des rapports difficiles au lendemain de leur duel présidentiel de 1969. Et peu à peu, le Sénat s'installe comme un interlocuteur utile et efficace. Bien sûr, entre 1981 et 1986, puis de 1988 à 1993, surtout dans les premières années de Mitterrand, les conflits sont fréquents. Mais la Haute Assemblée s'installe vraiment, améliore son image, rajeunit quelque peu, se féminise, accomplit un travail législatif de qualité en séance comme dans ses commissions. Jusqu'à ce 25 septembre 2011. Et la victoire de la gauche. C'est la conséquence « arithmétique » des dernières consultations, selon les éléments de langage fixés par Sarkozy et Copé. Mais c'est aussi l'impact des échecs économiques et sociaux du gouvernement et de la nouvelle loi, très critiquée sur le terrain, sur les collectivités territoriales.

Au lendemain de ce 25 septembre, et après l'élection du socialiste Jean-Pierre Bel à la présidence du Sénat, le paysage politique a changé. Avec un président de la République de droite, nombre de projets, des réformes constitutionnelles notamment, qui exigent un vote des trois cinquièmes au Congrès, rencontrent de vraies difficultés. Avec un président de gauche, la nouvelle majorité sénatoriale disposera de pouvoirs plus étendus que jamais, même si dès le début du mandat de François Hollande, les élus du Front de gauche et du Parti communiste votent souvent contre les textes du nouveau gouvernement. Et après le retour de la droite et du centre, en septembre 2014, le Sénat va jouer un rôle d'opposant déterminé mais constructif. Une page a cependant été tournée. Désormais, depuis le vote de septembre 2011, l'alternance au palais du Luxembourg est devenue une réalité.

Septennat

Trois Constitutions auront fixé puis consacré une durée de sept ans pour le mandat présidentiel. Celles de 1875, de 1946 et de 1958. Le 25 février 1875, le texte qui précise, pour la IIIe République, l'organisation des pouvoirs publics reprend en réalité la loi du 20 novembre 1873. Mac-Mahon est à l'Élysée. Le septennat a été, en 1873, le fruit de longues discussions.

Les débats portaient sur une durée de mandat allant de cinq à dix ans ! Mais jusqu'en 2002, le septennat a tenu bon. Contesté, critiqué, parfois non renouvelable, il a sans doute résisté car il symbolise une forme de monarchie républicaine. Et parce qu'il illustre aussi une tradition bien ancrée, quoi qu'on dise, celle de l'homme providentiel. Un protecteur jusqu'à la fin de la IVe République. À partir de 1958, et plus encore en 1962 avec le référendum plébiscite approuvant l'élection du Président au suffrage universel direct, un vrai patron, un chef de l'État aux pouvoirs élargis. Sur le papier, l'un des plus puissants parmi les grands pays développés.

L'histoire des septennats est riche. De 1873 à 2002, la sinistre parenthèse pétainiste exceptée, le septennat permet aux différents présidents de tenir les rênes des trois Constitutions successives. Paradoxalement, c'est peut-être le 28 octobre 1962 que le septennat va se fragiliser. Ce jour-là, les Français approuvent, à 62,25 %, le passage à un tout autre équilibre des institutions. Et la participation fait aujourd'hui rêver. Plus de 75 % ! Un raz de marée comme seul de Gaulle pouvait les provoquer. De ce jour, le Président devient tout-puissant. Trop puissant ? Il dispose à peu près de tous les pouvoirs. Un nouvel équilibre n'interviendra qu'en 1986, avec la première cohabitation, un système auquel les Français semblent prendre goût... jusqu'à l'adoption du quinquennat. Pendant la campagne de 2017, certains candidats, comme Raymond Barre en son temps, prônent de nouveau le septennat non renouvelable. Mais le double quinquennat consécutif, malgré ses défauts, semble toujours faire le consensus dans le milieu politique comme dans l'opinion. Du coup, François Mitterrand, le grand pourfendeur des institutions gaulliennes, reste le seul à avoir réalisé deux septennats. Quatorze ans à l'Élysée. Record absolu.

Sherpa

C'est lui qui prépare les sommets internationaux des G8 et G20. Qui négocie, bien en amont, les conclusions des travaux. Qui rédige, au nom du Président, les textes, documents de travail et communiqués pendant les sommets. Qui rencontre discrètement ses homologues pour éviter au maximum les divergences ou les affrontements. Pendant les séances, il siège derrière ou aux côtés du Président. Né au début des années Mitterrand, le sherpa présidentiel fait référence aux guides himalayens chargés d'accompagner les alpinistes dans leur ascension vers les sommets. Le sherpa conseille le Président. Il le représente. Infatigable, discret, disponible, c'est la véritable cheville ouvrière de ces négociations internationales.

Le profil du sherpa, c'est plutôt celui d'un ambassadeur de haut niveau. D'un diplomate expérimenté. Jacques Attali n'est pas de ceux-là. Conseiller spécial de François Mitterrand, il se veut incontournable. Au point d'occuper le Salon Vert, la pièce voisine du bureau du Président. Il est le premier sherpa. Mais, bien sûr, il n'occupe pas cette fonction à plein temps. Anne Lauvergeon lui succède. Si appréciée de Mitterrand qu'il en fait, en 1991, une secrétaire générale adjointe de l'Élysée auprès de Jean-Louis Bianco, puis d'Hubert Védrine. Elle est omniprésente auprès du Président, et l'accompagne jusqu'au dernier jour, après son départ du Palais. Le profil de Jean-David Levitte, qui devient sherpa de Jacques Chirac dès son arrivée au Palais, est plus traditionnel. Un des meilleurs diplomates. Virtuose, il connaît par cœur sa carte internationale, notamment les Nations unies. Il est jugé indispensable après son passage à l'ambassade de France à Washington et rejoint, de nouveau comme sherpa, l'équipe de Nicolas Sarkozy dès 2007. Il y gère de A à Z la présidence française du G8 et du G20 en 2011. Et supporte sans état d'âme les sautes d'humeur du Président. Sous Chirac, le sherpa est Maurice Gourdault-Montagne. Un brillant esprit, ambassadeur au Japon avant Chirac, puis en Grande-Bretagne et en Allemagne après 2007. Polyglotte, cultivé, cet ancien directeur du cabinet d'Alain Juppé à Matignon connaît tout ce qui compte sur la scène diplomatique. Un sherpa utile et efficace, disposant de relais et de réseaux dans le monde entier. Une vraie valeur ajoutée pour l'ancien maire de Paris.

De droite ou de gauche, ces différents sherpas, d'Attali avec Mitterrand à Philippe Étienne, l'ancien ambassadeur en Allemagne nommé auprès de Macron, jouent un rôle clé. Assez peu connus du grand public, mais indispensables. Sans eux, la France n'aurait évidemment pas la place qu'elle occupe. En période de cohabitation, ils doivent, de surcroît, assurer la cohérence de la position française en dialoguant en permanence avec l'équipe du Premier ministre. Parfois entraînés dans une diplomatie parallèle, comme avec Claude Guéant qui multiplie les contacts directs, et discrets, avec certains dirigeants étrangers. Souvent contraints d'arrondir les angles. Des diplomates de haut vol.

SMS

Ils apparaissent au Palais sous Jacques Chirac, mais discrètement, car l'ancien président apprécie modérément ce nouveau type de communication. Certes, Claude Chirac et ses collaborateurs utilisent très fréquemment les textos, moyen incontournable de dialoguer avec les proches, les médias et les journalistes. Mais la vieille garde du Président, Monod ou Ulrich, connaît à peine le fonctionnement des SMS. Et leur utilisation en Conseil des ministres est, selon les témoins de l'époque, rarissime.

En 2007, le changement est complet avec l'arrivée de Nicolas Sarkozy et de son équipe. Les textos entrent réellement dans la vie quotidienne de l'Élysée. Malgré les recommandations des responsables de la sécurité, qui craignent pour la discrétion et la confidentialité de certains échanges, les proches du nouveau président les utilisent en permanence. Le chef de l'État lui-même est accro. Les règles de base de la politesse sont oubliées. Qui n'a pas, un jour de difficultés personnelles ou de tempête politique, partagé la table de Nicolas Sarkozy ne peut mesurer l'ampleur du phénomène. Le Président peut envoyer et recevoir des dizaines de textos à l'heure, rivé sur son mobile. Fin juillet 2007, il se rend aux Chorégies d'Orange pour saluer les efforts culturels de France Télévisions qui diffuse en *prime time* *Le Trouvère* de Verdi. Peu amateur d'opéra, il passera une partie de la soirée à lire et à envoyer des SMS. Impressionnant et déroutant. Sans revenir sur cet épisode surréaliste, et ravageur dans l'opinion, d'un président envoyant des messages au milieu d'une entrevue au Vatican, en présence du pape Benoît XVI...

À l'Élysée, la mode des textos va dès lors déferler partout. Dans les réunions, fréquemment interrompues par le bruit, très reconnaissable, de la réception d'un SMS, même avec un appareil en veille. Et jusqu'en Conseil des ministres où, à partir de 2007, les membres du gouvernement profitent de certains moments d'inattention ou de baisse de tension pour envoyer ou consulter des textos. Ils communiquent entre eux également, et souvent de la manière la plus directe possible. Témoin cet échange de SMS, authentique, entre deux ministres à propos d'un dossier difficile. « Tu vas m'emm... longtemps avec cette affaire ? écrit l'un. Tant que tu continueras à me faire ch... », répond l'autre. Cette habitude devient si dérangeante, « et par moments intenable » selon un ministre, que François Fillon et le Président doivent, à plusieurs reprises, demander aux ministres d'y mettre fin. Nicolas Sarkozy envisage même un temps de faire « brouiller » le Salon Murat le mercredi matin pour que le Conseil ne soit plus perturbé. Son successeur tranchera. Hollande lui-même est un grand utilisateur et consommateur de SMS. Il encourage ses proches à lui adresser ainsi des observations, des suggestions et des critiques. Mais pendant les Conseils des ministres, le développement des SMS devient insupportable. François Hollande tranche. Et Macron, grand consommateur de SMS à titre personnel, confirmera cette décision. Désormais (voir : *Aides de camp [Salon des]*), les portables sont interdits, sauf pour le Président. Mais quelles que soient les instructions, les recommandations et les dispositions techniques, le SMS est aujourd'hui omniprésent dans la vie quotidienne du Palais.

Somme (petit)

Se laisser aller à fermer les yeux et à s'assoupir au creux d'un bon fauteuil ou d'un confortable canapé...

mais pas quand on est à l'Élysée ! Le Palais est pourtant, de ce point de vue, une maison comme une autre. Napoléon sacrifiait à un petit repos l'après-midi, Jules Grévy s'assoupissait ouvertement pendant les Conseils des ministres, Félix Faure pratiquait la sieste crapuleuse, et Armand Fallières avait la franchise d'avouer, en faisant allusion aux habitudes prises chez lui, à Loupillon, dans le Lòt-et-Garonne : « Un roupillon comme à Loupillon ! »

Sous la Ve République, quelques témoins affirment que le général de Gaulle pouvait se détendre quelques minutes dans un fauteuil – mais on ne parle pas officiellement de sieste. La maladie obligeait Georges Pompidou et François Mitterrand à prendre du repos certains après-midi. Mais c'est Jacques Chirac qui crée la surprise en faisant l'aveu de son penchant pour le petit somme réparateur. En 2004, il préface un livre intitulé *Éloge de la sieste* : « La sieste est une recette d'équilibre à la portée de tous, quand on sait qu'un seul quart d'heure de bon repos suffit pour réparer les plus grandes fatigues. » Comment l'auteur du livre, Bruno Comby, avait-il appris que le président de la République n'appréciait rien tant que de s'allonger un petit moment au début de l'après-midi dans ses appartements privés du Palais ? Ou l'avait-il simplement deviné en observant la forme alors tourbillonnante de Jacques Chirac ?

N'y a-t-il que les présidents et les bambins de la crèche pour dormir ? Que se passe-t-il dans les bureaux de l'Élysée entre 14 et 15 heures ? « La sieste ? Jamais ! » nous ont répondu quelques collaborateurs du Palais, dont l'ardeur ininterrompue aux affaires de l'État ne peut être mise en doute. Rendons alors hommage à un ministre, Dominique Bussereau, qui a reconnu, dans un article du *Figaro* d'août 2011, que le participant le plus assidu au Conseil des ministres, dans le Salon Murat, était Morphée, dieu des songes. « Moi-même j'ai parfois longuement fermé les yeux en plein Conseil. Le milieu de la matinée, c'est un peu la mauvaise heure quand on est fatigué. » Le meilleur remède est donc celui que Winston Churchill s'appliquait à lui-même : une heure de sieste tous les jours.

Sondages

Ils sont analysés, décortiqués, disséqués, chiffre par chiffre, à la virgule près, dans les principaux bureaux du Palais. Ils arrivent presque quotidiennement, surtout en période électorale. Depuis les années 1960, les sondages sont entrés à l'Élysée. Au compte-gouttes d'abord, puis de plus en plus fréquemment. Il y a maintenant plus de trente ans qu'ils sont attendus impatiemment par le Président et ses conseillers. Et les patrons des principaux instituts, SOFRES, IPSOS, IFOP ou BVA, sont devenus des interlocuteurs incontournables pour les chefs de l'État successifs et leurs « spin doctors ».

1965. C'est la première fois que les sondages d'opinion, réalisés en l'occurence par l'IFOP, le plus ancien des instituts, permettent de suivre l'évolution des intentions de vote des Français à partir d'un échantillon représentatif. Ces sondages mesurent très exactement l'évolution du rapport de forces des trois principaux candidats, de Gaulle, Mitterrand et le centriste Lecanuet. Peu à peu, à l'approche du premier tour, on voit le score du Général reculer, passant de plus de 60 % à moins de 50 %. Le ballottage du président sortant, contredisant tous les pronostics, est ainsi anticipé, et alimente les débats. Le résultat confirmera cette tendance : 44,6 % pour de Gaulle, 31,7 % pour Mitterrand et 15,6 % pour Lecanuet. Les chiffres seront aussi précis pour le second tour, qui verra le Général réélu avec 55,2 % des suffrages. Désormais, à chaque scrutin présidentiel, la publication régulière des intentions de vote au premier et au second tour vient rythmer la campagne. Au gré de ces chiffres, les candidats adapteront leur stratégie. Et les médias les commanderont et les commenteront à l'envi. La vie politique en sera profondément modifiée.

1969. Le Général démissionne après l'échec du référendum. Très vite, dès les candidatures connues, les sondages se multiplient. Ils vont, avec une grande précision, évaluer les positions : le centriste Alain Poher, président du Sénat, qui effectue l'intérim au Palais, voit ses scores chuter après un début prometteur ; Georges Pompidou progresse en permanence pour terminer à 44,5 % le soir du premier tour ; le communiste Jacques Duclos se maintient à un niveau élevé, au-dessus de 20 % ; et les intentions de vote du socialiste Gaston Defferre restent très faibles, autour de 5 %. Le second tour, largement remporté par Pompidou, validera ces études d'opinion. Les sondages sont devenus incontournables.

1974, 1981, 1988, 1995 : à chacune des élections présidentielles qui suivent, les instituts, qui se multiplient, voient à peu près juste. En 1974, après la disparition de Georges Pompidou, ils détectent très vite la poussée de Giscard, le recul régulier de Chaban-Delmas et le niveau élevé de Mitterrand. Et au second tour, ils prévoient le résultat final, serré, au bénéfice de VGE. En 1981, ils observent la montée de Mitterrand, la baisse de Giscard et la chute du communiste Marchais avant d'anticiper la victoire finale du candidat socialiste. En 1988, ils placent toujours largement en tête Mitterrand devant Chirac. Et en 1995, ils anticipent dès le démarrage de la campagne la remontée de Jacques Chirac face à Balladur puis son succès face à Lionel Jospin. En revanche, et même s'ils mettent en avant, en 2002, la progression de Le Pen et l'érosion continue de Jospin, ils ne mesurent pas, ou très peu, l'ampleur du mouvement et ne prédisent pas le coup de tonnerre et l'élimination du candidat socialiste au soir du 21 avril. Cinq ans plus tard, en 2007, c'est la poussée du centriste François Bayrou qui est parfaitement mesurée. Lors de la campagne de 2012, pas de réelle surprise, ni dans les sondages, ni dans les résultats définitifs. Du début à la fin, François Hollande est donné vainqueur. Il le sera. Cette fois, pour les primaires de 2016 et 2017, les motifs d'étonnement, pas toujours observés dans leur ampleur par les instituts de sondage, ont été nombreux. Ainsi, à droite et au centre, les instituts n'observent pas, dans un premier temps, l'élimination de Sarkozy, l'érosion de Juppé et la forte poussée de Fillon. Les sondages sont donc contestés et critiqués. Mais l'on oublie, par exemple, qu'à la veille du second tour, l'IPSOS mesurait Fillon à 67 % et Juppé à 33 %. À quelques dixièmes près, ce sera le résultat final. De la même manière, les sondages réalisés dans la dernière ligne droite des primaires de la gauche mesureront assez fidèlement la forte dynamique en faveur de Benoît Hamon. Et ils anticiperont très précisément la future victoire d'Emmanuel Macron au second tour.

Durant les dix campagnes présidentielles successives, les études d'opinion ont vu plutôt juste, révélant les grands mouvements électoraux, les dynamiques et les retournements de tendance. Mais nous sommes sans doute entrés dans une phase nouvelle, dominée par les mouvements d'humeur, la défiance envers tous les instruments d'observation et d'analyse, la stratégie électorale individuelle, le zapping généralisé, les choix exercés en dernière minute et le vote « révolutionnaire », cette sorte d'insurrection électorale, comme on l'a constaté avec la victoire du Brexit et le succès de Trump. Les sondages resteront-ils donc aussi fiables que par le passé, lointain et récent ? Les responsables des divers instituts devront-ils adapter leurs méthodes et leurs analyses à cette nouvelle donne ? La question est évidemment posée.

Aujourd'hui, longtemps avant le scrutin présidentiel, les sondages fleurissent, de plus en plus nombreux. Ils mesurent les cotes de popularité et les intentions de vote dans les différents scénarios, en fonction des candidats probables ou possibles. Ils évaluent les reports de voix entre les deux tours. Plusieurs fois par semaine, souvent identiques, parfois contradictoires, ils observent les évolutions et les rapports de forces. Plus largement, ils scrutent les personnalités, avec leurs qualités et leurs défauts, leurs atouts et leurs handicaps. Au plus fort des campagnes, ces études deviennent quotidiennes. Les prétendants eux-mêmes commandent ces photographies instantanées de l'opinion. Des « quali » et des « quanti ». En 2007, en 2012 comme en 2017, les sondages prennent parfois franchement le pas sur les thèmes de campagne. Ils ne sont plus seulement omniprésents, ils deviennent des objets de commentaires permanents. À l'américaine. Et le phénomène des primaires accentue encore la tendance.

Jusqu'à 2012, les études d'opinion commandées directement par l'Élysée sont nombreuses. À son arrivée, François Hollande décide, comme il s'y était engagé, d'y renoncer. En même temps sera déclenchée « l'affaire des sondages de l'Élysée » qui concerne le quinquennat de Nicolas Sarkozy. À l'origine, un rapport de la Cour des comptes, puis des épisodes judiciaires, mettant notamment en cause Patrick Buisson, qui transforment cette affaire en véritable feuilleton. À l'heure de la rigueur, on peut comprendre que la présidence n'ait plus réellement besoin de consacrer un budget spécifique à ce type d'études. Les médias les publient en cascade. L'Élysée y a évidemment accès. Et le gouvernement lui-même en commande. Il y a les intentions de vote pour les consultations à venir, l'évolution de l'image des responsables politiques et les enquêtes approfondies, de nature sociologique, sur l'état de l'opinion, comme, depuis 2013, la passionnante étude annuelle de l'institut IPSOS, *Fractures françaises*. À partir de ces innombrables sondages, des commentaires des experts et des réactions sur les réseaux sociaux, le chef de l'État a clairement besoin d'analyses et de synthèses régulières, pertinentes et sans langue de bois sur l'état réel de l'opinion. Pour éviter l'isolement. Et tenter de sortir de la « bulle » élyséenne.

Il y a enfin, rarement, les sondages sur le Palais lui-même. Ainsi, en février 2016, une étude Odoxa pour

Le Parisien vient confirmer l'assez bonne image dont bénéficie toujours le palais de l'Élysée. Dans cette période où toutes les institutions sont rejetées, le Palais résiste, avec 50 % de bonnes opinions ; 56 % des Français sont hostiles à un déménagement. Quant aux qualificatifs, en voici le classement, par ordre décroissant : le Palais est jugé prestigieux (86 %), trop coûteux (84 %), symbolique de la République (80 %), coupé des Français (65 %) et monarchique (58 %). Jugement certes balancé, mais plutôt honorable en ces temps de défiance généralisée.

Sportifs

« Dans ce pays, si je ne fais pas tout moi-même ! » : fin août 1960, le dessin de Jacques Faizant, dans *Le Figaro*, croquant de Gaulle courant sur la piste, en survêtement, furieux des piètres performances françaises aux jeux Olympiques de Rome, entre dans l'histoire. À l'Élysée, les résultats des équipes de France, dans toutes les disciplines, sur tous les continents, pour toutes les grandes compétitions, sont suivis et traités depuis très longtemps avec une attention particulière, parfois avec passion. Depuis 1927 et Gaston Doumergue, l'usage veut que le président de la République assiste à la finale de la Coupe de France de foot – en 1967, on verra même le Général se lever et renvoyer le ballon qui avait atterri par hasard dans la tribune d'honneur ! De Gaulle est un fervent supporter du marathonien Alain Mimoun et du navigateur Éric Tabarly. Il aime regarder à la télévision les retransmissions des matchs de foot et de rugby, « surtout quand la France gagne ». Il n'est pas mauvais connaisseur, comme en témoigne cette réflexion faite à un visiteur en mai 1968, après avoir appris que Roger Couderc, commentateur vedette du rugby, s'était plaint de l'oppression du pouvoir : « On ne lui a jamais imposé de dire que Gachassin était meilleur que Camberabero, que je sache ! » De Gaulle aime aussi le Tour de France. On se souvient de cette photo étonnante du peloton s'arrêtant, en juillet 1960, à Colombey-les-Deux-Églises, pour saluer le Général venu en voisin accueillir les coureurs. À l'Élysée, il reçoit des sportifs à sa table, et celui qui s'en plaint – auprès de Michel Droit – c'est... François Mauriac ! « Lorsque le Général m'invite à l'Élysée, c'est avec des cardinaux, pour un repas de vieillards ! Ou bien l'autre jour ce fut avec Louison Bobet. Je l'aime bien, Bobet. Mais si je veux déjeuner avec lui, je vais à Quiberon, et j'en profite pour soigner mes rhumatismes. Ce qui me ferait plaisir, c'est une journée en famille à Colombey. Mais ça, jamais ! »

Pompidou s'intéresse plus à l'art moderne qu'au sport. C'est avec Valéry Giscard d'Estaing, puis François Mitterrand, que certains grands événements, largement relayés par la télévision, commencent à rythmer la vie du Palais. Depuis le milieu des années 1970, les vainqueurs français, notamment les médaillés, sont presque systématiquement reçus avec les honneurs jusque-là réservés aux politiques, aux militaires, aux diplomates ou aux artistes.

14 juillet 1998. L'équipe de France de football emmenée par Zinedine Zidane est ovationnée à son arrivée sur la terrasse du Palais. Reçus en héros par

Jacques Chirac, ils éclipsent totalement l'interview présidentielle et la garden-party. Douze ans plus tard, après le désastre du football français en Afrique du Sud, c'est... le président Sarkozy qui essaie de prendre lui-même les choses en main, recevant Thierry Henry et faisant savoir qu'il suit de très près le dossier. Pendant cette Coupe du monde, il téléphone fréquemment et directement aux membres du staff, aux dirigeants et aux joueurs, allant jusqu'à recommander telle sélection ou telle stratégie de jeu.

Les grands sportifs deviennent clairement, au fil des ans, un enjeu politique. Certains seront ministres, comme le patineur Alain Calmat sous Mitterrand, l'athlète Guy Drut et l'escrimeur Jean-François Lamour sous Chirac, David Douillet sous Sarkozy. Le judoka a auparavant mis sa popularité au service de l'opération « Pièces jaunes » de Bernadette Chirac, et devient, comme d'autres, un véritable porte-drapeau.

Aujourd'hui, le sport fait réellement partie de la vie quotidienne élyséenne. Depuis la fin septembre 2012, le parc est ouvert chaque matin, du lundi au vendredi, de 7 h 30 à 9 heures, aux personnalités du Palais. Au programme, marche à pied ou jogging. La salle de sport, hier rue de l'Élysée, aujourd'hui à l'hôtel de Marigny, est très fréquentée. On y trouve tout ce qu'il faut. Des rameurs, des vélos, des tapis de course, des haltères. Et même, trois fois par semaine, des séances d'électrostimulation musculaire.

Certains présidents pratiquent assidûment tel ou tel sport. D'autres sont des supporters acharnés. Giscard skie et joue au tennis, Mitterrand au tennis et surtout au golf. Chirac, comme Churchill, c'est « no sport ». Pour Nicolas Sarkozy, féru de bicyclette, de jogging et un peu de tennis, le sport est une passion. Le football d'abord. C'est un supporter inconditionnel du PSG. À l'été 2011, il soutient activement la vente du club au fonds d'investissement qatari, QIA, symbole du foot business. Il suit de très près le mercato. On croise au Palais presque autant de sportifs que d'artistes ou d'animateurs de télévision. Il les connaît, les tutoie, les cajole. Le 26 octobre 2011, il reçoit tous les joueurs et le staff de l'équipe de France de rugby qui vient de s'illustrer en Nouvelle-Zélande, jusqu'à inquiéter les All Blacks dans une finale héroïque. Il aime beaucoup les footballeurs, mais aussi les coureurs cyclistes. Depuis trois ans, il convie, le jour de l'arrivée du Tour de France sur les Champs-Élysées, les Français qui ont participé à l'épreuve. C'est désormais un passage obligé, comme ce 24 juillet 2011 où, autour de Thomas Voeckler, tous les tricolores, accompagnés de leurs épouses, sont reçus pendant plus d'une heure. Mais son préféré est sans conteste Lance Armstrong. Fasciné par le champion américain, il ne supporte pas la moindre critique, la plus petite allusion aux soupçons de dopage. Et l'anecdote du 22 mars 2010 a vite fait le tour du Palais. La veille, le Président et sa majorité ont subi aux élections régionales une lourde défaite. Un remaniement est en cours. Les dirigeants de l'UMP et les présidents de l'Assemblée nationale et du Sénat, convoqués pour en discuter l'ampleur et les contours, s'impatientent dans l'antichambre. Les médias attendent. Mais Nicolas Sarkozy choisit de recevoir d'abord, en priorité, son ami Armstrong. Accompagné de son épouse et de son manager, le champion américain est venu lui offrir un superbe vélo de compétition, sur lequel figure la signature présidentielle. Le rendez-vous, auquel participe également Michel Drucker, un ami fidèle de Lance Armstrong, devait durer quelques minutes. Il se prolonge près d'une heure. Ce jour-là, le sport a presque mis K-O la politique.

Avec François Hollande, le sport reste à l'honneur. Le Président appelle à ses côtés Thierry Rey, ancien gendre de Jacques Chirac, médaille d'or de judo aux JO de Moscou en 1980. Le 17 septembre 2012, il accueille dans la Salle des Fêtes cent quatorze médaillés olympiques et paralympiques aux Jeux de Londres qui viennent de se terminer. Manifestation identique fin août 2016 avec les médaillés des JO de Rio, où Hollande, qui a encouragé par écrit tous les participants français avant le début de la compétition, a suivi la cérémonie d'ouverture. Réception bon enfant, photo officielle sur le perron. François Hollande aime sincèrement le sport, et depuis longtemps. Il apprécie le rugby, et, de passage à Londres, se rend en septembre 2015 à Croydon pour rencontrer les rugbymen français pendant la Coupe du monde et se faire offrir par le capitaine Thierry Dusautoir un maillot de l'équipe tricolore. Mais c'est bien le football qu'il connaît le mieux, comme son prédécesseur. Il confie à *Paris Match* avoir pleuré, avec son ami Jean-Pierre Jouyet, après le célèbre France-Allemagne de Séville, en juillet 1982. En 2014, pendant la Coupe du monde au Brésil, il fait installer des écrans géants à l'Élysée. Il suit attentivement les résultats de Rouen, sa ville natale, de Monaco, du Red Star et, bien entendu de Tulle (voir : *Fiefs*). Pendant l'Euro de juin 2016, il est omniprésent. Écharpe tricolore au cou, il se rend à tous les matchs de la France. Recevant les finalistes de la compétition au lendemain de leur défaite, il les console et exprime « la gratitude de la France et des Français ». Le Hollande sportif pratique la marche à pied. Sur le conseil du médecin-journaliste-animateur-producteur Michel Cymes, il essaie, dans le parc de l'Élysée ou ailleurs, d'effectuer au moins six mille pas chaque jour, calculés par un podomètre.

Macron adore, et pratique, le football et le tennis. Supporter de l'OM, on le verra s'entraîner avec les joueurs marseillais pendant ses premières vacances. Assidu lors des matchs importants, comme le France-Pays-Bas du 31 août 2017, il va féliciter les Français dans leur vestiaire après leur large victoire. Il est là, à l'image de tous ses prédécesseurs, pour les finales de la Coupe de France de football et du Championnat de France de rugby. On le verra aussi sur le Tour de France 2017 à l'occasion de la grande étape de montagne du Galibier. Et juste avant Noël 2017, il recevra à l'Élysée l'équipe de France féminine de handball victorieuse au Championnat du monde.

Studio

Au n° 4 de la rue de l'Élysée, à quelques pas du Palais, se trouve le studio de télévision. Chaque mercredi s'y déroule pour les médias le compte rendu du Conseil des ministres. Les journalistes accrédités viennent aussi y suivre les briefings qui précèdent les voyages officiels ou les grands rendez-vous internationaux.

Ce studio est installé sous François Mitterrand, en 1986. Objectif : disposer d'un lieu permanent permettant d'enregistrer et de diffuser des interventions présidentielles ou élyséennes. Deux caméras, un équipement lumière, deux récepteurs de télévision, une régie numérique, une quarantaine de places pour la presse. Un décor très sobre. Une simple table, avec trois chaises. Dans un coin, un pupitre pour le porte-parole du gouvernement. Et en fond, une photo de la façade du Palais.

Pendant ses deux mandats, François Mitterrand se rend dans ce studio pour enregistrer certains des vœux diffusés le 31 décembre à 20 heures. Derrière lui, une grande photo reproduisant le Salon Doré. Et le Président s'installe derrière un bureau... copie fidèle du meuble réalisé par Paulin. Pendant le dernier mandat en date, François Hollande préférait le Salon Napoléon III pour ses allocutions ou d'autres salons du rez-de-chaussée, avec vue sur le parc, pour les vœux du 31 décembre. Mais c'est dans ce petit studio qu'il s'adresse en direct aux Français, le 1er décembre 2016, pour leur expliquer qu'il renonce à être candidat à la présidentielle de 2017.

Ce studio est géré par le service audiovisuel de la présidence, composé d'une vingtaine de personnes assurant toutes les prestations nécessaires, au Palais comme pendant les déplacements. Les discours du Président et les cérémonies officielles sont enregistrés. Des films souvenirs sont réalisés à l'occasion des grandes manifestations. Ce service a également en charge les activités photographiques. Il s'occupe aussi de la veille médiatique audiovisuelle. Une responsabilité de tous les instants.

Suicide

Le 7 avril 1994 en début de soirée, au premier étage de l'aile ouest du Palais, dans un bureau donnant sur l'avenue Marigny, un coup de feu retentit. François de Grossouvre vient de se tirer une balle dans la tête. Ce drame restera comme l'un des grands mystères de l'histoire de l'Élysée.

À soixante-seize ans, ce riche industriel, amateur de chasse et de chevaux, est l'un des plus anciens amis de François Mitterrand. Chargé de mission en 1981, il s'occupe de sécurité et de renseignement, suit quelques dossiers sensibles, la Syrie ou le Liban, dispose de réseaux personnels et mène une sorte de diplomatie parallèle. Il connaît depuis longtemps la plupart des secrets familiaux du Président, notamment l'existence de sa double vie et d'une seconde famille avec Anne Pingeot et Mazarine, dont il est le parrain. Peu à peu écarté, amer, voire dépressif, il n'occupe à sa mort que les seules fonctions honorifiques de président du Comité des chasses présidentielles.

Mais François de Grossouvre tente toujours d'apparaître comme un homme clé du dispositif mitterrandien. Anne Lauvergeon raconte[1] comment, alors qu'elle vient d'arriver à l'Élysée en 1990, Grossouvre la convoque et fait semblant, devant elle, d'avoir Mitterrand au téléphone... Paraître. Encore et toujours paraître. En ce sens, ce suicide a quelque chose de « Grand Siècle », tant il est vrai que François de Grossouvre ne pouvait supporter d'être victime de ce phénomène de cour qu'est la disgrâce. Et l'Élysée est une cour.

1. *La Femme qui résiste*, Plon, 2012.

Devant quelques collaborateurs, ce 7 avril 1994, François Mitterrand, très touché, met en avant la fatigue et les ravages de la vieillesse. Il demande que toutes les dispositions soient prises, dans la discrétion, pour informer la famille et les proches, et vérifier qu'aucun dossier particulier ne puisse être retrouvé. Raphaëlle Bacqué raconte brillamment[1] comment les gendarmes ont minutieusement fouillé le vaste appartement du quai Branly, près de la tour Eiffel, à la recherche d'éventuels documents confidentiels.

Les obsèques de François de Grossouvre ont lieu le 11 avril en l'église Saint-Pierre de Moulins, dans l'Allier. François Mitterrand est bien sûr présent. Après Roger-Patrice Pelat et Georges Dayan, c'est l'un de ses plus vieux compagnons qui disparaît.

Les vraies raisons de ce drame n'ont jamais été réellement élucidées. C'est en tout cas le seul suicide que le Palais ait connu dans sa pourtant longue histoire. Un épais mystère à l'Élysée.

Tabac

C'était un objet magnifique. Une pièce en marqueterie tout en longueur, pas très haute, qui avait sa place dans le Salon des Portraits, où Nicolas Sarkozy s'était fait aménager pour les périodes d'été un bureau moins protocolaire que celui du Salon Doré. Cette œuvre d'art n'était autre que le coffre à cigares du Président. Il y rangeait ses havanes préférés, des Cohiba pour la

1. *Le Dernier Mort de Mitterrand*, Grasset, 2010.

plupart. Nicolas Sarkozy n'était pas un fumeur compulsif, plutôt un gourmet, qui appréciait un bon cigare l'après-midi ou en soirée, dans ce salon du rez-de-chaussée qui ouvre sur la terrasse.

François Hollande ne fume pas. Son successeur non plus. Mais l'Élysée a vu passer parmi les présidents des fumeurs plus ou moins acharnés, des repentis étouffant leurs regrets, des abstinents austères. Au Palais comme ailleurs, il fut un temps où cigares et cigarettes étaient généreusement proposés à la fin des déjeuners ou dîners. Des cigares aux armes de la République française, des cigarettes ornées de la signature du Président ont circulé parmi les invités du Palais, jusqu'à la fin du mandat de René Coty. Le protocole l'exigeait tout autant que l'art de recevoir. Et il n'était pas rare de voir nombre de collaborateurs de la présidence de la République enchaîner les cigarettes tout au long de la journée. Les temps ont changé.

Louis Napoléon Bonaparte raffolait des petits cigares, et, sous la IIIe République, l'homme de pouvoir, quel qu'il fût, se devait de fumer. C'était une obligation, un code même, où il fallait voir tout à la fois un signe plus ou moins subtil d'autorité, voire de virilité, et une affirmation de sérieux. On ne connaît qu'un président abstinent farouche : Paul Doumer, qui par ailleurs mangeait peu et ne buvait que de l'eau. Victime de son esprit brinquebalant, Paul Deschanel pouvait allumer frénétiquement une dizaine de cigarillos en l'espace de cinq minutes et les oublier aussitôt. Armand Fallières appréciait les cigares, mais la rumeur prétendait que sa femme, pour qui il n'y avait pas de petites économies, soustrayait régulièrement quelques boîtes de la réserve présidentielle et les faisait revendre en sous-main.

« On ne se console jamais de ne plus fumer », confia un jour de Gaulle à son aide de camp, François Flohic. Quand il s'installe à l'Élysée en 1959, le Général a cessé de fumer depuis douze ans. Une première tentative, en 1938, de renoncer à ses trente ou quarante Craven A quotidiennes avait échoué. À Londres, pendant la guerre, il avait pris goût au cigare, mais depuis 1947, plus de tabac. Les cigares et cigarettes que ses invités à l'Élysée allumaient à la fin des repas lui rappelaient de bons souvenirs. Le général Alain de Boissieu, gendre de De Gaulle, a rapporté que son beau-père l'encourageait à allumer un cigare après le déjeuner pour pouvoir en respirer à la volée les effluves délicats. Au cours des réceptions, il arrivait aussi à de Gaulle de se promener dans les salons... et d'offrir du feu aux fumeurs. Un soir que le téléviseur des appartements privés de l'Élysée tomba en panne, un des pompiers du Palais fut appelé à la rescousse. Il parvint à réparer l'appareil. Pour le remercier, de Gaulle lui offrit deux superbes havanes, en regrettant de ne pouvoir l'accompagner pour les fumer... À son aide de camp, quelques jours avant le référendum du 8 janvier 1961 sur l'Algérie, le Général lança : « Si cela échoue, je retournerai à Colombey... et je me remettrai à fumer. »

Georges Pompidou est un grand fumeur. À l'époque où il est Premier ministre, nombre de photos le montrent une cigarette blonde Winston au coin des lèvres ! Lorsqu'il devient président, ses apparitions publiques se font le plus souvent sans cigarette, mais Pompidou ne diminue pas pour autant sa consommation. Après le déjeuner ou le dîner, il lui faut aussi un cigare, généralement un module moyen, avec une préférence pour les Partagas et les Upmann. La transformation en fumoir au *design* contemporain de la bibliothèque de l'Élysée indique bien que Georges Pompidou considérait comme un art de vivre le plaisir de fumer.

François Mitterrand a cessé de fumer au milieu des années 1950, convaincu par son entourage qu'il mettait sa santé en danger. À l'Élysée, il est pourtant entouré de grands consommateurs de cigares, comme son directeur de cabinet André Rousselet ou son conseiller Michel Charasse. Ce dernier raconte que, lorsque le Président invitait ses principaux collaborateurs à déjeuner, il s'ensuivait une courte promenade dans le parc où les amateurs de cigares dégainaient leurs munitions. Plus d'une fois, il est arrivé à Mitterrand d'ôter des mains de Michel Charasse le havane qu'il s'apprêtait à allumer, et de le humer avec délectation. Jacques Chirac, longtemps adepte des Winston, comme son mentor Pompidou, a déjà cessé de fumer lorsqu'il entre à l'Élysée en 1995. Il lui arrive même fréquemment de faire la leçon à des invités qui lui sont proches : « Arrête ça, tu t'empoisonnes » est un conseil qu'il répète souvent. L'action publique qu'il a initiée en faveur de la recherche sur le cancer est le signe que Chirac avait pris la mesure du problème.

Mais l'histoire la plus insolite sur l'usage présidentiel du tabac est racontée par Alain Peyrefitte[1]. En septembre 1963, le Général reçoit au château de Rambouillet le chancelier Adenauer, qui doit prochainement quitter ses fonctions. Au cours d'une

1. *C'était de Gaulle*, *op. cit.*

conversation familiale d'après déjeuner, la fille d'Adenauer demande à Mme de Gaulle : « Vous ne fumez pas ? Vous n'avez jamais fumé ? — Si, répond Yvonne de Gaulle, autrefois. Cela reviendra peut-être sur mes vieux jours ; mais alors si je m'y remets, ça sera la pipe. »

Tableaux

Un jour, peut-être, quelqu'un aura l'idée de réunir, en un seul lieu, pour une exposition qui ne manquerait ni d'originalité ni d'éclat, les tableaux qui se sont succédé au fil du temps aux murs de l'Élysée.

Le premier à doter richement le Palais en œuvres d'art est le financier Nicolas Beaujon, propriétaire des lieux de 1774 à 1786. Rembrandt (*L'Homme au chapeau sur la tête*), Holbein (*Les Ambassadeurs*), Rubens, Véronèse, Metsu, Boucher, Poussin, Le Brun, Vernet, Chardin (*Dame cachetant une lettre*), Greuze, Coypel, pour n'en citer que quelques-uns... On ne fera jamais mieux. Même le maréchal Murat, qui pourtant aligne sur ses murs des toiles de Léonard de Vinci, Véronèse et Raphaël. Son beau-frère l'Empereur apprécie les maîtres de l'école italienne. On voit alors à l'Élysée une trentaine de tableaux signés Corrège, Martini, Véronèse, Carpaccio (certaines de ses œuvres sont visibles aujourd'hui au musée Fesch à Ajaccio).

Pas de collectionneurs, encore moins de mécènes chez les présidents de la République. Mais des amateurs d'art, à l'exception d'Adolphe Thiers, qui n'appréciait que des reproductions aux murs du Palais.

Heureusement, l'épouse de Vincent Auriol fait accrocher des toiles de Raoul Dufy, et René Coty se souvient de sa Normandie natale avec un tableau d'Eugène Boudin et un Monet, prêtés par le Louvre. C'est avec Georges Pompidou que l'art contemporain entre à l'Élysée. Le Président et son épouse en sont passionnés. Vasarely, Matisse, Nicolas de Staël, leur peintre préféré, Delaunay, Buffet, Hartung, Agam, Poliakoff, Kupka remplacent ou complètent les collections des XVIIIe et XIXe siècles. Valéry Giscard d'Estaing revient à la tradition. Il fait placer dans son bureau deux grandes toiles d'Hubert Robert qui étaient depuis longtemps au Palais. Dans la foulée des *designers* Philippe Starck, Jean-Michel Wilmotte et Annie Tribel, qui investissent l'Élysée sur les conseils de Jack Lang, François Mitterrand fait appel au peintre Gérard Garouste et accroche un Matisse dans sa chambre.

Mais on peut aussi voir à l'Élysée des peintures spécialement exécutées pour le Palais. C'est le cas des portraits des souverains commandés par Louis Napoléon (voir : *Portraits [Salon des]*), qui ont remplacé les portraits des neuf muses dus aux pinceaux de Van Loo et Boucher au temps de la Pompadour. Dans les antichambres conduisant au bureau présidentiel sont accrochés jusqu'à l'automne 2017 trois tableaux : les portraits des présidents de la Ve République disparus. Celui du général de Gaulle par Chapelain-Midy, ceux de Georges Pompidou et de François Mitterrand par Jean-Olivier Hucleux. Emmanuel Macron décidera de les faire restaurer par le Mobilier national avant de les installer, sans doute avec les portraits des autres présidents de la Cinquième, dans une salle choisie à cet effet.

Le général de Gaulle, quant à lui, avait tendance à

estimer que les tapisseries, les dorures et les peintures de certains plafonds suffisaient à créer le décor. Quelques toiles classiques furent néanmoins accrochées, qui se substituèrent à celles qui avaient quitté le Palais quasi clandestinement en 1959... Claude Dulong raconte que le jour même de la passation des pouvoirs entre Coty et de Gaulle, le 8 janvier, le directeur de cabinet du Général, Pierre Lefranc, surprit des ouvriers en train de décrocher des tableaux. Ils agissaient sur ordre d'une conservatrice des Musées nationaux, que Lefranc fit appeler au téléphone. Sans se démonter, elle justifia les instructions qu'elle avait données : « Ces tableaux ont été prêtés à M. Coty. M. Coty est parti à 11 heures ce matin. Nous reprenons les tableaux. »

Tapisseries (Salon des)

Lorsqu'on monte le perron de l'Élysée, ce petit salon est situé tout de suite sur la droite, après le vestibule. C'est un passage obligé vers le Salon des Aides de camp, et surtout vers le Salon Murat et l'enfilade des grandes pièces de réception, jusqu'à la Salle des Fêtes. À la fin du XIXe siècle, sous la IIIe République, Félix Faure y fit installer trois grandes tapisseries des XVIIe et XVIIIe siècles venant de la manufacture des Gobelins.

Rénové en 1991, sous la présidence de François Mitterrand, ce salon est souvent le lieu de conciliabules très confidentiels. Chaque mercredi, après le Conseil des ministres, les membres du gouvernement s'y arrêtent quelques instants avant de rejoindre leur voiture sous l'œil des journalistes.

Les invités et les visiteurs y croisent parfois le président de la République lui-même, à la sortie d'une réunion ou d'un rendez-vous, ou descendant de son bureau pour rejoindre une réception officielle. Nombre de petits arrangements entre amis... et de grandes décisions ont été discutés, contestés, négociés ou arbitrés dans ce petit salon de passage.

Téléphone

Mercredi 6 avril 2011 en fin d'après-midi. Le lendemain, Jean-Louis Borloo va annoncer, sur le plateau d'« À vous de juger » sur France 2, que le Parti radical quitte l'UMP. Et que lui-même, avant d'abandonner l'idée six mois plus tard, envisage très sérieusement de se présenter à l'élection présidentielle. À l'Élysée, Nicolas Sarkozy enrage. Il tente une dernière fois de convaincre son ancien ministre de renoncer à cette double annonce. Il le bombarde de coups de téléphone, directement ou par son secrétariat particulier. Et l'appellera encore le lendemain, à quelques minutes de l'émission, alors que le président du Parti radical se trouve dans la loge de France 2. Cette anecdote n'est qu'une parmi cent et mille autres. Pour Nicolas Sarkozy, comme pour Chirac ou Hollande, le téléphone est un instrument indispensable de l'action politique, et de sa vie quotidienne. Sarkozy appelle en permanence. Pour un sujet grave comme pour un point de détail. C'est au téléphone, brutal et menaçant (voir : *Éclats de voix*), qu'il exige du patron du groupe PSA le report après l'élection présidentielle du plan social prévu. Il téléphone juste après 9 heures du matin, certains jours, pour avoir l'audience des programmes télévisés de la veille. Il appelle lui-même, sans passer par son secrétariat particulier, pour demander à un dirigeant de France Télévisions de lui envoyer le DVD d'un téléfilm dont il a entendu parler et qu'il veut regarder le soir même avec Carla. Il appelle juste pour prendre des nouvelles. Il doit, selon son entourage, téléphoner parfois jusqu'à... cinquante fois par jour.

À l'Élysée, il fut un temps où le téléphone était un objet presque tabou. Installé sous Jules Grévy au début des années 1880, celui-ci s'en méfie tellement qu'il ne se décidera à décrocher l'appareil que pour répondre au roi Léopold de Belgique. Nous sommes en 1887...

De Gaulle déteste cet instrument et ne l'utilise que rarement. Au point que plusieurs visiteurs, entrant dans le bureau présidentiel, se sont demandé si on avait installé le téléphone au Général, tant la table où était disposé l'appareil était bien cachée ! Le 24 janvier 1961, alors qu'Alger vit de terribles moments, le gouverneur général de l'Algérie, Paul Delouvrier, demande à parler d'urgence au Président. La communication est très mauvaise.

— Je ne vous entends pas, mon général, hurle Delouvrier, le téléphone fonctionne très mal !

— Dans ce cas, ne téléphonez pas ! répond de Gaulle... qui raccroche.

Pompidou, lui, téléphone assez peu. Giscard beaucoup plus. Mais à son arrivée au Palais, en 1974, le Président, qui souhaite préserver sa liberté, explique à son secrétariat particulier et à ses proches collaborateurs qu'il préfère appeler lui-même lorsqu'il n'est pas au Palais... ce qui provoquera des situations difficiles à gérer, l'Élysée hésitant à le déranger, même quand il y a urgence. Avec Mitterrand, c'est très différent. Le président qui s'installe en 1981 tient absolument à maîtriser son emploi du temps. Il déteste autant les contraintes horaires que les obligations protocolaires. Il en va de même avec le téléphone. Il refuse d'en être esclave, mais l'utilise souvent, à sa seule initiative, pour appeler des proches. Jacques Chirac est, quant à lui, un véritable accroc du téléphone... le week-end. Dès qu'il arrive à son bureau, le samedi matin, il passe des heures à appeler ses amis personnels et politiques.

Tous ces présidents bénéficient d'un standard téléphonique réputé pour être d'une efficacité et d'une rapidité sans équivalent. Les treize militaires qui y travaillent sont, en réalité, bien davantage que des standardistes. Ils savent, quand il le faut, suivant l'actualité de très près, mesurer l'urgence et l'importance de tel ou tel appel. Ils décident de transmettre, ou non, au secrétariat particulier du Président tel ou tel correspondant. Avec, parfois, des erreurs de jugement, comme ce jour où le standard fait patienter de longues minutes le roi du Maroc Mohammed VI, le temps de procéder aux vérifications nécessaires. Ce standard reçoit surtout des doléances, mais aussi quelques appels chaleureux, comme le jour de l'anniversaire du chef de l'État ou le soir du 31 décembre pour transmettre des vœux au président en exercice.

Les standardistes du Palais sont, bien sûr, chargés de mettre le chef de l'État en contact avec ses homologues étrangers. Lorsqu'ils doivent dialoguer en plusieurs langues, les présidents disposent d'un interprète, le plus souvent un diplomate du Quai d'Orsay, dûment assermenté. Si le Président se trouve dans son bureau, l'interprète le rejoint, s'installe à sa droite, écoute la conversation sur un second appareil sécurisé et branché en parallèle. Il traduit simultanément, phrase par phrase. Si le Président téléphone d'un autre lieu, son domicile ou les appartements privés par exemple, l'interprète est connecté sur le réseau protégé et traduit, comme s'il se trouvait dans une cabine lors d'un sommet international.

Les présidents de la Ve République disposent d'une batterie impressionnante d'appareils. À partir de leur clavier, ils peuvent joindre qui ils veulent quand ils veulent. Sans oublier la ligne spécialisée, elle aussi ultra-sécurisée, qui les relie directement au PC nucléaire et leur permet de donner leurs instructions en matière de défense. Sur ces claviers présidentiels, le téléphone rouge n'existe plus. A-t-il d'ailleurs réellement existé ? Non. C'est une sorte de fantasme, qui apporte pendant la guerre froide une dimension symbolique et dramatique aux conversations directes, en cas de crise, entre les chefs d'État et de gouvernement. C'était l'époque où le téléphone jouait un rôle psychologique majeur dans la gestion des relations internationales. Aujourd'hui, l'impact politique d'un entretien téléphonique existe encore dans les périodes de crise, militaire, diplomatique ou financière, quand il s'agit de faire retomber une tension internationale ou de rassurer les marchés. Mais depuis l'irruption du portable, le téléphone est tout simplement un instrument de travail irremplaçable. François Hollande ne peut s'en passer lui qui, souvent, entre 19 heures et 20 heures, briefait au téléphone certains journalistes de télévision avant le JT du soir...

Le 9 juin 2017, le standard du Palais recevra la visite du nouveau président. On verra sur le site élyséen une scène étonnante : le chef de l'État répondant lui-même au téléphone et se présentant dans ses fonctions et ses qualités. Une première à l'Élysée...

Télévision

Du Général à Macron, tous les présidents de la Vᵉ République se sont occupés de près, voire de très près, de la télévision. Ils sont d'abord des téléspectateurs plus ou moins assidus : intéressés, comme Hollande, Chirac et de Gaulle, lequel suit avec beaucoup d'attention les informations télévisées, et s'amuse en regardant *Ali Baba et les Quarante Voleurs*, avec Fernandel ; passionnés, comme Sarkozy, ou plutôt indifférents, comme Macron, Pompidou, Giscard et Mitterrand.

Le point commun, c'est le JT. Quand ils sont dans leur bureau, ils ne le manquent que rarement, surtout le soir. Le Général a déjà rejoint ses appartements privés lorsqu'il suit le journal télévisé de la troisième chaîne en compagnie d'Yvonne. François Hollande, cinquante-cinq ans après, regarde souvent BFM dans la journée et les deux journaux de 20 heures, zappant de TF1 à France 2. Mais surtout, derrière le président téléspectateur, il y a le dirigeant politique, ses envies, ses souvenirs, ses amis, ses ennemis, ses goûts, ses ambitions. Et la volonté, quoi qu'il arrive, de maintenir ou de renforcer le contrôle sur la télévision publique.

« La quasi-totalité de la presse écrite est contre moi. Je ne peux pas brader la télévision, qui est à moi. »

Ce 20 juillet 1962, devant Alain Peyrefitte venu lui parler d'une réforme du statut de la RTF, l'ancêtre de l'ORTF, le Général confirme sans ambages ses positions. Sa conviction ne changera jamais. En 1968, il reste sur cette ligne pure et dure, et recommande la plus grande fermeté face aux nombreux grévistes de l'ORTF. Beaucoup de journalistes, animateurs et réalisateurs grévistes sont licenciés, dont Roger Couderc, Robert Chapatte, François de Closets, Michel Drucker, Emmanuel de La Taille ou Maurice Séveno. La maison est « tenue ». Côté programmes, de Gaulle apprécie les variétés, surtout lorsqu'il peut voir et écouter Édith Piaf ou Gilbert Bécaud, les matchs de football avec la France, et « Intervilles » présenté par Léon Zitrone. Lors d'une rencontre avec le chancelier allemand Adenauer, il a même lancé l'idée, qui n'a jamais abouti, d'un Intervilles franco-allemand.

Avec Georges Pompidou, c'est la continuité. La télévision « voix de la France ». Après une expérience courageuse de libéralisation menée par son Premier ministre Jacques Chaban-Delmas en 1969 et 1970, c'est la reprise en main avec le limogeage du journaliste Pierre Desgraupes et de son équipe. Giscard, dès son élection, fait éclater le mammouth ORTF et remplace le vieil office poussiéreux par des entreprises autonomes. Sur la proposition de son conseiller Xavier Gouyou-Beauchamps, futur P-DG de France Télévisions, il nomme l'écrivain et éditeur Marcel Jullian, un homme cultivé, inventif, libéral et atypique, à la tête d'Antenne 2. Un vrai vent de nouveauté souffle sur les programmes, avec des journalistes talentueux comme Pivot et Chancel. À l'approche de 1981, sur fond de guerre ouverte avec Chirac, c'est le durcissement. La télévision est un enjeu politique essentiel entre Giscard et son ancien Premier ministre. L'information est surveillée au quotidien. VGE regarde peu la télévision. Il lui arrive de jeter un œil sur les adaptations de Maupassant, l'émission quotidienne de Danièle Gilbert, là où il a joué en direct de l'accordéon, et sur les prestations de Thierry Le Luron, qu'il connaît bien, et qui ne se prive cependant pas de l'éreinter, en particulier sur l'affaire des diamants (voir : *Imitateurs*).

Mitterrand et la télévision, c'est un rapport étonnant. Le président socialiste adore... *Dallas*, la série américaine des années 1980, jusqu'à en revisiter des scènes avec sa fille Mazarine. Il sera aussi, côté programmes, à l'origine de la création de *L'Instit*, la série à succès des années 1980. Mais pour lui, l'audiovisuel est, surtout, un dossier stratégique. À son arrivée, il observe de très près, avec son ami et directeur de cabinet André Rousselet, les nombreux changements, le plus souvent provoqués par l'Élysée. C'est l'époque des règlements de comptes, de la chasse aux sorcières avec son cortège de lâchetés et les nominations, parfois surréalistes, d'affidés, voire de militants. Puis, pour la première fois, la création d'une instance de régulation. Et une forme d'indépendance. Les cohabitations de 1986 et de 1993 viennent bousculer le paysage, avec notamment la privatisation de TF1 et l'irruption de chaînes privées. Mitterrand est attentif. Il approuve et favorise l'arrivée en France d'un Silvio Berlusconi pourtant vivement critiqué à gauche, en particulier par Jack Lang. Mais il ne fera rien pour éviter la cessation d'activité de la Cinq version Lagardère. La création d'Arte intervient fin mai 1992. En 1995, les équipes vont changer. Et les grandes manœuvres reprennent.

Chirac et Sarkozy, qui se succèdent au Palais, n'ont décidément ni le même style ni la même méthode. Constatation élémentaire, en particulier pour la télévision. Le premier se méfie des journalistes. Il regarde surtout les vieux westerns et les combats de sumo (voir : *DVD et cassettes*). Mais pendant ses douze années à l'Élysée, son entourage suit au quotidien le dossier audiovisuel, les réformes comme les nominations. Le Président lui-même hésite à gérer en direct, sauf sur l'affaire, mal ficelée dès le début, de l'audiovisuel extérieur. La grande avancée de cette période, on la doit à Dominique Baudis, qui soutient énergiquement la TNT face aux nombreuses réticences ou tentatives d'obstruction. Le président du CSA gagne son pari. Il marque aussi son indépendance en soutenant en 2005, contre l'avis du gouvernement, la candidature de Patrick de Carolis à la tête du groupe France Télévisions. La suite est désormais connue. Sarkozy élu, un interminable conflit oppose, après quelques mois de rapports corrects, le nouveau chef de l'État aux dirigeants du service public. Sarkozy est un enfant de la télé. Il connaît personnellement les animateurs, les producteurs, les journalistes, les différents responsables. Il les tutoie. Il les reçoit à chaque occasion. Il intervient en faveur de ses amis, et de ceux de Carla. C'est un tourbillon permanent. France Télévisions est l'objet de toutes ses « attentions ». L'entreprise est littéralement bombardée de demandes, de pressions, d'interventions, sur les programmes en particulier. Avec un CSA au silence assourdissant (Baudis ayant été remplacé), tout est prétexte à divergences ou affrontements : la stratégie éditoriale, les nominations, le contenu des programmes, le choix des animateurs, les horaires de programmation (!), le ton et le contenu de l'information, les émissions politiques, le financement, la privatisation de la régie publicitaire. Une réforme *a priori* légitime, utile et positive, la suppression de la publicité, par étapes, est mal conçue, mal préparée, mal financée, mal conduite et mal comprise (voir : *Éminences grises*). Et l'annonce, totalement improvisée, de la nomination des patrons de l'audiovisuel public par le Président lui-même donne au conflit une dimension clairement politique à deux ans et demi de l'échéance électorale de 2012. Il le regrettera plus tard. Trop tard...

François Hollande s'engage, pendant sa campagne, à modifier le système et à revoir le mode de nomination des dirigeants de l'audiovisuel public et des membres du Conseil supérieur de l'audiovisuel, présidé à partir de fin janvier 2013 par un proche de Lionel Jospin, son ancien directeur de cabinet Olivier Schrameck. Cette promesse sera tenue. Mais pour l'Élysée, et même si le nouveau Président, souvent sollicité, demande fermement à ses conseillers et au gouvernement de ne pas intervenir, la télévision reste un objet, un symbole, un instrument, un enjeu. Hollande connaît beaucoup de journalistes politiques. Comme son successeur, Emmanuel Macron, il apprécie aussi le sport à la télévision, notamment le football (voir : *Sportifs*). Il regarde les chaînes d'information permanente, souvent allumées dans son bureau. Il en craint les excès. Il n'a pas aimé, c'est un euphémisme, la « séquence Leonarda » et cet écran coupé en deux, le Président d'un côté, la jeune Kosovarde révoltée et répondant au chef de l'État de l'autre. Il s'efforce de se tenir à distance des affaires audiovisuelles, mais ne s'en désintéresse pas pour autant. Nettement moins interventionniste que son prédécesseur, certes. Mais vigilant, comme tous les locataires de l'Élysée. Sans exception. Quant à Emmanuel Macron, il confirmera lors de ses premiers vœux à la presse qu'un projet de loi réorganisant l'audiovisuel public sera adopté par le gouvernement courant 2018.

Terrasse

Ce 14 juillet 1998, une immense clameur s'élève du parc, où sont réunis les invités de la garden-party, au moment où ils font leur entrée sur cette terrasse. Un peu intimidés, les footballeurs français vainqueurs de la Coupe du monde deux jours plus tôt sont les héros de la fête. Autour de Zinedine Zidane, accueillis par Jacques Chirac qui prononce une brève allocution, ils vont profiter du bain de foule le plus chaleureux et le plus célèbre de l'histoire de l'Élysée.

La terrasse du Palais est jusque-là surtout connue pour la photo traditionnelle des nouveaux gouvernements. C'est aussi là que le général de Gaulle aime accueillir, à leur arrivée, certains chefs d'État, notamment John Fitzgerald Kennedy, accompagné de Jackie, en 1961, ou le chancelier Adenauer en 1963, à l'occasion de la signature du traité de l'Élysée. Là que, en 1991, François Mitterrand accueille la flamme olympique après une longue traversée de Paris. Là également qu'arrive Ingrid Betancourt le 4 juillet 2008, deux jours tout juste après sa libération. Là encore que Nicolas Sarkozy reçoit Angela Merkel le 16 août 2011, en pleine crise financière, parce que la cour de l'Élysée est en pleins travaux. Là, traditionnellement, qu'un escadron de la garde républicaine rend les honneurs aux présidents élus à la fin de chaque cérémonie d'investiture.

Nicolas Sarkozy apprécie particulièrement cette terrasse donnant sur le parc au pied de laquelle un architecte paysagiste a créé des massifs de plantes en août 2010. « Je voulais dire à Cécilia et à Judith qu'elles sont belles toutes les deux sur cette terrasse », s'enflamme le nouveau président le 14 juillet 2007, deux mois après son élection, en accueillant celle qui est encore son épouse pour quelques mois, accompagnée de l'une de ses filles. Surtout, il aime y travailler, tenir des réunions et recevoir des invités. Les jours de beau temps, il y passe des journées presque entières, chemise blanche ouverte et Ray-Ban sur le nez. L'un de ses principaux conseillers explique qu'il s'agit de « son bureau préféré ». C'est sur cette terrasse, enchaînant rendez-vous sur rendez-vous, qu'il gère en quelques jours, à la mi-juin 2010, le dossier délicat de la nomination du président de France Télévisions. Les intéressés s'en souviennent, contraints de devoir s'expliquer, le soleil dans l'œil, devant un président directif et tendu, le regard caché par ses lunettes noires.

François Hollande lui aussi apprécie cette terrasse et ce coin de verdure. Désormais, du mobilier de jardin en teck y a été installé. Le septième président de la Cinquième aime y déjeuner, y dîner, y tenir des réunions lorsque la météo est favorable. Emmanuel Macron y recevra aussi fréquemment pour des rendez-vous officiels et pour des entretiens plus discrets. La terrasse du Palais donnant sur le parc est devenue, au fil des ans et des présidents, un lieu de pouvoir.

Terrorisme

« J'arrive. » Il est un peu plus de 11 h 30, ce mercredi 7 janvier 2015. François Hollande vient d'être informé par le médecin urgentiste Patrick Pelloux que des terroristes ont ouvert le feu à *Charlie Hebdo*. Le Président n'hésite pas. Il sait déjà qu'il y a de nombreuses victimes. Il quitte immédiatement le Palais pour rejoindre le siège du journal, dans le 11e arrondissement. À compter de ce jour-là, la vie quotidienne à l'Élysée va basculer. Depuis le début 2015, le Palais est un QG permanent. À la moindre alerte sérieuse, la mobilisation est générale. Le risque terroriste est omniprésent. Il modifie les habitudes et les comportements de tous ceux, sans exception, qui travaillent au Château.

Il y a longtemps, déjà, que la présidence de la République est frappée ou marquée par les attentats. Deux présidents de la Troisième ont été tués par des terroristes : Sadi Carnot le 24 juin 1894, assassiné par Caserio, un anarchiste italien ; et Paul Doumer, le 6 mai 1932, abattu par Gorguloff, un fasciste russe. Dans les premières années de la Ve République, c'est la crise algérienne qui déclenche nombre d'actes terroristes. L'OAS, l'Organisation de l'armée secrète, est le plus souvent à l'œuvre. À l'Élysée, Charles de Gaulle et son état-major militaire suivent les événements heure par heure : des dizaines d'attentats, dont celui contre le train Strasbourg-Paris qui fait plus de vingt victimes ; une bombe à la Bourse de Paris ; et, bien sûr, l'attentat du Petit-Clamart, en août 1962, contre de Gaulle en personne. C'est le Général qui, en réalité, dirige les opérations de la police et de l'armée depuis son bureau de l'Élysée. Il le fait à sa manière, en petit comité et secrètement. Il n'aime pas les réunions qui durent et qui, selon lui, n'ont pas l'efficacité nécessaire. Il préfère les circuits courts et exige d'être informé en personne, sans intermédiaire. Tous les moyens de l'État sont mobilisés. Le Palais est un camp retranché. La sécurité est à son maximum.

Quarante ans durant, à un rythme variable, le terrorisme continue de frapper. Il est de plus en plus multiforme et diversifié. Tous les présidents seront concernés : Georges Pompidou avec l'attentat de décembre 1973 contre le consulat algérien à Marseille ; Valéry Giscard d'Estaing avec l'attentat du Drugstore Saint-Germain et l'attentat antisémite contre la synagogue de la rue Copernic qui fait quatre morts et plus de quarante blessés ; François Mitterrand avec la bombe dans le train Paris-Toulouse, la fusillade de la rue des Rosiers, l'attentat au magasin Tati rue de Rennes à Paris, la prise d'otages dans l'Airbus d'Air France Alger-Paris détourné sur Marseille ; Jacques Chirac avec l'attentat du RER B à la station Saint-Michel et l'assassinat du préfet de Corse Claude Érignac à Ajaccio ; Nicolas Sarkozy en mars 2012, avec les attentats de Montauban et de Toulouse qui font sept victimes, trois militaires et quatre civils, dont trois enfants, à l'école juive Ozar Hatorah. Et puis, il y a bien sûr, en 2015, sous François Hollande, les attentats de janvier et de novembre et, en 2016, le tragique 14 Juillet de Nice et l'assassinat du curé de Saint-Étienne-du-Rouvray le 26 juillet.

Jamais, sous la Ve République, un président n'avait été confronté à de telles attaques terroristes. Et à un tel bilan. Douze victimes les 7, 8 et 9 janvier 2015, cent trente le 13 novembre de la même année, quatre-vingt-quatre le 14 juillet 2016 à Nice. C'est dans le bureau présidentiel et dans le Salon Vert que la crise aiguë est gérée. Pendant ces journées dramatiques, Hollande est en quasi-permanence entouré de Valls et Cazeneuve. Un trio qui, dans l'épreuve, ne connaîtra jamais de désaccord. Jean-Yves Le Drian et Christiane Taubira, tant qu'elle est au gouvernement, les rejoignent souvent. C'est le Président lui-même qui, le 9 janvier, donne l'ordre de lancer les attaques contre les frères Kouachi à Dammartin-en-Goële et contre Coulibaly dans l'Hyper Cacher de la porte de Vincennes. C'est lui, avec la cellule diplomatique de l'Élysée, qui organise la grande marche du 11 janvier. Un événement considérable qui rassemble, au-delà de la soixantaine de dirigeants du monde entier, environ deux millions de personnes à Paris et presque quatre millions au total à travers la France. C'est lui, présent sur les lieux le 13 novembre dès son retour du Stade de France, qui intervient à plusieurs reprises à la télévision, dans un climat de tension extrême, pour informer le pays stupéfait et tétanisé devant l'ampleur du carnage. « C'est une horreur », déclare François Hollande, la voix blanche, à 23 h 45 ce soir-là, en direct du Salon Napoléon III. C'est aussi lui qui décide de décréter l'état d'urgence avant de préparer le Congrès. « La France est en guerre », dira-t-il devant tous les parlementaires réunis ce lundi 16 novembre 2015 à Versailles. Et c'est encore lui qui, quelques heures après la tragédie de Nice, le 14 juillet 2016, prend immédiatement toute une série de décisions : maintien pour six mois, et extension, de l'état d'urgence, avec des perquisitions administratives, des fouilles de véhicules facilitées, et la possibilité d'exploiter les données des ordinateurs et des téléphones saisis par la justice ; poursuite, avec dix mille hommes, de l'opération Sentinelle, qui se concentrera dans un premier temps aux grands rassemblements estivaux ; appel aux réservistes opérationnels ; intensification des raids aériens contre Daech en Irak et en Syrie ; livraison de pièces d'artillerie lourde à l'armée irakienne ; arrivée « sur zone » du porte-avions *Charles-de-Gaulle* fin septembre 2016 en support de la coalition anti-Daech ; deuil national de trois jours. Et, au lendemain de la tragédie de Saint-Étienne-du-Rouvray, il annonce un redéploiement de l'opération Sentinelle, avec 4 000 militaires à Paris et 6 000 en province. En janvier et en novembre 2015, Hollande décide aussi, dans un double souci d'information et d'unité nationale, de recevoir les principaux dirigeants politiques, dont Sarkozy qui, le 8 janvier, revient à l'Élysée pour la première fois depuis son départ du Palais, en mai 2012.

Quoi qu'il arrive désormais, l'Élysée n'oubliera jamais ces heures sombres. Les meilleurs experts en conviennent : la menace terroriste plane pour longtemps. Et quelles que soient la stratégie, les convictions et la personnalité de ceux, ou de celles, qui occuperont l'Élysée dans les années à venir, il leur faudra vivre avec le souvenir de cette vague d'attentats sans précédent, de ces années sanglantes 2015 et 2016. Avec des menaces permanentes. Et avec l'obsession d'assurer à tout moment le maximum de sécurité pour les Français.

Théâtre

Jusqu'en 1980, le théâtre occupait une place importante au Palais. En 1961, Louis de Funès vient jouer *Oscar* devant le général de Gaulle, qui rit de bon cœur et lui donne du « cher maître ». Jean Poiret et Michel Serrault interprètent *Le Vison voyageur* devant Georges Pompidou et ses invités en 1970. Mais c'est surtout la troupe de la Comédie-Française qui est chargée, le plus souvent, de divertir les présidents, leurs familles et les rois, reines et chefs d'État invités à l'issue des grands dîners de gala. Car à cette époque, les présidents ne se déplacent pas pour sortir le soir. Question de protocole et de sécurité. C'est donc le théâtre qui vient au Palais.

Les comédiens-français se sont rendus à quatre reprises au Palais lorsque Napoléon Ier y résidait. Ils y revinrent six fois, entre 1873 et 1879, sous la présidence de Mac-Mahon et une fois, beaucoup plus tard, à l'invitation d'Albert Lebrun. À partir de Vincent Auriol, la troupe vient se produire régulièrement. Il est vrai que, depuis la fin du XIXe siècle et l'inauguration de la grande Salle des Fêtes, les comédiens disposent d'une petite scène, de quelques loges et de coulisses aménagées, ce qui rend les représentations plus agréables, plus faciles et plus « professionnelles ».

Au début de la Ve République, ces spectacles sont assez fréquents. Le répertoire de la Comédie-Française est éclectique : Marivaux, Musset, Feydeau, Jules Renard, Labiche, mais aussi des lectures de Marcel Proust et de Saint-Exupéry. Les plus grands artistes, sociétaires de cette véritable institution culturelle, ont joué sur la petite scène de la Salle des Fêtes : Louis Seigner, Denise Gence, Geneviève Casile, Jacques Charon, Georges Descrières, Robert Hirsch, Michel Aumont.

La dernière représentation théâtrale à l'Élysée remonte à mai 1980 : *Il faut qu'une porte soit ouverte ou fermée* d'Alfred de Musset, mise en scène par Raymond Gérôme et notamment interprétée par Michel Duchaussoy.

Il y a plus de trente ans que le théâtre est absent du Palais. À l'Élysée, la tragédie et la comédie politiques ont pris le pas...

Thiers (Adolphe)

« M. Thiers » rêve de l'Élysée. Moins que du château de Versailles qu'il aurait aimé habiter, mais bien plus que de la préfecture (de Versailles, toujours), que les députés qui viennent de l'élire chef du pouvoir exécutif ce 17 février 1871 lui désignent comme résidence. Thiers a soixante-quatorze ans et son titre lui déplaît. « Chef ? On va me prendre pour le cuisinier ! » La mission qui l'attend est immense : conclure la paix avec la Prusse après le désastre de Sedan et la chute de Napoléon III. Né à Marseille, Adolphe Thiers a été avocat – sans cause à plaider –, puis journaliste et historien avant de se tourner vers la politique où ses convictions, très opportunistes, fluctuent de monarchiste à républicain en passant par le bonapartisme. En 1871, ce sont ses opinions royalistes qui l'installent à la tête de l'exécutif. Il ordonne la sanglante répression de la Commune de Paris d'avril à mai 1871 (la célèbre et émouvante complainte *Le Temps des cerises* évoque précisément cette période), en plaçant Mac-Mahon à la tête des troupes. Dans *L'Éclipse*, une caricature de Gill présente Thiers comme « le sanguinaire Tom Pouce ». Il est vrai qu'il mesure un mètre cinquante-cinq, et derrière ses petites lunettes roulent des yeux globuleux où, selon un député républicain, « on voit danser les flammes de l'enfer ». Pareille physionomie aurait pu effrayer si la chevelure blanche n'était surmontée d'une ridicule houppette dont se gausse le bon peuple. Le 31 août 1871, les députés transforment le chef de l'exécutif en président de la République. Voilà qui fait plus sérieux et convient mieux aux ambitions d'Adolphe Thiers.

Le Président continue d'habiter l'hôtel de la préfecture de Versailles, qu'il appelle « le Palais de la pénitence », mais se rend chaque jour à l'Élysée, où il travaille et donne des réceptions aussi ladres que lugubres. Dans ce Palais qui a subi de profondes détériorations durant la guerre, mais qui a été épargné par les combats de la Commune, Thiers est accompagné de son épouse Élise, dont l'activité principale consiste à veiller à la dépense. Car cette maison coûte cher et Mme Thiers est avare. Elle est aussi peureuse, et redoute que ce Palais, où on entre comme on veut, ne soit le théâtre d'un attentat contre son mari. S'il ne tenait qu'à elle, on ne quitterait jamais Versailles.

Thiers goûte lui aussi aux charmes du double foyer (voir : *Double vie*) et apprécie l'indéniable côté pratique de la situation : ses deux femmes vivent en effet près de lui, sous le même toit, et ne le quittent jamais. Car la seconde élue n'est autre que Félicie, sa belle-sœur, la sœur d'Élise. Le Président avait toutefois fait mieux par le passé : Eurydice Dosne, la mère d'Élise et de Félicie, avait aussi été sa maîtresse. Eurydice, morte en 1869, n'a hélas pas vu son amant régner sur l'Élysée, mais les gazettes avaient longtemps ironisé sur « les trois moitiés de M. Thiers ».

Adolphe Thiers parvient à régler la dette de guerre de la France et à faire évacuer le territoire par les troupes prussiennes avant la date prévue. Mais, en 1873, les députés royalistes qui l'ont porté à l'Élysée estiment qu'il penche dangereusement du côté de cette République qu'il préside avec trop d'empressement. Mis en minorité, Thiers démissionne et quitte l'Élysée le 24 mai 1873. Il faudra beaucoup insister auprès du maréchal de Mac-Mahon pour qu'il accepte de succéder au premier président de la IIIe République.

Tournages

Une équipe de cinéma ou de télévision qui s'installe à l'Élysée pour y tourner les séquences d'un film de fiction dont le cadre est précisément le Palais présidentiel, qui, dans les années 1960 ou 1970, aurait pu sérieusement y songer ? Premier lieu du pouvoir en

France, l'Élysée ne pouvait alors être considéré comme n'importe quel décor pouvant servir aux œuvres de l'écran. Question de sécurité, naturellement, mais aussi de prestige, voire de distance, qu'impose l'exercice du pouvoir à son sommet. Mais l'époque a changé. Si on ne saurait imaginer le général de Gaulle autoriser ce genre de pratique, au siècle de la communication et de l'image, on comprend que Nicolas Sarkozy ait ouvert aux cinéastes les portes du Palais. Un film dont une ou plusieurs scènes se déroulent dans un bureau élyséen – à commencer par celui du Président – se rabat toujours sur un des nombreux châteaux ou hôtels particuliers d'Ile-de-France. Beaucoup de ces demeures offrent de multiples ressemblances avec les intérieurs du palais présidentiel. Mais pour ce qui est des lieux spécifiques, reconnaissables, qui marquent qu'on est bien à l'Élysée – la Cour d'Honneur ou le vestibule, par exemple –, il fallait avant 2007 se débrouiller comme on pouvait ! Désormais, il est possible d'obtenir une autorisation de tournage dans l'enceinte du Palais.

Autre donnée, capitale, qui illustre le changement d'époque : la rentabilité touche aussi désormais les palais de la République, et l'Élysée n'y fait pas exception. La journée de tournage au 55, rue du Faubourg-Saint-Honoré est facturée huit mille euros. À l'hôtel de Marigny, dépendance du Palais où on peut utiliser un bureau ou un salon en le faisant passer pour une pièce de l'Élysée, elle est fixée à sept mille euros. Ces recettes sont versées au budget de l'État. Bon nombre de séquences de films et de téléfilms ont ainsi utilisé quelques lieux emblématiques du Palais. On ne peut tous les citer, mais on retiendra, pour la télévision, que Jean-Daniel Verhaeghe a tourné plusieurs scènes de *L'Abolition* (2009, consacré à Robert Badinter), Serge Moati et Bernard Stora des téléfilms sur de Gaulle, et Laurent Heynemann *La Rupture* (2012), sur le duel Giscard-Chirac entre 1974 et 1976. Le samedi 1er décembre 2012, François Hollande viendra rendre visite aux équipes de tournage qui travaillent au rez-de-chaussée pendant qu'il gère dans son bureau la crise de Florange et la menace de démission d'Arnaud Montebourg. Il posera même, un grand sourire aux lèvres, avec les deux principaux comédiens, Hippolyte Girardot, qui incarne Giscard, et Grégori Derangère, qui interprète Chirac. Pour le cinéma, et dans un autre genre que le film historique, Dany Boon a tourné plusieurs séquences de son film *Raid dingue* à l'Élysée, tout comme Ivan Attal pour *Ils sont partout* (2016).

Transition

Pour un président nouvellement élu, c'est la période, très courte, qui s'écoule entre l'élection et l'arrivée au Palais. Une semaine. Dix jours tout au plus, depuis l'élection du Président au suffrage universel. Passé le moment de joie, ou d'allégresse, vient celui de la préparation et de la réflexion. Préparer l'investiture. Réfléchir sur le gouvernement à nommer, les contacts diplomatiques à engager, les décisions à prendre à court terme, le premier discours à prononcer. Des journées clés, suivies à la loupe par les médias audiovisuels depuis les années 1970, heure par heure, presque minute par minute par les chaînes d'info et les radios depuis une dizaine d'années. Une séquence à ne pas rater, en jouant sur l'état de grâce de l'opinion au lendemain de l'élection. Quelques moments forts, ancrés dans la mémoire collective.

Pour de Gaulle et Pompidou, cette courte période se déroule sans heurts. Le Général, élu président par un collège de 81 764 grands électeurs le 21 décembre 1958, a dix-huit jours devant lui. Fêtes familiales à Colombey. Préparation du gouvernement avec le futur Premier ministre, Michel Debré, un fidèle parmi les fidèles. En ce début d'année 1959, la voie est libre. Fort de ses 78,5 % des voix, avec ses plus proches dont Georges Pompidou et Olivier Guichard, de Gaulle attend tranquillement l'investiture du 8 janvier. Dix ans plus tard, le climat est plus lourd pour Pompidou. Non que le lendemain d'élection soit difficile. Le nouveau président l'a emporté largement. Mais l'ombre du Général est omniprésente. Et les Français regardent autant du côté de Colombey que chez Pompidou, qui, depuis ses bureaux du boulevard La Tour-Maubourg, se prépare à prendre ses fonctions sans délai, cinq petits jours après son élection.

En 1974, l'installation de Giscard est assez différente. Provoquée par le décès du successeur du Général, la campagne est courte. L'ancien ministre des Finances est le premier non-gaulliste au pouvoir depuis 1958. Seize ans sans grand partage. Giscard veut très vite changer le style. Dès le lendemain de l'élection, il charge Philippe Sauzay, l'un de ses plus proches collaborateurs, chef de cabinet rue de Rivoli, de prendre contact avec Alain Poher, qui assure l'intérim, et avec les services de l'Élysée. L'investiture est fixée au 27 mai 1974. Sauzay se rend au Palais, qu'il connaît très peu. Rencontre avec Poher, qui lui remet simplement, à sa grande surprise, un dossier auquel il semble beaucoup tenir... la nomination de Robert Poujade, maire de Dijon et ministre de l'Environnement de Jacques Chaban-Delmas et Pierre Messmer, à la fonction d'inspecteur général de l'Éducation nationale. Réunion avec les responsables du protocole. Les instructions du nouveau président sont transmises. Giscard renonce à l'habit. Et ne veut pas porter autour du cou, le jour de l'investiture, le grand collier de l'ordre de la Légion d'honneur. Surprise du protocole, qui insiste sans succès sur ces entorses à la tradition. Tout le reste s'organise sans problème. Pendant une semaine, Giscard travaille dans son ancien bureau du ministère des Finances. Et souvent, plus discrètement, au domicile privé de son ami Michel Poniatowski, à Neuilly. Il y prépare la formation du gouvernement, et y reçoit Jacques Chirac, qu'il va nommer à Matignon.

En 1981, les onze jours qui séparent le 10 mai de l'investiture se déroulent dans un climat de grande nouveauté et de folie médiatique. Les médias campent rue de Bièvre, devant le domicile de François Mitterrand. Ils le suivent pas à pas. Sauf lorsque le nouveau président parvient à s'échapper. Ainsi, le 11 mai au soir, comme le précise Pierre Favier dans *10 jours en mai*, il rejoint pour dîner, en compagnie de quelques amis, Anne Pingeot et leur fille Mazarine dans l'appartement de la rue Jacob. Avec ses principaux conseillers, Mitterrand travaille à la fois sur la formation du premier gouvernement de gauche de la Ve République, la cérémonie d'investiture et la manifestation du Panthéon. Dès le 11 mai, il charge Pierre Bérégovoy d'installer une antenne présidentielle. Hubert Védrine y croisera Jacques Attali, et bien d'autres. Des contacts diplomatiques sont pris. La liaison avec l'Élysée est assurée. Pierre Mauroy prépare les premières mesures, et notamment les réponses financières aux attaques contre le franc sur des marchés financiers nerveux. À l'approche du 21 mai, journée de l'investiture, l'intérêt de l'opinion grandit. Un climat à la fois électrique et euphorique.

Quatorze ans plus tard, en 1995, avant l'installation de Jacques Chirac, l'ambiance est plus calme. Et plus consensuelle. Élu le 7 mai, le nouveau président préside dès le lendemain les cérémonies du cinquantième anniversaire de la victoire aux côtés de François Mitterrand. Une image symbolique. Les deux hommes bavardent et plaisantent. Ils se retrouvent le samedi 13 mai, côte à côte, souriants et même parfois hilares, pour suivre au Parc des Princes la finale de la Coupe de France de football entre le PSG, vainqueur, et Strasbourg. Ils ont fixé l'investiture au 17 mai. Le temps pour le président sortant de « faire ses cartons », comme le raconte Chirac dans ses *Mémoires*. Le temps aussi pour le nouvel élu de préparer activement la suite. La nomination d'Alain Juppé à Matignon, la formation du gouvernement en particulier. Le matin du 17 mai, en toute discrétion, le nouveau président se rend à l'aube à Colombey pour se recueillir sur la tombe du Général. Quatre heures après, il s'installe à l'Élysée.

Période plutôt calme avec Chirac, plutôt agitée avec Sarkozy. Entre l'élection du 6 mai et l'investiture du 16, dix jours s'écoulent au pas de course. La désormais célèbre soirée au Fouquet's, le séjour sur le yacht de Bolloré au large de Malte, le passage dans des bureaux de la rue Saint-Dominique, le travail avec

François Fillon. Tout va si vite que les médias et l'opinion ont le tournis. Dix jours qui donnent déjà le ton des quatre premières années du mandat.

Retour au calme avec François Hollande. Du 7 mai 2012, lendemain de sa victoire, au 15 mai, date de l'investiture officielle, le président élu reste dans son QG de l'avenue de Ségur, à Paris. Sans bruit, sans chuchotements. « Normal », avant les premières tempêtes. Quant à Emmanuel Macron, c'est dans son QG de la rue de l'Abbé-Groult, dans le 15e arrondissement, qu'il travaillera entre son élection du 7 mai et son investiture du 14. Il passera également quelques moments plus tranquilles, moins médiatisés, dans l'appartement loué dans la petite et discrète rue Cler, entre les Invalides et l'École militaire.

Trierweiler (Valérie)

Elisabeth de Mac-Mahon est entrée dans l'histoire de l'Élysée en créant au Palais un atelier de layette pour les nécessiteux ; Cécile Carnot en instituant l'arbre de Noël ; Yvonne de Gaulle par son souci de ne pas mélanger ses comptes avec ceux de l'État ; Valérie Trierweiler par un tweet de vingt-deux mots. Décidément, les temps changent. À 11 h 56 le 12 juin 2012, entre les deux tours des législatives, la compagne du nouveau président enflamme les médias, les réseaux sociaux et le milieu politique. En affichant aussi clairement, et aussi publiquement, son soutien à l'adversaire de Ségolène Royal à La Rochelle, Valérie Trierweiler stupéfie l'opinion et embarrasse son compagnon. Même les amis fidèles du couple le reconnaissent : c'est plus qu'une maladresse. Une faute de goût personnelle et morale, une erreur politique. Avant elle, Danielle Mitterrand n'avait pas hésité à exprimer des désaccords avec son mari, essentiellement sur la politique étrangère. Le rappel à l'ordre avait été discret, mais musclé (voir : *Mitterrand Danielle*). Cette fois, c'est la vie privée et la vie publique qui se télescopent. Inopportun, et inacceptable, pour un François Hollande qui n'a cessé, pendant la campagne, de militer résolument pour une attitude exactement inverse. La mise au point du 14 Juillet devait permettre de recadrer. Les proches sont désormais priés de suivre la règle. En précisant qu'elle tournera sept fois son pouce avant de tweeter, Valérie Trierweiler semble l'accepter publiquement. Officiellement, l'incident est clos. Mais il laisse des traces. D'autant que chacun garde à l'esprit les propos de la nouvelle Première dame en juin 2012 dans *Libération* : « La compagne est un relais entre le président et les Français. J'ai décidé d'assumer cette double fonction. [...] Il faudra s'habituer à moi. » C'est dit.

Pour la première fois, dans l'histoire de l'Élysée, la Première dame n'est donc pas une épouse mais une compagne. Ce cas de figure unique a suscité bien des interrogations, et pas seulement dans les services du protocole. Le casse-tête est d'autant plus difficile à résoudre que Valérie Trierweiler exerce un métier pour le moins exposé, le journalisme, qu'elle a décidé de ne pas abandonner en entrant à l'Élysée. C'est précisément lorsqu'elle était journaliste politique que cette mère de trois enfants rencontre François Hollande, alors patron du Parti socialiste.

Leur liaison commence à l'été 2005. Elle sera connue en 2007 et officialisée en 2010. Dans *Gala*, en 2011, le futur président parle de « la femme de sa vie ». La vie commune entre un leader politique et une journaliste est souvent difficile. Eux jouent la carte de la transparence tranquille. Ni ostentation ni clandestinité. Mais dès que François devient le favori de la présidentielle, Valérie devient surexposée. On scrute son parcours, de *Profession politique* à *Paris Match* et Direct 8. On raconte son enfance, à Angers. Milieu modeste. Elle est la cinquième d'une famille de six enfants. Un père disparu lorsqu'elle a vingt et un ans. Une mère employée à la patinoire municipale. Après sa rencontre avec François Hollande, un coup de foudre réciproque selon les proches, sa vie va basculer. Début 2012, Valérie Trierweiler est régulièrement à la une. Pendant la campagne, elle est à la fois présente et discrète. Elle suit les grands meetings, souvent au premier rang, parfois tout près de Ségolène. Difficile pour l'une comme pour l'autre. Elle dispose d'un bureau avenue de Ségur, au QG de la campagne. Elle donne son avis. Elle soutient et participe. Comme Cécilia avec Nicolas. Mais sans doute plus activement encore, compte tenu de son métier, de son réseau d'amis journalistes et de sa connaissance du monde politique. Le soir du 6 mai, à Tulle, toute la France la voit, épanouie, au côté du nouveau président. Sur le podium dressé place de la Cathédrale, elle écoute *La Vie en rose*, un air populaire qu'elle a choisi personnellement, un bouquet de roses rouges à la main. Quatre heures plus tard, à la Bastille, elle embrasse le Président sur la bouche et lui demande ostensiblement d'en faire de même. Heureuse sûrement, possessive sans doute. Le 15 mai, pendant la cérémonie de passation de pouvoirs, elle improvise un aparté très remarqué avec Carla. L'artiste et la journaliste. Les médias adorent.

Pourtant, très vite après l'installation au Palais, les difficultés vont commencer. La nouvelle Première dame, qui avoue ne pas trop aimer l'expression, s'interroge elle-même sur le rôle qu'elle peut, et doit jouer. Elle occupe le même bureau que Carla. On y voit notamment la photo du 6 mai au soir, à Tulle, après la victoire de son compagnon. Elle appelle à ses côtés un journaliste de RFI, Patrice Biancone, et quatre autres collaborateurs. Quatre officiers de police lui sont affectés, comme précédemment. Soucieuse de « ne pas jouer les potiches », elle s'intéresse de près à l'humanitaire. À Washington, elle séduit la presse américaine – qui la surnomme « *First girl friend* » – et pose avec Michelle Obama. Le tweet vengeur et dévastateur du 12 juin bouleverse la donne. Quelques jours plus tard, elle reconnaît sa faute, se déclare désolée, décide de ne plus communiquer. La vive réaction de Thomas, le fils aîné de Ségolène Royal et François Hollande – « Ça m'a fait de la peine pour mon père. [...] Je savais que quelque chose pouvait venir d'elle un jour. » –, ajoute à la confusion. Le Président, que l'on dit très affecté, choisit d'abord de ne pas s'exprimer. Avant de rappeler publiquement à l'ordre sa compagne dans son interview du 14 Juillet.

La Première dame entend rester journaliste, et se limite à des sujets qui ne concernent pas, ni de près ni de loin, le débat public. Des critiques de livres ? Oui, si elles ne débordent pas du strict cadre littéraire. Valérie Trierweiler écrira donc dans *Paris Match* des papiers exclusivement consacrés à un roman ou un essai, le premier, en juin 2012, sur Eleanor Roosevelt. Mais l'exercice est difficile. Car quand bien même elle parlerait d'animaux ou de jardinage, il n'est pas une phrase, pas un mot, qui ne sont scrutés, disséqués, et forcément interprétés. En septembre 2012, elle devient aussi ambassadrice de la Fondation France Libertés créée par Danielle Mitterrand.

Dans le même temps, elle prend quelques positions publiques, et annonce, par exemple, début décembre 2012, son intention d'être témoin à un mariage homosexuel quand la loi sera promulguée. Le 18 octobre 2013, c'est la deuxième grosse alerte. En pleine polémique sur « l'affaire Leonarda », cette jeune Kosovarde en situation irrégulière interpellée au retour d'une sortie scolaire et expulsée avec sa famille, elle prend clairement et publiquement position : « L'école est un lieu d'intégration, pas un lieu d'exclusion... Il y a sans doute des frontières à ne pas dépasser, et la porte de l'école en est une. » Hollande est furieux de cette irruption dans le débat et les ministres concernés stupéfaits.

« Je fais savoir que j'ai mis fin à la vie commune que je partageais avec Valérie Trierweiler. » Ce 25 janvier 2014 à 18 h 48, le communiqué personnellement transmis par le président François Hollande à l'Agence France Presse était attendu. Il fait cependant l'effet d'une bombe. Quelques jours plus tôt, les photos volées de Hollande sur un scooter devant le domicile de Julie Gayet avaient rendu la rupture avec Valérie inévitable. Restait le coup de théâtre de cette tragi-comédie bien française, le livre au vitriol de l'ex-compagne. Avec *Merci pour ce moment*, la vengeance d'une femme blessée prend la forme d'un Scud qui atteint le chef de l'État, sa fonction, son image, son autorité. François Hollande est particulièrement meurtri par la phrase sur les « sans dents ». Il s'en expliquera plus tard devant les deux journalistes du *Monde*, Gérard Davet et Fabrice Lhomme[1] : « Je lui ai dit : je vois les gens qui viennent vers moi dans les manifestations, ce sont des pauvres, ils sont sans dents... C'est odieux, c'est une trahison. Quand je dis : j'aime les gens, c'est vrai. » Réaction immédiate de son ex-compagne, qui rend public aussitôt, par un tweet vengeur, un texto de Hollande vieux de onze ans en forme de preuve. Feydeau ou Shakespeare ? Avec cette guérilla surréaliste, on touche le fond. Au Palais, la page Valérie Trierweiler se tourne décidément dans la confusion, l'impudeur et la polémique.

Tu et vous

Comment se parle-t-on dans les salons et couloirs de l'Élysée ? Vouvoiement ou tutoiement ? Plutôt le vouvoiement jusqu'en 2007. À cette date, comme il le fait depuis son entrée en politique, Sarkozy change radicalement les codes : il tutoie tout le monde ou à peu près. Et beaucoup en retour le tutoient. Ses homologues chefs d'État et de gouvernement, ses ministres, ses conseillers, les grands patrons, les journalistes. À partir de son arrivée à l'Élysée, le président élu en 2007 s'est aussi mis à tutoyer des gens auxquels

1. *« Un président ne devrait pas dire ça... », op. cit.*

il disait « vous » auparavant... et inversement. Au début, Nicolas Sarkozy a essayé de détendre le Conseil des ministres par un tutoiement généralisé, mais il a vite compris que l'usage et le cérémonial devaient reprendre le dessus. « Monsieur le ministre des Affaires étrangères, vous avez la parole » a été, au final, plus fréquemment entendu qu'« Alain, c'est à toi, on t'écoute ».

Naturellement, Nicolas Sarkozy tutoie Carla, et réciproquement. Depuis 1947, il est le cinquième président, après Vincent Auriol, René Coty, Georges Pompidou et François Mitterrand, à dire « tu » à sa femme. Le général de Gaulle, Valéry Giscard d'Estaing et Jacques Chirac n'échangeaient que des « vous » entre époux. Aussi loin qu'on puisse remonter dans l'histoire du Palais, et si l'on en croit la chronique, on voit que Napoléon, à l'adresse de ses maréchaux comme à celle de sa femme, alternait le « tu » et le « vous » suivant l'humeur, laquelle pouvait varier dans la même phrase. Ainsi, à Joséphine : « Ton attitude n'est pas digne de ton rang ! Je ne vous félicite pas, madame ! » Alternance révélatrice. Napoléon, qui avait toujours cherché à renouer avec l'étiquette et le faste de la royauté, souhaitait ardemment s'en tenir au « vous » en toutes circonstances. Son tempérament et ses origines lui ont le plus souvent imposé le « tu ». Il aurait donc été plus que surpris d'entendre son successeur à l'Élysée, le duc de Berry, pourtant héritier de la couronne de France, tutoyer Marie-Caroline, la duchesse. Mais ils étaient amoureux. On se tutoie aussi pour d'autres raisons. Le couple Murat trouvait dans le « tu » un meilleur point d'appui pour leurs fréquentes algarades, et cet usage convenait mieux à madame, née Caroline Bonaparte, dont la distinction était aussi discutable que la vertu.

Chez les présidents de la IIIe République, il est arrivé que, dès leur entrée à l'Élysée, le vouvoiement soit rendu obligatoire pour tout le monde, dans le souci de marquer respect et considération pour la fonction. Plus soucieux que quiconque de l'étiquette et des convenances, Félix Faure avait exigé le vouvoiement à ses plus vieux amis. L'historien Georges Poisson raconte la réaction de l'un d'eux : « Dorénavant je vous vouvoierai, monsieur le Président, mais laissez-moi vous tutoyer une dernière fois et vous dire ceci : Je t'emmerde, Félix ! » Armand Fallières, Alexandre Millerand et Gaston Doumergue continuent, eux, de tutoyer leurs amis, tradition radicale oblige.

Le Général ne distribue pas largement les « tu ». Son fils Philippe, ses petits-enfants et ses neveux sont les seuls à en recevoir pour la famille. Car de Gaulle vouvoie sa fille Élisabeth. Quant à la réciprocité, on imagine mal quelqu'un tutoyant l'homme du 18 Juin. L'unique exception est le maréchal Juin, son condisciple de Saint-Cyr. Georges Pompidou, ses copains artistes et ses camarades de khâgne et de l'École normale, qu'il reçoit régulièrement à l'Élysée, se donnent le « tu ». Valéry Giscard d'Estaing prie ses amis de longue date Michel Poniatowski et Michel d'Ornano d'adopter le « vous » sous les lambris du pouvoir. Mais ils se tutoient toujours en privé, et en famille. Le « tu » giscardien est également réservé aux vieilles connaissances qui n'ont plus de fonction politique, comme Arthur Conte.

On connaît l'anecdote concernant François Mitterrand. À un militant socialiste qui lui demandait s'ils pouvaient toujours se tutoyer, il avait répondu, délicieusement florentin : « Si vous voulez. » Peu de monde, en fait, réussit à tutoyer Mitterrand. La liste se limite aux amis de toujours, comme Georges Dayan, Roger-Patrice Pelat, André Bettencourt... et Jacques Chaban-Delmas. Aux ministres frais émoulus de 1981 qui se lançaient des « tu » par-dessus la table du Conseil des ministres, le Président lui-même avait solennellement rappelé qu'ils n'étaient plus au siège du Parti socialiste, et donc priés de se conformer aux usages de la République en son palais. Quant à Jacques Chirac, il tutoie ses amis politiques qui lui rendent la pareille, avec au moins une exception : Jean-Louis Debré, fidèle parmi les fidèles, lui dit « vous ».

François Hollande, comme Emmanuel Macron après lui, utilise essentiellement le tutoiement à destination de ceux qu'il connaît depuis longtemps, qu'ils soient chef de gouvernement, ministre, secrétaire général de l'Élysée ou compagnon de route politique, et la réciprocité est de mise. Mais, là encore, dans les circonstances solennelles, le vouvoiement s'impose. Dans certains cas, joint au caractère officiel et public d'une manifestation, l'emploi du « vous » permet de faire passer un message plus facilement qu'en privé... Exemple lors de la remise des insignes de grand-croix de l'ordre du Mérite à Manuel Valls, comme le veut l'usage après les premiers six mois d'un Premier ministre à Matignon (voir : *Rêves et regrets*). Évoquant Clemenceau, que Valls admire particulièrement, François Hollande parle du « long parcours » du Tigre, et ajoute : « Ce qui vous laisse grand espoir... » Le Président aurait-il dit la même chose en tête à tête avec

Manuel Valls, en le tutoyant ? La subtilité de la cruauté est dans le vouvoiement.

Vert (Salon)

Ancienne salle à manger de l'impératrice Eugénie, le Salon Vert se situe à côté du bureau présidentiel. Le secrétaire général le traverse pour rejoindre le chef de l'État. Sous François Mitterrand, le Salon Vert fut pendant une dizaine d'années occupé par son conseiller spécial Jacques Attali. À leur grande surprise, les visiteurs devaient impérativement passer par ce salon, et donc croiser Attali, avant d'être reçus par le Président. Un moyen commode d'être informé en heure par heure.

Sous la présidence du général de Gaulle, le Salon Vert avait été transformé en bureau des Aides de camp. Claude Dulong nous apprend qu'était dissimulé dans une commode le magnétophone qui permettait d'enregistrer, le cas échéant, les conversations téléphoniques officielles du Président. Pendant la guerre d'Algérie, à chacune des audiences « à risque » accordées par le Général, quand il recevait discrètement des émissaires du FLN ou des proches de l'OAS, l'un de ses Gorilles chargés de la sécurité se plaçait dans le sas formé par la double porte – celle du bureau présidentiel et celle du Salon Vert – et, arme à la main, se tenait prêt à intervenir au cas où le visiteur aurait attenté à la personne du président de la République.

Depuis 2007, le Salon Vert, décoré sobrement, est essentiellement utilisé pour les séances de travail autour du Président. Points réguliers avec ses conseillers, conseils restreints, conseils de Défense, réceptions de délégations. Et, à partir de septembre 2011, réunion hebdomadaire puis quasi quotidienne du comité stratégique chargé de réfléchir sur la campagne à venir. Nicolas Sarkozy, qui s'y est marié civilement avec Carla Bruni (voir : *Mariage*), y arrive souvent en bras de chemise et rejoint son bureau voisin lorsque son portable sonne, ce qui est fréquent. Inconvénient : la cloison étant assez mince, les éclats de voix n'échappent pas aux personnalités qui attendent dans l'antichambre voisine... Entre 2007 et 2012, quelques scènes d'anthologie, quelques coups de gueule homériques ont vite fait le tour du Palais.

À partir de 2014, ce Salon Vert est fréquemment transformé en cellule de crise. C'est là que Hollande et le conseil de Défense décident d'engager l'opération Serval au Mali. C'est là qu'ils se réunissent plusieurs fois par jour, et parfois en pleine nuit au moment des attentats de 2015 et 2016. Une vingtaine de responsables peuvent y prendre place. Une salle de réunion feutrée pour des moments dramatiques. Emmanuel Macron fera également de ce Salon Vert son lieu de réunion favori.

Vestibule d'Honneur

On le voit presque chaque jour à la télévision. Le Président y accueille les chefs d'État. Ils posent quelques instants pour la photo traditionnelle, avant de rejoindre le premier étage du Palais. Les ministres le traversent, par petits groupes, avant de retrouver leur voiture après le Conseil du mercredi. Le Vestibule d'Honneur de l'Élysée, c'est le point de passage obligatoire, là où les dirigeants se retrouvent et se quittent, l'un des lieux les plus photographiés au Palais.

Un lustre monumental, du marbre blanc et rouge au sol et, depuis 1984, cinq ans avant les cérémonies du bicentenaire, à la demande du président Mitterrand, une sculpture d'Arman, en hommage à la Révolution française, avec deux cents drapeaux de marbre blanc. Nicolas Sarkozy a fait installer, de part et d'autre de l'œuvre, une paire de candélabres massifs. Ce Vestibule d'Honneur est décoré de drapeaux français et européens, parfaitement placés dans l'axe des caméras et des objectifs. Incontournables sur les images et les photos qui, bientôt, feront le tour du monde.

Le Vestibule d'Honneur a créé à l'Élysée une fonction particulière, exercée par les « garçons et jeunes filles de vestibule ». Les garçons sont en frac bleu et gilet rouge, les jeunes filles en jupe bleue et lavallière rayée rouge et blanc. Ce sont eux qui s'avancent dans la Cour d'Honneur pour aller ouvrir la portière de la voiture d'un visiteur, avant que ce dernier soit, dans le vestibule, pris en charge par un huissier qui le conduira au premier étage, jusqu'au cabinet de travail du Président. Les garçons et jeunes filles de vestibule qui, contrairement aux huissiers, ne sont pas des militaires sont chargés de distribuer et de relever le courrier du Président comme de ses collaborateurs, et de porter les plis à l'intérieur du Palais. Ils préparent aussi les salons en vue des réunions, y compris le Salon des Ambassadeurs ou le Salon Murat pour le Conseil des ministres du mercredi, en disposant les marque-places, les sous-mains, les dossiers et les stylos.

Vice-président

Il s'appelle Henri Boulay de la Meurthe. À cinquante-deux ans, cet avocat franc-maçon, député de la Meurthe puis du département des Vosges, est « nommé » vice-président de la République. C'est une curiosité, peu connue, dans l'histoire politique française. Une création très éphémère de Louis Napoléon Bonaparte. L'article 70 de la Constitution de la IIe République prévoit en effet qu'un vice-président doit être nommé par l'Assemblée nationale à partir d'une courte liste de trois noms présentée par le Président lui-même dans le mois qui suit son élection. Le 20 janvier 1849, Boulay de la Meurthe est donc choisi par ses pairs. Il le restera trois ans, jusqu'au coup d'État du 2 décembre 1851. Ses pouvoirs sont limités. Il remplace le Président en cas d'« empêchement » et préside le Conseil d'État. Pour le reste, c'est une fonction purement protocolaire. Alors député de Paris, Victor Hugo, qui a voté pour lui, parle d'un « bon gros homme... avec le nez très court et l'esprit pas très long ». Du côté de sa sœur Henriette, Henri Boulay de la Meurthe est un lointain aïeul de Bernadette Chodron de Courcel, la femme d'un certain Jacques Chirac.

Visiteurs du soir

Ils ont toujours existé, sous toutes les Républiques, mais sont appelés ainsi depuis 1983, lorsque François Mitterrand se met à consulter tous azimuts sur la remise en cause de sa stratégie économique et sociale.

Pendant des semaines, le Président, sans en parler ouvertement avec son Premier ministre Pierre Mauroy, reçoit notamment de nombreux chefs d'entreprise, sur le conseil de l'un de ses plus vieux amis, l'industriel Jean Riboud. À l'arrivée, et après beaucoup d'hésitations, il choisit de rester dans la logique européenne, met un terme aux réformes trop coûteuses et modifie profondément sa politique. Mitterrand apprécie ces contacts officieux, en marge du protocole, dans le secret de son bureau. Il aime, avec eux, brouiller les cartes, décontenancer et déstabiliser ses entourages officiels. Les intéressés sont priés de rester discrets, sous peine de disparaître des petits papiers présidentiels. Certains noms apparaissent ici ou là. Il voit souvent l'écrivain Paul Guimard, se souvenant que l'auteur des *Choses de la vie* l'a aidé, aux côtés de Robert Badinter, à préparer son face-à-face télévisé contre Giscard entre les deux tours de 1981[1]. Ces visiteurs du soir, le Président les emmène souvent dîner. On voit fréquemment Pierre Bergé et Georges Kiejman à ses côtés dans ses restaurants parisiens préférés, La Gauloise, La Cagouille, Le Pichet ou L'Assiette, qui sont à Mitterrand ce que Le Père Claude est à Chirac. Après son départ de l'Élysée, certaines indiscrétions circulent. On apprend par exemple que l'un de ses visiteurs préférés, Pierre Bergé, a promis au Président de restaurer la maison d'Émile Zola, à Médan, dans les Yvelines. Pierre

1. Badinter a beaucoup appris, pour les avoir passés à la loupe, des débats Reagan-Carter de 1980, et des succès du candidat républicain dans ces confrontations. Quant à Paul Guimard, il est aussi, à l'Élysée, chargé de mission pour la Culture de 1981 à 1984.

Bergé s'y emploiera avec fidélité. Les travaux seront achevés en septembre 2016.

Georges Pompidou et Valéry Giscard d'Estaing apprécient également ces rendez-vous discrets, voire secrets, qui ont lieu souvent en fin d'après-midi, avec des visiteurs n'exerçant aucune fonction dans l'appareil d'État, venant le plus souvent de la société civile et qui, par souci de confidentialité, entrent fréquemment à l'Élysée par la Grille du Coq, au fond du parc. Pompidou voit ainsi régulièrement Ambroise Roux, le tout-puissant P-DG de la Compagnie générale d'électricité, considéré pendant des années comme le plus influent des patrons français. Il aime aussi parler politique culturelle avec de grands artistes comme Maurice Béjart, et reçoit fréquemment le grand patron de presse, son ami Pierre Lazareff. VGE, lui, consulte certains de ses proches, Henri de Clermont-Tonnerre ou Hubert d'Ornano, le frère de Michel. Et des personnalités au parcours atypique, notamment Jean-René Fourtou, un polytechnicien alors patron du groupe de consulting Bossard, et Michel Pinton, lui aussi ancien de l'X, qu'il a croisé à l'université de Princeton quelques années plus tôt, et qu'il charge de réfléchir à la création et à l'organisation de l'UDF. L'écrivain Arthur Conte, ancien P-DG de l'ORTF, est souvent vu en fin d'après-midi au Palais. Cet ancien journaliste, jadis député des Pyrénées-Orientales, apporte à Giscard un regard original, très direct, souvent féroce, sur le personnel politique de l'époque.

Après Jacques Chirac, qui voit surtout, dans ce cadre privé, des amis politiques, et écoute toujours avec intérêt les observations et les conseils de François Pinault, c'est Nicolas Sarkozy qui accorde le plus d'importance à ces visiteurs du soir. Au point d'en faire parfois de véritables contre-pouvoirs. Ils sont à la fois nombreux, influents et très cloisonnés. Chacun son domaine. L'ancien ministre Antoine Rufenacht pour la politique. Michel Pébereau, l'ancien P-DG de la BNP, pour les sujets financiers. Henri Proglio, le président d'EDF, et Jean-René Fourtou pour les dossiers économiques et industriels, ce dernier jouant également un rôle de « boîte à idées » pour la campagne présidentielle à partir de l'été 2011. Et des amis intimes, avec lesquels il parle de tout, en particulier Nicolas Bazire, aujourd'hui chez LVMH après avoir dirigé le cabinet d'Édouard Balladur à Matignon, et l'incontournable Alain Minc. Ce dernier joue un rôle à part. Il est, en réalité, davantage qu'un visiteur du soir. C'est clairement l'éminence grise la plus active.

François Hollande n'abuse pas de cette pratique des visiteurs du soir. Mais il reçoit assez souvent des élus. On voit fréquemment au Palais la sénatrice des Pyrénées-Orientales, Frédérique Espagnac, qui a été pendant six ans son attachée de presse. Après le printemps 2012, le plus influent, le plus discret aussi, est sans doute Louis Gallois. Une réputation internationale, une expérience exceptionnelle. Nommé début juin 2012 commissaire général à l'investissement, cet ancien patron d'EADS a la confiance de François Hollande. Le rapport sur la compétitivité qu'il remet le 5 novembre 2012 à Jean-Marc Ayrault, et qui sera largement repris par le gouvernement, fait désormais référence. Parmi les visiteurs du soir de Hollande, il y a aussi Jean-Pierre Jouyet de 2012 à 2014, jusqu'à son installation au Palais, dans ses fonctions de secrétaire général. Il y a encore François Pinault, qui vient lui parler économie et industrie ; Jean-Pierre Mignard, un vieil ami, avocat talentueux et précieux conseiller politique, qui lui conseillera en 2016 de renoncer à une nouvelle candidature ; Marc de Lacharrière, un homme d'affaires qui compte et un généreux mécène de la culture et de la diversité ; le communicant Robert Zarader, aussi discret qu'efficace ; et, dans les trois dernières années du quinquennat, après le départ de Valérie Trierweiler avec laquelle il ne s'entendait pas, Julien Dray. C'est un visiteur du soir atypique. Influent bien sûr, fidèle à coup sûr, intuitif et stratège. C'est Julien Dray qui donne à Hollande le pouls du PS, la température politique à gauche. Comme Alain Minc sous Sarkozy, éminence grise et visiteur du soir, il a, depuis longtemps, des amis partout. Il poussera le Président à se représenter en 2017. Sans succès.

Le couple Ferracci, très proche du nouveau président, le sénateur François Patriat, Daniel Cohn-Bendit, l'économiste Jean Pisani-Ferry, le chef d'entreprise Serge Weinberg, l'avocat Jean-Michel Darrois, le député européen Jean-Marie Cavada, François Bayrou, Richard Ferrand et l'architecte et urbaniste Roland Castro : voilà quelques-uns des visiteurs du soir d'Emmanuel Macron. Le Président veille à conserver un lien régulier avec « l'extérieur ». Pour éviter de tomber dans l'inévitable isolement dont tous les hôtes du Palais ont été victimes (voir : *Prison*).

Vœux télévisés

« Mes chers cons, mes chers patriotes, mes chers compatriotes... » Ce 31 décembre 1998, juste avant

20 heures, Laurent Gerra crée l'événement. Pendant les fêtes, France 2 lui a demandé d'imaginer chaque soir, pendant deux minutes, juste avant le journal télévisé, une petite pastille d'humour. Pour le 31, tout naturellement, il imite Jacques Chirac présentant ses vœux aux Français. Effet garanti. Exercice réussi. Ce qui n'était pas anticipé, c'est l'absence de publicité ce jour-là avant 20 heures. Laurent Gerra a prévu de terminer son sketch par... *La Marseillaise*. Tout de suite après, c'est... *La Marseillaise* présidentielle, sur une image de l'Élysée, puis l'intervention du chef de l'État. La séquence est irrésistible de drôlerie, mais provocatrice, presque surréaliste, peu conforme à la tradition. L'Élysée fait très vite connaître son mécontentement. Heureusement pour les dirigeants de l'époque, dont le P-DG de France Télévisions Xavier Gouyou-Beauchamps, l'ire présidentielle est relayée par Maurice Ulrich. Ce proche de Chirac est connu pour son sens de l'humour et sa courtoisie. Il connaît très bien la télévision publique pour avoir été directeur général d'Antenne 2 de 1977 à 1981. Ses remontrances seront donc plutôt modérées. L'affaire s'arrêtera là. Et les téléspectateurs auront vécu un bon et rare moment d'hilarité. Dix-huit ans plus tard, Laurent Gerra reprendra l'idée et présentera ses vœux, en imitant et en caricaturant férocement François Hollande, le 31 décembre 2016 sur la chaîne C8.

Vincent Auriol est le premier président à présenter ses vœux aux Français en 1949 dans le cadre de son bureau, le Salon d'Argent. La tradition est établie. Son successeur René Coty présente des vœux chaleureux, presque amicaux. Désormais, cette cérémonie obéit à un rituel quasiment incontournable. Qu'il soit assis ou debout, avec ou sans prompteur, dans un bureau ou dans la bibliothèque, avec le seul drapeau français ou, depuis 2007, le drapeau européen, le Président dresse un bilan positif de l'année qui se termine. Il exprime sa solidarité aux plus démunis, adresse une pensée aux Français des départements et territoires d'outre-mer, puis explique que la situation du pays va sans nul doute s'améliorer. Le tout en huit à dix minutes, généralement sans surprises. Le général de Gaulle a ainsi présenté ses vœux télévisés aux Français à dix reprises, Pompidou cinq fois, Giscard sept, Mitterrand quatorze, Chirac douze fois, Sarkozy et Hollande à cinq reprises. Pour ses premiers vœux, le 31 décembre 2012, François Hollande perpétue la tradition. Huit minutes trente, sur un rythme rapide, pour marquer sa confiance dans l'avenir. Et surtout, marteler que la priorité absolue va à la lutte, « coûte que coûte », contre le chômage galopant. En 2013, ce sera l'annonce du pacte de solidarité ; en 2015, après les dramatiques attentats, une gravité particulière et un « Je suis fier de vous » adressé aux Français ; et en 2016, pour ses derniers vœux, une mise en garde à la droite et à l'extrême droite. Pleins feux sur les réformes et la transformation du pays : c'est le sens des premiers vœux télévisés d'Emmanuel Macron le 31 décembre 2017. Plus de dix-sept minutes sans prompteur dans le cadre modernisé du Salon d'Angle : le huitième président de la Ve République est assis à une table de marbre. Dans le cadre, le parc du Palais est légèrement éclairé. Les codes présidentiels traditionnels sont respectés.

On se souvient des vœux optimistes et rassurants de De Gaulle le 31 décembre 1967 : « C'est vraiment en confiance que j'envisage pour les douze prochains mois l'existence de notre pays. » Les journaux ne se privent pas de ressortir la phrase quelques mois plus tard, au cœur des événements de Mai 1968. Mais mis à part l'expérience, peu concluante, des vœux présentés en couple, au coin du feu, par VGE et sa femme, le 31 décembre 1975 (voir : *Giscard d'Estaing Anne-Aymone*), le rituel des vœux n'a connu qu'un seul véritable moment fort, à la fois étrange et émouvant. Nous sommes le 31 décembre 1994. François Mitterrand est à cinq mois de son départ. Il est épuisé par la lutte contre la maladie. Ses vœux sonnent comme un testament aux Français. Il a écrit le texte seul, ne l'a montré à personne. « Je crois aux forces de l'esprit et je ne vous abandonnerai pas. » Ce soir-là, les vœux présidentiels se transforment en adieux à dimension spirituelle, presque mystique. On est loin de la politique.

Vols

De nombreux objets disparaissent au Palais ou dans ses dépendances. Des couverts en vermeil lors de grands dîners officiels, parce qu'il est difficile de fouiller les invités à la sortie, s'agissant le plus souvent de personnalités françaises ou étrangères politiques, économiques et diplomatiques. Parfois, des meubles, comme cette chaise, récupérée *in extremis* au moment où un visiteur kleptomane allait quitter les lieux pendant les Journées du patrimoine.

Le rapport de la Cour des comptes, publié en juillet 2014, fait état des nombreuses disparitions d'œuvres et objets d'art dans les palais de la République, et en premier lieu à l'Élysée (voir : *Mobilier national*). Mais ni la Cour des comptes, ni la présidence de la République ne semblent avoir la moindre idée de la manière dont ces choses précieuses ont disparu. Les seuls vols facilement identifiés, et répertoriés, sont le fait de délégations étrangères reçues en voyage officiel. Quand ces délégations sont installées en face de l'Élysée, à l'hôtel de Marigny, elles repartent parfois avec quelques menus objets, des alcools et des cigares.

Michel Schifres et Michel Sarazin révèlent que, pour la première conférence de presse de François Mitterrand en septembre 1981, on avait, par précaution, enlevé les pendeloques en cristal des appliques de la Salle des Fêtes... L'histoire ne dit pas de qui on se méfiait le plus, des 400 journalistes présents ou des 18 ministres.

Mais, dans la mémoire élyséenne, le vol le plus étonnant remonte à une visite officielle du Roumain Ceausescu en France, fin juillet 1980, pendant le septennat de Valéry Giscard d'Estaing. En quittant l'hôtel de Marigny où ils séjournaient, le dictateur roumain et sa femme Elena emportèrent des vases, des lampes, des cendriers, des appliques, divers objets de décoration et même de la robinetterie ! Pour des raisons diplomatiques, l'affaire ne fut jamais rendue publique. Mais les anciens de l'Élysée s'en souviennent encore. Et l'histoire circula rapidement dans les ambassades et les chancelleries du monde entier, alimentant la chronique et nourrissant la « légende » de l'un des couples présidentiels les plus détestés dans le cercle restreint des chefs d'État.

Week-end

Longtemps, le Palais a ressemblé pendant le week-end au château de la Belle au bois dormant. Les présidents de la IIIe ou de la IVe République y séjournaient parfois, mais beaucoup préféraient Rambouillet, résidence présidentielle très appréciée, même en dehors des périodes de chasse. C'est réellement à partir de 1959, quand le pouvoir traverse la Seine et s'installe rue du Faubourg-Saint-Honoré, que le Palais s'anime le samedi et le dimanche. Des permanences y sont organisées. Des conseillers viennent y travailler dans le calme. Des réunions s'y tiennent. Et, parfois, le Président lui-même y dort ou passe quelques heures à son bureau.

De Gaulle se trouve environ un week-end sur deux à La Boisserie, qu'il rejoint le vendredi en fin d'après-midi, à l'heure du journal télévisé régional. Lorsqu'il est à l'Élysée, il travaille peu, se rend à la messe dans la chapelle du Palais et profite du week-end pour voir sa famille. C'est dans ces circonstances qu'il tient à payer de sa poche les frais courants, les repas notamment.

Georges Pompidou s'éloigne le plus souvent de l'Élysée le week-end. Il se rend dans ses propriétés d'Orvilliers, près de Paris, ou de Cajarc, dans le Lot. Et quand il doit rester à Paris, il préfère dormir quai de Béthune, dans son appartement de l'île Saint-Louis. Son successeur fait de même. Giscard, généralement à la chasse lorsqu'elle est ouverte, se rend fréquemment à Authon, Loir-et-Cher, dans la propriété de sa femme, ou, moins souvent, dans le manoir familial de Chanonat, près de Clermont-Ferrand, dans cette Auvergne qu'il affectionne. Mitterrand, quant à lui, est imprévisible. Ses collaborateurs savaient assez rarement le vendredi où se trouverait le Président le lendemain. Parfois rue de Bièvre, ou quai Branly (voir : *Double vie*), assez souvent à Souzy-la-Briche avec Anne Pingeot et Mazarine, ou tranquillement à Latche, avec sa première famille. François Mitterrand apprécie peu les réunions, qu'il juge trop nombreuses et trop longues. Sauf circonstances particulières, il n'en tient jamais le week-end, et voit peu ses conseillers.

C'est tout l'inverse avec Jacques Chirac. L'ancien maire de Paris n'a ni résidence privée parisienne ni propriété de campagne proche. Il ne se rend que très rarement dans son château de Bity, en Corrèze. Il est le plus souvent au Palais, rejoint son bureau le samedi vers 10 heures, téléphone, voit amis, parlementaires et collaborateurs pour humer l'air du temps et tester quelques réflexions ou projets. C'est souvent le samedi ou le dimanche qu'il organise les séances de relecture de ses discours. Ses week-ends au Palais sont très remplis, et très politiques.

Après son mariage avec Carla Bruni, Nicolas Sarkozy est le plus souvent à l'Élysée le week-end. Avec sa femme, ils peuvent y rassembler leurs familles recomposées, recevoir leurs amis, et il peut courir à son aise dans le parc. Il consulte beaucoup, notamment les visiteurs du soir. À partir du printemps 2011, il s'occupe activement de sa future campagne électorale.

C'est, discrètement, le samedi ou le dimanche après-midi, qu'il réunit au Palais, dans le Salon Vert qui jouxte son bureau ou, si le temps le permet, sur la terrasse qu'il affectionne, ses principaux lieutenants. Les week-ends de Sarkozy sont très occupés. Et lorsque Carla et Nicolas ne restent pas au Palais, ils sont généralement au pavillon de La Lanterne, dans le parc du château de Versailles, où le Président peut profiter, en famille, de la piscine et du tennis. Tout comme François Hollande, d'abord avec Valérie Trierweiler, ensuite avec Julie Gayet, qui apprécie la sérénité de La Lanterne. Le couple s'y rend fréquemment. Tout comme Emmanuel et Brigitte Macron, qui apprécient ce pavillon. Un bon refuge, tranquille et apaisant, pour les temps d'orage et les tempêtes politiques...

Remerciements

Nous adressons un salut particulier et reconnaissant à la mémoire des grands témoins qui, au fil des années, au cours d'entretiens informels, nous ont confié souvenirs et réflexions sur l'Élysée : Raymond Barre, Paul Benmussa, Pierre Bérégovoy, Jacqueline Baudrier, Jacques Chaban-Delmas, Victor Chapot, Jean-François Deniau, Geneviève de Gaulle-Anthonioz, Jean-Louis Gauthier, Georges Gorse, Olivier Guichard, Raymond Joyon, Marcel Jullian, Georges Marchais, Pierre Messmer, Pierre Miquel, René Monory, Michel d'Ornano, Alain Poher, Jacques Pilhan, Jean-Marie Poirier, Michel Poniatowski, Philippe Ragueneau, Michel Rocard, Aymeric Simon-Lorière, Bernard Stasi, Bernard Tricot.

Notre gratitude va également aux personnes qui ont bien voulu, pour les besoins de ce livre, évoquer l'Élysée qu'ils connaissent ou ont connu, ainsi que celles qui ont facilité rencontres, visites et entretiens. Georges-Marc Benamou, Christian Blanckaert, Jean de Boishue, Florence de Bollardière, Pierre Bordry, Bernard Bracq, Patrick de Carolis, Arlette Chabot,

Michel Charasse, Pierre Charon, Claude Chirac, Virginie Chrisnacht, Marie-Hélène et Jean-Jacques Descamps, Anne d'Ornano, Alain Duhamel, Jean-Pierre Elkabbach, Gaspard Gantzer, Guillaume Gomez, Xavier Gouyou-Beauchamps, Christian Gravel, Hervé Guénot, Élodie El Haddad, François Hollande, Marie-France Lavarini, Franck Louvrier, Malcy Ozannat, Françoise de Panafieu, Kim Pham, Constance et Ladislas Poniatowski, Walter Luttringer, Jack Ralite, Line Renaud, Évelyne Richard, Virginie Routis, Philippe Sauzay, James Soulabail, Hubert Védrine, Jean Veil, Agnès Vincent, Odile Warin.

Nous remercions enfin notre éditrice Muriel Beyer pour sa patience et ses encouragements, notre documentaliste Élisabeth Grange pour son travail de fourmi, ainsi que Grégory Berthier-Gabriéle, Bénédicte Avel et Marie-Laure Nolet, sans oublier celles et ceux qui ont accepté d'être nos premiers lecteurs, pour leur soutien et leur indulgence.

Bibliographie

Adler (Laure) : *L'Année des adieux*, Flammarion, 2011.

André (Antonin) et Rissouli (Karim) : *Conversations privées avec le président*, Albin Michel, 2016.

Asquin (Hervé) : *L'Élysée selon Hollande*, Albin Michel, 2012.

Attali (Jacques) : *C'était François Mitterrand*, Fayard, 2005.

Attias (Cécilia) : *Une envie de vérité*, Flammarion, 2013.

Auriol (Vincent) : *Mon septennat*, Gallimard, 1970.

Bacqué (Raphaëlle) : *Le Dernier Mort de Mitterrand*, Grasset, 2010.

Balladur (Édouard) : *La Tragédie du pouvoir*, Fayard, 2013.

Basse (Pierre-Louis) : *Le Flâneur de l'Élysée*, Stock, 2017.

Benamou (Georges-Marc) : *Comédie française*, Plon, 2014.

—, *« Dites-leur que je ne suis pas le diable »*, Plon, 2016.

Besson (Philippe) : *Un personnage de roman*, Julliard, 2017.

Boissieu (Alain de) : *Pour servir le Général*, Plon, 1982.

Bromberger (Merry) : *Le Roman de l'Élysée*, Fayard, 1953.

Cars (Jean des) : *La Saga des Windsor*, Perrin-Tempus, 2014.

Casta-Rosaz (Fabienne) et Abergel (Philippe) : *L'Élysée*, Le Cherche-Midi, 2010.

Castelot (André) : *Napoléon III*, Perrin, 1973.

Chirac (Bernadette) et de Carolis (Patrick) : *Conversation*, Plon, 2001.

Chirac (Jacques) : *Mémoires. Chaque pas doit être un but*, t. I, Nil, 2009 et *Le Temps présidentiel*, t. II, Nil, 2011.

Dansette (Adrien) : *Histoire des présidents de la République*, Plon, 1981.
Danchin (Sébastian) et Jenny (François) : *De Gaulle à Colombey*, Presses universitaires de Nancy, 1990.
Darmon (Michaël) et Derai (Yves) : *Ruptures*, Éditions du Moment, 2008.
Dath (Isabelle) et Harrouard (Philippe) : *Alain Juppé ou la Tentation du pouvoir*, Jean-Claude Lattès, 1999.
Davet (Gérard) et Lhomme (Fabrice) : *« Un président ne devrait pas dire ça... »*, Stock, 2016.
Decaux (Alain) : *Coup d'État à l'Élysée : 2 décembre 1851*, Perrin, 2008.
Dély (Renaud) et Vernet (Henri) : *Frères ennemis*, Calmann-Lévy, 2015.
Denys (François) : *La Santé des présidents de la République*, Mémoire ENA, 2014.
Dosière (René) : *L'Argent caché de l'Élysée*, Seuil, 2007.
Droit (Michel) : *Les Feux du crépuscule*, Plon, 1977.
Duhamel (Alain) : *Portraits-souvenirs*, Plon, 2012.
Duhamel (Alain) et Duhamel (Patrice) avec Revel (Renaud) : *Cartes sur table*, Plon, 2010.
Duhamel (Patrice) et Santamaria (Jacques) : *Jamais sans elles*, Plon, 2015.
—, *Les Jours d'après*, Éditions de l'Observatoire, 2017.
Dulong (Claude) : *La Vie quotidienne à l'Élysée au temps de Charles de Gaulle*, Hachette, 1974.
Dumas (Roland) : *Coups et blessures*, Le Cherche-Midi, 2011.
Escrienne (Jean d') : *Le Général m'a dit*, Plon, 1973.
Faure (Félix) : *Journal inédit*, Équateurs, 2009.
Favier (Pierre) : *10 jours en mai*, Seuil, 2011.
Favier (Pierre) et Martin-Roland (Michel) : *La Décennie Mitterrand*, Seuil, 1991.
Flohic (François) : *Souvenirs d'outre-Gaulle*, Plon, 1979.
Frossard (André) : *La France en général*, Plon, 1975.
Gallo (Max) : *Napoléon*, Robert Laffont, 1997.
—, *Le Grand Jaurès*, Robert Laffont, 1984.
Gaulle (Charles de) : *Mémoires d'espoir*, Plon, 1970 et 1971.
—, *Mémoires de guerre*, Plon, 1954, 1956, 1959.

Gaulle (Philippe de) : *De Gaulle, mon père,* entretiens avec Michel Tauriac, Plon, 2003 et 2004.
Gaulle (Yves de) : *Un autre regard sur mon grand-père Charles de Gaulle*, Plon, 2016.
Ghesquière (Hervé) ; *547 jours*, Albin Michel, 2012.
Giesbert (Franz-Olivier) : *M. le Président*, Flammarion, 2011.
Giscard d'Estaing (Valéry) : *Le Pouvoir et la Vie,* Compagnie 12, 1988 et 1991.
—, *Démocratie française*, Fayard, 1976.
Gonod (Michel) et Gubler (Claude) : *Le Grand Secret*, Éditions du Rocher, 2005.
Guichard (Olivier) : *Mon général*, Grasset, 1980.
Guilleminault (Gilbert) : *Le Roman vrai de la Ve République*, Julliard, 1980.
Jeanneney (Jean-Noël) : *Leçon d'histoire pour une gauche au pouvoir. La faillite du Cartel (1924-1926)*, Seuil, 1977.
Jullian (Marcel) : *Mémoire buissonnière*, Albin Michel, 2000.
Lacouture (Jean) : *Mitterrand, une histoire de Français*, Seuil, 1998.
—, *De Gaulle*, Seuil, 1986.
Lauvergeon (Anne) : *La Femme qui résiste*, Plon, 2012.
Le Guay (Delphine) : *Femmes de président*, France-Empire, 1995.
Lescuyer (Georges) et Prélot (Marcel) : *Histoire des idées politiques*, Dalloz, 1986.
Loiget (Francis) : *Les Cuisines de l'Élysée*, Pygmalion, 2007.
Malraux (André) : *Les Chênes qu'on abat*, Gallimard, 1971.
Marteau (Stéphanie) et Zemouni (Aziz) : *L'Élysée off*, Fayard, 2016.
Meyer-Stabley (Bertrand) : *Les Dames de l'Élysée*, Perrin, 1999.
Miquel (Pierre) : *Poincaré*, Fayard, 1961.
—, *La Troisième République*, Fayard, 1989.
Mitterrand (Danielle) : *En toute liberté*, Ramsay, 1996.
Mitterrand (François) : *La Paille et le Grain*, Flammarion, 1975.
—, *Lettres à Anne, 1962-1995*, Gallimard, 2016.
Moati (Serge) : *30 ans après*, Seuil, 2011.
Morelle (Aquilino) : *L'Abdication*, Grasset, 2017.
Normand (Joël) et Doncieux (Pierre) : *La Ve République aux fourneaux*, La Table Ronde, 1999.

Orcival (François d') : *Le Roman de l'Élysée*, Éditions du Rocher, 2007.
Parturier (Françoise) : *La Lettre d'Irlande*, Albin Michel, 1979.
Pascal (Camille) : *Scènes de la vie quotidienne à l'Élysée*, Plon, 2012.
Pasteur (Claude) : *L'Élysée*, Tallandier, 2002.
Péan (Pierre) : *L'Inconnu de l'Élysée*, Fayard, 2007.
Pelissier (Pierre) : *La Vie quotidienne à l'Élysée au temps de Valéry Giscard d'Estaing*, Hachette, 1991.
Peyrefitte (Alain) : *C'était de Gaulle*, De Fallois, 1997.
Pingeot (Mazarine) : *Bouche cousue*, Julliard, 2005.
Poisson (Georges) : *Histoire de l'Élysée*, Perrin, 1997.
—, *L'Élysée. Histoire d'un palais*, Pygmalion, 2010.
Pompidou (Alain) : *Claude*, Flammarion, 2016.
Pompidou (Claude) : *L'Élan du cœur*, Plon, 1997.
Pompidou (Georges) : *Lettres, notes et portraits, 1928-1974*, Robert Laffont, 2012.
—, *Pour rétablir une vérité*, Flammarion, 1982.
Poincaré (Raymond) : *Au service de la France*, Plon, 1926.
Prouteau (Christian) : *La Petite Demoiselle et autres affaires d'État*, Michel Lafon, 2010.
Queinnec (Anne) : *« Qu'est-ce qu'il s'agit là-dedans ? » Quand les politiques massacrent la langue française*, First, 2017.
Revel (Renaud) : *L'Égérie – L'énigme Claude Chirac*, Lattès, 2007.
—, *Les Cardinaux de la République*, First, 2016.
Rouanet (Anne et Pierre) : *Les Trois Derniers Chagrins du général de Gaulle*, Grasset, 1980.
—, *L'Inquiétude outre-mort du général de Gaulle*, Grasset, 1985.
Roussel (Éric) : *Georges Pompidou*, Jean-Claude Lattès, 1994.
Rousselet (André), avec Chamard (Marie-Ève) et Kieffer (Philippe) : *À mi-parcours. Mémoires*, Kero, 2015.
Sacré (Jean-Maurice) et Bertin (François) : *Invitation à l'Élysée. 150 ans de tables présidentielles*, Éditions Ouest-France, 2011.
Saint-Robert (Philippe de) : *Les Septennats interrompus*, Robert Laffont, 1977.
Sasia (Raymond) : *Le Mousquetaire du Général*, Éditions Guéna, 2010.

Schifres (Michel) et Sarazin (Michel) : *L'Élysée de Mitterrand*, Alain Moreau, 1985.
Schuck (Nathalie) et Gerschel (Frédéric) : *« Ça reste entre nous, hein ? »*, Flammarion, 2014.
Séguéla (Jacques) : *Autobiographie non autorisée*, Plon, 2009.
Séguin (Philippe) : *Itinéraire dans la France d'en bas, d'en haut et d'ailleurs*, Seuil, 2003.
Tauriac (Michel) : *Vivre avec de Gaulle*, Plon, 2008.
Teissier (Roger) et Ollivier (Jean-Paul) : *J'étais le gorille du Général*, Perrin, 2002.
Teyssier (Arnaud) : *La IIIe République*, Pygmalion, 2001.
Thonnat (Grégoire) : *Le Petit Quizz de la Grande Guerre*, Éditions Pierre de Taillac, 2013.
Tournoux (Raymond) : *Le Tourment et la Fatalité*, Plon, 1974.
Trierweiler (Valérie) : *Merci pour ce moment*, Les Arènes, 2014.
Valance (Georges) : *VGE, une vie*, Flammarion, 2011.
Vaussion (Bernard), avec Roudaut (Christian) : *Au service du Palais. De Pompidou à Hollande, 40 ans dans les cuisines de l'Élysée*, Éditions du Moment, 2014.
Winock (Michel) : *Clemenceau*, Perrin, 2011.

Table des matières

Imprimé en France par CPI
en décembre 2018
N° d'impression : 2041738

La photocomposition de cet ouvrage
a été réalisée par
GRAPHIC HAINAUT
59410 Anzin

Suite du premier tirage : décembre 2018
S28210/03